TEOTIHUACAN
Geheimnisvolle Pyramidenstadt

Ausstellung im Museum Rietberg Zürich

Ausstellungsorganisation
Albert Lutz

Projektleitung
Andrea Kuprecht

Wissenschaftliche Betreuung
Judith Rickenbach

Ausstellungsgestaltung
Martin Sollberger

Objektmontierung und -beleuchtung
Walter Frei, Rainer Wolfsberger

Ausstellungsgrafik
Jacqueline Schöb

Kommunikation und Öffentlichkeitsarbeit
Katharina Epprecht, Christine Ginsberg, Monica Stocker

Kunstvermittlung
Maya Bührer, Barbara Fischer, Stefanie Bieri, Vera Fischer, Christiane Voegeli

Sicherheit, Technische Hauswartung
Silvan Bosshard

Sponsoren der Ausstellung

Mit Unterstützung der Vontobel-Stiftung

Mit Unterstützung von Thomas Schmidheiny

Ausstellung im Martin-Gropius-Bau

Veranstalter
Berliner Festspiele
Joachim Sartorius
Intendant

Martin-Gropius-Bau
Gereon Sievernich
Direktor

Sekretariat
Sandra Müller, Anna Shigwedha

Ausstellungsmanagement
Sabine Hollburg, Filippa Carlini, Elena Montini

Kommunikation und Öffentlichkeitsarbeit
Susanne Rockweiler, Katrin Mundorf, Ellen Clemens, Karoline Czech;
Mitarbeit: **Marie Egger, Sabrina Greschke**

Vertrieb
Carlos Rodriguez

Technisches Büro
Bert Schülke, Norbert Hiersick, André Merfort, Saleh Salman, Thorsten Seehawer, Michael Wolff

Veranstalter

Gefördert durch

Der Beauftragte der Bundesregierung für Kultur und Medien

auf Grund eines Beschlusses des Deutschen Bundestages

Medienpartner
kulturradio rbb
INFOradio rbb

TEOTIHUACAN
Geheimnisvolle Pyramidenstadt

Hommage an Felipe Solís (1944–2009)

Die Ausstellung steht unter der Schirmherrschaft von

Felipe Calderón Hinojosa
Präsident der Vereinigten Staaten von Mexiko

Nicolas Sarkozy
Präsident der Republik Frankreich

Doris Leuthard
Präsidentin des Bundesrates der Schweizerischen Eidgenossenschaft

Horst Köhler
Bundespräsident der Bundesrepublik Deutschland

Teotihuacan, Geheimnisvolle Pyramidenstadt

Kurator: Felipe Solís
Konzeption der Ausstellung
Consejo Nacional para la Cultura y las Artes
und Instituto Nacional de Antropología e Historia, Mexiko,
mit Unterstützung der Fundación Televisa A.C.
Gemeinschaftsproduktion musée du quai Branly, Paris,
Museum Rietberg Zürich,
und Martin-Gropius-Bau, Berlin.

Musée du quai Branly, Paris
6. Oktober 2009 – 24. Januar 2010

Museum Rietberg Zürich
21. Februar – 30. Mai 2010

Martin-Gropius-Bau, Berlin
1. Juli – 10. Oktober 2010

Ausstellung in Mexiko

Consejo Nacional para la Cultura y las Artes
Präsident
Consuelo Sáizar

Instituto Nacional de Antropología e Historia
Generaldirektor
Alfonso de Maria y Campos

Nationale Koordination der Museen und Ausstellungen
Zuständig für die nationale Koordination der Museen und Ausstellungen
Ausstellungsleitung
Miriam Kaiser

Ausstellungsgestaltung und -einrichtung
Patricia Real Fierro

Dank an

Paola Albert, Jesús Álvarez, Martín Antonio Mondragón, Teresa Aguirre, Alejandra Barajas, Carolina Becerril, René Castellanos, Héctor Ceja, Martha Carmona, Fernando Carrizosa, Héctor Ceja, Carlos Córdova, Arturo Cortés, Juan Alfonso Cruz, Adriana Díaz, Laura Filloy, Ruth García, Erika Gómez, Iván Gómez, Sergio González, Rogelio Irineo, Karina López, Mauricio Maillé, Susana Madrigal, Diana Mogollón, Miguel Mejía, Jaime Moreno Villarreal, Marisela Morua, Frida Montes de Oca, Patricia Ochoa, Leticia Pérez, Ileana Peña, José Enrique Ortíz Lanz, Claudia Ramírez, Alfredo Ríos, Daniel Rodríguez, José Luis Rojas, Naty Román, Mari Carmen Rico, Trinidad Rico, Juan Manuel Santín, Erasmo Trejo Navarrete, Itzia Villicaña, Roberto Velasco.

Diego Sapién und Miguel Báez, die Koordinatoren des Projekts.

Ganz besonderer Dank gebührt dem Sekretariat für internationale Beziehungen und dem Botschafter in Frankreich, S.E. Carlos de Icaza Gonzáles.

Das Instituto Nacional de Antropología e Historia dankt der Fundación Televisa A.C. für ihre Unterstützung und Zusammenarbeit.

Felipe Solís, *in memoriam.*

Ausstellung in Frankreich

Musée du quai Branly

Präsident
Stéphane Martin

Direktorin für kulturelle Entwicklung
Hélène Fulgence

Produktion, Leitung der Abteilung Kulturelle Entwicklung
Delphine Davenier
Fanny Delamare Deboutteville
Marc Henry
Céline Martin-Raget
Patricia Morejón
Corinne Pignon
Sébastien Priollet
Jorge Vasquez

Wissenschaftliche Betreuung
Dominique Michelet, Forschungsdirektor des CNRS und Direktor des Labors „Mesoamerikanische Archäologie" (Universität Paris-I und CNRS)

Fabienne de Pierrebourg, Leiterin der Sammlungen „Mesoamerika" im musée du quai Branly

Ausstellungsgestaltung und -einrichtung
Jakob+MacFarlane Architekten

Ausstellungsgrafik
Laurent Pinon

Dank

Französische Botschaft in Mexiko
S.E. Daniel Parfait, Botschafter
Bertrand de Hartingh, Berater für Kooperation und kulturelle Angelegenheiten
Marc Sagaert, Kulturattaché, künstlerischer Austausch

Mexikanische Botschaft in Frankreich
S.E. Carlos de Icaza González, Botschafter
Jaime Moreno Villarreal, Kulturattaché

Instituto Cultural de México, Paris
Carolina Becerril, Direktorin

Dominique Michelet

Liste der Leihgeber

Mexikanische Institutionen

Sammlungen des Instituto Nacional de Antropología e Historia (INAH)
Museo Nacional de Antropología, Diana Magaloni, Direktorin
Zona Arqueológica de Teotihuacan, Alejandro Sarabia, Direktor
Museo del Templo Mayor, Carlos González, Direktor
Museo Regional Michoacano Dr. Nicolás León Calderón, Gema González, Direktorin
Museo Regional de Yucatán Palacio Cantón, Blanca González, Direktorin
Museo Arqueológico de Campeche, Fuerte de San Miguel, Marco Carvajal, Director

Andere Museen
Museo de Antropología de Xalapa, Sara Ladrón de Guevara, Direktorin
Instituto Mexiquense de Cultura, Agustín Gasca, Direktor
Museo Amparo, Roberto Gavaldón, Direktor
Fundación Televisa, Claudio X. González, Direktor
Museo Diego Rivera Anahuacalli / Banco de México
Fideicomisos Museos Diego Rivera Anahuacalli, Hilda Trujillo, Direktorin, José Luis Pérez Arredondo und Fabián Ortega Aranda, Beauftragte für besondere treuhänderische Angelegenheiten

VORWORT

CONSUELO SAÍZAR
Präsidentin des *Consejo Nacional para la Cultura y las Artes* (Staatlicher Rat für Kultur und Kunst)

ALFONSO DE MARIA Y CAMPOS
Generaldirektor des *Instituto Nacional de Antropología e Historia* (Staatliches Institut für Anthropologie und Geschichte)

Die Ausstellung „Teotihuacan: Geheimnisvolle Pyramidenstadt" ist ein verbindlicher Referenzpunkt für das Verstehen und die Verbreitung prähispanischer Geschichte. Wir freuen uns über die Qualität und die Vielfalt der archäologischen Ausstellungsobjekte, über die Leihgaben aus elf mexikanischen und drei europäischen Museen und über die Realisierung eines interdisziplinären Konzepts. Diese Ausstellung soll die Besucherinnen und Besucher dazu anregen, sich mit der prähispanischen Kultur von Teotihuacan auseinanderzusetzen, um ihre Organisation, ihren künstlerischen Ausdruck, ihr Alltagsleben, aber auch ihre Religion zu verstehen. Teotihuacan birgt immer noch Geheimnisse und Rätsel, die es zu lösen gilt, wenngleich in den vergangenen 100 Jahren große Fortschritte bei der Erschließung seines einzigartigen und faszinierenden kulturellen Erbes erzielt wurden.

Teotihuacan trug in außergewöhnlichem Maß zur kulturellen Entwicklung Mesoamerikas bei, oder, um es mit den Worten des berühmten Anthropologen, Archäologen und ehemaligen Direktors des Staatlichen Instituts für Anthropologie und Geschichte Ignacio Bernal zu formulieren: Die Menschen, die „diese gewaltige Masse der Sonnenpyramide" errichteten, waren Protagonisten einer neuen Etappe mesoamerikanischer Geschichte. Die Monumentalität beweist den hohen Grad ihrer technischen Entwicklung, und der symbolische Charakter der Bauwerke gab „die tatsächliche Richtung Mesoamerikas" vor: „intensive Zeremonialität, im Glauben daran, dass der Mensch lebt, um den Göttern zu dienen."

Eine kuratorische Arbeit, die die neuesten wissenschaftlichen und technischen Erkenntnisse mit einbezieht, macht Räume erfahrbar, die die Fantasie der Besucherinnen und Besucher anregen und sie in die Stadt der Götter eintreten lässt, die bereits die Azteken in Staunen versetzte und heute noch Tausende Mexikaner und Menschen aus aller Welt fasziniert. Teotihuacan wird auch als Großstadt greifbar, die von 100 v. Chr. bis ins Jahr 650 Macht und kulturellen Einfluss über die Völker Südmexikos, über die Maya, die Golfküste und die Bevölkerung Nord- und Westmexikos ausübte.

Diese Ausstellung ist das Ergebnis langjähriger Zusammenarbeit zwischen dem Staatlichen Institut für Anthropologie und Geschichte und den bedeutendsten mexikanischen und internationalen Wissenschaftlern. Die Arbeit dieser Frauen und Männer hat in den letzten 25 Jahren zu neuen Erkenntnissen, einem besserem Verständnis und auch zum Fund außergewöhnlicher Objekte, die im Zusammenhang mit der Geschichte und den Mythen Teotihuacans stehen, geführt.

Der Rundgang durch die Ausstellung, die auf einer ausgewogenen Mischung aus Tradition und Innovation beruht, führt durch sechs Themenbereiche. Den Beginn macht der beeindruckende Jaguar von Xalla, ein architektonisches Mosaik von einzigartiger Schönheit und komplexer Symbolik. Der Jaguar ist das Emblem der Ausstellung. Er stand für den sakralen Charakter eines Großteils der Gebäude in Teotihuacan.

Die Schritte der Besucherinnen und Besucher werden von der Vergegenwärtigung der bedeutendsten Plätze und Bauten Teotihuacans gelenkt: Sie gehen durch die Straße der Toten, über Plätze, durch die Mond- und Sonnenpyramide und die Zitadelle. Alle Gebäude in Teotihuacan waren im Einklang mit einer astronomisch geprägten Weltanschauung errichtet worden und verbanden seine Bewohner mit den wichtigen Himmelsereignissen.

Besondere Erwähnung verdienen auch die Räume, die den verschiedenen Entwicklungsstufen Teotihuacans gewidmet sind. Hier befinden sich große und mittelgroße Skulpturen, Reliefs und Wandmalereien, die von jener Raffinesse, Kreativität und Leidenschaft zeugen, mit der die Teotihuacaner ihre Bauwerke verzierten. Die prachtvolle Architektur und die Aufsehen erregenden Luxusartikel, die wir im entsprechenden Ausstellungsbereich sehen, sind Nachweis der Einheit, der Stabilität und des materiellen Wohlstands eines theokratisch regierten Stadtstaates, in dem Kriege für Wachstum, Einfluss und Reichtum unerlässlich waren.

Religion war in Teotihuacan allgegenwärtig und hatte viele Gesichter; sie stellte die Basis der Kultur und das Hauptmotiv für das individuelle und soziale Leben dar. Dies spiegelt sich wider in der großen Anzahl und Vielfalt an rituellen Objekten und in der Omnipräsenz heiliger Räume und Praktiken, die die Ausstellung zeigt.

Architektur und Kunst Teotihuacans zeugen von Begabung, Ausdrucksfähigkeit und Beherrschung verschiedenster Techniken und Materialien sowie von weitgreifenden Kenntnissen und effizienten Lehr- und Lernsystemen. Die Ausstellung zeigt zahlreiche Beispiele für das Wissen und Können der Teotihuacaner im Bereich der Steinmetzarbeiten (Skulpturen, Ornamente, Masken), der Keramik (Masken und Gefäße), sowie Arbeiten aus Muscheln und Knochen.

VORWORT

STÉPHANE MARTIN

Präsident des musée du quai Branly, Paris

In Náhuatl, der Sprache der Azteken, bedeutet Teotihuacan „die Stadt, in der die Menschen zu Göttern werden".

Gleich am Anfang zeigt die Ausstellung eine beeindruckende Skulptur, einen heiligen Jaguar, den sogenannten Jaguar von Xalla. Dieses Meisterwerk zeugt von der Ausstrahlung Teotihuacans, dieser glanzvollen Stadt des alten Mexiko, deren Blüte fast acht Jahrhunderte, von 100 v. Chr. bis 650 n. Chr. andauerte. Den Worten Felipe Solís Olguin zufolge „verherrlicht diese Skulptur die Macht Teotihuacans in Form einer der mächtigsten Gottheiten, der Raubkatze."

Die Ausstellung vereinigt etwa 450 Exponate, darunter 15 monumentale Skulpturen aus der Pyramide der Gefiederten Schlange, sowie eine Auswahl aus der berühmten Sammlung Diego Rivera.

Anhand einer Auswahl von Wandmalereien vermittelt die Ausstellung zudem einen Eindruck von den Fresken. Die Steinschneidekunst ist mit einem prächtigen Ensemble von Masken vertreten; sie zeugen von der herausragenden Stellung der Bestattungsbräuche in dieser mit den Gesetzen des Kosmos eng verbundenen Stadt.

Es werden unter anderem auch neuere Entdeckungen präsentiert, z.B. jene in der Mondpyramide. Die zwischen 1998 und 2004 durchgeführten bedeutenden Ausgrabungen werden hier der Öffentlichkeit vorgestellt. Die Funde ermöglichen ein immer besseres Verständnis auch der sozialen Organisation Teotihuacans.

Diese Exponate sind zum ersten Mal in Europa zu sehen. Sie wurden mit einem ausgeprägten Sinn für Vielfalt und Ästhetik ausgewählt.

Die meisten stammen aus mexikanischen Sammlungen. Ich möchte an dieser Stelle Felipe Solís Olguíns gedenken, des Direktors eines der bemerkenswertesten Museen der Welt, des Museo Nacional de Antropología. Dieser eminente Kenner der alten Kulturen Mexikos hat sein Leben der Ergründung der Geheimnisse Teotihuacans gewidmet. Er hat uns die Ergebnisse seiner Arbeit zur Verfügung gestellt und uns damit ein wunderbares Geschenk gemacht.

Diese Ausstellung wurde von September 2008 bis Januar 2009 in Monterrey, von Mai bis August 2009 im Museo Nacional de Antropologia in Mexiko-Stadt und von Oktober 2009 bis Januar 2010 im musée du quai Branly präsentiert. Derzeit ist sie im Museum Rietberg von Zürich zu sehen und danach im Berliner Martin-Gropius-Bau

Für die Vorbereitung der Ausstellung haben mexikanische und französische Museen, die bereits seit langem eine vertrauensvolle Beziehung unterhalten, zusammengearbeitet. Diesbezüglich mag nur an die außergewöhnliche Ausleihe anlässlich der Eröffnung des Pavillon des Sessions erinnert sein.

„Teotihuacan, Geheimnisvolle Pyramidenstadt" ist eine Gemeinschaftsproduktion mit dem Instituto Nacional de Antropología e Historia von Mexiko. Ich möchte an dieser Stelle Herrn Alfonso de María y Campos, seinem Generaldirektor, meinen Dank aussprechen. Mein herzlicher Dank gilt auch seiner Mitarbeiterin Miriam Kaiser.

Diese große Ausstellung wird Gelegenheit bieten, sich bei Treffen, Kolloquien und zahlreichen Konferenzen zusammenzufinden. Sie hat die äußerst schätzenswerte Unterstützung der französischen Botschaft in Mexiko und von Fachleuten aus der ganzen Welt genossen. Ihnen allen sei vielmals gedankt.

VORWORT

ALBERT LUTZ

Direktor des Museums Rietberg Zürich

JOACHIM SARTORIUS

Intendant der Berliner Festspiele

GEREON SIEVERNICH

Direktor des Martin-Gropius-Baus, Berlin

Im September 2008 hatten wir das Glück und das Privileg, von Felipe Solís Olguín, dem Kurator dieser Ausstellung, im mexikanischen Monterrey eine packende Einführung in die Kunst und Archäologie von Teotihuacan zu erhalten. Der Direktor des Museo Nacional de Antropología in Mexiko-Stadt zeigte uns Kunstschätze, die er für eine Teotihuacan-Ausstellung zusammengetragen hatte: Skulpturen, Wandmalereien, Keramiken, kostbaren Schmuck und Gerätschaften, darunter auch Funde der neuesten Ausgrabungen. Mit dieser Ausstellung wollte der Archäologe und führende Museumsmann in Mexiko die herausragende Bedeutung der weltberühmten Pyramidenstadt für die Entwicklung der gesamten mesoamerikanischen Kultur umfassend darstellen. Wir waren begeistert! Jetzt schätzen wir uns glücklich, diese Kunstschätze auch in Zürich und Berlin zeigen zu dürfen, nachdem sie bereits in Paris zu sehen waren. Allerdings, und dies macht uns traurig, können wir die Ausstellung nicht mehr zusammen mit ihrem Initiator eröffnen. Felipe Solís Olguín ist am 23. April 2009 unerwartet verstorben. Sein Tod schmerzt uns umso mehr, weil er es war, der uns schon bei der Umsetzung früherer Mexiko-Ausstellungen maßgeblich geholfen hat: so 1997 in Zürich anlässlich der Ausstellung über die Golfküste Mexikos und 2003 in Berlin im Zusammenhang mit der Azteken-Schau.

Diese Ausstellung ist für uns ein kostbares Vermächtnis – aber auch ein Anlass zum Feiern. Wir gratulieren allen Mexikanerinnen und Mexikanern zu 200 Jahren Unabhängigkeit von Spanien und zum 100. Jahrestag der mexikanischen Revolution. Wir danken der mexikanischen Regierung, dass sie die wertvollen Exponate unter der Leitung des Instituto Nacional de Antropología e Historia (INAH) für eine Ausstellung zur Verfügung stellt. Unser Dank gebührt vor allem dem Generaldirektor der INAH, Alfonso de Maria y Campos, sowie Miriam Kaiser und José Enrique Ortiz Lanz, die für die Organisation und Koordination der Schau zuständig sind.

Diese Ausstellung wurde vom musée du quai Branly in Paris für die Europatournee erarbeitet. Wir danken dem Museum herzlich für die umfassende Organisation und die außerordentlich gute Kooperation. Insbesondere möchten wir Stéphane Martin danken, dem Präsidenten des Museums, Hélène Fulgence, der Direktorin für kulturelle Entwicklung, sowie allen, die an diesem Projekt mitgewirkt haben. Es freut uns, dass unsere beiden Institutionen nun erstmals mit diesem neuen und höchst erfolgreichen Museum in Paris zusammenarbeiten.

Wir danken allen mexikanischen Leihgebern, die uns großzügig ihre schönsten Werke der Teotihuacan-Kultur als Leihgaben zur Verfügung stellen. Den mexikanischen Botschaften in Bern und Berlin danken wir für ihr großartiges Engagement.

Das Museum Rietberg möchte sich bei der Vontobel-Stiftung und ihrem Präsidenten, Dr. Hans-Dieter Vontobel, für die erneute Unterstützung bedanken.

Gedankt sei auch Dr. h.c. Thomas Schmidheiny, der die Ausstellung zusätzlich mit einer namhaften Spende unterstützt. Ohne diese äußerst großzügigen Beiträge hätte die Ausstellung in Zürich nicht realisiert werden können.

Schließlich möchten wir allen Mitarbeiterinnen und Mitarbeitern, die in Zürich und Berlin bei der Realisierung dieser Ausstellung mitgewirkt haben, unseren herzlichen Dank aussprechen.

ÜBERSICHT

13 **An der Straße der Toten**
Felipe Solís

21 **Einführung in die Kultur von Teotihuacan**
George L. Cowgill

29 **Die Ökosysteme im Tal von Teotihuacan im Verlauf der Geschichte**
Emily McClung de Tapia

41 **Die Sonnenpyramide – Schicksal eines Monuments**
Eduardo Matos Moctezuma

49 **Ausgrabungen in der Zitadelle und im Tempel der Gefiederten Schlange**
Rubén Cabrera Castro

59 **Ausgrabungen in der Mondpyramide**
Rubén Cabrera Castro und Saburo Sugiyama

69 **Wohn- und Residenzkomplexe in Teotihuacan**
Sergio Gómez Chávez und Julie Gazzola

83 **Die Stadt Teotihucan: Wachstum, Architekturentwicklung und materielle Kultur**
George L. Cowgill

91 **Die Keramikkunst**
Claudia María López Pérez

99 **Obsidian in Teotihuacan**
Alejandro Pastrana

109 **Die Stadtviertel der zugewanderten Gemeinschaften in Teotihuacan**
Sergio Gómez Chávez und Julie Gazzola

119 **Wandmalerei in Teotihuacan**
María Teresa Uriarte

127 **Die Steinschneidekunst in Teotihuacan**
Oralia Cabrera Cortés

139 **Skulpturen in Teotihuacan**
Dominique Michelet und Ariane Allain

147 **Bearbeitete Muscheln und Knochen in Teotihuacan**
Adrián Velázquez Castro, Clara Paz Bautista und Gilberto Pérez Roldán

153 **Die teotihuacanische Religion**
Karl Taube

161 **Symbolik und Schrift in Teotihuacan**
James C. Langley

169 **Die Teotihuacaner an der Golfküste: Matacapan als Beispiel einer Exklave**
Ponciano Ortiz, María del Carmen Rodríguez und David Morales

181 **Teotihuacan und Oaxaca**
Marcus Winter

187 **Teotihuacan im Land der Maya**
Éric Taladoire

197 **Teotihuacan und Westmexiko**
Dominique Michelet und Grégory Pereira

Katalog der ausgestellten Objekte

207 Die Stadt der Götter
211 Architektur und Stadtentwicklung
235 Politik, Handel und Militär
297 Die Religion: Götter und Rituale
359 Das Leben in den Palästen und Wohnkomplexen
389 Handwerkskunst in Teotihuacan
433 Die Beziehungen Teotihuacans mit der mesoamerikanischen Welt
470 Der Niedergang von Teotihuacan

472 **Bibliografie**

480 Bildnachweis

AN DER STRASSE DER TOTEN

FELIPE SOLÍS[*]

Staatliches Institut für Anthropologie und Geschichte
(Instituto Nacional de Antropología e Historia INAH)

[*] Felipe Solís verstarb am Donnerstag, den 23. April 2009, nur 25 Tage nach der Eröffnung der von ihm konzipierten und kuratierten Ausstellung *Teotihuacan, Ciudad de los Dioses*. Zu diesem Zeitpunkt lag nur ein Entwurf seines Artikels für diesen Katalog vor. Der vorliegende Text basiert auf dem von Felipe Solís skizzierten thematischen Aufbau, der um die Inhalte seiner in veröffentlichten wie unveröffentlichten Büchern, Aufsätzen, Artikeln, Interviews, Notizen und Schriften formulierten Ideen ergänzt wurde. Die Endfassung besorgten seine Mitarbeiter und Freunde.

Der Eindruck des Geheimnisvollen, den die Ruinen des alten Mexiko evozieren, verpflichtet zum Blick in die Vergangenheit und zur Betrachtung der dreitausendjährigen Geschichte Mesoamerikas vor Ankunft der spanischen Eroberer. Die Spuren dieser fernen Vergangenheit belegen eine äußerst umfangreiche kulturelle Produktion und zeigen uns eine rätselhafte künstlerische Tradition mit einem eigenständigen Corpus an Symbolen und komplexen Inhalten, eine Kultur, die die Aufmerksamkeit des am Menschen und seiner Vergangenheit interessierten Publikums ebenso fesselt wie den von der Ästhetik dieser ungewöhnlichen Formen faszinierten Kunstliebhaber. Daraus erklärt sich das lebhafte Interesse an den großen Ausstellungen zu diesem Thema, die seit der ersten Hälfte des 20. Jahrhunderts in den Zentren rund um den Globus gezeigt wurden.

Diese Ausstellung haben wir als umfassende Gesamtschau der mächtigsten Stadt Zentralmexikos konzipiert, der ersten und größten präkolumbischen Stadt, heute bekannt unter dem Namen Teotihuacan, was soviel wie „Geburtsort der Götter" bedeutet.

Im Kontext der kulturellen Entwicklung des alten Mexiko illustriert Teotihuacan die Entstehung eines politischen Gebildes mit Staatscharakter, das allgemein als großer Stadtstaat beschrieben wird, der nicht nur ein ausgedehntes und dicht besiedeltes Gebiet mit zahlreichen Randzonen kontrollierte, sondern auch wirtschaftliche Beziehungen mit anderen Staaten unterhielt. In dieser Konstellation konnte die Stadt auf eine bedeutende Größe anwachsen und beachtliche Macht entfalten. Ihre Entstehung wird auf ca. 100 v. Chr. und ihr definitives Ende auf 650 n. Chr. datiert. Teotihuacan ist damit Hauptprotagonistin der klassischen Periode in Zentralmexiko.

Die Bewohner waren hervorragende Künstler und schufen einzigartige Objekte, die heute zu den Meisterwerken universalen Kunstschaffens zählen. Es sind Funde aus archäologischen Grabungen, die später in verschiedenen Museen aufbewahrt wurden, Zeugnisse, in denen das Erbe dieser fast tausend Jahre dauernden Kultur von Experten in jahrelanger Arbeit untersucht, konserviert und publik gemacht wurde.

Die für diese Ausstellung zusammengestellten Exponate zeigen ein reiches künstlerisches Universum aus monumentalen Skulpturen, Fragmenten von Wandmalereien, Reliefs, Gefäßen und Figuren, Werkzeugen, Musikinstrumenten, Steinschneidearbeiten, Holzschnitzereien und Schmuck aus Muscheln, Knochen und Edelsteinen, das die verschiedenen Lebensstile dieser glänzenden, von Reichtum, Macht und Glanz bestimmten Epoche lebendig werden lässt. Für diese Präsentation wurden wichtige neue Funde, aber auch bisher unbekannte archäologische Objekte aus den bedeutenden Museen und

Abb. 1.
Im 19. Jahrhundert hat der Maler José Maria Velasco seine Ansicht von Teotihuacan geliefert (Öl auf Leinwand, Detail, 1878, Museo Nacional de Arte, INBA/CNCA, Mexiko)

Sammlungen Mexikos, von denen einige seit über 100 Jahren in den Institutionen lagern, in die Ausstellung aufgenommen.

Teotihuacan, Ciudad de los Dioses wurde im mexikanischen Monterrey als Gesamtschau konzipiert, und Inhalt wie Präsentation der archäologischen Exponate in neun Themengruppen aufgeteilt: Einführung; städtische und architektonische Merkmale Teotihuacans; Geschichte der archäologischen Erforschung Teotihuacans; Steinskulpturen, Friese und Wandmalereien; Politik, Wirtschaft, Gesellschaft, soziale Hierarchie, Krieg und Handel; Religion: Götter und rituelle Praktiken; die Gesellschaft von Teotihuacan; der Glanz der teotihuacanischen Werkstätten; Teotihuacan in Zeit und Raum. Als ein weiterer wichtiger Teil der Ausstellung wurden Nachbildungen des Atetelco-Portikus, der Innenhöfe der Palastanlagen und der Pfeiler des Quetzalpapálotl-Palastes in Form modernster museografischer Installationen einbezogen, die durch Fragmente von Wandmalereien ergänzt werden. Das Publikum kann sich so ein klares Bild von Lage und Gestaltung dieser künstlerischen Elemente an den Bauwerken der Stadt verschaffen und sich auf diese Weise für einen Moment selbst in die kleinsten Winkel der Stadt der Götter versetzt fühlen.

Die Kunst der Stadt der Götter

Die Architektur ist durch die Größe und Eigenart der Bauwerke die beeindruckendste der künstlerischen Formen in Teotihuacan. Sie wurde allerdings um weitere Elemente wie Skulpturen, Wandmalereien und Steinschneidearbeiten ergänzt, deren großartige und komplexe Motive in reichen Farben gestaltet und das Produkt hoch spezialisierter Maler- und Bildhauerwerkstätten waren, die diese symbolischen Traditionen und Ausdrucksformen über nahezu 700 Jahre aufrecht erhielten.

Die Bewohner von Teotihuacan errichteten ihre Bauwerke mit Werkzeugen aus sehr harten Gesteinen wie Diorit oder Nephrit, aus denen sie äußerst spitze und beständige Meißel, Äxte und Hämmer herstellten. Die Maya hingegen verwendeten für ihre Skulpturen Kalkstein, der sich durch Feuchtigkeit erweichen und so leichter bearbeiten lässt. Die Bildhauer von Teotihuacan dagegen verwendeten härtere Gesteine, wie Andesit oder Basalt, aus denen die für die Stadt typischen, nach dem Prinzip *Talud-Tablero* konstruierten Gebäude errichtet werden konnten. Teotihuacan zeichnet sich vor allem durch die Monumentalität der Bauwerke und den durchkomponierten Grundriss aus.

Die geometrische Struktur der Steinskulpturen ergab sich aus ihrer Integration in die Bauwerke, als deren Verzierung sie dienten. Außerdem fanden Gesteine mit besonderen Farbtönen und speziellen Texturen Verwendung, aus denen menschliche Figuren aller Größen, Totenmasken und Zeremonialgefäße hergestellt wurden.

Die Bildhauer von Teotihuacan hatten einen hohen Grad an Kunstfertigkeit erreicht, der ihnen ermöglichte, „die Seele der Objekte und Figuren" freizulegen und in geometrische Muster zu übersetzen. Der schematische Stil, die gewaltigen Pyramidenbauten und die monumentalen Skulpturen der Schöpfergottheiten und Herrscher des Universums waren Ausdruck einer Vision von Größe, der Bewohner, Bauern und Besucher aus anderen Ortschaften nur mit Bewunderung, Demut und Ehrfurcht begegnen konnten.

Die Kunstfertigkeit, mit der die Wandmalereien geschaffen wurden, findet sich in den sorgfältig ausgearbeiteten Details der mit Stuck dekorierten Keramiken wieder, eine spezialisierte Produktion, die mehr als 600 Jahre in den Kunsthandwerkstätten gepflegt wurde. Der Handel mit diesen Produkten war für die Wirtschaft sowie die politische und gesellschaftliche Struktur von grundlegender Bedeutung, denn so dehnten Krieger und Gesandte den Einfluss des teotihuacanischen Stils auf Gebiete in Tausenden von Kilometern Entfernung aus und hinterließen sichtbare Spuren in einer Vielzahl von Regionen: in Oaxaca,

Veracruz, den Maya-Gebieten, Guerrero, Guanajuato und Michoacán, ja sogar bis nach Honduras und Guatemala. Heute wissen wir, dass die Kultur Teotihuacans einen künstlerischen Stil hervorbrachte, der nicht nur die Kulturen anderer Regionen beeinflusste, sondern auch die Zeit überdauerte. Jahrhunderte später, als die Stadt der Götter bereits in Ruinen lag, suchten die Mexica (Azteken) noch nach Gegenständen aus Teotihuacan und bewahrten sie als wertvolle Objekte aus der Zeit ihrer Ahnen auf.

Ein wenig Mentalitätsgeschichte

Für die Kulturen, die das Tal von Teotihuacan nach dem achten nachchristlichen Jahrhundert besiedelten, war der Anblick jener monumentalen Fundamente ausreichend, um zu der Überzeugung zu gelangen, dass die kosmogonischen Mythen wie die Schaffung der fünften Sonne und des fünften Zeitalters nur an einem so eindrucksvollen Ort wie diesem ihren Ursprung haben konnten. Die bekannte *Leyenda de los Soles* („Legende der Sonnen"), ein auf Náhuatl verfasster, anonymer Text mit Ausdrücken und Wörtern, deren Bedeutung noch im Dunkeln liegt, berichtet von der Versammlung der Schöpfergottheiten in Teotihuacan und ihrem Ziel, ein neues Zeitalter beginnen zu lassen, nachdem das Universum bereits zum vierten Mal zerstört worden war.

In den historischen Codices indigener Überlieferung des frühen 16. Jahrhunderts wird die frühere Stadt der Götter mit einem schematischen Bild ihrer beiden Haupttempel, der Mond- und der Sonnenpyramide, dargestellt. Im Xólotl-Codex ist das Zeichen für die Stadt um eine Höhle ergänzt, ein unmissverständlicher Verweis auf die Grube unter der Sonnenpyramide. Im Huamantla-Codex wird dieser Ort der Ahnen neben den Umrissen der erwähnten Fundamente durch eine riesige Sonnenscheibe mit dem Gesicht des Sonnengottes Tonatiuh gekennzeichnet.

Auch die spanischen Chronisten, meist Geistliche, erwähnen Teotihuacan in ihren historischen Werken und beschreiben Ruinen von gewaltiger Höhe in der Nähe des christianisierten Dorfes San Juan. Philipp II. strebte nach einer schnellen administrativen Ordnung seines ausgedehnten Imperiums und befahl daher die Ausarbeitung detaillierter geografischer Beschreibungen seiner Königreiche und Provinzen. In der *Relación de Tequiciztlan* („Bericht über Tequiciztlan"; der Ort wird auch als „Tecciztlan" bezeichnet) werden Acolman, Teotihuacan und Tepexpan als Ortschaften in der titelgebenden Gemeinde genannt. Zu dem Manuskript gehört eine wunderbare Karte, auf der der Zeichner die Ruinenstadt als Halbrund aus Pyramidenfundamenten darstellt und die Sonnen- und die Mondpyramide besonders hervorhebt. Die Mondpyramide wird von ihm darauf als „Orakel Moctezumas" bezeichnet. In den Erzählungen der frühen Kolonialzeit wird berichtet, dass der unglückliche Aztekenherrscher die Ruinenstadt aufsuchte, um mit den Göttern und seinen Ahnen in Verbindung zu treten.

1675 führte Don Carlos de Sigüenza y Góngora die erste belegte archäologische Grabung durch. Wie sich aus den Informationen anderer Verfasser folgern lässt, versuchte der mexikanische Gelehrte, einen Tunnel in der Mondpyramide zu graben, um eine Reihe von Zweifeln zu beseitigen und insbesondere um die Frage zu beantworten, ob die Fundamente der Pyramide hohl waren.

Nach der Unabhängigkeit von Spanien besuchten viele Reisende die für sie exotischen Gefilde Mexikos, und die Großartigkeit der alten, von der Zeit begrabenen Städte des Landes versetzte sie in Erstaunen. Aus ihren Reiseberichten erfuhr man von unglaublichen Legenden, die die Bewohner den Reisenden über diese verwüsteten Bauwerke erzählten, und man begann, diese Gebäude als außerordentliche Bauwerke aus früheren Zeiten zu betrachten, die die Eroberung Amerikas überlebt hatten.

Abb. 2.
„Statue gigantesque à Teotihuacan":
oberer Teil der monumentalen Skulptur einer
Göttin im Sektor der Mondpyramide (Fotografie
von Désiré Charnay, Oktober 1880, musée du
quai Branly, Paris)

Humboldt rühmte als Erster die Großartigkeit der zwei riesigen Pyramiden und weckte damit die Neugier und den Forschungsdrang aller späteren Reisenden. So entstand eine lange Reihe von Geschichten über die geheimnisvolle Stadt. Gegen 1830 war die Marquesa Calderón de la Barca der Ansicht, dass „[d]iese beiden gewaltigen Steinkörper ... der Sonne und dem Mond geweiht [waren], Himmelskörper, die zu Zeiten Cortés' durch zwei riesige, mit Gold überzogene Steingötzen versinnbildlicht wurden" [Original Spanisch]. Desiré Charnay nahm an, dass die Gebäude in Teotihuacan „[später] ... als Modell für andere Tempel in der Region [dienten]" und vertrat die Auffassung, dass „[d]ie Sonnenpyramide ... die bemerkenswerteste von allen [ist]. Ihre Grundfläche misst 680 Fuß und ihre Höhe 180 Fuß. Wie alle großen Pyramiden bestand sie aus vier Ebenen, von denen drei noch zu erkennen sind, obwohl die mittlere Stufe fast vollständig zerstört ist." Von den Bewohnern der Region hörte sie außerdem die Geschichte, dass sich „[a]uf der Spitze des höchsten Tempels ... ein Tempel mit einer aus einem einzigen Block gehauenen Sonnenstatue [erhob], [die] auf der Brust eine Öffnung trug, in die ein Planet aus feinem Gold gelegt wurde ..." [Original Spanisch].

Im 19. Jahrhundert wurde man schließlich des Reichtums und der Vielfalt der künstlerischen Ausdrucksformen gewärtig, die für die verschiedenen präkolumbischen Kulturen Mesoamerikas kennzeichnend sind. Die Tradition Teotihuacans als Schöpfungsort unglaublicher Geschichten war damit fast 1 200 Jahre alt.

Hundert Jahre Forschung

Erst im 20. Jahrhundert unterstellten die mexikanischen Revolutionsregierungen die archäologische Forschung der staatlichen Oberaufsicht, deren erste Aufgabe darin bestand, den Zustand der archäologischen Zonen zu erfassen. In der Folge entwickelte sich daraus das wichtigste Forschungsprojekt der damaligen Zeit.

Manuel Gamio leitete zwischen 1917 und 1921 die Arbeiten für *La población del valle de Teotihuacan* („Die Bevölkerung des Tals von Teotihuacan"), eine groß angelegte Regionalstudie, an der die damals bekanntesten Wissenschaftler beteiligt waren. Seitdem ist es durch das Verhalten der mexikanischen Regierung möglich gewesen, die bedeutenden Reste jener großen Städte der indigenen Vergangenheit in einer Vielzahl archäologischer Untersuchungen freizulegen, und nur so ließ sich die schöpferische Kraft erkennen, mit der die frühen mexikanischen Kulturen ihre Städte entwarfen und errichteten.

Durch die Forschungen und Studien zu Teotihuacan und anderen prähispanischen Städten wurden die Sammlungen des alten Nationalmuseums in großem Umfang erweitert. Daneben kamen einige der wichtigsten mexikanischen Sammlungen durch Kauf oder Schenkung hinzu. Eine Vielzahl von Texten wurde veröffentlicht, die ein Gesamtbild der präkolumbischen Kunst in Mexiko boten und unter denen aufgrund ihrer Bedeutung und reicher Illustrationen insbesondere das Gesamtwerk von Paul Westheim, die Abhandlung von Disselhoff und Linné und die hervorragende Zusammenfassung von Alcina Franch zu nennen sind.

Parallel zu den Fortschritten bei der Erforschung des prähispanischen Mexiko entfaltete sich eine umfangreiche kuratorische Tätigkeit, deren Ziel darin lag, ausgewählte Objekte der präkolumbischen Kunst und in erster Linie die Meisterwerke dieser alten Kulturen in den Zentren rund um den Globus vorzustellen. So wurde mit Erfolg eine Vielzahl von Ausstellungen in den großen Museen Europas und der USA gezeigt.

Die moderne Geschichte dieser Ausstellungen zur prähispanischen Kunst lässt sich bis in das 19. Jahrhundert zurückverfolgen: 1824 organisierte William Bullock in London eine Ausstellung, die der Vorläufer der 1888 im alten Nationalmuseum eingerichteten „Monolithengalerie" (*Galería de los*

statue gigantesque à Teotihuacan

Monolitos) war. In diesen Räumlichkeiten der Calle de la Moneda, im historischen Zentrum von Mexiko-Stadt gelegen, wurden einige der größten Skulpturen aus dem ganzen Land ausgestellt. Um dieser Sammlung monumentaler Skulpturen einen krönenden Abschluss zu geben, wurde Leopoldo Batres – zu dieser Zeit Leiter der archäologischen Forschungen in Teotihuacan – von der mexikanischen Regierung damit beauftragt, die große und fast 20 Tonnen schwere *Chalchiuhtlicue*-Skulptur von einer der Erhebungen der Mondpyramide bis zum Bahnhof San Lázaro in Mexiko-Stadt zu befördern, von wo aus sie am 9. April 1889 zu den Toren des Museums transportiert wurde.

Im Zuge der Forschungsarbeiten der archäologischen Grabungen in ganz Mexiko wurde das alte Museum 1915 neu strukturiert. Die Funde wurden jetzt in einzelnen Themenräumen präsentiert, mit einem gesonderten Saal für Teotihuacan. Auf diese Weise sollten die kulturellen Merkmale der großen präkolumbischen Gruppen anhand ihrer archäologischen Spuren veranschaulicht und das damals zu den einzelnen Kulturen vorhandene Wissen erweitert werden.

Heute sind wir in der Lage, uns diese Städte und ihre mit außergewöhnlichen Reliefs und prächtigen Wandmalereien verzierten Gebäude zum Zeitpunkt ihres größten Ruhmes vorzustellen, uns ein Bild zu machen von dem Luxus, mit dem die Herrscher ihre Paläste schmückten und von den komplexen rituellen Handlungen, die die Bewohner zu Ehren der Götter zelebrierten.

Um diese Vorstellungen auch für das Publikum lebendig werden zu lassen und mit dem anwachsenden Strom an Objekten aus Schenkungen und archäologischen Grabungen entstand das Projekt eines Museums, das dem Platzbedarf für den enormen Umfang an Funden und ihre angemessene museografische Präsentation Rechnung tragen würde. So wurde 1964 das Nationalmuseum für Anthropologie (Museo Nacional de Antropología) errichtet, und auch hier war ein wichtiger Raum für Teotihuacan und die Kultur dieser Stadt reserviert.

Der Saal zu Teotihuacan wurde von Jorge R. Acosta, dem zuständigen Fachberater, als eine Art erster Besuch der archäologischen Zone konzipiert. Diese wurde zur Zeit des Museumsbaus erforscht, und man entdeckte und restaurierte dort eine Reihe von Pyramiden und Palästen. Daraus entstand die Idee, einen Teil der Pyramide der Gefiederten Schlange im natürlichen Maßstab nachzubilden, einschließlich der ursprünglichen Farbigkeit. Die großartige Sammlung an typisch teotihuacanischen Figuren, Keramiken, Objekten der Steinschneidekunst und monumentalen Skulpturen bildete eine natürliche Einheit mit dem beeindruckenden Wandbild des begabten Landschaftsmalers Nicolás Moreno, das das Tal darstellt, in dem sich die prähispanische Stadt befand.

Das Museumsprojekt war so wichtig, dass man vorschlug, die größte präkolumbische Skulptur, den Tláloc von Coatlinchan, am Eingang des Gebäudes aufzustellen, um so die Besucher zu empfangen. Der Leiter des Bauprojekts für das neue Museum, der Architekt Pedro Ramírez Vázquez, die Ingenieure Alonso Cue und Valle Prieto sowie die Archäologen Luis Aveleyra und Ricardo de la Robina beaufsichtigten die komplizierte Aufgabe, den Steinblock von Coatlinchan, dem Dorf an der Ostflanke des Tals von Mexiko, dem die Skulptur ihren Namen verdankt, in die Hauptstadt zu transportieren, denn in diesem Dorf befand sich der Steinbruch, in dem die frühen Bildhauer die Skulptur des Wettergottes schufen.

Die Stadt der Götter als Botschafterin

Unmittelbar nach dem Amtsantritt der postrevolutionären Regierung erklärten die für Bildung und Kultur zuständigen Behörden die weltweite Präsentation der mexikanischen Kunst als Zeichen des guten Willens zu einem vorrangigen Anliegen. Seitdem wurde eine Reihe wichtiger Ausstellungen gezeigt, unter denen insbesondere *Art mexicain* in Paris, eine in den 1960er Jahren von Fernando Gamboa kuratierte Schau, sowie *Splendors of Thirty Centuries* im Metropolitan Museum of Art in New York 1990 zu nennen sind. Die einzige internationale Vorgängerin, die sich ausschließlich mit der „Stadt der Götter" befasste, war die Ausstellung *Teotihuacan. Art from the City of the Gods* im M.H. de Young Memorial Museum in San Francisco 1993, für die 187 Exponate aus verschiedenen mexikanischen, US-amerikanischen und europäischen Sammlungen zusammengestellt wurden.

Ausgehend von demselben museografischen Konzept wurde im Rahmen der 40-Jahr-Feier des Nationalmuseums für Anthropologie die Ausstellung *Viaje al centro de la pirámide de la Luna. Recientes descubrimientos en Teotihuacan* („Reise ins Zentrum der Mondpyramide. Neue Funde aus Teotihuacan") gezeigt. Sie war das Ergebnis der detaillierten Forschungen im Rahmen des Projekts zur Mondpyramide unter der Leitung von Rubén Cabrera vom INAH und Saburo Sugiyama von der Universität Nagoya der Präfektur Aichi, Japan.

2006 zeigte das Nationalmuseum für Anthropologie eine Ausstellung, die sich speziell mit dieser Kultur befasste: *Teotihuacan. Testimonios artísticos de la Ciudad de los Dioses* („Teotihuacan. Künstlerische Zeugnisse der Stadt der Götter"), eine Ausstellung, die in vielen mexikanischen Bundesstaaten zu sehen war und für die 145 Objekte herausragender Qualität aus allen künstlerischen Sparten ausgewählt wurden. Viele dieser Objekte sind auch in der hier gezeigten Ausstellung zu sehen.

Ausgehend von diesen ersten Schritten zur Auswahl von Exponaten wurde es möglich, die Gesamtschau zu planen und zu entwickeln, die heute im Saal für internationale Ausstellungen des Nationalmuseums für Anthropologie zu sehen ist. Dort werden die Forschungsergebnisse präsentiert, die in den letzten 25 Jahren vom Nationalinstitut für Anthropologie und Geschichte in Kooperation mit einigen der wichtigsten mexikanischen, amerikanischen und japanischen Universitäten erarbeitet wurden.

Teotihuacan bietet jedoch auch für nachfolgende Archäologengenerationen noch ausreichend Stoff. Dabei ist es von entscheidender Bedeutung, die Möglichkeiten des technologischen Fortschritts auch in Zukunft voll zu nutzen, denn nur so ist es möglich, Strukturen beschädigungsfrei zu untersuchen und das prähispanische Erbe, das weiterhin in der meistbesuchten archäologischen Zone Mexikos verborgen liegt, vollständig zu erforschen und zu bewahren.

Diese Ausstellung bildet den Auftakt zu einer Reihe von Ausstellungen mit dem Thema Teotihuacan, die ab Oktober 2009 zum ersten Mal eine Reihe europäischer Zentren durchlaufen werden. Gezeigt wird ein Corpus an Objekten, die auf unübertroffene Weise das sichere Gefühl für den Kontrast, die Ausgewogenheit und die Harmonie der Formen, Strukturen und Farben bezeugen, mit denen die mesoamerikanischen Künstler ihre großartigen Werke gestalteten und die wir heute als stumme Zeugen jener großen Zeit Teotihuacans bewahren. Auf diese Weise wird es uns möglich, dem unerschöpflichen Reichtum des kulturellen Erbes von Mexiko Anerkennung zu zollen und uns der Herausforderung unserer Zeit zu stellen, die nicht nur in der hohen Wertschätzung dieses reichen kulturellen Vermächtnisses besteht, sondern auch in seiner weiteren Erforschung, seiner besseren Erhaltung und in der Aufgabe, es den zukünftigen Generationen zu überliefern.

Detaillierte Karte

1. Mondpyramide
2. Sonnenpyramide
3. Zitadelle
4. Pyramide von Quetzalcóatl
5. Straße der Toten
6. Großes Ensemble
22. Palast von Quetzalpapálotl. Palast der Jaguare und Gebäude der Gefiederten Meeresschnecken
23. Xalla-Komplex
24. Malereien der Fantasietiere
25. Sonnenpalast
26. Priesterhaus
27. Viking-Gruppe
28. Komplex der Straße der Toten
29. Ensemble Platz-Ost
30. Ensemble Tetitla
31. Ensemble Zacuala
32. Ensemble Yayahuala

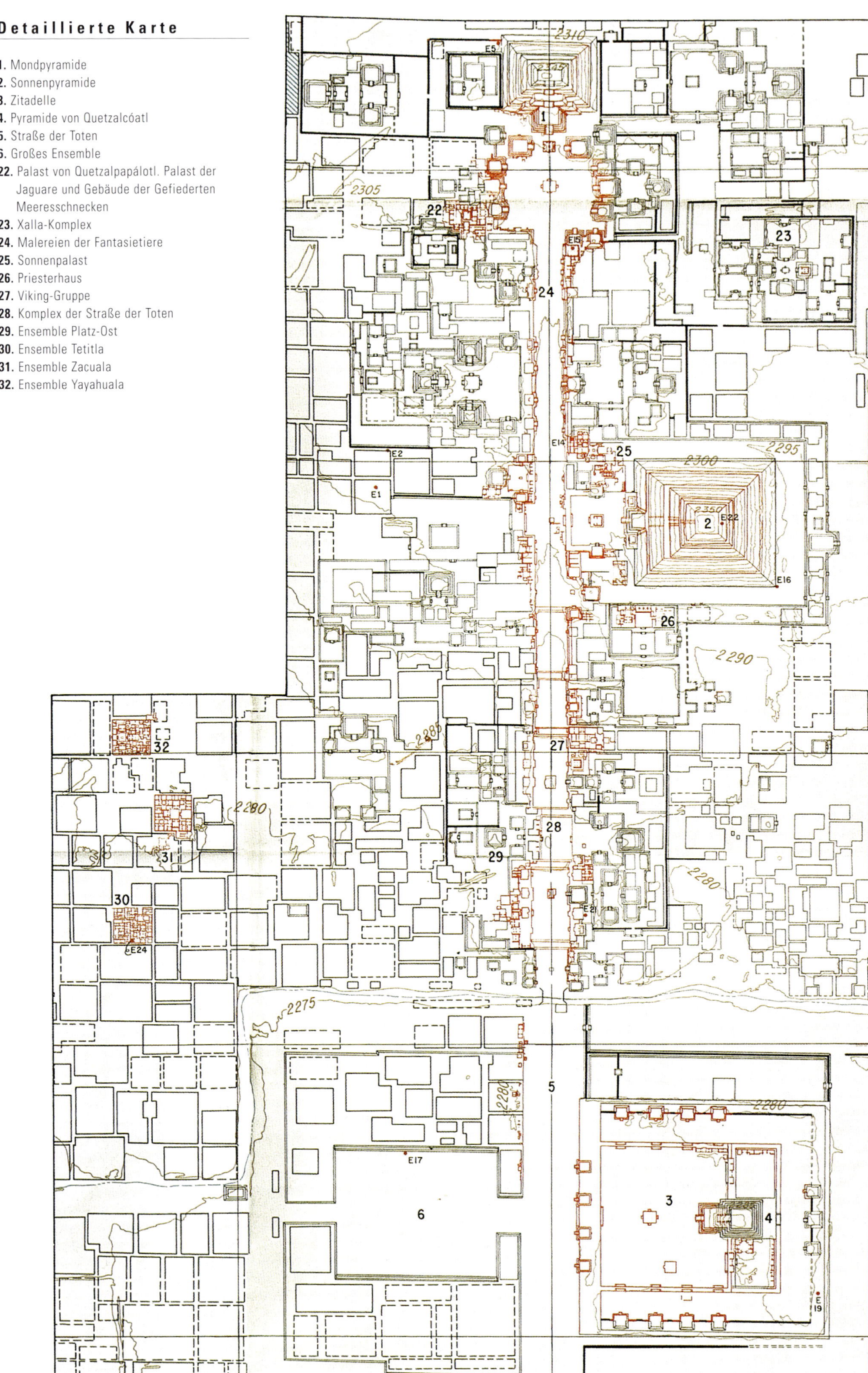

EINFÜHRUNG IN DIE KULTUR VON TEOTIHUACAN

GEORGE L. COWGILL

Staatliche Universität Arizona

Teotihuacan liegt in der semiariden Hochebene von Zentralmexiko, 45 Kilometer von Mexiko-Stadt entfernt, auf einer Höhe von 2 275 Metern über dem Meeresspiegel. Es gehört zum Weltkulturerbe der UNESCO und wird jährlich von Hunderttausenden Touristen aus aller Welt besucht. Doch das breite Publikum weiß sehr viel weniger über die Kultur von Teotihuacan als über die anderen großen indigenen Zivilisationen Amerikas wie die Olmeken, Azteken, Maya und Inka. Nur wenigen ist bekannt, dass die aztekische Gesellschaft erst seit dem 14. Jahrhundert belegt ist. Auch die Fremdenführer unterscheiden nicht immer deutlich zwischen Azteken und Teotihuacanern.

Die Stadt Teotihuacan erlebte ihre Blütezeit ein Jahrtausend vor den Azteken, von etwa 100 v. Chr. bis 550/650 n. Chr. Während des größten Teils dieser Zeitspanne umfasste die Stadt ein Gebiet von 20 Quadratkilometern und hatte etwa 100 000 Einwohner. Ihre größten Pyramiden können sich mit den größten ägyptischen Pyramiden messen, bei deren Bau bereits Metallwerkzeuge verwandt und der Fluss als Transportweg genutzt wurden. Die Pyramiden von Teotihuacan entstanden jedoch vollkommen unabhängig von den ägyptischen, obgleich sie der früheren Tradition kleinerer Pyramiden auf dem amerikanischen Kontinent viel verdanken. Sie wurden nur mit menschlicher Muskelkraft erbaut, von einer Zivilisation, die zwar Steinwerkzeuge, aber keine Lasttiere kannte. Selbst in unserer hochtechnologisierten Zeit ist der Anblick der Pyramiden und der großen Plätze von Teotihuacan überwältigend. Für die Menschen der damaligen Zeit muss dieser Eindruck noch stärker gewesen sein.

Die Kultur von Teotihuacan fällt in die Zeit der Späten Präklassik und Frühen Klassik der Maya, die 1 000 Kilometer weiter östlich in den Bergen und in den Wäldern des Tieflands lebten. Welche Ausdehnung das unmittelbare Herrschaftsgebiet von Teotihuacan besaß, ist nach wie vor unklar, doch es handelt sich um die bei weitem einflussreichste Kultur ihrer Zeit in der gesamten Region indigener Hochkulturen, die die Archäologen Mesoamerika nennen und zu der auch Mexiko (mit Ausnahme der nördlichen Grenzgebiete zur USA) sowie die nördlichen Republiken Zentralamerikas zählen. Belege für verschiedene Einflüsse aus Teotihuacan – auf den Handel, die Religion, den künstlerischen Stil und vielleicht auch die Politik – finden sich im Westen mindestens bis in die mexikanischen Bundesstaaten Michoacán und Guerrero hinein, im Golftiefland von Veracruz, an der Pazifikküste in Oaxaca, Chiapas und Guatemala sowie in der Maya-Stadt Kaminaljuyú im Hochland von Guatemala. Menschen teotihuacanischer Herkunft, wenn

Abb. 1.
Lageplan des zentralen Teiles der Anlage
nach interpretierter Vermessung des
Teotihuacan Mapping Project
(R. Millon, 1973)

nicht gar die Teotihuacaner selbst, mischten sich sogar in die Politik großer Maya-Stadtstaaten ein und begründeten in Tikal und Copán neue Dynastien. In ihrer näheren Umgebung verhandelten die Teotihuacaner offenbar von gleich zu gleich mit den Zapoteken, deren Hauptstadt Monte Albán im Bundesstaat Oaxaca liegt.

Die Blütezeit von Teotihuacan erstreckte sich somit über mehrere Jahrhunderte, und in dieser Zeit nutzte die Stadt ihre natürlichen Ressourcen auf nachhaltige Weise. Um 550/650 n. Chr. wurden die Haupttempel geschändet und niedergebrannt, offenbar mit dem Ziel, sowohl den Staat als auch die Kultorte, aus denen die Herrscher ihre Legitimation bezogen hatten, zu vernichten. Diese gewaltige Zerstörung könnte auf einen Aufstand im Innern, äußere Eindringlinge oder beides zugleich zurückzuführen sein. Vielleicht spielten auch Klimaveränderungen eine Rolle. Es mag sein, dass die Stadt kurz verlassen wurde, doch bald zogen Neuankömmlinge, vielleicht aus West-Mexiko, mit neuen Stiltraditionen und religiösen Praktiken hier ein. Möglicherweise vermischten sie sich mit den Überlebenden von Teotihuacan, doch sie hatten wohl kaum Anlass, deren Erbe zu bewahren. Nur wenige ließen sich in der Nähe der Ruinen der großen Tempel nieder, die meisten lebten in verstreuten Ansiedlungen in den Außenbezirken der ehemaligen Stadt, manchmal in alten Wohnkomplexen, deren Räume sie neu aufgeteilt hatten.

Dennoch wurde die Symbolik von Teotihuacan bald in anderen zentralmexikanischen Städten wie Cacaxtla-Xochitécatl im Bundesstaat Puebla und Xochicalco im Bundesstaat Morelos wieder aufgenommen und mit Einflüssen der Maya und anderer mesoamerikanischer Kulturen vermischt. Wenig später findet man einige teotihuacanische Traditionen in der Architektur und Symbolik von Tula, der „toltekischen" Hauptstadt im Bundesstaat Hidalgo. Spätestens um 1100 zerfiel der toltekische Staat, und das Erbe von Teotihuacan scheint – nach den materiellen Zeugnissen zu urteilen – eine Zeitlang in Vergessenheit geraten zu sein.

Die Azteken griffen jedoch gezielt auf die Bildwelt von Teotihuacan zurück. Um 1400 lag die Erinnerung an den teotihuacanischen Staat in weiter Ferne – er stellte längst keine politische Bedrohung, keinen Anlass zur Rache mehr dar. Doch die riesigen Pyramiden von Teotihuacan standen noch und waren viel zu groß, um sie einfach zu ignorieren. Man glaubte, sie könnten unmöglich das Werk von Menschen sein, denn nur Riesen oder Götter seien imstande, derartiges zu errichten. Teotihuacan galt als der Ort, an dem das Selbstopfer der Götter zur Schöpfung der bestehenden Welt geführt hatte, die wiederum in einem Zyklus von Weltschöpfungen stand. Ähnlich wie Karl der Große und andere Herrscher im europäischen Mittelalter sich auf das Römische Reich beriefen, nutzte auch das aztekische Königshaus seine – über die Tolteken vermittelten – Beziehungen zu Teotihuacan und den Teotihuacanern, um seine Legitimation zu stützen. Im Tempelbezirk des Templo Mayor von Technochtitlán, der aztekischen Hauptstadt, die im heutigen Zentrum von Mexiko-Stadt entstand, wurden Überreste aus Teotihuacan in Verstecken geborgen und Steinskulpturen des Alten Feuergotts von Teotihuacan reproduziert (die man dem aztekischen Glauben ein wenig angeglichen hatte), ja man baute sogar Nachbildungen der teotihuacanischen Tempelpyramiden.

Kunst und Bildwelt von Teotihuacan stimmen in einigen wesentlichen Zügen mit denen anderer mesoamerikanischer Kulturen überein – so spielten etwa ein Regen-/Sturmgott und die Gefiederte Schlange, die bei den Azteken Tláloc und Quetzalcóatl hießen, eine wichtige Rolle. Der Stil von Teotihuacan hat jedoch viele besondere Kennzeichen, in denen er sich von allen anderen unterscheidet. Während man zur flüssigen, naturalistischen Kunst der Maya-Klassik einen sehr viel unmittelbareren Zugang findet, ist die Bildwelt Teotihuacans zunächst gewöhnungsbedürftig. Auf den ersten Blick erscheinen die Bilder steif, statisch und ohne Tiefe, menschliche Figuren wirken untersetzt und undifferenziert, im Gegensatz zur Betonung der Individualität bei den Maya. Die Teotihuacaner waren nicht daran interessiert, individuelle Persönlichkeiten zu porträtieren, und so werden Unterschiede eher in der Kleidung als in Gesichtszügen oder im Gesichtsausdruck dargestellt. Kleidung und Insignien zeigen Amt und Rang einer Person an, wie etwa Priesteramt, militärische Funktion und Rang oder ziviles Amt. Daraus können wir ablesen, welche Vorstellung die Herrschenden von ihrer Gesellschaft hatten: Sie sollte eher hierarchisch gegliedert und gruppenorientiert als egalitär oder individualistisch sein. Ich zweifle nicht daran, dass in Wirklichkeit Individuen und Fraktionen ausgeklügelte Strategien und Taktiken verfolgten, die ebenso auf Wettbewerb wie auf Zusammenarbeit beruhten, um ihre unterschiedlichen Ziele zu erreichen. Doch vielleicht fand dies innerhalb von Institutionen statt, die stärker als in anderen Gesellschaften auf Zusammenarbeit setzten und einen offenen Wettbewerb verhinderten.

Der Eindruck von Gedrungenheit bei den menschlichen Gestalten kommt vor allem dadurch zustande, dass die Wandgemälde in obere und untere Register unterteilt sind. Auf den meisten Wänden findet sich ein unteres Register, das aus einer etwa einen Meter hohen Tafel besteht, die sich nach oben hin leicht verjüngt (ein *Talud*), und durch einen kleinen Absatz vom oberen, höheren Teil der Wand, der bis zur Decke reicht, getrennt ist. Auf den niedrigen unteren Registern – heute meist die einzig erhaltenen Überreste – können die menschlichen Figuren nur verkürzt dargestellt werden. Auf den seltenen Überresten der oberen Register sieht man auch größere und schlankere Figuren.

Der erste Eindruck, die Bilder seien statisch, täuscht. Sobald man gelernt hat, die Malereien zu lesen, erkennt man, dass viele Figuren in Bewegung sind oder dramatisch gespannte Posen einnehmen. Ein Jaguar springt hoch, aus seinen ausgestreckten Krallen züngeln Flammen. Anthropomorphe Jaguare laufen auf den Hinterbeinen, die komplizierten Tänze der bewaffneten menschlichen Figuren werden in Folgen von sich überschneidenden Fußabdrücken dargestellt. Gefiederte Jaguare blasen so lebensecht auf Meeresschnecken-Trompeten, dass einem von den schauerlichen Tönen schon fast die Ohren klingeln.

Oft sieht man auch räumliche Tiefe, die allerdings nicht durch Perspektive wie in der europäischen Kunst seit der Renaissance dargestellt wird, sondern durch die Überlagerung mehrerer Ebenen. Auf den Wandgemälden in dem Techinantitla genannten Wohnkomplex tritt der Sturmgott in vollem Ornat mit einem Blitz in der Hand hinter einer Bogenreihe hervor. Mit ein wenig Einbildungskraft und dem Versuch, sich in einen Teotihuacaner hineinzuversetzen, läuft es einem kalt den Rücken hinunter. Die Gestalt, die man im Wortsinn als Verkörperung des Sturmgottes bezeichnen kann, ist vermutlich ein Mensch, und man kommt ihm näher, wenn man ihn als Zelebranten betrachtet, der in diesem Augenblick der Sturmgott *ist*. Wie bei den Katsina-Tänzern der indigenen Gesellschaften im Südwesten der USA ist es vermutlich falsch, scharf unterscheiden zu wollen, ob jemand eine Gottheit verkörpert oder *ist*.

Der Grundriss der Stadt Teotihuacan folgt einem außerordentlich strengen Raster. Die Nord-Süd-Straßen verlaufen immer genau fünfzehneinhalb Grad östlich von rechtweisend oder Geografisch-Nord, die Ost-West-Straßen fast im rechten Winkel dazu etwa sechzehneinhalb Grad südlich von Geografisch-Ost. Das spricht für einen hohen Grad staatlicher Reglementierung, dennoch gab es auch viel Raum für Einzel- und örtliche Initiativen. Die meisten Einwohner lebten in soliden, von Mauern eingefassten Wohnkomplexen, in denen ein großer Innenhof von niedrigen Plattformen und vielen verschiedenen Wohnungen

Abb. 2.
Lageplan des zentralen Teiles der Anlage nach interpretierter Vermessung des Teotihuacan Mapping Project, mit der in den Texten (R. Millon, 1973) erwähnten Lokalisierung. Jedes Planquadrat hat eine Seitenlänge von 500 Metern

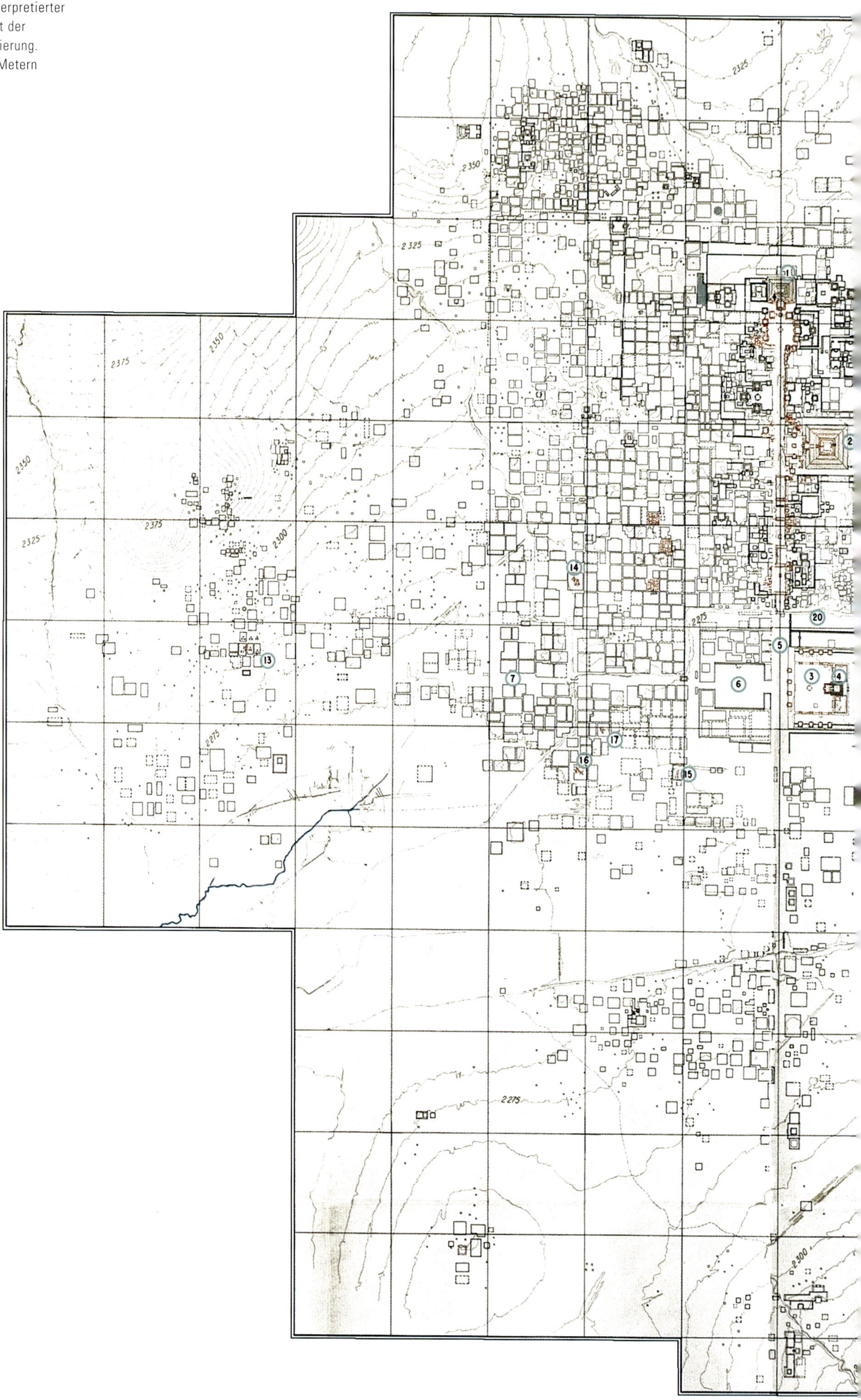

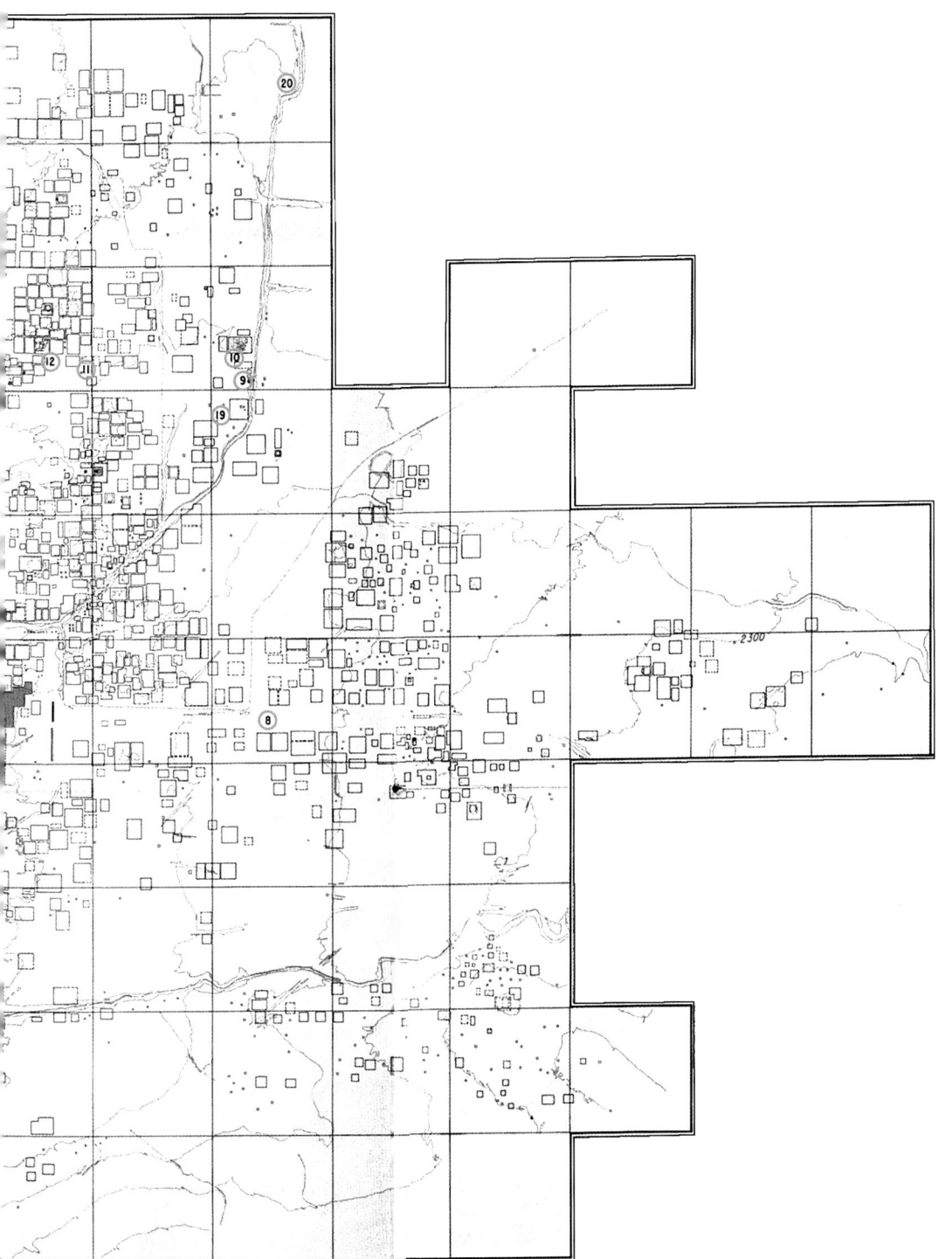

Gesamtplan

1. Mondpyramide
2. Sonnenpyramide
3. Zitadelle
4. Pyramide von Quetzalcóatl
5. Straße der Toten
6. Großes Ensemble
7. Avenue West
8. Avenue Ost
9. Händler-Viertel
10. Ensemble Tlamimilolpa
11. Ensemble Xolalpan
12. Ensemble Tepantitla
13. Zapotekisches Viertel (Oaxaca)
14. Ensemble Atetelco
15. La Ventilla A
16. La Ventilla B
17. La Ventilla C
18. Ensemble Teopancazco
19. Ensemble Techinantitla
20. Río San Juan

umgeben war. Die Außenmauern folgten dem Grundraster, doch in der Größe der Komplexe, der Wohnungen und einzelnen Räume und der inneren Aufteilung der Anlagen gab es beträchtliche Unterschiede. Keine Anlage gleicht der anderen. Auch die Bauqualität ist sehr unterschiedlich. Manche Wohnkomplexe besaßen sorgfältig ausgeführte, vielfarbige Wandgemälde, andere waren wesentlich schlichter gehalten, und viele Menschen lebten in einfachen Häusern aus Lehmziegeln (*adobe*) oder vielleicht noch vergänglicheren Materialien wie Lehmflechtwerk.

Teotihuacan wird seit über einem Jahrhundert wissenschaftlich erforscht, doch bis heute wurden 95 Prozent seiner Ruinen noch nicht ausgegraben. Der französische Archäologe René Millon leitete in den 1960er Jahren ein Projekt, bei dem seine Teams die ganze Stadt abschritten und ihre Oberfläche mit beispielloser Genauigkeit und mit Detailreichtum kartografierten. Vieles, was wir über die Stadt als Ganzes wissen, entstammt diesem Projekt. Doch auch die sorgfältigste Oberflächenbetrachtung stößt an ihre Grenzen, und diese Studien müssen durch gezielte Grabungen ergänzt werden. Das gilt besonders für die Überreste außerhalb des zentralen Kult- und Wohnbereichs der Stadt, in dem die Tempelpyramiden und die Wohnanlagen des Großteils der Einwohner standen.

Um eine komplexe Stadt wie Teotihuacan zu verstehen, genügt es nicht, nur die wichtigsten Tempel und die Wohnsitze der Oberschicht auszugraben. Heute wendet sich die Aufmerksamkeit allen Schichten der Gesellschaft zu, von der niedrigsten bis zu höchsten, Männern ebenso wie Frauen und Kindern. Die Archäologen haben einiges über wichtige Handwerke in der Stadt herausgefunden, wie Obsidian- und Steinbearbeitung, Töpferei und keramische Plastik sowie Textilherstellung, die in den folgenden Kapiteln vorgestellt werden. Vieles an diesen Handwerken ist immer noch unerforscht, ebenso wie die sozialen und wirtschaftlichen Bedingungen für die Organisation der Produktion, die Verbreitung und den Konsum der Güter.

Wir wissen inzwischen einiges über die verschiedenen Viertel der Stadt, so über kleine Enklaven von Einwanderern mit Verbindungen nach Oaxaca, ins Golf-Tiefland, zu den Maya und nach West-Mexiko. Doch es ließe sich noch mehr über die Initiativen der gesellschaftlichen Basis und ihr Zusammenspiel mit den Erlassen der politischen Elite herausfinden.

Weit jenseits der von Touristen besuchten, teilweise ausgegrabenen und restaurierten Stadtmitte liegen noch viele Quadratkilometer voller Ruinen. Dazu gehören auch einige entlegene Pyramiden, die aber meist nur als unauffällige, mit Gras oder anderer Vegetation bedeckte niedrige Hügel erscheinen. Man kann dort Tonscherben oder andere Überreste finden; die seltenen Spuren alter Mauern oder Böden ragen kaum aus dem Erdboden heraus. Hier und da weisen offene Gruben etwas deutlicher auf die sich noch im Erdreich befindenden Ruinen hin – sie sind das Werk von Plünderern, die ihre Funde auf dem Antiquitätenmarkt versilbern wollen. Leider werden heute in vielen Teilen der äußeren Stadtbezirke verstärkt Wohnhäuser gebaut. Es gibt zwar gesetzliche Baubeschränkungen, doch der Regierung fehlen die Mittel, um große Teile der Stadt vor ihrer Zerstörung angemessen zu erforschen. Dieses Problem ist im gesamten mexikanischen Becken weit verbreitet. Ein großer Teil der archäologischen Stätten, die noch vor 30 Jahren bestanden, ist inzwischen vollständig zerstört. Die Archäologie in Zentralmexiko befindet sich in einer Krise und benötigt dringend mehr Mittel. Indem wir die Besucher dieser Ausstellung auf diese Situation aufmerksam machen, können wir vielleicht mehr Unterstützung bei unseren Vorhaben gewinnen. Gewiss kommen bei einer solchen Arbeit nur selten spektakuläre Funde zutage, doch unser Wissen über die Vergangenheit stammt vor allem aus alltäglichen Überresten – „anderer Leute Müll", wie es manchmal heißt. Betrachten Sie das wunderbare Räuchergefäß, das Linda Manzanilla in einem zunächst bescheiden wirkenden Wohnkomplex nahe den Außenbezirken der Stadt ausgegraben hat.

Man mag zwar denken, dass wir bereits alles Wissenswerte über Teotihuacan kennen, doch dieser Eindruck ist völlig falsch. Diese Ausstellung, so wunderbar und reich sie auch sein mag, ist eher der Zwischenbericht eines *work in progress*. Lassen Sie uns auf weiteren Fortschritt hoffen und gemeinsam darauf hinarbeiten.

DIE ÖKOSYSTEME IM TAL VON TEOTIHUACAN IM VERLAUF DER GESCHICHTE

EMILY McCLUNG DE TAPIA

Labor für Paläoethnobotanik und Paläoökologie
Institut für anthropologische Forschung
Autonome Universität von Mexiko

Einleitung

Bis vor kurzem war die ökologische Untersuchung der Region von Teotihuacan und die Geschichte des prähispanischen Landbaus abhängig von der Analyse aktueller Voraussetzungen und Vorgehensweisen und nur punktuell durch ethnohistorische Verweise ergänzt worden. Es sind jedoch in den letzten Jahren verschiedene Studien mit relevanten Umweltdaten über die Region von Teotihuacan entstanden, die grundlegend zum Verständnis der landschaftlichen Veränderungen über die Jahre hinweg beitragen. Es gibt neue Erkenntnisse über die Klimaentwicklung auf der zentralen Hochebene während des Holozäns: durch Erforschung des Seengebiets im transmexikanischen neovulkanischen Gürtel, durch regionale Untersuchungen der Vegetation, die das Gebiet teilweise beschreiben, durch mikro- und makrobotanische Funde aus archäologischen Grabungen und durch bodenkundliche Profile, sowie aus dem Studium der Ablagerungen und der für das Gebiet typischen geomorphologischen Prozesse. All diese Faktoren haben zur Analyse der landschaftlichen Veränderungen infolge von natürlichen und anthropogenen Einflüssen seit Beginn der Ansiedlung sesshafter Gemeinschaften in der Region beigetragen.

Besonders das Studium mikrobotanischer Funde (Pollen und Phytolithe) in der Region gibt Hinweise auf mögliche Fluktuationen in der räumlichen Verteilung der Vegetationsarten: Veränderungen in der Verbreitung der Vegetation deuten auf Veränderungen der Umwelt hin, die durch das Klima oder menschliche Tätigkeiten hervorgerufen werden. Botanische Makroreste enthalten wichtige Informationen über die Umgebung und die Verwendung dieser Urpflanzen.

Umweltaspekte der Region Teotihuacan

Die Region wird von geologischen Formationen wie den Bergen Patlachique, Malinalco und Colorado geprägt, die im Miozän entstanden und von Ablagerungen aus vulkanischem Tuff- und Bimsstein umgeben sind, die aus Aschenströmen des Pliozäns und Pleistozäns bestehen. Der Cerro Gordo und der Cerro Chiconautla stammen aus dem späten Pliozän und dem frühen Pleistozän. Das restliche Areal besteht aus Formationen des Quartärs: Ablagerungen von Schwemmland, Lava und Basalt, Schichtvulkane und Aschekegel. Die zentrale Zone liegt zwischen zwei parallel quer (Cerro Gordo und Patlachique) und zwei senkrecht verlaufenden Verwerfungen im Osten und Westen (die Berge Chiconautla, Coronilla, Soltepec und Tepayo).

Die Ureinwohner der Region nutzten die geologischen Ressourcen für Bauten (Basalt, Tezontle etc.) und für die Herstellung von Werkzeug und Kunsthandwerk (Obisidian), wie z.B. symbolischen Nachbildungen der Natur.

Abb. 1.
Das Tal von Teotihuacan befindet sich im Nordosten des Beckens von Mexiko mit halbwüstenartigem Relief

Abb. 2.
Topografische Karte des Tals von
Teotihuacan und dessen Umgebung

Das Gebiet unserer Untersuchung liegt in einer Übergangszone zwischen semiaridem und subhumidem Klima, mit je nach Höhe unterschiedlichen Niederschlägen und unterschiedlicher Luftfeuchtigkeit. Heute beträgt die Jahresdurchschnittstemperatur in den Höhenlagen unter 2 800 Metern zwischen 12° und 18° C, während sie auf den Berghöhen (2 800–3 100 m) bei 5° bis 12° C liegt. Frosteinbrüche stehen in direktem Zusammenhang mit Lage und Höhe und bedeuten ein großes Risiko für die Bauern, die vom unbewässerten Ackerbau leben; in geschützten Zonen kann es bis zu 40 Tagen im Jahr Frost geben, in ungeschützten sogar bis zu 100 Tagen. Die Niederschläge betragen im Jahr zwischen 500 und 600 Millimeter, auf der Spitze des Cerro Gordo sind es 700 Millimeter und im Gebirge des Patlachique 800 Millimeter. Häufig sind die Niederschläge örtlich und sturmartig und ziehen Erosionen von größerem Ausmaß nach sich. 80 bis 94 Prozent der jährlichen Niederschläge finden, hervorgerufen durch die unregelmäßigen Nord- und Nordostpassatwinde, im Sommer zwischen Mai und Oktober statt, sowie in den durch Polarluft geprägten Monaten November und April. Die orografische Barriere bilden die Sierra Madre Oriental (pleistozänischen Ursprungs) und die Sierra de Pachuca (aus dem Miozän), die den Norden des Beckens von Mexiko und die Niederschläge in der Region Teotihuacan und im restlichen Gebiet beeinflussen.

Die Sommerregen führen in der Barranca Grande und in der Barranca Honda im Cerro Gordo und in der Barranca de los Estetes zur Bildung von Wassermassen, die dem Río San Juan zufließen; dieser ist momentan ein von den Jahreszeiten abhängiger Zufluss zu den Quellen von San Juan Teotihuacan. Der Fluss an der Nordseite des Cerro Gordo bildet Nebenflüsse: La Soledad besteht aus mehreren Zuflüssen der umliegenden Berge, unter anderem aus dem Cerro Paula, das Cerro-Gordo-Wasser bildend, das nördlich von Temascalapa unter der Erdoberfläche verschwindet. Der Calvario-Strom mündet in den Cerro-Verde-Strom Richtung Actopan und vereinigt sich mit den Pachuca-Wassern im Nordwesten der Region Teotihuacan. Ein Großteil des Wassers versickert im Boden und tritt in Form von Sickerquellen in der Art der Quellen von San Juan Teotihuacan wieder an die Oberfläche. Obwohl die Bohrung von Brunnen im Tal die Ergiebigkeit der Quellen stark vermindert hat, ist anzunehmen, dass die Flussläufe des Río San Juan und des Río San Lorenzo sowie die Quellen wichtige Wasserlieferanten und in elementarer Hinsicht von großer ritueller Bedeutung waren.

Das Schwemmland im Zentrum des Tals grenzt an das Ufer des Texcoco-Sees, ein ehemals ressourcenreiches Gebiet mit einer üppigen heimischen Pflanzen- und Tierwelt sowie Zugvögeln. Wahrscheinlich war ein Großteil des Gebiets in vorkolonialer Zeit sumpfig; man hatte das reichlich vorhandene Wasser damals aber auch schon kanalisiert und für die Landwirtschaft nutzbar gemacht.

Böden und Vegetation in der Region Teotihuacan heute

Die Böden der Region lassen sich in zwei Hauptgruppen aufteilen: 1) Böden in Schwemmlandgebieten, darunter mollische Fluvisole, cambische Fluvisole und Fluvisole mit vertikalen Eigenschaften. 2) Böden an Piedmontflächen und Bergen, darunter Cambisole, Phaeozeme und Leptosole. Sowohl die Phaeozeme als auch die Cambisole – beide bestehen aus nicht verfestigtem Tuffstein und Vulkanasche – sind durch Luft- und Wassererosion gefährdet. Auf den Cambisolen der Region standen ursprünglich wohl Pinien-Eichen-Mischwälder; die Phaeozeme hingegen zeichneten sich durch eine gemischtere Vegetation aus, darunter Eichengehölz, xerophile Pflanzen und Weideland. Ein Großteil des Weidelands befand sich vermutlich auf Fluvisolen. Heute werden nicht nur Fluvisole mit vertikalen Eigenschaften bewässert,

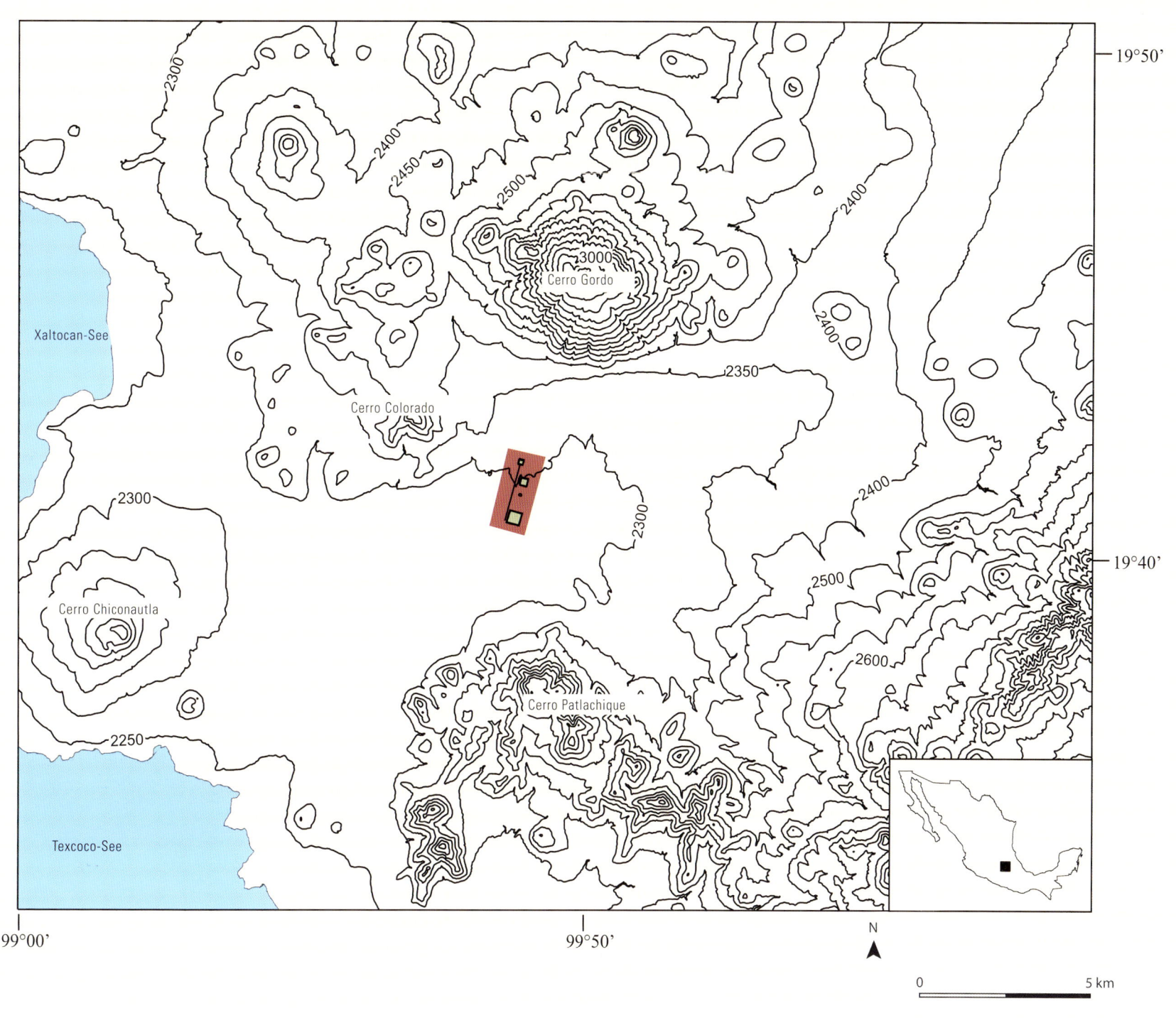

DIE ÖKOSYSTEME IM TAL VON TEOTIHUACAN IM VERLAUF DER GESCHICHTE

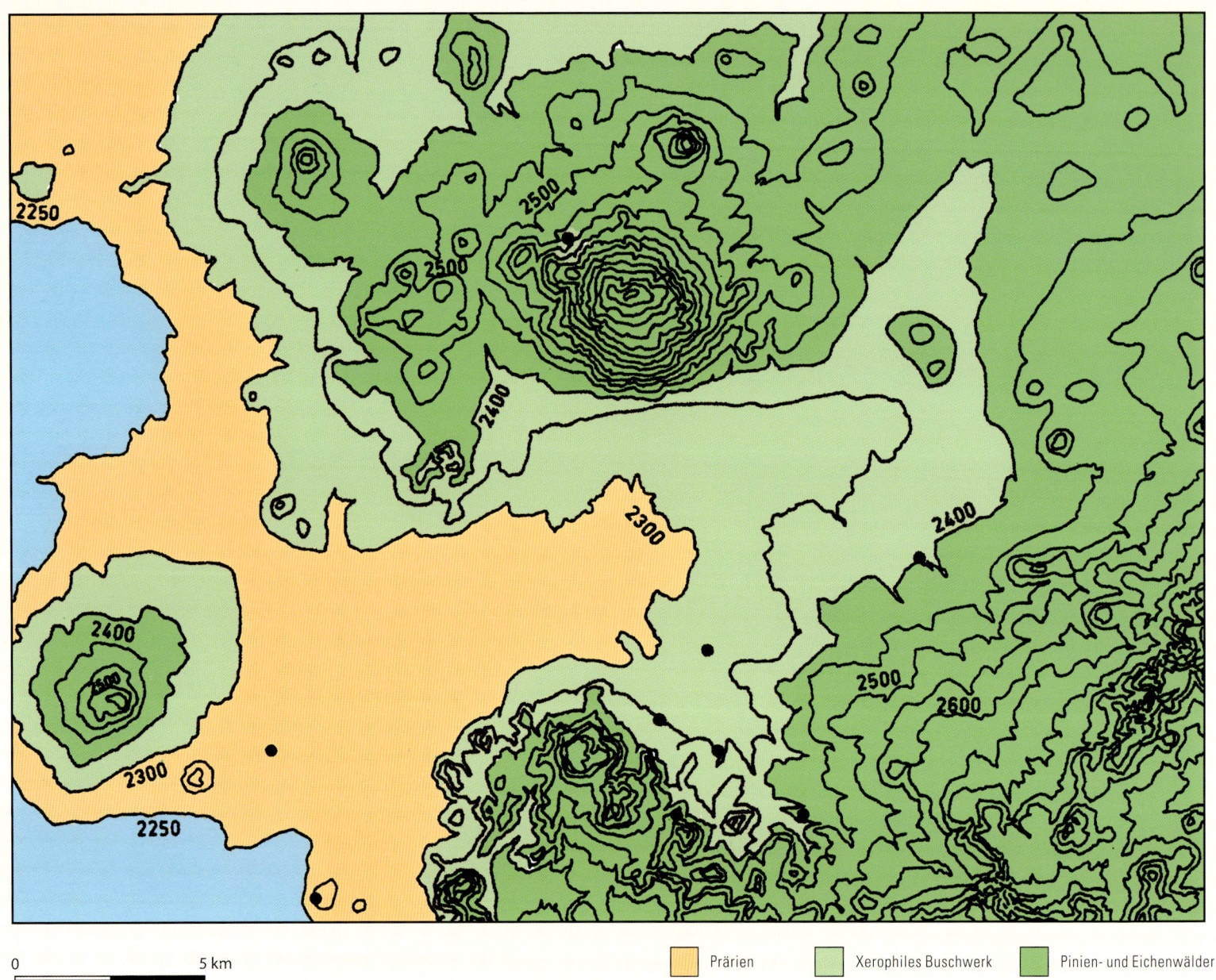

| Prärien | Xerophiles Buschwerk | Pinien- und Eichenwälder |

sondern auch kleine Flächen von mollischen und cambischen Fluvisolen. Trotzdem werden beide Bodenarten vorrangig für den nicht bewässerten Anbau von Feigenkakteen (*Opuntia* spp.) und im kleineren Ausmaß für Agaven (*Agave* spp.) genutzt. Beide Kulturpflanzen waren in der Klassischen Epoche Teotihuacans und auch später, vor allem in den semiariden Gebieten, von großer Bedeutung.

Es existieren noch kleine Flächen ursprünglicher Vegetation in der Region. Der Pinienwald, der zweifellos die Berge oberhalb von 2 700–2 800 Metern bedeckte, ist verschwunden, ein kleiner Eichenwald (*Quercus* spp.) steht noch an der Nordseite des Cerro Gordo (ca. 3 050 Meter). Bestände von kleinblättrigen Eichengehölzen (*Quercus microphylla*), die als Indiz für menschlichen Einfluss gelten, verteilen sich auf einer Höhe zwischen 2 800 und 3 000 Metern. In anderen Gebieten der Region geht die Schicht xerophiler Sträucher (*Opuntia, Zaluzania* und *Mimosa*) bis auf eine Höhe von 2 750 Metern, daneben existieren kleinere Weideflächen auf Höhen zwischen 2 400 und 3 050 Metern.

Erwähnt werden sollte das aktuelle Vorkommen der Baumarten *Salix bonplandiana*, *Alnus glabrata*, *Populus arizonica*, *Taxodium micronatum* und *Fraxinus uhdei*, obwohl diese kei-

Abb. 3.
Angenommene Vegetation in der Region
von Teotihuacan zum Zeitpunkt seiner ersten
Bewohner, die sesshafte Bauern waren
(um 1150 v. Chr.)

nen natürlichen Waldbestand darstellen, der in der Region größere Bedeutung hätte. Ihre ursprüngliche Ausdehnung ist nicht bekannt; heute sind sie Teil von mesophilen Wäldern, Uferwäldern oder Pinienwäldern, je nach Höhe, Bodenbeschaffenheit und Feuchtigkeit. Archäologische Funde von Holz der genannten Pflanzen sowie von *Pinus* und *Cupressus* deuten auf eine weite Verbreitung in vorkolonialer Zeit hin.

Weideland ist rar in der Untersuchungsregion. Es findet sich vor allem an weniger steilen Hängen auf Höhen zwischen 2400 und 3050 Metern. Die Süßgräser der *Poaceae*-Familie sind von großer Bedeutung für das Studium der antiken Vegetation, da ihre relative, durch Mikro- und Makroreste festgestellte Häufigkeit in Sedimenten und archäologischen Kontexten die Aufstellung von Hypothesen bezüglich der Vegetation und der klimatischen Bedingungen sowie anthropogener Veränderungen wie Ackerbau und städtische Entwicklung erlaubt.

Menschliche Besiedlung und natürliche Umgebung

Die ältesten sesshaften Gemeinschaften, die in der zentralen Region von Teotihuacan gefunden wurden, befanden sich nicht direkt in der Schwemmlandebene, sondern an deren Rändern, vielleicht wegen der größeren Frostgefahr in den Senken und geringeren Höhen. Die abschüssigen Gelände sind weniger frostanfällig, denn das Wasser verdunstet dort schneller bzw. fließt besser ab. Dies macht sie geeigneter für den unbewässerten Ackerbau. Die Böden sind jedoch weniger tief und häufiger erosionsgefährdet. Deswegen konnte mit Techniken, die den Boden erhalten und die Feuchtigkeit konservieren, wie z.B. die Drainage von überflüssigem Wasser und die Konstruktion einfacher Terrassen, die Bewirtschaftbarkeit verbessert werden. Die ältesten Hinweise auf den Gebrauch dieser Techniken stammen aus der Endphase der Vorklassik (Phasen Tzacualli und Miccaotli, ca. 50–200 n. Chr.).

Die Umwelteinflüsse und die natürlichen Gegebenheiten der Landschaft bestimmten das Leben der kleinen Gemeinden landwirtschaftlicher Selbstversorger, deren Ziel die Verbesserung ihrer Lebensumstände und die Optimierung ihrer Produktion im Rahmen der ihnen zur Verfügung stehenden limitierten Technik war. Nichtsdestoweniger wurde im Zuge des Bevölkerungswachstums, das von Anfang an die urbane Entwicklung Teotihuacans begleitete, ein Teil der genannten Umwelteinflüsse durch technische Neuerungen und strukturelle Änderungen eingedämmt.

Botanische Funde und ihre Bedeutung für die Umgebung

Die Fülle an Gräsern, die als Phytoliten oder Pollen im Kontext archäologischer Untersuchungen und bodenkundlicher Profile analysiert wurden, lässt auf Veränderungen des regionalen Klimas im Laufe der Zeit schließen. Das vorherrschende semiaride Klima von 4000 bis 1700 v. Chr. wird zwischen 1700 und 1100 v. Chr. feuchter und kälter. Die Rückkehr eines wärmeren und etwas feuchteren Klimas fällt mit der Besiedlung der Region durch die ersten sesshaften Bauern zwischen 1100 und 500 v. Chr. zusammen. Für die Zeit der ersten Besiedlung des späteren Stadtzentrums von Teotihuacan zwischen 500 v. Chr. und 100 n. Chr. gibt es Hinweise auf ein feuchtwarmes Klima.

Das Klima zur Zeit der Herrschaft Teotihuacans zwischen 100 und 600 n. Chr. war feuchter, aber etwas kühler als in der vorangegangenen Epoche, wohingegen die fünf Jahrhunderte der Postklassik (600–1000 n. Chr.) noch wärmer und feuchter waren. Mikrobotanische Funde weisen auf eine Rückkehr des semiariden Klimas um 1100 n. Chr. hin. Nach 1500 wurde es wieder etwas feuchter und kälter.

Makrobotanische Funde im Süden des Tals von Teotihuacan (darunter Kohle und Saatgut), die archäologisch der mittleren und späten Vorklassik zugeordnet werden konnten, spiegeln

Abb. 4.
Angenommene Vegetation in der Region von Teotihuacan auf dem Höhepunkt des urbanen Zentrums zur Zeit der Klassischen Periode (um 450 n. Chr.)

die große Bandbreite an Kräutern, Sträuchern und Bäumen wider, die die Vegetationstypen Weideland, xerophiles Buschland, Pinien-Eichen-Mischwald und Eichengehölz umfassen. Tatsächlich werden die für diese Vegetationstypen üblichen Taxa erbracht. Aus diesem Grund geht man davon aus, dass sich die regionalen Vegetationstypen ab dem mittleren Holozän herausgebildet haben. Die folgenden Veränderungen waren eher geografisch (Verteilung) und quantitativ und betrafen weniger die Zusammensetzung der Vegetation – mit der offenkundigen Ausnahme der durch die Kolonialisierung eingeführten Pflanzen. Neben Mais und Bohnen als Hauptanbaupflanzen wurden weitere Pflanzen kultiviert. Es gibt jedoch keine Hinweise darauf, dass sie durch ihre Domestizierung erhebliche Veränderungen erfuhren. Zu ihnen gehören Tomaten, wilder Salbei (Chía), Portulak, Amaranth, Gänsefuß, Chili und diverse Früchte wie Kaktusfeigen, Capulines und Tejocotes.

Menschlicher Einfluss und Umgang mit den natürlichen Ressourcen

In der Cuanalán-Phase begann man mit der Trockenlegung der südwestlichen Region des Schwemmlandgebiets, die einen hohen Grundwasserspiegel hatte. Dies zeigen archäologische botanische Funde und stratigrafische Profile. Später, im Zuge der Ausweitung der Besiedlung der Region, besonders in der Patlachique-Epoche, lassen sich signifikante Veränderungen der Vegetation beobachten, die hauptsächlich mit der Intensivierung der Landwirtschaft zu tun haben.

Die beachtliche Erweiterung der zeremoniellen Bereiche im Stadtzentrum Teotihuacans in der Tzacualli- und Miccaotli-Phase wird auf Kosten landwirtschaftlich genutzter Flächen realisiert – ein weiterer Hinweis auf die Vorherrschaft von Technologie und politischen Strukturen über die Umwelt oder in diesem Fall konkret über die landwirtschaftliche Produktion: Im Oaxaca-Viertel im Westen der Stadt kann man die Verdrängung von agrarwirtschaftlich genutzten Flächen zugunsten von Wohnraum beobachten; hier steht eine Wohnanlage auf einem vorher genutzten Kanalbewässerungssystem. Der wohl schwerwiegendste Beweis für diese Dynamik zeigt sich aber im Füllmaterial der Mondpyramide, wo Reste landwirtschaftlich genutzter Böden gefunden wurden, die aufgrund ihrer Zusammensetzung, ihrer physischen Eigenschaften und des enthaltenen botanischen Materials als solche identifiziert wurden.

Die Auswertung mikrobotanischer Reste in Profilen verschiedener Orte des umliegenden Tals weist auf bedeutende subregionale Unterschiede hin. Besonders deutlich wird die höhere Feuchtigkeit im Gebiet der Quellen und im Südwesten des Tals (unter 2 290 m) im Gegensatz zum semiariden Klima auf der Schwemmlandebene über 2 290 Meter. Ebenso wichtig sind die Belege, die für das Klima des 7. Jahrhunderts n. Chr. erbracht wurden: Im Gegensatz zu anderen Untersuchungen, die von einer Trockenzeit im neovulkanischen Becken in der Zeit vor 1 500 bis 900 Jahren ausgehen, kann man eine Fortsetzung des relativ feuchten Klimas im ganzen Gebiet feststellen. Die Vegetation Teotihuacans bestätigt die Annahme einer solchen Trockenzeit nicht. Dies wird auch von anderen neuen Untersuchungen zu dieser Epoche im Süden des Tals von Teotihuacan, in der Region Texcoco und an anderen Orten Zentralmexikos gestützt.

Eindeutige Hinweise auf Veränderungen der Vegetation gibt es in der darauf folgenden Epoche vor 950 bis 450 Jahren; sie fallen mit höheren Temperaturen und geringerer Feuchtigkeit zusammen. Verschiedene Forschungsarbeiten haben einen Zusammenhang zwischen dem Fall des Tolteken-Reiches und einer Phase größerer Trockenheit herausgearbeitet. In dieser Epoche gibt es im Vergleich zur vorangegangenen eine geringere subregionale Artenvielfalt im Tal von Teotihuacan.

Die größte Herausforderung für diese Studien ist die Unterscheidung von menschlichem Einfluss auf die Natur wie dem

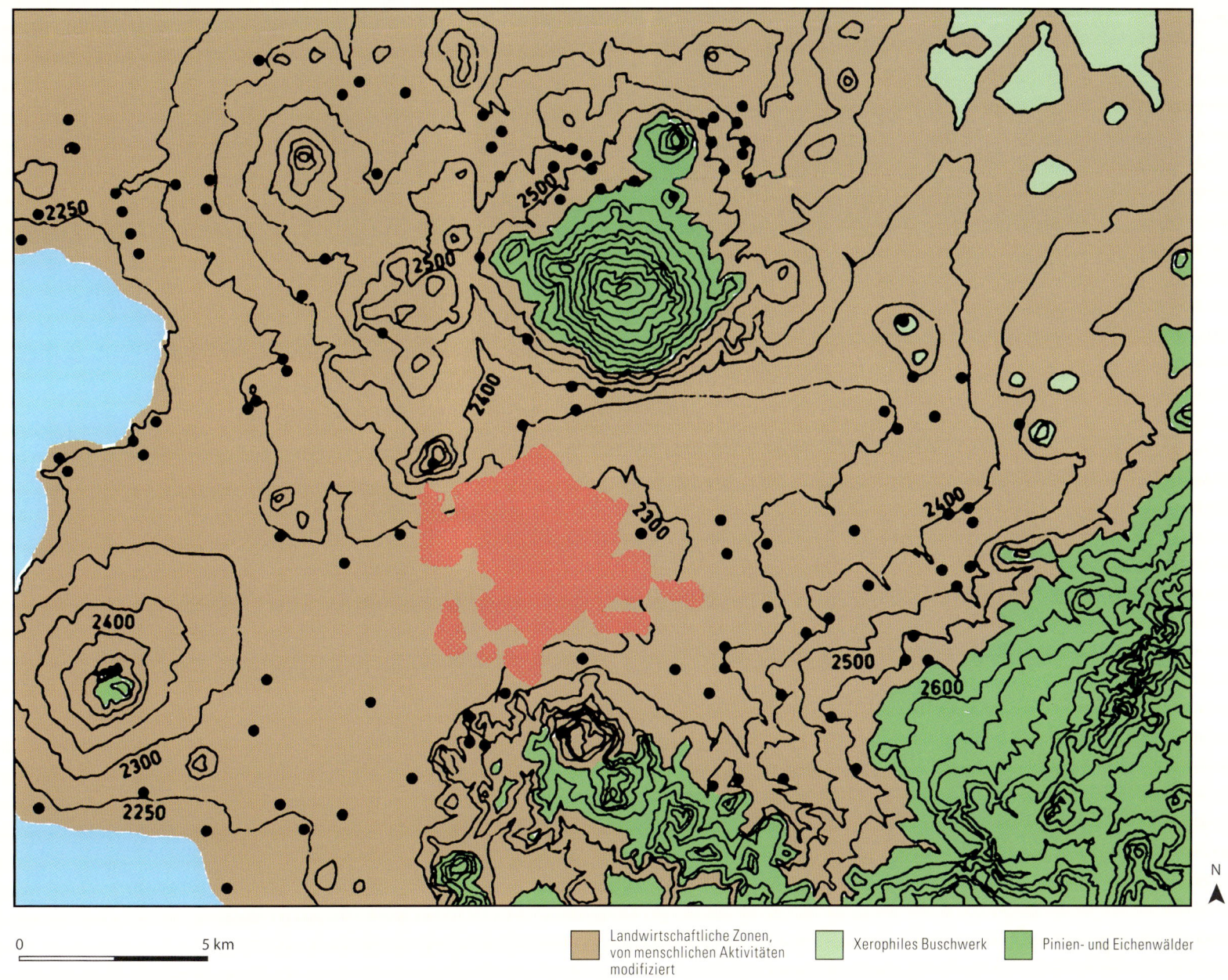

| | Landwirtschaftliche Zonen, von menschlichen Aktivitäten modifiziert | | Xerophiles Buschwerk | | Pinien- und Eichenwälder |

Ackerbau und allen durch seine Einführung und Ausdehnung einhergehenden Veränderungen der Umwelt sowie den lokalen Auswirkungen globaler Klimaschwankungen. Das genaue Studium der Vegetationsgeschichte ist für eine Analyse dieses Prozesses sinnvoll.

Nachdem die prähispanischen Einwohner sich im Tal niedergelassen hatten, begannen sie mit der Entwicklung von intensivem und extensivem Landbau, die das Überleben der Menschen in der dicht besiedelten vorindustriellen Gesellschaft auf Kosten von Flora und Fauna, Böden und dem regionalen hydrologischen System sicherte. Ergebnisse der Analyse von Pollen, Phytoliten, Saatgut und Kohle aus ausgesuchten archäologischen Ausgrabungen und bodenkundliche Analysen zeigen Veränderungen der Taxa der Vegetationstypen und ihrer räumlichen Verbreitung im Laufe der Zeit.

Obwohl die Veränderung der Landschaft durch die verschiedenen prähispanischen Siedler bedeutend war, geschahen die Eingriffe durch sie doch im Kontext einer intendierten Einflussnahme zugunsten der optimalen Nutzung der wichtigsten natürlichen Ressourcen. Unsere Untersuchungen zeigen, dass

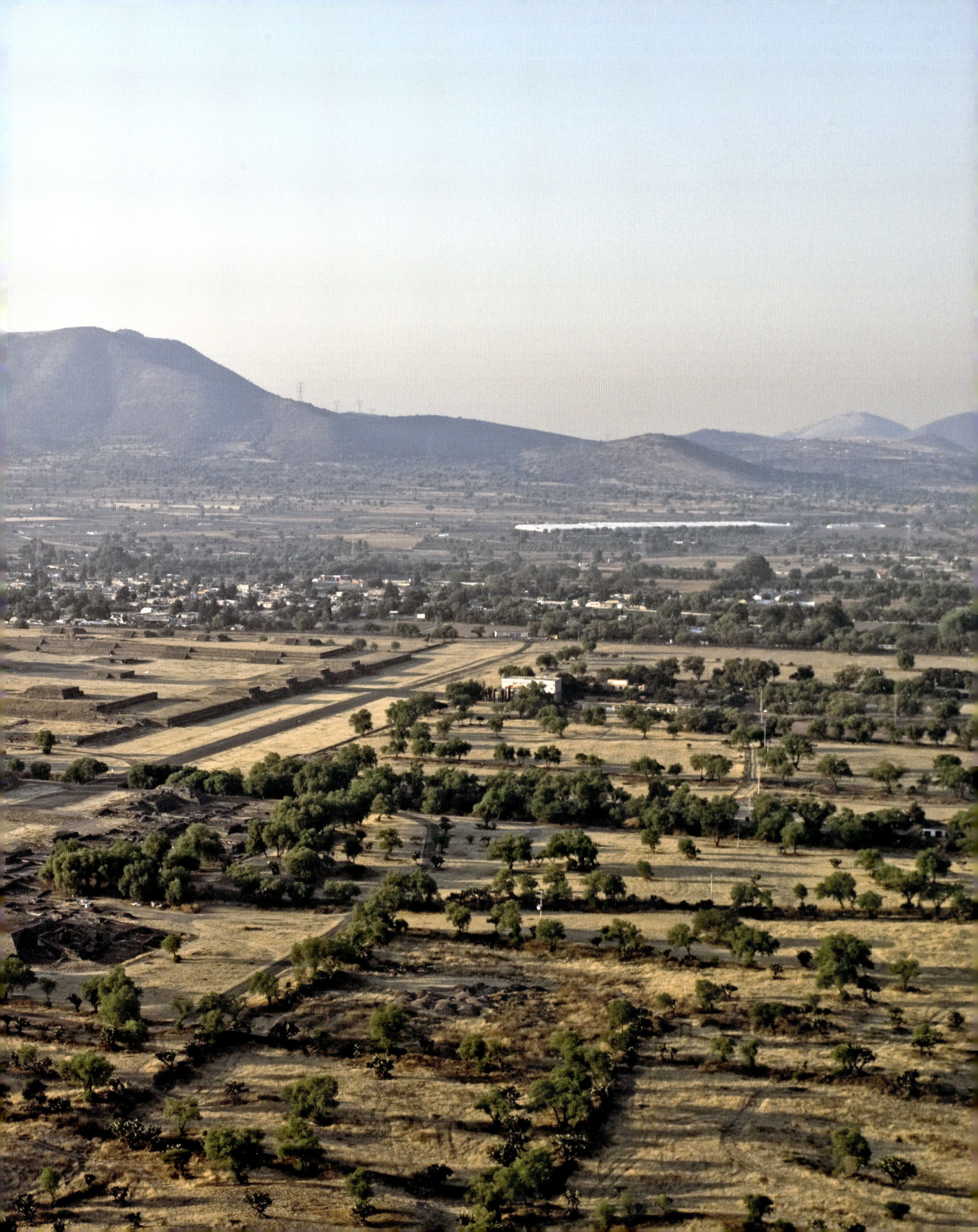

Abb. 5. *vorhergehende Doppelseite*
Teotihuacan liegt in einem wasserreichen Tal mit fruchtbarem Boden

die Zeiten der größten Veränderungen der Landschaft des Tals zusammenfallen mit drastischen Veränderungen in der soziopolitischen und wirtschaftlichen Ordnung der Region, die mit einem bedeutenden Bevölkerungsrückgang einherging.

Zur Zeit der ersten Ansiedlung von Landwirten im Tal von Teotihuacan bedeckte ein Pinien-Eichen-Mischwald einen Teil der Höhenlagen über 2 500 Meter. Daran anschließend, bis auf eine Höhe von ca. 2 400 Metern, wuchs ein Ring aus Eichengehölz, auf 2 300 bis 2 400 Meter Höhe xerophiles Buschwerk (*Opuntia* spp.). Die vorherrschende Vegetation auf der Schwemmlandebene unterhalb von 2 300 Metern war Weideland mit Flächen von Ufervegetation an den Flüssen und Quellen vom Zentrum des Tals bis zum Seengebiet. Die meisten landwirtschaftlichen Siedlungen befanden sich an den Piedmontflächen; die Siedlungen der Schwemmlandebene lagen an den Ufern des Texcoco-Sees.

Die Auswirkungen dieser landwirtschaftlichen Gemeinden auf Natur und Landschaft waren anfangs vermutlich sehr begrenzt. Archäologische Funde belegen jedoch das schrittweise Wachstum der Siedlungen und die Erschließung der Fläche. Durch die Ausdehnung des menschlichen Lebensraums in allen Gebieten des Tals erfährt die regionale Vegetation grundlegende Veränderungen. Gegen Ende der Vorklassik (ca. 100 v. Chr.) gab es in allen Ökosystemen kleinere oder größere landwirtschaftliche Siedlungen.

Während der Spätklassik entwickelte sich im Zentrum des Tals eine Siedlung, die zum bestimmenden städtischen Zentrum der Region in der nachfolgenden Klassischen Epoche (ca. 1–650 n. Chr.) werden sollte. In den Bevölkerungszentren der Umgebung fanden bedeutende Änderungen statt: Ortschaften wurden umgesiedelt, und das Ausmaß der landwirtschaftlichen Produktion wuchs beträchtlich. Wahrscheinlich wurden landwirtschaftliche Terrassen angelegt; gesichert ist die Existenz von Bewässerungsanlagen. Trotz der Ausweitung der landwirtschaftlichen Produktion erhielt Teotihuacan anscheinend einen großen Teil seiner Grundnahrungsmittel aus den angrenzenden Regionen, vor allem aus dem Becken von Mexiko, sowie aus der Region Puebla-Tlaxcala im Osten und möglicherweise aus dem Tal von Toluca im Westen. Umgekehrt wurden landwirtschaftlich genutzte Felder in der Nähe des zeremoniellen Zentrums aufgegeben, wie aus verkohlten Resten von Mais und angebauten Distelpflanzen, die im Füllmaterial der Monumentalbauten gefunden wurden, zu erkennen ist.

Der Untergang des Staates Teotihuacan um 600/650 n. Chr. führte zu einem starken Bevölkerungsrückgang im Stadtgebiet und im Umland. Obschon oft debattiert, sind die Gründe dieses Untergangs immer noch nicht endgültig geklärt. Spekulationen über die Rolle der Abholzung des Waldes und der daraus folgenden Umweltzerstörung, über die Überbelastung der Natur oder den Untergang infolge eines Klimawandels größeren Ausmaßes, sind nicht hinreichend belegt.

Die Entstehung kleinerer landwirtschaftlicher Siedlungen in der Spätklassik (ca. 650–800/900 n. Chr.) – unter anderem auf vormals städtischem Gebiet – und die niedrigere Bevölkerungsdichte begünstigten die Regeneration von Wald, Busch- und Weideland auf den von Menschen aufgegebenen Äckern.

Die Postklassik (ca. 900–1500 n. Chr.) zeichnet sich durch einen langsamen, aber stetigen Anstieg der Bevölkerung aus, die sich nun auf kleine Gemeinden im gesamten Gebiet aufteilt, wie archäologische Funde beweisen. Unter der Herrschaft der Azteken (ca. 1300–1500 n. Chr.) erreichten die Bevölkerungszahlen wieder eine Höhe wie in der 800 Jahre zurückliegenden teotihuacanischen Blütezeit – allerdings innerhalb einer anderen Siedlungsform und ohne die Vorherrschaft eines politischen und administrativen Zentrums. Gegen Ende dieser Ära war die Region ein von Texcoco abhängiger Tributbereich des aztekischen Reiches mit Hauptsitz in

Tenochtitlan. Der intensive und extensive Ackerbau, eine große Anzahl über die Region verteilter Gemeinden und ein Anstieg der Tributforderungen des Aztekenreiches führten erneut zur Abholzung von Wäldern und zur Verminderung der Busch- und Weideflächen. Botanische Funde zeigen aber, dass sie nicht vollständig beseitigt wurden.

Seit Beginn der Kolonialzeit ist der Pinien- und Eichenwald in der Region verschwunden. Die Eiche (*Quercus*) ist nur noch auf einer sehr kleinen Fläche erhalten: am Nordhang des Cerro Gordo und als Teil des Buschlandes an Hängen über 2 600 Meter Höhe. In Beschreibungen des Tals von Teotihuacan in den *Relaciones Geográficas* vom Ende des 16. Jahrhunderts fällt die Abwesenheit jeglicher Hinweise auf typische Bäume und Tiere der Pinien- und Eichenwälder auf. Dies lässt auf drastische Veränderungen während der ersten Jahre der Kolonialisierung schließen. Auch andere landschaftliche Gegebenheiten lassen auf Umweltzerstörung durch die Kolonialherrschaft schließen.

Die Karte von Otumba im 16. Jahrhundert (1555–1572) zeigt z.B. zwei Bachläufe, die die postklassische Siedlung Otompan durchfließen und an deren Zusammenfluss sich eine Staudammbrücke befindet. Die Brücke wurde mehrere Male wieder aufgebaut; Reste der Grundmauern aus verschiedenen baulichen Epochen sind erhalten und einige Meter unterhalb der heutigen Position zu sehen. Bis heute erhalten ist auch ein Teil des Weges neben einem der Bäche, der inzwischen in einer mehr als zehn Meter tiefen Schlucht fließt. Offensichtlich hat der Prozess der Schluchtenbildung und der Ablagerung von Sedimenten nach der aztekischen Herrschaft stattgefunden, denn die archäologische Stätte von Otompan ist durch die Schlucht geteilt und mehrere Meter oberhalb des Weges durch Sedimente verschüttet.

Während der ersten Jahre der Kolonialzeit starben viele indigene Einwohner des Tals von Teotihuacan an Infektionskrankheiten. Das Brachliegen der landwirtschaftlichen Terrassen und anderer agrarökologischer Einrichtungen infolge des Bevölkerungsschwundes führte unweigerlich zu gravierenden Erosionen, wie sie an den Ausgrabungsorten der Untersuchungsregion festgestellt worden sind.

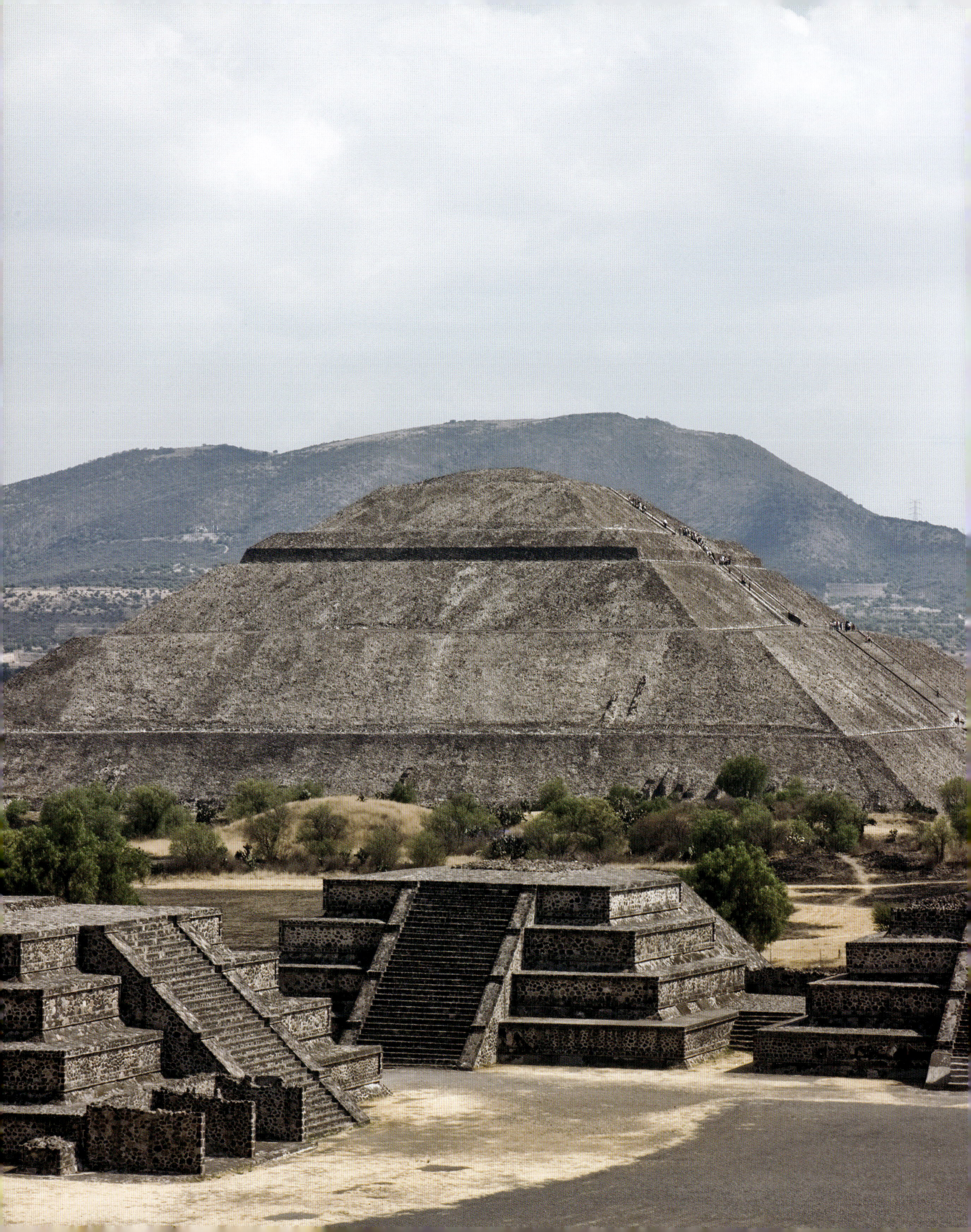

DIE SONNENPYRAMIDE
SCHICKSAL EINES MONUMENTS

EDUARDO MATOS MOCTEZUMA

Staatliches Institut für Anthropologie und Geschichte Mexiko

Eines der frühen Bauwerke der Menschheit, das seit undenklichen Zeiten die Aufmerksamkeit auf sich zieht, ist zweifellos die Sonnenpyramide in Teotihuacan (Abb. 1). Die moderne archäologische Forschung hat die Errichtung dieses einzigartigen Bauwerks auf die ersten 150 Jahre unserer Zeitrechnung datiert. Den Erbauern war die Pyramide ein heiliger Ort, über einer Höhle errichtet, in Übereinstimmung mit der religiösen Überzeugung, dass dem eine grundlegend doppelte Bedeutung zukam: als Ort und Ursprung der Menschen und zugleich als Zugang zur Unterwelt. Auf diese Weise bildeten Leben und Tod die Dualität, die den Ursprung und das Schicksal der Menschen prägt.

Nach dem Niedergang von Teotihuacan um 650 oder 750 n. Chr. wurde die Stadt allmählich von Pflanzen überwuchert und versank mit der Zeit. Nichts konnte jedoch die beiden majestätischen Gebäude, die Sonnenpyramide und die Mondpyramide, verdecken, die sich unübersehbar vor dem Hintergrund der sie umgebenden Hügel erhoben.

In den Kulturen, die auf die teotihuacanische folgten und sich im Zentrum Mexikos etablierten, wurden die Menschen von diesen Bauwerken in Bann gezogen. Die große Anzahl an Spuren (Keramikfragmente, Skulpturen und andere Elemente), die auf der Bodenoberfläche verstreut lagen und darauf hinwiesen, dass dieser Ort einmal bewohnt gewesen war, blieb ihnen nicht verborgen. Aus diesem Grund wurde den Göttern selbst die Entstehung der Stadt zugeschrieben. Wie ich schon mehrfach angemerkt habe, wurde das Werk der Menschen so zum Werk der Götter.

Es ist überzeugend belegt, dass die Mexica (Azteken) Jahrhunderte nach der Zerstörung von Teotihuacan nicht nur dorthin pilgerten, sondern auch nach Resten suchten, die dann im Templo Mayor („Große Pyramide") von Tenochtitlan als Gaben dargebracht wurden. Sie bildeten außerdem Gegenstände aus Teotihuacan nach und formten sie in ihrem eigenen Stil, wie zum Beispiel die Steinfigur des „alten" Gottes Huehuetéotl oder bestimmte Masken und Gefäße. Für manche ihrer Tempel verwendeten sie die typisch teotihuacanische Baustruktur aus *Talud* und *Tablero* (schrägen und geraden Mauern; Luján, 1989).

Die Bedeutung der alten Stadt für die neuen Kulturen Zentralmexikos lässt sich daran ablesen, dass einer der zentralen Mythen, in dem von der Geburt der Fünften Sonne die Rede ist, diese Begebenheit in Teotihuacan verortet. In der sogenannten *Leyenda de los soles* („Legende der Sonnen"; Códice Chimalpopoca, 1975) wird berichtet, dass die Götter in Teotihuacan zusammenkamen, um die Sonne neu zu erschaffen, nach vier erfolglosen Versuchen, bei denen die Sonnen und die unvollkommenen Menschen zusammen mit ihrer wichtigsten Nahrung jeweils durch Katastrophen untergegangen waren. Jetzt musste ein weiterer Versuch unternommen werden: die Opferung des Gottes Nanahuatzin, des „Kränklichen", der sich in den von den anderen Göttern errichteten Scheiterhaufen stürzt, damit die Fünfte Sonne entstehen kann. Der Versuch

Abb 1.
Die Sonnenpyramide von Nordnordwesten, vom Platz der Mondpyramide aus gesehen

Abb 2.
Die Freilegung der Sonnenpyramide begann 1905 unter der Aufsicht von Leopoldo Batres und dauerte mehrere Jahre

ist von Erfolg gekrönt, und der zur Sonne gewordene Gott nimmt seinen Platz am Firmament ein – aber er bewegt sich nicht. Die Götter beschließen daher, sich zu opfern, um Bewegung und damit Leben zu ermöglichen. Der Plan wird in die Tat umgesetzt, und die Sonne geht im Osten auf. Das Ende der Geschichte ist bekannt: Quetzalcóatl muss sich nach Mictlan, in die neunte Unterwelt begeben, um die Gebeine der Vorfahren fortzuschaffen und ins heilige Tamoanchan zu entkommen. Dort werden die Knochen gemahlen und in die Schale der Göttin Quilaztli gegeben, und aus ihnen entsteht die Menschheit. Das Wunder war vollbracht.

Archäologische Arbeiten an der Sonnenpyramide

Die Baumasse der Pyramide mit ihren etwa 215 Metern Seitenlänge, ihrer Höhe von etwa 63 Metern und einem Gesamtvolumen von einer Million Kubikmetern hat das Interesse an ihrer Erforschung mit bedingt. Wie Lorenzo Boturini berichtete, führte der neuspanische Gelehrte Carlos de Sigüenza y Góngora gegen Ende des 17. Jahrhunderts deshalb eine Grabung durch. Boturini schrieb:

„Diese Anhöhe bildete in früheren Zeiten ein vollkommenes Quadrat, sie war weiß gekalkt und von großer Schönheit, und die Spitze wurde über eine Treppe erklommen, die man heute vergeblich sucht, denn die Pyramide liegt unter ihren eigenen Trümmern begraben und wird von den Winden mit Erde bedeckt, sodass auf ihr Bäume und Kakteen wachsen. Ich stieg trotzdem hinauf und vermaß das Bauwerk aus Neugierde, und wenn ich mich nicht irre, misst es in der Höhe zweihundert Ellen. Ich gab auch eine Karte der Pyramide in Auftrag, die ich in meinem Archiv aufbewahre, und als ich das Bauwerk umschritt, bemerkte ich, dass der berühmte Gelehrte Don Carlos de Sigüenza y Góngora den Versuch unternommen hatte, sie zu öffnen, was ihm aber nicht gelungen war. Es ist nämlich bekannt, dass ihr Inneres hohl ist ..." (Boturini, 1746).

Boturinis Karte ist heute verschollen und der Umfang der Grabung von Sigüenza unbekannt. Es besteht jedoch kein Zweifel daran, dass man den Grund für die Arbeiten dem Wunsch verdankte, mehr über dieses Bauwerk zu erfahren. Ignacio Bernal bemerkte über diese Grabung, dass es sich um die erste an einem Bauwerk vorgenommene archäologische Untersuchung handelt, die die Klärung einer historischen Frage zum Ziel hatte (Bernal, 1979).

Erst für das 20. Jahrhundert gibt es wieder Belege für archäologische Arbeiten an der Pyramide. 1905 begann Leopoldo Batres, die Pyramide freizulegen, als Teil der vom damaligen Staatspräsidenten Porfirio Díaz für das Jahr 1910 geplanten Festlichkeiten zur Hundertjahrfeier der mexikanischen Unabhängigkeit (Abb. 2). Batres ging bei der Pyramide und einem Teil der diese umgebenden U-förmigen Plattform ohne besondere Grabungstechnik vor. Nach Abschluss der Arbeiten war das Gebäude fast vollständig sichtbar und wurde von Batres rekonstruiert. Dabei kam es jedoch zu einer Reihe von Fehlern. Insbesondere wurden bei der Rekonstruktion Elemente hinzugefügt, die nie vorhanden gewesen waren, wie später Remy Bastien in seiner Abschlussarbeit über die Sonnenpyramide zeigte (Bastien, 1947). Bastien belegte, dass die Pyramide aus vier Ebenen bestand und Batres zwischen der dritten und der vierten Ebene eine weitere hinzugefügt sowie die Treppen verändert hatte. Die Pyramide, die wir heute sehen, entspricht also nicht dem ursprünglichen Bauwerk. Batres selbst illustrierte in einer Zeichnung einen interessanten Umstand: Die Pyramide ist mit vier aufeinander aufbauenden Ebenen und Skeletten von Kindern in den Ecken dargestellt. Der Grund für die von ihm an dem Gebäude vorgenommenen Veränderungen ist damit nicht nachvollziehbar (Batres, 1906).

DIE SONNENPYRAMIDE – SCHICKSAL EINES MONUMENTS

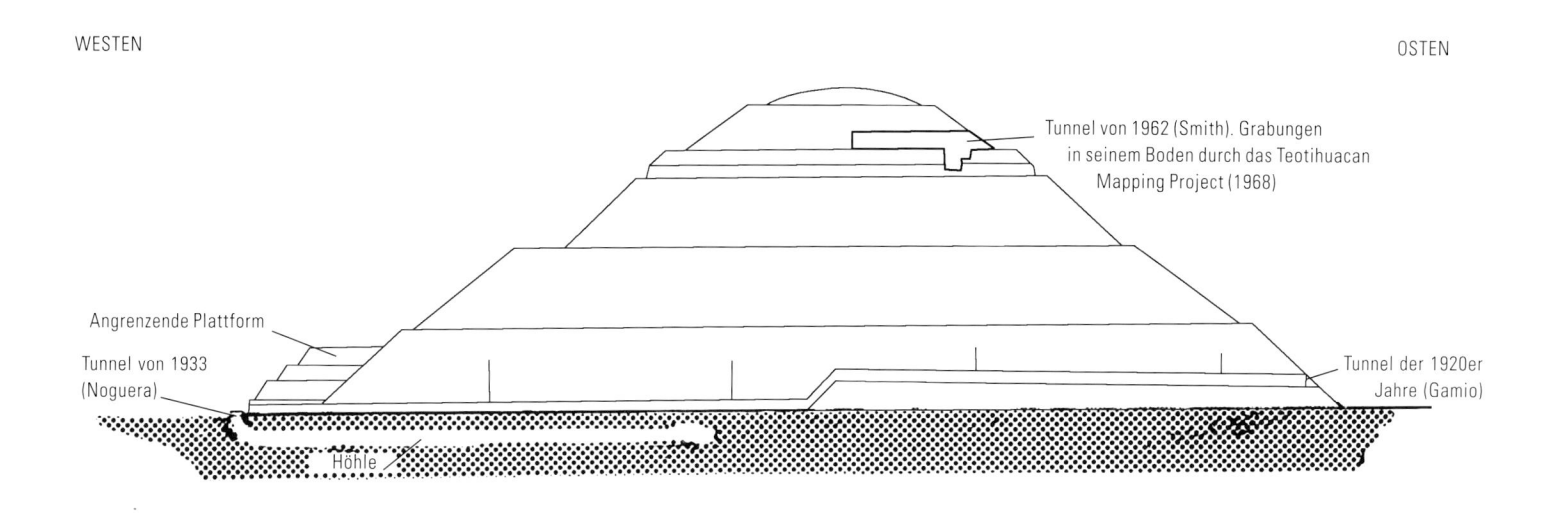

Abb. 3.
West-Ost-Querschnitt der Sonnenpyramide mitsamt den Tunneln, die in dieser Achse zur Erforschung des Gebäudes angelegt worden waren

WESTEN OSTEN

Tunnel von 1962 (Smith). Grabungen in seinem Boden durch das Teotihuacan Mapping Project (1968)

Angrenzende Plattform
Tunnel von 1933 (Noguera)
Tunnel der 1920er Jahre (Gamio)
Höhle

Ignacio Marquina bemerkte Folgendes über die Arbeiten von Batres an der Sonnenpyramide:

„Die hier zwischen 1905 und 1910 durchgeführten Untersuchungen zählen zu den ersten Arbeiten überhaupt in Mexiko, und die mangelnde Erfahrung führte zu Fehlern bei der Rekonstruktion, denn man hatte nicht die Elemente herangezogen, die für eine sachgerechte Durchführung erforderlich gewesen wären. So konnte es zu grundlegenden Veränderungen kommen" (Marquina, 1951).

Batres veränderte auch die große U-förmige Plattform, von der die Pyramide an drei Seiten umgeben ist (Norden, Süden und Osten). Auf der Südseite fand er das sogenannte „Priesterhaus". Er schlug jedoch sein Lager auf der Plattform auf und zerstörte sie an der südöstlichen Ecke, als er eine Durchfahrt für die Eisenbahn öffnete, die der Fortschaffung des an der Pyramide abgetragenen Schutts diente. Batres zufolge diente die Plattform zur Stabilisierung der Pyramide. 1865 unternahm Ramón Almaraz eine topografische Erhebung von Teotihuacan und kam zu der Überzeugung, dass es sich um eine Verteidigungsmauer oder einen Festungsgraben handelte (Almanaraz, 1865), während Bastien der Plattform einen doppelten – verteidigungstechnischen und ästhetischen – Zweck zuschrieb. Meine später erläuterte Überzeugung weicht vollständig von den Ansichten dieser Forscher ab.

Im Zuge der von Manuel Gamio und seinem interdisziplinären Team von 1917 bis 1920 unter dem Titel *La población del valle de Teotihuacan* („Die Bevölkerung des Tals von Teotihuacan") veröffentlichten Arbeiten wurden in Teotihuacan an verschiedenen Stellen Grabungen durchgeführt (Abb. 4). Gamio erwähnte die Öffnung eines Tunnels auf der Ostseite der Pyramide, der in das Zentrum der ersten Ebene führte und über den man herausfand, dass der Kern des Bauwerks aus Lehm bestand (Gamio, 1922). Alfred Kroeber führte zur Untersuchung der dort gefundenen Keramiken Grabungen im Inneren dieses Tunnels durch (Kroeber, 1925).

Am 15. Februar 1933 begannen die Arbeiten für einen neuen Tunnel, diesmal an der Hauptfassade (Abb. 3), der auf Bodenebene mit einer Länge von 116,50 Metern in Richtung Mittelpunkt der Pyramide ausgehoben wurde. Für diese Arbeiten war José R. Pérez, der Verwalter des Grabungslagers unter der Leitung von Eduardo Noguera verantwortlich. Zweck des Tunnels war es herauszufinden, ob vor dem Bau der Pyramide ältere Gebäude existiert hatten. Außerdem wollte man Keramik bergen. Was den ersten Zweck betrifft, wurden eine Stufe und zwei kleine Plattformen gefunden. Pérez kam jedoch zu dem Schluss, dass es keine älteren Gebäude unter der Pyramide gegeben hatte, sehr wohl aber den Lehmkern, neben Elementen, bei denen es sich offenbar um Holzpfähle handelte, die zur Konstruktion gehörten (Pérez, 1935). Die untersuchte Keramik, die beim Vordringen ins Innere der Pyramide alle fünf Meter gefunden wurde, hing Noguera zufolge mit der sogenannten formativen Periode (heute als späte vorklassische Periode bezeichnet) zusammen, wobei jedoch auch Hinweise auf Objekte aus dem westlichen Mexiko vorliegen. Noguera bemerkte dazu:

„Abschließend lässt sich sagen, dass zwischen der unter der Sonnenpyramide gefundenen Kultur und der in Michoacán, Jalisco, Guanajuato und anderen Bundesstaaten Zentralmexi-

Abb 4.
Das große pluridisziplinäre Foschungsprogramm, das Manuel Gamio 1917 in Angriff nahm, legte vor allem die (hier abgebildete) Pyramide der Gefiederten Schlange frei, schloss aber auch einige Arbeiten in der Sonnenpyramide ein

kos blühenden taraskischen Kultur ein Zusammenhang bestand, ja, dass es sich möglicherweise um dieselbe Kultur handelt. Es gibt aber auch einen Bezug zu der formativen Periode des Tals von Mexiko" (Noguera, 1935).

Nach diesen Arbeiten vergingen mehrere Jahrzehnte, bis im Sommer 1959 Millon und Drewitt neue Untersuchungen im Inneren der Pyramide bekanntgaben, in den von Gamio und Pérez geöffneten Tunneln. Ihre Ergebnisse zeigten, dass die Sonnenpyramide, wie bereits zuvor angenommen, in einer einzigen Bauphase errichtet wurde, auch wenn man kleine darunterliegende Strukturen fand, wie beispielsweise eine Struktur von 55 Metern im Inneren der Baumasse, im Kontext einer Opfergabe aus Pfeilspitzen und Objekten aus Obsidian, und eine rund 12 Zentimeter hohe Figur aus demselben Material, die sich isoliert in der nordwestlichen Ecke dieser Struktur befand. In dem Abschnitt der Plattform, der an die Hauptfassade der Pyramide anschließt, fand man ein Tláloc-Gefäß, das offenbar aus der Tzacualli-Phase stammt (1–150 n. Chr.; Millon und Drewitt, 1961).

Robert Eliot Smith führte auf Einladung von Ignacio Bernal in den 1960er Jahren eine weitere Untersuchung der Pyramide durch. Er öffnete auf Höhe der vierten Ebene einen Tunnel an der Westseite, neben weiteren Öffnungen an dieser und der Nordseite. Smith fand Keramik, die bei der Untersuchung verschiedenen Phasen Teotihuacans zugeordnet wurde (Smith, 1987).

Ein Fund, der für Teotihuacan allgemein und besonders für die Sonnenpyramide neue Forschungsperspektiven eröffnete, war 1971 die Entdeckung einer Höhle, deren Zugang sich an der Hauptfassade (Westseite) des Bauwerks befindet. Der Archäologe Jorge Acosta war für die Untersuchung der Höhle zuständig und fand dabei eine Reihe mit Stuck überzogener Wände sowie Steine, die die Funktion von Wasserkanälen hatten. Die Höhle ist rund 103 Meter lang und reicht fast bis zum Mittelpunkt der Pyramide. Die von Doris Heyden durchgeführte Untersuchung ergab, dass diese Höhle mit der Errichtung des über ihr befindlichen Bauwerks zusammenhing und außerdem dem *Chicomoztoc*, dem „Ort des Ursprungs und der Rückkehr", gleicht. Heyden stellte eine Reihe von Hypothesen über den Zweck der Höhle auf und vermutete unter anderem eine Funktion als Orakel, als Ort für rituelle Praktiken und als „Maishaus" (Heyden, 1975).

Zwischen 1993 und 1994 legte ich die erste Ebene der Pyramide an der Ost- und Nordseite frei, an denen Batres keine Grabungen durchgeführt hatte. Auch die große Plattform, die die Pyramide umgibt, und die Verbindungsebene zwischen den beiden Strukturen wurden freigelegt. Diese Forschungsarbeiten führten zu den folgenden Hauptergebnissen:

Für die Sonnenpyramide stellte sich heraus, dass der *Talud* der ersten Ebene an einem niedrigen, drei Meter breiten Fundament ansetzte, das außerdem als Gang oder Kanal diente und das Bauwerk an den drei bereits erwähnten Seiten (Osten, Norden und Süden) umschloss. Insbesondere an der Nordseite wurden außerdem auflagernde Strukturen gefunden, die der Erweiterung der Pyramide dienten und zu den frühen, zum Teil aber auch späteren teotihuacanischen Phasen zählen. Zwischen der Pyramide und der umgebenden Plattform wurden Reste von Hauswänden und eines Dampfbades (*Temazcal*) gefunden, aus mit Lehm zusammengefügten Steinen gebaut. Es war deutlich zu erkennen, dass diese Gebäude auf über der teotihuacanischen Schicht liegenden Erdablagerungen und damit nach der Aufgabe der Stadt errichtet wurden, also nach 700 n. Chr.

Die gewaltige U-förmige Plattform, die die Pyramide umgibt, ist ca. 35 Meter breit. Von den auf ihr errichteten Bauten wurde nur einer an der Nordseite freigelegt, sodass weitere Untersuchungen möglich sind. Die Plattform besteht aus zwei *Taludes*, einem inneren und einem äußeren. Auf der

Abb. 5.
Die Sonnenpyramide von der südlich
gelegenen Zitadelle aus gesehen

Außenseite gibt es Hinweise für mindestens drei Erweiterungen: zwei aus teotihuacanischer Zeit und eine, die letzte und äußerste, die aus der Zeit nach dem Niedergang der Stadt stammt. Die Verblendungen der ersten beiden Erweiterungen wiesen qualitativ hochwertigen Stuck auf, und es wurden Reste einer Struktur gefunden, die möglicherweise einen auf einer bestimmten Höhe befindlichen *Tablero* bildete: Es handelt sich um Steinplatten auf dem *Talud*, die bei der Errichtung von *Tableros* verwendet wurden. Die dritte und jüngste Mauer besteht aus Steinen und ist sehr grob ausgeführt. Sie weist keine Stuckverblendung auf und wurde auf Erdablagerungen über der teotihuacanischen Schicht errichtet, was auf eine sehr viel spätere Anfügung hinweist (Matos Moctezuma, 1995).

Wie oben bereits erwähnt, teile ich die zu der Plattform aufgestellten Hypothesen nicht. Meiner Ansicht nach handelt es sich um eine Struktur, die einen religiös stark besetzten Raum – wie den, der die Pyramide umgab – von einem externen Raum weltlicher Nutzung absetzte. Die Plattform bildet einen großen geschlossenen Bereich, in dessen Zentrum sich die Pyramide befindet und der nur über die Westseite der Pyramide zugänglich ist. Solche Plattformen umgeben Bauwerke, die als *axis mundi* oder Zentrum des Universums angesehen werden, und meiner Ansicht nach kam der Sonnenpyramide in den ersten Phasen Teotihuacans genau diese Funktion zu; bei einer leichten Verschiebung nach Süden bildet sie mit dem Komplex oder großen Platz der Zitadelle ein solches Zentrum der Welt (Abb. 5). Diese Art von Plattformen finden sich auch in späteren Kulturen, beispielsweise beim Hauptplatz von Tula oder den aztekischen Städten Tenochtitlan und Tlatelolco, in denen eine große Plattform den religiösen Bereich der Stadt umgab. Die Merkmale von Komplexen, die als Zentrum des Universums galten, sind zudem wie folgt definiert: a) Das zentrale Gebäude ist nach Westen ausgerichtet; b) es gibt Belege für Menschenopfer; c) es besteht ein Bezug zum Wasser;
d) es liegen Hinweise für die Dualität aus Leben und Tod vor; e) sie sind von Plattformen umgeben, die den religiösen vom weltlichen Bereich trennen (Matos Moctezuma, 1998).

Ein in jeder Hinsicht interessanter Fund ergab sich in der Nähe der südöstlichen Ecke an der Außenseite der Plattform. Es handelt sich um rund 40 Motive der sogenannten „astronomischen Markierungen", einige rechteckig, andere rund, die in den zur letzten Phase von Teotihuacan zählenden Boden geritzt wurden. Eine solche Häufung von Markierungen war bis zu diesem Zeitpunkt nicht bekannt, und es bleibt zu hoffen, dass zusammen mit den übrigen Funden in der Stadt neue Ergebnisse gewonnen werden.

Abschließend möchte ich das gemeinsame Projekt der Institute für Physik und Archäologie an der Universidad Nacional Autónoma de México erwähnen, in einem der Tunnel im Inneren der Pyramide ein Datenerfassungsgerät aufzustellen. Eine Reihe von Jahren sind bereits vergangen, ohne dass etwas über die Ergebnisse bekannt ist.

Hier wurden überblicksartig die wichtigsten Arbeiten zu diesem bedeutenden Bauwerk vorgestellt. Es bleibt zu hoffen, dass in den kommenden Jahren weitere Forschungen neue Erkenntnisse zu der Pyramide liefern. Oberste Priorität ist dabei der Erhalt des Bauwerks ohne Fremdeingriffe in den Originalzustand.

Die Pyramide ist ein Erbe der Vergangenheit, unsere Aufgabe ist es, dieses Monument für die Zukunft zu erhalten.

DIE SONNENPYRAMIDE – SCHICKSAL EINES MONUMENTS

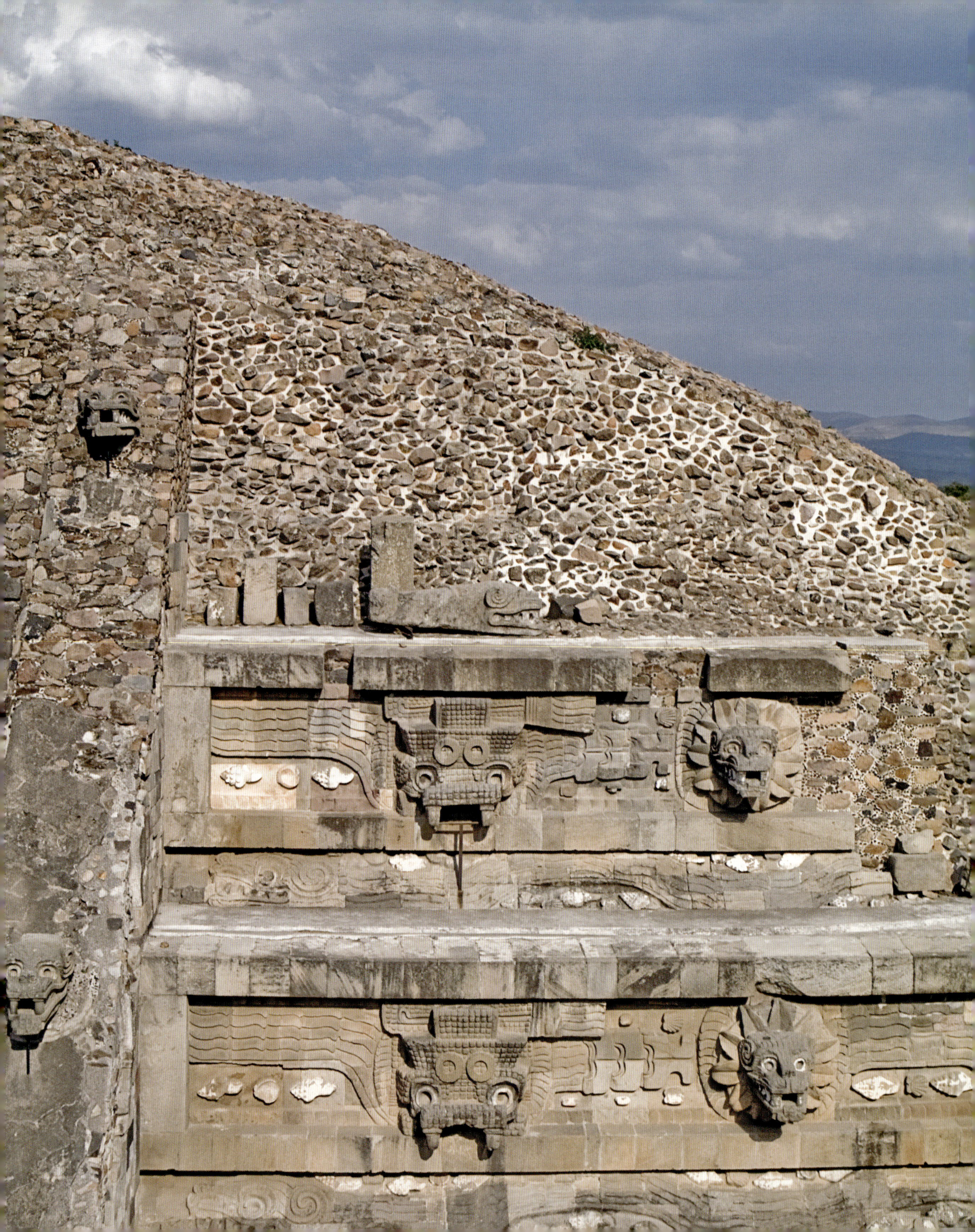

AUSGRABUNGEN IN DER ZITADELLE UND IM TEMPEL DER GEFIEDERTEN SCHLANGE

RUBÉN CABRERA CASTRO

Archäologische Ausgrabungsstätte Teotihuacan

Der bauliche Komplex der Zitadelle gilt wegen seiner gewaltigen Ausmaße und der zentralen Lage in der archäologischen Ausgrabungsstätte von Teotihuacan als eine der bemerkenswertesten Anlagen der alten Stadt. Die Studien, die seit Anfang des 19. Jahrhunderts darüber entstanden sind, haben Wichtiges zur Rekonstruktion der Kulturgeschichte von Teotihuacan beigetragen. Der architektonische Komplex der Ciudadela befindet sich in der Mitte der ehemaligen Großstadt und erstreckt sich über eine Fläche von 160 000 Quadratmetern. Vier mächtige Plattformen begrenzen ihn an der südlichen, östlichen, nördlichen und westlichen Seite. Sein Zentrum wird von dem berühmten Tempel der Gefiederten Schlange dominiert, einem der wichtigsten Gebäude, sowohl aufgrund seines architektonischen und bildhauerischen Aufbaus als auch wegen seiner historischen und ideologischen Bedeutung (Abb. 1). Der Name des Komplexes (*Ciudadela*: Zitadelle) erklärt sich aus seiner topografischen Gestaltung mit dem tiefer gelegenen, zentralen Hof. Die Gesamtanlage ist eine symmetrische Komposition mit 19 pyramidenförmigen Sockeln, drei großen Wohngebäuden und einem zentralen Hof, die während der weltlich-religiösen Zeremonien Tausende von Menschen fassen konnte (Abb. 2).

Die archäologischen Studien an dieser Anlage begannen im 19. Jahrhundert. Ramón Almaraz, Leiter der Wissenschaftlichen Kommission von Pachuca, führte 1864 die Vermessung von Teotihuacan durch. Damals wurden auch die geografischen Koordinaten der Haupthügel der Ausgrabungsstätte sowie die Gebäude und Plätze der Zitadelle bestimmt (Marquina, in Gamio, 1979, II: 103).

Im Jahr 1884 wurde Leopoldo Batres Inspektor der archäologischen Stätte von Teotihuacan. Er führte Teilausgrabungen an einem der Hügel der Zitadelle durch. Dieser Hügel befand sich an der westlichen Seite, nördlich der vier Sockel der Eingangsplattform.

Anfang des 20. Jahrhunderts wurden schließlich im Rahmen des umfassenden Forschungsprojektes, das Manuel Gamio im Tal von Teotihuacan leitete, systematische und flächendeckende Grabungen in der Zitadelle vorgenommen. Fast das komplette Innere der gewaltigen viereckigen Anlage wurde damals entdeckt, indem man die vier großen Plattformen wieder freilegte und so den weitläufigen, tiefer gelegenen Hof zum Vorschein brachte. Ebenfalls ausgegraben wurden zu jener Zeit 15 aus je zwei Treppenkörpern bestehende pyramidenförmige Sockel, die sich auf den Plattformen befinden; auch die beiden Gebäude auf der Esplanade, die beiden querliegenden Plattformen sowie die Gemächer des oberen Teils und ein kleiner Teil der Wohnkomplexe im Norden und Süden des Tempels der Gefiederten Schlange wurden freigelegt, wie man auf Abbildung 1 sehen kann. Im Laufe dieser Unternehmung entdeckte der Architekt Ignacio Marquina die Fassade des Tempels der Gefiederten Schlange und legte den vorgelagerten Sockel komplett frei. Alle diese Gebäude im Zentrum des Geländes waren vor ihrer Ausgrabung nur als Hügel wahrnehmbar.

Marquina begann seine Untersuchung an der Nordfassade des Tempels der Gefiederten Schlange. Im oberen Bereich fand er drei geplünderte Gräber, über deren Inhalt deswegen keine exakten Angaben gemacht werden können. Er fand dort auch sechs Schächte, die zur Gebäudekonstruktion gehören und sich symmetrisch zur Ost-West-Achse des Bauwerks verteilt befinden (Marquina, ebd.: 149, Abb. 34).

Im selben Jahr kam Marquina aufgrund der Informationen, die er durch seine Ausgrabungen erhalten hatte, zu dem Schluss, dass das Gebäude sechs Treppenkörper hatte, dass seine vier Fassaden mit riesigen Köpfen der Gefiederten Schlange und dem Kopf eines anderen mythischen Wesens geschmückt und alle dort vorhandenen Steinskulpturen mit vielfarbigem Stuck überzogen waren. Genau so wird dieses

Abb. 1.
Teilansicht der Hauptfassade (Westen) der Pyramide der Gefiederten Schlange, rechts von der Treppe, die zum Gipfel führt

Abb. 2.
Lageplan der Zitadelle

außergewöhnliche Monument in Publikationen und im Staatlichen Museum für Anthropologie und Geschichte der Stadt Mexiko dargestellt.

Über die bei Marquinas Ausgrabungen gefundenen Objekte gibt es nur wenige Angaben: Es wird von Teilen menschlicher Knochen, von Keramik, Meeresmuscheln und -schnecken, von tierischen Knochenresten sowie Objekten aus Obsidian und anderen Halbedelsteinen berichtet.

Um die Dimensionen des Tempels zu ermitteln, grub der Ingenieur Pedro Dosal 1925 an jeder Stelle des Monuments weiter, wo er ein Grab mit einem menschlichen Skelett gefunden hatte. Jede Grabstätte verfügte über verschiedene Grabbeigaben: Speerspitzen aus Obsidian und Muschelplatten, die menschliche Zähne darstellten. Diese Angaben und die Haltung der Skelette mit den Händen auf dem Rücken, als ob sie gefesselt worden seien, sowie die beigelegten menschlichen Zähne deuten darauf hin, dass die Begräbnisse Teil einer Opferzeremonie mit todgeweihten Menschen für den Tempel der Gefiederten Schlange waren, wie mehrere Autoren erwähnen (Armillas, 1950: 44; Dosal, 1925: 218; Millon, 1981: 213). Durch die Entdeckung weiterer Gräber weiß man inzwischen, dass die ersten gefundenen Knochenreste von einer Gräbergruppe stammen, in der dem Tempel der Gefiederten Schlange geopferte Personen beigesetzt wurden. Diese Gräber, auf die noch näher eingegangen wird, wurden erst im Laufe der 1980er Jahre entdeckt (Abb. 4).

Im Jahr 1939 hub der Ingenieur José Pérez zwei Schächte aus, die er als Tunnel am Fuß der Treppen des Tempels der Gefiederten Schlange und seiner vorgelagerten Plattform weiterführte. In beiden Ausgrabungen fand er wichtige Opfergaben: steinerne menschliche Figuren, große und kleine Meeresschnecken und -muscheln, Mosaike aus dem gleichen Material, menschliche Zähne mit künstlichen Veränderungen und Einlegearbeiten aus Zahn; kleine Messer, Speerspitzen und Klingen aus Obsidian; Perlen, Ohrschmuck und menschliche Figuren aus Jade; Scheiben und Spiegel aus Pyrit und menschlichen oder tierischen Knochen (Pérez, 1939).

Diese Gegenstände wurden von Rubín de la Borbolla untersucht, der diese Opfergaben beiden Gebäuden zuschrieb (1947: 2). Sugiyamas Interpretation sprach sich für die Gleichaltrigkeit der Opfergaben und ihre Zugehörigkeit zum älteren Gebäude aus, was sich später als richtig herausstellen sollte.

In den 1960er Jahren begann das Teotihuacan Mapping Project unter der Leitung von René Millon; mit dem Ziel, die Entstehungszeit der Zitadelle zu bestimmen, führte Evelyn Rattray in diesem Rahmen mehrere stratigrafische Grabungen durch. Eine stratigrafische Sondierung befindet sich an der östlichen Plattform; zwei Schächte wurden in die querliegenden Plattformen gegraben, die sich an nördlicher und südlicher Seite des Tempels der Gefiederten Schlange befinden.

Obwohl ein großer Teil der Zitadelle während der Ausgrabungen Gamios und Marquinas bereits erschlossen worden war, gab es immer noch eine Anzahl nicht erforschter Gebäude, weswegen die mexikanische Regierung von 1980 bis 1982 ein großes Ausgrabungsprojekt in Teotihuacan realisierte.

Dieses Projekt wurde von Rubén Cabrera geleitet, der über ein großes Team an Archäologen verfügte, die sich in ihrer Mehrzahl mit dem Gelände der Zitadelle beschäftigten. In dieser Ausgrabung wurden die Fassaden hinter den großen Plattformen freigelegt, die den Komplex an nördlicher, östlicher und südlicher Seite begrenzen. Am nördlichen Rand wurde das als Nördliches Viereck bekannte Ensemble entdeckt und im Innern der Zitadelle wurden die großen Wohnanlagen nördlich und südlich des Tempels der Gefiederten Schlange sowie die beiden architektonischen Gebilde auf der großen Esplanade erforscht (Cabrera, 1982, Abb. 1 und 2).

Der Tempel der Gefiederten Schlange wurde an der Nord- und Südfassade komplett freigelegt. Nicht fertig ausgegraben wurden die Ostfassade des Tempels und die innere südöstliche Plattform des Ensembles.

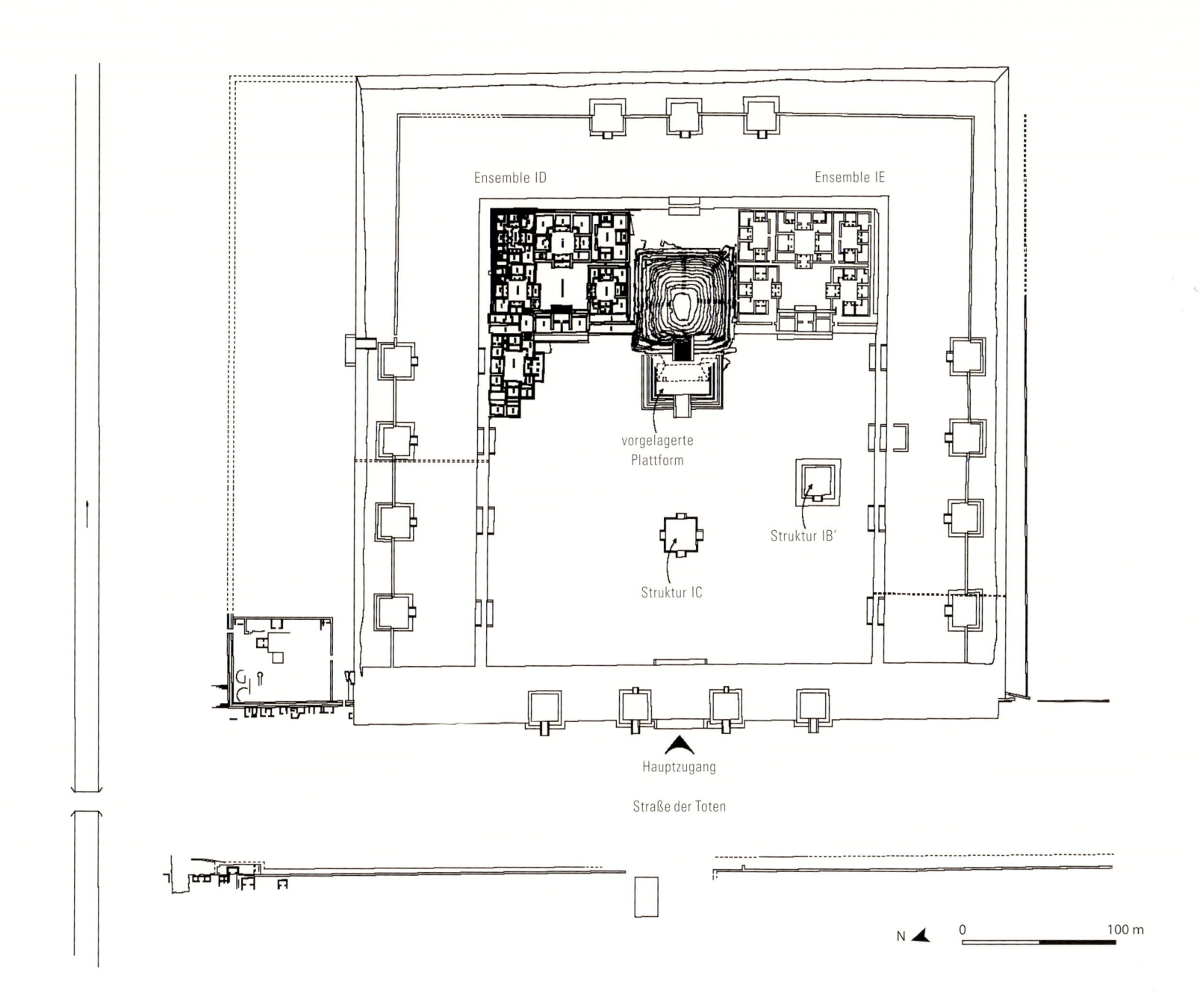

Die Ergebnisse dieser Ausgrabungen waren erwartungsgemäß umfangreich und von großer Bedeutung für ein tieferes Wissen um die Geschichte dieses Ensembles und die Rolle, die es im Staat von Teotihuacan gespielt haben könnte. Die Ausmaße der Gesamtanlage wurden bestätigt, und man erlangte Klarheit über die Aufteilung und Form der Gebäude im Nördlichen Viereck. Im Hof im Inneren der Zitadelle wurde ein Gebäude entdeckt, das sieben aufeinander folgende Bauphasen erkennen lässt; dabei stieß man auf Überreste von Wandmalereien, auf denen mit der Astronomie und dem Kosmos zusammenhängende Bildmotive zu sehen sind. Entdeckt wurde auch ein interessantes Bewässerungssystem mit Trink- und Abwasserkanälen sowie einem Brunnen. Auch die Erforschung der weitläufigen Wohn-, Verwaltungs- und Kontrollanlagen im Norden und Süden sowie die des zentralen Tempels wurde abgeschlossen (Abb. 3). Bei den Wohnanlagen fanden sich weitere zahlreiche Grabstätten, einige mit wertvollen Grabbeigaben aus Keramik, schönen Figuren aus Halbedelsteinen und handgefertigten Objekten aus verschiedenen Materialien. Es wurden auch Bauten aus einer Epoche vor der Zitadelle aufgefunden, ein architektonischer Stil, der später die Bezeichnung „Prä-Ciudadela" erhielt (Cabrera, 1991).

Über den Tempel der Gefiederten Schlange erfuhr man bahnbrechende Neuigkeiten: Mit den durch die Ausgrabungen

Abb. 3.
Gesamtansicht der Grabungen im Wohnbereich (ID) im Norden der Pyramide der Gefiederten Schlange

Abb. 4.
Plan mit der Lagebestimmung der verschiedenen Grabungen im Umkreis und in der Pyramide der Gefiederten Schlange

gewonnenen Informationen über die Nord- und Südfassade konnte man die Höhe des Pyramidensockels bestimmen. Marquina war davon ausgegangen, dass der Tempel aus sechs treppenförmigen Elementen bestand. Durch die Ausgrabungen von 1982 bis 1984 fand man heraus, dass das Gebäude aus sieben übereinanderliegenden Elementen bestand, deren Außenseiten mit großen Skulpturen versehen waren, die große Schlangenköpfe und andere symbolische Motive zeigten, wie man an der Fassade der Frontseite sehen kann, die am besten erhalten ist.

In dieser Zeit wurden fünf symmetrisch angelegte Grabstätten gefunden, die in Verbindung mit dem Tempel stehen. Sie befanden sich in dreifach verschlossenen Grabkammern. Die Grabstätte Nummer 53 bestand aus einem einzigen Skelett, das in gebeugter Haltung und mit den Armen auf dem Rücken gefunden wurde. Diese Haltung deutet darauf hin, dass die Person im Moment ihrer Opferung gefesselt war. Sie war mit zahlreichen Meeresschnecken geschmückt. Die Untersuchung besagt, dass es sich um eine männliche Person handelt (Serrano et al., 1991).

Das Grab Nummer 172 ist ebenfalls das Einzelgrab eines jungen Mannes. Auch er wurde in gebeugter Haltung gefunden, und ein Teil seiner Ausstattung bestand ebenfalls aus Meeresschnecken.

Das Grab Nummer 190, gefunden im Südgang des Tempels in einer Gruft mit den Ausmaßen 8,25 mal 1,80 Meter, ist ein Gruppengrab mit 18 Personen männlichen Geschlechts zwischen 14 und 35 Jahren. Sie wurden in halbgebeugter Haltung hintereinander aufgereiht und mit einer Schicht Schlamm bedeckt gefunden. Bei der Untersuchung der Skelette wurden neun verschiedene Arten von künstlich veränderten und mit Einlegearbeiten versehenen Zähnen entdeckt (Cabrera und Serrano, 1999: 361, Abb. 5).

Diese neuen Informationen über die Gräber im Tempel der Gefiederten Schlange gaben den Ausschlag für ein weiteres Projekt am Tempel, das in den Jahren 1988 und 1989 realisiert wurde. Es wurde von dem Archäologen Rubén Cabrera und Dr. George L. Cowgill (damals Brandeis University, heute an der University of Arizona) geleitet. An den Forschungsarbeiten nahm auch Saburo Sugiyama teil, der an diesem Ort die Existenz weiterer Grabstätten von geopferten Menschen und somit das enorme Ausmaß dieser Praxis in Teotihuacan beweisen wollte.

In dieser Unternehmung wurden Ausgrabungen im Inneren und an den Seiten des Tempels der Gefiederten Schlange vorgenommen. Man erhoffte sich einerseits, mehr Funde im Zusammenhang mit den Menschenopfern zu machen, andererseits suchte man nach dem Grab eines Herrschers der Stadt. Dieses Grab sollte Aufschluss geben über den vermuteten despotischen Charakter der Herrscher von Teotihuacan in der ersten Zeit seiner kulturellen und historischen Entwicklung und die Idee einer pazifistischen Theokratie, die von einigen zeitgenössischen Theoretikern aufgestellt worden war, entkräften (Covarrubias, 1957; Kubler, 1962).

Die Ausgrabungen fanden an drei Orten statt: Die Ausgrabung von Rubén Cabrera konzentrierte sich auf das Gelände hinter dem Tempel der Gefiederten Schlange, Cowgill und sein Team legten verschiedene Schächte im Umfeld des Tempels

OST-WEST-ACHSE

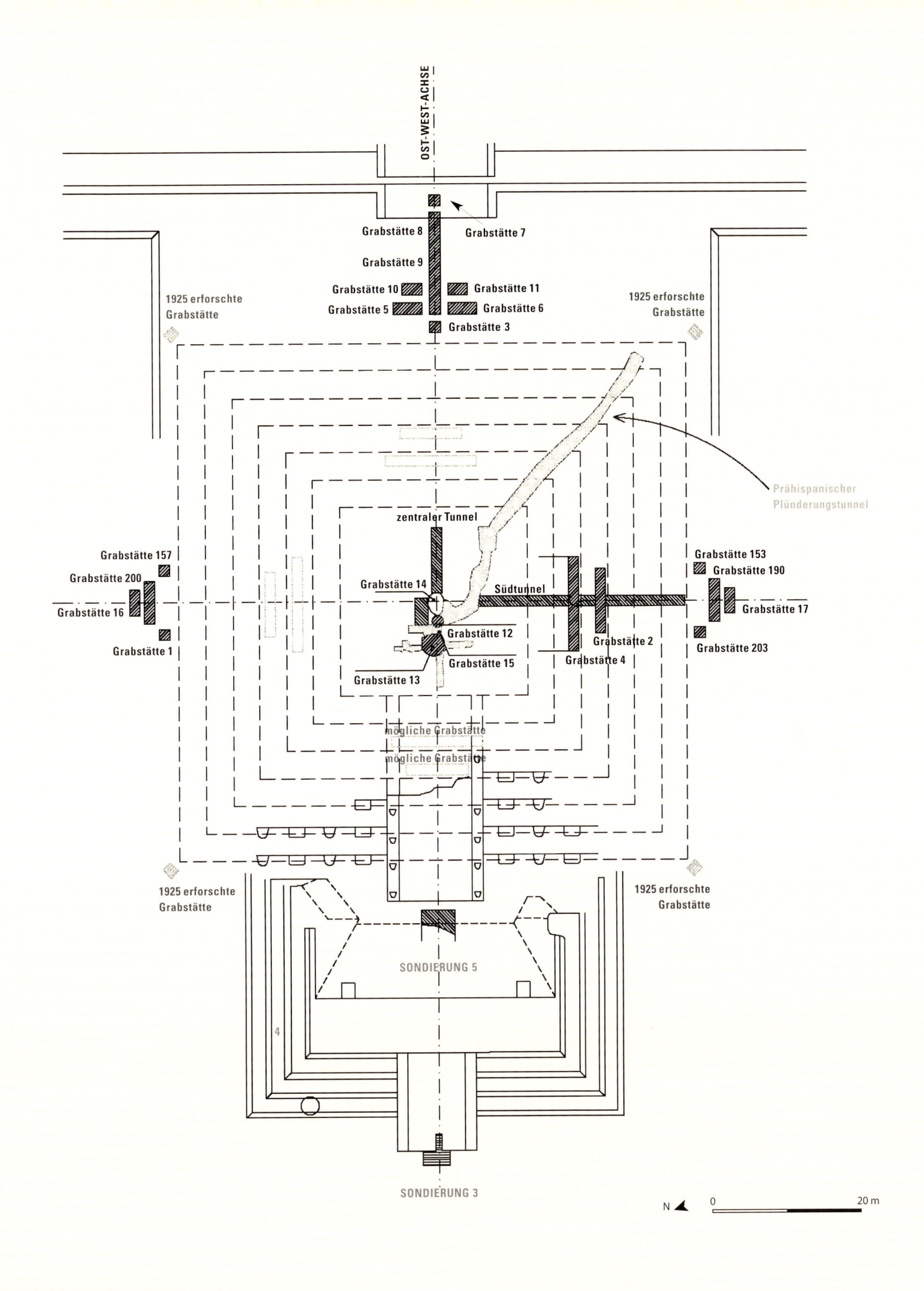

Grabstätte 8 — Grabstätte 7
Grabstätte 9
Grabstätte 10   Grabstätte 11
Grabstätte 5   Grabstätte 6
Grabstätte 3

1925 erforschte Grabstätte

1925 erforschte Grabstätte

Prähispanischer Plünderungstunnel

zentraler Tunnel

Grabstätte 157
Grabstätte 200
Grabstätte 16
Grabstätte 1

Grabstätte 14   Südtunnel   Grabstätte 153
Grabstätte 190
Grabstätte 17
Grabstätte 12   Grabstätte 2
Grabstätte 13   Grabstätte 15   Grabstätte 4   Grabstätte 203

mögliche Grabstätte
mögliche Grabstätte

1925 erforschte Grabstätte

1925 erforschte Grabstätte

SONDIERUNG 5

SONDIERUNG 3

N   0   20 m

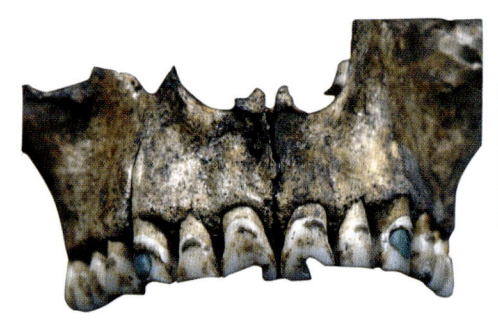

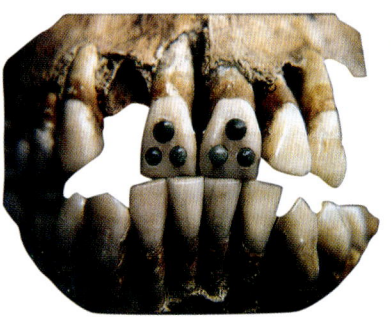

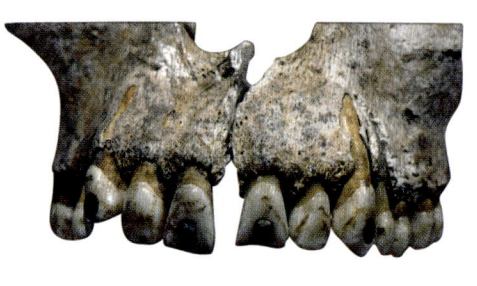

Abb. 5.
Verstümmelungen und Zahninkrustationen einiger Bestatteter in der Pyramide der Gefiederten Schlange

und seiner vorgelagerten Plattform an, und die Grabungen von Tunneln ins Innere des Tempels leitete Sugiyama. Durch diese hoffte man auch auf Bauten aus der Zeit vor der Errichtung des Tempels zu stoßen.

Auf dem Gelände hinter dem Tempel der Gefiederten Schlange wurden größtenteils Gruppengräber und wenige Einzelgräber gefunden. Sie befanden sich in symmetrisch zur zentralen West-Ost-Achse des Gebäudes angelegten Grabkammern, sowie in der Nähe einer länglichen zentralen Gruft mit der gleichen Ausrichtung. Unter den vier Gruppengräbern gab es zwei für je neun Personen männlichen Geschlechts. Sie waren prunkvoll gekleidet; erhalten sind Schieferscheiben, die als Broschen oder Medaillons auf Höhe der Taille im Bereich des Rückens platziert waren, Ketten aus Muscheln und Kieferknochen, die teils Imitate aus Muscheln sind und teilweise aus menschlichen Kieferknochen bestehen. Die Grabbeigabe bestand aus zahlreichen Speerspitzen aus Obsidian, wie man bei Grab 9 sehen kann (Abb. 6).

Unter den Gruppengräbern ist das Grab Nummer 14 (Abb. 7) das mit den meisten Skeletten; hier wurden die Überreste von 20 Personen männlichen Geschlechts gefunden. Es befand sich im Zentrum des Tempels, auf der Höhe seines Fundamentes. Die Skelette waren mit Schlamm und Steinen bedeckt und wurden in verschiedenen Positionen gefunden, teilweise lagen sie übereinander.

Manche der Skelette lagen ausgestreckt auf dem Rücken, andere mit angewinkelten Beinen auf der Seite; einige fand man in sitzender Position. Unter den Sitzenden befand sich ein Skelett in herausragender Position an der Westseite des Grabes, weswegen man annehmen könnte, dass es sich um eine Person höheren Ranges handelte. Nichtsdestotrotz waren auch bei diesem Skelett die Arme auf dem Rücken, was darauf schließen lässt, dass die Person ebenfalls geopfert wurde.

In dem Grab wurden zahlreiche Objekte gefunden, die teilweise zum Schmuck der Bestatteten gehörten und teilweise Grabbeigaben waren; mehr als 400 waren aus grünem Stein gefertigt: konische Objekte mit eingeritzter Dekoration und unbekanntem Verwendungszweck, Ohr- und Nasenschmuck sowie Perlen aus Jade. Weiterhin fand man die als „exzentrisch" bezeichneten Obsidianobjekte, die Tiere und Menschen darstellen, sowie Klingen, Speerspitzen und kleine Messer ebenfalls aus Obsidian. Mehr als 3 400 Objekte aus Muschel kamen zum Vorschein und Textilreste, die als Überbleibsel von Beuteln interpretiert wurden, in denen die in verschieden großen Mengen gefundenen Objekte verstaut waren.

Zwei der in jüngerer Zeit untersuchten Gräber desselben Grabkomplexes im Tempel der Gefiederten Schlange wurden im Rahmen des Proyecto Especial Teotihuacan 1992–1994 von dem Archäologen Rubio Chacón ausgegraben.

Es handelt sich um die Gräber 16 und 17, die sich in tief gelegenen Kammern symmetrisch an der Nord- und Südseite des Monuments befinden. In jedem Grab liegen eng nebeneinander acht Skelette weiblichen Geschlechts. Wie bei den anderen Grabstätten dieser Gräberanlage waren auch bei diesen Skeletten die Arme auf dem Rücken und die Füße eng beieinander, was auf eine ihrer Opferung vorausgehende Fesselung hinweist (Abb. 8).

Die Skelette in Grab 16, unmittelbar nördlich der Grabstätte 204, wurden in sitzender Position gefunden, angelehnt an die Nordwand einer länglichen Gruft von 3,60 Metern Länge und 1,70 Metern Breite, versiegelt durch drei Mörtelböden. Mit Ausnahme des vorher erwähnten Grabs 14 in der Mitte des Monuments zeigen alle bisher gefundenen Schädel der untersuchten Grabstätten in Richtung des Tempels.

Teil des Körperschmucks der Bestatteten in den Gräbern 16 und 17 waren kleine runde Ohrscheiben aus Meeresmuscheln und Halsketten aus röhrenförmigen Muscheln. Als Grabbeigaben

Abb. 6.
Pyramide der Gefiederten Schlange:
Plan der Grabstätte 9 im Osten des Bauwerks

fand man 80 Speerspitzen und vier „exzentrische" Figuren aus Obsidian, die Menschen und Schlangen darstellen (Rubio Ch., *op. cit.*).

Ein wichtiges Detail, das bisher bei keinem anderen Skelett der Gräber des Tempels der Gefiederten Schlange gefunden wurde, findet sich bei Skelett 16 F: die Knochen eines Fötus, dessen Alter die Anthropologen nach einer Untersuchung auf acht Monate geschätzt haben. Der Fötus wurde unterhalb der Oberschenkelknochen des Skeletts gefunden; da er sich außerhalb des Beckenbereichs befand, kann man nicht mit Sicherheit sagen, ob der Fötus zu dem Skelett gehört. Um definitiv zu bestimmen, ob das Ungeborene zur Person 16 F gehört, müssten andere Untersuchungsmethoden angewendet werden.

Das Grab 17 befand sich am Südrand des Gebäudes in unmittelbarer Nähe der Grabstätte 190. Die acht Skelette sind ebenfalls weiblichen Geschlechts. Anordnung, Haltung und Schmuck weisen große Ähnlichkeiten mit anderen Grabstätten mit vier bzw. acht Skeletten auf, weswegen auf die Wiederholung der Information aus Platzgründen verzichtet wird.

Die jüngsten Ausgrabungen in der Zitadelle werden von den Archäologen Sergio Gómez, Julie Gazzola und Alejandro Sarabia geleitet. Ihr Ziel ist die Lösung verschiedener noch offener Fragen, die diese gewaltige Anlage betreffen: genauere Informationen über ihre Funktion im Staat von Teotihuacan und die Geschichte ihrer Nutzung von der Errichtung bis zum Verlassen des Ortes zu gewinnen. Darüber hinaus haben sie vor, Maßnahmen gegen den Verfall des Tempels zu ergreifen. Um ihre Ziele zu erreichen, haben sie seit 2002 extensive Untersuchungen auf dem Gelände der Esplanade, an zwei Wohngebäuden sowie am Nordrand und außerhalb der Zitadelle vorgenommen (Gómez und Gazzola, 2002, 2003; Gómez *et al.*, 2005).

Bedeutung und Funktion der Opfergräber im Tempel der Gefiederten Schlange

Dieser Aufsatz will einen Überblick vermitteln über die Ausgrabungen, Untersuchungen und Analysen eines der bedeutendsten Gebäude von Teotihuacan, der Zitadelle, und dessen zentralem Tempel der Gefiederten Schlange. Er beschränkt sich dabei auf die allgemeinen und entscheidenden Aspekte, die für dieses Thema von Relevanz sind.

Wichtige Informationen ergeben sich aus der großen Anzahl der gefundenen Grabstätten im Bereich des Tempels der Gefiederten Schlange. Zu Ehren dieses Ortes wurden wichtige Großveranstaltungen mit Menschenopfern abgehalten. Durch ihre Lage und Aufteilung weisen die Grabstätten, gemeinsam

Abb. 7.
Menschenopfer in der Grabstätte 14, genau unter dem Zentrum der Pyramide der Gefiederten Schlange

Abb. 8.
Weibliche Opfer, sitzend bestattet im Norden der Pyramide der Gefiederten Schlange (Grabstätte 16)

mit den rituellen Elementen, die alle auf die zentralen Punkte ausgerichtet waren, auf eine enge Verbindung mit dem Kosmos hin, was am Beispiel des Tempels der Gefiederten Schlange besonders deutlich wird. Außerdem sind die numerischen Eigenschaften der Gruppengräber (4, 8, 9, 18 und 20 Personen) Ausdruck des Ritual- und des Sonnenkalenders der mesoamerikanischen Völker. Deswegen kann man davon ausgehen, dass dieses Gebäude und die Zitadelle zusammen die Berechnung der Zeit ermöglichen, das Bestimmen der Tage, der Monate und Zyklen Mesoamerikas. Wie bereits erwähnt, stand der Tempel, ebenso wie die Sonnen- und Mondpyramide, in engem Zusammenhang mit dem Menschenopfer. So wurde das Ritual zu Ehren dieser Bauwerke mit dem Kosmos und der Zeitrechnung vereinigt – und auch mit dem militärischen Handeln, wie uns der Grabschmuck zeigt, der Brustplatten aus Muschelstein und gestaltete Kieferknochen von Menschen und Hunden enthält, die als Insignien der herrschenden militärischen Kaste gelten (Sugiyama, 2005).

Viele Autoren haben bereits auf die Verbindung der mesoamerikanischen Städte mit dem Kosmos, der Zeitrechnung und dem mesoamerikanischen Kalender hingewiesen. Betont worden ist auch der enge Zusammenhang zwischen der Beobachtung des Himmels und dem Städtebau. Das deutlichste Beispiel hierfür ist die auf astronomische Ereignisse verweisende Architektur der Stadt Teotihuacan (Sugiyama, 2005). Die Stadt stellt in ihrem Grundriss und ihrer Ausrichtung den Kosmos nach: Sie ist durch zwei große Straßen in vier Quadrante aufgeteilt. Diese Straßen kreuzen den zentralen Platz, auf dem sich der Tempel der Gefiederten Schlange befindet, das Zentrum des teotihuacanischen Universums.

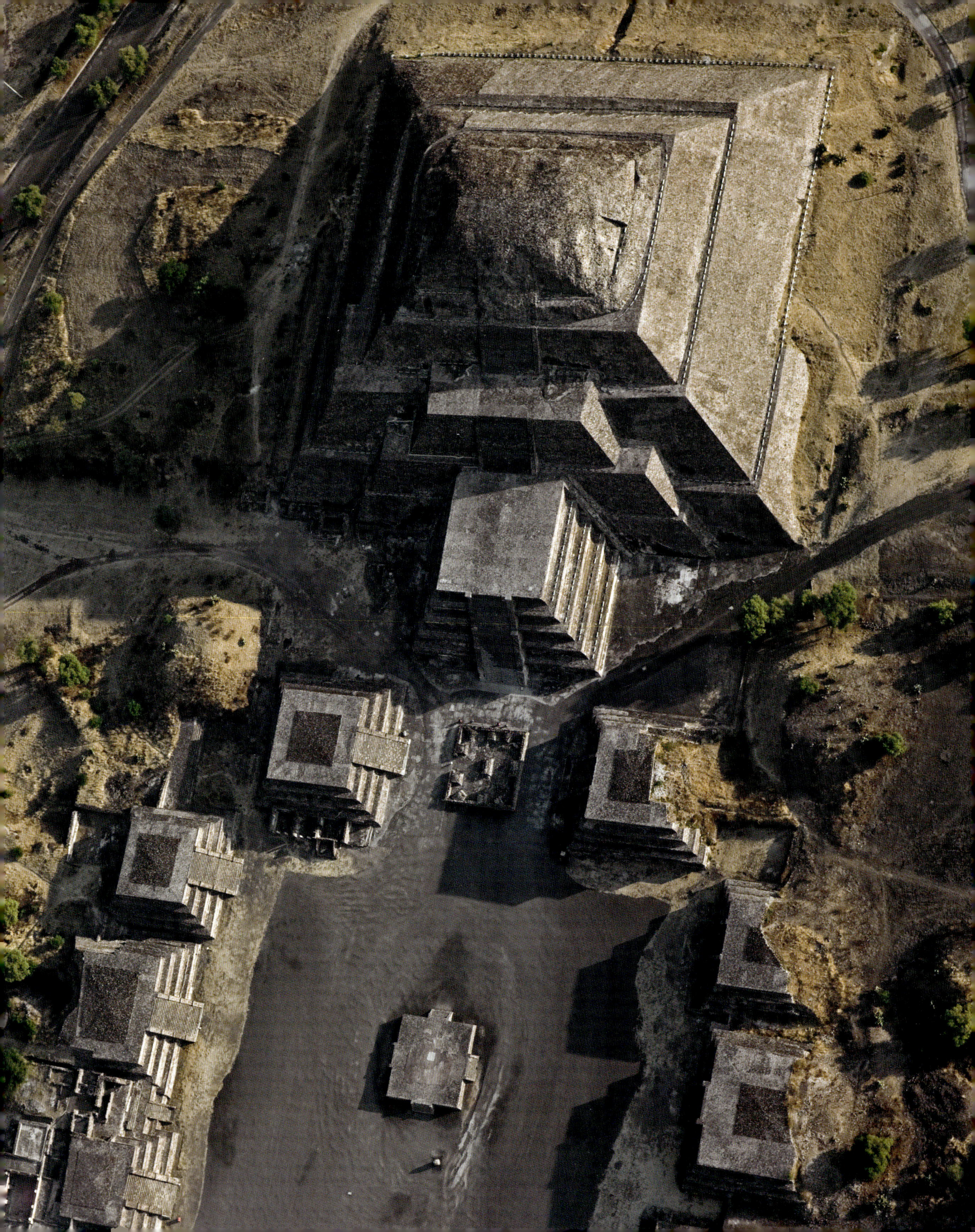

AUSGRABUNGEN IN DER MONDPYRAMIDE

RUBÉN CABRERA CASTRO
Archäologische Ausgrabungsstätte Teotihuacan,
Staatliches Institut für Anthropologie und Geschichte (INAH)

SABURO SUGIYAMA
Universität der Präfektur Aichi, Nagoya

Die jüngsten Ausgrabungen in der archäologischen Stätte von Teotihuacan haben neue Informationen über die Komplexität und die soziopolitische und ideologische Entwicklung dieser Kultur geliefert. Dies hat zu einer Änderung des Blickwinkels der teotihuacanischen Kultur geführt, die man bis dato für eine theokratisch-pazifistische Gesellschaft gehalten hatte. Aufgrund der neuen Erkenntnisse kann man hingegen davon ausgehen, dass Teotihuacan militaristisch und repressiv regiert wurde und trotz theokratischer Religion in großem Umfang Menschenopfer durchführte. Die staatlichen Rituale wurden in öffentlichen Gebäuden abgehalten, wie man aus den Untersuchungen an der Sonnenpyramide und am Tempel der Gefiederten Schlange erkennen kann. Den neuesten Entdeckungen zufolge gehörte zu diesen Gebäuden auch die Mondpyramide.

Um diese neue Sichtweise auf Teotihuacan zu untermauern, wurde ein groß angelegtes Projekt ins Leben gerufen, das die Beschaffenheit dieses Staates anhand seiner wichtigsten öffentlichen Gebäude untersuchen sollte. Im gleichen Zuge sollte auch die städtische und kulturelle Entwicklung Teotihuacans weiter erforscht werden.

Wegen ihrer privilegierten Lage ist die Mondpyramide, die ideologisch und kulturell von größter Bedeutung ist, bestens geeignet, um mehr Informationen zu diesem Thema zu erhalten. Das Monument (Abb. 1) liegt am äußersten Ende der Straße der Toten, die sich über vier Kilometer von Süden nach Norden erstreckt und in ihrem zentralen Abschnitt 90 Meter breit ist. Aufgrund der Signifikanz des Bauwerks begannen wir 1998 mit einem großen archäologischen Projekt, das jeweils im Sommer und im Herbst der folgenden sieben Jahre realisiert wurde. Die Ergebnisse waren sowohl für das Monument selbst als auch für die Entwicklungsgeschichte der Stadt von großer Tragweite, denn an der Mondpyramide wurden sieben Bauphasen mit zugehörigen Grabbeigaben von großer ideologischer Bedeutung entdeckt.

Die Ausgrabungen an der Mondpyramide (1998–2004) wurden von den Autoren dieses Essays geleitet. Finanziell unterstützt wurde das Projekt von den folgenden Institutionen: Japan Society for the Promotion of Science, National Science Foundation, National Science Geographic, Staatliche Universität Arizona, Staatliches Institut für Anthropologie und Geschichte Mexiko (INAH).

Es war ein interdisziplinäres Projekt, an dem verschiedene Experten teilnahmen, vor allem aber mexikanische und internationale Archäologen und Archäologinnen. Durch die Grabung von Schächten mit erhaltener Stratigraphie, Höhlen und Tunneln im Inneren der Pyramide entdeckte man sieben übereinander errichtete Gebäude. Diese Sequenz architektonischer Strukturen zeigt die Geschichte der Pyramide im Zusammenhang mit den sozialen Veränderungen während ihrer über die Jahre andauernden Veränderung und Entwicklung. Die Funde, die bei diesen sieben Gebäuden gemacht wurden, lassen vermuten, dass zu Beginn jeder Bauphase und am Ende ihrer Nutzung wichtige Rituale durchgeführt wurden, in deren Verlauf viele Menschen und Tiere sowie zahlreiche wertvolle Objekte den Bauwerken geopfert und dort bestattet wurden.

Abb. 1.
Gesamtansicht des Platzes und der Mondpyramide

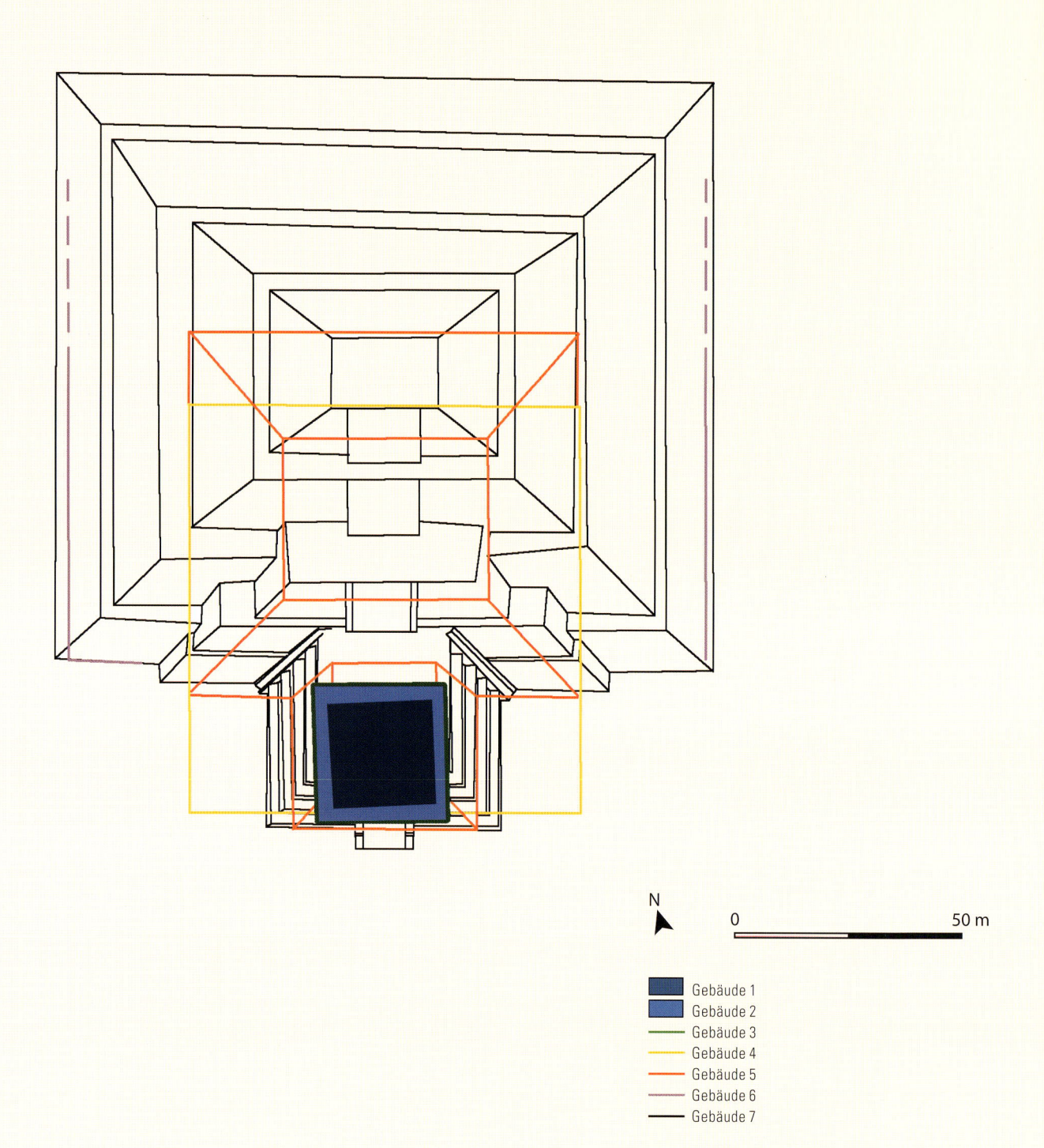

Gebäude 1
Gebäude 2
Gebäude 3
Gebäude 4
Gebäude 5
Gebäude 6
Gebäude 7

Abb. 2.
Grundriss der Mondpyramide mit den sieben
übereinander errichteten Gebäuden

Abb. 3.
Nordwestliche Ecke des Gebäudes 1 im
Inneren der Mondpyramide

Die Bauphasen der Mondpyramide

Die Geschichte dieses großen Bauwerks, des zweitgrößten nach der Sonnenpyramide, kann durch die Informationen rekonstruiert werden, die man in seinem Inneren durch die Grabung von elf Tunneln mit einer Gesamtlänge von 345 Metern gewinnen konnte. Wie bereits erwähnt, bestand die Pyramide aus sieben übereinander liegenden Gebäuden, die mit den Nummern 1 bis 7 registriert wurden (Abb. 2). In drei von ihnen wurden insgesamt fünf Grabstätten entdeckt.

Gebäude 1

Gebäude 1 ist die älteste Konstruktion; es besteht aus Treppenkörpern und hat einen quadratischen Grundriss, dessen Seitenlängen 23,5 Meter betragen. Die Höhe des Gebäudes ist nicht bekannt, da die Untersuchungen nicht weiter nach oben fortgesetzt wurden (Abb. 3). Das Gebäude befindet sich unter der vorgelagerten Plattform der heutigen Pyramide. Der in seinem Inneren gefundenen Keramik und der C14-Datierung nach zu schließen, ist das Gebäude zwischen 50 und 100 n. Chr. erbaut worden. Es ist das älteste bisher gefundene Gebäude in Teotihuacan. Die Mauern an seiner Ost- und Westseite sind um 4° westlicher ausgerichtet als die der anderen Gebäude der Stadt, was bedeutet, dass es vor der strengen städtebaulichen Regelung erbaut wurde, nach der sich alle Gebäude 15° 30' nach Westen des astronomischen Nordens ausrichten mussten.

Gebäude 2

Das Gebäude 2 hat eine Seitenlänge von 29,3 Metern und bedeckt das vorhergehende komplett. Seine *Talud*-Wände bilden treppenförmige Körper. Seine Höhe ist ebenfalls unbekannt, weswegen man nicht weiß, wie viele Treppenkörper es besaß. Die in seinem Inneren gefundene Keramik verweist auf eine Errichtung um die Mitte des 2. Jahrhunderts.

Abb. 4.
Skelett eines Pumas im Opfergrab 2 (er befand sich in einem Holzkäfig, der einen Abdruck in der Erde hinterlassen hat)

Gebäude 3

Das Gebäude 3 war ziemlich zerstört, wahrscheinlich weil ein Teil des Steinmaterials später für andere Bauten benutzt wurde. Anhand der erhaltenen Mauerteile wurde kalkuliert, dass das Gebäude eine Seitenlänge von 31,3 Metern hatte und das unter ihm liegende komplett bedeckte. Die vorhandene Keramik und die C14-Datierung lassen auf eine Entstehung um 200 n. Chr. schließen.

Gebäude 4

Der Umfang des Gebäudes 4 deutet auf eine elementare Veränderung in der Bausequenz der Pyramide hin: Sein Grundriss ist neunmal größer als der seines Vorgängers. Es misst 89,5 Meter an der Ost-West-Achse und vermutlich ebenso viel an der Nord-Süd-Achse, obgleich diese Ausmaße noch durch Grabungen bestätigt werden müssen. In diesem Gebäude befinden sich die Opfergräber 2 und 6. Die Keramik und die C14-Datierungen im Bereich des Gebäudes und der Grabstätten verweisen auf eine Bauphase im 3. Jahrhundert n. Chr. Diese Pyramide existierte also zeitgleich mit dem Tempel der Gefiederten Schlange in der Zitadelle.

Gebäude 5

Das Charakteristische des Gebäudes 5 ist seine Architektur, die sich von den vorangehenden Pyramiden unterscheidet. Die Fassaden sind im *Talud-Tablero*-Stil gestaltet, wie er auch am Tempel der Gefiederten Schlange zu sehen ist. Eine weitere Neuigkeit ist die vorgelagerte Plattform, die gleichzeitig zum Hauptgebäude entstand. Es ist gegen 300 n. Chr. erbaut worden. Dem Gebäude war das Opfergrab 3 gewidmet.

Gebäude 6

Die Errichtung des Gebäudes 6 zerstörte die Hauptfassade der vorherigen Struktur, obwohl die wichtigsten Erweiterungen an den drei anderen Seiten vorgenommen wurden. Dieses Bauwerk war von seinen Dimensionen her dem Vorgänger sehr ähnlich. Seine Ost-West-Achse misst 140 Meter. Es ist um 350 n. Chr. gebaut worden. Das Opfergrab 5 befand sich an der Spitze des Gebäudes 5 und wurde wohl anlässlich der Fertigstellung oder zur Feier der Grundsteinlegung des Gebäudes 6 angelegt, in dem sich das Opfergrab 4 befand.

Gebäude 7

Das Gebäude 7 markiert die letzte Bauphase und ist heute in der archäologischen Stätte von Teotihuacan zu sehen. Es besitzt einen pyramidenförmigen Sockel von ausladenden Dimensionen, der aus vier Treppenkörpern und einer großen frontalen Plattform besteht, die zur gleichen Zeit wie das Gebäude – um 400 n. Chr. – errichtet wurde. Die Pyramide wurde bis zum Untergang der Stadt um 600 n. Chr. genutzt.

Das sind die Grundzüge der Bauphasen dieses prächtigen und bedeutenden Monuments, die eng mit der Geschichte der Stadt und der urbanen Entwicklung ihres Zentrums in den 600 ersten Jahren unserer Zeitrechnung verwoben sind. Das Gebäude 4 zeigt eine der wichtigsten Phasen der Pyramide; in ihm manifestiert sich die immense politische und religiöse Macht, die Teotihuacan zu jener Zeit erreicht hatte und die auch an anderen Orten der Stadt zu sehen ist. Das Gebäude 6 vergegenwärtigt eine weitere Blütezeit Teotihuacans, die vom intensiven kulturellen Austausch mit anderen mesoamerikanischen Städten geprägt war.

Bei den Grabungsarbeiten im Inneren der Mondpyramide fand man fünf Grabstätten, die mit den Nummern 2 bis 6 registriert wurden. Aufgrund der zusammenliegenden und sich auf dem Rücken befindenden Hände der Skelette, die auf Fesselungen hindeuten, nennt man sie Opfergräber. Sie erinnern an die verschiedenen Bauphasen. Deswegen tauchen sie auf verschiedenen Ebenen der zentralen Süd-Nord-Achse der Mondpyramide auf, die sich zur Straße der Toten hin verlängert.

Opfergrab 2

Das Opfergrab 2 wurde 1998 entdeckt. Es hat eine Größe von dreieinhalb Quadratmetern und ist von einer groben Steinmauer umgeben. Es befindet sich am Fundament der Pyramide in Richtung der nördlichen Seite des Gebäudes 3, aber in der Mitte des folgenden Gebäudes. Daraus schließt man, dass es dem Gebäude 4 gewidmet war. Der Fund besteht aus dem reich geschmückten Skelett eines Mannes von ungefähr 45 Jahren. Zu seiner Aufmachung gehörten Ohrenschmuck und Jadeperlen, was auf einen hohen sozialen Rang hindeutet. Er wurde in sitzender Haltung, an die östliche Wand gelehnt und Richtung Westen blickend, gefunden. Seine Arme und Hände lagen dicht beieinander auf dem Rücken, was auf seine Opferung hinweist. Im Opfergrab wurden Tierknochen (von katzen- und hundeartigen Tieren, Schlangen und Vögeln) gefunden, sowie zahlreiche Objekte aus verschiedenen Materialien, darunter aus Keramik, Obsidian, Muscheln, Holz und Halbedelsteinen (Abb. 4). Unter den Objekten, die fast alle sehr wertvoll gewesen sein müssen, stechen einige anthropomorphe Skulpturen aus grünem Stein hervor (Abb. 5). Auffallend sind auch schematische Figuren aus Obsidian, große gezackte Messer, die an die Blitze des Sturmgottes erinnern, zahlreiche Speerspitzen und kleine Messerchen (alles aus Obsidian), Meeresschnecken aus dem Pazifik und der Karibik, sowie große Scheiben aus Pyrit, die im Zentrum von strahlenförmig angeordneten Messern platziert waren, möglicherweise als Abbild des Kosmos und der vier Himmelsrichtungen. Wegen ihres Inhalts und der Anordnung einiger Objekte ist es wahrscheinlich, dass dieses Opfergrab zur Fruchtbarkeit, zum Krieg, zu Menschenopfern und dem Kosmos einen Bezug hatte.

Abb. 5.
Teilansicht der Grabstätte 4 mit den Schädeln von 18 Menschen

Opfergrab 3

Das Opfergrab 3 ist dem Gebäude 5 gewidmet und wurde in einer Grube mit quadratischem Grundriss gefunden. Es hat eine Seitenlänge von 2,50 Metern und eine Tiefe von 1,50 Metern. In ihm befanden sich vier menschliche Skelette (Individuen 3A, 3B, 3C, 3D). Drei von ihnen waren liegend bestattet worden; eines davon mit angezogenen Knien. Alle hatten die Hände auf dem Rücken und die Füße beieinander; an den Knöcheln und an den Kiefern waren zudem Faserreste feststellbar, was auf Fesseln und Knebel hinweist. Das Individuum 3A war bei seiner Opferung 20 bis 24 Jahre alt, 3B 18 bis 20 Jahre, 3C 40 bis 44 und 3D 13 bis 15 Jahre alt. Die Aufmachungen variieren je nach Alter: Die Älteren trugen grüne Perlen, Ohren- und Nasenschmuck; das Individuum 3C trug einen pompösen Halsschmuck aus Muscheln, der menschliche Kieferknochen imitierte, ähnlich wie der Schmuck von Männern aus manchen Gräbern im Tempel der Gefiederten Schlange. Durch die Untersuchung der Isotope war es möglich herauszufinden, dass die vier Personen Fremde waren – möglicherweise handelte es sich um Kriegsgefangene.

In dem Grab fanden sich auch 18 Tierköpfe, die von Biologen als hunde- und katzenartige Tiere identifiziert wurden. Aufgrund ihrer intakten Halswirbel kann man vermuten, dass sie geköpft wurden. Ebenfalls vorhanden waren zahlreiche Objekte aus Obsidian, grüne Steine, Meeresmuscheln und Textilreste. Besonders auffällig sind zwei sitzende anthropomorphe Figuren aus Serpentin.

Opfergrab 4

Das Opfergrab 4 wurde im Norden des Gebäudes 5 gefunden, wegen seiner direkten Verbindung zum Gebäude 6 wird es aber als zu diesem gehörig gewertet. Es enthält 18 Schädel, von denen 17 mit Halswirbeln beerdigt wurden. Es handelt sich also um 18 Menschen, die geköpft und deren Köpfe hier beigesetzt wurden. Sie wurden an zentraler Stelle im Füllmaterial des Fundamentes des Gebäudes 6 gefunden. Die meisten Köpfe lagen mit dem Halswirbel nach unten und waren mit einer dünnen Schicht roten Pigments bedeckt; direkt bei ihnen lagen große Steine, die Teil des Füllmaterials sind. Ebenso wie die anderen Gräber der Pyramide befanden sie sich an der zentralen Nord-Süd-Achse des Monuments.

Eine anthropologische Untersuchung der Knochen hat gezeigt, dass es sich um junge Erwachsene (jünger als 35 Jahre) handelte. Einige von ihnen wiesen Schädeldeformationen und Zahnverstümmelungen auf (Abb. 5).

Opfergrab 5

Aufgrund seiner Lage und Verbindung ist zu vermuten, dass man dieses Grab errichtete, als das Gebäude 5 geschlossen wurde und man mit dem Bau von Gebäude 6 begann. Es befand sich in einer großen Gruft mit Mauern im *Talud*-Stil. Die Seitenlänge der Gruft beträgt sechs Meter, die durchschnittliche Tiefe 3,80 Meter. In diesem Raum wurden drei Skelette gefunden, die als Individuen 5A, 5B und 5C bezeichnet worden sind. Identifiziert wurden sie als Personen männlichen Geschlechts zwischen 50 und 70 Jahren, 40 und 50 bzw. 40 und 45 Jahren. Gegenüber von jedem Skelett befand sich ein Tierskelett, das in seiner anatomischen Beziehung zu der menschlichen Leiche als dessen Alter ego, dessen *Nahual* oder auch als Wahrzeichen interpretiert worden ist, das eventuell auf die Namen der Geopferten oder die ihrer Familien verweist. Gegenüber dem Individuum 5A befand sich das Skelett eines

Abb. 6.
Verschiedene Objekte als Grabbeigaben in der Grabstätte 5

Adlers, bei den anderen beiden das eines Pumas. Die Leichen waren geschmückt: Die Grabausstattung des Individuums 5C bestand aus zwei großen scheibenförmigen Ohrscheiben aus Muscheln mit Jadeit-Applikationen und einer kunstvoll gefertigten Halskette aus rechteckigen Plättchen aus Muscheln und Scheiben aus Muschel mit Jadeit-Applikationen. Die beiden anderen Individuen trugen große Pektorale, die dem Grabschmuck hochgestellter Persönlichkeiten der Maya ähneln.

Die drei Skelette befanden sich im Schneidersitz, mit auf den Füßen zusammenliegenden Händen und Richtung Westen blickend. Diese Haltung deutet in Mesoamerika und vor allem in der Maya-Kultur auf eine hohe soziale Stellung hin und ist den Göttern und den Mächtigsten der Regierung vorbehalten. Es existieren nur wenige Darstellungen von Personen in dieser Haltung; das Opfergrab 5 ist das einzige dieser Art in Teotihuacan. Dieser Fund ist wesentlich, weil er Auskunft über die kulturellen Beziehungen zu den Maya gibt.

In der großen Grube, in denen die drei Menschen und ihre Embleme gefunden wurden, befanden sich weitere Objekte als Grabbeigaben. Unter ihnen sticht eine kleine menschliche Skulptur heraus, die ebenfalls im Schneidersitz und mit dem gleichen Schmuck dargestellt ist: Ohrenschmuck, Pektorale, zwei Schnüre mit Perlen (Abb. 6). Neben den direkt zu den einzelnen Personen gehörigen Tieren wurden Knochen von Säugetieren und Reptilien sowie zahlreiche Objekte aus grünem Stein, Obsidian und Muscheln gefunden. Überragend an diesem Grab sind die Elemente der Maya-Kultur wie der Schneidersitz und die großen Brustschmuckstücke (*pectorales*) im Stil hoher Würdenträger, weswegen davon ausgegangen werden kann, dass die Toten hierarchisch hochgestellte Persönlichkeiten aus einer Maya-Stadt waren, zu der Teotihuacan politische Beziehungen pflegte.

AUSGRABUNGEN IN DER MONDPYRAMIDE

Abb. 7.
18 kreisförmig angeordnete „exzentrische Objekte" aus Obsidian in der Mitte des Opfergrabs 6

Die genaue Bedeutung des Grabes ist noch nicht bekannt, da die meisten Daten der Ausgrabungen noch ausgewertet werden. Eine – mit Blick auf die Grabbeigaben – mögliche Erklärung ist, dass eines der Individuen (5A) eine hochgestellte Person aus Teotihuacan war, die von den beiden anderen ihm untergebenen Menschen in der Opferzeremonie begleitet wurde. Wir warten auf die Bestätigung dieser These durch die Analyse aller mit diesem Opfergrab in Beziehung stehenden Daten.

Opfergrab 6

Ebenso wie die gerade beschriebenen Gräber stellt auch das Opfergrab 6 einen beeindruckenden und einmaligen Fund in Mesoamerika dar. Es wurde in einem Raum mit fünf Metern Seitenlänge gefunden, der von geraden Wänden umgeben war und sich in der Mitte des Gebäudes 4 befand. Es ist um 250 n. Chr. angelegt worden. Es enthält 12 Skelette, die in zwei gut unterscheidbare Gruppen aufgeteilt sind. Die erste Gruppe, die sich auf der zentralen Achse des Raums befindet, besteht aus den Skeletten 6A und 6B, die andere Gruppe besteht aus zehn Skeletten ohne Schädel. Sie sind wahrscheinlich enthauptet worden. Die beiden Individuen der ersten Gruppe hatten die Hände auf dem Rücken, wurden also ebenfalls geopfert – aber offensichtlich anders behandelt: sitzend, in der Mitte des Raums, mit wertvollen Kleidungsstücken und Objekten bestückt. Das Individuum 6A war ein Mann; er trug Ohrenschmuck und eine Kette aus grünem Stein und eine große Nadel aus Jadeit (eventuell für die rituelle Selbsttötung). In seinem Mund fand man mehrere Perlen und ein rundes Pektorale aus Jadeit. Das Individuum 6B hingegen trug aus zwei Muschelschalen gefertigte Ohrscheiben, eine große Nadel aus Jadeit und eine Kette aus Muschelplättchen mit einer Bordüre aus mit Muscheln imitierten menschlichen Kieferknochen.

Die Knochenreste der zweiten Gruppe liegen über- und untereinander. Alle haben die Hände auf dem Rücken – ein klares Zeichen für ihre Opferung. Die Gebeine wurden nur oberflächlich für die Beisetzung geordnet. Das einzige bei dieser Gruppe gefundene Objekt ist eine Speerspitze beim Individuum 6J.

Im Grab 6 hat man Knochenreste von Tieren gefunden, die von Biologen als hunde- und katzenartige Tiere und als Raubvögel identifiziert worden sind. Sie fanden sich in Richtung der vier Himmelsrichtungen, in den Ecken und in der Mitte der Grabkammer. Die geschätzte Zahl der in diesem Grab beigesetzten Tiere liegt bei über 50. Mehrere der ganz oder in Teilen gefundenen Tiere hatten gefesselte Beine, was darauf hindeutet, dass sie ebenfalls in der Zeremonie geopfert wurden.

Wie in den anderen Gräbern wurden auch in diesem zahlreiche Objekte von großem symbolischen Wert gefunden: anthropomorph und schlangenförmig gestaltete Gegenstände und Messer aus Obsidian, eine große Scheibe aus Schiefer und Pyrit, kreisförmig angeordnete Obsidianmesser und eine menschliche Figur mit Serpentinmosaiken auf Holz, die in ihrer Schönheit und Bedeutung einen in Teotihuacan einzigartigen Fund darstellt. Die Figur ist mit Applikationen aus weißem Material für die Darstellung von Augen und Zähnen versehen, die Lippen sind rosarot. Sie trägt Perlen und Ohrscheiben aus grünem Stein mit rötlicher Färbung in der Mitte. Von großer Bedeutung ist auch eine Plakette aus Muschel mit Ritzzeichnungen und Durchbrucharbeit, die ein menschliches Profil mit einem Hirschgewand zeigt.

Zusammenfassung

Die jüngsten Ausgrabungen an der Mondpyramide haben nicht nur wertvolle Informationen zur Rekonstruktion eines der wichtigsten Bauwerke Teotihuacans geliefert, sie tragen auch zum historischen Verständnis der größten klassischen Stadt Mesoamerikas bei. Die Untersuchung der Funde ermöglicht eine genauere Kenntnis der städtischen Entwicklung Teotihuacans, der Wissenschaft, Technik und Weltanschauung, der sozialen, politischen, wirtschaftlichen, religiösen und ideologischen Ordnung und der eng mit ihr verbundenen Praxis des Menschenopfers sowie des militärischen und politischen Handelns seiner Regierung. Die hier präsentierten archäologischen Informationen beziehen sich nur auf die Ergebnisse der Feldarbeit. Die Untersuchung der in diesem Text größtenteils unerwähnt gebliebenen Funde – menschliche und tierische Knochenreste, mehrere tausend wertvolle Artefakte und organisches Material – werden noch weitere Information über die Mondpyramide und ihre Bedeutung liefern.

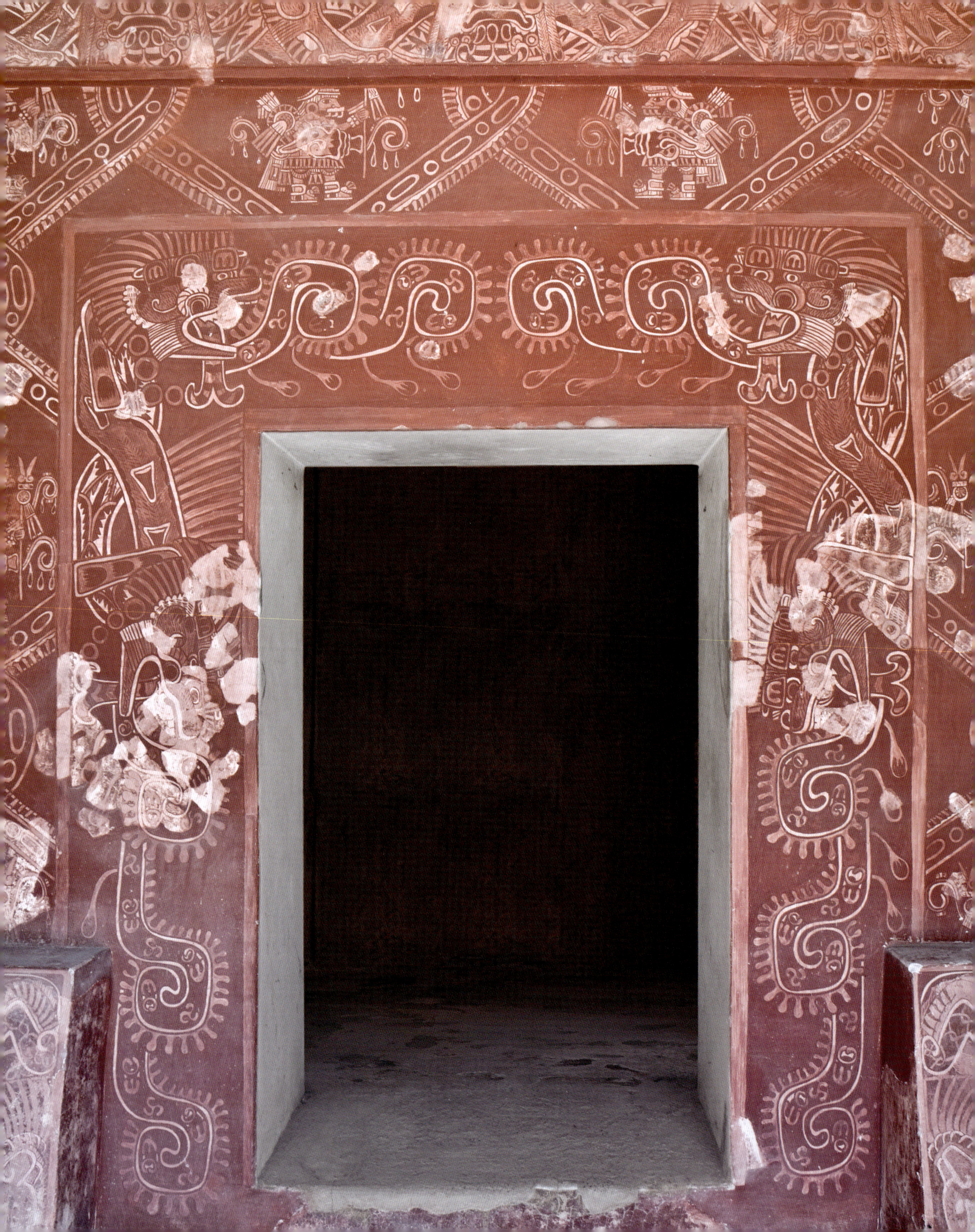

WOHN- UND RESIDENZKOMPLEXE IN TEOTIHUACAN

SERGIO GÓMEZ CHÁVEZ

Archäologische Zone Teotihuacan, INAH

JULIE GAZZOLA

Leitung archäologische Studien, INAH

Einführung

Die über 2 000 Baukomplexe in Teotihuacan nahmen fast 23 Quadratkilometer der Stadtfläche ein. Bei den meisten Gebäuden handelte es sich um Mehrfamilienkomplexe für die arbeitende Bevölkerung, in deren Haushalten gelebt und gearbeitet wurde. Ihre Aufgabe war die Herstellung materieller Güter. Andere Komplexe dienten als Wohnsitz den Familien der Eliten, die in enger Verbindung mit den politischen und religiösen Machtzentren standen (Abb. 1).

Anhand der formalen Eigenschaften der bisher untersuchten Komplexe lassen sich Gemeinsamkeiten, aber auch unterscheidende Merkmale an diesen Komplexen erkennen, die die Erfassung ihrer Bedeutung im Kontext einer komplexen und heterogenen Stadt wie Teotihuacan ermöglichen. Bestimmte Gemeinsamkeiten sind auf die Zugehörigkeit der Bewohner der einzelnen Komplexe zu einer bestimmten sozialen Gruppe zurückzuführen, während die unterscheidenden Merkmale mit der Lebensweise, der Dynamik des täglichen Lebens, der Befriedigung einer Reihe unterschiedlicher Bedürfnisse und der ethnischen und kulturellen Vielfalt dieser frühen Stadt zusammenhängen. Die allgemeine Beschaffenheit sowie die Besonderheiten der wenigen erforschten Komplexe belegen den äußerst hohen Grad an Komplexität, den das wirtschaftliche und soziale Leben dieser großen Stadt aufwies, und zeigen, dass diese Wohnstätten mehrere Jahrhunderte lang ohne Unterbrechung genutzt wurden.

Die Beantwortung der Frage, wie sich das Leben der verschiedenen sozialen Gruppen gestaltete, die diese Komplexe über Jahrhunderte bewohnten, ein Thema, für das insbesondere die erhaltenen und dokumentierten Überreste herangezogen werden, ist eine der schwierigsten, aber auch eine der lohnendsten Aufgaben der archäologischen Erforschung Teotihuacans – schließlich ist dies eine Möglichkeit, sich dem Alltag und der Weltsicht der Bewohner einer der am besten geplanten und am dichtesten besiedelten Städte des alten Mexiko anzunähern.

Teotihuacan: eine Klassengesellschaft

Zum Verständnis der Bedeutung der Baukomplexe, die den Eliten als Residenz und der arbeitenden Bevölkerung als Wohnstätten dienten, ist die reine Beschreibung der formalen Eigenschaften dieser Wohnstätten allerdings bei weitem nicht ausreichend. Es ist vielmehr erforderlich, die Bedingungen nachzuvollziehen, unter denen sich diese Unterschiede herausbildeten. Aus heutiger Sicht interessiert uns dabei insbesondere die Frage, wie die durch Produktionsverhältnisse und Überbau bedingte sozioökonomische Struktur Teotihuacans gegliedert war.

Wir gehen davon aus, dass zwei grundlegende gesellschaftliche Klassen existierten, die miteinander bestimmte soziale Beziehungen eingingen. Jede dieser Klassen beherrschte dabei bestimmte Elemente des Produktionsprozesses. Es wird von einer aus mehreren Gruppen bestehenden Klasse von Arbeitern ausgegangen, deren Aufgabe in der direkten Produktion von Gütern bestand. Zu dieser Klasse zählten Handwerker, Maurer, Lebensmittelproduzenten, bestimmte Dienstleister wie Wasser- und Lastträger und ganz allgemein alle Personen ohne besondere fachliche Kenntnisse, deren Arbeitskraft für Hilfsarbeiten in verschiedenen Bereichen zur Verfügung stand, sowie die Familien dieser Gruppen. Die Mitglieder der einzelnen Gruppen waren Eigentümer entsprechender Produktionsmittel und Arbeitswerkzeuge und konnten über diese verfügen. Sie wurden mit verschiedenen Mitteln ausgebeutet und waren der herrschenden Klasse politisch wie wirtschaftlich untergeordnet.

Abb. 1.
Zwischen den Innenhöfen und den inneren Räumen liegen gewöhnlich Vorräume, oft mit bemalten Säulen (Patio blanco von Atelteco)

Auf der anderen Seite steht bei diesem Modell die Elite, die ihren sozialen und politischen Vorrang auf verschiedene Arten ausdrückte und behauptete. Sie setzte sich aus den Gruppen zusammen, die über die arbeitende Bevölkerung herrschten und dieser wirtschaftlich überlegen waren. Dieser Umstand kam in der Möglichkeit zum Ausdruck, auf verschiedene Art und Weise über diverse materielle Ressourcen und Arbeitskräfte zu verfügen. Diese Demonstration der Macht (beispielsweise durch die Verfügungsgewalt über die freie oder beschränkte Nutzung bestimmter Güter) und deren kontinuierliche Ausweitung war eine notwendige Voraussetzung zur Rechtfertigung von Ausbeutungsverhältnissen. Diese Elite war keinesfalls untätig, sie zeichnete sich jedoch dadurch aus, dass sie nicht an der direkten Produktion von Gütern zur Befriedigung der Bedürfnisse der Bevölkerung und für den Handel beteiligt war.[1] Ihre übergeordnete wirtschaftliche Position war Folge ihrer Aneignung von Arbeitskraft oder Gütern in einem Umfang, der größer als ihr eigener Beitrag zur Produktion war. Zu dieser Elite gehörten die Herrscher sowie die Personen, die die verschiedenen öffentlichen Ämter bekleideten, einschließlich ihrer Familien, ferner die Priester und alle „Kopfarbeiter", das heißt die Gruppen und Familien, die mit den astronomischen Beobachtungen sowie dem Entwurf und der Planung der verschiedenen Gebäude und der großen öffentlichen Bauwerke befasst waren. Errichtung und Erhalt dieser Bauten kamen der Gesellschaft insgesamt zugute, denn eines der Merkmale dieser Elite war die Fähigkeit, die verfügbare Arbeitskraft zu organisieren und einzusetzen (Bate, 1984; Gómez, 2000).

Dies vorausgesetzt, haben wir eine methodologische Unterscheidung zwischen Wohnkomplexen und Residenzen vorgenommen, an der sich die soziale Klasse der die Komplexe bewohnenden Menschen sowie die sozialen und wirtschaftlichen Unterschiede innerhalb dieser Gruppen erkennen lassen. Anhand bestimmter Kriterien und entsprechend definierter Belege wird der Versuch unternommen, die Funktion der bisher untersuchten Komplexe zu erschließen. Diese weicht in bestimmten Fällen mit Sicherheit von der ihnen bisher zugeschriebenen Funktion ab.

Die Haushalte der Arbeiterklasse und der arbeitenden Bevölkerung dürften die Komplexe als Wohnstätten genutzt haben und in den verschiedenen Räumen unterschiedlichen Erwerbstätigkeiten nachgegangen sein, während die Familien der herrschenden Klasse die von uns als Residenzkomplexe bezeichneten Bauwerke bewohnten. Anhand dieser Unterscheidung soll außerdem abgelesen werden können, welche Komplexe von welcher Klasse bewohnt wurden und welche Arten von Beziehungen die beiden Klassen im Zusammenhang mit den verschiedenen produktiven und sozialen Prozessen eingingen.

Teotihuacan stellt in vieler Hinsicht ein außergewöhnliches Beispiel für die Erforschung der Organisationsformen und Beziehungen zwischen unterschiedlichen sozialen Gruppen und Klassen dar, die hier die Mehrfamilienkomplexe bewohnten. Neue Funde in einem Viertel der Stadt haben gezeigt, dass die verschiedenen sozialen Klassen in unmittelbarer räumlicher Nähe zueinander lebten und dass die Beziehungen zwischen Mitgliedern verschiedener Klassen auf diesem Raum höchst komplex waren. Diese Funde haben unser Wissen über den Alltag erweitert und außerdem zur Revidierung der Annahmen über die Struktur und die Entwicklung der Stadt geführt, denn sie lassen sich weder in das Modell der konzentrischen Anordnung, der räumlichen Gliederung nach Sektoren noch in das mit mehreren Kernen einordnen. Dem ersten Modell zufolge wohnte die Herrscherklasse näher am Zentrum; darauf folgten die Wohnstätten der Arbeiter und schließlich, in den äußeren Ringen dieser Kreisstruktur, die landwirtschaftlich genutzten Gebiete. Das zweite Modell basiert auf einer räumlichen Struktur und Nutzung der Komplexe, die eindeutig in

Produktions-, Wohn- und Handelszonen aufgeteilt sind, und beim Mehrkernmodell wird von der graduellen Eingliederung selbstständiger Kerne ausgegangen, aus denen sich wiederum eine Struktur aus konzentrisch angeordneten Zonen ergibt (Morelos, 1993). Die archäologischen Befunde weisen für Teotihuacan darauf hin, dass es abgesehen vom städtischen Zentrum im engeren Sinn mit den wichtigsten öffentlichen und religiösen Bauwerken angebrachter ist, von einer Vielzahl aus Wohn- und Residenzkomplexen bestehenden sozioökonomischen Einheiten auszugehen, die von mehreren Familien bewohnt wurden und direkt mit den verschiedenen Produktions- und Konsumptionsprozessen in Verbindung standen. Vielleicht ist deshalb ein Modell geeigneter, das von einer Reihe gemeinsam genutzter Räume sowie mehreren Bereichen für Verwaltung und öffentliches Leben ausgeht, die für die religiösen Zeremonien und den Handel vorgesehen, und in dem die verschiedenen Zonen untereinander durch das Straßensystem verbunden waren.

Innerhalb der einzelnen Wohn- oder Residenzkomplexe gingen die Familien der beiden gesellschaftlichen Klassen verschiedenen spezialisierten produktiven Tätigkeiten nach, die für ihren Lebensunterhalt und Fortbestand notwendig waren, wobei die Familie hier als Gruppe von Individuen begriffen wird, „die zum Essen, Schlafen, Heranwachsen, Sichvermehren, Arbeiten und Ausruhen denselben physischen Raum teilen" (Manzanilla, 2007). Weitere Aktivitäten, die zu den Alltagsgewohnheiten dieser Gruppen gezählt haben dürften, umfassen die Lagerung von Vorräten sowie Nutzung/Verbrauch; unter den zweiten Begriff fallen dabei sowohl der Raum für rituelle Praktiken als auch die besonderen Formen der Nahrungszubereitung und -aufnahme und der Umgang mit Abfällen. Die Hypothese, dass innerhalb der einzelnen Wohn- und Residenzkomplexe eine Reihe miteinander verwandter Familien verschiedenen, aufeinander bezogenen Aktivitäten nachgingen, die sich über die besonderen Merkmale der vorherrschenden Produktionsverhältnisse definierten, führt so zu einem vollständigeren und umfassenderen Bild des Lebens in dieser frühen Stadt.

Fundgeschichte der Wohn- und Residenzkomplexe

Als einer der ersten Baukomplexe in Teotihuacan wurde Tlamimilolpa untersucht (Linné, 1934), der aus 175 einzelnen Zimmern, Portiken, Plätzen und Höfen bestand, die über enge Gänge miteinander verbunden waren (Abb. 2). In Anbetracht der formalen Eigenschaften und der bei der Grabung gefundenen Materialien ist eine Nutzung als Wohnstätte für Haushalte der arbeitenden Bewohnerschaft wahrscheinlich.

In der zweiten Hälfte des vergangenen Jahrhunderts führten eine Reihe von Wissenschaftlern Grabungen an weiteren Komplexen durch, wie beispielsweise Laurette Séjourné, die ohne eine bestimmte Methode und mit einer wenig entwickelten Technik Tetitla, Zacuala und Yayahuala freilegte (Abb. 3), drei Komplexe, die sich durch ihre herausragende architektonische Gestaltung und eine große Anzahl an Wandmalereien auszeichnen. Da es sich dabei um die ersten vollständig untersuchten Komplexe handelte, galten sie lange als Modell für Tausende von Baukomplexen, die in der Stadt errichtet worden waren. Diese Einschätzung wurde jedoch nach neueren Funden revidiert.

Séjourné ging bei der Dokumentation der materialreichen Kontexte unglücklicherweise nicht sehr sorgfältig vor, da sie vorrangig nach Elementen zur Bestätigung ihrer Hypothesen über die Religion im prähispanischen Mexiko suchte, sodass die Funktionsbestimmung der Baukomplexe durch den Mangel an Informationen erschwert oder fast unmöglich gemacht wird. Trotz der großen Bedeutung der Komplexe ist Séjournés Bezeichnung dieser Bauten als „Paläste" (1959) unserer Ansicht nach unzutreffend, da dies zu Verwechslungen führt und mit

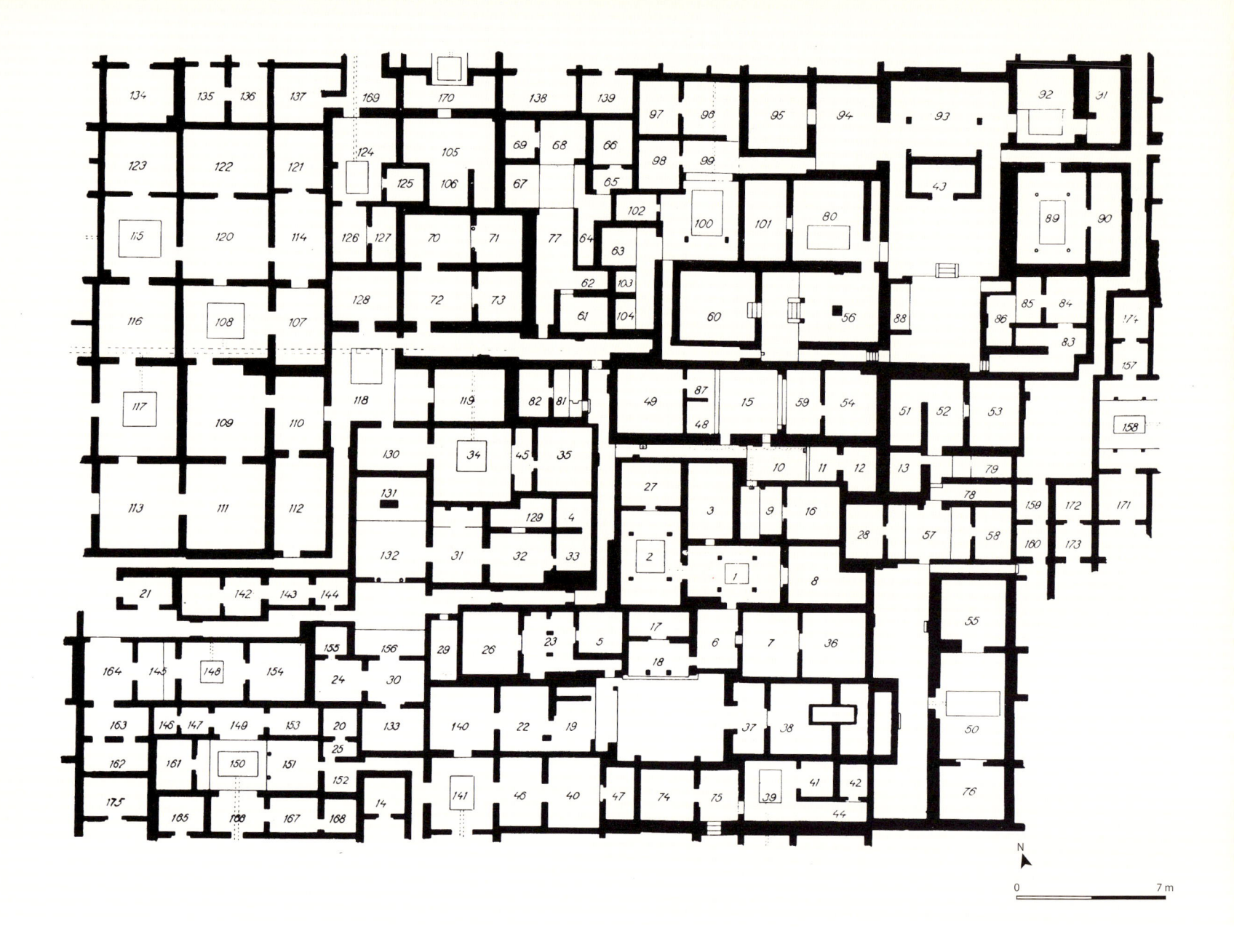

Abb. 2.
Gesamtansicht aller Wohnstätten von Tlamimilolpa (nach Linné, 1942)

Abb. 3.
Gesamtansicht aller Wohnstätten von Tetitla (nach Séjourné, 1966)

Sicherheit in keinem Zusammenhang zu der früheren Funktion dieser Komplexe steht.

Zeitgleich wurden außerdem die Komplexe Atetelco und Tepantitla erforscht, und auch hier lässt sich deren Funktion nicht mit Sicherheit bestimmen; einige Autoren haben für den ersteren allerdings eine Nutzung als Wohnsitz für eine kriegerische Vereinigung vorgeschlagen. Es ist zwar richtig, dass die außerordentlichen Wandmalereien zum Verständnis bestimmter religiöser Aspekte beigetragen haben, sie erlauben jedoch keine besonderen Rückschlüsse auf die Funktion der Gebäude.

Nach Abschluss der Kartierung der Stadt nannte René Millon diese Komplexe „Apartment Compounds" (Wohnkomplexe), eben weil er der Ansicht war, dass die Einheiten dieser Komplexe möglicherweise von mehreren Familien, d.h. von insgesamt 60 bis 100 Personen, bewohnt wurden. Unter der Annahme, dass diese Komplexe früher vielleicht alle einer Reihe von Familien als Wohnstätten gedient hatten, zählte Millon Tetitla, Zacuala, Yayahuala, Atetelco, Xolalpan, Teopancaxco sowie eine Reihe teilweise untersuchter Komplexe in La Ventilla (A, B und C) und dem zapotekischen Viertel zu dieser Kategorie.

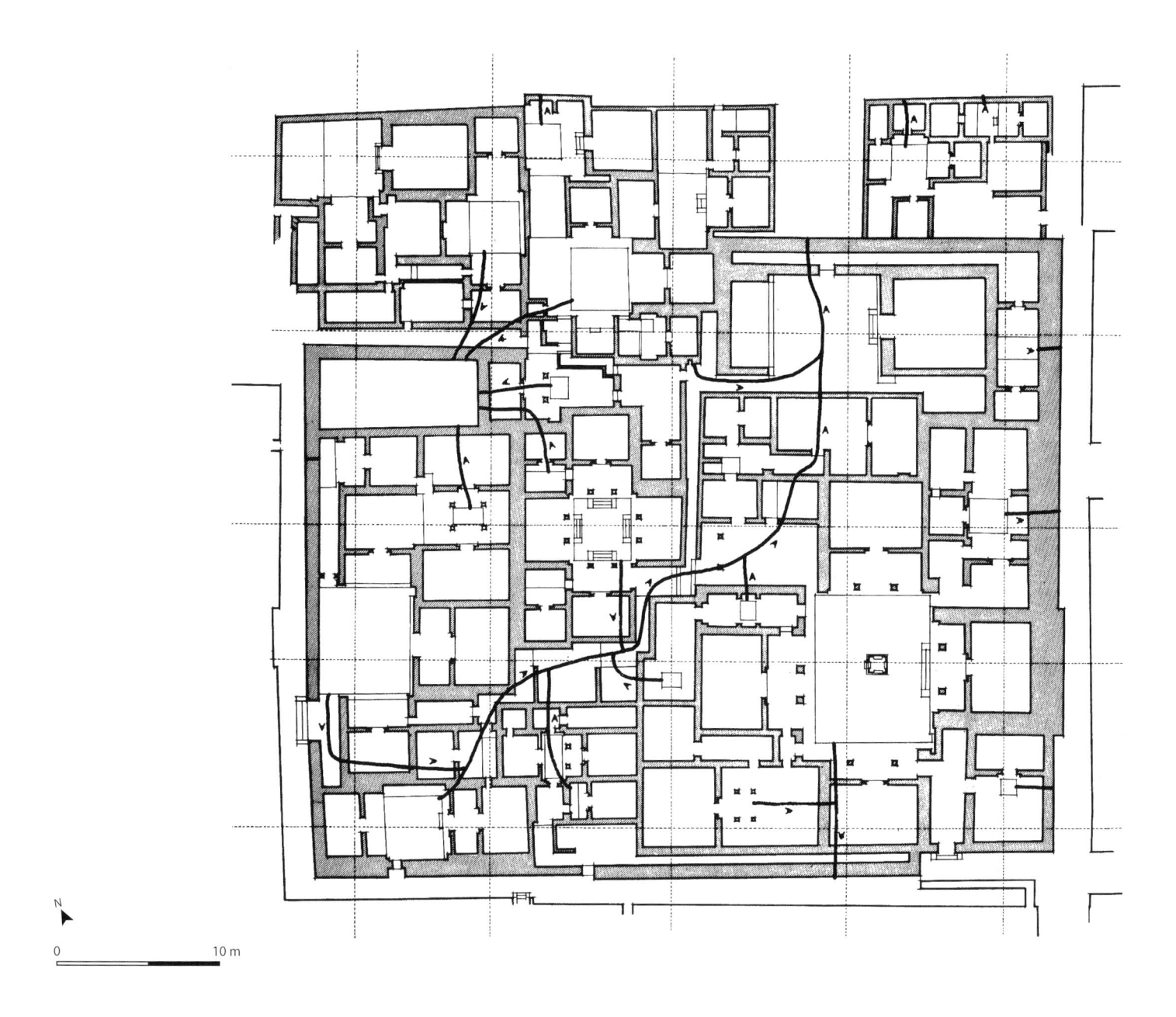

Ab 1980 verstärkte sich das Interesse an der Erforschung der Wohnkomplexe in Teotihuacan. 1985 untersuchte Linda Manzanilla Teile eines Komplexes in Oztoyahualco, nordöstlich der Mondpyramide, und griff dafür auf neue Prospektionsmethoden zurück, die eine bessere Planung der Erforschung und der Untersuchungsstrategien erlaubten. Dank der systematischen Erfassung der Informationen konnten Bereiche für eine Reihe von Aktivitäten identifiziert werden, aber darüber hinaus markierte die Form, in der die gefundenen Materialien (unter Beteiligung verschiedener Fachspezialisten) analysiert wurden, einen fundamentalen Wendepunkt, denn damit wurde die Perspektive, mit der bis dahin in Teotihuacan und anderen Teilen Mexikos archäologische Arbeiten durchgeführt wurden, grundlegend verändert. Manzanilla zog den Schluss, dass der Komplex in Oztoyahualco die Funktion einer Wohnstätte für mehrere miteinander verwandte Familien hatte, deren Tätigkeit darin bestand, in anderen Komplexen Stuck aufzutragen (Manzanilla, 1993).

Zwischen 1987 und 1989 untersuchte Evelyn Rattray eine Reihe von Strukturen im östlichen Stadtbereich, an denen bei den Surveys fast 20 Jahre früher Fragmente von Keramik aus der Golfebene und den Tiefländern der Maya gefunden worden

Abb. 4.
Grundriss der Struktur E-19

Abb. 5.
La Ventilla, Sektor 3

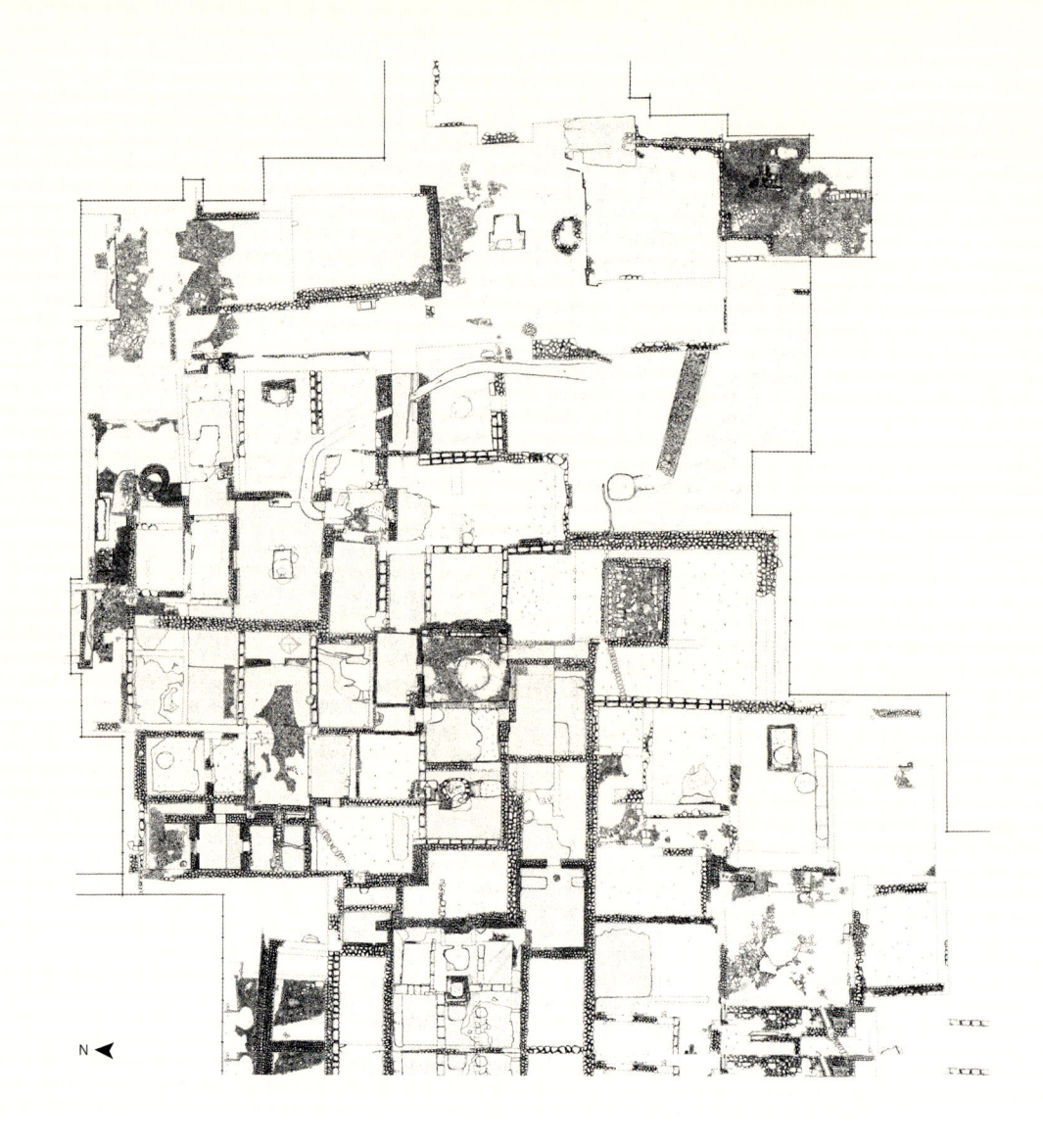

waren. Angesichts dieser Funde lag die Hypothese nahe, dass es sich um ein Händlerviertel mit Beziehungen zu diesen beiden Regionen handelte. Die Grabungen von Rattray bestätigten diese Annahme, und die Untersuchungen ergaben außerdem, dass die Architektur der von diesen zugewanderten Gruppen bewohnten Gebäude eine ganz andere Form aufwies als die teotihuacanischen Komplexe: Es handelte sich um Strukturen mit rundem Grundriss, bei denen der Zugang über Rampen erfolgte (Rattray, 1989). Diese Informationen kamen zu den Forschungsergebnissen für das zapotekische Viertel Tlailotlacan im Westen der Stadt hinzu, das von zugewanderten Gruppen bewohnt wurde und Beziehungen zu Orten in den Zentraltälern von Oaxaca unterhielt. Diese Gebäude ähnelten stark den originär teotihuacanischen Komplexen (Spence, 1989, 1992).

Zwischen 1991 und 1994 vermochte der erstgenannte Autor dieses Artikels, zwei Wohnkomplexe und einen Residenzkomplex eingehend zu untersuchen. Der erste Wohnkomplex befand sich in unmittelbarer Nähe zum zapotekischen Viertel und wurde von Zuwanderern aus dem nördlichen Zentralgebiet von Michoacán sowie einer Reihe von Personen aus dem benachbarten Zapotekenviertel bewohnt, die wahrscheinlich hierher gezogen waren, und mit denen höchstwahrscheinlich Beziehungen unterhalten und eine Heiratspolitik gepflegt wurden.

Die architektonischen Merkmale des seitdem als Struktur 19 bezeichneten Komplexes (Abb. 4) gleichen denen anderer teotihuacanischer Komplexe. Da jedoch auch bestimmte kulturell externe Elemente integriert wurden, die für die Architektur in Oaxaca und Michoacán typisch sind, ist dieser Komplex für die Untersuchung der ethnischen Zugehörigkeit und der Funktion von Minderheiten in großen Städten von besonderer Bedeutung (Gómez, 1998; Gómez und Gazzola, 2007).

Der zweite untersuchte Komplex wurde in La Ventilla, einem Viertel in direkter Nähe zum Stadtzentrum (südwestlich der Zitadelle) gefunden. Die hauptsächliche wirtschaftliche Tätigkeit der Bewohner bestand in der Herstellung von Objekten aus Halbedelsteinen und den Schalen von Weichtieren wie

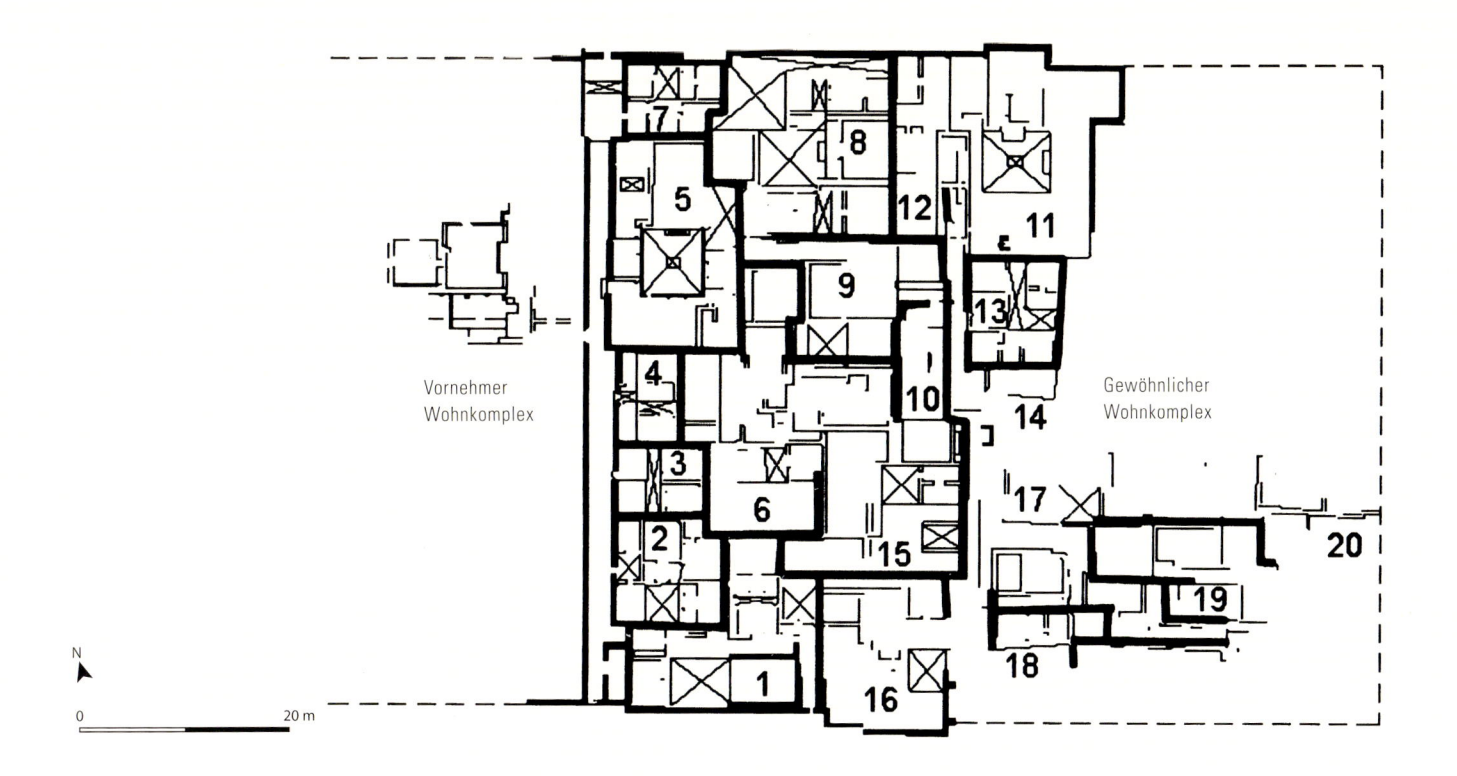

Muscheln und Schnecken (Abb. 5). Es handelt sich um einen Mehrfamilienkomplex aus verschiedenen baulichen Einheiten, die fast alle 20 bis 40 Familien als Wohnstätte dienten (Abb. 6). Andere Einheiten dienten rituellen Zwecken und wurden von den Familien oder Personen bewohnt, die den höchsten Status innerhalb des Komplexes innehatten (Gómez, 2000).

Ausgehend von den architektonischen Merkmalen dieses Baus wurde die lange geltende Vorstellung von der räumlichen Organisation der Komplexe revidiert, denn der Grundriss unterscheidet sich stark von denen in Tetitla, Zacuala und Yayahuala (die eher den Strukturen in Tlamimilolpa gleichen). Danach konnten diese Komplexe eine größere Zahl von Personen aufnehmen.

Der dritte vom Autor untersuchte Komplex zählt zum Residenztyp und war durch eine Straße von dem zuvor genannten Komplex getrennt, von dem er sich durch eine bessere architektonische Endgestaltung und durch Wandmalereien in einigen Bereichen unterschied. Seine Funktion als Residenz für Gruppen der herrschenden Elite des Viertels konnte anhand einer Reihe von Elementen bestimmt werden. Ausgehend von diesen Informationen haben wir Kriterien für die Unterscheidung verschiedener Komplextypen formuliert und ein Modell zur Erfassung der Struktur und Organisation der Viertel dieser frühen Stadt entwickelt (Gómez, 2000).

Allgemeine Merkmale der Wohn- und Residenzkomplexe

Wir beschränken uns hier auf die Erwähnung einiger allgemeiner gemeinsamer und unterscheidender Merkmale der Wohn- und Residenzkomplexe sowie auf eine Reihe von Elementen, die für die Differenzierung von Komplexen hilfreich sind, denen mit Sicherheit eine andere Funktion zukam. Die beschreibenden und unterscheidenden Merkmale werden anhand der Grabungsfunde erläutert.

Struktur

Die Stadtanlage von Teotihuacan basiert auf einem nahezu vollkommenen Gittergrundriss, bei dem die Straßen die einzelnen Baukomplexe begrenzten und an den Hauptachsen ausgerichtet wurden. Die meisten Komplexe haben Seitenlängen zwischen 60 und 75 Metern, und während bei einigen die quadratische oder rechteckige Form der ursprünglichen Struktur (die sich in den städtischen Grundriss und das Straßennetz einfügte) beibehalten wurde, weisen andere unregelmäßige Konturen auf.

Die ursprünglichen Grundrisse und Formen der Komplexe wurden im Laufe der Zeit verändert, sicherlich um bestimmten Problemen und Erfordernissen im Zusammenhang mit der Anpassung des Raumes durch die Bewohner gerecht zu werden. Der Raumbedarf führte zur Erweiterung einiger Komplexe, die sich auf unbebaute oder gemeinsam genutzte Zonen (Plätze oder gemeinsam genutzte Bereiche, in denen sich die artesischen Brunnen zur Versorgung mehrerer Komplexe befanden) oder Teile des Straßenbereichs ausdehnten, mit der Folge, dass sich manche Straßen im Laufe der Zeit verengten. Bei allen Komplexen wurden Erweiterungen in die Höhe festge-

Abb. 6.
Grabungen in Wohnstätten in La Ventilla

stellt, die Veränderungen der Innenräume und die teilweise Zerstörung bestimmter Bauelemente nach sich zogen, denn es wurden nur die Elemente erhalten, die sich zur Errichtung des darüberliegenden Stockwerks nutzen ließen. Dadurch wird in vielen Fällen die Bestimmung des ursprünglichen Grundrisses sowie der Zugehörigkeit der Elemente zu einem bestimmten Stockwerk und der zeitlichen Einordnung ihrer Verwendung erschwert. Schließlich lässt sich an allen Komplexen dieselbe räumliche Struktur erkennen: Einheiten, die durch überdachte und um Plätze oder Höfe angeordnete Bereiche verbunden sind. Dieses Modell wurde jedoch jeweils unterschiedlich in die Praxis umgesetzt, und kein Komplex gleicht einem anderen.

Baumaterialien und Bauformen

Im Allgemeinen wurden für die Komplexe ähnliche Baumaterialien verwendet, unabhängig vom Sozialstatus der Bewohner. Zur Fundamentierung der Mauern wurden große Basaltsteine verwendet, die auf einem zuvor planierten Boden verlegt und mit Lehm verbunden wurden. Die Mauern der Erdgeschosse einiger Komplexe wurden auf dem Baugrund aus Tuffgestein (*tepetate*) oder praktisch niveaugleich errichtet, während die späteren Komplexe auf Aufschüttungen erbaut wurden. Dafür wurde ein Stabilisierungssystem mit Kastenfächern aus Steinen oder Lehm verwendet, die grob oder unter Nutzung der Mauerfundamente älterer abgerissener Gebäude angelegt wurden.

Das äußere Bild der Komplexe beider Gesellschaftsklassen ergab sich meist aus der Bearbeitung der Steine, die als Baumaterial dienten, und aus der Form der Mauern. Für die Residenzkomplexe wurde bevorzugt Tezontle verwendet, ein leichtes Gestein, das sich ausgehend von seiner natürlichen Beschaffenheit relativ gut behauen lässt. Diese Komplexe weisen ein einheitliches, solides und massives Erscheinungsbild auf, das durch die leichte Anschrägung der Mauern erreicht wurde. Dadurch wird die Stabilität dicker, hoher Mauern erhöht und der Eindruck von Zurückgezogenheit und Abgeschlossenheit gegenüber der Außenwelt vermittelt. Bei den Wohnkomplexen sind die begrenzenden Mauern dagegen sehr viel dünner und größtenteils gerade. Sie bestehen aus Tezontle oder Basalt – Gesteine, bei denen die natürlichen Eigenschaften des Steins wie bereits erwähnt die Behauung erleichtern. An den Steinfassaden beider Arten von Komplexen hoben sich die aus Mörtel gefertigten Wasserableitungen ab, die mit Stuck überzogen wurden, um das Durchnässen der Wände zu verhindern.

Die Wohnkomplexe verfügten meist über mehrere Zugänge, die zu den Gängen im Innenbereich der einzelnen Haushalte führten, sodass die Anzahl der Zugänge oft der Anzahl der Einheiten pro Komplex entspricht. In einigen Fällen verfügten die Komplexe auch über einen Zugang für mehrere, über Gänge miteinander verbundene Einheiten. Der Wohnkomplex in La Ventilla (Abb. 6) ist ein Beispiel für die verschiedenen Zugangstypen. Die meisten Haushalte verfügten über einen eigenen Zugang; in einigen Fällen gab es jedoch nur einen Eingang für mehrere Einheiten, die über Gänge oder Portiken erreichbar waren. Bei den Residenzkomplexen ist die Anzahl der Zugänge von außen in allen Fällen geringer. Diese Einheiten waren offenbar untereinander verbunden, möglicherweise, weil die diese Komplexe bewohnenden Familien größer und ihre Bindungen untereinander enger waren.

Die Mauern der verschiedenen Innenbereiche wurden meist aus Tezontle, Tepetate-Blöcken, Basaltsteinen und/oder luftgetrockneten Lehmziegeln errichtet und mit Lehm zusammengefügt. Die Verwendung dieser Materialien beim Bau der Komplexe erfolgte offenbar eher dank der Kenntnisse zur Ausnutzung der Wärmeeigenschaften dieser Baustoffe als aufgrund der wirtschaftlichen Möglichkeiten der Bewohner, wie manche Autoren vorschlagen. Bei den Residenzkomplexen ist allerdings bemerkenswert, dass viele Mauern aus gleichmäßig behauenen Steinen errichtet wurden, während für die Wohnkomplexe die Verwendung unregelmäßig zugehauener Steine unter Nutzung möglichst ebenmäßiger natürlicher Oberflächen kennzeichnend ist.

Für beide Arten von Komplexen wurde Mörtel (Mischung ausschließlich aus Ton und Tezontle-Kies) als Unterputz für die Mauern sowie für die Böden verwendet, die immer auf einen Unterbau aus zerkleinertem Tepetate aufgebracht wurden.[2] In allen Bereichen der verschiedenen Komplexe wurde anschließend Kalkverputz auf die Mauern aufgetragen. Bei Mauern, die Witterungseinflüssen ausgesetzt waren, sowie den Böden war dies unerlässlich, denn nur so ließen sich undurchlässige Oberflächen herstellen und damit das Durchnässen des Mörtels verhindern.

Der Kalkverputz der Mauern und Böden ist in den Wohnkomplexen heute nicht mehr vorhanden, in den Residenzkomplexen ist er jedoch in vielen Fällen auf großen Flächen gut erhalten. Das kann auf die Qualität des Materials, aber auch auf die Fähigkeit der Arbeitskräfte, die den Verputz besorgten, sowie auf die Zweckbestimmung zurückzuführen sein (d. h. als Grund für Wandmalereien). Bei der Verwendung der Aufschüttungsmaterialien konnten wir ähnliche Unterschiede feststellen: Während das Material in manchen Fällen homogen ist und nur aus bestimmten Stoffen besteht (d. h. zerkleinertem Tepetate), wurden bei den Wohnkomplexen häufig Tepetate und Erde mit Steinen und großen Mengen an Keramik- und Steinabfällen gemischt, sodass die Aufschüttung durch die Verwendung einer Vielzahl von Materialien weniger homogen ist. Die Unterschiede bei der Verwendung bestimmter Materialien weisen auf eine ungleiche Verfügbarkeit von Ressourcen (Arbeitskraft und Material) für die Bewohner der Komplexe hin, und diese Informationen können damit in bestimmten Fällen zur Typenbestimmung herangezogen werden.

Vermutlich wurde auch in großem Umfang Holz für den Bau der Komplexe verwendet. Die Bedachungen dürften aus einer Vielzahl von Baumstämmen bestanden haben, die als Träger für Schichten aus unterschiedlichem und an Ober- und Unterseite mit Mörtel verputztem Material dienten. Möglicherweise wurden manche Bereiche mit vergänglichem Material bedacht, aber die archäologischen Befunde weisen darauf hin, dass in erster Linie flache Mörteldächer errichtet wurden. Auch die zahlreichen Wasserableitungen an den Mauern und die Reste, die in einigen Fällen auf den Böden gefunden wurden, bestätigen dies offenbar. Für die Mauern, die die Leibungen der Zugänge bildeten, wurden wahrscheinlich ebenfalls Rundhölzer verwendet, denn in vielen Fällen finden sich runde Vertiefungen als Spuren dieser Konstruktionsform.

Mit Ausnahme der Zugänge von der Straße aus, verfügte vermutlich keiner der Innenbereiche der Komplexe über Türen. An den Zugängen zu den überdachten Bereichen wurden in vielen Fällen in die Mauern eingelassene Ringe gefunden, die der Befestigung von Decken oder Vorhängen dienten. Sie wurden mit Sicherheit nachts als Kälte- und Windschutz sowie zur Abwehr der lästigen und während der Regenzeit zahlreichen Mücken angebracht.

Räumliche Einheiten

Generell bestehen alle Komplexe aus einer Reihe räumlicher Einheiten, die sich aus geschlossenen und um einen offenen Raum herum angeordnete Bereiche zusammensetzen: einen Hof oder Platz, meist mit einem Altar in der Mitte, der den zentralen Ort für die rituellen Praktiken bildete. Es gab keine Fenster, sodass die Räume über die umgebenden Höfe und Plätze erhellt und belüftet wurden. Die Verbindung mit anderen Räumen innerhalb einer Einheit oder mit anderen Einheiten desselben Komplexes erfolgte meist über die Ecken der Plätze oder Höfe oder einen der an diese angrenzenden Räume.

Einige Einheiten dienten den Haushalten als Unterkunft, andere dagegen als Ort für Zeremonien, an denen mit Sicherheit alle Familien des Komplexes teilnahmen und den Schutzgottheiten huldigten. Die Wohneinheiten bestanden aus drei oder vier Zimmern, die um abgesenkte Innenhöfe herum angeordnet waren, während sich die Zeremonialeinheiten durch geschlossene Bereiche auf Plattformen sowie mindestens eine bauliche Struktur auszeichneten, die die Funktion eines Tempels hatte und an ihrer größeren Höhe, einem durch seitliche „Geländer" begrenzten Treppenaufgang und dem im *Talud-Tablero*-Stil (Wechsel aus schrägen und geraden Mauerbereichen, Anm. d. Übers.) gestalteten Unterbau der Hauptfassade zu erkennen ist. Diese Einheiten verfügten teilweise über angrenzende Räume, die den für die rituellen Praktiken zuständigen Familien oder Personen als Unterkunft dienten oder in andere Einheiten integriert waren, in denen diese Personen mit ihren Familien lebten.

In den Residenzkomplexen weisen die Bereiche der Wohneinheiten im Vergleich zu den Wohnkomplexen großzügigere Dimensionen auf. Die Wohneinheiten der Steinschneider in La Ventilla maßen beispielsweise zwischen 80 und 120 Quadratmeter: eine Fläche, die ausreichend Wohnraum für eine, vielleicht auch zwei oder drei Kernfamilien bot. Andere Einheiten desselben Komplexes, die für rituelle Praktiken vorgesehen waren und mit Sicherheit von Familien mit einem höheren Status bewohnt wurden, verfügten über Flächen von über 220 Quadratmetern.

Alle Komplexe waren mit einem Drainagesystem ausgestattet, das ausschließlich für die Ableitung von Regenwasser vorgesehen war. Diese Anlagen wurden aus Stein erbaut, mit Mörtel und Stuckbewurf verputzt und mit Steinplatten verkleidet unter den Böden verlegt. Die Ableitung erfolgte direkt auf die Straße oder in Drainagesysteme, die den Regenwasserablauf mehrerer Komplexe sammelten. In diesem Zusammenhang ist auffällig, dass bisher in keinem der Komplexe Latrinen gefunden wurden. Es wird daher angenommen, dass die Ausscheidungen in Behältern gesammelt und zwecks Aufbereitung und Verwendung als Dünger auf den Feldern an andere Orte gebracht wurden.

Ein zentrales Element zur Unterscheidung von Wohn- und Residenzkomplexen und damit der sozialen Klasse der Bewohner ist zweifelsohne die Existenz von Wandmalereien, denn diese Art der Ausgestaltung stand offensichtlich nur der herrschenden Klasse zu. Die Motive der Wandmalereien in den Residenzkomplexen stärkten mit Sicherheit die Vorstellung seiner Bewohner, einer bestimmten, sogar göttlichen Abstammungslinie anzugehören. Unserer Ansicht nach wurden die Wandmalereien nicht geschaffen, um von Bewohnern der anderen Klasse gesehen zu werden (oder höchstens gelegentlich), denn das hätte bedeutet, dass die Zurückgezogenheit dieser Gruppen umfassend zunichte gemacht worden wäre.

Alltagspraktiken

Unabhängig von ihrer sozialen Zugehörigkeit führten alle Bewohner täglich und wiederholt jene Aktivitäten aus, die ihren Lebensunterhalt und den Fortbestand der Gruppe gewährleisteten. Ähnliche Aktivitäten konnten dabei jedoch mit ähnlichen Objekten unterschiedlicher Qualität ausgeführt werden oder variierenden Verhaltensmustern folgen: Letztendlich erlaubt erst das sich aus den einzelnen Ausdrucksformen ergebende Gesamtbild die Bestimmung der Lebensweise. In diesem Sinn können die Qualität bestimmter Gegenstände und die Werkzeuge, mit denen sich gleichende Handlungen vollzogen wurden, zur Bestimmung sozialer Unterschiede herangezogen werden.

Wie bereits erwähnt, verfügten die einzelnen Einheiten der Wohn- wie der Residenzkomplexe Teotihuacans über Bereiche mit unterschiedlichen Zweckbestimmungen: für die Arbeit und Herstellung verschiedener Arten von Gütern, für die Zubereitung und Aufnahme von Nahrung, für den Schlaf und zur Reproduktion, für die Lagerung von Lebensmitteln oder der Rohmaterialien, die verarbeitet wurden, für die Durchführung gemeinsamer Handlungen, beispielsweise ritueller Praktiken, und sogar für die Lagerung von Abfällen. In dem Wohnkomplex von La Ventilla konnten anhand von Mahlwerkzeugen, Küchengefäßen und Kochstellen für praktisch alle Wohneinheiten die für die Zubereitung von Nahrung vorgesehenen Bereiche identifiziert werden. Die Arbeitsbereiche wurden durch Werkzeuge und in einigen Fällen nicht fertiggestellte Gegenstände in den Portikusbereichen bestimmt, denn diese boten gutes Licht und ausreichend Belüftung. Die größten Räume wurden als Schlafbereiche identifiziert; daneben wurden kleine Lagerräume oder große, in den Boden eingemauerte Gefäße zur Konservierung von Lebensmitteln dokumentiert. In beiden Arten von Komplexen konnten Räume identifiziert werden, die gemeinsam für rituelle Praktiken genutzt wurden, wobei jedoch auch Elemente gefunden wurden, die mit rituellen Praktiken im Kreis der Familien und sogar von Einzelpersonen in Zusammenhang stehen dürften.[3]

Grabstätten und Grabbeigaben in Wohn- und Residenzkomplexen

Grabstätten und die dort niedergelegten Beigaben sind ein Element, mit dessen Hilfe sich bestimmen lässt, ob ein Komplex als Wohnstätte oder einem anderen Zweck diente. Tote wurden in Teotihuacan in Gruben unter den Böden ihrer Häuser bestattet und erhielten fast immer eine Reihe von Grabbeigaben. Wir wissen außerdem, dass die Überreste geopferter Personen als Weihgaben oder im Rahmen besonderer Rituale in den Kernbereichen bestimmter öffentlicher Gebäude dargebracht wurden. Nach mehreren Jahren der Erforschung und Untersuchung der in den verschiedenen Baukomplexen gefundenen Grabstätten konnten wir feststellen, dass die Anzahl der Gräber sowie Geschlecht und Alter der Personen als Kriterien zur Ermittlung der früheren Funktion der Komplexe herangezogen werden können. Auch Qualität, Vielfalt und Menge der Beigaben sowie die Merkmale der Grabstätte müssen bei der Bestimmung interner sozialer Unterschiede, dem Status der bestatteten Personen und ihrer sozialen Klasse berücksichtigt werden.

In Residenz- und Wohnkomplexen wurden gleichermaßen viele Skelette von Menschen beider Geschlechter und unterschiedlichen Alters gefunden (in La Ventilla B 177 Gräber, im Handwerkerkomplex desselben Viertels 151 Primär- und 84 Sekundärgräber, in Tlajinga 33 67 Personen). Komplexe, die anderen Zwecken dienten, enthalten dagegen nur wenige Grabstätten, in denen in den meisten Fällen wohl Personen desselben Alters und Geschlechts bestattet wurden (in Tetitla 33 Personen, vorrangig männliche Erwachsene sowie ein Kind; in Zacuala 31 Personen und in Yayahuala nur zwei, im

Tempel des Viertels La Ventilla nur eine Person und im Steinschneiderkomplex im selben Viertel acht Erwachsene und vier Kinder). In diesen Fällen handelte es sich möglicherweise vielmehr um Weihgaben oder sogar Weihopfer für die entsprechenden Bauwerke, sodass sich daraus schließen lässt, dass die Komplexe nicht von Haushaltsgemeinschaften bewohnt wurden, sondern von einzelnen Personen, die außerhalb ihrer Familien lebten und Tätigkeiten anderer Art nachgingen.[4]

Die Untersuchung der beigegebenen Materialien und ihres Komplexitätsgrades tragen ebenfalls zur Bestimmung der sozialen Klasse und des gesellschaftlichen Status der in den verschiedenen Baukomplexen bestatteten Personen bei. Die Materialien können den wirtschaftlichen Möglichkeiten und der tatsächlichen Verfügbarkeit der dargebrachten Gegenstände und Materialien im Hinblick auf die Eigentumsverhältnisse zugeordnet werden. Im Wohnkomplex von La Ventilla wurden den Grabstätten der Personen, vermutlich Handwerkern, eine Reihe von Werkzeugen sowie zahlreiche Fragmente des in den einzelnen Einheiten bearbeiteten Rohmaterials beigegeben, jedoch neben Keramiken nur wenige oder gar keine fertiggestellten oder vollständigen Objekte. Es ist denkbar, dass die Verwandten diese Objekte und Materialien darbrachten, weil sie ihnen gehörten und sie daher frei darüber verfügen konnten. An der Beigabe einer größeren Anzahl oder Vielfalt an Objekten für bestimmte Personen lassen sich dabei soziale Unterschiede innerhalb derselben Klasse ablesen.

Schluss

Millon zufolge handelte es sich bei der einheitlichen Bauweise der Wohn- und Residenzkomplexe möglicherweise um eine der Strategien des teotihuacanischen Staates, eine heterogene und unterschiedliche Interessen vertretende Bevölkerung zu kontrollieren und zusammenzuhalten. Neben der einheitlichen Bauweise dürften die Zeremonialbereiche im Inneren der Komplexe das wirkungsvollste Instrument zur Integration der teotihuacanischen Gesellschaft gewesen sein (Manzanilla, 2007). Die räumliche Nähe der Wohn- und Residenzkomplexe steht offenbar vielmehr im Zusammenhang mit den Formen der Kontrolle und Aneignung eines Großteils der von den Arbeitern hergestellten Produktion durch die herrschende Elite.

Die Tausende Wohn- und Residenzkomplexe waren über Jahrhunderte die außerordentliche und einzigartige Folge der wirtschaftlichen Entwicklung. Sie wirkte sich auf unterschiedliche Art in den verschiedenen Gesellschaftsschichten aus, aus denen sich die Bewohnerschaft der bevölkerungsreichen und großartigen Stadt zusammensetzte, die Teotihuacan damals gewesen sein muss. Zur Zeit des Niedergangs der Stadt führten soziale und wirtschaftliche Konflikte jedoch zur allmählichen Verschlechterung der Lebensbedingungen der Bewohner. Die Einrichtungen zur Nahrungsmittelversorgung, zur Regelung der Beziehungen der sozialen Klassen und zur Organisation des Handels, zur Gewährleistung von Sicherheit für die Bewohner und der Instandhaltung der öffentlichen Dienste verloren an Ansehen, sodass die Wohnviertel und damit Tausende von Komplexen nach und nach verfielen und aufgegeben wurden.

Es gibt Belege dafür, dass das Machtvakuum in der Endphase der Stadt zur Errichtung von Wohnraum in den öffentlichen Bereichen führte, die zuvor für gemeinsame Feierlichkeiten und als Ort für Märkte vorgesehen waren. Angesichts ihres Mangels an Ressourcen und Macht gewährleisteten die öffentlichen Institutionen nicht länger die Dienste, die eine Großstadt wie Teotihuacan benötigte. Die Komplexe wurden aus verschiedenen Gründen nicht mehr instand gehalten, sodass die für die rituellen Praktiken vorgesehenen Einheiten immer seltener genutzt und die Bereiche des alltäglichen Lebens immer unbewohnbarer wurden. Abfälle und Schmutz sammelten sich auf den Straßen an und führten zur Verstopfung der Drainagesysteme, sodass sich die Lebensbedingungen und die hygienischen Umstände in den Vierteln mit Sicherheit bis zu einem Punkt verschlechterten, an dem alle Anstrengungen zur Wiederherstellung des normalen Zustands nicht mehr ausreichten. Für diese Hypothesen liegen Belege vor, die an den Problemen der Bewohner in der Zeit vor der Aufgabe der Stadt keinen Zweifel lassen.

Manche Indizien weisen darauf hin, dass die Bevölkerung angesichts der herrschenden Unsicherheit die Pflichten, die früher dem Staat oblagen, selbst übernahm: Die Zugänge zu vielen Straßen wurden geschlossen, Mauern wurden errichtet, und an den Straßenecken wurden Wachhäuschen aufgestellt. Schließlich verfielen die aufgegebenen Komplexe mit der Zeit und wurden von dem Material begraben, aus dem sie einmal errichtet worden waren.

Es mussten mehr als tausend Jahre vergehen, bis die großartigen Wohnstätten der früheren Bewohner Teotihuacans von der Archäologie entdeckt werden konnten (Gómez und Gazzola, 2004). Die Erforschung der Wohn- und Residenzkomplexe von Teotihuacan erfordert weitere und bessere Grabungen, um den Stellenwert der hier stark zusammengefasst erläuterten Annahmen bewerten zu können. Bisher wurden nur wenige Komplexe erforscht, und unglücklicherweise führen die wachsenden und zum Teil überflüssigen Bedürfnisse unserer Konsumgesellschaft zur Zerstörung vieler alter Gebäude, die unter den heutigen Siedlungen liegen.

Es ist unerlässlich, die Aspekte des Alltagslebens eingehender zu untersuchen und Ansätze zu der Bedeutung zu entwickeln, die die Bewohner von Teotihuacan dem Habitat und dem Raum zuschrieben. Wenn es uns gelingt, die Grenze der formalen Beschreibung zu überwinden, werden wir in der Lage sein, zu verstehen, dass ein kleiner Hof oder Platz mit einem Altar im zentralen Bereich einer Wohn- oder Zeremonialeinheit die maßstabgetreue Reproduktion der Form darstellt, die dem Universum zugeschrieben wurde: Mit ihrer Ausrichtung auf vier Himmelsrichtungen und den verschiedenen vertikalen Ebenen waren diese Zeremonialbereiche Schnittstelle und Kommunikationsmedium mit der Welt des Sakralen. Wenn uns dieser Schritt gelingt, werden wir eines Tages ohne Befremden erkennen können, dass die Stadt die dem Universum zugeschriebene Form nachbildete. Vielleicht begreifen wir dann, dass die Viertel als Verkleinerungen der ursprünglichen Schöpfung konzipiert und errichtet wurden, und vielleicht können wir dann nachvollziehen, dass das Haus und die Wohnstätte für die Familien und ihre einzelnen Mitglieder den Nabel der Welt bildeten.

ANMERKUNGEN

1. Personen, deren Aufgabe darin bestand, astronomische Beobachtungen durchzuführen, verwandten beispielsweise einen Großteil ihrer Zeit auf diese Aktivität, und anhand des aus ihrer Arbeit folgenden Wissens konnten die Bauern den richtigen Moment für die Aussaat festlegen. Die Frauen widmeten sich vermutlich der Herstellung von Textilien, Federschmuck und anderen Gegenständen für den Eigengebrauch, die der Zurschaustellung der hohen gesellschaftlichen Position dieser Klasse dienten.
2. Nur bei einigen der von ärmeren Familien bewohnten Gebäuden fehlten der Unterputz und wahrscheinlich auch die Böden aus Mörtel. Diese Komplexe liegen in den Randzonen der Stadt oder in großer Entfernung vom Zentrum. Im Allgemeinen handelt es sich um sehr einfache Einheiten und nicht um Komplexe aus mehreren Einheiten im eigentlichen Sinne.
3. Die besonderen Merkmale der einzelnen Kontexte erlauben Rückschlüsse auf die Gruppenzugehörigkeit der Bewohner. Im Atetelco-Komplex hatten wir beispielsweise das Glück, eine Reihe von *Tlecuiles* (Kochstellen) in einem einzigen Raum zu finden. Wir nehmen daher an, dass hier die gesamte oder ein großer Teil der Nahrung für die Bewohner des Komplexes zubereitet wurde, die, unter Einbeziehung der Hypothese, dass es sich um eine kriegerische Vereinigung handelte, nicht von ihren Familien, sondern von eigens dafür zuständigen Personen versorgt wurden.
4. Aufgrund der erforderlichen Kürze werden hier nur die aussagekräftigsten Daten genannt, die die skizzierten Hypothesen stützen. Die Anzahl der Grabstätten im Steinschneiderkomplex und dem Handwerkerkomplex in La Ventilla entspricht den bis kurz vor der Veröffentlichung des Artikels von Gómez und Núñez 1999 bekannten Daten. Später wurden in beiden Komplexen weitere Grabstätten gefunden; die neuen Daten beeinflussen die Annahmen dieser Abhandlung jedoch nicht.

Zumpagno-See
Xaltocan-See
Cerro Gordo
Teotihuacan
Cerro Patlachique
Texcoco-See
Tenochtitlan
Cuicuilco
Xochimilco-See
Chalco-
See
Xitle
Iztaccihuatl
Popocatepetl
0
15 km

DIE STADT TEOTIHUACAN: WACHSTUM, ARCHITEKTURENTWICKLUNG UND MATERIELLE KULTUR

GEORGE L. COWGILL

Staatliche Universität von Arizona

Teotihuacans Vorläufer

Die Anfänge der städtischen Zivilisation im Hochtal von Mexiko liegen nicht in Teotihuacan. Cuicuilco im Süden des Tales war vor 300 v. Chr. bereits eine Stadt, deren Gebiet bis zu 400 Hektar umfasst haben könnte. Man schätzt, dass sie 10 000 oder mehr Einwohner besaß (Sanders et al., 1979), und es gab dort eine Anzahl großer Pyramiden, darunter den gewaltigen Rundbau, der jetzt in der Escuela Nacional de Antropología e Historia besichtigt werden kann. Heute liegen die Ruinen von Cuicuilco unter mehreren Metern vulkanischer Asche und Lava begraben, die von einem Ausbruch des nahe liegenden Vulkans Xitle stammen. Da bislang nur wenige Archäologen unter diese Lavaschicht gelangt sind, weiß man kaum etwas über diese Stätte, und durch die Bautätigkeit des 20. Jahrhunderts ist viel zerstört worden. Es ist zu hoffen, dass hier noch mehr ausgegraben werden kann, bevor es zu spät ist.

Bis vor kurzem glaubte man, Cuicuilco sei wegen des Ascheregens und Lavaflusses aufgegeben worden, und die Einwohner, die der Katastrophe entkamen, hätten dann beim schnellen Aufstieg Teotihuacans eine maßgebliche Rolle gespielt. Doch die späteste unter der Lava von Cuicuilco gefundene Keramik, Patlachique genannt, ähneln denen aus der Frühzeit von Teotihuacan (Bennyhoff und Heizer, 1965; Müller, 1990). Viele Bauten von Cuicuilco waren bereits vor dem Vulkanausbruch verfallen, und dem größten Teil der C14-Datierungen zufolge fand der Vulkanausbruch erst statt, nachdem Teotihuacan bereits eine beträchtliche Größe erreicht hatte (Siebe, 2000). Es ist daher wahrscheinlich, dass Cuicuilco im Südwesten und Teotihuacan am anderen Ende des Tals im Nordosten mindestens ein Jahrhundert lang gemeinsam existiert haben. Möglicherweise rangen sie im letzten vorchristlichen Jahrhundert um die Vorherrschaft im Tal von Mexiko.

Aus unbekannten Gründen ging Teotihuacan als Sieger aus diesem Machtkampf hervor, und Cuicuilco versank bereits vor seiner Zerstörung durch eine Naturkatastrophe in Bedeutungslosigkeit. Dennoch verdankt Teotihuacan sein schnelles Wachstum sicherlich zum großen Teil den in Cuicuilco entwickelten städtebaulichen Techniken und Erfahrungen. Deshalb lautet meine These, dass die städtische Zivilisation im Tal von Mexiko mit Cuicuilco begann. Ich möchte noch hinzufügen, dass sich spätestens in den letzten Jahrhunderten v. Chr. auch in anderen Teilen Mesoamerikas Städte entwickelten: in Monte Albán in Oaxaca, im Maya-Tiefland und anderswo. In allen gab es verschiedene kulturelle Ausdrucksformen, doch sie standen miteinander in Kontakt, und das trug zu ihrer wachsenden Größe und soziopolitischen Komplexität bei.

Die Patlachique-Phase (150–1 v. Chr.)

Wie bei der intensiven Gesamtoberflächenstudie unter der Leitung von René Millon in den 1960er Jahren (Millon, 1992) entdeckt wurde, breitete sich Teotihuacan in der Patlachique-

Abb. 1.
Teotihuacan und das Becken von Mexiko
(nach R. Millon, 1967)

Abb. 2.
Das Bausystem mit *Talud-Tablero*
(schräge und gerade Mauern)

Phase (benannt nach der entsprechenden Keramik) praktisch aus dem Nichts sehr schnell auf einer Fläche von sechs bis acht Quadratkilometern aus. Die Stadt hatte vermutlich zwischen 20 000 und 40 000 Einwohner. An der Stelle der späteren Mondpyramide entstand zunächst eine kleine Pyramide, und der kleine Bau unter der Sonnenpyramide stammt möglicherweise auch aus dieser frühen Zeit; dasselbe gilt vermutlich für die erste Bauphase der „Plaza One", eines Drei-Pyramiden-Komplexes etwa 800 Meter westnordwestlich der Mondpyramide. Verglichen mit den Pyramiden von Cuicuilco fielen alle diese Bauten sehr bescheiden aus. Die Stadt hatte keinen klaren Mittelpunkt (Epizentrum), vielleicht lebten zu dieser Zeit mehrere etwa gleich starke soziale Gruppen in Teotihuacan. Wir wissen nichts über die Wohnhäuser dieser Phase, vielleicht bestanden sie aus *adobe* oder anderen vergänglichen Materialien. Wir vermuten, dass sie den Wohnhäusern in Tetimpa ähnelten, das nicht weit entfernt im Bundesstaat Puebla liegt (Uruñuela und Plunket, 2007).

Die Tzacualli-Phase (1–150 n. Chr.)

In der Tzacualli-Phase ließ das Wachstum der Stadt ein wenig nach, dennoch erstreckte sich Teotihuacan bald auf ein Gebiet von etwa 20 Quadratkilometern und hatte vermutlich 60 000 oder mehr Einwohner. Im restlichen Tal von Mexiko schrumpfte die Bevölkerung, drei Viertel der Bewohner zogen in die Stadt. Die riesige Sonnenpyramide wurde in einer einzigen Kraftanstrengung erbaut. Ihre Basis ist etwa so groß wie die der größten ägyptischen Pyramide in Gizeh, obgleich die Seiten nicht so steil ansteigen und sie daher nur halb so hoch ist. Die Basis der Sonnenpyramide ist quadratisch, die Seiten sind jeweils 216 Meter lang, und ihre Höhe beträgt 60 Meter. Ihr Volumen umfasst über eine Million Kubikmeter. Wie die meisten anderen Pyramiden in Mesoamerika bestand auch diese aus einer Reihe stufenähnlicher, sich schräg nach oben hin verjüngender Baukörper mit einer Terrasse obenauf, wobei jede Stufe kleiner war als die darunterliegende; auf der obersten Terrasse stand meist ein Tempel. Die von den Teotihuacanern erbaute Sonnenpyramide bestand aus vier solcher Stufen; heute besitzt sie fünf, da sie vor einem Jahrhundert falsch rekonstruiert wurde. Sie ist eines der größten jemals von indigenen Völkern errichteten Bauwerke in ganz Amerika. Zugleich muss ich hinzufügen, dass trotz ihrer überwältigenden Wirkung die Arbeitsanforderungen an den Einzelnen in den Jahrzehnten des Baus angesichts der großen Einwohnerzahl von Teotihuacan nicht übermäßig waren, obwohl die Pyramide ohne alle Hilfsmittel allein von Menschenhand erbaut wurde. Es gab in Mesoamerika keine domestizierten Zugtiere und zu dieser Zeit auch keine Werkzeuge aus Metall, sondern lediglich aus Stein. Weitaus eindrucksvoller sind die Sorgfalt, mit der die Pyramide gestaltet wurde, und die Führungsstärke der Herrscher von Teotihuacan, die eine solche Masse an Arbeitern aufbieten konnten und verstanden, sie anzuleiten.

Die Sonnenpyramide gab der Stadt einen klaren Mittelpunkt, und es bestehen kaum Zweifel, dass Teotihuacan nun stark zentralisiert regiert wurde, ganz gleich, was zuvor der Fall gewesen sein mag. Der Ort für den Bau der Pyramide wurde vermutlich ausgewählt, weil darunter eine heilige Höhle bzw. ein Tunnel liegt. Die Pyramide ist ganz genau fünfzehneinhalb Grad östlich von Geografisch-Nord ausgerichtet, eine „kanonische" Ausrichtung, an der sich die späteren Bauten Teotihuacans so exakt orientierten. Sie muss also eine starke kultische Bedeutung gehabt haben. Die Sonnenpyramide wurde aus Erde und Lehmziegeln (*adobe*) erbaut, doch ihre Oberfläche überzog man mit einer Art „Zement" aus Kalkputz, vermischt mit zerkleinertem vulkanischem Geröll, und brachte anschließend Stuck darauf an. Dank dieser Materialien konnte die Pyramide der Erosion viel besser standhalten, doch die dafür notwendigen großen Kalkmengen mussten aus großer Entfernung herbeigeschafft werden, denn die nächsten natürlichen Kalksteinvorkommen liegen etwa 60 Kilometer entfernt in der Nähe von Tula im Bundesstaat Hidalgo, oder über 100 Kilometer entfernt südlich der Stadt Puebla. Der Staat Teotihuacan war offenbar zu dieser Zeit imstande, große Mengen Kalkstein über eine solche Entfernung heranzuschaffen, höchstwahrscheinlich durch Tributverpflichtungen.

In der Tzacualli-Phase wurde die Mondpyramide ein wenig erweitert und zum ersten Mal ebenfalls verputzt, obgleich die Sonnenpyramide sie nun bei weitem überragte. Außer bei dieser bestanden die übereinander gesetzten Pyramidenstümpfe jeweils aus einer schrägen, sich nach oben hin verjüngenden Wand (*Talud*), gekrönt von einer vertikalen, vorspringenden Tafel (*Tablero*); diese Architekturform wurde ein wenig früher in Puebla und Tlaxcala entwickelt (Abb. 2). Weiter südlich waren Verwaltungs- und Zeremonialgebäude mit Kalkverputz-Fassade am Ort des späteren Zitadellen-Komplexes (Gazzola und Gómez, o.D.) errichtet worden. Diese Gebäude hatten nichts mit der Zitadelle zu tun und wurden bei ihrem Bau einige Zeit später vollkommen zerstört. Die Entfernung bis zur Mondpyramide beträgt mehr als zwei Kilometer, dazwischen liegt die heute sogenannte „Straße der Toten". Entlang dieses breiten Boulevards errichtete man später eine fortlaufende Reihe von Pyramiden und Plattformen. Es ist gut möglich, dass es bereits in der Tzacualli-Phase Vorläufer dafür gab, doch der Ursprung der meisten Gebäude wurde noch nicht archäologisch untersucht. In jedem Fall war das Kult- und Verwaltungszentrum von Teotihuacan nicht allein aufgrund der Größe seiner wichtigsten Bauten bemerkenswert, sondern allein schon wegen seiner enormen räumlichen Ausdehnung.

PHASEN	Patla-chique	Tzacualli	Miccaotli/ Tlamimilolpa früh	Tlamimilolpa spät	Xolalpan früh	Xolalpan spät	Metepec	Aufgabe	Coyotlatelco
	150 – 1	50 – 100 – 150	200	250 – 300 – 350	400 – 450	500 – 550	600 – 650	700	750

Die meisten Einwohner Teotihuacans lebten damals offenbar noch in Häusern, die aus vergänglichen Materialien errichtet waren. Doch sie besaßen bereits eine reiche Kultur mit der Herstellung von Keramik, die mit vielen Farben und warmen, leuchtenden Mustern in Negativmalerei verziert waren (Abb. 3). In Ritualverstecken fand man frühe Versionen von Gefäßen in Gestalt des Sturmgottes, und auf den Zitadelle-Vorgängerbauten sind Spuren von Wandmalereien erhalten.

Miccaotli- und Frühe Tlamimilolpa-Phase (150–250 n. Chr.)

In der Miccaotli- und Frühen Tlamimilolpa-Phase dehnte sich Teotihuacan nicht weiter aus, doch die Bevölkerung wuchs auf vermutlich etwa 80 000 bis 100 000 Menschen an. Besonders auffällig ist in dieser Zeit das umfangreiche Bauprogramm im Kult- und Verwaltungszentrum der Stadt. Die bestehenden Gebäude wurden vergrößert und verschiedene neue Komplexe errichtet. Das Stadtzentrum nahm die Gestalt an, die wir heute noch kennen. Der ohnehin schon riesigen Sonnenpyramide fügte man noch einige Anbauten hinzu, die Mondpyramide wurde auf einmal stark erweitert und dann in mehreren folgenden Bauphasen weiter ausgebaut, sodass sie schließlich fast ein Viertel des Umfangs der Sonnenpyramide erreichte. Bei der von Rubén Cabrera und Saburo Sugiyama geleiteten Ausgrabung wurden vier große und einige weniger bedeutende Bestattungsorte entdeckt, die an anderer Stelle in diesem Katalog beschrieben sind. Sie enthielten reiche Grabbeigaben sowie Menschen- und Tieropfer, in einem Fall gibt es Hinweise auf eine Verbindung zu den Maya. Etwa 200 Meter östlich und westlich der Mondpyramide entstanden spiegelbildlich je ein Drei-Pyramiden-Komplex, die Gruppen 5 und 5', die möglicherweise zu einem architektonischen Großensemble rund um die Mondpyramide gehörten.

Die Vorgängerbauten der Zitadelle wurden abgerissen, und man baute den großen Zitadelle-Komplex, dessen Seitenlänge 400 Meter beträgt (Abb. 4). Diese Architektur war neu und unterschied sich stark von ihren Vorgängern wie auch von allen anderen Bauten in Teotihuacan. Daraus lässt sich eine Innovation im politisch-religiösen System von Teotihuacan ableiten. Kurze Zeit später wurde die Pyramide der Gefiederten Schlange, die drittgrößte der Stadt, in einer einzigen Bau-

Abb. 3.
Keramikchronologie: Abfolge von Teotihuacan
(Zeichnungen von Nicolas Latsanopoulos, nach Rattray, 2001)

phase als Zentraltempel der Zitadelle errichtet. Dort wurden den Göttern oder vielleicht einem verstorbenen Herrscher etwa 200 Menschen geopfert (Sugiyama, 2005). Diese Pyramide ist in der Architektur Teotihuacans einzigartig, da ihre Mauern nicht mit Kalkverputz und Stuck, sondern mit massiven Steinblöcken verkleidet sind. Die *Taludes* wurden mit Reliefs der im Profil dargestellten Gefiederten Schlange, die im – durch Muscheln angedeuteten – Wasser schwimmt, versehen und bemalt, und aus den Reliefdarstellungen der Schlangenkörper auf den *Tableros* ragen großartige dreidimensionale Schlangenköpfe hervor. Auf den Körpern sitzt ein dreidimensionaler Kopfschmuck (López Austin *et al.*, 1991). In den nördlich und südlich der Pyramide gelegenen Wohnkomplexen residierten vielleicht Priester, oder es waren Paläste der Herrscher von Teotihuacan.

Exakt westlich der Zitadelle, auf der anderen Seite der Straße der Toten, wurden die riesigen, niedrigen Plattformen des sogenannten großen Ensembles errichtet. Der von diesen Plattformen eingerahmte große Platz könnte der Hauptmarktplatz der Stadt gewesen sein. Zu beiden Seiten der Straße der Toten, auf halbem Weg zwischen der Sonnenpyramide und der Zitadelle, befindet sich der sogenannte Komplex der Straße der Toten. In diesem zum Großteil von Mauern umgebenen Ensemble sieht man mehrere Pyramidengruppen, Terrassen, Plätze, Räume und Korridore. Vermutlich handelte es sich um ein Verwaltungsgebäude oder vielleicht um den Königspalast (wenn er nicht in der Zitadelle lag). Ein kleines Stück östlich der Straße der Toten, zwischen der Mond- und Sonnenpyramide, stößt man auf den Xalla-Komplex, ein weiteres einzigartiges administrativ-zeremoniales Ensemble, über dessen Funktion noch nichts bekannt ist. Zwischen der Sonnenpyramide und der Zitadelle sind beide Seiten der Straße der Toten ansonsten lückenlos mit Plattformen, Pyramidengruppen und Wohnhäusern der Oberschicht bebaut.

Außerhalb des Kult- und Verwaltungszentrums setzte man erst spät in dieser Periode Kalkverputz und Stuck für die Wände und Böden der Wohnhäuser ein. Die Keramik färbte sich dunkler, das Tafelgeschirr war oft einfarbig schwarz oder dunkelbraun, obwohl manches mit leuchtend roten Engoben verziert war, und man begann, Schüsseln in der sogenannten *Fine-Orange*-Qualität aus Süd-Puebla zu importieren. Die Ausdehnung des Staates Teotihuacan ist nicht bekannt, aber offenbar haben die Teotihuacaner die Expansion des zapotekischen Staates nach Norden hin aufgehalten, und es finden sich Zeugnisse aus Teotihuacan in so weit entfernten Gegenden wie der Pazifikküste von Guatemala. Vermutlich verfügte Teotihuacan eher über ein Netzwerk von Außenposten in strategisch wichtigen Regionen und entlang der Fernstraßen, als dass es große Territorien außerhalb des Tals von Mexiko regiert hätte.

Späte Tlamimilolpa- bis Späte Xolalpan-Phase (250–500/550 n. Chr.)

In der Späten Tlamimilolpa- und der Frühen und Späten Xolalpan-Phase (benannt nach der jeweiligen Keramik) hat die Stadt Teotihuacan offenbar ihren Gebietszuwachs konsolidiert und die Früchte ihrer Errungenschaften aus früheren Jahrhunderten genossen. Im Kult- und Verwaltungszentrum wurden viele Bauten erweitert, doch bis auf eine wichtige Ausnahme sieht es so aus, als hätte man die bestehende Architektur beibehalten und wenig Neues oder Einfallsreiches hinzugefügt. Jene Ausnahme ist die Pyramide der Gefiederten Schlange, die zu Beginn dieser Periode entweiht und zerstört wurde. Sie fiel einem heftigen Brand zum Opfer. Tonfragmente, die vermutlich zum Schmuck des Tempels an der Spitze gehört hatten, wurden in der Füllung einer neuen Stufenplattform vergraben, die zwar kleiner und weniger solide gebaut war als die Pyramide der Gefiederten Schlange, aber trotzdem einen großen Teil ihrer Vorderfront verdeckte (und sie dadurch bis zu ihrer Entdeckung bei der von Manuel Gamio und Ignacio Marquina geleiteten Ausgrabung von 1917 bis 1922 schützte). Die anderen Seiten der verfallenen Pyramide wurden offen gelassen. All dies deutet auf einen politischen Aufruhr hin. Vielleicht führte er zu einer stärker kollektiv geprägten Regierungsform (nicht allein zu einer neuen Politik, wie manche meinen, sondern auch zu neuen Institutionen).

In der Stadt lebten die meisten Leute in von Mauern umgebenen Komplexen (*compounds*) mit vielen Wohnungen, in denen die meisten Wände und Böden mit „Zement" und Putz verkleidet waren, obwohl manche Leute auch in weniger soliden Häusern wohnten. Die Zimmer der besseren Wohnkomplexe waren oft mit Wandmalereien geschmückt. Es gab eine Vielzahl florierender Handwerksbetriebe, die fast ausschließlich für den heimischen Verbrauch und nicht für den Export produzierten. In mehreren Enklaven lebten Angehörige anderer Völker aus Oaxaca, West-Mexiko, dem Golfküstengebiet und dem Gebiet der Maya; Letztere waren vermutlich Händler. Zylindrische Dreifußgefäße tauchen auf, vermutlich von Vorläufern im Golfküstengebiet adaptiert. Die Qualität der zylindrischen Vasen variiert stark. Bei den schönsten sind in die polierte Oberfläche großartige Bilder eingeritzt oder auf den Stuck gemalt, der nach dem Brand aufgetragen wurde. In dieser Qualität waren sie als Geschenke für den diplomatischen Austausch mit fremden Eliten geeignet. Viele andere zylindrische Gefäße sind einfacher, manche sogar eher von grober Machart. *Fine-Orange*-Keramik wurde in größeren Mengen als zuvor importiert. Für die keramischen Figuren und Schmuckelemente (*adornos*), die in verschwenderischer Fülle die aus mehreren Komponenten zusammengesetzten „Theater"-Räuchergefäße (*incensarios*) schmückten, benutzte man jetzt Model. Viel einfachere Ritualobjekte tauchen massenhaft auf, wie die kleinen, *candeleros* genannten Gefäße mit zwei Kammern, in denen vermutlich Weihrauch verbrannt wurde. Spezialisten stellten eine bei relativ hohen Temperaturen (aber nicht im Ofen) gebrannte unverzierte, aber haltbare Gebrauchskeramik namens „San Martín Orange" her, die zum Kochen und zur Vorratshaltung diente.

Teotihuacans Einfluss auf andere Völker weitete sich vermutlich noch aus. Für Außenposten gibt es mehr Belege als zuvor, in der Architektur und in Steinmetzarbeiten ebenso wie bei kleineren Objekten, die in so weit entfernten Gegenden wie Matacapan im südlichen Veracruz, Cerro Bernal an der Küste von Chiapas (García-Des Lauriers, 2008) und in Kaminaljuyú im Hochland von Guatemala gefunden wurden. Menschen teotihuacanischer Herkunft, wenn nicht gar der Staat Teotihuacan selbst, griffen in die Politik von Mayastädten wie Tikal und Copán ein und gründeten dort neue Herrscherdynastien.

Niedergang und Fall

In der Metepec-Phase (500/550–550/650 n. Chr.) befand sich Teotihuacan offenbar im Niedergang. Die Stadtbevölkerung scheint stark geschrumpft zu sein, und die Stadt wurde kleiner. Bei anderen Völkern gibt es weniger Belege für den Einfluss Teotihuacans, das sich offenbar weniger als zuvor in der Lage sah, das Wachstum konkurrierender Zentren wie Xochicalco in Morelos und Xochitécatl-Cacaxtla in Puebla zurückzudrängen. Die Importe, wie etwa der *Fine-Orange*-Keramik, gingen zurück. Es gibt einige Hinweise darauf, dass die Spaltung zwischen Arm und Reich wuchs; vielleicht gelang es wohlhabenden Zwischenhändler-Eliten, eine stärkere Kontrolle über die Überschüsse zu gewinnen, zum Schaden der Staatseinnahmen. Nicht später als 650 n. Chr., vielleicht schon 550 n. Chr., wurden die Gebäude im Kult- und Verwaltungszentrum – sowie einige außerhalb – systematisch in Brand gesteckt. Es

Abb. 4
Die Zitadelle und die Pyramide der Gefiederten Schlange mit dem Sockel davor, der kurz nach 250 n. Chr. die Fassade bedeckte und sie verbarg

Abb. 5.
Skulptur, vermutlich eines mit Pfeilschüssen geopferten Gefangenen. Dieses Objekt befand sich im südlichen Tempel des Zentrums des Xalla-Komplexes und ist bei der absichtlichen Zerstörung des Sektors um 550 n. Chr. völlig zertrümmert worden (Kat. 72)

ist noch immer umstritten, ob diese Zerstörung das Werk von Gruppen innerhalb der Stadt, von Invasoren oder von einer Verbindung beider war (Abb. 5). In jedem Fall führte sie zum Untergang des Staates Teotihuacan. Zumindest Teile der Stadt wurden kurzzeitig aufgegeben und dann von Menschen mit anderen Keramiktraditionen besiedelt, die ihre Siedlungen auf die Randbezirke der ehemaligen Stadt beschränkten und das Kult- und Verwaltungszentrum größtenteils (wenn auch nicht gänzlich) mieden. Die Geschichte Teotihuacans war zu Ende, und ein neues Kapitel in der Geschichte Mesoamerikas hatte begonnen.

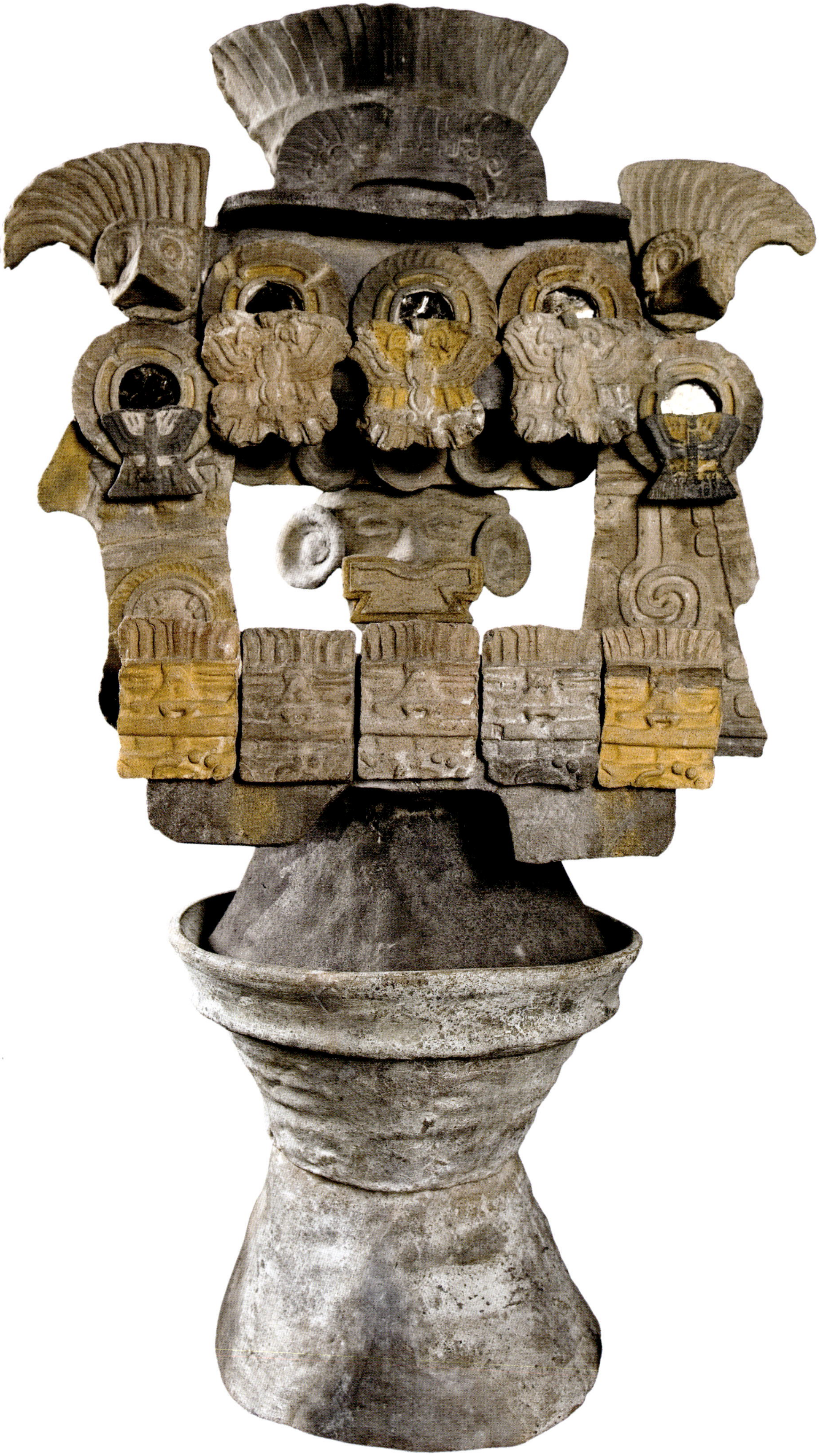

DIE KERAMIKKUNST

CLAUDIA MARÍA LÓPEZ PÉREZ

Archäologische Zone Teotihuacan

Der Erforschung früher Kulturen stehen zahlreiche Beispiele für eine der ältesten handwerklichen Tätigkeiten, die Keramikkunst, zur Verfügung. Keramik wird aus den vier Elementen hergestellt: Wasser, Erde (Ton), Feuer und Luft. Aus ihrer Kombination entsteht ein Produkt, das die physischen, sozialen und geistigen Bedürfnisse des Menschen ausdrückt.

In Mexiko kam Keramik vor 4 500 Jahren auf, und ihre Verwendung hinterließ tiefe Spuren in der Geschichte der frühen Völker, denn sie trug zur Erleichterung des alltäglichen Lebens bei (Sugiura, 2008: 48). Die Techniken der Keramikherstellung wurden so weit vervollkommnet, bis die Bearbeitung der Ausgangsstoffe und ihre Kombination mit anderen Elementen beherrscht und daraus außergewöhnliche Formen geschaffen werden konnten, die den für eine Kultur charakteristischen Stil ausmachen.

Teotihuacan war die wichtigste prähispanische Stadt des alten Mexiko. Ihre Kultur spiegelt sich im Stil der Architektur, in der Monumentalität der Gebäude, der Stadtanlage und der beeindruckenden Schönheit der Wandmalereien sowie den Skulpturen und den unzähligen Fundstücken aus verschiedenen Regionen wider, die aus einer Reihe unterschiedlicher Materialien wie Muscheln, Schiefer, Grünstein, *Tecalli* und Glimmer hergestellt wurden und den hohen Grad an künstlerischer Qualität aufzeigen, der hier erreicht wurde. Dies gilt auch für die Keramikkunst: Gefunden wurden Gefäße unterschiedlicher Formen wie Trinkbecher mit zoo- und anthropomorphen Darstellungen, Vasen, Schalen, Kandelaber, Tiegel, Töpfe und Räuchergefäße, die den Glanz dieser frühen Stadt belegen.

Zwischen 150 v. Chr. und 650 n. Chr., dem Zeitraum, der den Aufstieg der Stadt wie ihren Niedergang umfasst, bildeten sich in Teotihuacan eine Reihe von Keramikstilen heraus, die die verschiedenen Tätigkeiten der Stadtbewohner und die mit anderen Völkern unterhaltenen Tauschbeziehungen beweisen, so wie es der Fall ist bei der *Fine-Orange*-Keramik aus Puebla und der „körnigen" *Granular-Ware*-Keramik aus dem Gebiet um Guerrero, aber auch für die Gefäße aus den Gebieten der Maya, von der Golfküste und aus dem Westen gilt.

Die teotihuacanische Tradition entwickelte sich in den Anfängen der Stadt (Patlachique-Phase: 150 v. Chr. bis zum Jahr 1 v. Chr.) aus den Stilen und Formen, die im Becken von Mexiko verwendet wurden (Cowgill, 2008: 18). In erster Linie wurden Töpfe und Gefäße mit runden Profilen hergestellt.

Um 1 bis 150 n. Chr. (Tzacualli-Phase) war der Keramikkomplex bereits voll entwickelt. Besonders nennenswert sind die rituellen Formen mit Darstellung einer Gottheit, wie der Tláloc-Krug (Abb. 2), die mit der Zeit immer vollkommener ausgearbeitet und zu einem Charakteristikum der Kultur von Teotihuacan wurden, sowie die halbrunden Räuchergefäße mit verschiedenen Arten von aufgesetztem Dekor und die dreifüßigen Becher mit weißen Verzierungen auf orangefarbenem Grund. Am bemerkenswertesten sind jedoch vielleicht die polychromen Gefäße mit Dekor in Negativtechnik. Die letzte Gruppe zählt zu den häufigsten dieser Phase, sie verschwand jedoch im Laufe der Zeit. Daneben liegen schlichte Gebrauchsgegenstände mit Feinpolierung (eine originär teotihuacanische Technik) vor, wie große Vorratstöpfe, Tiegel und *comales* (Kochplatten) sowie Schalen, von denen einige einen vollstän-

Abb. 1.
„Theater"-Weihrauchgefäß,
Grabbeigabe 23 von Tetitla aus der
späten Xolalpan-Phase, nach 450 n. Chr.
(Kat. 119)

Abb. 2.
Tláloc-Krug (Kat. 137)

dig roten Farbauftrag aufweisen, während andere mit auf den natürlichen Grund aufgetragenen roten Mustern dekoriert sind. In dieser Zeit wurde mit der Herstellung keramischer Formen wie matten oder leicht polierten Miniaturtellern und -schalen begonnen (Rattray, 2006: 192).

Um 150 bis 225 n. Chr. (Miccaotli-Phase) hatte sich die Stadtanlage vollständig herausgebildet, und die großen Monumente wie die Sonnen- und die Mondpyramide hatten nahezu ihre endgültige Größe erreicht (Cowgill, 2008: 19). In diesem Zeitraum gelangte Keramik aus anderen Regionen wie der Golfküste, Oaxaca, Puebla und in geringerem Umfang aus dem Westen in die Stadt.

Einige der früheren Formen setzten sich durch; ihre Ausarbeitung wurde vervollkommnet (Becher, Schalen), die Produktion wurde ausgeweitet, und die Herstellungs- und Dekorationstechniken erfuhren eine Spezialisierung, aus der die für diese Kultur charakteristische Glanzpolierung hervorragender Qualität hervorging. Es entstanden Formen, die bis zum Niedergang der Stadt hergestellt wurden, z.B. die schrägwandigen Schalen mit rundem Rand und eine Reihe von Räuchergefäßen mit hervortretenden Rändern und eingeschnittenen Verzierungen. Gebrauchsformen wie Töpfe, *comales* und Tiegel wurden seltener, während die Zahl der Luxuskeramik wie Schalen, Becher, Teller, Krüge und große Becher anstieg.

Neue Formen wie Vasen (*floreros*) und noch ausgefeiltere Dekorationstechniken wie die eingeritzte und eingeschnittene Politur entwickelten sich, und es entstanden Muster aus parallelen Linien oder horizontal oder vertikal ausgerichteten geometrischen Zeichnungen, die die Gegenstände teilweise vollständig bedecken oder die farbig ausgestaltet sind. Eine weitere Art der Verzierung ist die Teilpolierung, ein Verfahren, das meist bei stark polierten Objekten wie den dreibeinigen Gefäßen unterschiedlicher Größen, schrägwandigen Schalen und Krügen angewandt wurde.

Als farbige Keramik liegen kleine Becher, einige schräg- und rundwandige Schalen vor, bei denen eine oder beide Seiten rot gefirnisst wurden, die in einigen Fällen spiegelglänzend sind.

In diesem Zeitabschnitt lassen sich die Anfänge des vollständigen Keramikkomplexes mit den Formen, Techniken und Stilen beobachten, die bis zum Niedergang des städtischen Zentrums Bestand hatten. Der Höhepunkt Teotihuacans fällt in die Zeit von 225 bis 350 n. Chr. (Tlamimilolpa-Phase), in der Wohnkomplexe errichtet wurden und der Einfluss der Symbolwelt und der ästhetischen Tendenzen sich bis in verschiedene Grenzbereiche Mesoamerikas ausdehnte. Was die Keramik betrifft, traten neue Formen auf, und die Verzierungen differenzierten sich stärker aus.

Rituelle Gegenstände nahmen an Zahl und Verschiedenartigkeit zu. Die typische schrägwandige Räucherschale wurde weiterhin hergestellt, neben Räuchergefäßen in „Sanduhrform" oder mit auf den gesamten Gefäßkörper aufgetragenem oder eingeschnittenem Dekor und noch anderen mit Flügeln oder „Fingernagelverzierungen". Die am Rand mit plastischen Vorsprüngen versehenen Kohlenbecken, denen eine Gebrauchsfunktion zugeschrieben wird, kamen ebenfalls in dieser Phase auf.

Miniaturen ohne Verzierungen und Farben (matte Oberfläche) traten stark gehäuft auf, und bei einfachen Tellern, einfach oder mehrfach gebauchten Schalen, Töpfen und Krügen lässt sich eine große Formenvielfalt mit verbesserter Endbearbeitung verzeichnen. Tellerdeckel kamen auf, während Gebrauchsgegenstände wie Vorratstöpfe, hohe Krüge, *comales*, Tiegel und große Becher weiterhin hergestellt wurden.

Luxuskeramik wie schrägwandige Schalen mit rundem Rand, Krüge und Becher wiesen weiterhin eine Endbearbeitung mit Feinpolitur in dunklen Schwarz- und Brauntönen auf, neben Spiralen, Teilpolierung, eingeschnittener Dekoration und verschiedenen eingeritzten Mustern wie parallelen Linien und geometrischen Formen. Die Zahl an Vasen (*floreros*) hervorragender Qualität nahm zu, und mit der Einführung von Gefäßen mit reich verzierten Deckeln und Körpern mit plastischem Dekor gehörten einfache Gefäße nun der Vergangenheit an.

An farbigen Keramiken liegen dreifüßige Gefäße mit weißen Verzierungen auf rotem Grund sowie vollständig rot gefärbte und meist spiegelglänzende Becher und Schalen vor, die teilweise in Negativtechnik dekoriert wurden. Innerhalb dieser Gruppe fällt eine Reihe von Bechern mit roten Mustern auf hell- oder dunkelbraunem Grund auf, die größtenteils aus geometrischen Streifen und Linien bestehen, die durch eingeschnittene und eingeritzte Linien begrenzt sind. Es existieren nur wenige Beispiele für symbolische Muster wie vierblättrige Blumen, Schlangen oder dreilappige Formen.

Zu den für Teotihuacan charakteristischen Gegenständen zählen die „Theater"-Räuchergefäße (Abb. 1), deren ästhetische Qualität und Herstellung besonders bemerkenswert sind. Es handelt sich um Objekte mit reicher Verzierung symbolischer Formen, die sich aus einem Körper in „Sanduhrform" und einer umgedrehten Schale als Deckel mit einem röhrenförmigen „Schornstein" zusammensetzen. An diesem Rauchkanal ist das Hauptmotiv des Räuchergefäßes befestigt: eine anthropomorphe Maske mit Nasenring und Ohrpflöcken sowie eine Reihe von Keramikscheiben, die eine horizontale Struktur für den Besatz mit einer großen Anzahl an Motiven wie Vögeln, Schmetterlingen, Blumen, Resten von „Pfeilen", Muscheln und gefiederten Augen mit runden Glimmerstücke bilden, wobei dieses Material nur noch bei wenigen Exemplaren erhalten ist. Daneben muss der auffällige federartige Kopfschmuck genannt werden.

Einer der beeindruckendsten Aspekte dieser Gefäße ist die reiche Farbdekoration. Die Räuchergefäße dienten zeremoniellen Zwecken, und bisher sind keine vollständig vergleichbaren Formen bekannt. Ihr Vorkommen in Teotihuacan ist auf die Zeit

DIE KERAMIKKUNST

Abb. 3.
Dreibeiniges zylinderförmiges Gefäß mit Außendekor, modelliert nach dem Typus *Fine-Orange*-Keramik (Kat. 56)

Abb. 4.
Dreibeiniges zylinderförmiges Gefäß mit ausgeschnittenem, eingeritzem und poliertem Dekor (Kat. 262)

von 300 bis 500 n. Chr. datiert und nimmt mit dem Niedergang der Stadt stark ab.

Eine weitere charakteristische und einzigartige Form, die sich in dieser Zeit entwickelte, sind die sogenannten „Kandelaber", deren Funktion bisher unbekannt ist. Die Vielfalt an Formen und Mustern ist groß; einige weisen eingeschnittene, gestempelte oder aufgesetzte Verzierungen auf, manche wurden mit anthropomorphen und zoomorphen Formen versehen. Die meisten Kandelaber besitzen zwei Kammern, aber es gibt auch Beispiele mit einer und drei Kammern. Die Form erhielt sich bis zum Verfall der Stadt.

Um 350 bis 550 n. Chr. (Xolalpan-Phase) erlebte Teotihuacan den Höhepunkt seiner Entwicklung. Die Keramik aus verschiedenen Regionen wie die *Fine-Orange*-Keramik (Abb. 3) und die körnige *Granular-Ware*-Keramik von der Golfküste breiteten sich stark aus, und bei den lokalen Traditionen und den Dekorationstechniken sind Neuerungen und Veränderungen zu bemerken. Für Becher mit Darstellungen verschiedener Szenen liegen Beispiele von großer Schönheit vor. Keramik war zu dieser Zeit in Mesoamerika weit verbreitet.

Neue Keramikkomplexe entstanden: der San-Martín-Komplex mit Gebrauchsformen wie großen Amphoren und Tiegeln, die vollständig im Tal von Teotihuacan hergestellt wurden, und der Copa-Komplex, der sich durch rituelle und luxuriöse Formen wie Becher und Trinkgefäße unterschiedlicher Größen mit sehr fester Tonmasse und durch verschiedenartige Verzierungen wie Negativtechnik, Einschnittdekor, Flachreliefs und rote Bemalung auszeichnet.

Die majestätischen „Theater"-Räuchergefäße sowie solche mit ovalem Rauchkanal in „Maiskolbenform" mit einer Reihe von Fingerabdrücken am Deckel wurden weiterhin hergestellt. Dasselbe gilt für die Becken mit drei plastischen Vorsprüngen, denen eher eine Gebrauchsfunktion zugeschrieben wird (Nahrungszubereitung). Die bemerkenswerteste Neuerung bei den „Theater"-Räuchergefäßen, zu der es gegen Ende dieser Phase kam, bestand im Austausch der anthropomorphen Maske gegen eine vollständige menschliche Figur oder ein ausgearbeitetes Motiv auf einem gefiederten Rundbogen (Langley, 2008: 35).

Zu den rituellen Formen, die in dieser Phase weiterhin hergestellt wurden, zählen Miniaturen, hauptsächlich Schalen, Teller, Becher, Töpfe und Vasen *(floreros)* sowie Tellerdeckel.

Gebrauchsgegenstände wie Vorratstöpfe, Tiegel, große Becher und *comales* wurden ebenfalls weiterhin produziert. Luxusgegenstände wie die Schalen mit rund nach oben auseinander laufenden Wänden wurden in großer Anzahl in verschiedenen Brauntönen hergestellt, während Teller sowie gerad- und schrägwandige Schalen seltener wurden. Die Zahl der Krüge und Becher nahm jedoch zu, wobei die Tláloc-Krüge die am stärksten stilisierten Gesichtszüge aufweisen.

Der Reichtum der Verzierungen der Keramikkunst von Teotihuacan erreichte seinen Höhepunkt durch die ausgefeilten Techniken und die Vielzahl der Muster, die die Größe dieser Kultur belegen.

Für Becher lässt sich eine große Vielfalt an Formen und Größen verzeichnen, darunter Becher mit einfachen oder reich dekorierten Deckeln, dreifüßige Becher und Becher mit einfachen oder viereckigen Stützen, wobei die letzteren je nach Entwurf hohl sind oder einen hohen Komplexitätsgrad aufweisen können. Bei den Verzierungen handelt es sich um plastischen Dekor in „Kaffeebohnenform" und später um Darstellungen von menschlichen Gesichtern, Tieren und mythischen Figuren am Gefäßfuß. Darüber hinaus kamen einfache eingeschnittene Muster wie horizontal oder vertikal verlaufende parallele Linien und geometrische oder symbolische Formen vor. Es wurden sogar mit Flachreliefs dekorierte Becher mit komplexen Bildmotiven hergestellt, die mit einer ausgefeilten Schneidetechnik in Kombination mit Einschnitten, Abschabungen und zinnoberrotem Farbauftrag auf einige der abgeschabten Teile ausgearbeitet wurden (Rattray, 2006: 226; Abb. 4). Die Ornamente bestehen hauptsächlich aus menschlichen Figuren, die die Bildszene dominieren, neben geometrischen Mustern unter Einbeziehung von Motiven wie Muscheln, Blumen, Sternen, Schlangenaugen und architektonischen Formen.

Das Profil eines Bechers stellt eine anthropomorphe Form dar, bei der es sich um das Gesicht einer Figur handelt, die wahrscheinlich den sogenannten „dicken" Gott darstellt.

In der hier behandelten Phase bildete sich jener Stil der Stuckbemalung für Krüge, Schalen und Becher heraus, für den insbesondere der Farbenreichtum und die variationsreiche Gestaltung zu nennen ist; neben menschen- und tierartigen Figuren umfasst diese auch eine große Zahl an symbolischen und geometrischen Formen und macht die einzelnen Gefäße einzigartig.

Für die Herstellung bemalter Gefäße ist ein sprunghafter Anstieg zu verzeichnen (Abb. 5). Diese Gefäße zeichnen sich durch die starke (zum Teil spiegelnde) Glanzpolierung und rote Dekorationen auf natürlichem Grund aus, die Muster in einfachen geometrischen Formen, eingeschnittene Linien, große Kreise, strahlenförmige Linien und breite Streifen aufweisen. Am zahlreichsten sind Rundschalen, niedrige Becher, Krüge, Schüsseln sowie als neue Form Becken, die durch ihre Größe und die einzigartigen roten Muster auf braunem oder orangefarbenem Grund hervorstechen.

Zur Zeit des Niedergangs von Teotihuacan zwischen 550 und 650 n. Chr. (Metepec-Phase) verschwanden eine Reihe wichtiger Produktionsstätten. Keramik wurde zwar weiterhin mit den traditionellen Methoden hergestellt, aber die Qualität verschlechterte sich deutlich. Das gilt auch für die Verzierungs-

Abb. 5.
Schale mit bemaltem Stuckdekor, frühe Xolalpan-Phase, 350–450 n. Chr. (Kat. 18)

Abb. 6.
Napf vom Typus *San-Martín-Orange*, frühe Xolalpan-Phase, 350–450 n. Chr. (Kat. 208)

techniken sowie die Bemalung und die Teilpolierung, die ästhetisch hinter die früheren Bearbeitungen zurückfielen.

Rituelle Objekte wie die „Theater"-Räuchergefäße wurden seltener, ihre Form wurde verändert, und sie wurden mit einem breiten kegelförmigen Deckel ausgestattet, der überreich mit symbolischen und dekorativen Elementen verziert war.

Zu Neuerungen kam es bei den Kohlenbecken mit drei plastischen Vorsprüngen, die in verschiedenen Formen hergestellt wurden. Die repräsentativsten Beispiele weisen eine Reihe von aufgesetzten Verzierungen modellierter Köpfe auf, die an den Außenseiten der Vorsprünge und zum Teil am Außenrand angebracht wurden. Die Darstellungen zeigen Gottheiten und teotihuacanische Figuren wie den „dicken" und den „alten" Gott. Die Miniaturen wurden weiterhin ohne große Veränderungen hergestellt. Den Tellerdeckeln wurde allerdings ein Symbol am Fuß hinzugefügt, und in einigen Fällen wurde die Innenseite dekoriert.

Gebrauchsformen wie Töpfe, Tiegel und *comales* blieben bis auf eine neue Formgebung für den Rand unverändert. Luxuskeramik wie runde Schalen mit nach oben auseinander laufenden Seiten waren weiterhin die häufigste Form, neben seltener vorkommenden geradwandigen Schalen, Krügen und Bechern. Die Endbearbeitung der Oberflächen wurde gröber und zeigte nun weit auseinander liegende Linien.

Keramik mit eingeschnittenen und eingeritzten Dekorationen und Teilpolierung wurde weiterhin in Form verschiedener Krug-, Becher- und Schalenformen hergestellt, wobei ein neues Dekor mit einer dickeren Rille auftrat.

Dreifüßige Becher mit außergewöhnlichen Verzierungen in Flachrelief oder Pseudorelief und die bemerkenswerten Gefäße mit Stuckdekor in naturalistischen Motiven, die menschliche Figuren, Tiere und Pflanzen oder symbolische Figuren mit Spiralen und Attributen des Tláloc darstellen, kamen auch in dieser Zeit vor.

Die Verzierungen der Copa-Gruppe, die aus Bechern und Trinkgefäßen besteht, weisen weiterhin dieselben Merkmale auf, auch wenn diese weniger fein ausgearbeitet sind.

Nüchterner bearbeitete, mit roter Farbe auf braunem Grund bemalte Formen kamen häufig vor. Die Muster lassen sich aufgrund der spärlichen Ausarbeitung nur schwer voneinander unterscheiden, am häufigsten sind jedoch Symbole für den Gott Tláloc und bestimmte geometrische Muster auf Schalen, Krügen und Becken. Innerhalb dieser Gruppe traten große Schüsseln auf, die außen mit einfachen geometrischen Mustern in Rot dekoriert sind, einige davon mit Zackendarstellungen. Diese dreifüßigen Gefäße sind sehr schwer.

Die Formen des San-Martín-Komplexes waren vielleicht die am häufigsten vorkommenden, darunter große Amphoren und Tiegel mit roten Verzierungen auf der Außenseite und geometrischen Mustern. Die Schüsseln sind eine neue Form innerhalb dieser Gruppe.

Ausschließlich in dieser Phase traten mithilfe von Modeln hergestellte Gefäße mit Reliefdekoration auf, die eine Reihe verschiedener Darstellungen von Figuren bis hin zu Tieren, Pflanzen oder symbolischen Formen aufweisen.

Diese Gefäße deuten auf den Niedergang Teotihuacans und die Herausbildung einer neuen Kultur im Hochland hin.

Herstellungs- und Brennmethoden

Die Herstellungsverfahren, die Formen und die Motive, die die Keramiken zieren, erlauben es, sie auf den ersten Blick als Gegenstände der großen Kultur von Teotihuacan zu identifizieren.

Über den Prozess der Keramikherstellung ist nur wenig bekannt, aber dank ethnografischer Informationen lässt sich auf die verschiedenen Verfahren zu ihrer Herstellung schließen (Sugiura, 2008: 45).

Keramikgefäße wurden mit zwei verschiedenen Grundtechniken hergestellt: durch Modellierung und im Modelverfahren. Dabei wurden verschiedene Modellierungstechniken eingesetzt, wie die Wulsttechnik, das Formen von Hand und die Verbindung von rechteckigen Segmenten oder Teilen (Sugiura, 2008: 47).

In Teotihuacan war die Modeltechnik stark verbreitet, die sich zwischen 350 und 650 n. Chr. entwickelte. Die Verwendung von Formen breitete sich stark aus und blieb nicht auf Alltagsgegenstände wie Töpfe und Schalen beschränkt, sondern wurde auch bei der Herstellung von rituellen Objekten wie Räuchergefäßen, Kohlenbecken, Schalen und kleinen Figuren eingesetzt.

Das Brennen der Objekte erfolgte möglicherweise bei offenem Feuer in kleinen Gruben im Freien. Es liegen jedoch keine überzeugenden Beweise für die angewandte Brenntechnik vor (Sugiura, 2008: 47).

Insgesamt lässt sich die Schlussfolgerung ziehen, dass die Teotihuacaner nicht nur Töpferware herstellten, die sich auf die Erfüllung der sozialen oder politischen Bedürfnisse beschränkte, sondern dass auch die Schaffung herausragender Keramikgegenstände von außergewöhnlicher künstlerischer Qualität, die Motive mit starker Symbolik zieren, von Bedeutung war.

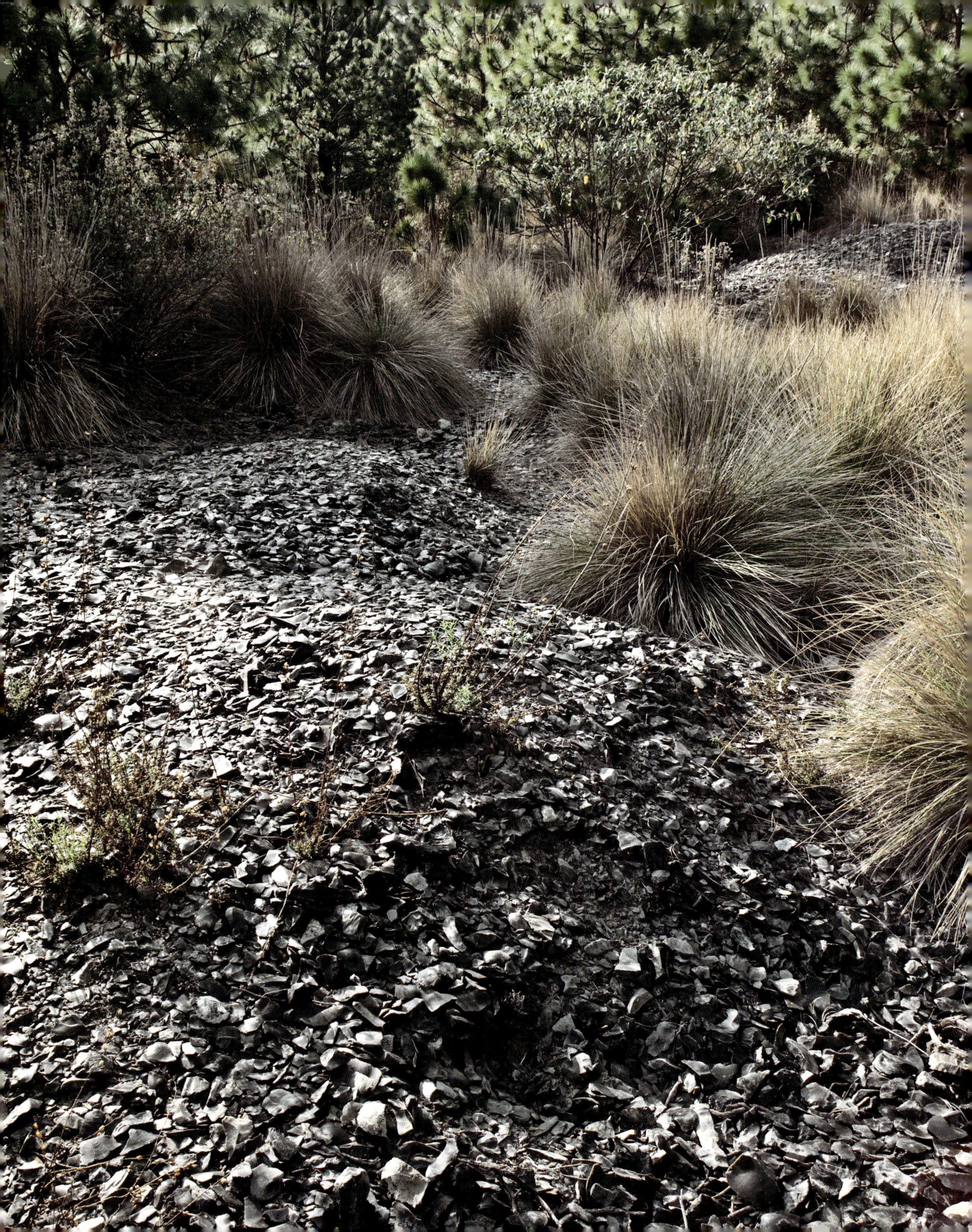

OBSIDIAN IN TEOTIHUACAN

ALEJANDRO PASTRANA

Direktion Archäologische Studien (DEA)
Staatliches Institut für Anthropologie und Archäologie (INAH)

Auf der zentralen mexikanischen Hochebene entwickelten sich die mächtigsten prähispanischen Gesellschaftsformen wie Teotihuacan (ca. 150 v. Chr. – 650 n. Chr.), Tula (950–1100 n. Chr.) und die Dreierallianz der Städte Tenochtitlan, Texcoco und Tacuba (1325/1428/1521 n. Chr.). Diese Kulturen standen in enger räumlicher und kultureller Verbindung mit den Obsidianvorkommen (von denen heute 35 von archäologischem Interesse sind), die ihren geologischen Ursprung im transmexikanischen neovulkanischen Gürtel haben. Die meisten Obsidiane sind von grauschwarzer Farbe. Der Obsidian aus der Sierra de las Navajas ist eine Ausnahmeerscheinung aufgrund seiner auffälligen goldgrünen Farbe, seiner Transparenz und Lichtdurchlässigkeit sowie aufgrund der hohen Qualität seiner Glaseigenschaften, wie geschaffen für die Herstellung effizienter Werkzeuge und polierter Schmuckobjekte. Grüner Obsidian wurde seit der teotihuacanischen Epoche intensiv abgebaut und fand als das begehrteste vulkanische Glas der mesoamerikanischen Mächte weite Verbreitung.

Das Studium der Entstehung Teotihuacans und seiner Entwicklung zur ersten Stadt Amerikas ist eines der großen Themen der internationalen Archäologie. Die archäologischen Untersuchungen haben verschiedene Fragestellungen und Hypothesen aufgeworfen über die Organisationsstrukturen des Staates und der Gesellschaft, hauptsächlich in Bezug auf deren produktive, kunsthandwerkliche, kommerzielle, urbane, religiöse und militärische Aktivitäten (Manzanilla, 1993; Widmer, 1996). Obsidian war auf allen sozialen Ebenen der ländlichen und städtischen Gesellschaft präsent: als Werkzeug, Waffe, Bekleidungselement und religiöses Utensil – deswegen können die Formen seiner Beschaffung und das System seines Vertriebs wichtige Informationen über diverse Aspekte der Organisation und Geschichte Teotihuacans enthalten.

Das Entstehen der Großstadt Teotihuacan stand seit Anbeginn in direkter Verbindung mit dem in der 20 Kilometer östlich gelegenen Mine Otumba im Bundesstaat Mexiko abgebauten grauschwarzen Obsidian und seiner Verarbeitung. Es wurde festgestellt, dass dann in der Patlachique-Phase (150 v. Chr. – 1 v. Chr.) und vor allem der Tlamimilolpa-Phase (200–350/400 n. Chr.) für die Oberflächengestaltung und die Arbeiten am Stadtbild vorwiegend goldgrüner Obsidian aus der 50 Kilometer südöstlich gelegenen Sierra de las Navajas im heutigen Bundesstaat Hidalgo verwendet wurde. Michael Spence (1981, et al. 1984) geht davon aus, dass mindestens 35 Prozent der Bevölkerung vom Obsidian lebten, sei es im Abbau, im Vertrieb und/oder in der weiteren Verarbeitung dieses Rohstoffs. Obsidian wurde zu einem unersetzlichen Gut in diesem ersten amerikanischen Staat.

Abb. 1.
Ansicht eines abgebauten Sektors des großen Vorkommens in Cerro de Las Navajas (Pachuca, Hidalgo)

Abb. 2.
Teotihuacan-Lager in der Zone des Cerro de Las Navajas

Abb. 3.
Nahansicht der Oberfläche eines abgebauten Sektors (Cerro de Las Navajas)

Durch die weite Verbreitung und die Verschiedenheit der Objekte aus Obsidian weiß man, dass es sich um ein wichtiges Material im täglichen Leben in Teotihuacan handelte. Die Kontrolle über seine Verteilung war sicherlich eine der wichtigen Aufgaben der staatlichen Institutionen. Es ist jedoch unerlässlich, zu erforschen, wie sich ein regelmäßiger und ausreichender Vertrieb des in dieser Gesellschaft sehr gefragten Materials herausbilden konnte (Widmer, 1996).

Der Obsidianabbau

Um die Arbeit am Obsidian zu verstehen, muss man sie als einen diversifizierten Prozess begreifen, der durch die gewaltige Nachfrage nach dem Rohstoff entstand und zur Ausbeutung der Minen und zum Transport in die Städte und die ländlichen Gebiete sowie zu allen Bevölkerungsgruppen führte.

Die Erforschung der Otumba-Mine führte nur zu wenigen archäologischen Erkenntnissen über den Obsidianabbau durch Teotihuacan, da der Ort durch den großflächigen unter- und oberirdischen Abbau von Obsidian in späteren Epochen stark verändert wurde. Das Hauptaugenmerk liegt hier auf der nachklassischen und frühkolonialen Periode, in der im zur Dreierallianz gehörenden Königreich Texcoco der bedeutende Nebenstaat Otumba existierte (Charlton et al., 1991). Grauschwarzer Obsidian, Obsidian mit Silberschattierungen, in kleineren Mengen auch kaffeebraun-rötlicher Obsidian (rotschwarzer oder gefleckter Obsidian) aus der Mine von Otumba war wahrscheinlich der erste von der teotihuacanischen Bevölkerung direkt abgebaute Obsidian. In ländlichen Gebieten wurde er in Form von Raspeln zur Agavenernte und -verarbeitung benutzt, Obsidianmesser kamen in Handwerk und Haushalt vielfältig zur Anwendung; unterschiedlich geformte Pfeilspitzen ebenso wie andere Jagdwaffen, Speerspitzen und Messer für die militärischen Institutionen wurden aus Obsidian hergestellt. Aus Otumba-Obsidian wurden große zweiseitig bearbeitete schlangenförmige Objekte sowie anthropomorphe Silhouetten hergestellt, die als Opfergaben in der Mondpyramide und im Tempel der Gefiederten Schlange dienten.

Die aktuelle archäologische Forschung untersucht die ersten Daten über die Technik und den Organisationsprozess des Obsidianabbaus durch Teotihuacan in der Sierra de las Navajas. Dort wurde ein Gebiet mit Minen, Werkstätten und Unterkünften gefunden. Bei archäologischen Untersuchungen in der Südzone der Obsidianvorkommen wurden in einer Entfernung von fünf Kilometern bzw. 400 Meter unterhalb zwei benachbarte Orte (zwei Kilometer voneinander entfernt) aus der teotihuacanischen Epoche gefunden. Die Orte Coasacoalco und La Lagunilla könnten Teil einer größeren verstreuten Siedlung mit landwirtschaftlich betriebenen Terrassen gewesen sein.

An der Oberfläche der Siedlungszonen befindet sich steinernes Material aus grünem Obsidian in hoher Konzentration, darunter Reste, die bei der Herstellung von zweiseitig bearbeiteten Objekten, Messern, Speerspitzen und Perlen entstehen, sowie Teile von Obsidianmessern mit Gebrauchsspuren und prismenförmige Steine, die sich durch den Zuschnitt von Steinplatten und Klingen bilden. Vorhanden ist auch Keramik aus der Patlachique-Phase und vor allem aus den Tlamimilolpa- und Xolalpan-Phasen, sowie Reste von bearbeitetem und benutztem Obsidian aus Teotihuacan.

Am Ausgrabungsort La Lagunilla (Sterpone und López, 2002) wurde ein Hügel in der Mitte einer künstlich nivellierten Fläche von ungefähr zwei Hektar ausgegraben. Die Ausgrabung förderte einen architektonischen Komplex zutage, der bezüglich Aufteilung und Baumaterial den Wohnkomplexen Teotihuacans gleicht. Das ausgegrabene Gebiet gehört wahrscheinlich zu einer zeremoniellen Stätte, die dank der C14-Datierung (INAH-2125) auf ein Alter von 1718 Jahren (± 30 Jahre) geschätzt werden konnte, was der Tlamimilolpa-Phase entspricht.

In den Wohnanlagen fand die Herstellung von Werkzeugen und Rohlingen statt, die nach Teotihuacan transportiert wurden. Weiterhin fand man Waffen, religiöse Gerätschaften und Objekte sowie zahlreiche Obsidianmesser und anderes benutztes Werkzeug, das wahrscheinlich zur Bearbeitung von Pflanzenfasern und einheimischem Holz benutzt wurde.

Die Förderung im Bergbau

Aufgrund der geologischen Eigenschaften der Ablagerung tritt der Obsidian in der Sierra de las Navajas nicht an die Erd-

Abb. 4.
Obsidiankern, der zur Herstellung von prismatischen Klingen diente (Kat. 93d)

Abb. 5.
Prismatische Klinge (Kat. 93a)

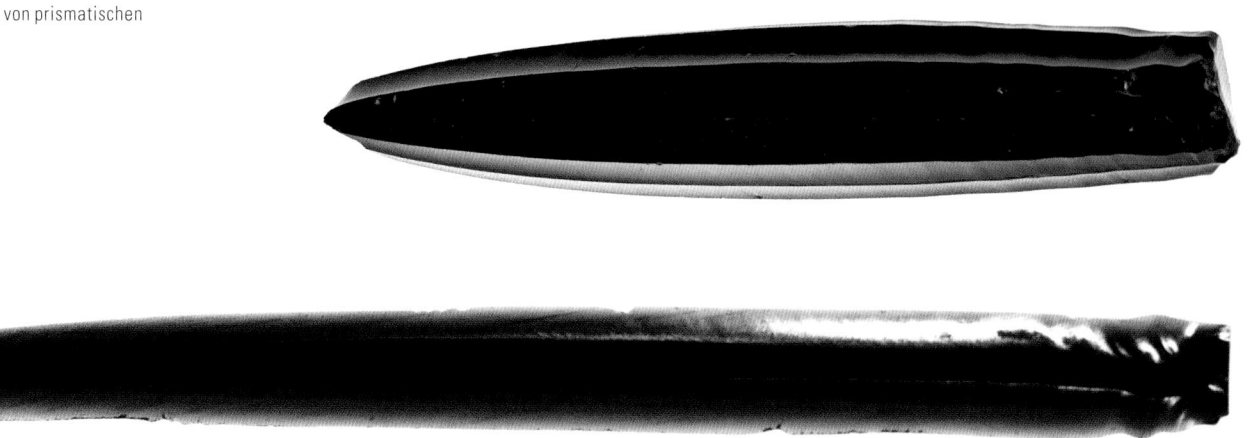

oberfläche wie an den meisten Fundorten, etwa in Otumba, Zacualtipan und Pico de Orizaba, wo Rhyolithflüsse mit gläsernen Schichten direkt an der Erdoberfläche zugänglich sind. In der Obsidianmine in der Sierra de las Navajas in einer Höhe von 3 200 Metern ü. M. befindet sich der meiste Obsidian in der Tiefe in Form von Blöcken oder Teilen von erkalteten Obsidianströmen in einem Gemisch aus Tuff und Bimsstein. Entstanden sind diese lawinenartigen Gebilde sehr wahrscheinlich durch Vulkanexplosionen und durch Erosion (Pastrana, 1988). Zu Beginn des Abbaus durch Teotihuacan war der Obsidian nur an der Quelle einiger Bäche durch Wassererosion an die Erdoberfläche gelangt sowie durch einen unbedeutenden oberflächlichen Tagebau an der Spitze des Cruz de Milagro, der vermutlich aus vorklassischer Zeit herrührt.

Diese geologischen Eigenschaften bestimmten den Bergbau Teotihuacans unter und über Tage. Vielleicht begann er mit einer Reihe großer Gräben, aus denen Rhyolith, Vulkansteinchen und -asche entfernt wurden, um die Blöcke aus Obsidian freizulegen, die in Größe, Form und Qualität geeignet waren für die Herstellung bestimmter Gegenstände. Der Tagebau erreichte nur eine Tiefe von 20 Metern. Deswegen war es nötig, den Untertagebau zu entwickeln, mit Stollen, Gruben und Schächten, die oft Tiefen von 50 Metern erreichten. Die Techniken, die Werkzeuge und die Arbeitsorganisation waren unter Tage anders als im Tagebau. Letztlich überdauerte der Untertagebau, der von den nachfolgenden Kulturen, den Tolteken, Azteken und auch der frühen Kolonialzeit übernommen wurde.

In der Nähe der Mine befinden sich die Siedlungen, deren Gestaltung sich an Teotihuacan orientierte. Die dort gefundene Keramik stammt hauptsächlich aus der Tlamimilolpa- und der Xolalpan-Phase. An dieser Stelle sollte erwähnt werden, dass sechs der acht gefundenen Tonerden aus dem Norden des Tals von Mexiko stammen und zwei aus der Stadt Teotihuacan sind. Die Identifizierung der Keramikmasse wurde anhand einer Analyse von Keramikteilen und Tonerde aus der Region der Sierra de las Navajas im Bundesstaat Hidalgo angefertigt (Speakman und Glascock, 2005).

Im Inneren der Siedlungen und hauptsächlich in den Arbeitsbereichen, den Innenhöfen, wurden fertige und halbfertige Werkzeuge aus Obsidian entdeckt. Hier befanden sich auch Mörser und Reibschalen aus Basalt und Keramik, was darauf hindeutet, dass zumindest ein Teil der Lebensmittelverarbeitung durch größere oder kleinere verwandtschaftliche Gemeinschaften an diesem Ort realisiert wurde.

Die Werkstätten bei den Minen

Der Obsidian wurde in den rund um die Siedlungen gelegenen Werkstätten bearbeitet. Die einstigen Werkstätten sind durch Überreste der Bearbeitung folgender Gegenstände zu erkennen: Messerklingen verschiedener Größen, Speerspitzen, Lanzen und zweiseitig bearbeitete exzentrische Objekte, runde Perlen, Raspeln und Bohrer, prismenförmige Steine für den Export, benutzte Obsidianmesser und kleine prismenförmige Steine.

Im gleichen Bereich wurden Werkzeuge, Waffen, Schmuck und religiöse Objekte wie z.B. Messer mit Schlangensilhouetten angefertigt. Die Herstellung solch unterschiedlicher Objekte an ein und demselben Ort zog keine Spezialisierung der Arbeitsbereiche oder Aufteilung in Arbeitsschritte nach sich, wie dies bei den aztekischen Werkstätten in den Minen der Fall war. In den Werkstätten Teotihuacans arbeiteten mehrere Menschen gleichzeitig, von denen jeder alle Arbeitsschritte bis

Abb. 6.
Klingen mit starken Abnutzungserscheinungen, eine bestielt

zur Fertigstellung des Gegenstandes alleine realisierte, wie man aus gefundenen Steinabfällen und Fehlschnitten erkennen kann (Pastrana, 1998). Diese Form des simultanen Arbeitens konnte auch in einigen Werkstätten in den Höfen der Wohnkomplexe Teotihuacans festgestellt werden (Ortega, 2007).

In den Höfen der Bergarbeitersiedlung wurden Obsidianmesser aus Steinblöcken und -prismen gehauen. Sowohl in den Höfen bei der Siedlung als auch außerhalb, auf einer etwa zehn Hektar großen Freifläche, wurden mindestens zwölf Werkstätten und 17 Lager mit Messern gefunden, die alle auf die gleiche Art abgenutzt waren. Die gleichförmige Abnutzung der Messer weist auf eine spezialisierte und repetitive Arbeit hin, vermutlich dem Abschaben von einheimischem Holz und pflanzlichen Fasern – ähnlich wie die Tätigkeiten, die in den Wohngebäuden von Coasacoalco und La Lagunilla ausgeführt wurden.

Die Vielzahl und Gleichförmigkeit der bei dieser Arbeit benutzten zweischneidigen Obsidianmesser ist auffällig. Den gleichen Messertypus finden wir häufig in La Ventilla, San Martín de los Pirámides, als Füllmaterial in der Mondpyramide (Carballo, 2005), in der Pyramide des Quetzalcóatl, im Wohnkomplex Xalla und an anderen Orten, was bedeutet, dass ein Großteil der Gesellschaft Teotihuacans dieser Arbeit nachging (Andrews, 2002). Durch die Nachstellung dieser Arbeiten weiß man, dass die Messer bei der Bearbeitung von Hölzern und Fasern zum Einsatz kamen. Hergestellt wurden damit vermutlich Waffen oder Waffenteile wie Pfeile, Speerschleudern *(álatl)* und Schilde, die man auf zahlreichen bildlichen Darstellungen in der Stadt sehen kann. Die Messer fanden auch ihren Einsatz bei der Bearbeitung der dem Wald entstammenden Naturgüter wie z.B. Steineichen, Kiefern, Fichten und deren Harze oder aus dem Bereich der Fauna: u.a. Hirsche, Koyoten, Hasen, Kaninchen und Vögel und nicht zuletzt bei der Agavenproduktion in der tiefer gelegenen Zone. Die pflanzlichen und tierischen Materialien wurden wahrscheinlich als nützliche Vorprodukte für die Herstellung von Waffen und für die detailreiche Ausschmückung von Teotihuacan verwendet. Herstellung und Gebrauch der Obsidianmesser und anderer Werkzeuge wie Bohrer und Raspeln fanden in denselben Werkstätten statt. Dies deutet auf große Geschicklichkeit und technisches Know-how der Handwerker hin, die dort vermutlich in Gruppen von mehreren Familien lebten.

Aus der Analyse der Werkstätten der Mine mit Ausmaßen von durchschnittlich 50 Quadratmetern und den gefundenen Obsidiankernen mit einer durchschnittlichen Dicke von 60 Zentimetern kann man schließen, dass dies der Arbeitsstand weniger Tage ist und dass diese Arbeit von etwa zehn Personen umfassenden Gruppen realisiert wurde. Deren Organisationsbasis war die Familie, wie man an der Steinbearbeitung und der Nutzung der Instrumente sehen kann – im Gegensatz zur Aufteilung in spezielle Vereinigungen, wie sie die aztekische Minenausbeutung und Steinbearbeitung kannte (Pastrana, 1998).

Bei der Untersuchung der teotihuacanischen Werkstätten bei den Minen konnten wir den Herstellungsprozess folgender Gegenstände erkennen: Werkzeuge wie Raspeln, Bohrer, Steinsplitter verschiedener Größen und Messer, Waffen und religiöse Objekte wie Speerspitzen, Lanzenspitzen, verschieden große Messerklingen, zweiseitig bearbeitete exzentrische Objekte und flache runde Perlen. Bei den Minen wurden keine polierten Gegenstände gefunden; diese scheinen auch in Teotihuacan selbst äußerst selten gewesen zu sein.

Das in der Mine und den archäologischen Stätten Coasacoalco und La Lagunilla benutzte Werkzeug ist sehr verschieden-

Abb. 7.
Vorformen eines Messers und von Geschossspitzen

artig geformt und reicht von sehr unterschiedlich genutzten Steinsplittern bis zu spezifisch verwendeten und eindeutig geformten Elementen. Die technische Vielfalt erklärt sich aus dem reichlich vorhandenen Ausgangsmaterial, das auch zur Bearbeitung der Ressourcen des Waldes und des Agavenhains benutzt wurde.

Die Weiterverarbeitung des Obsidians an der Mine teilte sich auf in zweierlei Produktionsprozesse: a) die Herstellung von Werkzeugen, Waffen und religiösen Objekten für den Weitertransport ab Mine (Export von Gegenständen aus Obsidian), und b) die Herstellung von Werkzeug und dessen Verwendung zur Anfertigung weiterer Produkte aus Holz und/oder Pflanzenfasern (Export von Produkten). Holz und Pflanzenfasern waren in der Region dank des Waldes und des Agavenhains, der vermutlich seit der klassischen Epoche existierte, reichlich vorhanden. Aus dem Wald wurde hauptsächlich medizinisch nutzbarer Kienspan, Kiefern-, Fichten- und Steineichenholz gewonnen.

Heute weiß man, dass nicht die gesamte Produktion von Artefakten, Waffen, religiösen Objekten und Statussymbolen in der Stadt Teotihuacan stattfand. Dies bedeutet die Annahme eines komplexeren Modells von Abbau, Zuschnitt, Verteilung und Nutzung des Obsidians. Bekannt ist auch, dass das Gebiet des Obsidianvorkommens in der Sierra de las Navajas gänzlich zum teotihuacanischen Staat gehörte und von einem Teil seiner Bevölkerung besiedelt wurde.

Die Gegenstände aus Obsidian sowie die Produkte aus organischem Material, die die Handwerker bei den Minen produzierten, wurden nach Teotihuacan oder in andere Ortschaften gebracht, die zur gleichen Kultur gehörten (Charlton und Otis Charlton, 2007). Es ist auch möglich, dass sie direkt von den Minen zu Zentren anderer Kulturen exportiert wurden, die sich auf dem Gebiet der heutigen Bundesstaaten Veracruz, Puebla und Oaxaca befinden.

Die Werkstätten in Teotihuacan

Die Werkstätten bei den Minen wurden durch die nachfolgende prähispanische und moderne Ausbeutung der Mine kaum verändert; deswegen handelt es sich hier um einen ursprünglichen Kontext, d.h. es ist *in situ* abgebautes und bearbeitetes Material vorhanden bzw. dessen Reste. Die Werkstätten in Teotihuacan hingegen befanden sich auf städtischem Gebiet, wo die Steinreste als Füllmaterial für die vielen entstehenden Gebäude wieder verwendet werden konnten. Bei der regen Bautätigkeit wurden große Mengen Material bewegt; Abfall aus den Steinmetzbetrieben kann deswegen als Füllmaterial in Bauten oder im Untergrund der Höfe der Wohnkomplexe gefunden werden, oder auf Müllhalden aus Haushalts- und Handwerksabfällen (Carballo, 2005).

Es gibt nur sehr wenige Studien über die Steinobjekte, die als Zuschnitts- oder Werkzeugreste in den verschiedenen Werkstätten gefunden wurden (Parry und Kabata, 2004; Carballo, 2005; Sugiyama und López, 2006; Ortega, 2007), aber einige Forschungsarbeiten über Werkstätten an besonders bevorzugten Orten. Dies ist der Fall an der nordwestlichen Ecke der Mondpyramide. Hier wurden Reste einer Werkstatt gefunden, die aus Obsidian Gegenstände für das alltägliche Leben, für Menschenopfer, Kriege und Rituale herstellte und die außergewöhnlich viele Gerätschaften, Steinsplitter und komplette Stücke beherbergte. Einige der Gegenstände gleichen den Opfergaben in den Gräbern im Inneren der Pyramide. „Dies lässt vermuten, dass die Produktion und der Handel der rituellen Gegenstände aus Obsidian, die bei den staatlichen Zeremonien verwendet wurden, von den Bewohnern dieser zu Wohn- und Verwaltungszwecken genutzten Anlage kontrolliert wurde" (Sugiyama und Cabrera, 2006: 22).

Als Teil der handwerklichen Arbeit verschiedener Wohnanlagen wurden Handwerksbetriebe entdeckt, die Gegenstände aus Obsidian herstellten und mit Obsidianwerkzeug arbeiteten. Diese Anlagen stehen in räumlicher Verbindung mit den großen Bauwerken und den zivilreligiösen Bauten. Sie sind auch am Nord- und Ostrand der Stadt zu finden.

Obsidian wurde im handwerklichen Produktionsprozess sowohl als Ausgangsmaterial als auch als Werkzeug zur Bearbeitung anderer Materialien wie Schiefer, Glimmer, Pyrit und Muschel verwendet (Gómez, 2000). Zur Herstellung komplexerer Gegenstände kamen neben dem Obsidian auch Werkzeuge aus Basalt, Feuerstein und Chalzedon zum Einsatz, vor allem bei der Bearbeitung von Holz, Leder, Knochen (Rosales, 2004; López, 2005; Pérez, 2005) und Textilien sowie anderer Materialien, die der Herstellung von Verzierungen, prunkvollen Gewändern und Waffen für Menschen und Götter dienten.

Bei der Betrachtung der handwerklichen Spezialisierung lassen sich erhebliche graduelle Unterschiede feststellen, bei denen die Grundwerkzeuge eine Rolle spielten. In manchen Betrieben bestand die Spezialisierung in der Herstellung ein und desselben Objekts, wie es z.B. bei den gelochten Schieferscheiben der Fall ist. Die höhere Spezialisierung wurde in Werkstätten betrieben, die aus verschiedenen Ausgangsmaterialien anspruchsvolle Ornamente, Schmuck und Gewänder herstellten, indem sie diese kunstvoll zusammenfügten zu Mustern, die von staatlicher Seite als Teil einer strikten Ideologie vorgeschrieben waren.

Künstlerische Darstellungen aus Obsidian

Als Teil der Religion und der hierarchischen Struktur existieren häufig Darstellungen, in denen Obsidian vorhanden ist, so auf Waffen wie z.B. Speerspitzen, an den reichgeschmückten Gewändern der Priester und der Krieger und an den gekrümmten Opfermessern zum Herausschneiden des Herzens. Auch die Glyphen der Bluts- oder Wassertropfen können zwei- bzw. dreilappige Objekte aus grünem, schwarzem, rotschwarzem oder rotem Obsidian enthalten (Nielsen und Hemke, 2008). Tier- und Menschenaugen sind auch oft aus Obsidian. Die Färbung des Obsidians war Teil der umfassenden Symbolik, die auch die nachfolgenden Kulturen prägt (Pastrana, 2007).

Die Funktion und Bedeutung der bei den Obsidianminen und in den Siedlungszentren gefundenen Artefakte und Objekte

Abb. 8.
Großes sichelförmiges Messer eines Typus, den man auch auf Wandgemälden in Verbindung mit blutigen Herzen abgebildet sieht (Kat. 74)

aus Obsidian ist nicht durchgehend bekannt. Ein Großteil der allgemein als „exzentrisch" bezeichneten religiösen Objekte zeigt menschliche, tierische und geometrisch zusammengesetzte Formen, die sowohl zweiseitig als auch einseitig durch Druck- und Schlagtechniken gestaltet wurden. In diesem Text soll stattdessen der Terminus „zweiseitig bearbeitete Silhouetten" eingeführt werden, da er technisch und morphologisch eindeutiger ist. So kann man zweiseitig bearbeitete menschliche Silhouetten und zweiseitig bearbeitete schlangenförmige Silhouetten benennen. In den Fällen, wo die Bedeutung noch nicht bekannt ist, nennen wir sie zweiseitig bearbeitete Silhouetten plus ihrer geometrischen Form (rund oder eckig). Sie können auch als Steinchen zu Mosaiken oder zu aus verschiedenen Grundmaterialien hergestellten Arrangements gehören.

Die Arbeit mit Steinen und Edelsteinen wie Schiefer, Jadeit, Muschel und anderen Rohstoffen war der teotihuacanischen Kultur wohlbekannt; trotzdem finden sich in der klassischen Periode Teotihuacans keine polierten Objekte aus Obsidian wie etwa Spiegel, Lippen- und Ohrenschmuck, Perlen und Ringe, wie sie später in der toltekischen und aztekischen Kultur vorhanden waren. Es gibt kleinere Platten oder Mosaike mit kleinen polierten Flächen aus Obsidian, wodurch man weiß, dass die Techniken des Abschleifens, Glättens und Polierens durchaus bekannt waren. Jedoch wurden diese Techniken nicht auf breiter Ebene eingesetzt, um Obsidian speziell und in großen Mengen zu bearbeiten. Unter den zahlreichen Objekten der Grabbeigaben aus Obsidian in den Gräbern der Mondpyramide und dem Tempel des Quetzalcóatl gibt es z.B. keine polierten Gegenstände aus Obsidian (Sugiyama, 2005). In den besonderen Fällen der Augen von Skulpturen und Masken sind die Obsidiane meist dünne Plättchen, bei denen der natürliche Glanz des Vulkanglases genutzt wurde; nur wenige Skulpturen und Masken haben tatsächlich polierte Obsidianaugen.

Schluss

In der Geschichte der Stadt Teotihuacan waren der grauschwarze Obsidian aus Otumba und der grüne Obsidian aus der Sierra de las Navajas grundlegend für die Herstellung der Arbeitswerkzeuge in allen produktiven Bereichen; er wurde als Werkzeug und Rohstoff im Handwerk und für die Anfertigung von Waffen benutzt; in rituellen Vorgängen wurde Obsidian als Opferwerkzeug und in Form verschiedener von der Staatsideologie vorgegebener Objekte als Opfergabe verwendet.

Die archäologischen Funde aus den Obsidianvorkommen in Otumba sind minimal und nicht systematisch erforscht worden. Aufgrund ihrer Nähe zum Stadtrand wurde diese Mine vor allem lokal von verschiedenen Gruppen der teotihuacanischen Gesellschaft ausgebeutet, eventuell durch Sammeln von durch Wassererosion und Tagebau an die Oberfläche gelangten Brocken und Blöcken. Der Untertagebau entwickelte sich erst in der klassischen Periode, als der Obsidian an der Oberfläche bereits zum Großteil abgebaut war.

Teotihuacan baute den grünen Obsidian aus der Sierra de las Navajas hauptsächlich im Untertagebau ab, in kleinerem Ausmaß im Tagebau. An der Südseite der Sierra existieren mindestens zwei landwirtschaftlich und handwerklich geprägte Siedlungen, die bezüglich Architektur und Stadtbild Ähnlichkeiten mit den Mehrfamilienunterkünften aus der Tlamimilolpa-Phase Teotihuacans besitzen. Die teotihuacanischen Bergarbeitersiedlungen bei den Obsidianvorkommen weisen Eigenschaften auf, die auf die Produktion von Gegenständen aus Obsidian hinweisen: Werkzeug, Waffen und religiöse Objekte; außerdem wurden viele Obsidianmesser zur Herstellung von Gerätschaften aus Holz und Pflanzenfasern verwendet.

Teotihuacan ließ Bergarbeiter- und Handwerkersiedlungen bauen, um den Abbau und den Zuschnitt von Obsidian zum Weitertransport in die städtischen und ländlichen Werkstätten zu gewährleisten, wo die verschiedenen Objekte fertiggestellt wurden. Gleichzeitig wurde aber auch an den Minen ein Teil der Werkzeuge hergestellt. Diese Werkzeuge wurden wahrscheinlich zu anderen Bevölkerungszentren des Staates oder auch in die Hauptstadt geliefert. Sowohl in den Bergarbeitersiedlungen als auch in den nahe gelegenen Orten Coasacoalco und La Lagunilla wurden zahlreiche Obsidianmesser und andere Werkzeuge gefunden, die eventuell zur Herstellung von Waffen oder Waffenteilen verwendet wurden. Die Bevölkerung bei den Minen der Sierra de las Navajas, die sehr wahrscheinlich in Gruppen von mehreren Familien organisiert war, lebte von Landwirtschaft, Obsidianabbau und Handwerk. Diese regionale Arbeitsteilung lässt sich auf die Kontrolle des Territoriums, der Ressourcen und des Handels als Grundlage des teotihuacanischen Staates zurückführen.

Der Niedergang Teotihuacans führte zum Zusammenbruch des Verteilungssystems des grünen Obsidians, das in mehreren Regionen Mesoamerikas in der nachklassischen Epoche Auswirkungen zeigte und teilweise durch andere Verteilungssysteme kleinerer Obsidianvorkommen ersetzt wurde (Hirth, 2008).

Abb. 1.
In Teotihuacan gefundene Figuren, die von der ethnischen Vielfalt zeugen: links zwei Frauen aus dem Westen Mexikos; rechts ein Ballspieler, der in unmittelbarer Nähe des Händlerviertels ausgegraben wurde (Kat. 178)

DIE STADTVIERTEL DER ZUGEWANDERTEN GEMEINSCHAFTEN IN TEOTIHUACAN

SERGIO GÓMEZ CHÁVEZ

Archäologische Zone Teotihuacan, INAH

JULIE GAZZOLA

Leitung archäologische Studien, INAH

Die Entwicklung der Gesellschaft von Teotihuacan vollzog sich seit den Frühphasen unter gradueller Aufnahme und Integration einer Reihe ethnolinguistischer Gruppen und Gemeinschaften, die bereits lange zuvor ausgedehnte Bereiche Mesoamerikas über ein dichtes Routennetz verwoben hatten. Das beeindruckende demografische Wachstum von Teotihuacan seit der Patlachique-Phase (200–1 v. Chr.) erklärt sich nicht ausschließlich aus dem Wachstum der Talgemeinschaften, sondern auch aus der Zuwanderung und Aufnahme verschiedener ethnischer Gruppen aus anderen Gebieten.

Die Migration war kein neues Phänomen: Bereits Jahrhunderte zuvor hatten sich Gruppen von der Golfküste und aus dem Westen Mexikos mit ganz unterschiedlichen Kulturobjekten und Vorstellungswelten im Hochland von Mexiko angesiedelt (García y Merino, 1989; Angulo, 2005). Was den besonderen Fall von Teotihuacan betrifft, so lässt sich der Kontakt zum Westen Mexikos schon für frühe Phasen nachweisen, unter anderem anhand von Keramikfragmenten und kleinen Figuren im Füllmaterial der Sonnenpyramide (Noguera, 1935) und in Cuanalan im südlichen Talabschnitt (Angulo, 2007).

Teotihuacan war seit der Patlachique-Phase ein bedeutender Anziehungspunkt für die Bevölkerung der frühen Gemeinschaften im Becken von Mexiko und in anderen Teilen des Hochlands, mit denen die Stadt eine Reihe kultureller Aspekte gemein hatte. Während dieser Phase ließen sich wahrscheinlich viele Menschen im Tal nieder, die am Bau der großen Bewässerungsanlagen mitwirkten, welche der Steigerung der landwirtschaftlichen Erträge dienten. Diese Bauten sicherten die Ernährung einer Bevölkerung von damals 25 000 Menschen, während durch die produzierten Überschüsse wohl der Bau der ersten großen Tempel und der Staatsapparat mit seinen Institutionen finanziert wurden.

Es besteht keinerlei Zweifel daran, dass die Besiedlung und das Bevölkerungswachstum von Teotihuacan über mehrere Jahrhunderte eine entscheidende Rolle für die räumliche Umstrukturierung der Bevölkerung und die Siedlungsdynamik im Becken von Mexiko spielten (Parsons, 1968). Zu Beginn der christlichen Zeitrechnung wurden die Siedlungen der frühen Bauern- und Handwerkergemeinschaften im Becken von Mexiko und insbesondere in der Region von Tlaxcala und Puebla in manchen Fällen vollständig aufgegeben, da die Bewohnerschaft sich in Teotihuacan ansiedelte. Auf viele dieser Menschen müssen die schnelle wirtschaftliche Entwicklung und die Chancen, die der Bau des damals größten technisch machbaren oder auch nur vorstellbaren Tempels auf dem gesamten amerikanischen Kontinent bot, eine starke Anziehungskraft ausgeübt haben. Die Möglichkeit, sich auf irgendeine Weise an diesem Vorhaben zu beteiligen, mit dem die Form, die dem heiligen Universum zugeschrieben wurde, auf der Erde nachgebildet wurde, machte auf viele Menschen vermutlich großen Eindruck und bot einen starken Anreiz, sich im Tal von Teotihuacan niederzulassen.

Angesichts der anfangs wahrscheinlich großen ethnischen, kulturellen und sprachlichen Vielfalt ist anzunehmen, dass der Staat von Teotihuacan eine Reihe von Strategien mit dem Ziel der sozialen Integration und der Vereinheitlichung dieser Unterschiede verfolgte. Die Religion dürfte in diesem Integrationsprozess eine große Rolle gespielt haben, denn dadurch wurde die gemeinsame Identität der Bevölkerung im Tal verfestigt und ein eigenständiges kulturelles System geschaffen. In diesem Sinne schrieb die Religion nicht nur dem Universum und dem menschlichen Schicksal einen Sinn zu, sondern regelte auch das Leben der Gemeinschaft (Bartolomé, 2006: 100). Die nachfolgenden und bereits im Stadtgebiet geborenen Generationen müssen sich nach und nach dem Zwang ausgesetzt gesehen haben, die überlieferten kulturellen und sprachlichen Muster abzulegen und das Wertesystem und die Kultur des neuen urbanen Zentrums zu übernehmen. Die Lebensweise der Bewohner wird sich dadurch vollständig verändert haben.

Um 100 n. Chr. hatten sich in Teotihuacan eine städtische Lebensweise und ein eigenständiges kulturelles System herausgebildet. Innerhalb weniger Jahrhunderte war das Gerüst errichtet worden, auf dessen Grundlage sich eine eigenständige Gesellschaft mit einer eigenen Lebensweise und einem eigenen kulturellen System herausbildete, die von der gesamten Bevölkerung angenommen worden waren. Diese Faktoren – die sich aus der sozioökonomischen Entwicklung von Teotihuacan ergaben – erlauben es, für einen konkreten geschichtlichen Zeitpunkt die Präsenz zugewanderter ethnischer Gemeinschaften zu belegen, die in den Randgebieten der Stadt lebten und über Jahrhunderte die kulturellen Formen ihrer Herkunftsorte reproduzierten.

Ethnische Minderheiten in Teotihuacan

Um 250 n. Chr. war Teotihuacan das größte Produktions- und Handelszentrum Mesoamerikas. Die Stadt hatte zu diesem Zeitpunkt mehr als 100 000 Einwohner und bedeckte eine Fläche von nahezu 25 Quadratkilometern. Sie hatte sich mittlerweile auch auf die früher landwirtschaftlich genutzten Gebiete ausgedehnt. Das Kanalsystem, das ursprünglich der Bewässerung der Felder in großen Teilen des mittleren Talabschnitts diente, war damit überflüssig geworden. Die Landwirtschaft bildete nicht mehr die ökonomische Grundlage Teotihuacans, sondern war gegenüber der Warenproduktion und Dienstleistungen, die es in den einzelnen Stadtvierteln in großem Umfang gab, nur noch ein Wirtschaftsfaktor neben anderen. Die unzähligen und vielfältigen Objekte, die in den Werkstätten hergestellt wurden, wiesen einen eigenen Stil auf, der sie als originär oder exklusiv von Teotihuacan auszeichnete.

Dank des großen Reichtums, der in der Stadt erwirtschaftet wurde, konnten zahlreiche Tempel und Tausende architektonischer Wohnkomplexe für die Bevölkerung errichtet werden. Der Bau dieser Wohngebäude unterlag Vorschriften zu Raumaufteilung und Ausrichtung, und aus diesem Grund gehen wir davon aus, dass der Staat Formen direkten Eingriffs und offener Kontrolle ausübte und alle Elemente der gesellschaftlichen und wirtschaftlichen Struktur dieser in Viertel geordneten Stadt regelte (Gómez, 2000).

Die archäologischen Funde lassen darauf schließen, dass zwischen 200 und 250 n. Chr. eine Reihe ethnischer Gruppen zuwanderte, die sich in der Stadt niederließen und sich in das wirtschaftliche Leben eingliederten. Im Unterschied zu den ersten Zuwanderern erhielten diese Gruppen die kulturellen Bräuche und Traditionen ihrer Herkunftsorte aufrecht und unterschieden sich dadurch von dem Teil der Bevölkerung, der damals die Ethnie der Teotihuacaner und damit die vorherrschende Mehrheit bildete.

Wie vermutlich bei vielen in großen Städten lebenden Minderheiten führte die Beibehaltung der kulturellen Bräuche und Traditionen zu einer festen sozialen Binnenstruktur und schuf somit eine Vorraussetzung für wirtschaftlichen Erfolg. Die Bewahrung der kulturellen Identität erlaubte es auch, mit den Schwierigkeiten und Feindseligkeiten der großen Stadt zurechtzukommen und so das Überleben der Gruppe zu sichern. Bei sozial stark ausdifferenzierten Staatsgebilden ist die Integration ethnischer Minderheiten immer mit Konflikten behaftet gewesen, denn Staaten und Institutionen im Dienst der herrschenden Klassen „verhalten sich wie ein stark koerzitiver Überbau und neigen dazu, innerhalb ihres Einflussbereichs jegliche Spielart von Einheit zu verbieten, die von ihrer eigenen abweicht" (Bartolomé, 2006: 190).

Aus den genannten Gründen lässt sich nur schwer nachvollziehen, wie der Staat von Teotihuacan nicht bloß die Präsenz einer Reihe ethnischer Gruppen tolerierte, sondern auch die sichtbaren Unterschiede und ihre *otredad*, ihre Andersartigkeit, im Alltag zuließ. Die archäologischen Informationen erlauben bisher keine Schlüsse darauf, ob der Staat von Teotihuacan ihre Präsenz und die Bewahrung ihrer Lebensweise und Kultur über lange Zeit dank des politischen Verhandlungsgeschicks dieser Gruppen oder aus rein wirtschaftlichen Gründen tolerierte, wo doch diese Position in jedem Fall eine latente Gefahr für den Staat und das System darstellte.

Auch wenn nicht geklärt ist, welchen wirtschaftlichen Aktivitäten manche zugewanderten ethnischen Minderheiten nachgingen, gibt es Hinweise dafür, dass diese Gruppen Handel mit den Ressourcen ihrer Herkunftsorte trieben. Die Kenntnis des Gebiets und der Wege, die Beziehungen zu den Gemeinschaften, die bestimmte Ressourcen wirtschaftlich nutzten, und die Beherrschung der lokalen Sprachen werden ihnen viele Vorteile verschafft haben. Unserer Ansicht nach haben die in der Stadt ansässigen ethnischen Gruppen die Bindung an die Gemeinschaften ihrer Herkunftsorte also nie aufgegeben.

Diagnostische Elemente für die Präsenz zugewanderter ethnischer Gruppen

Es gibt nur wenige rein archäologische Elemente, von denen auf die Präsenz ethnischer Gruppen geschlossen werden kann, die in die sozioökonomische Struktur Teotihuacans integriert waren. Obwohl diese Elemente in direktem Zusammenhang mit den Herstellungs- und Reproduktionsprozessen des materiellen und geistigen Lebens stehen, erlauben nur die konkreten Ausdrucksphänomene, die eine Kultur im eigentlichen Sinn definieren, eine Gruppe von anderen Gruppen zu unterscheiden und ihre geografische Herkunft sowie komplexe Prozesse kultureller Hybridisierung zu bestimmen.

Ein erstes Element bezieht sich notwendigerweise auf die besondere Art, in der eine Gruppe Schwierigkeiten im Zusammenhang mit der wirtschaftlichen Produktion löst und so ihre Existenz und die Reproduktion der Arbeitskraft sichert. Dabei kann es um die gemeinsamen oder besonderen Aktivitäten ebenso wie die Vorgehensweisen gehen, mit denen eine Gruppe eine Ressource oder Dienstleistung kontrolliert, aber auch um die besonderen Formen der sozialen und technischen Organisation und Aufteilung der Arbeit – unabhängig von der Rolle der Gruppe innerhalb der sozioökonomischen Struktur, der sie angehört, denn letztendlich sind dies Erscheinungsformen des Substanziellen. Es kann sich beispielsweise um die Besonderheiten der Zubereitung und des Verzehrs von Nahrung in der häuslichen Gemeinschaft oder einer ganzen

Abb. 2.
Zapotekisches Gefäß, im Tlailotlacan-Viertel entdeckt

Abb. 3.
Stele, geschmückt mit einer zapotekischen Glyphe und einer Ziffer. Sie diente als Türsturz in einem Grab in Tlailotlacan (Kat. 296)

Gemeinschaft handeln, ebenso wie um die wichtigste wirtschaftliche Tätigkeit einer ethnischen Gruppe (Händler, Töpfer, Steinschneider).

Ein weiteres Element bezieht sich auf die Ausdrucksphänomene der rituellen Handlungen und damit notwendigerweise auf die Kosmogonie und die Art, auf die die Existenz des Individuums oder der Gruppe in der Welt verstanden, angeeignet, erklärt und gerechtfertigt wird. Dabei geht es so gut wie immer um ein Begräbnisritual sowie den physischen Raum (Tempel, Platz, Altar), über den eine Gemeinschaft ihre religiösen Überzeugungen zum Ausdruck bringt.

Von herausragender Bedeutung ist die Sprache, denn sie ist das wohl beste Mittel zur Identifikation der Mitglieder einer Gemeinschaft. Gemeint ist hier nicht nur die gesprochene Sprache, sondern auch eine Reihe nonverbaler Zeichensysteme, die die Mitglieder einer bestimmten Gemeinschaft erkannten. Dazu zählen sicherlich die Kleidung, die Verwendung von Körperschmuck und körperliche Veränderungen (Schädeldeformationen, Tätowierungen usw.), und wir versuchen daher, die besondere Art, den Körper oder seine einzelnen Teile zu begreifen und mit Bedeutung zu versehen, als Ausdrucksform zu verstehen (Abb. 1).

Anhand der archäologischen Untersuchungen konnten in der Stadt bisher drei verschiedene zugewanderte Gruppen identifiziert werden, die über mehrere Generationen hinweg in Vierteln in den Randgebieten der Stadt organisiert waren. Zwei der Ethnien lebten in Gebäuden, die den Bauten von Teotihuacan stark ähnelten, aber bestimmte Elemente der Architektur der Herkunftsorte integrierten, während die dritte Gruppe einen ganz anderen Weg ging.

Die zugewanderten Gruppen behielten ihre Glaubensüberzeugungen und Traditionen über mehrere Jahrhunderte bei und pflegten in rituellen Praktiken ihre Kultur und Weltsicht. Die Personen mit dem höchsten gesellschaftlichen Status wurden auf dieselbe Weise wie die Vorfahren an den Herkunftsorten bestattet und behielten Organisationsformen bei, die den ethnischen Teotihuacanern fremd gewesen sein müssen. Die archäologischen Befunde zeigen, dass diese Gruppen ihre Nahrung weiterhin auf eine sehr besondere Weise zubereiteten und mit Sicherheit weiterhin die Kleidung und den Schmuck ihrer Herkunftsregionen trugen. Am wichtigsten war jedoch, dass weiterhin die eigene Sprache verwendet wurde. Durch all diese Elemente wurde die Identität aufrechterhalten und gestärkt.

Die bisher in Teotihuacan identifizierten Gruppen lebten in den städtischen Randgebieten. Im Westen befindet sich das zapotekische Viertel, in dem Zuwanderer aus Oaxaca lebten. In unmittelbarer Nähe dieses Viertels konnte die Präsenz einer weiteren Gruppe nachgewiesen werden, die aus dem nördlichen Zentralgebiet des heutigen Bundesstaates

Michoacán stammte und enge Verbindungen mit den zapotekischen Bewohnern unterhielt. Am gegenüberliegenden Ende der Stadt befand sich das Händlerviertel, für das das Zusammenleben verschiedener ethnischer Gruppen oder Personen mit unterschiedlicher geografischer Herkunft aufgezeigt wurde.

Tlailotlacan: das zapotekische Viertel Teotihuacans

Das zapotekische Viertel, Tlailotlacan genannt, liegt knapp drei Kilometer von der Straße der Toten entfernt am Ende der Westachse, einer der beiden Achsen, die die Stadt in vier Quadranten teilte, und wurde bei den Surveys der 1960er Jahre entdeckt (Millon, 1967 und 1973). Durch spätere Grabungen wurde bestätigt, dass das Viertel eine Fläche von einem halben Quadratkilometer einnahm und 15 Baukomplexe umfasste (Spence, 1989). Zu der Gruppe zählten höchstens tausend Personen, die verschiedenen Gemeinschaften der fast 400 Kilometer entfernten Zentraltäler des heutigen Bundesstaates Oaxaca entstammten und mit diesen in Verbindung standen.

Die Zapoteken kamen um 200 n. Chr. nach Teotihuacan, und für mindestens 400 weitere Jahre behielten sie bestimmte Rituale in einer Form bei, die den Praktiken an den Orten ihrer Herkunft glich. Der Großteil der in diesem Viertel verwendeten Keramik wurde lokal hergestellt; nur wenig wurde aus Oaxaca importiert oder mit lokal vorhandenem Ton im selben Stil hergestellt. Unter der importierten Keramik sind insbesondere die Gefäße zu nennen (Abb. 2), die rituellen Zwecken dienten, sowie Becher und Schalen, die aus einer sehr feinen grauen Masse hergestellt und ebenfalls bei rituellen Praktiken oder von den Eliten verwendet wurden. Zur Gebrauchskeramik zählen weit verbreitete große Gefäße, in Oaxaca *Apaxtles* genannt, die besonderen Formen der Nahrungszubereitung dienten.

Abb. 4.
Aus dem nördlichen Zentralgebiet von Michoacán importiertes Gefäß, das in einem Grab der Struktur 19 in Teotihuacan gefunden worden war

Abb. 5.
Gefäß aus dem nördlichen Zentralgebiet von Michoacán, das in einem Grab der Struktur 19 in Teotihuacan gefunden worden war

Die hochrangigsten Bewohner des Viertels wurden in Steingräbern bestattet, die sich im Kern der wichtigsten Gebäude der einzelnen Baukomplexe befanden. Die Gräber bestanden aus einem Vorraum und einer Hauptkammer, die über eine Treppe zu erreichen war. Im Inneren wurden die Überreste mehrerer Personen gefunden, was darauf schließen lässt, dass diese Gräber mehrfach genutzt wurden. An Grabbeigaben wurden nicht nur importierte Objekte, sondern in einigen Fällen auch Räuchergefäße von Teotihuacan gefunden. Weniger hochgestellte Personen wurden ebenfalls in ausgestreckter Position in länglichen Gruben bestattet, die sich unter den Böden verschiedener Teile der von ihnen bewohnten Komplexe befanden (Spence, 1989 und 2002).

Die Präsenz der Zapoteken ist mit dem Handel und dem Kalkabbau in Verbindung gebracht worden (Crespo und Mastache, 1981). Nach Ansicht anderer Forscher kontrollierte die Gruppe den Import von *Fine-Orange*-Keramik aus Puebla (Rattray, 1987). Möglicherweise bestand ihre Tätigkeit aber auch im Import von Glimmer aus Monte Albán oder der Herstellung von roter Farbe, die aus der Koschenilleschildlaus gewonnen wurde.

Es gibt Hinweise dafür, dass die Bewohner des Viertels endogam lebten und dass die Frauen einen hohen, mindestens dem der Männer vergleichbaren sozialen Status einnahmen, die sich vielleicht aufgrund ihrer Tätigkeit über längere Zeiträume an anderen Orten aufhielten. Den Frauen dürfte dadurch eine zentrale Funktion für die Tradierung und das Überdauern der kulturellen Elemente zugefallen sein, darunter Sprache und Ernährungsgewohnheiten, denn zusammengenommen führten diese Aspekte zu Identität und Zusammenhalt und sicherten den Fortbestand der Gruppe (Abb. 3).

Zuwanderer aus dem Westen Mexikos in Teotihuacan

Es konnte nachgewiesen werden, dass um 250 n. Chr. eine Gruppe aus dem nördlichen Zentralgebiet des heutigen Bundesstaates Michoacán zuwanderte und sich in unmittelbarer Nähe des zapotekischen Viertels niederließ. Die Bewohner aus dem westlichen Mexiko lebten nicht in einem abgeschlossenen Viertel, sondern in einem als Struktur 19 bezeichneten Baukomplex, in dem sich mehrere Haushalte befanden. Möglicherweise handelten die Bewohner mit Waren ihrer Heimatregion. Die Fundstelle wurde zwischen 1990 und 1991 fast vollständig erforscht (Gómez, 1999 und 2000a; Gómez und Gazzola, 2007).

Die ursprüngliche Gruppe bestand wahrscheinlich aus nur hundert Personen, die alle aus demselben Ort stammten und in einem Wohnkomplex lebten, der den typischen Wohngebäuden Teotihuacans glich. Trotz der Parallelen hinsichtlich Material, Bauweise und räumlicher Aufteilung ist jedoch die Einbeziehung bestimmter Elemente bemerkenswert, die einerseits offenbar die Integration in die Gesellschaft von Teotihuacan darstellten, andererseits aber die ethnische Identität der Gruppe verstärkten und den Zusammenschluss mit dem zapotekischen Viertel hervorhoben, zu dem augenscheinlich auf mehreren Ebenen Beziehungen bestanden. Beispielsweise fehlt bei den niedrigen Fundamentsockeln der Tempel an den *Tableros* (ebene Flächen) das untere Gesims, ähnlich wie bei den „skapulierartigen" Gesimsen aus Oaxaca. Ein weiteres Element sind die mit geglätteten oder kleinen Steinen (oder beiden Typen) gepflasterten Fußböden, die eine Art Mosaik ergeben. Diese Art der Bodengestaltung ist in Oaxaca und Michoacán gleichermaßen weit verbreitet, und in mehreren Fällen wurden die ursprünglich im gesamten Komplex vorhandenen Böden aus Kalk- und Gipsmörtel (ein Grundstoff in Teotihuacan) damit überdeckt. Daneben ist die Verwendung von Keramikrohren zur Entwässerung zu nennen, die in Gebäuden in Oaxaca, nicht aber in Teotihuacan üblich war.

Im Zusammenhang mit den rituellen Praktiken im Inneren des Komplexes wurde eine Reihe von Gräbern gefunden, eines davon in Form eines tiefen und mit großen Steinen abgedeckten Schachtes. Ein anderes Grab wurde in „Stiefelform" angelegt und ähnelt stark den Grabstätten des westlichen Mexiko, während ein weiteres Grab, das die Überreste von mehr als acht Personen enthielt, an der Oberseite durch eine Brüstung aus Steinen begrenzt war. Keines der drei Gräber ähnelt den Gruben, die die Teotihuacaner zur Bestattung ihrer Toten unter den Gebäuden im Boden aushoben.

Für zwei der Gräber konnte anhand der Funde von Materialien, die aus Michoacán (u. a. kleine Figuren, Keramikgefäße, Gegenstände aus Erzmineralien, Obsidian aus Zinapecuaro und Amethyst) importiert und den Überresten verschiedener Individuen zugeordnet wurden, die Hypothese belegt werden, dass der Komplex von Gruppen aus dem nördlichen Zentralgebiet Michoacáns bewohnt wurde (Abb. 4 und 5).

Die Bewohner der Struktur 19 unterschieden sich durch bestimmte körperliche Merkmale von den Teotihuacanern. Verschiedene erwachsene Individuen weisen gerade tabulare, mimetische Schädelverformungen doppelgelappter Varietät mit starken Asymmetrien und Vertiefung in der Sagittalebene und der Gegend der Lambdanaht auf, eine Art von Deformation, die die Teotihuacaner nicht praktizierten. Es wurden auch die Skelette mehrerer Kinder gefunden, die an schweren, durch die Schädeldeformation verursachten Infektionen starben. Die auf so besondere Art verformten Schädel verschafften den entsprechenden Personen mit Sicherheit Anerkennung und festigten die Identitätszugehörigkeit innerhalb der Gruppe (Abb. 1).

Ein weiterer beachtenswerter Aspekt ist die Präsenz eines zapotekischen Grabes, das im Bereich des Komplexes gefunden wurde, den die Gruppen aus dem Westen Mexikos bewohnten. Die in diesem Grab enthaltenen Knochenreste waren bereits stark zerstört, ließen aber erkennen, dass es sich um zwei Erwachsene handelte, eine Frau und einen Mann. Auf dieser Grundlage haben wir die Hypothese aufgestellt, dass die Bewohner des Komplexes eine Heiratspolitik pflegten, um so Bindungen mit den Zapoteken aufzubauen. Offenbar lebten Personen, die Kulturen aus zwei verschiedenen geografischen Regionen angehörten, im selben Komplex.

Die Bewohner der Struktur 19 verwendeten ebenso wie die Bewohner des zapotekischen Viertels viele Gegenstände, die in den Werkstätten der Stadt hergestellt wurden, und augenscheinlich wurden viele kulturelle Elemente Teotihuacans innerhalb kurzer Zeit übernommen oder integriert. Die Bestattungen späterer Phasen zeigen, dass die Bewohner der Struktur 19 ihre Toten nach einigen Generationen nicht mehr wie die Zuwanderer, sondern wie die Teotihuacaner in Gruben unter den Böden bestatteten; auch die Leichenverbrennung (von den Tlailotlacanern nicht praktiziert) zählt möglicherweise zu den Praktiken, die von den Teotihuacanern übernommen wurden. Die Übernahme lokaler Bräuche, die unter anderem durch die Präsenz von aus Teotihuacan stammenden Objekten in Gräbern mit importierten Materialien sichtbar wird, neue Formen der Leichenbehandlung und die verwandtschaftlichen Beziehungen mit den Zapoteken haben sicherlich zu einem Prozess der kulturellen Hybridisierung beigetragen.

Das Händlerviertel

Fast gleichzeitig mit den übrigen ethnischen Gruppen ließ sich in einem nordöstlichen Vorort von Teotihuacan eine Gruppe aus dem nördlichen Zentralgebiet von Veracruz nieder, die wahrscheinlich huaxtekischer Herkunft war. Aufgrund der Aktivität der Gruppe wanderten hier kurz darauf wahrscheinlich Personen zu, die Verbindungen zum südlichen Veracruz und dem Tiefland der Maya unterhielten (Halbinsel Yucatán und Belize). Darüber hinaus gibt es Hinweise auf die Präsenz von Individuen aus dem Westen Mexikos. Diese Umstände lassen ohne Frage auf komplexe Beziehungen zwischen Personen sehr unterschiedlicher geografischer Herkunft schließen, die

Abb. 6.
Gefäß mit Maya-Motiven, Fund aus dem
Händlerviertel im Osten der Stadt (Kat. 300)

über den Handel miteinander in Beziehung standen. Die von den ersten Zuwanderern des sogenannten Händlerviertels bewohnten Gebäude unterschieden sich stark von den Bauten der Teotihuacaner. Sie erstreckten sich insgesamt über eine Fläche von vier Hektar und beherbergten eine Gemeinschaft von 1 700 Personen. Nachweisbar ist eine Konzentration von Strukturen mit rundem Grundriss und Durchmessern zwischen 5 und 9,5 Metern, die aus Steinen errichtet wurden. Die Gebäude mit *Taludes* (schräge Mauern) oder Lehmmauern mit Zugängen über Rampen und mit Dächern aus vergänglichem Material waren um Räume herum angeordnet, die als Plätze dienten. Einige der Rundstrukturen dienten als Wohnstätten, andere dagegen möglicherweise als Lagerräume. In der letzten Besiedlungsphase wurden mehrere der Rundstrukturen mit rechteckigen Zimmern aus Stein überbaut, die sehr grob ausgeführt waren, offenbar keines davon in Form von *Talud* und *Tablero* (Rattray, 1987).

Zu den Objekten aus anderen Gebieten, die im Händlerviertel gefunden wurden, zählen neben der Keramik (Abb. 6) Jade aus Guatemala, Bernstein und Feuerstein aus Belize, Muscheln, Kakao, Baumwolle und Kautschuk. Außerdem wurden in Teotihuacan Tierknochen aus entfernten Regionen gefunden (Rattray, 1989 und 1997).

Vieles lässt darauf schließen, dass der Fernhandel die wichtigste wirtschaftliche Tätigkeit des Viertels war. Ihn betrieben ausschließlich die Männer der zugewanderten Gruppen, während sich die Frauen, die offenbar aus Teotihuacan stammten, der Herstellung und dem Färben von Textilien sowie der Weberei widmeten. Es muss darauf hingewiesen werden, dass die „ethnische Identität der Viertel zu einer kulturellen Konstruktion wurde, zu einer Bestätigung ihrer Andersartigkeit gegenüber Teotihuacan, aber auch zu einer Verpflichtung der in diesem Viertel lebenden Gruppen untereinander" (Spence *et al*., 2004).

Schluss

In den letzten Jahren wurde eine innovative Technik zur Analyse stabiler Sauerstoff- und Strontiumisotope entwickelt, die in Zähnen und Knochen von Skeletten nachweisbar sind. Damit lassen sich die geografische Herkunft eines Individuums und seine Mobilität im Laufe des Lebens bestimmen. „Die Interpretation der Verhältniswerte für stabile Sauerstoffisotope basiert auf dem Umstand, dass diese im Wasser aufgrund der Umweltvariablen regional in unterschiedlichen Verhältnissen vorliegen, die dann auf die dieses Wasser konsumierenden Individuen übertragen werden." Diese Methode kann damit zur Bestimmung der geografischen Herkunft einer Person herangezogen werden. Im Unterschied zu den Zähnen verändern sich die Werte in den Knochen „im Laufe des Lebens, da diese fortlaufend neu aufgebaut werden. Diese Werte spiegeln die Entwicklung oder das Leben in einer bestimmten Region, die Übersiedlung in eine neue Region und die teilweise oder vollständige Anpassung an die neue Umgebung wider" (Spence *et al*., 2004: 471–473, Original Englisch), sodass sich die räumlichen Bewegungen einer Person im Laufe ihres Lebens ermitteln lassen.

Die Ergebnisse dieser Analyse haben die Fremdherkunft der in Teotihuacan ansässigen ethnischen Gruppen bestätigt. Außerdem konnten mit dieser Methode Mobilitätsmuster von Individuen dieser Gruppen sowie in einigen Fällen Aspekte des sozialen Verhaltens bestimmt werden (White *et al*., 2004; Spence *et al*., 2004 und 2006). Für das zapotekische Viertel ergaben die Analysen beispielsweise, dass sowohl Männer als auch Frauen räumlich sehr mobil waren. Es ist sogar denkbar, dass die Kinder der in diesem Viertel geborenen zapotekischen Frauen für einige Jahre an andere Orte gebracht wurden, an denen sie möglicherweise eine bestimmte Form von Anerkennung erfuhren, bevor sie nach Teotihuacan zurückkehrten, wo ihre Skelette gefunden wurden.

Die Analysen für das Händlerviertel zeigen eine andere Sachlage. Während die Männer offenbar zugewandert und ihr Leben lang sehr mobil waren, stammten die Frauen vermutlich aus Teotihuacan und verbrachten ihr Leben im Wesentlichen oder ganz an diesem Ort. Die Ergebnisse lassen erkennen, dass die Grundlage für die ethnische Identität der Bewohner des Viertels mindestens auf drei Herkunftsregionen zurückzuführen ist. Die ersten Zuwanderer kamen aus Veracruz und zogen infolge ihrer Tätigkeit als Händler Personen aus einer Reihe von Regionen an (Spence et al., 2004). Der Umstand, dass die Opfergaben in den Grabstätten einiger als Zuwanderer identifizierter Individuen keine fremden Materialien enthielten, andererseits unter den Beigaben einiger Teotihuacaner auch importierte Materialien zu finden sind, weist einerseits darauf hin, dass importierte Waren in mehreren Fällen wohl der Zurschaustellung des Status dienten. Andererseits ist es ein Zeichen dafür, dass es sich um eine kulturelle Konstruktion handelt, über die der innere Zusammenhalt des Viertels und seine Andersartigkeit gegenüber Teotihuacan gefestigt werden sollten.

Was die Personen betrifft, die aus dem nördlichen Zentralgebiet Michoacáns nach Teotihuacan kamen, bestätigen die Ergebnisse, dass diese Gruppe Beziehungen mit Gemeinschaften aus der Region Pátzcuaro unterhielt. Einige der Individuen der Struktur 19 wurden offenbar in Teotihuacan geboren, verbrachten lange Zeit an anderen Orten und kehrten kurz vor ihrem Tod zurück. Es ist aber auch denkbar, dass ihre Überreste für die Bestattung nach Teotihuacan gebracht wurden.

Kurz vor dem Niedergang Teotihuacans kehrten viele der ethnischen Gruppen mit Sicherheit an ihre Herkunftsorte zurück und gliederten sich in die Gemeinschaften ein, mit denen sie schon immer eng verbunden waren. Sie gaben ihr ganzes bisheriges Leben auf und brachten die Überreste ihrer Vorfahren und das Prestige mit, im mythischen Tollan-Teotihuacan gelebt zu haben.

Das Thema der in Teotihuacan ansässigen zugewanderten Gruppen muss eingehender erforscht werden, denn es handelt sich um einen zentralen Aspekt für die Erweiterung des Wissens nicht nur über die sozialen oder wirtschaftlichen Beziehungen verschiedener geografischer und kultureller Regionen Mesoamerikas. Von ebensolcher Bedeutung ist es für das Wissen um die Art und Weise, wie die kulturelle Identität einer Gruppe über die Anerkennung und Zurschaustellung der Unterschiede gegenüber einer anderen Gruppe ausgedrückt und tradiert wird. Die offensichtliche Alterität der Minderheiten in großen Städten wie Teotihuacan ist eine der Formen von Widerstand und Verweigerung gegenüber Prozessen der Homogenisierung von Diversität, die von stark in ihren Herkunftsorten, ihrer Geschichte und ihren Bräuchen verwurzelten Gruppen praktiziert wird.

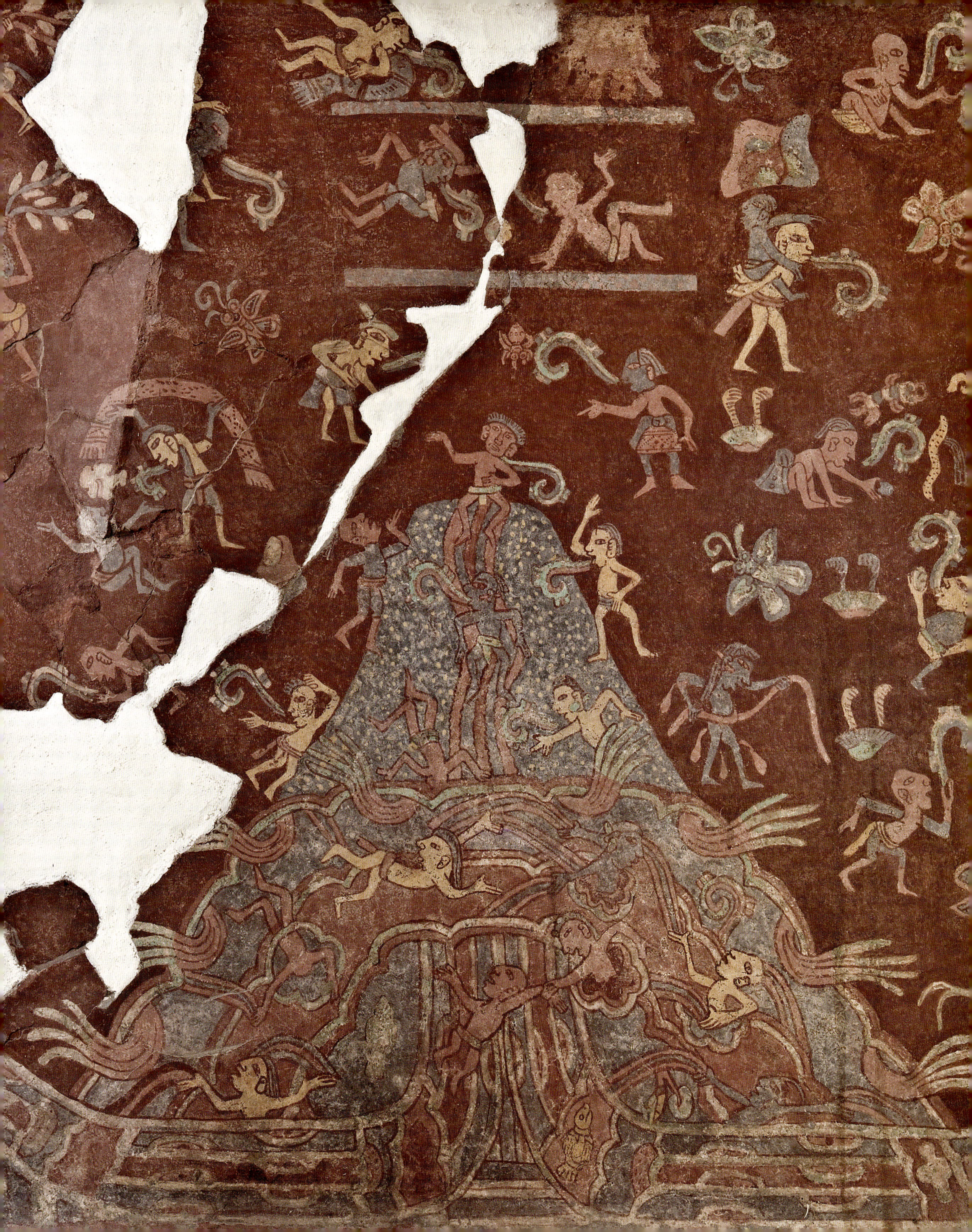

WANDMALEREI IN TEOTIHUACAN

MARÍA TERESA URIARTE

Institut für Forschung auf dem Gebiet der Ästhetik UNAM

Schon bei einem ersten Besuch in Teotihuacan entdeckt man bald, dass die Wände der Gebäude in der „Stadt der Götter" fast vollständig mit Malereien versehen waren. Die zahlreichen Motive, die den Corpus der teotihuacanischen Wandmalerei bilden, sind uns heute zum Teil nur noch durch Spuren der Vergangenheit zugänglich, auf kleinen Fragmenten; in einigen Fällen aber auch auf vollständig erhaltenen Wänden.

Diese Motive wiederholen sich mehrfach, in unterschiedlichen Arten von Räumen wie Wohnkomplexen, Tempeln oder Palästen. Selbst an den Fundamentsockeln der Pyramiden und Bauwerke, die die Hauptstraßen säumen, sind Reste der Malereien erhalten, mit denen diese Gebäude in früheren Zeiten vollständig bedeckt waren. George Kubler hat die Hypothese aufgestellt, dass auf diese Weise ein bestimmter Grundgedanke der teotihuacanischen Kultur gebets- oder mantraartig wiederholt wurde, dessen Bedeutung wir bisher nicht vollständig entschlüsseln konnten.

Vielleicht stellte diese sich wiederholende Abfolge von Motiven Prozessionen dar; jedenfalls wird dies heute angenommen. Bei Prozessionen und Pilgerfahrten handelt es sich im Allgemeinen um Feste, mit denen den Gründungsereignissen einer Gruppe gedacht wird. Das ist beispielsweise bei der Pilgerfahrt nach Mekka der Fall, durch die an den Ursprung des Islam mit der Flucht Mohammeds nach Medina erinnert wird. Mit manchen Prozessionen oder Pilgerfahrten werden wundersame Geschehnisse gefeiert, die sich im Moment des Ursprungs einer Gruppe ereignet haben. In einigen Fällen zieht man dabei an Orte, denen eine übernatürliche und mit dem Göttlichen in Verbindung stehende Macht zugeschrieben wird. Dies geschieht beispielsweise bei der Basilika von Guadalupe, einem Vorort von Mexiko-Stadt. Er wird aufgesucht, um Wunder zu erbitten oder einfach der wunderbaren Erscheinung Marias zu gedenken, ein Ereignis, das entscheidend zur Festigung des Katholizismus in der Neuen Welt beitrug. Wir wissen, dass in Teotihuacan etwas Ähnliches geschah und deshalb zahlreiche Besucher aus den verschiedenen Teilen Mesoamerikas in die Stadt kamen.

Ich beziehe mich hier auf die Wandmalereien bestimmter Wohnkomplexe oder Paläste, in denen die verzierten Wände am besten erhalten sind. Zunächst widme ich mich den Darstellungen an einem Unterbau, den sogenannten Gefiederten Meeresschnecken (*caracoles emplumados*). An den mit Reliefs verzierten Steinpfeilern dieses Bauwerks sind verschiedene Darstellungen der Schnecken, die mit ihrer Federbekränzung symbolischen Wert haben, noch in den Farben erhalten.

Bei den Maya, die mit absoluter Sicherheit in enger Beziehung zum Hochland standen, symbolisierte die Schnecke das Ende oder den Beginn eines Zeitabschnitts. Ich nehme daher an, dass in Teotihuacan eine Verbindung zwischen dem Symbol der Schnecke und dem Beginn oder Ende eines Zeitabschnitts bestanden haben könnte, eine Hypothese, die durch das heute im Nationalen Museum für Anthropologie (Museo Nacional de Antropología) aufbewahrte Schneckengehäuse untermauert wird: Diese Darstellung, die auf dieselbe Weise wie die Wandmalerei geschaffen wurde, zeigt ein Trapez mit einem Strahl als Jahressymbol.

In der mesoamerikanischen Ikonografie ist die Meereschnecke ein mit starken Bedeutungen besetztes Symbol. In erster Linie wird sie natürlich direkt mit dem Wasser des Meeres in Verbindung gebracht, das selbst wiederum Träger einer großen Anzahl von Bedeutungen ist. Die Sonne geht im Meer auf und auch wieder unter, und im Weltbild der Maya erfolgt der Zugang zur Unterwelt durch ein großes Gewässer. An der Pyramide der Gefiederten Schlange in der Zitadelle von Teotihuacan wird der Körper dieses Fabeltieres von einer Vielzahl an Darstellungen von Meeresmuscheln begleitet, darunter auch Meeresschnecken.

Quetzalcóatl steht in direkter Beziehung zur Figur der Schnecke, denn er trägt eine solche als „Windjuwel" (*Joyel del Viento*)

Abb. 1.
Unterer Teil einer der berühmtesten Wandmalereien von Teotihuacan im Wohnkomplex Tepantitla (unter der Bezeichnung „Paradies von Tláloc" bekannt)

Abb. 2.
Prozession von Fabelwesen mit Pumas mit muschelbedecktem Rücken, die in eine tropfende Meeresschnecke blasen (Innenhof der Jaguare)

auf der Brust. In dieser Darstellung teilt sich uns eine weitere symbolische Funktion der Schnecke als Blasinstrument mit; ihre Spiralwindung wird mit wirbelnder Luft in Verbindung gebracht.

Wie Fray Bernardino de Sahagún in der Legende erwähnt, lag der Beginn der Zeit in Teotihuacan, denn die Götter opferten sich hier, um die Existenz von Sonne und Mond zu ermöglichen. In dieser am Ursprung stehenden Opferzeremonie kommt neben der implizit in der Figur des Nanahuatzin enthaltenen Bedeutung, der mit seiner Aufopferung die Geburt der Zeit ermöglicht, auch eines der zentralen Themen der mesoamerikanischen Kulturen zum Ausdruck: die genaue Messung der Zeit, für die in Teotihuacan wie in anderen Regionen Mesoamerikas zu derselben Zeit Methoden entwickelt wurden.

Wenige Meter vom Unterbau der „Gefiederten Meeresschnecken" entfernt finden sich Darstellungen von Katzen, die in einander gleichende Figuren blasen, und es stellt sich die Frage, in welcher Beziehung diese beiden Geschöpfe zueinander stehen. In der Prozession im „Hof der Jaguare" (Patio de los Jaguares) (Abb. 2) sind übernatürliche Wesen dargestellt, bei denen es sich vielleicht auch um Pumas handelt. Sie blasen in eine gefiederte Schnecke und tragen am Rücken eine Reihe von Meeresmuscheln sowie einen großen Kopfputz aus Federn, der dem Federsaum der Schnecke ähnelt. Durch diese Merkmale heben sie sich von der natürlichen Realität ab, und auch der Schnecke werden mit dem Federsaum eine besondere Natur und ein symbolischer Charakter zugeschrieben. Dieses Zusammenspiel der Elemente in den beiden zoomorphen Figuren bettet die Darstellung in einen magischen Kontext ein.

Der Fries am oberen Rand dieser Prozession oder Zeremonie zeigt zwei sich abwechselnde Elemente: eine Kopfbedeckung, die auch hier dem Trapez mit dem Strahl gleicht, und eine Figur mit Augenmuscheln und gespaltener Zunge, die in einen Stern mit fünf Spitzen und einem umgebenden Kreis eingefügt wurde.

Gegenüber vom Tempel der „Gefiederten Meereschnecken" befindet sich ein Heiligtum mit aufgemalten roten Kreisen, das als Unterbau 3 bezeichnet wird.

Der Kreis, der ebenfalls früh in die mesoamerikanischen Kulturen Eingang fand, ist die perfekte geometrische Figur ohne Anfang oder Ende und wurde seit einer bisher unbestimmten Phase mit der Zahl Eins gleichgesetzt. Die Malereien sind auf folgende Weise angeordnet: An dem den Tablero (gerade Wand) vollständig umgebenden Rand sind eine Reihe kleiner roter Kreise mit weißem Kern dargestellt, wobei sich die größeren Kreise im Zentrum der Platte befinden. Zu beiden Seiten dieser Struktur wurden weitere Bauwerke mit Darstellungen gefunden, bei denen es sich offenbar um Gebäude handelt. Diese waren grün bemalt, wahrscheinlich mit Malachit, der in den Frühphasen der Malerei Teotihuacans verwendet wurde, jedoch abgeblättert ist. Die Darstellungen der Gebäude oder Bauwerke sind wie Zinnen angeordnet.

Über diesen Unterbauten befindet sich der Palast des Gefiederten Schmetterlings (Quetzalpapalotl), der in der Rekonstruktion von Acosta, die übereinstimmt mit den Forschungsergebnissen von Rubén Morante, an der Dachkante mit Zinnen versehen war, die beim Schattenwurf auf die gemalten Stufenmäander im unteren Bereich der gegenüberliegenden Mauern Ausrichtungen auf die Sonne markierten. An diesen Mäandern befindet sich eine Reihe von Punkten, die möglicherweise die Funktion von Zahlen übernahm und damit ganz einfach die in Mesoamerika so verbreitete Beziehung zwischen der Ausrichtung auf die Sonne und der Zählung der Tage oder der Zeiträume zwischen zwei Daten belegen würde. Es kann davon ausgegangen werden, dass die drei Bauten – der Unterbau der „Gefiederten Meereschnecken", das gegenüberliegende Heiligtum mit den beiden dazugehörigen Bauten und der darüber errichtete Palast – in einer Beziehung zueinander stehen, die mit der Erforschung des Verstreichens der Zeit und ihrer Messung zusammenhängt. Mit der Prozession der Fabelkatzen, die mit dem Blasen der Muschel eine menschliche Handlung vollziehen, wurde möglicherweise auf Wesen angespielt, die eine Zeremonie des Beginns der Zeit darstellen – so wie bei den Maya üblich –, vielleicht in Verbindung mit einer bestimmten Dynastie und ihren Ursprüngen. Es ist auch denkbar, dass es sich um Darstellungen des Alter ego oder des symbolischen Wesens eines der Herrscher oder Geschlechter Teotihuacans handelt, die als mythische Neuschöpfung einer der Gründungsereignisse entworfen wurden.

Damit entsteht ein Zusammenhang zwischen den verschiedenen übereinander liegenden Gebäuden und zwischen den Themen der Wandmalerei und einiger der Reliefs und architektonischen Elemente.

Auch das Ballspiel bezieht sich in verschiedenen mesoamerikanischen Kulturen auf den Beginn der Zeit. Diese prähispanische zeremonielle Praxis war bereits alt, als die Wandmalereien in Tepantitla (Abb. 1, 3 und 4) – einem anderen Wohnkomplex östlich der Sonnenpyramide Teotihuacans – um 450 n. Chr. geschaffen wurden. Es ist daher nicht überraschend, dass ganz unterschiedliche Arten dieses Spiels auf den Wänden dieses Wohnkomplexes dargestellt sind. Hier sollen nur einige besonders wichtige Schilderungen genannt werden, in denen Ballspiel und Ursprung der Zeit zueinander in Beziehung gesetzt werden: das Maya-Epos Popol Vuh und die spätere und nach Ankunft der Spanier aufgezeichnete Legende der Mexica (Azteken) von der Geburt Huitzilopóchtlis, in der er seine Schwester Coyolxauhqui – den Mond – und die „400 aus dem Süden" oder 400 Sterne besiegt – als eindeutige Allegorie des Sieges der Sonne über die Dunkelheit.

Auf den Wandmalereien in Tepantitla ist das Ballspiel zwischen zwei Zielmarkierungen dargestellt, die den in La Ventilla (Abb. 4) südlich der Straße der Toten sowie einem weiteren in Tikal im Tempel 6-C-XVI gefundenen Markierungen gleichen. Diese beweglichen Markierungen dienten möglicherweise zur Begrenzung des Spielfelds direkt auf der Straße der Toten.

Auf derselben Wand in Tepantitla ist auch ein Zuschauer zu sehen, der auf der Stufe einer Treppe sitzt. Weiter unten auf der Treppe ist ein – kleiner – Ball dargestellt, den Spieler mit einem Stock schlagen, so wie heute in Michoacán das *Palo-de-Lumbre*-Spiel (Abb. 3) gespielt wird (so genannt nach dem Holz des Acerolabaums für den Schlagstock). Weiterhin sind ein Kopf auf einer Schnur und oberhalb der Markierungen eine Figur mit verdrehten und blutigen Beinen dargestellt. Bei einer Längsteilung der Wand tritt die Mittelachse mit der Szene des *Tablero* (gerade Wand) im zentralen Bereich, Tláloc auf dem Fries und dem Ballspiel auf dem *Talud* (schräge Wand) besonders hervor. Alfonso Caso hat diese Wandmalereien aufgrund der besonderen Präsenz des Gottes Tláloc als *Tlalocan* oder „Paradies des Tláloc" bezeichnet.

Abb. 3.
Die Wände in Tepantitla sind mit Szenen aus mehreren Arten des Ballspiels bedeckt. Diese Wandmalereien stammen aus dem 5. Jahr-hunderts n. Chr., allerdings wurde in Teotihuacan kein Spielfeld gefunden. Es ist anzunehmen, dass das Spiel auf der Straße der Toten gespielt wurde

Abb. 4.
Eine andere Variante des Spiels in Tepantitla

Auf der gegenüberliegenden Wand sind weitere Varianten abgebildet, und das Ballspiel bildet auch hier das Zentrum der Komposition. Allerdings wird in diesem Fall mit der Hüfte gespielt, so wie in dem berühmten Stich von Christoph Weiditz aus dem 16. Jahrhundert. Auch an dieser Wand sind abgetrennte Köpfe und Zahlzeichen dargestellt, die sich hier zum Ballspielen zusammenfügen. Der Ball wird in diesem Fall mit dem Fuß getreten, so wie heute beim Fußball, eine Spielvariante, die in keiner der von den Spaniern verfassten Chroniken erwähnt wird. Außerdem ist ein langes Spielfeld mit Markierungen und einer Figur dargestellt, die den Ball wie beim Golf spielt.

Meiner Ansicht nach war Teotihuacan ein Ort, an dem Ballspieler unterschiedlicher Regionen zusammenkamen, um mit einem Fest den Beginn einer neuen Zeit zu feiern, die Zeit von Teotihuacan. Die neue Zeitrechnung hatte fortan Gültigkeit auch in anderen Regionen des von uns als Mesoamerika bezeichneten Gebiets. Aus diesem Anlass wurde das Ballspiel auf dem größten uns bekannten Spielfeld, der Straße der Toten, gespielt.

Auf der gegenüberliegenden Wand, die als die „der medizinischen Wissenschaft" bezeichnet wird, sind zwei weitere Spielfelder dargestellt. Auf einem der Felder ist noch ein Ball zu erkennen, und wahrscheinlich wird hier eine Opferung vollzogen.

Dieser Hof war von Kammern umgeben, an deren Wänden weitere Prozessionen dargestellt waren, hier die der „säenden Priester". Meiner Ansicht nach steht das Ausstreuen mit dem Opfern von Blut und daher auch mit dem feierlichen Gedenken des Beginns oder Endes eines Zyklus in Verbindung. Eine solche Darstellung findet sich offenbar in Tetitla, einem anderen Wohnkomplex Teotihuacans mit zahlreichen Wandmalereien. Raum 11-A enthält eine Reihe von Darstellungen, die möglicherweise auf Blutopfer und die Gründung von Städten anspielen.

Auf dem Fries dieses Raumes ist eine Hand mit Körnern dargestellt, bei denen es sich um Samen oder Rauchharz handeln kann und die der Maya-Glyphe *chok* „streuende Hand" zu entsprechen scheinen. Ein interessanter Aspekt ist dabei der Umstand, dass die ersten Darstellungen dieses Symbols auf der Stele von La Mojarra in Veracruz zu finden sind, die auf den Beginn der christlichen Zeitrechnung datiert wird.

Wahrscheinlich gibt es für viele der auf den teotihuacanischen Wandmalereien dargestellten und auch für die Maya-Kultur belegten Symbole eine gemeinsame Wurzel in der proto-mixe-zoque Sprache.

In diesem Komplex ist mehrfach eine als Jaguar mit Netzmuster gekleidete Figur dargestellt, die manche Forscher mit dem zweiten Herrscher von Copán gleichsetzen, ein Ort, für den schriftlich belegt ist, dass dort möglicherweise eine teotihuacanische Dynastie existierte. Die Schrift der Maya ergänzt die Wandmalereien Teotihuacans damit in großem Umfang und trägt in vielen Fällen zur Klärung ihrer Bedeutung bei.

Ein weiterer Komplex mit einer Reihe außergewöhnlicher Wandmalereien ist Atetelco. Die Farbgebung ist im Vergleich zu den Malereien in Tepantitla zwar eine andere, aber bestimmte Symbole tauchen in beiden Komplexen auf, zum Beispiel die Maya-Glyphe *puh* mit der Bedeutung *tollan* oder „Stadt". Dieses Symbol ist nicht nur auf den Wandmalereien beider Orte dargestellt, sondern kommt auch in der Maya-Schrift vor.

Verschiedene Räume in Atetelco sind mit Wandmalereien versehen; am bemerkenswertesten sind vielleicht die des sogenannten „weißen Hofes", der dank der Arbeit von Agustín Villagra fast vollständig rekonstruiert werden konnte. Es gibt drei Gebäude mit je einem Raum und einem Portikus mit Wandmalereien. Dank der Rekonstruktionsarbeit können wir uns heute vorstellen, wie die teotihuacanischen Paläste früher ausgesehen haben müssen.

Die Wandmalereien in Teotihuacan wurden von einer umlaufenden Profilleiste oder einem Fries, von einer als *Tablero* bezeichneten Platte im oberen Mauerbereich und vom sogenannten *Talud* oder *Dado* im unteren Bereich, der leicht geneigt sein kann, in verschiedene Abschnitte geteilt.

Im Allgemeinen sind nur die unteren Bereiche der Wände erhalten, da die meisten Gebäude zusammenstürzten und die oberen Bereiche dabei verloren gingen.

Die *Tableros* von Atetelco sind mit einer Art Netz aus Rauten überzogen, in deren Zentrum Figuren mit Verbindung zu den Motiven auf den Friesen und dem *Talud* abgebildet sind.

Am Portikus 1 auf der Südseite sind Figuren dargestellt, geschmückt wie Tiere, etwa ein Hund, bei dem es sich möglicherweise um einen Kojoten handelt. Im Netzmuster taucht wiederholt das bereits erwähnte Zeichen *puh* auf. Darstellungen personifizierter Tiere kamen in der prähispanischen Malerei bereits zu einem sehr frühen Zeitpunkt auf und waren weit verbreitet. Bei den Maya hießen sie *ways*, bei den Náhuas *ixiptla*. Bei den Zeremonien, in denen sie auftauchten, nahmen sie das Wesen des Dargestellten an, sodass die Tiere eine menschliche Seite erhielten und umgekehrt.

Auf den *Taludes* sind Kojoten mit Federn und einem Wappen am Körper dargestellt, das auch im Fries auftaucht und von Langley mit dem Kojoten gleichgesetzt wurde. Darstellungen dieses Motivs finden sich auch auf den Wandmalereien von Raum 11 in Tetitla.

Am Portikus 2 an der Ostseite sind im Zentrum der Rauten des Netzes Menschen dargestellt, die eine gefiederte Meeresschnecke halten und einen Kopfputz mit einem Vogelkopf an der Vorderseite sowie eine Mundmaske tragen, die den „Bändern" im Mundbereich Tlálocs ähnelt (Abb. 6).

Auf dem *Talud* ist eine Prozession abgebildet, an der der Kojote und der auch in Tetitla dargestellte Jaguar mit Netzmuster teilnehmen, der, wie schon erwähnt, mit dem Namen des

Abb. 5.
Auf dem unteren Teil der Mauern in Atetelco sind zwei ebenfalls übernatürliche Wesen zu sehen, ein Jaguar mit Netzmuster und ein hundeartiges Tier, wahrscheinlich ein Kojote; sie stellen vielleicht zwei Dynastien dar

Abb. 6.
Reich geschmückte menschliche Figuren, die eine Meeresschnecke in der Hand halten. Sie erscheinen im Zentrum von Rauten mit Netzmustern (Rekonstruktion von Agustín Villagra)

zweiten Herrschers von Copán in Zusammenhang steht. Ich möchte hervorheben, dass die Katze in den tropischen Tiefländern beheimatet ist, während der Hund aus dem Hochland stammt. Der Fries zeigt den schlangenartigen Körper eines Tieres mit dem Kopf des Kojoten, das die Züge der beiden Säugetiere kombiniert und ein auch vor den Mäulern der beiden Tiere dargestelltes geopfertes Herz im Schlund trägt. Die Schlangen sind zur Begattung ineinander verflochten (Abb. 5).

Am nördlichen Portikus 3 sind die Rauten von einem Vogel mit menschlichen Zügen und aufwendigem Kopfputz mit Trapez und Strahl besetzt. Die Figur hält drei Pfeile mit Quasten in der Hand und ist wie eine menschliche Figur dargestellt, mit Sandalen und Händen. An den Kreuzungspunkten des Netzes ist ein in Draufsicht dargestellter Vogel zu sehen, der ebenfalls mit Trapez und dem Strahl als Jahressymbol versehen ist.

Die Figuren am *Talud* sind bemerkenswert, da sie zu tanzen scheinen – zumindest legt die Bewegung der Spuren im oberen Bereich der mit ihnen bemalten Plattform dies nahe, von der aus Treppenstufen und Masken durch eine besondere Anordnung für den Betrachter der Malereien vollständig sichtbar sind.

Neben Atetelco waren oder sind in Zacuala, Tetitla, Teopancaxco, dem Bereich 5-A, der Zitadelle, La Ventilla und an vielen anderen Orten in Teotihuacan Wandmalereien vorhanden. Der ikonografische Corpus ist äußerst umfangreich und hängt im Allgemeinen mit der Darstellung von Ritualen zusammen, mit aufwendig geschmückten Wesen und einer Vielzahl entschlüsselter und vieler anderer noch nicht identifizierter Symbole. Im Zuge der weiteren Forschung werden sich jedoch mit Sicherheit neue Wege eröffnen, um die komplexe Ikonografie dieser außergewöhnlichen Kultur noch eingehender zu untersuchen.

Ich habe hier nur einige der Malereien vorgestellt, mit denen die Wände Teotihuacans bedeckt waren, „der Stadt, die einen in Gott verwandelt". Hoffentlich wird mit dieser Ausstellung zu der noch besseren Erforschung und einem umfangreicheren Schutz für die Reste dieses außerordentlichen Vermächtnisses angeregt.

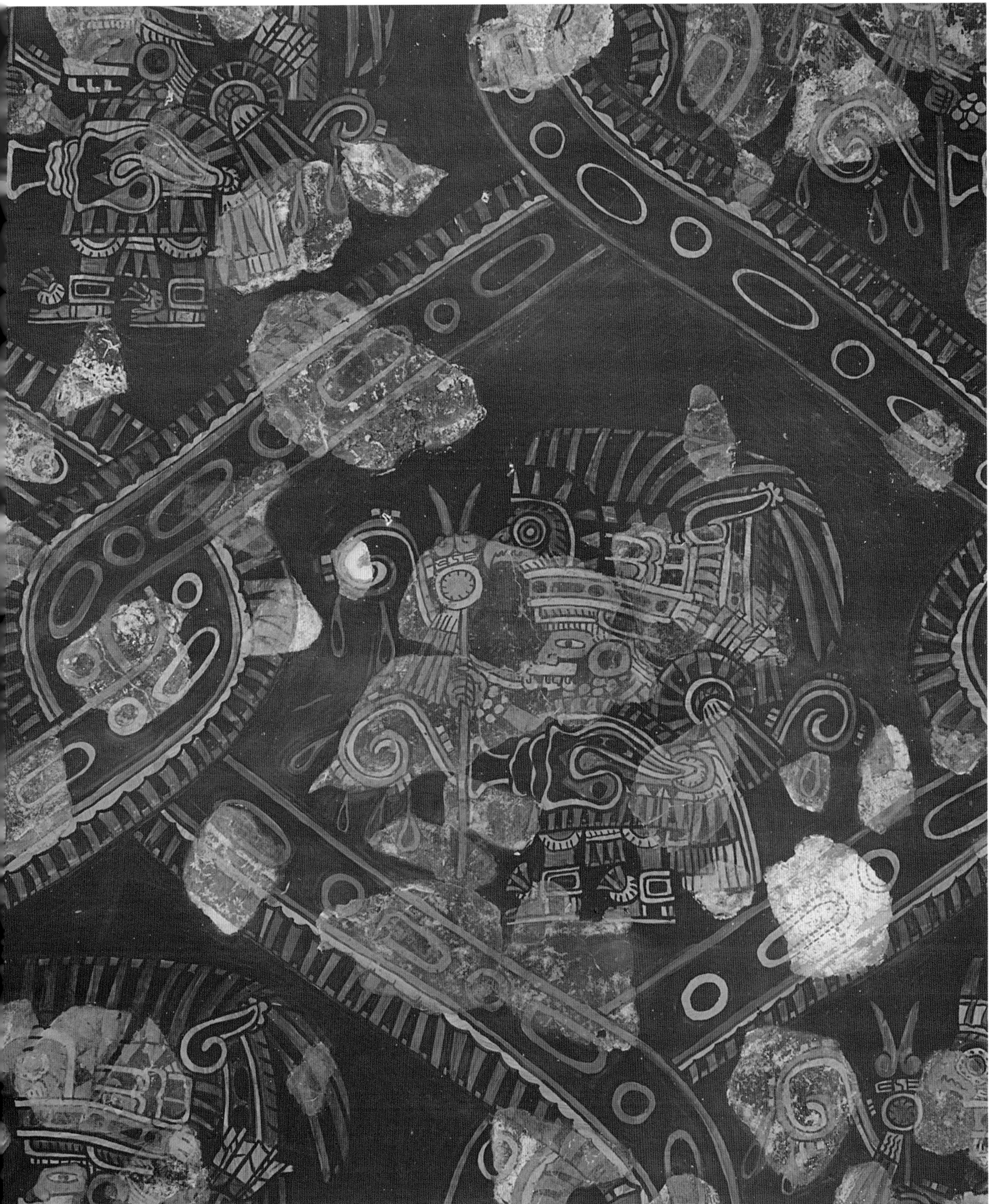

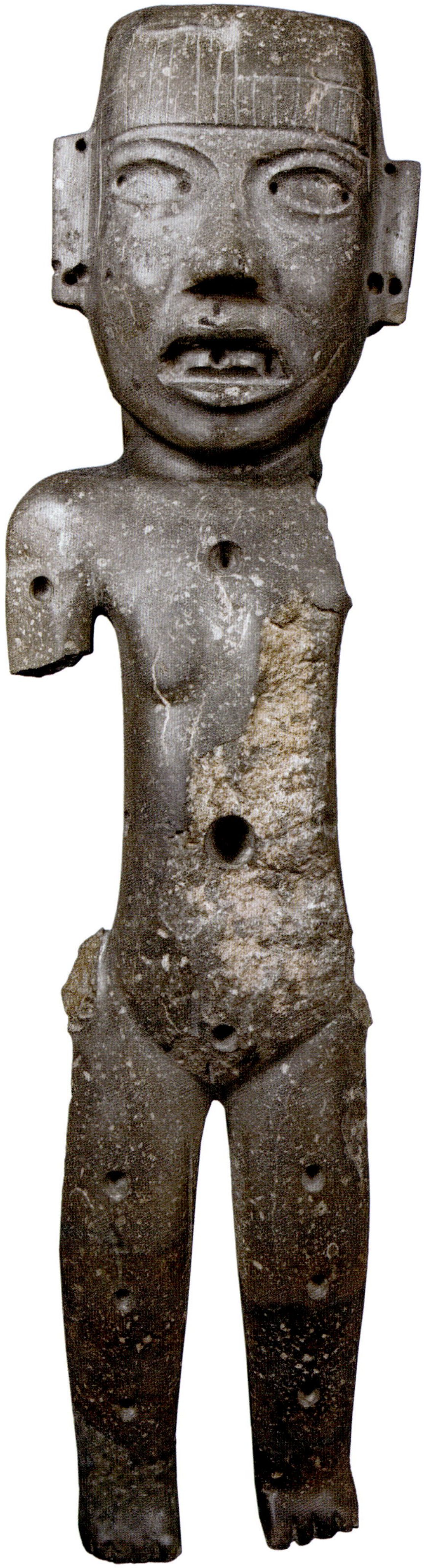

DIE STEINSCHNEIDEKUNST IN TEOTIHUACAN

ORALIA CABRERA CORTÉS

Staatliche Universität Arizona

Die prähispanische Steinschneidekunst als Bearbeitung von Edel- und Halbedelsteinen war eine handwerkliche Tätigkeit, mit der Schmuckgegenstände, aber auch Objekte für rituelle Praktiken und andere Zwecke hergestellt wurden, die mit religiösen und politischen Symbolen der mesoamerikanischen Kulturen versehen waren. Von der frühen präklassischen Periode bis zum späten Nachklassikum (ca. 2500 v. Chr. bis 1521 n. Chr.) schufen die mesoamerikanischen Kulturen, darunter auch Teotihuacan, zahlreiche Gegenstände aus einer Vielzahl an metamorphen und Sedimentgesteinen sowie kieseligen Erzen und Erzmineralien. Dazu zählt auch der sogenannte „Grünstein", oft auch einfach mit Jade gleichgesetzt, unter dessen Namen eine große Anzahl an Gesteinen und Mineralien wie Jadeit, Serpentin und andere grüne Steine mit einem hohen symbolischen Wert für die mesoamerikanischen Kulturen zusammengefasst wird.

Dass Grünstein für die spätklassischen Kulturen Mesoamerikas von großer wirtschaftlicher und symbolischer Bedeutung war, wissen wir durch Dokumente aus der Spätklassik und den Perioden nach der spanischen Eroberung. Grüne Steine wurden beispielsweise von den Eliten der Mexica (Azteken) als Schmuck getragen und zur Herstellung von Gegenständen für die zentralen rituellen Handlungen verwendet. Die Bedeutung von Grünsteinen wurde mit Aspekten wie Fruchtbarkeit, Reinheit, positiven moralischen Eigenschaften und dem Leben als solchem assoziiert. Die Verwendung von grünen Steinen in Heil-, Ackerbau- und Bestattungszeremonien und anderen rituellen Praktiken war daher weit verbreitet.

Zu der symbolischen Bedeutung von Grünsteinen in Teotihuacan liegen uns keine schriftlichen Quellen vor, aber aus den bildlichen Darstellungen in der Stadt geht hervor, dass Grünsteine äußerst häufig für rituelle Praktiken eingesetzt wurden, von denen sich einige eindeutig auf den Aspekt der Fruchtbarkeit beziehen. Zum Beispiel führen auf den Wandmalereien einiger Wohnkomplexe wie Tepantitla und Tetitla dargestellte Gottheiten und Figuren, bei denen es sich möglicherweise um Priester handelt, rituelle Praktiken durch, die offenbar darin bestehen, Objekte auszustreuen oder zu versprengen, die ihnen in Form von Flüssigkeiten andeutenden Streifen aus den Händen rieseln. Zu diesen Objekten zählen Samen, Blumen, Muscheln und Kugeln sowie Ohr- und Nasenpflöcke aus Grünstein (Abb. 2).

Rohmaterialien und ihre mögliche Herkunft

Archäologische Untersuchungen haben gezeigt, dass die Bewohner Teotihuacans eine Reihe von Materialien aus weit entfernten Orten importierten, sowohl Ausgangsstoffe als auch fertiggestellte Gegenstände. Die für die teotihuacanische Steinschneideproduktion verwendeten Gesteinsarten und Mineralien kommen geologisch nicht in der Umgebung der Stadt vor, sondern wurden über ausgedehnte Handelsnetze, die mit anderen Regionen Mesoamerikas bestanden, aus

Abb. 1.
Die aus Stein geschnittenen menschlichen Skulpturen sind in der Regel kleiner als 30 Zentimeter. Bei den Ausnahmen handelt es sich um besondere Meisterwerke (Kat. 219)

Abb. 2.
Diese Figur aus einer Wandmalerei in Tetitla trägt Ohren-und Nasenschmuck (auf Letzterem befindet sich das Wahrzeichen des Wettergottes) und ein Perlenhalsband aus Grünstein. Aus ihren Händen scheinen Wasserströme zu fließen, die unter anderem Muscheln und Gegenstände aus Grünstein enthalten

anderen Gebieten nach Teotihuacan gebracht. Die genauen Lagerstätten, an denen diese Gesteinsarten und Mineralien abgebaut wurden, konnten bisher nicht mit abschließender Sicherheit bestimmt werden. Geologische Forschungen haben jedoch ergeben, dass das Material aus unterschiedlichen Regionen stammt, die sich in erster Linie in den heutigen Bundesstaaten Guerrero, Puebla, Oaxaca und Chiapas befinden. Jadeit wurde aus noch weiter entfernten Gebieten importiert, denn die nächsten Lagerstätten, die uns heute bekannt sind, befinden sich in der Region des Río Motagua in Guatemala.

Die Objekte wurden mit Techniken hergestellt, zu denen Behauen, Schneiden, Bohren, Schleifen und andere Methoden zählen. Das Rohmaterial wurde mit Schleifmitteln wie zerkleinerten Steinen und Mineralien, Sand und sogar zermahlenen Knochen unter Zugabe von Wasser oder Tierfett beschliffen. Unter den verwendeten Werkzeugen finden sich Naturfaserstränge, Stichel aus Feuerstein und anderen Gesteinen, Meißel aus harten Gesteinen sowie Knochen- und Holzkeile.

Anhand einer Reihe von Gesteins- und Röntgenbeugungsanalysen wurde ermittelt, dass Objekte aus Teotihuacan aus grünlichen Gesteinen wie Jadeit, Serpentin, Amphibolit, Guatemaltit, Quarzit, Muskovit, Chlorit, Fluorit, Jadeitit, Prasinit, grünen Glimmerschiefern, Serpentinit, Dolomit, Albit, Magnesit, Malachit und Chrysokoll hergestellt wurden. Weitere Materialien mit andersartiger Färbung umfassen Kalkgesteine, Alabaster, Travertin (auch als *Tecalli* oder „Onyx" bezeichnet), weißen Calcit-Marmor, Schiefer, Pyrit und Glimmer.

Es ist auch vermutet worden, dass in Teotihuacan Türkise verwendet und über Handelsrouten durch den Westen und Norden Mexikos aus Lagerstätten importiert wurden, die sich in so weit entfernten Regionen wie dem Südwesten der USA befanden. Bisher wurde nur ein kleines Türkisfragment gefunden: in einem Grab im Viertel der aus Oaxaca stammenden Bevölkerung von Teotihuacan, allerdings in einem Zusammenhang, der auf ein mögliches aztekisches Eindringen hindeutet. 1921 wurde in Malinaltepec im heutigen Bundesstaat Guerrero eine prunkvolle Maske aus Serpentinit im Stil von Teotihuacan gefunden, die mit einem Mosaik aus Türkis-, Amazonit- und Muschelplättchen überzogen war. Mosaikarbeiten mit Türkisen aber waren vielmehr für das mesoamerikanische Nachklassikum typisch, und es existiert auch keine weitere teotihuacanische Maske mit Mosaikschicht. Es ist daher wahrscheinlicher, dass diese Maske immer wieder verwendet und erst in späterer Zeit mit dem Mosaik versehen wurde.

In der Mezcala-Kultur, die in der Zentral- und der Bergregion des heutigen Bundesstaates Guerrero angesiedelt war, entwickelte sich die Tradition der Steinschneiderei schon sehr früh. Das Gebiet umfasst wichtige Lagerstätten für metamorphe und Sedimentgesteine wie Serpentin, die für Steinschneidearbeiten herangezogen wurden. Es ist darauf hingewiesen worden, dass die lokalen wie die mit Elementen anderer Kulturen kombinierten Bearbeitungsstile der Mezcala-Gesellschaft – darunter ein Stil, der teotihuacanische und olmekische Elemente mischt, und ein stärker teotihuacanisch geprägter Stil – die Beteiligung von Steinschneidern der Mezcala-Kultur an der Herstellung mancher teotihuacanischer Stücke nahelegen. Diese Objekte wurden möglicherweise in Guerrero ausgearbeitet und anschließend nach Teotihuacan importiert. Es ist aber auch denkbar, dass Steinschneider aus Guerrero zusammen mit dem Rohmaterial nach Teotihuacan kamen.

Die Bearbeitung dieser Art von Gesteinen und Mineralien muss äußerst zeitintensiv gewesen sein. Die Steinschneider widmeten daher möglicherweise einen Großteil ihrer Zeit der Herstellung solcher Gegenstände, insbesondere jene, die Luxusobjekte für die Eliten anfertigten. Da Materialien verwendet wurden, die in der Region nur selten vorkamen und einen hohen Symbolgehalt besaßen, müssen die Steinschneider geschickte Handwerker und Experten für Rohmaterialien und Bearbeitungstechniken gewesen sein.

Steinschneidewerkstätten

Für die Steinschneidekunst gab es in Teotihuacan spezialisierte Werkstätten, von denen einige von Gruppen mit einem hohen sozioökonomischen Status kontrolliert wurden. Andere Bereiche der Steinschneidekunst genossen eine größere Unabhängigkeit, vielleicht aufgrund der bearbeiteten Rohmaterialien, der Art der hergestellten Objekte oder des Umfangs einer Produktion, die für den eigenen Gebrauch und den einiger benachbarter Wohnstätten bestimmt war.

Die Hypothese, dass in der früheren Stadt mehrere Steinschneidewerkstätten existierten, wurde anhand der Verteilungsmuster der Muschel- und Halbedelsteinreste entwickelt, die in den 1960er Jahren im Rahmen des Teotihuacan Mapping Project unter der Leitung von René Millon gesichert wurden, sowie der Daten, die über die an den Fundorten ausgehobenen Probeschächte erfasst wurden. Tecopac, eine dieser

Abb. 3.
Nasenschmuck in Gestalt des Zeichens des Gewittergottes und in Form einer Schlangenrassel; diese Schmuckstücke gehörten zu den Zierden, die von den geopferten Individuen der Pyramide der Gefiederten Schlange getragen wurden

Fundstellen, liegt rund zwei Kilometer östlich der Sonnenpyramide und wurde als Wohnviertel mit mehreren Steinschneidewerkstätten identifiziert, als Handwerkerviertel, in dem alle dieselbe Tätigkeit ausübten.

Am südlichen Ende der Straße der Toten befindet sich ein als „Tlajinga 33" bekannter Wohnkomplex, der in der breit gefächerten sozioökonomischen Hierarchie Teotihuacans einer unteren sozialen Schicht zugeordnet ist. Hier wurden anhand von Mikrofragmenten von Materialresten, die erst beim Sieben des ausgegrabenen Erdmaterials zum Vorschein kamen, Arbeitsbereiche von Steinschneidern entdeckt. Basalt- und Schieferreste kamen dabei in viel größeren Mengen als andere Gesteinsarten vor. Der Umfang der Reste und die Art, mit der die Rohmaterialien bearbeitet wurden, weisen auf offenbar von anderen Gruppen unabhängige Arbeitsbereiche hin, an denen Objekte für einen lokalen Tauschhandel hergestellt wurden, der allerdings außerhalb des Komplexes stattfand.

Die eindeutigsten Belege für Werkstätten, die auf Steinschneidearbeiten spezialisiert waren, liefert der Fundort La Ventilla 92-94. Bei umfangreichen Grabungen, die seit 1992 unter der Leitung von Rubén Cabrera Castro durchgeführt werden, fand man in einem westlichen Nachbarbereich des „Großen Komplexes" drei vollständig erhaltene und jeweils durch Straßen getrennte Wohnkomplexe und Teile benachbarter Komplexe. Für den Baukomplex A, der im Grabungsbereich 3 unter der Leitung von Sergio Gómez Chávez liegt und aus ungefähr 20 Haushalten mit einem niedrigeren sozioökonomischen Status als dem der angrenzenden Komplexe bestand, konnte nachgewiesen werden, dass die Bewohner als Steinschneider tätig waren und dabei Materialien wie Muscheln, Obsidian und Halbedelsteine bearbeiteten. Neben großen Mengen an Produktionsabfällen und bei der Herstellung zerbrochenen Gegenständen wurden in diesen Werkstätten Knollen unbearbeiteten Rohmaterials, Werkzeuge aus Knochen, Obsidian und Hornstein, halbfertige Objekte und in kleinerem Umfang fertiggestellte Gegenstände gefunden. Zu den Grabbeigaben mehrerer der in diesem Komplex bestatteten Erwachsenen zählen Produktionsabfälle von Objekten aus Grünstein sowie Werkzeuge, die die Tätigkeit dieser Personen als Steinschneider zu Lebzeiten symbolisch darstellen.

Bei der Steinschneidetätigkeit, der im Baukomplex A von La Ventilla 92-94 nachgegangen wurde, handelt es sich um spezialisierte Werkstätten, die von Gruppen mit einem höheren sozioökonomischen Status als dem der Handwerker aus benachbarten Wohnkomplexen kontrolliert wurden. Das in diesen spezialisierten Werkstätten verarbeitete Rohmaterial umfasst eine breite Palette an Gesteinsarten und Mineralien, hauptsächlich jedoch Grünsteine und Schiefer, und die hier hergestellten Objekte wie Ohr- und Nasenpflöcke, Masken, kleine Figuren, Skulpturen, Gefäße, Schieferscheiben und Friese weisen mit ihrem Typ auf eine Verwendung bei den im Folgenden beschriebenen rituellen Praktiken der Eliten und des Staates hin.

Opfergaben anlässlich der Weihung der Mondpyramide und der Pyramide der Gefiederten Schlange

Die Darstellungen von Bewohnern Teotihuacans auf Wandmalereien und zylinderförmigen Dreifußgefäßen zeigen häufig Gottheiten, Fabelwesen, Priester und Krieger, die Schmuck aus Grünstein wie Ohr- und Nasenpflöcke und Ketten aus aufgefädelten Kugeln tragen. Die mittleren und unteren Bevölkerungsschichten von Teotihuacan wurden nur selten und mit wenig oder gar keinem Schmuck dargestellt. Die in verschiedenen Bereichen der Stadt durchgeführten archäologischen Grabungen weisen außerdem darauf hin, dass den mittleren und unteren Schichten Teotihuacans bei der Bestattung nur ein sehr kleiner Anteil an Objekten aus Grünstein beigegeben wurde. Obwohl dieser Befund darauf hinweist, dass die Verwendung von Grünsteinen nicht ausschließlich der Elite von Teotihuacan vorbehalten war, lassen sich diese geringen Grabbeigaben in den Wohnstätten der mittleren und unteren Schichten nicht mit den großen Mengen an Grünstein vergleichen, die an der Kleidung getragen und als Weihgaben an den Hauptpyramiden der Stadt dargebracht wurden. Dies verweist darauf, dass Grünsteine und andere importierte Gesteinsarten und Mineralien eine wichtige Rolle für die soziale Abgrenzung innerhalb der Gesellschaft von Teotihuacan spielten. Wie aus den archäologischen Befunden kontrollierter Grabungen hervorgeht, dienten Halbedelsteine, insbesondere Grünsteine, in großem Umfang rituellen Kontexten und als Weihgaben in den wichtigsten zivilreligiösen Bauwerken der Stadt. Dies belegt die große Bedeutung dieser Materialien für die Religion von Teotihuacan und die rituellen Praktiken des Staates.

Die Befunde des Projekts zum Tempel des Quetzalcóatl von 1988 bis 1989 unter der Leitung von Rubén Cabrera Castro und George L. Cowgill beweisen ebenso wie die weiterer früherer und späterer Projekte, in deren Rahmen in Teotihuacan Grabungen an der Pyramide der Gefiederten Schlange (Quetzalcóatl) durchgeführt wurden, die Existenz eines wichtigen Komplexes ritueller Opfergaben für die Weihe dieses Gebäudes. Im Umkreis der Pyramide der Gefiederten Schlange wurden eine große Anzahl an Weihgaben aus Muschel, Obsidian, Halbedelsteinen und pflanzlichem Material, Reste von Tierknochen sowie über 200 geopferte Menschen beider Geschlechter gefunden. Darunter befanden sich Individuen, die aufgrund ihrer Kleidung und den beigegebenen Objekten als Mitglieder militärischer Gruppen gelten, möglicherweise unterschiedlicher Rangstufen.

Im Zusammenhang mit den Opferungen und Weihgaben der Pyramide der Gefiederten Schlange wurden über 1 200 vollständig erhaltene Gegenstände aus Grünstein, Schiefer und Pyrit gefunden. Zu den Kleidungselementen aus Halbedelstei-

nen, die einige der männlichen Individuen diese Opferbestattungen trugen, zählen Ohrpflöcke, Kugelketten, Gegenstände aus Schiefer, bei denen es sich möglicherweise um Insignien handelt, und Schieferscheiben, die sich an der Rückseite des Beckens befanden. Bei diesen Schieferscheiben, auch als *tezcacuitlapilli* bezeichnet, handelt es sich um Grundplatten für Spiegel aus Pyritmosaiken, die zu den Gürteln dieser Individuen gehörten und als Elemente militärischer Kleidung in verschiedenen Gebieten Mesoamerikas gelten.

Sechzehn dieser Personen trugen als Teil ihrer Ausstattung außerdem Nasenpflöcke oder Mundmasken aus Grünstein mit ikonografischen Elementen, die sich auf die teotihuacanischen Hauptgottheiten beziehen (Abb. 3). Die häufigste vorkommende Art des Nasenpflocks war die „Rassel", eine Bezeichnung, die ich verwende, weil diese Pflöcke die Schwanzrassel einer Klapperschlange nachahmen, ein Element der teotihuacanischen Gottheit der Gefiederten Schlange. Der andere Typ von

Abb. 4.
In der Pyramide der Gefiederten Schlange gefundene Figur. Die männliche Figur trägt einen Kopfputz in Form eines umgekehrten T und darüber einen *Cipactli*-Kopfputz im Profil sowie abnehmbare Ohrpflöcke

Abb. 5.
Beispiel für anthropomorphe Figuren aus Jadeit, Serpentin und Fuchsit, die zu den im Zentrum der Pyramide der Gefiederten Schlange gefundenen Opfergaben gehörten. Sie stellen anscheinend allesamt männliche Figuren dar

Nasenpflöcken stellt das Symbol des Wettergottes dar, das sich aus drei Kreisen im oberen Teil und einer Art gespaltener Zunge oder vielleicht Eckzähnen im unteren Bereich zusammensetzt.

In diesen rituellen Kontexten wurden noch andere Gegenstände aus Grünstein, Schiefer und Pyrit als Opfergaben dargebracht. Einige der im Zentrum des Gebäudes aufgefundenen und anlässlich der Grundsteinlegung niedergelegten Opfergaben waren zusammen mit Muschel- und Obsidianmaterial in Objekten enthalten, bei denen es sich wahrscheinlich um Stofftaschen handelt. Die Weihgaben aus Halbedelsteinen umfassen eine große Anzahl an Kugeln, Ohr- und Nasenpflöcken, Gehängen und Anhängern, Insignien, *tezcacuitlapilli*, eine rituelle Axt, die Miniaturdarstellung eines Tempels und sogar einige nicht fertiggestellte Objekte aus Grünstein. Auch anthropomorphe, stehend dargestellte Figürchen, einige davon mit abnehmbaren Ohrpflöcken und Kopfputzen (Abb. 4 und 5) sowie Muschelinkrustationen zur Darstellung von Augen und Zähnen zählen zu den Opfergaben. Außerdem wurden kleine abnehmbare *Cipactli*-Kopfputze (Urkrokodil) dargebracht, das in Form von Skulpturen an der Pyramidenfassade dargestellt ist. Unter den im Zentrum des Gebäudes dargebrachten Gegenständen, die einem der dort geopferten 20 Individuen zugeordnet sind, sticht eine rätselhafte Gruppe von 18 kegelförmigen Objekten hervor, deren genaue Funktion nicht geklärt ist, die aber wahrscheinlich zu einem von den Teotihuacanern gespielten Spiel gehörten.

Bei den an der Mondpyramide, dem zweitgrößten Gebäude Teotihuacans, zwischen 1998 und 2004 unter der Leitung von Saburo Sugiyama und Rubén Cabrera Castro durchgeführten Grabungen wurden fünf Opferbestattungskomplexe gefunden, die zu drei der sieben übereinander liegenden und bei den Grabungen identifizierten Bauphasen gehören. Unter den Weihgaben der verschiedenen Gebäude befanden sich neben mindestens 37 geopferten Menschen, von denen einige enthauptet wurden, Opfergaben wie Katzen, Wölfe, Kojoten, Uhus, Adler und Schlangen, Gefäße des Wettergottes und eine große Anzahl an Objekten aus Muschel, Obsidian, organischem Material, Schiefer, Jadeit, Guatemaltit, Muskovit und anderen Grünsteinen. Insgesamt sind es über 450 Stücke aus Grünstein und Schiefer, die zur Kleidung und den Opfergaben an diesen Fundorten zählen. Die Weihgaben weisen in ihrer Gesamtheit augenscheinlich auf Menschenopfer mit religiöser Bedeutung hin, die die politische Macht der Herrscher und des Priesterkriegertums symbolisierten.

Einige der geopferten und in der Mondpyramide dargebrachten Personen trugen Ohrpflöcke aus Grünstein, Rassel-Nasenpflöcke, Ketten- und Brustschmuck sowie Kugelketten aus Muschel und Grünstein. Bei anderen Gegenständen aus Grünstein handelt es sich um Opfergaben, darunter kleine Statuen, Ohr- und Nasenpflöcke, Kugeln, Ketten- und Brustschmuck, Nadeln für die Selbststopferung, Brustschmuck oder Insignien, kleine Figuren und abnehmbare Kopfputze.

In der Mondpyramide wurden zwar weniger aus Stein gearbeitete Objekte als in der Pyramide der Gefiederten Schlange gefunden, die Opfergaben umfassen jedoch einen größeren Anteil an Gegenständen aus Jadeit und Guatemaltit, Materialien, die über größere Entfernungen importiert wurden. Viele der Kugeln sind außerdem größer und weisen eine höhere handwerkliche Qualität auf. Unter den genannten Objekten muss insbesondere der Brustschmuck oder insignienartige Hängeschmuck erwähnt werden, den drei der als Botschafter, Händler oder Krieger geltenden Individuen trugen, die mit den Weihgaben geopfert und dargebracht wurden. Diese Anhänger bestehen aus Querstäben, die ein zusammengeschnürtes Schilfrohrbündel oder *xiuhmolpilli* (Jahresbündel) darstellen, und weisen starke Ähnlichkeit mit dem Schmuck der Maya-Könige auf. Unter den Weihgaben der Mondpyramide wurden vier anthropomorphe Skulpturen gefunden. Eine davon stellt ein Individuum im Schneidersitz dar, das mit Ohrpflöcken und einer Kugelkette aus Grünstein dekoriert ist. Weitere zwei Skulpturen mit ausgestrecktem Körper waren mit Pyritinkrustationen zur Darstellung der Augen und Muscheln als Zähne versehen worden. Eine vierte Skulptur von außergewöhnlicher Qualität, für die in Teotihuacan kein vergleichbares Objekt bekannt ist, stellt eine männliche Figur dar, die aus einem Serpentinmosaik mit Dolomit- und Obsidianinkrustationen hergestellt wurde.

Über die Opfergaben der Sonnenpyramide, die bei Ausgrabungen zu Beginn des letzten Jahrhunderts gefunden wurden, ist nur wenig bekannt. Eduardo Noguera erwähnt jedoch kleine Figuren aus Schiefer, Scheiben, Anhänger aus Schiefer, Kugeln und Ohrpflöcke aus Grünstein sowie eine kleine Figur aus Grünstein mit abnehmbaren Ohrpflöcken und *Cipactli*-Kopfputz, die den in der Pyramide der Gefiederten Schlange gefundenen Figuren ähnelt, sowie einen abnehmbaren Kopfputz und ein Objekt, bei dem es sich möglicherweise um einen Rassel-Nasenpflock handelt.

Masken, Skulpturen und kleine Figuren

Eine wichtige Gruppe an Gegenständen aus metamorphen Gesteinen grüner, schwarzer, grauer, bräunlicher und weißlicher Färbung sind die teotihuacanischen Masken, die sich durch Qualität und Stil auszeichnen und zu den repräsentativsten Elementen für den künstlerischen Stil dieser Kultur zählen. Offensichtlich sind mehr Steinmasken aus Teotihuacan als aus jeder anderen mesoamerikanischen Kultur bekannt. Sie weisen nahezu immer eine dreieckige Form auf; bei einigen Masken sind die Muschel-, Pyrit- und Obsidianinkrustationen erhalten, die zur Darstellung von Augen und Zähnen verwendet wurden. Andere Masken sind an den Wangen mit aufgemalten oder als Flachrelief ausgeführten Kreisen, Blumen oder

Abb. 6.
Die Masken gehören zu den repräsentativsten
Elementen der Steinschneidekunst von
Tetihuacan (Kat. 236d)

geometrischen Mustern verziert. An allen bekannten teotihuacanischen Masken wurden die Ohren perforiert, höchstwahrscheinlich für Ohrpflöcke oder anderen Schmuck und/oder zur Befestigung oder Aufhängung der Masken an einem größeren Gegenstand.

Obwohl in die Steinmasken aus Teotihuacan Augen und Münder gemeißelt wurden, handelt es sich bei diesen Aushöhlungen nicht um Öffnungen, wie sie für Prozessionen, Tänze oder andere Zeremonien erforderlich sind, ein Verwendungszweck, der im Übrigen durch das Gewicht dieser Masken erschwert worden wäre. Keine der Masken wurde in einem Bestattungskontext gefunden, sodass es sich offenbar auch nicht um Grabmasken handelt. Es ist die Hypothese aufgestellt worden, dass diese Masken an Holzskulpturen befestigt wurden und die Totenbündel mächtiger Ahnen darstellten, die auf Altären ausgestellt und verehrt wurden. In diesem Fall waren die Masken möglicherweise mit Federn oder anderen Materialien dekoriert. Unglücklicherweise konnten nur sehr wenige teotihuacanische Masken bei kontrollierten archäologischen Grabungen sichergestellt werden, ein Umstand, der sich vielleicht teilweise auf den hohen Stellenwert dieser Masken für die Azteken zurückführen lässt, die sie für die Verwendung bei rituellen Opfergaben sammelten. Andere Masken verschwanden sehr viel später durch Plünderungen und sind Teil von Museums- oder Privatsammlungen, für deren Objekte die Herkunft nicht belegt ist.

Eine weitere wichtige Gruppe ritueller Objekte aus Halbedelsteinen sind die kleinen Statuen oder anthropomorphen Skulpturen, die weibliche und – häufiger – männliche Figuren darstellen. Bei den meisten Statuen handelt es sich um stehende Figuren, aber einige Exemplare stellen auch Personen im Schneidersitz dar. Die Figuren sind flach und tafelartig bzw. räumlich in runder Form ausgeführt, und an Augen und Mund weisen sie größtenteils Vertiefungen für nicht erhaltene Inkrustationen zur Darstellung von Augen und Zähnen auf. Bei einigen Figuren wurden die Ohren perforiert, um Schmuck anhängen oder inkrustieren zu können.

Die weiblichen Figuren tragen meist ein rockartiges Kleidungsstück und am Oberkörper ein *quechquemitl* oder *huipil* (eine Art Bluse), die in einigen Fällen mit Mäandern verziert sind, sowie kleine Kopfputze und kurze Haare. Die männlichen Figuren stellen nackte Individuen dar (zum Teil mit ausdrücklicher Darstellung der Genitalien), und es wurde die Hypothese aufgestellt, dass die Figuren mit aufwendiger Kleidung und Kopfputzen ausgestattet waren, die sich jedoch aufgrund der organischen Natur des Materials mit der Zeit zersetzt haben.

Bei den jüngsten Ausgrabungen im Xalla-Komplex unter der Leitung von Linda Manzanilla, Leonardo López Luján und William Fash wurde eine anthropomorphe männliche Skulptur gefunden, die als Repräsentation eines durch Pfeilschüsse geopferten Kriegsgefangenen interpretiert worden ist. Das Individuum ist stehend und mit an den Körper angelegten Armen dargestellt. Der Interpretation zufolge wurde dem Gefangenen die Kleidung genommen (eine übliche Behandlung von Kriegsgefangenen), und anschließend stellte man ihn in einem zu dem zentralen Platz gehörenden Innenbereich des Komplexes an einen Pfahl gebunden zur Schau. Aufgrund der ähnlichen Armhaltung, der Nacktheit und der stehenden Position ließen sich viele männliche Skulpturen aus Teotihuacan als Darstellungen von geopferten und in Gebäuden an der Straße der Toten zur Schau gestellten Kriegsgefangenen interpretieren. Andere, beispielsweise die in der Mondpyramide gefundenen Stücke sind als Gottheiten, göttliche Vorfahren oder wichtige Personen der Geschichte der Stadt ausgelegt worden. Im Kontext der Opferbestattungen in den Gebäuden der Mondpyramide kann es sich aber auch um Darstellungen wichtiger geopferter Personen handeln.

DIE STEINSCHNEIDEKUNST IN TEOTIHUACAN

Mit Ausnahme der Funde in den Steinschneidewerkstätten und einem weiteren zu La Ventilla 92–94 zählenden Komplex wurden Masken und anthropomorphe Figuren aus Stein nur bei archäologischen Grabungen an Gebäuden entlang der Straße der Toten gefunden. Obwohl Altäre und religiöse Bereiche in den Wohnkomplexen eine häufige Erscheinung in der gesamten Stadt sind, ist für die vom Stadtzentrum entfernten Wohnstätten keine Maske oder Skulptur aus Halbedelsteinen bekannt. Dieser Umstand weist darauf hin, dass die importierten Gesteinsarten, die zur Herstellung symbolischer Objekte mit großer Bedeutung verwendet wurden, den meisten Teotihuacanern nicht zur Verfügung standen und hauptsächlich zur Herstellung von Gegenständen für die rituellen Handlungen der Elite verwendet wurden. Die begrenzte Verfügbarkeit ist möglicherweise einfach darauf zurückzuführen, dass diese Materialien zu teuer waren und nur von der Elite erworben werden konnten. Es ist jedoch auch denkbar, dass ihre Verwendung der breiten Masse gesetzlich verboten war, so wie die Azteken beispielsweise die Verwendung von Baumwolle auf die Eliten beschränkten.

Neben den kleinen Statuen liegen in großer Anzahl kleine anthropomorphe Figuren aus Grünstein, Schiefer und Lutit vor. Diese Figuren zählen größtenteils zu den Opfergaben für die zentralen zivilreligiösen Gebäude der Stadt, einige wurden jedoch auch in den Wohnstätten der mittleren und unteren Schichten gefunden, insbesondere Objekte aus Schiefer. Größtenteils sind die Figuren in aufrechter Haltung, in einigen Fällen aber auch mit übergeschlagenen Beinen in einer sitzenden Position dargestellt, wie es der Fall bei den in der Mondpyramide gefundenen Figuren ist. Trotz der geringen Größe (Höhe 2 bis 8 cm) verfügen auch einige dieser Figuren über Inkrustationen zur Darstellung von Augen und Zähnen und andere über abnehmbare Teile wie Kopfputze und Ohrpflöcke. Die Querperforationen am Hals einiger der in der Pyramide der Gefiederten Schlange gefundenen Objekte weisen darauf hin, dass wohl zumindest einige dieser Objekte als Anhänger oder Amulette verwendet wurden. Möglicherweise dienten diese Öffnungen jedoch auch der Befestigung von abnehmbarem Kopfputz oder anderem Schmuck.

Andere Objekte mit religiöser Zweckbestimmung

Neben den oben beschriebenen Gegenständen wurden Halbedelsteine auch zur Herstellung von Objekten verwendet, die Symbole der Gottheiten von Teotihuacan, der Opferpraktiken und des Priesterkriegertums darstellen. Beispielsweise wurden im Stadtzentrum kleine zoomorphe Skulpturen aus Alabaster und anderen braunen und grünlichen Gesteinsarten gefunden, die sitzende Jaguare und eingerollte Schlangen darstellen, darunter einige mit Katzengesichtern. Daneben existieren einige Onyxplatten mit Darstellungen der Symbole des Wettergottes, die als Gebäudekronen interpretiert worden sind, sowie Friese und monumentale Skulpturen an Gebäuden, wie die Darstellung einer Schlangenrassel in Alabaster oder blutender Elemente, die zu den Befunden der Straße der Toten gehören. Von Bedeutung ist insbesondere die Existenz einer Steintafel aus Alabaster, die westlich der Mondpyramide im Quetzalpapálotl-Komplex gefunden wurde und eine stehende Figur zeigt, die aufwendige Kleidung und Sandalen trägt. Das Stück ist beschädigt, aber es ist zu erkennen, dass die Figur einen runden Brustschmuck und mit Kreisen und Federn verzierte Kleidung trägt und von Flüssigkeitsstreifen oder Flügeln mit gebogenen Opfermessern begrenzt wird, die am unteren Rand zu Krallen werden – Motive, die die Figur als Priesterkrieger ausweisen.

Ähnlich wurden in Gebäuden an der Straße der Toten große, mehr als ein Meter lange Blöcke aus Grünstein mit geglätteten Oberflächen gefunden, bei denen es sich wohl um Altäre oder Stelen handelt, die vertikal in die Betonböden eingelassen wurden, wie sich an einigen Beispielen des Komplexes am westlichen Platz oder den von Jorge Acosta für den Quetzalpapálotl-Komplex erwähnten Fällen zeigen lässt. Außerdem wurden Gefäße und Behälter gefunden, die zum Großteil aus Alabaster hergestellt und möglicherweise zum Auffangen von Blut oder einer anderen heiligen Flüssigkeit verwendet wurden.

Verwendung bei Bestattungsritualen

Einige Objekte aus Grünstein, insbesondere Kugeln, wurden in Bestattungskontexten in gewöhnlichen Wohnstätten verschiedener Teile Teotihuacans gefunden. Bei den Beigaben der meisten dieser Gräber für die Bevölkerung mittlerer und unterer Schichten handelt es sich um Keramikgefäße; Grünsteine machen nur einen kleinen Teil der gefundenen Objekte aus. Ethnohistorischen Quellen lässt sich entnehmen, dass bei den Bestattungsritualen der Mexica dem Toten ein grüner Stein oder *chalchihuitl* in den Mund gegeben wurde, der das Herz ersetzten sollte. Fray Bartolomé de las Casas erwähnt, dass die Mexica „den Körper des Toten in 15 oder 20 reich ausgeschmückte Webdecken wickelten ... und ihm einen Stein in den Mund legten, einen wertvollen Smaragd, den die Eingeborenen Chalchihuitl nennen. Sie sagen, dass sie ihm diesen Stein als Herz geben" (Original Spanisch). Alfredo López Austin hat die Hypothese aufgestellt, dass es sich bei dieser Kugel um einen Wertgegenstand handelte, mit dem die *teyolía* (náhuatl für „Seele") nach dem Tod einen Dienst auf dem Weg zu ihrem Bestimmungsort zahlen konnte.

Bei der Übertragung der in den nachklassischen Gesellschaften verwendeten Symbolik auf die materielle Kultur Teotihuacans ist zwar Vorsicht geboten, aber die Analogie deutet darauf hin, dass die Mythen der Kultur Teotihuacans in mancher Hinsicht denen der Mexica-Kultur entsprechen, und Kugeln aus Grünstein besaßen in Teotihuacan möglicherweise eine ähnliche Bedeutung wie die für die Mexica beschriebene. In einigen Gräbern, die in verschiedenen Teilen der Stadt in gewöhnlichen Wohnstätten, sogar sehr einfachen Hütten, gefunden wurden, und bei einigen der geopferten und in den Hauptpyramiden Teotihuacans dargebrachten Individuen wurden Grünsteinkugeln in der Mundhöhle gefunden. Bemerkenswert ist, dass sogar die anthropomorphe Figur, die im Xalla-Komplex gefunden und als geopferter Gefangener interpretiert wurde, eine winzige Kugel aus Grünstein im Mund trug.

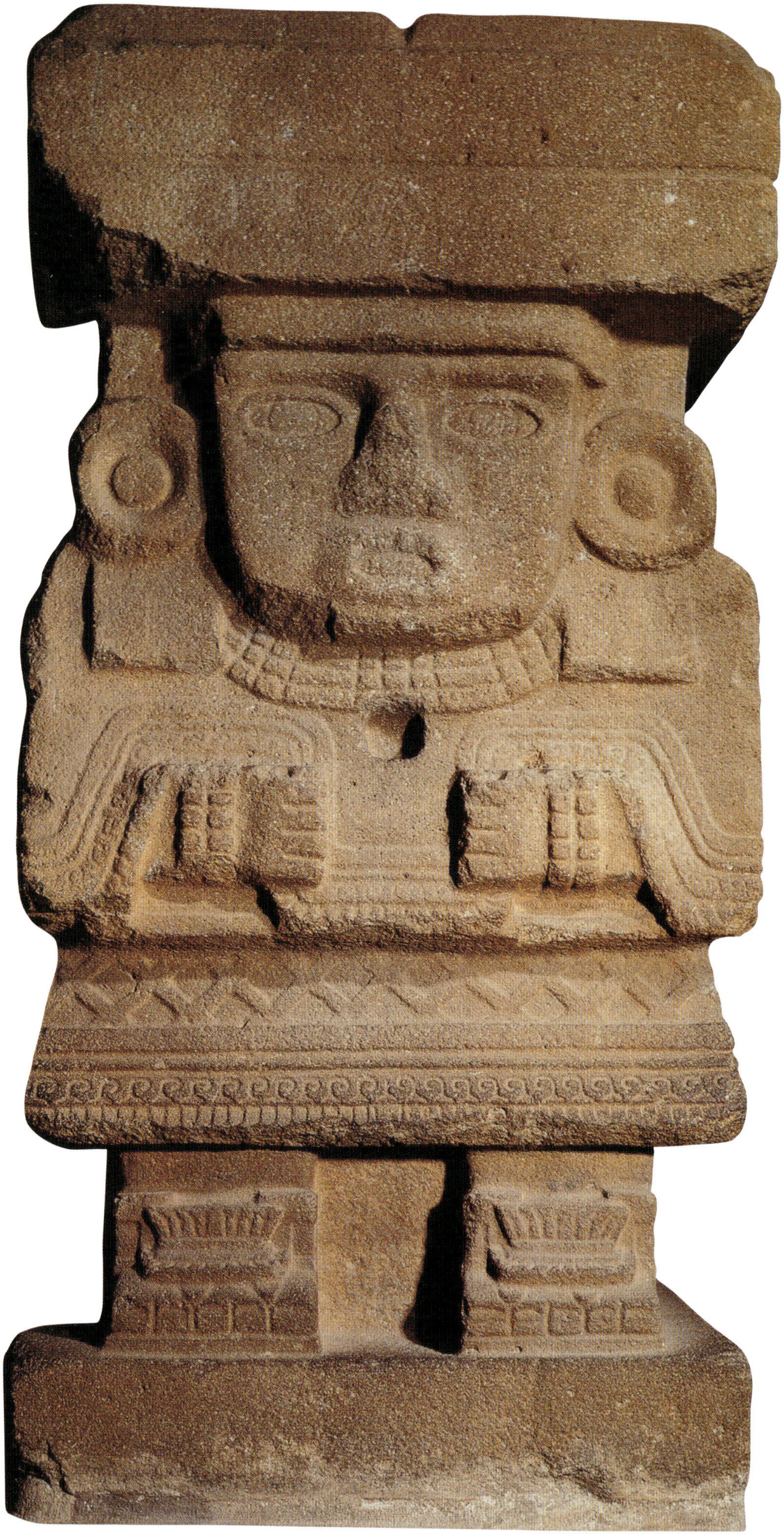

SKULPTUREN IN TEOTIHUACAN

DOMINIQUE MICHELET UND ARIANE ALLAIN

UMR 8096 „Altamerikanische Archäologie"
Universität Paris-I und CNRS

In memoriam Felipe Solís, der diese Zeilen hätte verfassen sollen.

Verglichen mit der Wandmalerei und der Steinschneidekunst könnte die Skulpturenkunst von Teotihuacan als eine marginale künstlerische Ausdrucksform gelten. Zumindest wurden ihr – abgesehen von einigen wenigen Ausnahmen – (Solís et al. 1982, Sarro 1991, Alain 2004) keine Studien gewidmet. Man weiß, dass die ganze Stadt bemalt war. Die charakteristische rötliche Farbe überzog alle Gebäude – einschließlich der Monumentalbauten – und schon sehr früh wurden auf den Innen- und Außenwänden verschiedenster Bauwerke zahlreiche polychrome Malereien ausgeführt. Der Großteil dieser Malereien stammt allem Anschein nach aus der Xolalpan-Phase, nach 350 n. Chr. Daher wurde häufig die Meinung vertreten (beispielsweise Pasztory 1997), dass uns die Wandmalereien umfassende ikonografische Botschaften der klassischen Metropole des Hochlandes vermitteln. Diese Auffassung wurde übrigens vor einigen Jahren offiziell durch die Gründung eines dieser Kunst gewidmeten Museums vor Ort konkretisiert. Andererseits zeugen die Grabungen in Depots von Opfergaben der verschiedenen Bauphasen der Mondpyramide davon, dass die Steinschneidekunst in Teotihuacan von großer Bedeutung war; man fertigte nicht nur Skulpturen aus Halbedelsteinen, sondern auch aus Obsidian an. Letzterer war so reichlich vorhanden, dass dieser Werkstoff nicht mit Jadeit, Serpentin oder Pyrit verglichen werden konnte. Man verwendete ihn jedoch bisweilen für die Herstellung morphologisch und/oder symbolisch „kostbarer" Objekte: Wie der Halbedelstein diente er insbesondere zur Anfertigung von Schmuckstücken, die am Körper oder an der Kleidung getragen wurden, sowie zahlreicher, eher kleiner (bis zu 25-30 cm Höhe) und in einigen seltenen Fällen großer Skulpturen. Neben dieser Kunst, die die Beherrschung ganz präziser Techniken voraussetzte – die Kunst des zweiseitigen Schnitts, insbesondere durch Druck, für die Bearbeitung von Silhouetten oder exzentrischen Formen aus Obsidian, die Kunst des Schleifens, des Zuschneidens, der Durchbohrung oder des Glättens für Figuren aus hartem grünem Stein –, gab es in Teotihuacan eine besondere Bildhauerkunst aus einheimischem, zumeist vulkanischem Gestein (vor allem Andesit und Basalt), für die zum Teil andere Techniken eingesetzt wurden. Die zahlreichen Stücke, die uns aus diesem Bereich bekannt sind, geben Aufschluss über die gesellschaftliche und vielleicht sogar politische Struktur der Stadt sowie über die religiösen und ideologischen Anschauungen ihrer Einwohner.

Bestandsaufnahme der Darstellungen

Wenn man den Skulpturenkorpus von Teotihuacan genauer untersucht, fällt auf, dass Tierdarstellungen eine wichtige Rolle spielen (Sugiyama, 1988). In mehreren Fällen handelt es sich um Mischwesen, die verschiedene, bisweilen sogar gegensätzliche Aspekte miteinander verbinden: Dies gilt beispielsweise für die berühmteste, allgegenwärtige Figur der gefiederten Schlange, die den Bund zwischen Himmel und Erde versinnbildlicht; auch das Wasser spielt hier eine Rolle, da die Motive, die sowohl auf

Abb. 1.
Monumentale Skulptur einer weiblichen Gottheit, die zunächst Chalchiuhtlicue und dann „Große Göttin" getauft wurde (Fund aus dem Umfeld der Mondpyramide)

Abb. 2.
Mehr als 30 Skulpturen des Alten Gottes wurden in Tetihuacan gefunden, womit er zu den am häufigsten dargestellten Gottheiten gehört (Kat. 147)

den Wandgemälden als auf den Schrägen der berühmten Pyramide neben den Schlangenkörpern dargestellt sind, mit dem Wasser in Verbindung stehen. Abgesehen vom Skulpturenschmuck dieser Pyramide sind die Darstellungen des Jaguars am häufigsten vertreten: Letztere werden nur selten mit anderen Elementen aus dem Bereich der Tierwelt verbunden. Selbst wenn man bisweilen eine gewisse Ähnlichkeit mit Schlangen- und Katzenköpfen ausmachen kann, so bleiben doch die aufgerichteten Ohren das charakteristischste Merkmal des Jaguars. Schlange und Jaguar sind die beiden wichtigsten Tiergruppen; daneben findet man unter anderem Abbildungen von Muscheln (insbesondere gefiederte Muscheln) und Vögeln, weniger häufig sieht man verschiedene andere Tiere wie Hasen, Affen usw.

Unter den Objekten aus Halbedelsteinen – gleich welcher Größe – befinden sich nur sehr wenige anthropomorphe Darstellungen. Abgesehen von einigen schematischen Abbildungen von Köpfen in Vorderansicht mit drei kreisförmigen Vertiefungen für die Augen und den Mund sowie einer Linie zur Eingrenzung des Kopfes und bisweilen zwei parallelen horizontalen Linien oben an der Stirn, die ein Band suggerieren, gibt es zwei große Kategorien: eine rundplastische Darstellung (es sind mindestens 36 Exemplare vorhanden) eines alten Gottes im Schneidersitz, seine Hände ruhen auf den Knien und sein Kopf und buckeliger Rücken tragen ein Kohlenbecken (Abb. 2); eine weibliche Figur in Vorderansicht mit einem Kopfputz bestehend aus mindestens zwei übereinanderliegenden horizontalen Ebenen, mit Ohrschmuck und Halskette sowie einem *Quechquemitl*, dessen Spitze nach vorn zeigt, und einem Rock. Letztere befand sich als Mosaik und Flachrelief auf dem gesamten Westplatz des Komplexes der Straße der Toten sowie als Flachrelief auf einer stelenähnlichen Steinplatte, und es gab sie auch als Rundplastik in unterschiedlichen Dimensionen: Auf dem Mondplatz entdeckte man zwei monumentale Exemplare (Abb. 1). Die Figuren waren lange Zeit mit dem Namen der Göttin des Wassers, Chalchiuhtlicue, bezeichnet worden, bevor sie wie alle Darstellungen dieser Art den Namen „Große Göttin" erhielten, die laut Pasztory (1997) und Berlo (1992) in der Religion von Teotihuacan eine wichtige Rolle spielte (siehe auch Berrin und Pasztory, 1993). Die fünf Skulpturen in Vorder- oder Profilansicht, die sich durch ihren skelettartigen Schädel auszeichnen, verkörperten vielleicht eine Gottheit des Todes. Die Figur kann nicht mit Gewissheit der Kunst von Teotihuacan zugeschrieben werden: Drei der Abbildungen waren nämlich auf dem Platz gegenüber der Sonnenpyramide aufgefunden worden, dort, wo es gemäß des *Relación de Teotihuacan* von 1580 kurz vor der Eroberung einen dem aztekischen Todesgott, Mictlantecuhtli, geweihten Tempel gab.

Die Bestandsaufnahme der Skulpturen von Teotihuacan enthüllt eine dritte Kategorie von Darstellungen: Es handelt sich um Objekte mit symbolischer Bedeutung. Einige darunter verweisen auf Figuren, von denen schon die Rede war; folglich könnten sie genauso gut in der Kategorie für zoomorphe oder anthropomorphe Wesen aufgeführt werden. Dies gilt insbesondere für die Steine, die in Form von Rasseln der Klapperschlange zugeschnitten und die bisweilen vermutlich als Pars pro Toto verwendet wurden; des weiteren fand man Darstellungen der Unterseite von Raubtiertatzen mit eingezogenen, doch sichtbaren Krallen und Ballen; oder auch Bilder der Großen Göttin, die sich auf einige wenige geometrische Elemente beschränken (Haargeschmeide, Reife und kleine Ohrgehänge, Nasenpflöcke). In anderen Fällen taucht ein abstrakteres Symbol auf wie die Glyphe, die als „Reptilienauge" bekannt ist (Winning 1987). Des weiteren findet man hier auch jene Reife, die man als Edelsteine (*chalchihuitles*) interpretiert, Seesterne mit fünf Armen oder jenes Motiv, das ein keimendes Samenkorn zu suggerieren scheint; zu dieser Gruppe gehören auch die vierblättrigen Blumen, von den es bisweilen heißt, dass sie die Stadt selbst – ihre Glyphe – versinnbildlichten, oder auch das „Zeichen des Lebens", das häufig den Rand eines Daches ziert (Abb. 3): ein in einem Trapez dargestelltes Dreieck. Beide Figuren stützen sich auf ein Rechteck, in dessen Mitte sich ein Kreis befindet. Diese symbolischen Bilder, die durch ihre einfachen abstrakten Formen bestechen, versinnbildlichen zweifellos gleichzeitig auch jenes Wesen, das mehreren Autoren als eine der wichtigsten Gottheiten der Stätte gilt: Einige Skulpturen in Flachrelief stellen den Gott des Sturms dar, zu sehen ist indes nur die Mitte des Gesichts. Dieser Gott, seine Gehilfen (die vermutlich den *Tláloc* der Mexika entsprechen) oder seine Vertreter (Priester und Verkörperungen), die ganz eindeutig auf so zahlreichen Wandgemälden oder Gefäßen abgebildet sind, dass sie eine eigenständige Gruppe von Gefäßen (die *Tláloc*-Krüge) bilden, kommen in der Skulpturen hingegen nur selten vor. Abschließend wollen wir noch einige Abbildungen erwähnen, die mit der symbolischen Kunst verwandt sind, bei denen es sich jedoch eher um rituelle „Geräte" handelt: Säulen, bestehend aus mehreren ineinandergefügten Teilen, Markierungen für das Ballspiel, einige Kohlenbecken oder Weihrauchgefäße und verschiedene Darstellungen von Jahreszyklen, Bilder von Reisigbündeln oder zusammengebundenem Schilfrohr, das anlässlich der Neufeuer-Zeremonie entzündet wird.

Abb. 3.
Zinne mit dem Symbol des Jahres, eines der üblichen Motive auf Mauerkronen und Dachrändern (Kat. 13)

Abb. 4.
Teilansicht des Mosaikdekors der Basreliefs auf den Säulen des Palastes von Quetzalpapálotl

Die letzte wichtige Skulpturengruppe von Teotihuacan, deren Exemplare bisweilen zu Unrecht als Entwürfe bezeichnet werden, ist stets als Rundplastik gearbeitet (Manzanilla und Ortiz, 1991). Ganz gleich ob es sich um Einzelteile wie die Reproduktion einer Treppe oder eines *Tablero* handelt oder um die vollständige Darstellung eines Miniaturtempels auf der Spitze einer Stufenpyramide wie beispielsweise die verkleinerte Version der Anlage, die in der Mitte des roten Patio von Atetelco aufgebaut wurde: Diese architektonischen Darstellungen sind in Wirklichkeit keine Modelle im geläufigen Sinne, sondern regelrechte kleine, bisweilen tragbare Altäre, die, wie zahlreiche andere als Rundplastik gearbeitete Skulpturen, Opfergaben aufnehmen konnten. Dadurch unterscheidet sich eine bestimmte Bildhauerkunst ganz deutlich von der Wandmalerei. Letztere, deren Ikonografie zwar reich an Informationen war, konnte für Kulthandlungen nicht verwendet werden, während man am Fuße einer Skulptur oder an einem Miniaturaltar oder auf der Spitze desselben wirkliche Zeremonien veranstalten konnte.

Diese Aufstellung veranschaulicht, dass die Palette der in Teotihuacan hergestellten Skulpturen nicht sehr breit gefächert ist. Außerdem sind die Darstellungen konventionell, vereinheitlicht, hieratisch, symmetrisch und hierarchisch gegliedert (zur Auslegung der Ikonografie von Teotihuacan siehe beispielsweise Kubler, 1967). Wie die Wandmalerei enthält auch die Skulptur keine erzählerische Komponente – das Gegenteil wäre erstaunlich! Die Skulpturen erzählen zwar weder von Menschen noch von Göttern, doch sie besitzen trotz allem eine oder mehrere Bedeutungen. Sie handeln zumindest indirekt von den Einwohnern der Stadt, sie geben Aufschluss über die soziale Struktur, über ihre Vorstellungen von der Welt und ihre Bräuche.

Eine nahezu offizielle Kunst

Die Grabungen ermöglichen keine genaue Zuordnung für alle Skulpturen in Teotihuacan. Man weiß jedoch, dass die meisten zu den wichtigsten öffentlichen Stätten und Gebäuden der Stadt gehörten. Dies wird anhand der Karten, auf denen die Skulpturen lokalisiert sind, offensichtlich (siehe Allain 2004, Kapitel 5). Zu den wesentlichen Ausnahmen zählen die Rundplastiken (insbesondere der Alte Gott, Tragaltäre, verschiedene zoomorphe Wesen), die in den Innenhöfen der Wohnanlagen der höheren oder niederen Bevölkerungsschichten aufgefunden wurden: In der bescheidenen Anlage von Oztoyahualco wurden in einem Innenhof (C33) beispielsweise die Figur eines kleinen Hasen und das Fragment eines Tragaltars sowie zwei

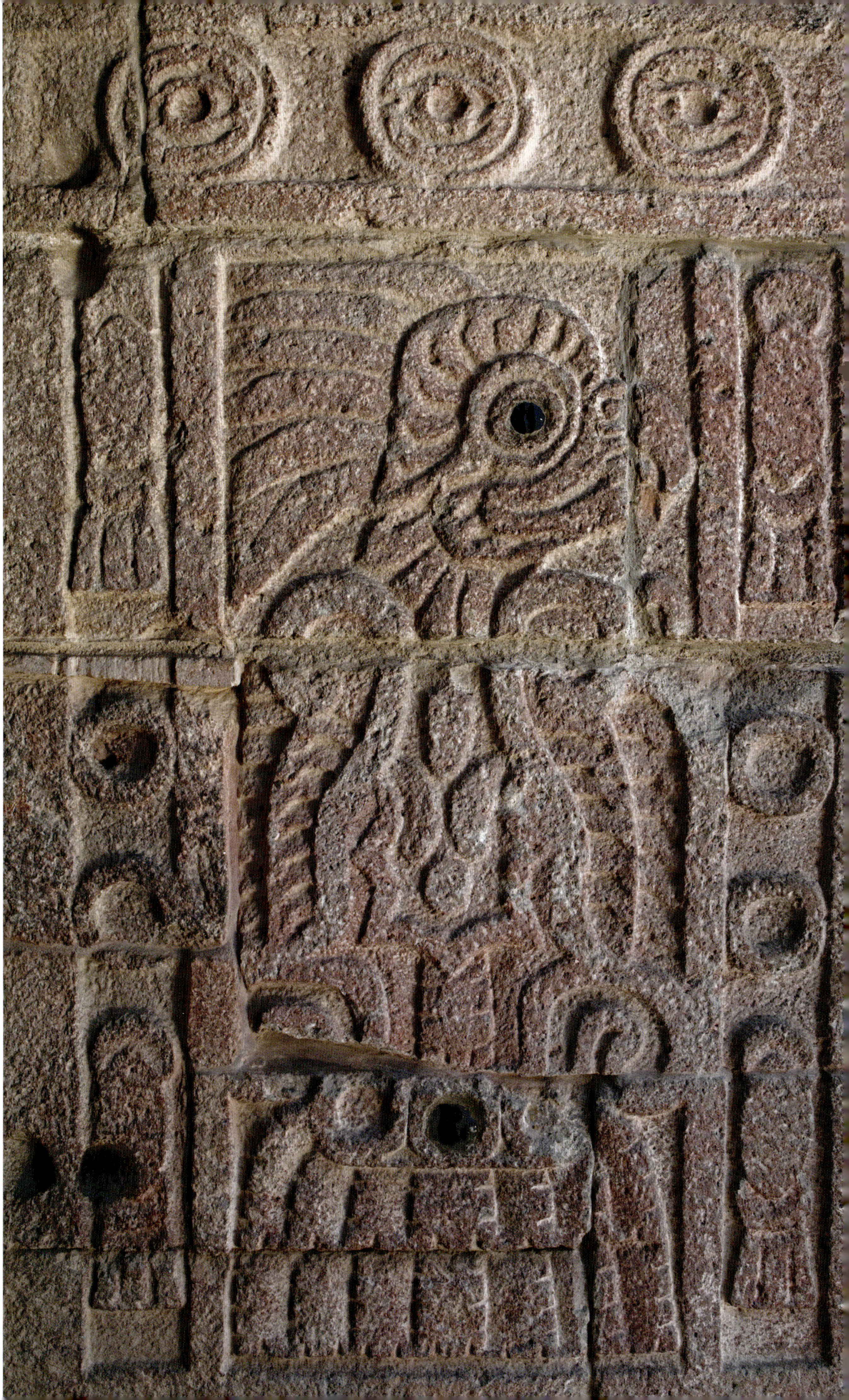

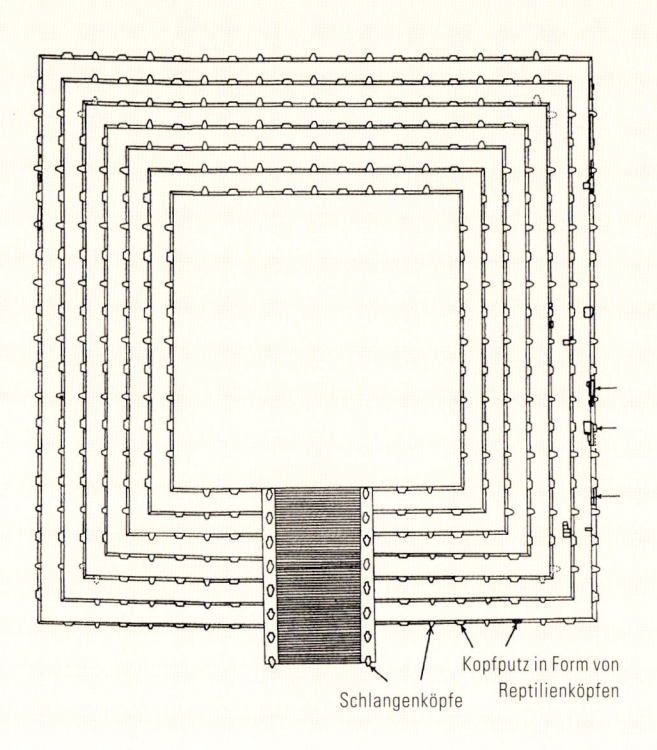

Abb. 5.
Schematischer Grundriss der Pyramide der Gefiederten Schlange mit den rekonstruierten Positionen der Skulpturen (Schlangenköpfe und Kopfputz in Form von Reptilienköpfen, nach Sugiyama, 2005: 23)

Schlangenköpfe Kopfputz in Form von Reptilienköpfen

Fragmente von Kohlenbecken des Alten Gottes ausgegraben. In den Wohnkomplexen trifft man auch häufig auf eine andere Skulpturengruppe: die Zinne, die jedoch vor allem in den Wohnanlagen der höheren Schichten vorkommen. Sorgfältiger bearbeitete Skulpturen, die bisweilen regelrechte Skulpturenprogramme wie das des Quetzalpapálotl-Palastes aufwiesen (Acosta, 1964), gab es vermutlich nur in Zusammenhang mit den Palästen der herrschenden Eliten (Abb. 4).

Abgesehen von den Skulpturen der Wohnkomplexe wurden insbesondere die Pyramiden und Tempel der Stadt mit Skulpturen geschmückt, die zum Großteil in die Architektur des Gebäudes eingebunden wurden – es gibt nur sehr wenige eigenständige Exemplare. Zum Bereich der Mondpyramide gehörten mindestens zwei monumentale Darstellungen der Großen Göttin (Abb. 1): Manche Autoren meinen, dass sie eine Art Stützfiguren am Eingang des Tempels bildeten, die die zweitgrößte Pyramide der Stätte bekrönten; es gibt jedoch keinen Beweis für diese These und man weiß auch nicht, welcher Bauphase sie zuzuordnen sind. Die Sonnenpyramide oder zumindest die im Westen an die Hauptfassade angeschlossene Plattform zieren Darstellungen von Raubkatzen, und, wie schon erwähnt, fand man in ihrer Umgebung auch mehrere Motive, die mit dem Tod oder der Unterwelt in Verbindung gebracht werden können. Es konnte jedoch nicht geklärt werden, ob Letztere aus der Epoche von Teotihuacan stammen. Mehrere Autoren sind der Ansicht, dass die Sonnenpyramide in Wirklichkeit der wichtigsten männlichen Gottheit der Stadt, dem Sturm- und Regengott, geweiht war. Die Ikonografie gibt uns keinen Aufschluss darüber. Auf halber Strecke zwischen dem Platz der Sonnenpyramide und der Zitadelle war auf der Straße der Toten vermutlich in der Tlamimilolpa-Phase ein rechteckiger Bereich angelegt worden, dem eine bedeutende Funktion zukam: Er beherbergte vielleicht die wichtigsten Verwaltungsgebäude und Paläste der Stadt. Folglich überrascht es nicht, dass an diesem Ort eine gewisse Anzahl von Skulpturen vorgefunden wurde: zum Beispiel im zentralen Innenhof des Komplexes des Westplatzes und auf dem Sockel des größten Tempels, der ihn im Westen flankiert (Struktur A40): siehe u. a. Morelos, 1991 und 2002. Der zweifellos interessanteste Skulpturenschmuck dieses Bauwerks stammt aus der zweiten Bauphase, wo Raubkatzen die Schlangen der ersten Bauphase ersetzten (insbesondere an den Geländern der Treppe, die zur Spitze des Sockels führt). Man glaubte, dass dies darauf zurückzuführen war, dass eine Gruppe, deren Emblem der Jaguar war, sich durch ihre Überlegenheit gegenüber einer anderen, die in einer früheren Epoche die Vorherrschaft besaß und durch die Schlange symbolisiert wurde, auszeichnete.

Der letzte öffentliche Bereich, der mit Skulpturen verziert wurde, ist die Pyramide des Quetzalcóatl, die schon in der Miccaotli-Phase, d.h. zwischen 150 und 200 n. Chr., erbaut worden war. Kein anderer Bau von Teotihuacan wurde mit einem so prächtigen Skulpturenschmuck ausgestattet. Die ursprünglich sieben Stufen der Pyramide (Abb. 5) waren mit dem Motiv der gefiederten Schlange regelrecht überzogen worden: Ihr Körper (in Flachrelief) schwimmt im Wasser – vermutlich Meereswasser –, auf dem Rücken trägt sie den Kopf ohne Unterkiefer eines anderen Reptils mit Kopfschmuck, und ihr eigener gefiederter Kopf taucht senkrecht zu den Tafeln des Sockels auf. Er ist in Rundplastik gearbeitet und scheint in einer Vorwärtsbewegung begriffen (López Austin et al., 1991). Cabrera und Sugiyama zufolge befanden sich 399 gefiederte

Schlangenköpfe auf dem ursprünglichen Bauwerk. Zu diesem üppigen Skulpturendekor kommen noch die schwimmenden Schlangenfiguren in Flachrelief auf den Schrägen hinzu, die alle auf die zur Spitze der Pyramide führende Treppe ausgerichtet waren. Die Grabungsarbeiten enthüllten auch zahlreiche polychrome Wandmalereien, was ein Beweis dafür ist, dass man in diesem meisterhaften Werk Skulpturenkunst und Wandmalerei vereinen wollte. Doch das Skulpturenprogramm des Sockels erforderte gewiss ein wesentlich größeres Engagement als ein entsprechender gemalter Dekor. Umso erstaunlicher ist es, dass ein solch umfassendes Werk schon kurz nach seiner Vollendung (vielleicht 52 Jahre danach) durch eine angebaute Plattform, die fast die gesamte Hauptfassade des ursprünglichen Sockels verhüllte, großteils zunichte gemacht wurde.

Welche Erklärung gibt es für diese Skulpturen?

Einige Autoren vertreten die These (Sarro, 1991; Allain, 2004), dass die Skulpturen von Teotihuacan in zwei verschiedenen Epochen ausgeführt worden waren und dass der Skulpturenschmuck zwei verschiedene Bildprogramme widerspiegelt. Zuerst wurde die Pyramide der Gefiederten Schlange ausgeschmückt, die Skulpturen dienten einem öffentlichen Zweck und stellten die Macht und Allgegenwart eines Symbols zur Schau. Danach entstand der Dekor der Säulen des Innenhofs des Palastes von Quetzalpapálotl, der sich durch eine privatere Kunst auszeichnet, die mit der Wandmalerei verglichen wurde. Doch wie oben erwähnt, war die Pyramide der Gefiederten Schlange auch ein monumentales Wandgemälde, das größte, das jemals ausgeführt worden war, und der Vermutung, dass die bemalten Flachreliefs von Quetzalpapálotl aus einer späteren Epoche stammen, widerspricht die Tatsache, dass dieses Gebäude über den Tempel der „Gefiederten Meeresmuscheln" gebaut wurde.

Die Kenntnisse der Geschichte der Skulpturen von Teotihuacan sind teilweise noch lückenhaft und sollten in Zukunft noch vertieft werden. Diese Kunst unterscheidet sich gewiss nicht so grundlegend von der Wandmalerei, wie angenommen wurde. Teilweise ist sie sogar mit ihr verwandt. Im Unterschied zu den Wandgemälden schrieb man den Skulpturen damals vermutlich eine tatsächlich wirksame Kraft zu – die Kraft dessen, was sie darstellten. Denn sie allein wurden systematisch während bestimmter Perioden der Geschichte der Stadt „zerstört", wie beispielsweise Mitte des 6. Jahrhunderts, als man es sich zum Ziel gesetzt hatte, die Machtzentren aufzulösen (López Luján *et al.*, 2004).

Abb. 1.
Muscheln haben in Teotihuacan einen besonderen Stellenwert. Davon zeugt dieses figürliche Gefäß, das mit mindestens vier verschiedenen Muschelarten geschmückt ist (Kat. 269)

BEARBEITETE MUSCHELN UND KNOCHEN IN TEOTIHUACAN

ADRIÁN VELÁZQUEZ CASTRO,
CLARA PAZ BAUTISTA
UND GILBERTO PÉREZ ROLDÁN

Museum Templo Mayor
Staatliches Institut für Anthropologie und Geschichte Mexiko

Schalen von Weichtieren waren für die prähispanischen Gesellschaften Mexikos von großer Bedeutung (Abb. 1 und 2). Zumindest seit der vorklassischen Zeit (1500 v. Chr.–100 n. Chr.) wurden vor allem Gastropoden (Schnecken) und Bivalvia (Muscheln) an den Meeresküsten oder an Flüssen und Seen gesammelt und ins Landesinnere gebracht, wo Luxusartikel aus ihnen hergestellt wurden. Gemeinsam mit grünem Stein und feinen Federn gehörten Muschelschalen und Schneckenhäuser seit jeher zu den Prestigeobjekten, mit denen die Eliten sich schmückten, um ihren hohen sozialen Stand zu betonen. Aus den gleichen Gründen waren diese Gegenstände in den Boden gelegte Opfergaben zu Ehren der religiösen Bauten.

Im Teotihuacan der Miccaotli-Phase (150–200 n. Chr.) wurden zu Ehren des Tempels des Quetzalcóatl Gruppen von prunkvoll gekleideten Männern geopfert. Unter den Fundstücken stechen kurze Umhänge aus rechteckigen Plättchen hervor, die aus der rötlichen Stachelauster (*Spondylus princeps, Spondylus calcifer*) und *Chama echinata* bestehen, sowie Gehänge aus der Schnecke *Turbinella angulata*, die menschliche Backenzähne imitieren. Diese Elemente waren an einem Stoff befestigt, der Darstellungen von menschlichen und Hunde-Kieferknochen zeigt, deren Zahnteile aus den oben erwähnten Muschelarten bestehen; die Halterungen für diese Zähne bestanden aus grün bemaltem Holz (Paz, 2007).

Ähnliche Kleidungsstücke sind in den Grabstätten der Mondpyramide gefunden worden. Im Grab Nr. 2 aus der frühen Tlamimilolpa-Phase (200–250 n. Chr.) war es nicht die Kleidung einer geopferten Person, sondern die einer Figur aus grünem Stein, die außerdem noch zwei runde Ohrscheiben aus *Spondylus princeps* trug. In drei weiteren Gräbern der späten Tlamimilolpa-Phasen (250–350 n. Chr.) sind sie etwas anders gestaltet: An einem Kleidungsstück befinden sich runde Exemplare aus *Spondylus princeps* mit Perlen aus grünem Stein in der Mitte (Grab Nr. 5), an einem anderen sind die Zahnimitationen nicht aus Muschel, sondern aus Travertin (Grab Nr. 6), im Grab Nr. 3 fehlen sie ganz (Paz und Zúñiga, 2008). Zwischen den beiden wichtigsten Individuen im Grab Nr. 6 hat man eine Ohrscheibe aus einer großen Spondylus-Muschel gefunden, die eine menschliche Figur mit Kopfschmuck in Form eines Hirschgeweihs zeigt (Paz und Zúñiga, 2008).

Weitere Elemente aus Muscheln in diesen Gräbern sind: Ohrscheibe aus *Oliva*- (Grab Nr. 2) und *Agaronia*-Schnecken (Grab Nr. 3), sowie große mit eingeritzten Linien verzierte Schneckenhäuser der *Pleuroploca gigantea* – zwei von ihnen wurden als Trompeten genutzt (Gräber Nr. 3 und Nr. 5) (Paz und Zúñiga, 2008).

Objekte aus Muscheln sind auch in den Grabbeigaben der Tempel hierarchisch unterschiedlich bedeutsamer Wohnanlagen gefunden worden. In einem Wohnkomplex zwei Kilometer östlich der Zitadelle wurden auf dem zentralen Altar Objekte aus Perl- (*Pinctada mazatlanica*) und Stachelauster (*Spondylus princeps*) gefunden (Paz, 2006).

Abb. 2.
Die Bedeutung der Muscheln lässt sich auch an ihren Darstellungen auf Wandmalereien und als Skulpturen ablesen, als Basrelief oder rundplastisch wie hier (Kat. 8)

Abb. 3.
Meeresschnecke der Art *Pleuroploca gigantea*, mit Stuck überzogen und bemalt. Diese Art von Muscheln diente auch zur Herstellung von Trompeten (Kat. 45)

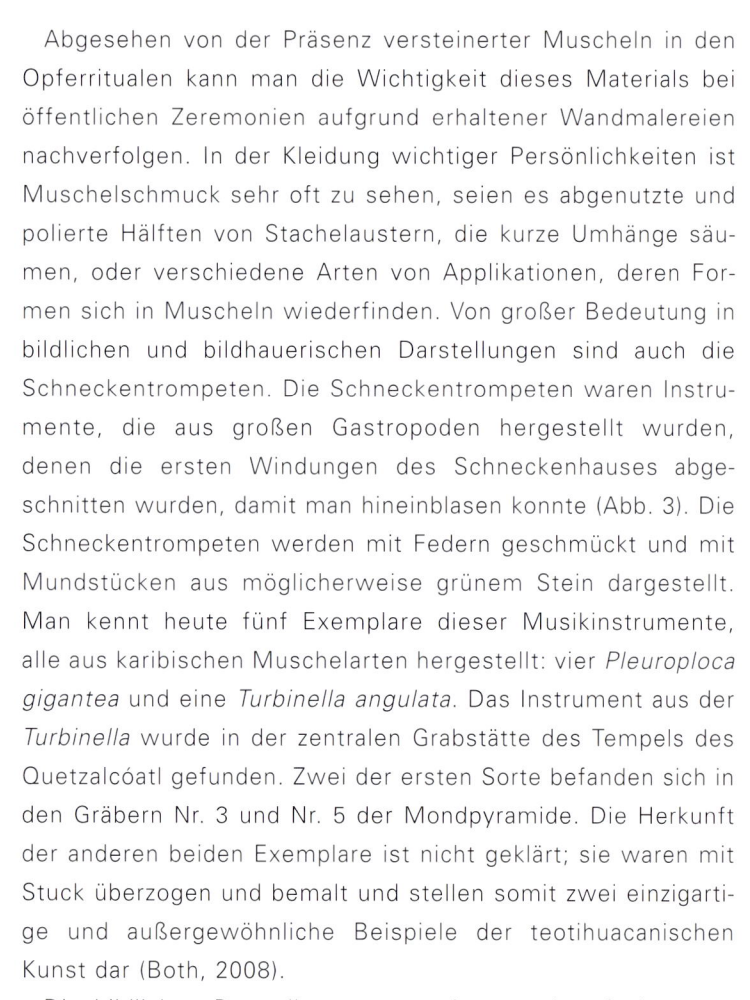

Abgesehen von der Präsenz versteinerter Muscheln in den Opferritualen kann man die Wichtigkeit dieses Materials bei öffentlichen Zeremonien aufgrund erhaltener Wandmalereien nachverfolgen. In der Kleidung wichtiger Persönlichkeiten ist Muschelschmuck sehr oft zu sehen, seien es abgenutzte und polierte Hälften von Stachelaustern, die kurze Umhänge säumen, oder verschiedene Arten von Applikationen, deren Formen sich in Muscheln wiederfinden. Von großer Bedeutung in bildlichen und bildhauerischen Darstellungen sind auch die Schneckentrompeten. Die Schneckentrompeten waren Instrumente, die aus großen Gastropoden hergestellt wurden, denen die ersten Windungen des Schneckenhauses abgeschnitten wurden, damit man hineinblasen konnte (Abb. 3). Die Schneckentrompeten werden mit Federn geschmückt und mit Mundstücken aus möglicherweise grünem Stein dargestellt. Man kennt heute fünf Exemplare dieser Musikinstrumente, alle aus karibischen Muschelarten hergestellt: vier *Pleuroploca gigantea* und eine *Turbinella angulata*. Das Instrument aus der *Turbinella* wurde in der zentralen Grabstätte des Tempels des Quetzalcóatl gefunden. Zwei der ersten Sorte befanden sich in den Gräbern Nr. 3 und Nr. 5 der Mondpyramide. Die Herkunft der anderen beiden Exemplare ist nicht geklärt; sie waren mit Stuck überzogen und bemalt und stellen somit zwei einzigartige und außergewöhnliche Beispiele der teotihuacanischen Kunst dar (Both, 2008).

Die bildlichen Darstellungen verweisen auch auf eine gute Kenntnis der Schalen von Weichtieren, denn man kann verschiedene Arten von Gastropoden und Bivalvia erkennen. In der Zone 5A im Komplex des Sonnentempels kann man die Schneckenarten *Oliva porphyria*, *Turbinella angulata* und *Pleuroploca gigantea* unterscheiden sowie verschiedene Austernarten und Exemplare aus der Familie der Kammmuscheln. Die dort vorhandenen Exemplare sind alle mit vierblättrigen Blumen geschmückt (vgl. De la Fuente, 1995, I: 72, Abb. 6.8). Vielleicht ist den Leserinnen und Lesern bereits aufgefallen, dass aus genau diesen Muschelarten die Luxusartikel und Votivgaben von Teotihuacan hergestellt wurden (Abb. 4). Dies reflektiert ohne Zweifel die kulturellen Präferenzen der Eliten, die über spezielle Abbauorte und Spezialisten für den Abbau des Materials Verfügungsgewalt gehabt haben mussten. Die Spezialisten müssen sowohl die natürliche Umgebung der Muscheln und Schnecken gekannt als auch Tauchtechniken beherrscht haben, denn ein gutes Exemplar muss man lebend aus dem Meer fischen. Wir möchten an dieser Stelle auf das Bild des Muscheltauchers aus dem Palast des Wohnviertels Tetitla verweisen: Auf dem Bild sieht man, zwischen Symbolen von Wasseraugen, einen Menschen mit einem Netz, in das er anscheinend gerade eine Auster steckt; hinter ihm sind in zwei Wasserströmen noch mehr Muscheln zu sehen.

Wie bereits erwähnt, stammen die bevorzugten Muscheln der Teotihuacaner von beiden Küsten Mexikos, die zu jeweils unterschiedlichen malakologischen Provinzen gehören. Darunter versteht man größere Küstenbereiche, die das Wachstum verschiedener Arten erlauben. Die Panama-Provinz erstreckt sich an der Pazifikküste vom Cortés-Meer bis zum Norden Perus, während die karibische Provinz quasi den ganzen Golf von Mexiko, die Halbinsel Florida, die Antillen und den Norden Brasiliens umfasst (Velázquez *et al.*, 2004: 12).

Aus der Panama-Provinz stammen die Bivalvia-Arten *Lyropecten subnodosus*, *Spondylus princeps*, *Spondylus calcifer*, *Chama echinata* y *Pinctada mazatlanica* und die Meeresschnecke *Oliva porphyria*. Alle Arten leben unter der Wasseroberfläche, wobei *L. subnodosus* und *O. porphyria* auf sandigem Grund leben, während die anderen Muscheln sich auf felsigem Untergrund ansiedeln (Velázquez *et al.*, 2004: 14–15).

Aus der karibischen Provinz stammen die *Turbinella angulata* und die *Pleuroploca gigantea*, beides große Meeresschnecken, die auf sandigem Grund leben (Valentín und Zúñiga, 2007: 66sq).

Bis heute weiß man nicht genau, an welchen Orten der Küste die Muscheln für Teotihuacan gesammelt wurden. Charles Kolb (1987) geht aufgrund der Kontakte zwischen Teotihuacan und Orten an der Küste des Golfs von Mexiko davon aus, dass das malakologische Material vom Küstenabschnitt zwischen den Mündungen der Flüsse Pánuco und Papaloapan stammt. Auf den Flusswegen gelangten die Muscheln in die Hauptstadt. Zwei Orte nennt Kolb aufgrund ihrer engen Beziehungen zu Teotihuacan als besonders wahrscheinliche Lieferanten: El Tajín im Norden und Matacapan im Süden (Kolb, 1987: 112).

Die Herkunft der Exemplare aus der Panama-Provinz ist weniger eindeutig und stützt sich lediglich auf wenige Spuren teotihuacanischer Präsenz an einigen Orten der Pazifikküste. Der in Frage kommende Küstenabschnitt ist größer als der vorher genannte: Die nördliche Grenze verläuft bei San Blas in Nayarit, die südliche Grenze am Golf von Tehuantepec. Die möglichen Routen befinden sich entlang der Flüsse Ameca, Balsas, Atoyac und Tehuantepec. Die, aufgrund ihrer Nähe zum Zentrum Mexikos, praktischste dieser Routen verbindet den Hafen von Acapulco mit dem Papagayo-Fluss, dem hohen Balsas und der Quelle des Nexapa in Morelos (Kolb, 1987: 117 bis 119).

Kürzlich gefundene Spuren der Kultur von Teotihuacan an Küstenorten der Region Colima wie z.B. Playa del Tesoro haben zu der Auffassung geführt, dass diese Region sich auf die Beschaffung von Meeresprodukten wie *Spondylus princeps* spezialisiert haben könnte und diese an die „Stadt der Götter" lieferte (Beltrán, 2001: 41–42).

In der Peripherie Teotihuacans sind mögliche Lagerstätten für Meeresmuscheln gefunden worden. Die Muscheln wurden dort, von den Küsten kommend, zwischengelagert und an die Werkstätten im Stadtzentrum weitergeleitet. Dies ist der Fall von Maquixco TC-8:3, wo 3 817 Exemplare der *Spondylus calcifer* in einem Raum gefunden wurden. Als mögliche Muschelmanufakturen sind Oztoyohualco und Tlajinga 33 erwähnt worden; in der letztgenannten Werkstatt hat man auch Spuren der Fabrikation von Objekten aus feinkörnigem Travertin entdeckt (Kolb, 1987: 84; Widmer, 1991; Turner, 1992).

Die jüngsten Ausgrabungen haben allerdings gezeigt, dass auch in vielen Wohnkomplexen Teotihuacans Muscheln in verschiedenen Mengen und zu verschiedenen Zwecken bearbeitet wurden. La Ventilla war z.B. eine Spezialwerkstatt für Masken aus feinem Stein mit Einlegearbeiten (Augen und Zähne) aus versteinerten Muscheln (Gómez, 2000: 549); Teopancazco war wiederum auf die Anfertigung von prunkvollen Gewändern mit Applikationen aus Muscheln für die Elite spezialisiert (Manzanilla, 2006: 35).

Die räumliche Dispersion der Produzentengruppen spiegelt sich vermutlich in der niedrigen Standardisierung der in den staatlichen Ritualen verwendeten Objekte wider. Die im Tempel des Quetzalcóatl gefundenen kurzen Umhänge haben zwar alle den gleichen Schnitt, der sicher von den Herrschenden und durch das Ritual selbst vorgegeben war; die Stücke, aus denen sie bestehen, sind jedoch sehr unterschiedlich geformt und dekoriert (Paz und Zúñiga, 2008). Diese Funde widersprechen den Erwartungen, die man an eine zentralisierte und staatlich kontrollierte Produktion stellen könnte. Sie stimmen jedoch mit den neuesten Annahmen über die soziopolitische Organisation der großen Stadt im Zentrum Mexikos überein: Die zentrale Macht war unter verschiedenen korporativen Gruppen aufgeteilt, die in den zentralen Stadtvierteln wohnten. Die wichtigsten verbindenden Mechanismen dieser Gesellschaft waren die staatlichen Rituale, an denen die verschiedenen Gruppen teilnahmen (Manzanilla, 2006b). Unter diesem Aspekt ist es wahrscheinlich, dass die Kleidung der im Tempel des Quetzalcóatl geopferten Menschen von ihrem jeweiligen Kreis hergestellt wurde; gemeinsam war

Abb. 4.
Graviertes und gelochtes Plättchen aus *Spondylus*, womöglich als Ohrschmuck verwendet. Mitsamt einem zweiten ähnlich geformten und geschmückten befand es sich neben dem Schädel des Individuums B in der Grabstätte 6 der Mondpyramide (Kat. 90)

Abb. 5.
Dolche aus Knochen mit verzierten Enden wurden vielleicht bei Selbstopfern verwendet (Kat. 69 und 70)

allen Gruppen der Anlass der Opferungen, nämlich die Ehrung des Gebäudes, das den Beginn einer neuen politischen Ära symbolisierte.

Offenbar waren die Schalen von Weichtieren ein wichtiges religiöses Symbol in der Gesellschaft Teotihuacans. Darstellungen von Muscheln und Schnecken finden sich häufig zusammen mit Wasserdarstellungen als Teil von Fürbitten um Fruchtbarkeit und Nahrung, für die das kühle Nass unerlässlich war. So sieht man Muscheln auf den mit Blumen geschmückten Gewändern der Priester und Säer auf den Wandgemälden in Tepantitla; aus ihnen fällt Saatgut auf die Erde. Vielleicht wird dieser Vorstellung von Fruchtbarkeit auch auf den Wandbildern des Sonnentempels (Zone 5A) Rechnung getragen; hier entspringen den Muscheln verschiedene Tiere wie Katzen und Hunde. Ähnliche Motive finden sich im Tempel der Landwirtschaft, wo die Muscheln von keimenden Pflanzen bedeckt dargestellt sind.

Ein weiterer wichtiger Aspekt der Muschelsymbolik ist die Verbindung zu Krieg und Opfer. Es ist auf die Existenz von Objekten aus versteinerten Muscheln hingewiesen worden, die in den Gräbern geopferter Menschen sowohl im Tempel des Quetzalcóatl als auch in der Mondpyramide gefunden wurden. Die roten Schalen der Stachelauster (*Spondylus princeps*) werden oft mit einem dreilappigen Element, das als „Blutstropfen" interpretiert wird, dargestellt.

Auch Objekte aus tierischen und menschlichen Knochen spielten eine wichtige Rolle in der Gesellschaft Teotihuacans. Wie aus den Schalen der Mollusken wurden aus Knochen Luxusartikel und Votivgegenstände hergestellt. Entsprechende Schmuckgegenstände wurden in den Wohnanlagen von Oztoyahualco, La Ventilla und Teopancazco gefunden, darunter Nadeln, Broschen, Knöpfe, Ohrscheiben und Einlegearbeiten aus Menschenknochen sowie durchbohrte Zähne. Einige dieser Zähne stammen vom Weißwedelhirsch (*Odocoileus virginianus*); es wurden auch Ohrscheiben aus Hirschknochen gefunden (Ortiz, 1993; Reyes, 2004; Padró 2002).

Als Votivgegenstände wurden in einem Opfergrab (4A) im Tempel des Quetzalcóatl neun längs durchsägte und durchbohrte Kieferknochen von Hunden gefunden, die einen kurzen Umhang (ähnlich wie zuvor beschrieben) säumen. Im Grab 5H desselben Gebäudes besteht der Saum aus sieben Menschenkiefern (Valadez et al., 2000).

In den Tempeln der Viertel Teopancazco und La Ventilla wurden Dolche zur Selbstopferung aus Unterschenkelknochen des Adlers (*Aquila chrysaetos*) entdeckt sowie Oberschenkelknochen von Jaguaren (*Pantera onca*) und Menschen (Abb. 5); einige von ihnen weisen Anzeichen von Verbrennungen auf. Eventuell wurden sie im Laufe einer Opferzeremonie verbrannt. In diesen beiden Wohnvierteln und in Xalla wurden Musikinstrumente aus menschlichen Oberschenkelknochen gefunden, die der Länge nach mit Einkerbungen versehen waren, um darauf ähnlich wie auf einer Ratsche durch Darüberziehen eines anderen Gegenstandes rhythmische Geräusche zu erzeugen (Padró, 2002; Romero, 2004; Pérez, 2005).

Im Gegensatz zu den Muscheln wurden aus Knochen auch verschiedene Werkzeuge für alltägliche Arbeiten hergestellt; für die Maisernte gab es z.B. sogenannte „Pflücker" (*Pizcadores*) aus den langen Knochen von Hirschen und Truthähnen (*Meliagris gallopavo*). Man fand diese Werkzeuge in Stadtvierteln mit unterschiedlichem sozialen Status.

In der Korbmacherei wurden Ahlen aus Hirschknochen verwendet; mit ihnen fertigte man Gewebe aus harten Fasern wie Weiden, Binsen und Agaven. Die Textilindustrie war von großer Bedeutung sowohl für die Produktion von Taschen, in denen ein so wichtiges Tauschgut wie Obsidian transportiert wurde, als auch zur Produktion von Kleidung für die sozial hochgestellten Schichten in Teotihuacan. Bei der Bekleidungsherstellung benutzte man dünne Nadeln aus langen menschlichen Knochen oder Vogelknochen wie z.B. Truthahnknochen, um Baumwolle zu verarbeiten, und dicke Nadeln aus Menschen- und Hirschknochen für die Verarbeitung von Leder. Die Kleidungsstücke waren teilweise mit geometrischen (trapezförmigen, dreieckigen, rechteckigen und runden) Einlegearbeiten verziert, die aber die natürlichen Formen der verwendeten Materialien beibehielten. Dies ist der Fall bei Wolfs- (*Canis lupus*) und Hundezähnen (*Canis familiaris*), die an der Innenseite abgefeilt wurden, sodass nur ihre Außenseite zu sehen war (Padró, 2002; Pérez, 2005).

Für die abschließende Bearbeitung und Dekoration von Wänden gibt es interessante Werkzeuge aus Knochen. Menschliche Schädeldecken wurden als Gefäße für die Pigmente der außergewöhnlichen Wandgemälde benutzt. Teile der Schädelknochen dienten auch zur Glättung der verputzten Wände (Cid und Romero, 1997; Pérez, 2005). Außerdem wurden Pinselschäfte aus langen Hirschknochen geborgen.

In anderen Handwerkszweigen wurden ebenfalls Werkzeuge aus menschlichen Knochen verwendet. Die Steinmetze benutzten Oberschenkelknochen und Schienbeine, um den Stein zu hauen; für die Holzschnitzerei wurden Meißel und Stechbeitel aus langen Knochen verwendet; aus den gleichen Knochen wurden auch Falzbeine zum Falten und Schneiden von Papier angefertigt. Von großem Interesse ist der Fund von Objekten aus Hirsch- und Hundeknochen, die an die *Omihuítli* erinnern, die in der Federkunst der Nahuas im 16. Jahrhundert verwendet wurden (Pérez, 2005).

Ein Beispiel dafür ist das Wandgemälde im ersten Gemach von Teopancazco, auf dem man zwei reich geschmückte Priester vor einer Sonnenscheibe sieht.

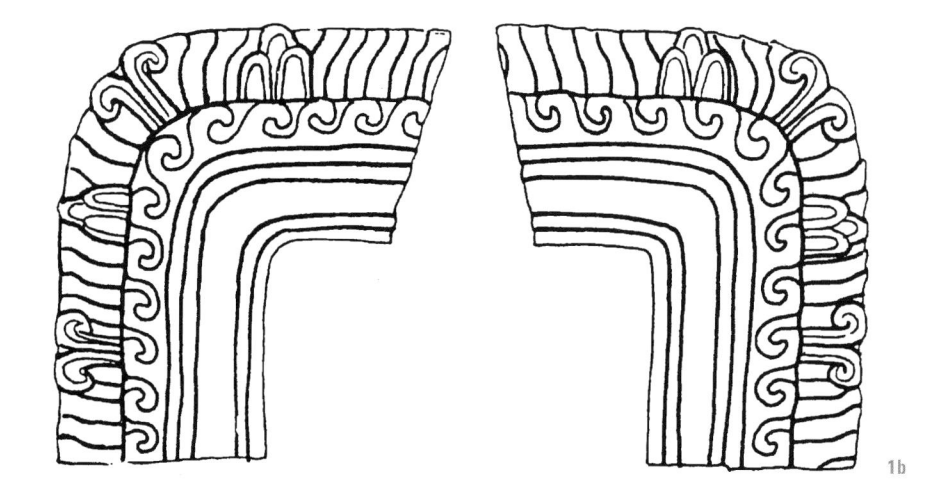

Abb. 1.
Darstellungen der Berge der Himmelsrichtungen:
a) Rückseite eines Spiegels aus Schiefer mit den Bergen der vier Himmelsrichtungen, Denver Museum of Art (Taube, 2006, Abb. 7d);
b) Rand eines Weihrauchgefäßes mit der Darstellung von Federn und den vier Bergen (Taube, 2006, Abb. 7c)

DIE TEOTIHUACANISCHE RELIGION

KARL TAUBE

Universität von Kalifornien, Riverside

Seine Größe, einschließlich der gewaltigen Pyramiden und der imposanten Straße der Toten, macht den Namen „Stadt der Götter" für Teotihuacan sinnfällig. Es überrascht daher nicht, dass die Azteken diesem heiligen Ort später den Namen Teotihuacan gaben, zu Deutsch „der Ort, an dem Götter gemacht wurden". Für die Azteken des Postklassikums war Teotihuacan nichts Geringeres als jener mythische Ort, an dem ihre Welt ihren Ausgang nahm, als die Sonne und der Mond erstmals dem Opfer-Scheiterhaufen entstiegen. Obwohl die Azteken erst nahezu tausend Jahre nach dem Untergang Teotihuacans ihre eigene Blütezeit erlebten, lassen sich viele Aspekte ihrer Zivilisation, darunter architektonische, literarische und künstlerische Traditionen, auf diese Quelle der zentralmexikanischen Zivilisation zurückführen.

Auch hinsichtlich des religiösen Erbes der Azteken sind bestimmte Götter und Zeremonien erstmals in Zentralmexiko in Teotihuacan nachweisbar. So begann etwa die Ausübung des Herzopfers der aztekischen Mythologie zufolge mit der Tötung der Götter nach der Geburt der Sonne, und Opferherzen tauchen in der Kunst von Teotihuacan gemeinhin als die ersten bekannten Beispiele in Zentralmexiko auf (Sejourné, 1956: 121). Obwohl die ausführliche Dokumentation der aztekischen Religion in der Kontaktperiode für die Deutung der älteren Kunst und Ikonografie von Teotihuacan sehr nützlich ist, ist auch ein Verständnis der Kontinuität religiöser Traditionen nach dem Niedergang von Teotihuacan von großer Bedeutung. In dieser Hinsicht stellen die spätklassischen Orte Xochicalco und Cacaxtla sowie das frühe postklassische Tula bedeutende Brücken zwischen den frühklassischen Teotihuacanern und den postklassischen Azteken dar. Obwohl die alte Mayaschrift weitgehend entziffert wurde, bleiben unsere Kenntnisse der Schrift von Teotihuacan dürftig, und selbst ihre Sprache ist nach wie vor Gegenstand heftiger Auseinandersetzungen. In dieser Hinsicht sind die Texte und die Bildkunst der damals zeitgenössischen klassischen Maya von großer Bedeutung. Es zeigt sich zunehmend, dass Teotihuacan engen Kontakt mit den Maya unterhielt. Dies belegen unter anderem Mayatexte, in denen von der Ankunft von Teotihuacanern in Tikal im Jahr 378 n. Chr. die Rede ist, sowie Maya-Figuren und Hyroglyphentexte in Wandmalereien einer teotihuacanischen Wohnung in Tetila (Stuart, 2000; Taube, 2003). Außerdem weisen frühklassische Keramiken von der Südküste Guatemalas eine komplexe teotihuacanische Ikonographie und Hieroglyphen auf (Hellmuth, 1975; Berlo, 1984; Taube, 2000b, 2005). Doch neben den gleichzeitigen und späteren mesoamerikanischen Kulturen liefern auch die archäolo-

Abb. 1.
c) Figur mit Schmetterlingsattributen, die aus einem mit den Bergen der Himmelsrichtungen geschmückten Rahmen heraustritt (Taube, 2006, Abb. 7b)

Abb. 2.
Darstellungen von Tláloc:
a) Kosmogramm von fünf Tlálocs, Detail eines Gefäßes aus dem Frühklassikum, Herkunft aus der Provinz Escuintla in Guatemala (Hellmuth, 1975, Tafel 40);
b) Glyphe mit einem Fünfpunkte-Zeichen im Mund von Tláloc (Sugiyama und Cabrera Castro, 2004, Abb. 151);
c) der Regengott mit einem Schild, der mit einer Glyphe von Tláloc verziert ist (Juárez Osnaya und Ávila Rivera, 1955, Tafel 14);
d) das Gefäß Plancarte (Bernal, 1969, Nr. 9)

gischen Entdeckungen in Teotihuacan – darunter Skulpturen, Wandgemälde, Keramik und Opfergaben – vielfältige Informationen über ihre komplexen religiösen Traditionen.

Die sakrale Geographie, darunter Berge, Höhlen, Flüsse und die Meere, ist eines der vorherrschenden Themen der Religion von Teotihuacan. Da diese, die dortige Landschaft prägenden Merkmale nach wie vor existieren, finden wir erleichterten Zugang zu den Grundbegriffen der Religion und Weltanschauung von Teotihuacan. So sind etwa die Straße der Toten und der gesamte Rasterplan der Stadt auf den Cerro Gordo ausgerichtet, der sich auf spektakuläre Weise hinter der Mondpyramide erhebt (Trobiner, 1972). Ihre Position legt nahe, dass es sich bei dieser und anderen Pyramiden in Teotihuacan um symbolische Berge handelt, eine weitverbreitete Tradition im alten Mesoamerika. Berge werden in der Kunst von Teotihuacan häufig als drei miteinander verbundene Hügel dargestellt, deren höchster sich in der Mitte befindet (Abb. 1, 4e). Diese Komposition spiegelt sich auch in den teotihuacanischen triadischen Pyramidengruppen wider, die aus einer großen zentralen Pyramide bestehen, welche von einem Paar nach innen gewandter kleinerer Plattformen flankiert werden (Pasztory, 1988: 53). Stephen Trobriner (1972) hat die These vertreten, dass der große Berg des Cerro Gordo im sogenannten Paradies von Tláloc in dem berühmten Wandgemälde in Tepantitla erscheint, das zwei Flüsse zeigt, die von seinem Fuß aus in waagerechter Richtung verlaufen. Auf diesem Wandgemälde werden Flüsse auf anschauliche Weise so dargestellt, als gingen sie aus Bergen hervor.

In Teotihuacan waren Berge nicht nur die Quelle des lebensspendenden Wassers, sondern sie bildeten auch den Rahmen der Welt der Teotihuacaner in Gestalt von vier Gipfeln, die in den vier Haupt- bzw. Zwischenhimmelsrichtungen liegen. Die mit Gravuren versehene Rückseite eines Schieferspiegels zeigt vier symmetrisch platzierte Berge, die um ein wenig bekanntes Zeichen in der Mitte gruppiert sind, das als „Reptilienauge"-Hieroglyphe bezeichnet wird (Abb. 1a). Außerdem zeigen eine Reihe teotihuacanischer Motive auf Gefäßen mit bemaltem Stuck eine gefiederte Figur, die aus einer von Federn umrahmten Kartusche mit Bergen, die die Richtungen anzeigen, erscheint; darunter eine Figur mit demselben Reptilienauge-Symbol auf der Brust (Abb. 1c). Da sie im Profil abgebildet ist, sind nicht alle vier Berge zu sehen. Doch auf einem teotihuacanischen Weihrauchgefäß, das mit diesem gefiederten Sinnbild versehen ist, sind alle vier Berge deutlich zu erkennen (Abb. 1b). Die kosmologische Bedeutung der vier, die Richtung anzeigenden Berge ist in den rituellen Zeugnissen der Maya, der Azteken sowie der Völker des amerikanischen Südwestens – darunter die Pueblo-Gemeinschaften ebenso wie die Navajo – gut dokumentiert. So enthielt etwa der aztekische Schrein auf dem Berg Tláloc vier in den Zwischenhimmelsrichtungen gelegene Felsblöcke sowie einen in der Mitte (Townsend, 1991: 28). Es ist wahrscheinlich, dass diese Felsblöcke sowohl die Richtung anzeigende Berge als auch Regengötter symbolisieren.

In Mesoamerika sind Berge das Reich der Regengötter, die Orte, wo Wolken sich verbinden, um Regen zu erzeugen, der sich dann in Gestalt von Strömen und Flüssen kaskadenartig die Hänge herab ergießt. Die Borgia- und Vaticanus B-Codices des späten postklassischen Zentralmexiko schildern fünf Tlálocs, mit den vier Richtungen und dem Mittelpunkt der Welt, eine Form des berühmten mesoamerikanischen Fünfpunkte-Zeichens für den Kosmos. Ein Gefäß im Escuintla-Stil zeigt dieselbe Komposition, bei der vier Tláloc-Berge einen großen fünften umgeben (Abb. 2a). Neuere Ausgrabungen an der Mondpyramide förderten aufwendige Opfergaben zutage, darunter Tláloc-Figurenkrüge, von denen vier in den vier Ecken und ein fünfter in der Mitte platziert waren (Sugiyama et al., 2004). Die vier Richtungen und der Mittelpunkt – das mesoamerikanische Fünfpunkte-Zeichen für den Kosmos, finden sich auch auf einer gängigen teotihuacanischen Hieroglyphe, die dieses Element im Mund von Tláloc zeigt (Abb. 2b). Grundsätzlich symbolisierte Tláloc nicht nur den Gott des Regens und Gewitters, sondern die gesamte Welt von Teotihuacan. Faktisch unterteilen die Straße der Toten sowie die Östliche und die Westliche Avenue Teotihuacan in vier große Viertel, ähnlich den vier Stadtbezirken der aztekischen Hauptstadt Tenochtitlan. Angesichts des seltenen vierteiligen Aufbaus der Pyramiden entsprechend den vier Haupthimmelsrichtungen in Teotihuacan, stellt der unlängst ergrabene Hauptplatz in Xalla mit seinen vier pyramidalen Plattformen, die an den vier Weltrichtungen ausgerichtet sind, eine wichtige Ausnahme dar. Linda Manzanilla (2008: 126) weist darauf hin, dass der östliche Bau deutliche Hinweise auf Tláloc enthält, darunter ein hügelartiges Weihrauchgefäß mit Tláloc-Applikationen und eine Stele mit einer markanten Hieroglyphe des Regengottes mit dem Fünfpunkte-Zeichen der vier Richtungen im Mund.

Obwohl viele Elemente der Kunst und Ikonografie von Teotihuacan bisweilen wie aus dem Nichts auftauchen und praktisch keine Vorläufer in Mesoamerika haben, lässt sich der Tláloc von Teotihuacan leicht auf das frühere Tlapacoya (etwa 200 v. Chr.) und die noch älteren Olmeken zurückführen (Covarrubias, 1946; Taube, 1995). Das Plancarte-Gefäß, ein bemerkenswertes Figurengefäß aus Jadeit aus Nanchititla, zeigt einen frühteotihuacanischen Tláloc, der sowohl dem olmekischen Regengott als auch der zapotekischen Regengottheit Cocijo (Abb. 2d) ähnelt. Die Ohren des teotihuacanischen Gefäßes sind durch S-förmige Motive gekennzeichnet, die sich in Mesoamerika in der Regel auf Regenwolken beziehen und auch bei einem frühen Cocijo-Figurengefäß die Ohren verkörpern (Abb. 2e). Wenngleich es möglich ist, die Entwicklung von Tláloc auf frühere mesoamerikanische Regengötter zurückzuführen, gibt es ein Attribut, das sich erstmals in Teo-

Abb. 2.
e) Gefäß, das mit einem Bild des zapotekischen Regengottes Cocijo geschmückt ist (Caso und Bernal, 1952, Abb. 338)

Abb. 3.
Keramikfiguren, die vermutlich teotihuacanische Gottheiten darstellen:
a) Figur der Maisgöttin (?) mit länglichem Schädel und einer Haartracht, die an einen Maiskolben erinnert (Sejourné, 1966, Tafel 55)
b) Figur einer Frau mit Quetzals und einer Blume in der Mitte ihrer Haartracht, vielleicht eine alte Form von Xochiquetzal (Sejourné, 1959, Abb. 58b)

tihuacan findet, nämlich die vortretenden brillenartigen Augen. Normalerweise wurden in der Kunst von Teotihuacan Krieger mit ähnlichen „Brillen" auf der Stirne oder über den Augen dargestellt und tatsächlich haben sich Muschelbrillen in Grabstätten in Teotihuacan, Kaminaljuyú, Guatemala und Copán, Honduras, gefunden. Wahrscheinlich weist die „Brille" den teotihuacanischen Tláloc als einen Gott des Krieges sowie des Regens und des Wassers aus. Blitze mögen als seine hervorragende Waffe gegolten haben, und Wandgemälde aus dem Wohnkomplex von Totómeta zeigen Tláloc, der gleich einem bewaffneten Krieger einen Schild mit der Fünfpunkte-Hieroglyphe von Tláloc und einen wellenförmigen Blitz ergreift (Abb. 2c).

Eine weitere wichtige teotihucanische Gottheit neben Tláloc war die Gefiederte Schlange, ein Wesen, das später von den Azteken als Quetzalcóatl oder „Quetzal-Schlange" bezeichnet wurde. Tatsächlich ist die Schlange von Teotihuacan mit grünen, gewellten Quetzal-Federn bedeckt, ungeachtet der Tatsache, dass Quetzals auf das entlegene Hochland der Maya im Osten zurückgehen. Wenn es auch schon bei den Maya und Olmeken gefiederte Schlangen gibt, handelt es sich bei der gefiederten Schlange von Teotihuacan um eine Klapperschlange, die am ganzen Körper mit Quetzalfedern bedeckt ist und zur Grundform dieses Wesens im klassischen und postklassischen Zentralmexiko wurde (Bicholson, 1987; Taube, 2002). Quetzalcóatl, die bei den Tolteken und Azteken die Gestalt eines Mannes annimmt, ist in dieser Form in Teotihuacan nicht sehr weit verbreitet; dort erscheint dieses Wesen vorwiegend in seiner tierischen Schlangengestalt. In Teotihuacan finden sich einige der frühesten Darstellungen der Gefiederten Schlange im Tempel von Quetzalcóatl. Die Pyramide, die aus der Zeit um 200 n. Chr. stammt, zeigt gefiederte Schlangen, die zwischen Muscheln umherschwimmen und aus gewaltigen Blumen hervorkommen. Während Tláloc offenbar eng mit Bergen verbunden war, in denen es regnete, war die gefiederte Schlange dem Anschein nach eher ein Geschöpf des Meeres, der Quelle der Regen bringenden Winde. Das Wandgemälde mythologischer Tiere schildert gefiederte Schlangen mit Fischen und katzenartigen Wesen, die in den Wellen schwimmen. Für die Azteken war Quetzalcóatl der Wind, der den Regen brachte, und für die Tlaloken war er der „Straßenfeger" (Sahagún, 1977: 156). In Teotihuacan ist die gefiederte Schlange eindeutig ein Regenbringer und speit häufig Wasser aus dem Mund, gibt Regen von sich und trägt Tláloc in ihrem Mund oder auf ihrem Rücken. Die Vorstellung der gefiederten Schlange als Transportmittel oder Straße ist auch anschaulich dargestellt durch Balustraden gefiederter Schlangen, die skulptural ausgeformte Schlangenköpfe und Klapperschlangenschwänze aufweisen. Solche Treppen hinauf- oder hinabzusteigen entspricht der Reise auf dem Rücken der gefiederten Schlange (Taube, 2002).

Die aztekische, als Huehuetéotl, oder „alter, alter Gott" bekannte Gottheit ist in der Tat sehr alt und lässt sich auf die teotihuacanische und noch ältere Kulturen in Mesoamerika zurückführen. Er ist nicht nur der Gott des Feuers, sondern verkörpert auch das Prinzip der Mitte als zentraler kosmischer Herd oder *tlalxicco* oder Weltnabel, wie dieser Bericht aus dem 17. Jahrhundert im Florentiner Codex zeigt: „die Mutter der Götter, der Vater der Götter, der im Nabel der Welt wohnt" (Sabagún, 1950–1982, bk. 6: 88). Kleine Grünsteinskulpturen dieses Wesens finden sich noch in der mittleren vorklassischen olmekischen und der späten vorklassischen Kunst von Colima; die frühesten bekannten Beispiele von Steinskulpturen des Huehuetéotl, der auf seinem Kopf Weihrauchgefäße trägt, stammen jedoch aus Puebla und Tlaxcala (Taube, 2004b: 102-4, Abb. 47). In Teotihuacan gibt es viele Beispiele solcher Weihrauchgefäße. Charakteristischerweise haben sie eine hohle rechte Hand, während die andere im rechten Winkel gewendet ist, als hielte sie einen vertikalen Gegenstand.

3a

3b

Neben den männlichen Gottheiten gab es in Teotihuacan auch Göttinnen. Eine Reihe von Forschern hat sogar die These vertreten, dass es ein allumfassendes weibliches Wesen oder eine „Große Göttin" in Teotihuacan gegeben habe (etwa Berlo, 1992; Milton, 1988; Pasztory, 1992, von Winning, 1987: 135-140). Doch Zoltan Paulinyi (2006) hat unlängst die Existenz einer Großen Göttin in Frage gestellt und darauf hingewiesen, dass viele derart identifizierte Figuren wahrscheinlich männlichen Geschlechts sind. Wahrscheinlich handelt es sich bei vielen Figuren ohne Gliedmaßen aus Teotihuacan eher um Totenbündel von Kriegern, als um Röcke tragende Frauen (Abb. 4a, Taube, 2000a; Headrick, 2007). In Teotihuacan ist eines der deutlichsten Zeichen für das weibliche Geschlecht die von den Azteken als *quechquemitl* bezeichnete Bluse in Form eines Dreiecks. Wie bei den Azteken gab es wahrscheinlich viele weibliche Gottheiten und nicht nur eine Große Gottheit. Viele teotihuacanischen Figurinen stellen eine weibliche Gestalt mit einem kegelförmigen Kopfaufsatz dar, der mit horizontalen, Maiskörner-Reihen ähnlichen Haarbändern versehen ist, und auf dem sich lange Haarbüschel befinden, die der Maisseide auf der Spitze von Maiskolben ähneln (Abb. 3a). Wie im Fall des klassischen Maisgottes der Maya sind ihr Kopf und ihre Frisur als Maiskolben dargestellt, und wahrscheinlich handelt es sich bei diesem Wesen um eine frühe Form der aztekischen Maisgöttin, die als Chicomecoatl oder Xilonen bezeichnet wird. Andere teotihuacanische Figuren zeigen eine junge Frau mit Quetzalen und einer markanten Blüte auf der Stirn (Abb. 3b). Laurette Sejourné (1959: 79) hat darauf hingewiesen, dass diese Frau eine sehr alte Form des aztekischen Xochiquetzal oder „Blumen-Quetzal" sein könnte, eine venusartige Göttin der Sexualität und Schönheit sowie die Schutzgöttin der Weber. Mit Sicherheit lässt die Identifizierung spezifischer weiblicher Gottheiten in Teotihuacan ausgiebige weitere Untersuchungen als wünschenswert erscheinen.

Tláloc wurde als Gott des Krieges in Teotihuacan erwähnt, und Kriegsführung und Opfer zählen zu den vorherrschenden Themen. Adler-, Eulen- und Jaguarfiguren schwingen nicht nur Waffen, sondern verschlingen auch Herzen und Blut. Außerdem werden Herzen normalerweise als auf sichelartigen Obsidianmessern aufgespießt dargestellt, die man von Ausgrabungen in Teotihuacan kennt (Sugiyama, 2005: Abb. 56). Neben der gefiederten Schlange finden sich im Tempel von Quezalcóatl weitere zoomorphe Köpfe, die wegen der Muschelbrille auf der Stirn häufig fälschlicherweise als Tláloc bezeichnet werden. Ich habe diesen Kopf als eine aus einem Muschelmosaik gebildete militärische Helmmaske identifiziert, wie sie in den Gebieten der Teotihuacaner und der Maya gefunden wurden (Taube, 1992). Unter den klassischen Maya stellt dieser Muschelhelm normalerweise ein Schlangenwesen dar, das in Begleittexten als Waxaklahun Ubah Chaan oder „18 seine Bilder (oder Köpfe)" beschrieben wird. Ich habe dieses von Teotihuacan abgeleitete Wesen als die Kriegsschlange gedeutet, doch während die klassischen Maya-Beispiele eindeutig schlangenförmig sind, ist dies nicht der Fall bei dem teotihuacanischen Exemplar, welches mit seinen klauenbewehrten Gliedmaßen und seiner jaguarartigen Schnauze eher an eine Katze erinnert.

Im Denken der Azteken wurden die Seelen der Krieger zu Schmetterlingen und Vögeln, die in einem floralen Sonnenparadies wohnten (Sahagún, 1950–1982, Buch III; 49, Buch VI: 162; Burkhart, 1992). Es finden sich zunehmend Belege dafür, dass es auch im früheren Teotihuacan einen vergleichbaren Paradieskomplex für Krieger, Blumen, Schmetterlinge und kostbare Quetzalvögel gab (Berlo, 1983, 1984; Taube, 1992, 2000, 2004, 2005, 2006; Headrick, 2007: 135-145). Maskierte Totenbündel, ein markantes Merkmal der aztekischen Bestattungsrituale für verstorbene Krieger, finden sich bereits in der Kunst von Teotihuacan, und man hat die These vertreten, dass die bekannten

Abb. 4.
Teotihuacanische Darstellungen des Todes und des Blumenparadieses:
a) Totenbündel mit dem Kopfputz der Schlange des Krieges (Zeichnung von M. Corravubias, in Corravubias, 1966: Abb. 54)
b) der Berg der Blumen mit Quetzals, Detail eines mit Stuck überzogenen und bemalten Gefäßes aus Teotihuacan (Taube, 2006, Abb. 4e)
c-d) Deckel eines Weihrauchgefäßes aus dem Frühklassikum, der in Escuintla (Guatemala) gefunden wurde und eine Person mit den Attributen des Schmetterlings vor dem Berg der Blumen darstellt (Taube, 2006, Abb. 5b-c)
e) Schmetterling vor dem Berg der Blumen, Detail eines mit Stuck überzogenen und bemalten Gefäßes aus dem Frühklassikum (Taube, 2006, Abb. 5a)

teotihuacanischen Steinmasken auf Totenbündel gelegt wurden (Headrick, 2007: 54–59). Neben ihrer normalen Erscheinungsform als gliedmaßenlose „halbkonische" Figuren finden sich maskierte Totenbündel im größeren Maßstab auch bei den als sogenannte „Theater"-Räuchergefäße gestalteten Ensembles, umgeben von Schmetterlingen, floralen Spiegeln, Quetzalköpfen und anderen Elementen, welche auf das paradiesische Jenseits verweisen (Abb. 4c–d; Taube, 2000, 2004a, 2005, 2006). Hasso von Winning (1987: 123) bemerkt hierzu: „(l)os grandes incensarios, con sendos elementos de mariposa, son los objetos de culto en las ceremonias funerarias …" Meiner Meinung nach kopieren diese Weihrauchgefäße im Hinblick auf Teotihuacan bekannte Bestattungsriten, bei denen die Totenbündel nach dem Verbrennen von Opfergaben bestattet wurden, ähnlich der Art und Weise, wie der Deckel des figuralen Weihrauchgefäßes auf dem rauchenden Gefäß platziert wird (Taube, 2000a).

Ein gebräuchlicher Bestattungsritus in Teotihuacan, vor allem in der Tlamimilolpa-Epoche, bestand darin, den Körper in sitzender Haltung und gen Osten blickend zu bestatten, da dort sowohl der Ursprung der Morgendämmerung als auch die Quelle der fruchtbaren Frühlings- und Sommerregen lag (Sempowski, 1994: 250). Weit im Osten, in der Region Escuintla an der Südküste Guatemalas, stellen Weihrauchgefäße im Stil von Teotihuacan Schmetterlingsfiguren vor einem blühenden Hügel dar, ein auch in Teotihuacan bekannter Topos (Abb. 4c-e). Diese Szenen schildern den Berg der Blumen, ein paradiesisches Reich, das mit der aufgehenden Sonne und den heldenhaften Toten in Verbindung gebracht wird (Taube, 2004a, 2005, 2006). In Teotihuacan erscheint Quetzale zusammen mit dem Berg der Blumen, was darauf hindeutet, dass das Blumenparadies, wie im Fall der Azteken, im Osten, dem Ort der Morgendämmerung, lag (Abb. 4b). Teotihuacan war nicht nur das größte politische Zentrum des frühklassischen Zentralmexiko, sondern in seinem politischen und religiösen Leben auch unlösbar verbunden mit der gesamten mesoamerikanischen Welt.

4a

4b

4c

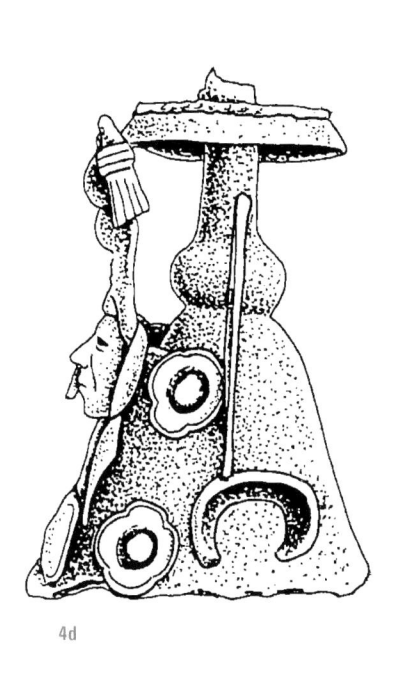

4d

4e

DIE TEOTIHUACANISCHE RELIGION

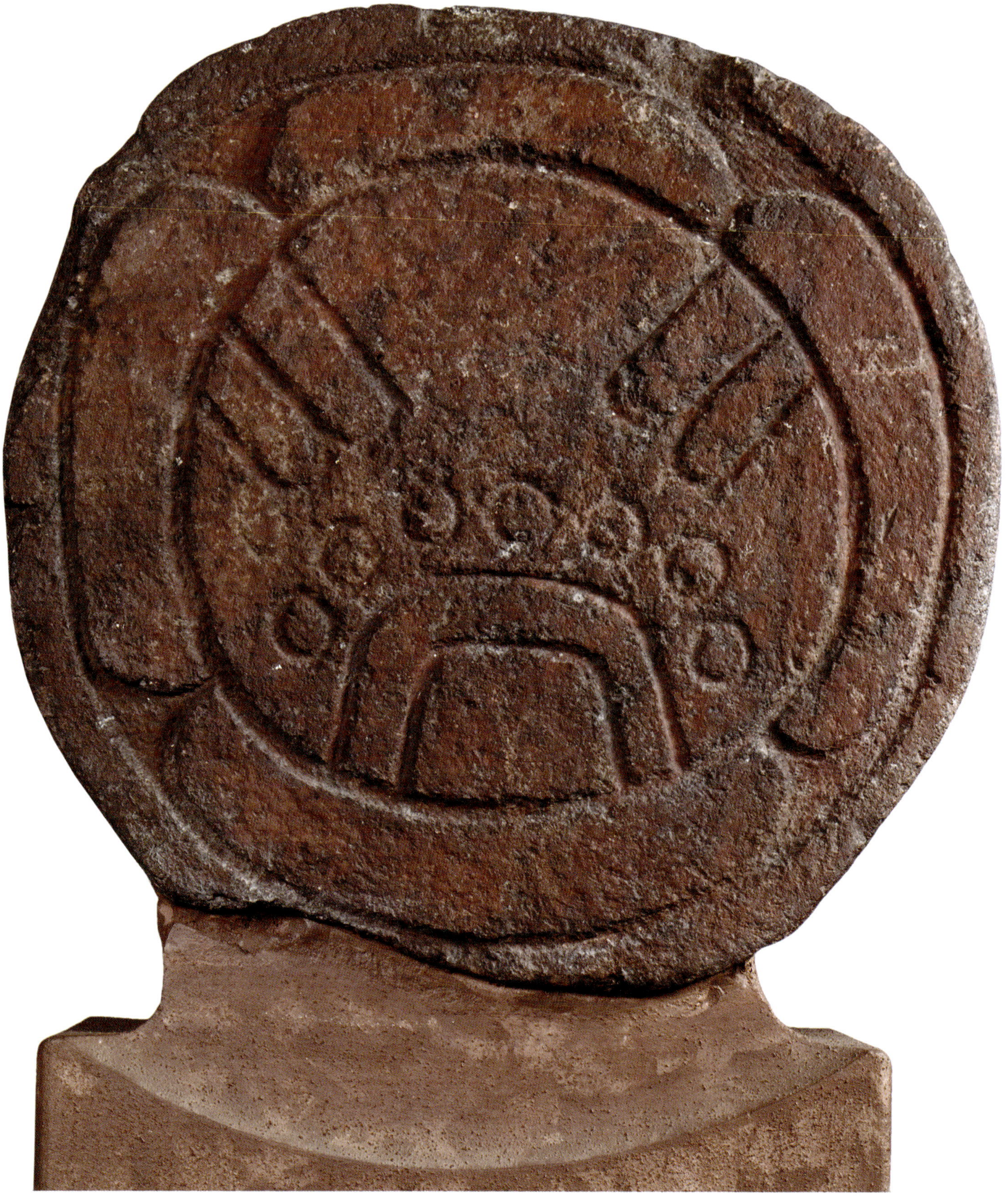

SYMBOLIK UND SCHRIFT IN TEOTIHUACAN

JAMES C. LANGLEY

Kanadische Gesellschaft für mesoamerikanische Studien

Unser Verständnis der Schriften der frühen Völker basiert besonders auf den vorgefundenen schriftlichen Bezeugungen der Mitglieder eines Volkes über sich oder andere. Leider hinterließen die Einwohner von Teotihuacan keine Schriften im üblichen Sinn oder vergleichbare Hinweise. Zwar gibt es in den Inschriften der Mayastätten, mit denen Teotihuacan in Kontakt war, einige faszinierende historische Informationen, aber im Allgemeinen ist das, was uns überliefert wurde, mythologisch oder legendenhaft. Folglich wurde erst in der heutigen Zeit eine Einschätzung vom wirklichen Ausmaß des bedeutenden, menschlichen Leistungsvermögens von Teotihuacan und seiner Geschichte möglich. Dieses Wissen verdanken wir hauptsächlich den Ausgrabungen in Teotihuacan und dem Studium seines reichen Kunstvermächtnisses.

Die Symbolik der Kunst Teotihuacans

Vor einer Generation schrieb Alfonso Caso (1966: 250) höchst zutreffend:

„Die teotihuacanische Kunst ist religiöser und symbolischer Natur [...], es handelt sich weder um eine realistische noch um eine abstrakte, sondern um eine stark symbolische Kunst, in der jeder Einzelheit eine Bedeutung zukommt. Es ist nicht ausreichend, von „geometrischen Mustern", „Blumendekor" oder „Wassermotiven" zu sprechen. Dies kann immer nur eine erste oberflächliche Beschreibung sein, ist die Bedeutung des Symbols doch noch nicht erfasst."[1]

Caso verwies hauptsächlich auf die Wandmalereien, die zur Pracht von Teotihuacan beitrugen, aber seine Aussage trifft auch auf deren verzierte Tonwaren und andere Kunstwerke aus Ton und Stein zu: Weihrauchgefäße für Rituale, verzierte Plaketten und Skulpturen. Seine Verallgemeinerung scheint den in Hülle und Fülle in Teotihuacan gefertigten naturgetreuen Arbeiten in Form von Tonfigürchen sowie Tieren, darunter Vögel und Pflanzen darstellenden Verzierungen zu widersprechen – doch eben nur scheinbar. Solche Ornamente werden normalerweise bei Dekorationen, Kleidung und Ausstattung eingesetzt, oder sie können auf ungewöhnliche

---

1. « En Teotihuacan encontramos un arte hierático y simbólico [...] no es ni realista ni abstracto ; es un arte simbólico por excelencia, en que cada detalle tiene un sentido. No basta decir que hay decoraciones "geométricas" o "florales" o "acuáticas", esto es sólo una primera y superficial descripción que no penetra en el significado mismo del símbolo. »

Abb. 1.
Oberes Ende einer Ballspielmarkierung, die auf ihrer Oberfläche die Glyphe „Reptilienauge" trägt (Kat. 39)

Abb. 2.
„Die Kriegssymbolik ist ausgeprägter, als man das bisher gesehen hat." Davon zeugt dieser Krieger aus dem Zacuala-Palast mit dem raumfüllenden Raubkatzenkopfputz, der von Sejourné als „roter Quetzalcóatl" bezeichnet wurde (Kat. 53a)

Weise gruppiert werden, um eine symbolische Botschaft zu übermitteln, wie es, z.B., der Schmetterling mit Feuersymbolen oder Waffen tut.

Gleiches trifft bei den wenigen symbolischen Darstellungen in der Wandmalerei zu: Selbst die eindeutig erscheinenden – wie die Prozessionen der singenden Priester oder die Tlalocan-Wandbilder von Tepantitla – sind reich an symbolischem Gehalt, was die Deutung problematisch macht. Somit bestätigen sogar diese Malereien die allgemeine Regel, dass die Botschaften, die durch die Kunst Teotihuacans überliefert werden, mittels einer ausgefeilten Symbolik indirekt ausgedrückt werden. Daraus lässt sich ersehen, dass Teotihuacan die direkte Aussage meidet. In seiner Kunst finden wir nichts, was mit den Szenen der Kriegsführung der Cacaxtla oder der Porträtmalerei der Maya vergleichbar ist.

Das symbolische Repertoire von Teotihuacan ist zu umfangreich und komplex, um hier näher darauf einzugehen, aber es ist reich an anthropomorphen und zoomorphen Formen, die die Eigenschaften beider Wesen auf fantasiereiche Weise kombinieren. Sowohl diese Geschöpfe als auch die von ihnen vollzogenen Handlungen sind häufig rätselhaft und wurden in der Vergangenheit hauptsächlich dem religiösen Bereich zugeordnet, der in der teotihuacanischen Kunst als das Wesentliche angesehen wurde. Abbildungen von Menschen, die eine Prozession veranstalten, wurden als singende Priester und die allgegenwärtige Wassersymbolik als Zeichen eines vorherrschenden Kults der Bodenfruchtbarkeit gedeutet. Die anthropomorphen Abbildungen wurden häufig als Gottheiten oder als Verkörperung von Gottheiten betrachtet; frühe Interpretationsbemühungen führten zu ihrer Identifizierung.

In Voraussetzung einer Übereinstimmung mit nachfolgenden, aber gut bekannten mesoamerikanischen Kulturen wurde eine allgegenwärtige Gottheit mit dem Sturm-Gott identifiziert, der bei den Azteken als Tláloc bekannt ist.

Ähnlich wurden ständig vorkommende, gefiederte Schlangen mit Quetzacóatl – dem Held und Gott der Tolteken von Tula und deren Diaspora gleichgesetzt, obwohl diese Identifizierung immer noch diskutiert wird. Viele der auffallendsten Bilder Teotihuacans kombinieren menschliche Eigenschaften mit denen von Raubtieren, Vögeln, Schmetterlingen oder Schlangen. Dies führte zur Vermutung, dass einige anthropomorphe Gottheiten in Teotihuacan existiert hätten. Das bekannteste Beispiel ist die vermeintliche „Große Göttin": Sie soll als zentrale Figur von Tepantitlas „Tlalocan"-Tafel besonders hervorgehoben werden. Andere Vergleiche mit ihren Erkennungsmerkmalen bestätigten sie ebenfalls als „Große Göttin", aber bezüglich ihrer wirklichen Existenz als exponierte Gottheit herrscht unter Wissenschaftlern noch viel Skepsis.

Diese Zuordnungen sowie die Interpretation der Symbolik von Teotihuacan sind ungewiss. Es ist nicht immer einfach, die Symbole, die das Bild beinhaltet, zu erkennen. Caso erwähnt einen Fall, in dem ein Messersymbol als Federverzierung falsch gedeutet wurde. Er kommentiert, dass man ohne präzise Kenntnis der Symbole einer solchen bildlichen Darstellung nicht in der Lage ist, diese bedeutungsadäquat entschlüsseln zu können.

Ein altbekannter Fall ist die Deutung eines aufgespießten blutenden Herzens als stachelige Birne (Frucht des Maguey-Kaktus), wodurch die Abbildung einer menschlichen Opfergabe als Zeremonie der Bodenfruchtbarkeit fehlinterpretiert wurde.

Noch entmutigender jedoch sind die Probleme, die durch jeglichen Informationsmangel bezüglich der Bedeutung entstanden, die die Teotihuacaner ihren Symbolen zuschrieben: Folglich sind wir gezwungen, uns auf kontextbezogene Angaben und Analogien zu stützen, die anderen mittelamerikanischen Kulturen entstammen.

Ein einschneidender Fall neu gewonnener Erkenntnis war, den teotihuacanischen Gott des Sturmes nicht lediglich als

Gottheit der Fruchtbarkeit, sondern in seiner Rolle als schützender Kriegsgott zu verstehen.

Zusammenfassend haben die Studien des letzten halben Jahrhunderts es uns ermöglicht, die vage Verallgemeinerung dahingehend weiter zu verfeinern, dass die teotihuacanische Symbolik überwiegend religiös war und in dem Konzept der Fruchtbarkeit fokussierte. Es ist eine Binsenweisheit, dass bei frühen Völkern, bei denen die Grenzen zwischen der realen und der übernatürlichen Welt verwischt waren, alles einen religiösen Bezug haben würde. Dennoch ist nach bemerkenswerter Bestätigung jüngster Ausgrabungen der Mondpyramide und der Pyramide der Gefiederten Schlange jetzt klar, dass Krieger und Menschenopfer überragende Rollen in Teotihuacan spielten, was in seiner symbolischen Bildsprache deutlich sichtbar reflektiert wird. Die Kriegssymbolik in Form von Waffen und Abbildungen von bewaffneten Menschen sowie Symbolgruppen – unter Einbeziehung von Vögeln, Schilden und Waffen – haben gegenüber den als teotihuacanisch identifizierten Stätten wie Tikal im Mayagebiet Vorrang. Obwohl bei den Bestattungen in der Mondpyramide und der Pyramide der Gefiederten Schlange Menschenopfer üblich sind, sind sie nur indirekt und symbolisch dargestellt mit typischen Obsidianmessern und blutenden Herzen. Diese treten in abstrakten Darstellungen und im Zusammenhang mit menschlichen Handlungen auf, wie z.B. Prozessionen mit Priestern.

Eine weithin bekannte Eigenheit der teotihuacanischen Kultur ist ihr offensichtlich fehlendes Interesse an ihrer eigenen Geschichte. In auffallendem Kontrast zu den Mayas sind etwa die Herrscher anonym und hinterlassen keine Aufzeichnungen irgendwelcher Art. Was wir von ihrer Geschichte wissen, haben wir von den Ausgrabungen in Teotihuacan und dank gelegentlicher Hinweise in den Texten seiner Nachbarn erfahren. Die Möglichkeit, dass einige dynastische und historische Informationen in ihrer Tiersymbolik verschlüsselt sein könnten, ist kürzlich bei Studien der bekannten Wandmalerei der Fantasietiere und bei anderen aus der Zeit stammenden

Abb. 3.
Wandmalerei, bekannt unter der Bezeichnung „Los animales mitológicos" (Zeichnung von José Francisco Villaseñor, koloriert).
Die Kämpfe der Tiere sind vielleicht eine verschlüsselte Darstellung dynastischer Konflikte

Bildern aufgetaucht. Die vorsätzliche Zerstörung der Pyramide der Gefiederten Schlange im 4. Jahrhundert n. Chr. und das Ersetzen in der Wandmalerei und der Architektur des Bildes der gefiederten Schlange durch das des Jaguars kann folgerichtig Ausdruck einer dynastischen Veränderung sein, für die es einige Beweise in der archäologischen Forschung gibt. Wenn dem so ist, bietet dies eine neue Perspektive für die Deutung der Szenen mit zoomorpher und anthropomorpher Symbolik.

Die Schrift in Teotihuacan

Obgleich keine Inschriften oder längeren Texte in Teotihuacan gefunden worden sind, ist schon seit langem bekannt, dass seine Kunst eine Anzahl gesonderter Zeichen beinhaltet, die vom bildhaften Kontext, in dem sie erscheinen, klar differenzierbar sind. Diese Zeichenart ist deutlich in einer Wandmalerei ersichtlich, wie in der als „Los Glifos" bekannten von der Zone 5A, die an die Sonnenpyramide grenzt: einige Zeichen finden sich dort im Hintergrund zweier Darstellungen stark symbolisierter, menschlicher Figuren. Sie sind typischerweise klein, einheitlich im Muster und scheinen den Bildern, denen sie zugeordnet sind, als Anmerkungen zu dienen. Sie wurden länger als ein Jahrhundert erforscht, jedoch entwickelte sich das sprachwissenschaftlichen Instrumentarium und dessen Anwendung langsam. Dies war zum Teil den anfangs verhältnismäßig wenig vorhandenen Beispielen zuzuschreiben sowie der Tatsache, dass die Aufmerksamkeit der Archäologen auf die dringenderen Aufgaben der Erforschung und der Ausgrabung des Ortes selbst gerichtet wurde.

Die ersten Hinweise auf die Zeichen und die Möglichkeit, dass sie ein Teil eines schriftsprachlichen Systems sein könnten, stammen aus dem Jahr 1906, als Leopoldo Batres, Generalinspektor der archäologischen Monumente, die ersten bedeutenden Ausgrabungen von Teotihuacan leitete und über seine Entdeckung einer unvollständigen Skulptur, die „Buchstaben in Relief" trug, berichtete und befand, dass sie auf eine höher entwickelte Schrift als die der Azteken hinwiesen.

Einige Jahre später kam, obwohl etwas verhaltener, ein hervorragender deutscher Wissenschaftler, Eduard Seler, zu einem ähnlichen Schluss als er darlegte, dass „diese Leute eine weite Strecke zurückgelegt haben, die vom Gegenstand zur Darstellung führt und vom Bildzeichen zur Glyphe."

Diese Meinungen, die auf verhältnismäßig kleinem Datenmaterial basierten, erregten nur wenig unmittelbares Interesse. Die umfangreichen von Manuel Gamio initiierten Ausgrabungen, die bis heute andauern, haben jedoch zur Entdeckung eines außergewöhnlichen Korpus einer Wandmalerei geführt, die wesentlicher Impuls zu neuen Studien des Zeichensystems gewesen ist. Die Aufmerksamkeit hat sich auf die Identifizierung der Verwendung und die Deutung der Zeichen konzentriert.

Eine bemerkenswerte frühe Studie war die von Alfonso Caso 1937, der aus der Häufigkeit des Vorkommens einiger Zeichen mit numerischen Koeffizienten schloss, dass die Teotihuacaner den rituellen mesoamerikanischen Kalender von 260 Tagen kannten und benutzten. Seither erlebte die Studie des Zeichensystems einen Aufschwung, und zwei wichtige Studien von Caso sowie das Werk der Wissenschaftler wie Winning, Pasztory, Berlo und Clara Millon haben unser Wissen darüber erheblich vorangebracht.

Abb. 4.
Fragment einer Wandmalerei in Techinantitla, auf dem unter jedem Baum eine spezifische Glyphe möglicher Toponyme erscheint (Kat. 154c)

Mein eigenes Frühwerk (Langley, 1986) führte zur Erstellung eines mit Erläuterungen versehenen Katalogs einfacher Zeichen, von denen ungefähr hundert identifiziert worden sind (Abb. 1).

Im Hinblick auf den Zeichengebrauch finden wir Einzelpersonen – zum Beispiel in den Wandbildern von Techinantitla –, welche per Glyphe mit Eigennamen und Chiffren benannt werden, die deren Rang oder Status zu definieren scheinen. Ähnlicher Gebrauch tritt bei Tonfigürchen mit Kopfschmuck, Brüsten und Kleidung auf. Vermutlich treten Toponyme als Zeichen auf den Stämmen der blühenden Bäume in den Techinantitla-Wandbildern und im Tlalocan-Wandbild auf. Symbolische Zeichen sind in der grafischen Kunst, bei Tonfigürchen und Skulpturen geläufig und dienen als Bezeichnung des Berufs, des Ranges, der Zugehörigkeit usw.

Es gibt eine Anzahl kurzer, linearer Symbolsequenzen, die häufig mit Sprechschnörkeln verbunden sind und auf den ersten Blick mündliche Botschaften zu übermitteln scheinen. Schließlich ist kultischen Weihrauchkesseln höchst unverkennbar auf den rechteckigen Plaketten, „Mantas" genannt, und den seitlichen Plaketten, eine markante Glyphengruppe zugeordnet. Wenngleich es auch einige Zeit gedauert hat, einen wissenschaftlichen Konsens herauszubilden, so bestehen heute jedoch keine Meinungsunterschiede mehr darüber, dass Teotihuacan ein gut entwickeltes System von Schriftzeichen hatte. Es bestehen verschiedene Ansichten darüber, ob die von Batres verwendete Bezeichnung „Schreiben" zutrifft. Taube (2000) hat vor Kurzem überzeugend zugunsten der Ansicht argumentiert, Teotihuacan habe „eine höchst entwickelte Schriftform […], die gut der Ursprung der neueren Schreibsysteme von Xochicalco, Cacaxtla und den Nachfahren, der Tolteken und Azteken, gewesen sein kann". Skeptiker fragen, ob das System den Ausdruck „Schreiben" verdiene, indem sie auf die dürftig vorhandenen Datenproben, das Fehlen von Textmaterial – abgesehen von kurzen Zeichenreihenfolgen – und auf den weit verbreiteten Gebrauch symbolischer Kennzeichnung als bevorzugten Modus der Kommunikation verweisen.

Abschließend können wir nicht anders als mit Taube übereinzustimmen, dass die Studie über das Zeichensystem noch in seiner allerersten Anfangsphase steckt und es unter diesem Gesichtspunkt verdient, mit dem gleichen Interesse und der gleichen Intensität wie andere mesoamerikanische Schriften studiert zu werden.

Wir wissen wenig oder nichts über seine syntaktischen Richtlinien und sicher nicht viel mehr von seiner Semantik. Dennoch haben die bisherigen Erkundungen nützliche Informationen erbracht, und wir benötigen nun weitergehende, den Rahmen unserer Möglichkeiten ausschöpfende Erkenntnisse, um die Kultur und die Geschichte einer Gesellschaft zu verstehen, die im Wesentlichen rätselhaft bleibt.

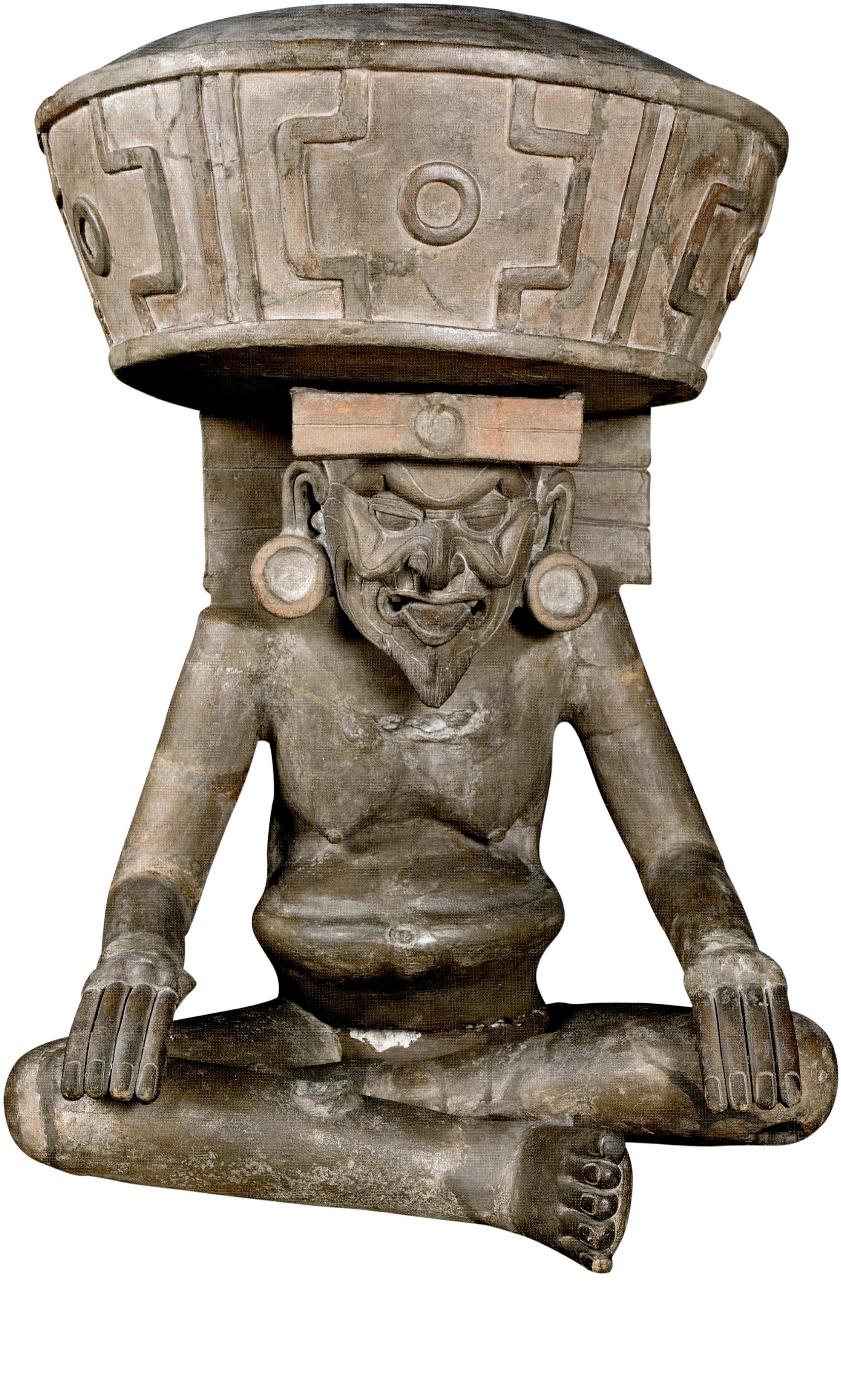

DIE TEOTIHUACANER AN DER GOLFKÜSTE: MATACAPAN ALS BEISPIEL EINER EXKLAVE

PONCIANO ORTIZ
MARÍA DEL CARMEN RODRÍGUEZ UND DAVID MORALES

Universität Veracruz

Teotihuacan war zwischen dem Beginn der christlichen Zeitrechnung und dem 8. Jahrhundert (Millon 1973, 1976, 1981) eines der größten und bedeutendsten Zentren Mesoamerikas. In ihrer Blütezeit hatte die Stadt über 125 000 Einwohner und war die wirtschaftliche Metropole Zentralmexikos (Sanders *et al.*, 1979; Santley *et al.*, 1986). Während der Mittleren Klassik gelang es Teotihuacan sogar, seinen Einfluss bzw. seine Präsenz auf ganz Mesoamerika auszuweiten (Paztory, 1978). Unter Präsenz verstehen wir Architektur, Monumentalbauten und technische Gerätschaften, die direkt oder abgewandelt aus Teotihuacan stammen oder von Teotihuacan inspiriert sind, sich aber außerhalb der ursprünglichen Staatsgrenzen Teotihuacans befinden.

Obwohl vermutlich aus Teotihuacan stammendes Material in verschiedenen Städten der Mittleren Klassik gefunden wurde, befinden sich die Orte mit einer starken teotihuacanischen Präsenz, wie z.B. der Architektur im *Talud-Tablero*-Stil, immer in der Nähe von besonderen und begehrten Ressourcen oder an Handelsrouten (Santley, 1983). In Kaminaljuyú ist Material aus Teotihuacan hauptsächlich im Bereich der Hügel A und B vorhanden (Kidder *et al.*, 1946; Sanders und Michels, 1977), aber auch auf der Akropolis gibt es Architektur im *Talud-Tablero*-Stil (Cheek, 1977). An anderen Orten ist die Situation ähnlich.

Die genau eingrenzbare Präsenz teotihuacanischer Architektur und anderer Materialien deutet darauf hin, dass in vielen dieser Städte Teotihuacaner eigene Viertel bewohnten. Bis heute sind fünf solcher Orte bekannt: Kaminaljuyú im Tal von Guatemala (Kidder *et al.*, 1946; Sanders und Michels, 1977), Tinganio in Michoacán (Pina Chan, 1980), El Grillo im Westen von Mexiko-Stadt (Weiant: pers. Mitt.), Tikal im Süden des Maya-Tieflandes (P. Culbert: pers. Mitt.) und Matacapan in der Sierra de los Tuxtlas im Süden des Bundesstaates Veracruz (Valenzuela, 1945; Santley *et al.*, 1984, 1985b, 1985c, 1987a).

Die teotihuacanische Präsenz an der Golfküste (Abb. 1) ist von diversen Wissenschaftlern über die Jahre hinweg erforscht worden. Geschichtsschreiber erwähnen sogar die Beteiligung von Küstenbewohnern an der Entstehung und dem Aufbau Teotihuacans.

Seit den ersten systematischen Untersuchungen in den 1940er Jahren im Süden des Bundesstaates Veracruz, an Orten wie Tres Zapotes oder Cerro de las Mesas durch Stirling, Drucker und Weiant, die auf diesem Gebiet Pionierarbeit leisteten, sind dort immer wieder Elemente teotihuacanischen Ursprungs gefunden worden. Medellin (1960) erwähnt solche Funde unter anderem für die Orte Los Cerros, Dicha Tuerta und Nopiloa im Zentrum von Veracruz und für Napatecuhtlan am Fuß des Cofre del Perote.

Vor allem die Arbeiten von Valenzuela und Karl Rupert (1943, 1945) in Matacapan sind in diesem Zusammenhang wichtig; sie belegen als erste detailliert, dass die Präsenz Teotihuacans dort eindeutig und stark vorhanden war, im Gegensatz zu anderen Orten, die zu dieser Zeit bereits erforscht waren. Sie weisen auch darauf hin, dass während der Spätklassik Maya-Elemente in die Kultur Matacapans Eingang fanden, aber nicht so stark wie teotihuacanische Elemente. Ausgehend von diesem wichtigen Befund riefen Robert Santley und Ponciano

Abb. 1.
Keramikfigur des Alten Gottes
Cerro de las Mesas, Veracruz (Kat. 283)

Abb. 2.
Sockel einer Stele von der Golfküste mit einer Reihe von *Chalchihuites*, einem teotihuacanischen Symbol (Kat. 278)

Abb. 3.
Stele aus Piedra Labrada mit der Glyphe „Reptilienauge" über einer Schlangenrassel (Kat. 280)

Ortiz 1982 ein Projekt ins Leben, dessen Ziel die Erforschung des Ortes und seiner Beziehungen zu Teotihuacan war – nachfolgend mehr davon.

Die jüngsten Ausgrabungen im Gebiet von Tres Zapotes und weiteren Orten der Region der Tuxtlas und dem nahe gelegenen Mixtequilla haben zu neuen Erkenntnissen bezüglich der teotihuacanischen Elemente an diesen Orten geführt.

Im Fall von Tres Zapotes stellen Pool und Stoner (2004) einen interessanten Vergleich der verschiedenen Elemente an, die eine teotihuacanische Präsenz erkennen lassen, mit den gleichen Ergebnissen wie in Matacapan. Sie untersuchten dreifüßige Gefäße, Figuren, „Leuchter", Darstellungen des Regengottes Tláloc und andere Gegenstände in Tres Zapotes und kamen zu dem Schluss, dass „die Repräsentation der teotihuacanischen Interaktion in Tres Zapotes geringfügiger und weniger vielfältig ist; außerdem haben die meisten Beispiele teotihuacanischen Einflusses in Tres Zapotes Parallelbeispiele in Matacapan. Es kann deswegen davon ausgegangen werden, dass die teotihuacanischen Elemente in Tres Zapotes lediglich Unterbeispiele des teotihuacanischen Komplexes in Matacapan sind." (*Ebd.*: 92)

Für das Zentrum des Bundesstaates Veracruz haben Starks Arbeiten diesbezüglich die eindeutigsten und neuesten Belege erbracht. Stark zufolge sind die teotihuacanischen Elemente nicht direkt dorthin gekommen, sondern stammen sehr wahrscheinlich aus Matacapan. Darauf deutet die Ausarbeitung der typischen Elemente (dreifüßige Gefäße, Figuren, „Leuchter") hin, die mehr Ähnlichkeiten mit denen in Matacapan besitzen als mit den gleichen Gegenständen in Teotihuacan.

Die statistischen Daten scheinen diese These zu stützen. Stark berichtet von dem Fund von lediglich fünf „Leuchtern", 15 kelchartigen Gefäßen, 13 *tepalcates* (Henkeltöpfe), ein Fragment einer Blumenvase (*florero*), 13 und nochmals 36 Gefäßen in *Fine-Orange*-Keramik mit Gravierungen in U-Form. „Die Funde belegen keineswegs, dass das Tiefland westlich von Papaloapan wirtschaftlich oder politisch unter teotihuacanischer Vorherrschaft stand. Nichtsdestoweniger gab es einen bedeutenden Tauschhandel mit Baumwolle und Obsidian zwischen der Hochebene und diesem Küstengebiet." Weiter vorne heißt es, dass „die Gegenstände mit größerer stilistischer Kohärenz zu Teotihuacan sich hauptsächlich auf die Gegend des Cerro de las Mesas konzentrieren und nur in Ausnahmefällen auf kleinere Städte" (Stark und Johns 2004: 311-316). Der Stil der Skulpturen, vor allem die Stele Nr. 15 aus Cerro de las Mesas, folgt jedoch strikt dem Kanon Teotihuacans, mit Ausnahme der Kalender-Glyphen. Die tragbaren Elemente und die Skulptur selbst deuten auf einen Prozess des Nacheiferns bei den Eliten hin, der sehr begrenzt stattgefunden haben muss, vielleicht in Form von gegenseitigen Hilfe- und Dienstleistungen und möglicherweise auch in Bündnissen der Herrscherfamilien untereinander (Abb. 2 und 3).

Ein weiterer wichtiger Ort im Zentrum von Veracruz ist Nopiloa. Er wurde, wie bereits erwähnt, in den 1960er Jahren von Medellín (1987) erforscht. Medellín berichtet vom Fund einer kleinen Maske aus Schiefer und mehrerer kleiner Figuren aus grünem Stein, darunter eine mit stark teotihuacanischem Aussehen. Diese Gegenstände waren Grabbeigaben einer Sekundärbestattung. Unter den 140 Objekten befand sich auch ein zylindrisches Gefäß mit Spuren von drei Füßen. Allem Anschein nach handelt es sich um Gegenstände, die als Prestigeobjekte in sehr kleinem Umfang getauscht wurden, und weniger um Indizien teotihuacanischer Präsenz.

Eine andere Maske, die Medellín (1975) ebenfalls erwähnt, stammt aus Napatecuhtlan an den Hängen des Cofre del Perote. Aus Arroyo Pesquero im Süden von Veracruz berichten Medellín (1971) und Torres, der mit der Ausgrabung beauftragt war, von einer Maske aus grünem Stein und einem Teil eines dreifüßigen Gefäßes im teotihuacanischen Stil, sowie von olmekischen Masken, mit Ritzzeichnungen geschmückten Äxten und über 2 000 unfertigen, eventuellen Vorformen von Äxten.

Ein Fund im gleichen Stil stammt aus Ranchito de las Ánimas und ist von Strebel (1985) beschrieben worden. Ruiz Gordillo (1982) berichtet vom Fund einer Opfergabe in der Höhle von Huayateno/Puebla an der Grenze zu Veracruz. Erwähnt werden sieben Figuren, von denen aber nur fünf im teotihuacanischen Stil gestaltet sind. Daneels (2004) untersucht diese Art von Objekten und ihre Kontexte neu.

Während der Arbeiten Liras im Tal von Maltrata fand man dank Hinweisen aus der Bevölkerung die archäologische Stätte Tepeyacatitla, die sich durch eine Vielzahl von Gegenständen im Stile Teotihuacans auszeichnet, vor allem durch *Fine-Orange*-Keramik und grünen Obsidian. Weitere Objekte im Teotihuacan-Stil wurden im Tal von Maltrata gefunden, darunter Gefäße aus *Fine-Orange*-Keramik, dreifüßige zylindrische Becher, und in Rincón de Aquila ein Kopf oder eine Maske aus Kalzit (Lira 2004: 19). Lira folgert: „Die gewonnenen Informationen belegen eine teotihuacanische Präsenz im Tal von Maltrata, die vermutlich in der Tlamimilolpa- und Xolalpan-Phase in Form einer kleinen teotihuacanischen Enklave innerhalb der lokalen Bevölkerung funktionierte. Funktion der Enklave war die Organisation und der Erhalt einer der wichtigen Handelsstraßen Teotihuacans ..." (*ebd.*: 20).

Die Rolle Teotihuacans bei der Entstehung und Entwicklung der Tajín-Kultur ist bereits von mehreren Wissenschaftlern untersucht worden. Besondere Bedeutung hat selbstverständlich die Position García Payóns, der viele Jahre in diesem Gebiet gearbeitet hat. Payón (1963, 1964) hat immer die These vertreten, dass Teotihuacan eine wichtige Rolle bei der Gestaltung und Integration der Tajín-Kultur spielte; ebenso Krotser, dessen kurze, aber wichtige Arbeiten vor Ort diesen Standpunkt untermauern (1972).

Abb. 4.
Dreifüßiger zylindrischer Behälter, auf dem die Vermischung von Elementen aus Teotihuacan und anderen Elementen von der Golfküste erkennbar ist (Kat. 274)

Die Chronologie der Tajín-Kultur muss allerdings noch näher definiert werden. Brueggemann (2004), der in jüngster Zeit zu El Tajín gearbeitet hat, besteht auf der Einordnung der Tajín-Kultur oder zumindest deren Blütezeit in die Späte Klassik oder Postklassik, eine Zeit also, zu der Teotihuacans Niedergang bereits besiegelt war. Keramikfunde aus der Frühen und Mittleren Klassik sind aber belegt, und obwohl die Verbreitung und Bedeutung der Funde nicht genau bekannt ist, kann ihre Existenz nicht geleugnet werden.

Die Untersuchungen Wilkersons (1972) im Flussbecken des Río Tecolutla gaben als erste einen zufriedenstellenden Überblick über die Kulturgeschichte der Region, in dem in einigen Aspekten auch die Bedeutung der Tajín-Kultur zum Tragen kommt.

Die jüngsten Forschungsarbeiten Arturo Pascuals an verschiedenen Orten des Einflussgebietes der Tajín-Kultur sowie am Ort El Tajín selbst erlauben einen genaueren Einblick in die Rolle dieser Kultur zur Zeit der teotihuacanischen Vorherrschaft.

Nach umfassenden vergleichenden Studien von El Morgadal, El Tajín und den Daten Wilkersons (1972) über das Flussbecken des Río Tecotutla kommt Pascual – vor allem aufgrund der Keramikfunde, die er in El Morgadal und benachbarten Orten machte und die vorwiegend aus dreifüßigen zylindrischen Gefäßen und „Leuchtern" bestanden – zu dem Schluss, dass Teotihuacan nach heutigem Stand nicht zum Aufstieg von El Tajín beigetragen hat, aber sehr wohl an dessen Einfluss teil hatte. Darauf verweist die Präsenz von Materialien aus der von Wilkerson Cacahuatal-Phase genannten Zeit.

Pascual schreibt: „Es muss betont werden, dass es keinen einzigen Beweis für eine kulturelle Wechselwirkung zwischen El Tajín und Teotihuacan gibt. Die Kontakte zwischen den beiden Kulturen sind lediglich durch die vor Ort hergestellten Keramikarbeiten sichtbar. Hierfür sind die Becher mit drei rechteckigen Füßen des Typs „Poliertes Valenzuela" und in Variationen des Typs „Santa-Rosa" und „Valenzuela" die eindeutigsten Beweise." (Abb. 4) Dem hinzuzufügen wäre der Hinweis auf die in geringer Anzahl vorhandenen kleinen Figuren und einfachen „Kerzenleuchter".

„So widersprüchlich es scheinen mag: Die Tajín-Kultur der Spätklassik schuldet Teotihuacan eine ganze Menge. Die erwähnte Keramik war den ansässigen Eliten vorbehalten. Sie stellte die Imitation einer Imitation dar, eine entfernte Verwandte des Geschirrs und der Figuren aus Teotihuacan. Soweit sie diese Keramikarbeiten nicht aus dem Tal von Tecolutla importierten, förderten die Eliten deren Herstellung an Orten wie El Morgadal Grande, Cerro Grande und wahrscheinlich auch El Tajín. So nahm die lokale Oberschicht über die Entfernung hinweg am kulturellen Stil Teotihuacans teil" (Pascual, 2006: 56–65).

In diesem Beitrag ist es leider nicht möglich, auf alle Orte an der Golfküste einzugehen, die möglicherweise mit Teotihuacan in Verbindung standen. Die heutigen Forschungsergebnisse deuten darauf hin, dass der Einfluss Teotihuacans stark variierte, was Anzahl und Art der gefundenen Gegenstände und andere Elemente der Kultur angeht (Abb. 5 und 6). In der Mehrzahl handelte es sich offensichtlich um indirekte oder punktuelle Kontakte, zum Austausch von Prestige- und Ritualobjekten – obwohl der grüne Obsidian aus Pachuca und anderen von Teotihuacan kontrollierten Abbaugebieten weit verbreitet und sehr präsent war. Bis heute scheint der einzige Ort mit einer durchgehend hohen teotihuacanischen Präsenz Matacapan in der Sierra de Los Tuxtlas im Süden des Bundesstaates Veracruz zu sein.

Es fehlen uns noch Daten, um die Rolle, die Teotihuacan an der Golfküste spielte, wirklich beurteilen zu können. Die Funde im Tal von Nautla und insbesondere an der Ausgrabungsstätte El Pital helfen, diesen Prozess zu verstehen – vgl. hierzu den Feldbericht Wilkersons (1994a, 1994b) – wir erhoffen uns jedoch noch detailliertere Informationen. An der Bedeutung dieser Region besteht kein Zweifel: Der Archäologe Jaime Cortéz hat uns kürzlich ein dreifüßiges zylindrisches Gefäß gezeigt, dessen Stützen fehlen. Unserer Meinung nach ist es im reinsten teotihuacanischen Stil gefertigt und wurde eventuell importiert, da es sehr große Ähnlichkeiten mit dem sogenannten „Teotihuacan-Becher" hat.

Die teotihuacanische Exklave in Matacapan: Ein Überblick

Santley und Ortiz starteten 1982 mit dem Projekt Matacapan. Durch die vorhandenen, vor allem die von Valenzuela (1945) berichteten Funde kamen sie zu dem Schluss, dass es sich bei Matacapan um einen idealen Ort handelte, die Art der teotihuacanischen Präsenz näher zu untersuchen. Matacapan liegt im Zentrum der Sierra de Los Tuxtlas: ein Gebiet reich an exotischen Ressourcen und Produkten. Der Ort liegt zudem zentral in der Nähe der Küste und zwischen den Flüssen Papaloapan und Coatzacoalcos, den Hauptwasserstraßen im Landesinneren. Auch für die Meeresschifffahrt am Golf von Mexiko liegt Matacapan optimal. Ziel der Untersuchung war, weitere Informationen zur teotihuacanischen Präsenz zu erhalten.

Um unsere Annahmen über die Art des teotihuacanischen Einflusses in diesem Gebiet zu untermauern und zu belegen, schien uns das Studium kultureller Äußerungen in Exklaven, wie sie von der zeitgenössischen Ethnografie berichtet werden, hilfreich für den Vergleich archäologisch beobachteter Muster und der Bestimmung ihrer Funktion.

Die ethnologische Forschung zeigt, dass ethnische Identität in Exklaven sich häufig durch Rituale, Kleidung, Sprache und Essgewohnheiten ausdrückt. Die ethnische Identität in den Exklaven funktioniert auf zwei Ebenen: zwischen den Familien und innerhalb der Familien. Bestimmte Verhaltensweisen stärken das Gruppengefühl und das Bewusstsein der Herkunft.

Erstens: Die Existenz einer Exklave ist bewiesen, wenn ein religiös oder ideologisch genutztes Gebäude vorhanden ist, das die Gemeinschaft der Exklave durch ein gemeinsames Ritual zusammenhält. Diese Situation sollte sich archäologisch in der Sakralarchitektur in einem anderen als dem lokalen Stil widerspiegeln. Die Bauwerke sollten sich an allgemein zugänglichen Orten oder an öffentlichen Plätzen befinden, da die Religionsausübung der Zusammenführung größerer Bevölkerungsgruppen diente.

Zweitens: Die Existenz der Exklave sollte auch durch in dem Gebiet angesiedelte Familien bewiesen werden. Es gibt Essgewohnheiten und Rituale, die sich in ihrer materiellen Kultur niederschlagen, z.B. in Form von Familienschreinen. Auch die Bestattungsart kann zur Unterscheidung führen, da z.B. die Grabbeigaben auf die ethnische Zugehörigkeit hinweisen.

Drittens: Viele der ethnografisch bekannten Exklaven zeichnen sich durch endogame Eheschließungen aus. So können genetische Unterschiede zwischen den Bewohnern der Exklave und der lokalen Bevölkerung festgestellt werden, z.B. durch Untersuchung der Skelette (Spence, 1971; Wilkerson und Norelli, 1981). Außerdem sind ethnisch eingrenzbare kulturelle Praktiken bekannt, die ebenfalls an Skeletten sichtbar sein müssten (Haury, 1958; Reed, 1950; Whittlesey, 1978).

Die Funde in Matacapan

Der Ort Matacapan ist aufgrund seiner vermutlich „besonderen Beziehung" zu Teotihuacan bekannt (Coe, 1965; Parson, 1978; Valenzuela, 1945). Das Zentrum der Ausgrabungsstätte besteht aus einem Komplex öffentlicher Gebäude und Plattformen. Um diesen Komplex herum befindet sich ein weitläufiges Gebiet urbaner und suburbaner Konstruktionen mit einer Fläche von ca. 20 Quadratkilometern. Der Stadtraum ist in mehrere Gruppen öffentlicher und privater Gebäude bzw. Gebäudekomplexe unterteilt, was auf eine ursprüngliche Aufteilung in Stadtviertel schließen lässt. Viele dieser Viertel weisen zahlreiches Material im teotihuacanischen Stil auf.

Der von uns vorgefundene teotihuacanische Stil besteht aus einer Anzahl von Gegenständen mit rituell-zeremoniellen, kulinarischen und anderen speziellen Funktionen. Diese wurden in der Regel in größerer Anzahl auf den Abfallhalden bei den Wohnkomplexen oder in der Nähe öffentlicher Gebäude gefunden. Die meisten der in Matacapan gefundenen Objekte teotihuacanischen Stils weisen sehr hohe Ähnlichkeit mit den in Teotihuacan gefundenen Gegenständen der Phasen Tlamimilolpa, Xolalpan und Metepec auf (ca. 400 bis 700 n. Chr.).

Der Großteil dieser Gegenstände besteht aus vor Ort angefertigten Kopien verschiedener Geräte und Keramik im Stil, wie er in Teotihuacan zur Zeit der Mittleren Klassik prägend war. Aus Teotihuacan importierte Gegenstände sind praktisch nicht vorhanden. Dies ist nicht weiter verwunderlich, wenn man an die hohen Transportkosten und schwierigen Transportbedingungen fragiler Materialien wie z.B. Keramikwaren denkt, die man zu Fuß von Zentralmexiko aus hätte anliefern müssen. Es ist zwar Keramik aus Teotihuacan vorhanden, sie stellt aber stets nur einen kleinen Teil der Sammlungen dar. Die meisten Gefäße aus der Mittleren Klassik weisen eher eine lokale Tradition auf, wie sie im Gebiet der zentralen Tuxtlas üblich war. Das bedeutet, dass Objekte im teotihuacanischen Stil nur für spezielle Zwecke genutzt wurden.

Hauptmerkmal des teotihuacanischen Stils ist das dreifüßige zylindrische Gefäß. Es wurde in vier lokalen Varianten hergestellt: feine orangefarbene, feine graue, feine rotorangefarbene und feine beige Keramik. Die feine beige Keramik ist am häufigsten vertreten: sie stellt 6,2 Prozent aller gefundenen Keramikwaren der Mittleren Klassik dar, in manchen Fällen erreicht sie sogar 20 bis 30 Prozent der geborgenen Keramik.

Die meisten dreifüßigen zylindrischen Gefäße aus Matacapan weisen, abgesehen von den Griffen, keine Dekorationen auf, sie waren aber wahrscheinlich mit bemaltem Stuck verziert. Das häufigste Motiv an den Griffen besteht aus einem Feld mit zwei eingeritzten Elementen, darunter wird oft ein *Talud-Tablero*-Element dargestellt (Typen A und C). Dieses Motiv wurde sowohl in den Hügeln A-B von Kaminaljuyú (Kidder *et al.*, 1946) als auch in Teotihuacan (Muller, 1978; Sejourné, 1966) gefunden. Es finden sich auch stark stilisierte Darstellungen des Regengottes Tláloc, in Durchbrucharbeit gezeigte H-, V-, und I-Formen, imitierte *Talud-Tablero*-Fassaden, röhrenförmige

Abb. 5.
Fragement einer Wandmalerei aus Las Higueras, Veracruz (Kat. 277)

Abb. 6.
Weihrauchgefäß, dessen Dekor Symbole aus Teotihuacan zeigt (Kat. 279)

und massive Griffe. Die feine beige Keramik wurde vor allem für halbrunde Schüsseln, oft mit ringförmigem Boden, für „Sahnekännchen" und für die Deckel der dreifüßigen zylindrischen Gefäße verwendet. Einige Gefäße aus feiner beiger Keramik aus der frühen Mittleren Klassik sind an den Außenseiten glatt poliert und erinnern im Stil an die „Copa Ware" aus Teotihuacan. Die Gefäße aus der späten Mittleren Klassik sind jedoch nicht mehr so glatt, was auf eine eigenständige Stilveränderung in Matacapan hindeutet.

Die Gesamtheit der Gegenstände aus der Mittleren Klassik besteht aus „Leuchtern", Figuren und anderen Objekten im teotihuacanischen Stil. Fast alle „Leuchter" aus Matacapan besitzen einzelne oder doppelte rechteckige Vertiefungen sowie von Hand getupfte bzw. gezupfte Dekorationen auf. Manche Exemplare haben auch geglättete Außenflächen mit eingeritzten Linien. Die Figuren zeigen unter anderem den Puppen-Typ, Huehuetéotl-Köpfe und andere teotihuacanische Typen. Weitere Funde sind Lehmöfen, manche mit anthropomorphen Verlängerungen an den Rändern, Räuchergefäße, Schmuck, Figurengefäße, Stempel und Siegel, Reibsteine mit dreifüßigen Stützen im *Talud-Tablero*-Stil, Skulpturen der Gottheit Tláloc, Blumenvasen (*floreros*), *Fine-Orange*-Keramik und Töpfe mit wulstigen Rändern, wie sie im Tal von Mexiko während der Mittleren Klassik und später beliebt waren (Sanders *et al.*, 1979).

Matacapan ist einer der wenigen Orte in Mesoamerika, der eine zivile und zeremonielle Architektur im Stile Teotihuacans aufweist. Der Bau auf Hügel 2, den Valenzuela (1945) fast komplett freilegte, war im teotihuacanischen Stil mit zwei Baukörpern im *Talud-Tablero*-Baustil, einer frontalen Freitreppe mit Balustraden und einer rot angemalten äußeren Lehmschicht errichtet worden. Der Hügel 2 bildet eine Einheit mit dem Hügel 1, der eine ähnliche Größe besitzt. Dies lässt darauf schließen, dass beide Bauten im *Talud-Tablero*-Stil errichtet wurden. Diese Konstruktionen bilden zusammen mit den Hügeln 3 und 22 eine urbane Struktur, die als „Barrio Teotihuacano" bezeichnet wird. Die vier Bauten gruppieren sich um einen Platz, der sich zum Hauptplatz hin mit einer Seitenlänge von ca. 300 Metern öffnet.

Der Komplex hat eine Grundfläche von annähernd 6,25 Hektar. Er ist wahrscheinlich als eine stadtplanerisch angelegte Einheit erbaut worden. Im Stadtviertel selbst gibt es zwei Arten von Bauten: Die Hügel 1 und 2 bargen offensichtlich Tempel mit Plattformen. Bei den Ausgrabungen wurden jedoch keine Gräber entdeckt, was bedeutet, dass diese Tempel nicht als Grabstätten funktionierten (Valenzuela, 1945). Die Hügel 3 und 22 hingegen enthielten Wohnkomplexe. Die Art des Abfalls auf den zugehörigen Abfallhalden unterstützt diese These (Santley *et al.*, 1984, 1985c). Abgesehen von wenigen dreifüßigen Stützen, enthielten die Abfallhalden der Hügel 1 und 2 (Tempel) wenig Material im teotihuacanischen Stil. In den Müllhaufen der Wohnkomplexe dagegen war mehr „teotihuacanisches" Material zu finden. Die Hügel 3 und 22 sind große Komplexe (ca. 100 x 30 x 3 m). Die Größe dieser Bauten in Zusammenhang mit Funden reich verzierter Keramik lässt darauf schließen, dass in dieser Anlage Personen mit relativ hohem sozialen Status wohnten. Direkt im Nordosten dieser Anlage befindet sich das Zentrum Matacapans mit öffentlichen Gebäuden. Die Lage des Komplexes, seine Anordnung und die Art seiner Konstruktion deuten auf eine über das Wohnen hinausgehende Funktion hin. Ähnliches ließe sich über die zivilen Konstruktionen im Teotihuacan-Stil von Kaminaljuyú sagen (Cheek, 1977).

Ein größeres Wohngebiet mit Material aus oder im Stile von Teotihuacan befindet sich am Westufer des Flusses Matacapan, gegenüber der Hauptgruppe der öffentlichen Gebäude. Das Wohngebiet bildet einen Streifen von ungefähr 1 300 Metern Länge und 400 Metern Breite. In dessen Struktur sieht man unter anderem Wohngebäude, die sich um kleinere Plätze gruppieren. Die Ausgrabungen am Hügel 61 legten Hausstrukturen frei. Die Anordnung der Grundmauern weist auf eine Gruppe von Zimmern (*departamentos*) hin, die sich um einen Innenhof gruppieren und durch Korridore voneinander getrennt sind, wie in Teotihuacan (Linné, 1934; Sejourné, 1966; Millon, 1976). Die Ausrichtung der Mauern variiert zwischen 16 und 18 Grad Nordost, was der offiziellen Nord-Süd-Ausrichtung Teotihuacans sehr nahe kommt. Laut Aveni (1980) sind die meisten Städte im Tal von Mexiko zwischen 15 und 20 Grad nordöstlich ausgerichtet. Dies war sehr wahrscheinlich die von teotihuacanischen Architekten vorgegebene Ausrichtung. Die Abfallansammlungen bei diesen Bauten enthalten Geräte im teotihuacanischen Stil, unter anderem Figuren, „Leuchter", feine beige Keramik und eine mittelgroße Anzahl von Scherben dreifüßiger zylindrischer Becher.

Tote wurden in gekrümmter Haltung unter den Fußböden innerhalb der Hausstrukturen bestattet – eine Tradition, die es auch in Teotihuacan gab (Sanders *et al.*, 1982; Serrano Lagunes, 1974; Spence, 1971). Unsere Funde bestehen aus Individuen beiderlei Geschlechts und aller Altersstufen. Auch Föten und Neugeborene wurden dort in Gefäßen bestattet. Dies ist eine weitere, schon in Teotihuacan gepflegte Tradition des Umgangs mit den Toten. Die Grabbeigaben bei den Erwachsenen bestanden aus dreifüßigen zylindrischen Gefäßen mit dekorierten Griffen im typischen Teotihuacan-Stil, Schüsseln aus feiner beigen Keramik, „Sahnekännchen" und Teller mit ausladenden Rändern. Interessanterweise wurden die Gefäße aus orangefarbener und grauer feiner Keramik in den Haushalten Matacapans am meisten genutzt; sie sind vielfach auf den Abfallhalden der Häuser als in den Grabstätten zu finden. Die feine beige Keramik hingegen taucht eher in Grabstätten als in anderen Kontexten auf.

Diese Materialien im teotihuacanischen Stil finden sich auch in anderen Stadtteilen Matacapans. Anfangs gingen wir davon aus, dass sich der teotihuacanische Einfluss auf das Zentrum östlich des Hauptplatzes mit seinem öffentlichen und zeremoniellen Raum und auf das Wohnviertel auf der gegenüberliegenden Seite des Flusses beschränkte. Inzwischen aber wissen wir, dass er sich über das gesamte städtische Siedlungsgebiet und die Vororte erstreckte. Die Ausgrabungen in der Zone 138, einem Gebiet, in dem Keramik gebrannt wurde, brachten Teile von zylindrischen dreifüßigen Bechern, „Leuchter" und Figuren im teotihuacanischen Stil zutage. Das Gebiet ist in eine Produktionszone und eine Abfallzone unterteilt. In der obersten Schicht des Abfalls kommt sehr viel feine graue Keramik vor, darunter Gegenstände im Teotihuacan-Stil. Auch in der Keramikbrennerei von Comoapan und dem Vorort in der Nähe von Bezuapan wurden Dreifußgefäße und einige Kerzenleuchter gefunden. In manchen Gegenden Matacapans fanden wir keine „teotihuacanischen" Objekte. Dies waren in der Regel jedoch Orte, an denen die Ausgrabungen insgesamt wenig ergiebig waren, z.B. an Plätzen ohne Haushaltsabfälle. Es kann deswegen von einer Präsenz von Objekten im teotihuacanischen Stil in ganz Matacapan ausgegangen werden; es gab sie nicht nur – wie anfangs vermutet – im teotihuacanischen Viertel, sondern in der ganzen Stadt und ihren Vororten.

Matacapan war der Sitz einer großen Keramikproduktion. Die Ausgrabungsstätte umfasst mindestens 41 Herstellungsorte, von denen einige beeindruckend groß sind (Santley und Arnold 1986; Santley et al., o. D.). Die Keramikproduktion in Matacapan ging auf verschiedene Weise vor sich: Es gab kleine Werkstätten in den Wohnkomplexen, der Großteil wurde jedoch in spezialisierten Betrieben hergestellt, die wir als „Kernindustrien" bezeichnen. Die Produktion dort war hochspezialisiert und standardisiert, ein Betrieb stellte jeweils nur eine kleine Produktpalette an Gefäßen her. Die Größe der Werkstätten und die Art der Produktionsabfälle lassen darauf schließen, dass Keramik als Massenware hergestellt wurde. Fast alle Keramiken wurden aus kaolinreicher Tonerde hergestellt (Pool 1988, o. D.). Mit Ton wurde eventuell auch über die Region hinaus gehandelt. Mit ihm stellte man Engoben und andere dekorative Überzüge her. Mit den Gefäßen wurde wahrscheinlich im ganzen Gebiet der Tuxtlas und auch mit Teotihuacan Tauschhandel betrieben (Rattray: pers. Mitt.). Die Etablierung einer teotihuacanischen Präsenz im Gebiet ist möglicherweise durch das Tonerdevorkommen in den Tuxtlas hervorgerufen worden.

Güter im teotihuacanischen Stil sind außerhalb von Matacapan gefunden worden, aber sie sind nicht über das gesamte Gebiet der Tuxtlas und der südlichen Golfküste verbreitet. Die Ausgrabungen, die Reyes 1972 in Piedra Labrada an der Golfküste vornahm, brachten feine beige Keramik zutage. Unter diesen Keramikarbeiten befinden sich halbrunde Schüsseln und dreifüßige zylindrische Gefäße, die fast identisch mit den Exemplaren aus Matacapan sind, auch wenn sie vermutlich früher entstanden sind. Bei Ausgrabungen des Instituts für Anthropologie der Universität Veracruz (IAUV) wurde eine zusammengesetzte bzw. aus Teilen hergestellte Stele gefunden, die Ähnlichkeiten mit der Stele in La Ventilla in Teotihuacan besitzt (Aveleyra 1963).

Ein Vergleich zwischen den Funden aus Teotihuacan und Matacapan zeigt jedoch, dass subtile und ausgeprägtere Variationen in Stil und Form existieren, deren Zweck die Differenzierung der Produktionsorte war. Hinzu kommt, dass einige der in Matacapan verwendeten Materialien in Teotihuacan sehr selten sind oder gar nicht vorkommen.

Laut Evelyn Rattray (pers. Mitt.) gehören die dreifüßigen zylindrischen Gefäße aus Matacapan zu einer künstlerischen Tradition, die wahrscheinlich an der Golfküste ihren Ursprung hat. Zu dieser Schlussfolgerung kommt Rattray aus verschiedenen Gründen: 1) Die Gefäßwände aus Matacapan laufen minimal auseinander, während die aus Teotihuacan eine gerade zylindrische Form aufweisen. 2) Die in Matacapan hergestellten Gefäße sind im Vergleich zu den kompakten, viereckigen aus Teotihuacan eher rund. Die Gefäße aus Matacapan sehen eher denen der dreifüßigen Gefäße der Hügel A-B aus Kaminaljuyú ähnlich, d. h. sie sind eher den Maya-Formen ähnlich. 3) Einige der in Matacapan häufigsten Gefäße, die Typen A und B, sind laut Rattray nicht in den Sammlungen des Mapping Project vorhanden. Von der Keramik aus dem Händler-Viertel in Teotihuacan gibt es einige Objekte des Typus A. 4). Die Objekte in Matacapan wurden nicht aus Teotihuacan importiert, sondern vor Ort nachgebildet. Die Weiterentwicklung fand teilweise unabhängig von Teotihuacan statt. Daneels stimmt in diesem Punkt mit Bennyhoff (1966) überein, indem sie sagt: „Das dreifüßige zylindrische Gefäß mit runden Stützen ist eine Form aus dem Zentrum von Veracruz, die von Teotihuacan in der späten Tlamimilolpa-Epoche übernommen und dem örtlichen Geschmack angepasst wurde, vor allem durch das Anbringen eckiger Stützen" (Daneels, 2004: 402).

Warren Barbour wiederum ist der Meinung, dass viele der Figuren teotihuacanischen Stils in Matacapan sehr gut zu den bereits bekannten Sammlungen aus der Xolalpan- und Metepec-Epoche der Hauptstadt passen.

Abb. 7.
Keramikfigur von El Zapotal, Veracruz (Höhe 48 cm). Die Ringe um die Augen erinnern an Tláloc

Es gibt also nicht nur charakteristische Ähnlichkeiten zwischen den Sammlungen aus Teotihuacan und Matacapan, sondern auch Unterschiede. Dies ist eine Folge der teotihuacanischen Ausbreitung: Bewohner Teotihuacans siedelten sich als Verwaltungsbeamte oder Kunsthandwerker für die Herstellung ritueller Gegenstände an anderen Orten an; später versuchten die lokalen Eliten und die Bevölkerung die vorgefundenen Traditionen zu imitieren.

Der Großteil unserer Information stützt also die These, dass es in Matacapan eine teotihuacanische Exklave gab, und nicht nur ein kleines Viertel von Händlern. Die meisten im teotihuacanischen Stil bearbeiteten Materialien hatten eine rituell-zeremonielle Funktion – Figuren, „Leuchter", Räuchergefäße, Siegel, Stempel, dreifüßige zylindrische Becher – oder sie dienten der Zubereitung und dem Konsum von Lebensmitteln: Lehmöfen, Krüge, „Saucieren" und „Sahnekännchen".

Architektur im *Talud-Tablero*-Stil und Räuchergefäße befanden sich im öffentlichen Raum und werten ihn in seiner hierarchischen Funktion auf. Die „Leuchter", Figuren und dreifüßigen Becher hingegen sind auch in privaten Räumen präsent und wurden meistens bei den Hausabfällen gefunden. Diese Funde bestätigen die ethnographischen Berichte, die darauf hinweisen, dass die Identität einer Exklave meistens durch Rituale zum Ausdruck gebracht wird.

Schluss: Der Herr von Matacapan

Im Jahr 2005 begann das Staatliche Institut für Anthropologie und Geschichte (INAH), Abteilung Veracruz, mit dem Bau eines Museums in San Andrés. Den Antrag stellten Juan Manuel Irigoyen López, Vorsitzender des Entwicklungsrats für Papaloapan (CODEPAP), und Herr Carreón, Bürgermeister von San Andrés Tuxtla. Die Leitung des Museums übernahm der Archäologe David Morales vom Staatlichen Institut für Anthropologie und Geschichte, Abteilung Veracruz.

Im neuen Museum werden Funde aus dem Haus der Kulturen und Privatsammlungen ausgestellt. Hervorzuheben ist die Sammlung von mehr als 700 Exemplaren aus dem Gebiet von Matacapan, die Miguel Turrent dem Museum vermachte. In der Sammlung Turrents gibt es eine Anzahl von Scherben, die zu einem einzigen Stück gehören, das laut Turrent in den Hügeln, die die Archäologen als Teotihuacanisches Viertel bezeichnen, gefunden wurde, ungefähr 100 Meter südlich von Hügel 2.

Aus den Scherben konnte eine außergewöhnliche Skulptur aus gebranntem Ton in natürlicher Größe zusammengesetzt werden. Sie war vergleichbar mit dem Stil von Mixtequilla, aber – da offensichtlich in Matacapan hergestellt – ohne den kunsthandwerklichen Bezug (Abb. 7).

Dem INAH wurden mehr als 790 Scherben übergeben, aus denen Fachleute in mühevoller Puzzlearbeit eine 80 Zentimeter hohe Skulptur zusammensetzen konnten. Sie zeigt einen im teotihuacanischen Stil geschmückten Priester, dessen Arme, Beine, Hände und Gesicht rot angemalt waren.

Seinen Kopf umgibt ein Helm, der, obwohl dessen oberer Teil fehlt, eindeutig den offenen Rachen einer Schlange darstellt, wie man aus den Zähnen am Kinn des Priesters schließen kann. Das Gesicht des Priesters zeigt eine Adlernase, breite Lippen mit nach unten zeigenden Mundwinkeln und einen Schnurrbart. Die Augen waren vermutlich mit Einlegearbeiten geschmückt. Die Skulptur trägt große runde Ohrscheiben.

Kopf und Helm sind vom Torso getrennt, passen aber zu ihm. Der Torso ist abgerundet rechteckig; er trug Verzierungen in Form von Blättern, von denen die meisten verloren gegangen sind. An einem sehr locker sitzenden Gürtel hängen quadratische Motive und gelbe Quasten und Federn. Er trägt einen Rock bzw. Lendenschurz aus aufgereihten Schneckenhäusern und Borten, an denen Quasten und Federn hängen.

Die Figur trägt grobe Ledersandalen mit einer großen Schleife. Ihre Zehen sind mit Federn geschmückt, die mit einem weiß und gelb gefärbten Lederriemen an ihnen befestigt sind, die Fußnägel sind weiß bemalt. An seinem linken Arm trägt der Priester ein Schild (*chimalli*) mit dem schönen Bild einer detailreich gemalten Ozelotkatze, die über einen grünen Grund läuft. Das Bild ist von gelben Federn gerahmt. Vor dem Maul der Katze befindet sich eine Gerte mit Blumen und an ihrem Schwanz weitere Federn.

An der rechten Hand hängt mit einer großen Schleife oder Doppelknoten eine Tasche mit der Darstellung eines Reptilienauges. In der linken Hand trägt die Figur eine rechteckige Tafel mit vier Darstellungen eines Reptilienauges und kleinen grünen Rauten um die Symbole herum. Die Fingernägel sind ebenfalls weiß bemalt, die Finger meisterhaft modelliert. Über den Schultern trägt die Figur ein rotes Cape.

Dieses außergewöhnliche Kunstwerk muss unbedingt genau und vergleichend untersucht werden, um ihm den gebührenden Stellenwert beimessen zu können. Die hier beschriebenen und gezeigten Elemente genügen, um den Stil der Skulptur als teotihuacanisch bezeichnen zu können – in teotihuacanischem Stil regional hergestellt. Damit gehört die Skulptur zu dem besonderen Stil der in die lokalen Kulturen integrierten teotihuacanischen Präsenz an der Golfküste.

Abb. 1.
Die gravierte Steinplatte, als „Bazán-Stein"
bekannt, hält möglicherweise die Ankunft
von Teotihuacanern in Monte Albán fest (Kat.
284)

TEOTIHUACAN UND OAXACA

MARCUS WINTER
Staatliches Institut für Anthropologie und Geschichte Mexiko, Abteilung Oaxaca

Am Ende der vorklassischen Periode, um 250 n. Chr., hatten mehrere Gruppen unterschiedlicher ethnischer und sprachlicher Zugehörigkeit im südlichen Hochland von Mexiko, dem heutigen Bundesstaat Oaxaca, komplexe Gemeinwesen entwickelt. An deren Spitze standen kleine städtische Zentren, die von abhängigen Gemeinden umgeben waren. Die Zapoteken regierten von ihrer Hauptstadt auf dem Monte Albán in der Mitte des Oaxaca-Tals, die Mixteken hatten mehrere Zentren wie etwa Huamelulpan und Yucuita, die Chatinos beherrschten ihr Gebiet von der großen Gemeinde am Río Viejo am unteren Río Verde nahe der Pazifikküste, und die Mise herrschten über ihre Region von Tres Picos im Jalapa del Marqués-Tal im Isthmus von Tehuantepec.

Um diese Zeit standen einige zapotekische und mixtekische Gruppen im Kontakt mit Teotihuacan. Einige andere Gruppen erhielten Obsidian aus von Teotihuacan kontrollierten Quellen. Keramikanalysen belegen, dass teotihuacanische Stile in vielen Regionen verbreitet waren, sodass vermutlich die meisten Gruppen von der großen Metropole im Becken von Mexiko zumindest gehört hatten. Da die archäologischen Forschungen in so komplexen Gebieten wie Oaxaca nur langsam vorankommen, ist bislang nur die Verbindung Teotihuacan-Monte Albán gut dokumentiert. So muss diese als Beispiel für einen Austausch zwischen Gemeinwesen dienen, wie er zwischen den zahlreichen Gruppen unterschiedlicher ethnischer und sprachlicher Zugehörigkeit in Teotihuacan und Oaxaca stattgefunden haben dürfte.

Das zapotekische Stadtviertel in Teotihuacan

Zapoteken, die wahrscheinlich aus Monte Albán stammten, gründeten um 200 n. Chr. eine Exklave in Teotihuacan. Dies war der Beginn eines wechselseitigen Austausches zwischen den beiden Städten, die etwa zwölf Tagesmärsche auseinander lagen. Diese Beziehung hielt mehrere Jahrhunderte an und hatte weitreichende Konsequenzen für beide Gruppen.

Während der Ausgrabungen in Monte Albán in den 1930er und 1940er Jahren fanden Alfonso Caso und seine Mitstreiter einige Geräte teotihuacanischen Stils und erkannten die Gleichzeitigkeit dieser beiden großen städtischen Zentren in der Zeit zwischen etwa 200 und 500 n. Chr., die der Tani- und der Pitao-Phase auf dem Monte Albán entsprechen. Gleichwohl fand sich weder ein Hinweis auf eine direkte Präsenz von Zapoteken in Teotihuacan noch von Teotihuacanern in Monte Albán, ja nicht einmal auf einen ungewöhnlich starken Einfluss zwischen den beiden Zentren. Das änderte sich, als in den 1960er Jahren das „Oaxaca-Stadtviertel" entdeckt wurde, ein Gebiet etwa drei Kilometer westlich von der Quetzalcóatl-Pyramide mit Keramik, deren Oberflächengestaltung eindeutig

Abb. 2.
Kleine Statue im teotihuacanischen Stil, die in der Nähe der südlichen Seite des Gebäudes VGE-1 auf der nördlichen Plattform von Monte Albán gefunden wurde

Abb. 3.
Sockel eines Weihrauchgefäßes mit Motiven im zapotekischen Stil aus Teotihuacan (Kat. 290)

dem zapotekischen Stil entsprach. („Oaxaca" könnte eine beliebige Zahl von Gruppen verschiedener ethnischer oder sprachlicher Zugehörigkeit bezeichnen, doch die Fundstücke waren eindeutig zapotekischer Provenienz, so dass „zapotekisches Stadtviertel" die korrekte Bezeichnung ist.)

Das heute als Tlailotlacan bekannte und teilweise von Einwanderern aus dem Bundesstaat Oaxaca bewohnte zapotekische Stadtviertel wurde aufgrund von Keramik-Fragmenten im zapotekischen Stil identifiziert. Das Stadtviertel wurde während mehrerer unterschiedlicher Projekte teilweise ergraben: 1966-1967 durch eine Gruppe vom Mexico City College, und 1967 von Mitgliedern des Teotihuacan Mapping Project (Rattray, 1993), 1987 und 1989 von Michael W. Spence (1992) sowie 2002 bei Bergungsausgrabungen (Urcid, 2003). Zu den aufgefundenen zapotekischen Objekten gehören unter anderem Keramikgefäße, vor allem *apaxtles* bzw. große kegelförmige Schüsseln, Figuren, so genannte Urnen, ein bearbeiteter Stein mit einem zapotekischen Tageszeichen und Numerale. Einiges war aus Oaxaca importiert während anderes, darunter viele Figuren und Gefäße, aus lokalem Ton im zapotekischen Stil hergestellt worden war. Dank der Keramikgefäße, Figuren und „Urnen" lässt sich die Zeit der Nutzung des Stadtviertels Tlailotlacan in die Zeit zwischen 200 und 400 n. Chr. setzen. Danach vermischten sich die Zapoteken mit der lokalen Bevölkerung (Urcid 2003). Tlailotlacan blieb auch nach der 150 bis 200 Jahre währenden zapotekischen Präsenz bewohnt, umfasste eine Fläche von mehreren Hektar und hatte etwa 600 bis 1 000 Einwohner (Urcid 2003).

Welche Tätigkeiten die Zapoteken in Teotihuacan ausgeübt haben, wissen wir nicht genau. Möglicherweise waren sie mit der Produktion von Textilien beschäftigt, vor allem mit Färben und Weben, aber auch mit der Herstellung von Kalk und mit Steinmetzarbeiten. Vielleicht waren sie auch im Handel tätig. Die Herstellung spezieller oaxacanischer Speisen oder Getränke, etwa *tejate*, könnte eine Erklärung für die große Zahl von *apaxtles* sein. Einige Personen dürften auch mit dem Transport von Obsidian in das Tal von Oaxaca beschäftigt gewesen sein, doch ist das Vorkommen von Obsidian auf dem Monte Albán gering und erklärt nicht die große Zahl der eingewanderten Menschen in Teotihuacan. Denkbar ist auch, dass es sich um Flüchtlinge handelte, die Oaxaca aufgrund eines Konflikts verlassen hatten. Keramiken im zapotekischen Stil, die an anderen Orten in Teotihuacan gefunden wurden, dürften auf weitere zapotekische Siedlungen hindeuten. Außerdem wurden weitere zapotekische Enklaven mit ähnlicher Keramik an anderen zentralmexikanischen Stätten weiter nördlich, in der Nähe von Tula, dokumentiert (Crespo und Mastache, 1981).

Damon E. Peeler und ich haben die These vertreten, dass zapotekische Spezialisten für Kalender- und Vermessungsfragen nach Teotihuacan eingeladen oder dorthin beordert wurden, um die Realisierung des neuangelegten Stadtrasters um 200 n. Chr. zu überwachen. Die zapotekische Astronomie hat eine lange Geschichte. Nach der Gründung von Monte Albán nahm das astronomische Wissen zu und wurde in die Religion, einschließlich des Kalenders, der Tempel und der Darstellungen der Gottheiten einbezogen. In den Anfangsjahren von Monte Albán verwendeten die Zapoteken drei Zyklen, den

260 Tage umfassenden rituellen Kalender, den 365 Tage umfassenden Sonnenkalender sowie den 584 Tage zählenden Venuszyklus und registrierten die Zeit mit einem System von Hieroglyphen und Zahlen. Durch die Einbeziehung kalendarischer Proportionen (Zahlenverhältnisse, die auf den drei Zyklen basierten) in die Konstruktion einiger ihrer Gebäude, transformierten die Zapoteken in Monte Albán heilige Zeit in heiligen Raum. Die Zapoteken beobachteten und benutzten den Zenithdurchgang in Monte Albán (8. Mai und 5. August), um das Sonnenjahr zu kennzeichnen, und wussten auch vom Nadir (Anti-Zenith), an dem sich die Sonne direkt unterhalb der Erde befand.

Die Beziehung zwischen Teotihuacan und Monte Albán wurde bestätigt, als in Monte Albán mehrere Häuser aus der Tani-Phase (300 – 350 n. Chr.) in der Nähe des neuen Parkplatzes unter dem Museum ausgegraben wurden. Viele mit Teotihuacan in Zusammenhang stehende Objekte wurden entdeckt, darunter importierte Keramik und eine kleine Jadeitfigur (Martínez López, 1998; Abb. 2). Diese Häuser zählen zu den wenigen Bauten aus der Tani-Phase, die bislang in Monte Albán erkannt und erforscht wurden. Es handelte sich wahrscheinlich um Wohnhäuser zapotekischer Kaufleute, die vermutlich Obsidian und andere Produkte aus Zentralmexiko nach Monte Albán transportierten und ihre Verteilung kontrollierten.

Bemerkenswert ist, dass Monumentalbauten aus der Tani-Phase in Monte Albán selten sind. Caso und seine Mitarbeiter fanden relativ wenig Material aus dieser Zeit und betrachteten sie, wie ihr Name für die Periode – „Transición II-IIIA" – nahelegt, eher als nebensächliche Episode denn als eigentliche Zeitstufe. Mit der Gründung der zapotekischen Exklave in Teotihuacan verlagerte sich möglicherweise das Gewicht vom lokalen Handel innerhalb des Tales von Oaxaca auf den Fernhandel. Die Beziehungen zwischen Monte Albán und Teotihuacan scheinen in dieser Anfangsphase friedlich gewesen zu sein. Dies änderte sich in der darauf folgenden Zeit, als die Teotihuacaner einen Feldzug begannen, um ihr Reich zu erweitern.

Teotihuacanische Expansion und die Eroberung von Monte Albán

Die Beziehungen zwischen Teotihuacan und Monte Albán begannen sich um 350 n. Chr. zu verändern. Einige Kunsthistoriker und Archäologen haben die These geäußert, dass zwischen den beiden Zentren eine diplomatische „Sonderbeziehung" existiert habe. Sie deuten die Figuren auf Stein SP-9 („die polierte Stele"), einer der großen gemeißelten Steinplatten auf der Südlichen Plattform, und auf einer kleineren gemeißelten Onyx-Platte, TR/24-1, die in der Nähe von Hügel X

Abb. 4.
Abfall einer kleinen Glimmerplatte mit dem Fragment eines Werkzeugs, das dazu diente, die Ränder der Platten zu glätten. Diese Objekte wurden mitsamt Keramiken im teotihuacanischen Stil auf einem Schuttplatz unterhalb des sogenannten Ensembles des „geodätischen Punkts" auf dem Gipfel der nördlichen Plattform in Monte Albán gefunden

Abb. 5.
Grabung im Gebäude VGE-1 in Monte Albán (Sonderprojekt 1992-1994). Die unvollständig erforschte kleine Plattform besitzt Panele, die mit roten Scheiben im teotihuacanischen Stil verziert sind. In den tieferen Gräben wurden Glimmerfragmente und Keramikscherben von importierten und kopierten Objekten im teotihuacanischen Stil gefunden

gefunden wurde und als Stein von Bazán bekannt ist, als teotihuacanische Persönlichkeiten (Abb. 1). SP-9 und andere Platten der Südlichen Plattform erinnern mutmaßlich an teotihuacanische Besucher in Monte Albán und wurden im Rahmen einer Zeremonie bestattet (Marcus, 1983). Doch der Epigraphie-Experte Javier Urcid (2001: 279-408) hat gezeigt, dass die beiden Platten zu unterschiedlichen Zeiten hergestellt und in unterschiedlichen Kontexten verwendet wurden. Eine (in Teotihuacan) als Tetitla gedeutete Glyphe ist tatsächlich Teil einer zapotekischen Namenglyphe (Urcid, 2001). Urcid (2001: 357) hat außerdem festgestellt, dass die Persönlichkeit auf der rechten Seite des Steins von Bazán Elemente eines Gewands aufweist, das dem des Zapotekenherrschers 13 Eule auf SP-1 ähnelt.

Andere Zeugnisse belegen, dass Teotihuacan keineswegs nur diplomatische Beziehungen zu Monte Albán unterhielt, sondern dieses gewaltsam eroberte und so die städtische Entwicklung in Monte Albán und im Oaxaca-Tal auf eine Weise veränderte, die noch nicht gebührend gewürdigt wurde. Um 350 n. Chr. begann Teotihuacan einen militärischen Eroberungsfeldzug in Mesoamerika, gründete Stützpunkte in Matacapan in Veracruz, im Hochland und an der Küste von Guatemala, und marschierte schliesslich ins Maya-Tiefland, in Tikal und Copán, ein.

Mehrere Funde belegen die teotihuacanische Präsenz in Monte Albán, nämlich auf der Spitze der nördlichen Plattform, dort wo Herrscher von Monte Albán lebten (Winter, 1998; Winter et al., 2002). Dazu gehören:

1. Abfall der Glimmerverarbeitung, vermischt mit Keramik im teotihuacanischen Stil, die lokal hergestellt oder importiert wurde (der Dxu'- Komplex). Dieser Abfall fand sich in einer großen Schutthalde jenseits der Ostfassade des „geodätischen Scheitelpunktes". Der Glimmer wurde nach Teotihuacan gebracht und in zwei Räumen der so genannten Viking-Gruppe gelagert (Abb. 4).

2. Zwei Paläste, Ocote und Montículo Norte, sowie eine weniger bedeutende Wohnstätte, befanden sich auf der Spitze der nördlichen Plattform. Sie wiesen ortsfremde Architekturelemente auf und wurden wahrscheinlich von Teotihuacanern bewohnt.

3. Eine teotihuacanische Begräbnisstätte (gefunden von Alfonso Caso vor über 50 Jahren).

4. Gebrauchskeramik im teotihuacanischen Stil (Martínez López, 1994).

5. Eine Grube mit 18 Kinderschädeln. Dies ist atypisch für die zapotekische Kultur, erinnert aber an ein Grabdepot in Teotihuacan.

6. Das Gebäude VGE-1, ein kleiner Tempel mit Steintafeln und ornamentalen Scheiben im Stil von Teotihuacan (Abb. 5).

7. Eine kleine zerbrochene teotihuacanische Steinskulptur.

Während einige Kollegen das Vorkommen von teotihuacanischen Elementen auf Monte Alban als Ausdruck des Wunsches der Zapoteken, die teotihuacanische Kultur aufzunehmen und nachzuahmen, interpretieren, bin ich der Meinung, dass die Teotihuacaner Monte Albán tatsächlich gewaltsam erobert hatten. Der entscheidende Beweis hierfür war die Entdeckung von über 70 Fragmenten großer Geschossspitzen aus Obsidian teotihuacanischen Stils in der Nähe der nördlichen Plattform und des Hauptplatzes. Geschossspitzen kommen in Monte Albán nur selten vor und diese stammen wahrscheinlich aus einer Schlacht, in der die Teotihuacaner die Zapoteken besiegt und die Stadt eingenommen hatten.

In der Zeit der teotihuacanischen Vorherrschaft nahmen religiöse Aktivitäten auf dem Monte Albán ebenso ab wie die Bautätigkeit sowie die Renovierung von Tempeln und anderen öffentlichen Gebäuden. Der Vollzug von Ritualen verschob sich in die Privatsphäre. Das Bevölkerungswachstum in Monte Albán sank, die Zapotekenführer büßten die Kontrolle über ihr

Territorium ein, und die Expansion Monte Albáns hörte auf. Andere Gemeinschaften in dem Tal, wie etwa Dainzú und Yatzeche, wurden möglicherweise autonome Zentren. Im Mixteca-Gebiet traten zentralmexikanische Gruppen an die Stelle der Zapoteken und übten nun kulturellen Einfluss aus. Vor der Tani- (200–350 n. Chr.) und der Pitao-Phase (350–500 n. Chr.) gab es in den Zentren der Mixteca Alta und Mixteca Baja, wie Huamelulpan, Yucuita und Cerro de las Minas, graue Gebrauchskeramik typisch zapotekischer Art, einige Figurengefäße sowie ab und zu behauene Steine. Diese Elemente fehlten fortan und sowohl die Bestattungspraktiken als auch die Keramik zeigen nach und nach Ähnlichkeiten mit jenen in Zentralmexiko.

Der Einfluss von Teotihuacan zeigt sich auch anderswo in Oaxaca, etwa im Obsidianhandel oder in Form von ikonografischen Elementen auf skulptierten Steinen in Rio Viejo und anderen Orten an der pazifischen Küste. In Tres Picos, am Isthmus von Tehuantepec, wurde Keramik mit teotihuacanischen Elementen identifiziert. Dasselbe gilt für die Fundstätte Macuiltianguis in den Bergen nördlich des Tales von Oaxaca. Ich nehme an, dass der Einfluss und die Präsenz Teotihuacans wesentlich größer waren als wir bislang angenommen haben. Zukünftige Forschungen werden dies bestätigen.

KARIBISCHES MEER

- Teotihuacan
- Cacaxtla
- Xochicalco
- Monte Albán

GOLF VON MEXIKO

- Chichén Itzá
- Cobá
- Uxmal
- Edzná

NÖRDDLICHES TIEFLAND

- Becán
- Dzibanché

ZENTRALES TIEFLAND

- Calakmul
- Río Azul
- Altún Ha

GOLF VON HONDURAS

- Palenque
- Piedras Negras
- Yaxchilán
- El Perú
- Uaxactún
- Tikal
- Yaxhá
- Caracol

HOCHLAND

PAZIFIK

- Copán
- Kaminaljuyú

0 50 150 Km

Zone von Escuintla

TEOTIHUACAN IM LAND DER MAYA

ÉRIC TALADOIRE

UMR 8096 „Archäologie Altamerikas"
Universität Paris I und CNRS

Den Begriff Mesoamerika verdanken wir ohne jeden Zweifel Paul Kirchhoff, der ihn 1943 prägte. Er wies nach, dass in Mittelamerika zur Zeit der spanischen Eroberung eine Kulturgemeinschaft mit 90 gemeinsamen Merkmalen existierte, die sich im Laufe einer langen Entwicklung herausgebildet hatte. Die Definition dieser Kulturgemeinschaft war das Ergebnis der vorausgegangenen Forschungen und beruhte zum Teil auf den Entdeckungen in der zur Maya-Kultur gehörigen Stadt Uaxactún (Abb. 1).

An dieser Fundstätte im Herzen des Petén wurden 1933 nämlich mehrere Gefäße identifiziert, die mit den bereits aus Teotihuacan bekannten Keramikformen vergleichbar waren. Sie bestätigten, dass zwischen diesen Tiefland-Mayas und der Metropole Zentralmexikos (Smith, 1955) eine Verbindung bestanden hatte. Nun war erwiesen, dass Uaxactún seit Ende des 4. Jahrhunderts Beziehungen zum fernen Teotihuacan unterhielt. Diese Gefäße trugen zur Definition der frühklassischen Tzakol-Phase der Sequenz von Uaxactún in der Maya-Chronologie bei. Für die Erstellung ihrer Chronologie kamen den Spezialisten dieser Zivilisation, den Maya-Forschern und -Forscherinnen, die bereits bekannten Inschriften und die Epigrafie zugute. Indirekt hat diese Entdeckung es also erlaubt, die noch recht vagen Chronologien Zentralmexikos mit einer absoluten Chronologie zu verknüpfen. Sie stützt die Vorstellung von einer diesen Kulturen gemeinsamen Entwicklung.

Einheitlichkeit bedeutet indessen nicht Einförmigkeit. Kirchhoff besteht vorsichtig auf der Vielfalt dieser Milieus und der kulturellen Äußerungen. Er unterstreicht ebenfalls, dass das, was für 1519 gilt, nicht oder zumindest nicht systematisch für die vorausgegangen Perioden gelten muss und umso weniger für die ältesten Perioden. So lässt er die Tür weit offen für unterschiedliche Meinungen oder Interpretationen. Wenn sich alle Maya-Forscher und -Forscherinnen darüber einig sind, dass Teotihuacan und das Maya-Gebiet viele Gemeinsamkeiten teilen, so neigen zahlreiche von ihnen zu der Überzeugung, dass die Maya eine eigene, unterschiedliche Entwicklung erfahren haben, und dass „ihre" Zivilisation den anderen mesoamerikanischen Kulturen gegenüber von einer unleugbaren Überlegenheit zeugt. Die Existenz eines hochentwickelten, zunächst zu Unrecht als einzig angesehenen Schriftsystems, ihr ausgeklügelter Kalender und ihre astronomischen Beobachtungen, eine hoch entwickelte Kunst, die sich in unzähligen mit Skulpturenschmuck versehenen Bauwerken äußert, all dies sind Argumente, die vorgebracht werden, um die mutmaßliche Überlegenheit der Maya zu rechtfertigen. Die Entzifferung anderer Schriftsysteme, wie der zapotekischen Glyphen (Urcid, 2001) ließ viele Jahre auf sich warten, und in Teotihuacan wurden die Glyphen überhaupt erst zu Beginn des 21. Jahrhunderts registriert (Gómez und King, 2004). Ebenso lassen erst neuere Grabungen erahnen, dass Teotihuacan ein Kalendersystem besessen hatte.

Diese erwiesene Vorrangstellung der Maya-Zivilisation drückt sich am deutlichsten in der traditionellen chronologischen Unterteilung der mesoamerikanischen Entwicklungsgeschichte in Präklassik, Klassik und Postklassik aus. Schon der Begriff der „Klassik" an sich verweist auf einen impliziten Vergleich mit dem antiken Griechenland. In den Augen einiger Forscher, wie Thompson oder Morley, wären die Maya die Griechen der Neuen Welt, pazifistische Denker, die sich eingehend mit den Bewegungen der Gestirne und dem Ablauf der Zeit befassen. Doch diese Vorstellung ist schon lange überholt.

Abb.1.
Karte des Maya-Gebiets mit den wichtigsten erwähnten Stätten

Abb. 2.
Stele 31 aus Tikal, Vorderansicht und Seitenansichten (nach Jones und Satterthwaite Jr., 1982)

Die Geografie stützt diese „isolationistische" Tendenz. Der Isthmus von Tehuantepec teilt Mesoamerika in der Tat in große geografische Einheiten: im Osten das Gebiet der Maya, isoliert in seinem Tiefland und seinen tropischen Wäldern, im Westen das von Teotihuacan beherrschte Zentralmexiko und weiter nördlich die riesigen Wüsten Nordmexikos. Die meisten Fachleute sind der Ansicht, dass sich der Einfluss der zentralmexikanischen Metropole nicht nur auf das Becken von Mexiko und sein Umland erstreckt, sondern bis zur 400 Kilometer entfernten Küste des Golfs von Mexiko und zum Oaxaca-Tal reicht. Und dies, obwohl solche Entfernungen lang und ohne Transportmittel, Pack- und Zugtiere schwierig zu bewältigen sind. Einen Austausch zwischen den Maya-Städten und Teotihuacan in Betracht zu ziehen, schließt ein, dass Karawanen von Trägern zu Fuß, oder auf einem Teil der Strecke in Booten, über 1 000 Kilometer zurückgelegt hätten. Und schließlich sind sich die meisten Maya-Forscher und -Forscherinnen einig, dass die aufeinander folgenden Hauptstädte Zentralmexikos natürlich Kakao, Quetzalfedern und Jade benötigten; sie können sich jedoch nicht vorstellen, was für die Maya auf der mexikanischen Hochebene einen Tauschwert dargestellt haben könnte.

Die Debatte verschärft sich 1946, als Kidder, Jennings und Shooks in Kaminaljuyú, im guatemaltekischen Hochland, zahlreiche für Teotihuacan charakteristische Elemente entdecken. Es handelt sich um Objekte wie Dreifüße, Rückenspiegel und von der Metropole in den Minen von Pachuca abgebauten grünen Obsidian, doch vor allem um die Grabstätten und *Talud-Tablero*-Konstruktionen, die Hügel A und B (Cheek 1977). Das Zusammentreffen so vieler exogener Züge legt die Präsenz einer von der zentralen Hochebene Zentralmexikos stammenden Bevölkerung nahe. Schon bald deuten mehrere Forscher Kaminaljuyú als einen Vorposten Teotihuacans im Gebiet der Maya. Dem Beispiel der aztekischen Krieger-Händler, den *pochtecas*, folgend, arbeiten Sanders und Price (1968) die Hypothese einer regelrechten Kolonisierung Kaminaljuyús durch Teotihuacan aus. Die Metropole, die bereits die Minen von Otumba und Pachuca ausbeutete, habe sich der Lagerstätten von El Chayal und Ixtepeque in der Nähe von Kaminaljuyú bemächtigt, um die Obsidianproduktion in Mesoamerika vollständig unter ihre Kontrolle zu bekommen. Damit sind die Grundlagen einer Kontroverse geschaffen, in der sich die Befürworter eines starken Einflusses Zentralmexikos im Gebiet der Maya mit den Verteidigern einer Maya-Zivilisation auseinandersetzen, die nur vereinzelt fremde Elemente aufnahm. Nach David Stuart (2000), der sich eingehend mit der Frage beschäftigt hat, ließe sich die Präsenz für Teotihuacan charakteristischer Elemente im Gebiet der Maya entweder durch eine interne Entwicklung erklären, die fremde Elemente assimiliert hätte (*internal hypothesis*), oder im Gegenteil durch ein konkretes Eindringen von Leuten des mexikanischen Hochplateaus (*external hypothesis*). Zahlreiche Faktoren gestalten die Debatten schwierig. Die Maya-Forscher und -Forscherinnen, darunter zahlreiche Inschriftenforscher (Martin und Grube, 2000), die sich offen zeigen für die Vorstellung eines fremden Eindringens in das Gebiet der Maya, stimmen deswegen noch lange nicht der starren Position einiger Spezialisten Teotihuacans zu, die ihre Metropole als Zentrum jeder Kultur betrachten. Im Gegensatz dazu entwickeln andere Archäologen, Gegner jeglicher Vorstellung eines äußeren Einflusses, Forschungsansätze, die darauf zielen, die Bedeutung dieser externen Beiträge herunterzuspielen, auf die Gefahr hin, den Inschriften zu widersprechen. So hat die Wiederaufnahme der Grabungen in Kaminaljuyú es ermöglicht, den Beweis zu erbringen, dass es sich bei den meisten als importiert geltenden Gefäßen um lokale Produktionen handelt (Demarest und Foias, 1993). Zudem konnte nachgewiesen werden, dass die

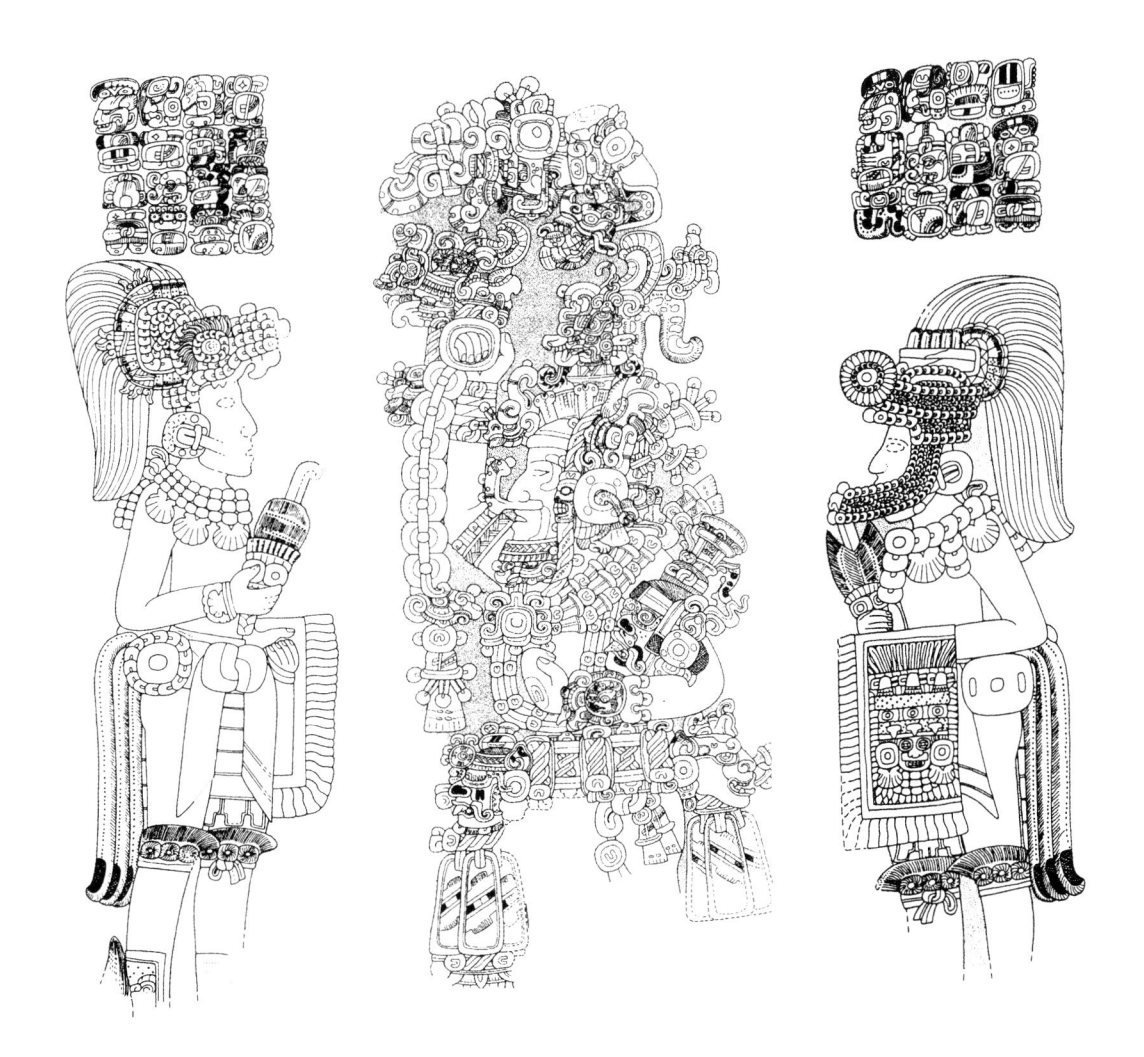

Talud-Tablero-Strukturen das Vorbild nur mehr oder weniger geschickt imitierten.

In diesem Kontext heftiger, emotional geprägter Diskussionen häufen sich die Entdeckungen, die je nach dem über- oder unterbewertet werden. Den Rahmen der ersten und bedeutendsten Entdeckungen bildet die glanzvolle Maya-Stadt Tikal. Die Stele 31 stellt einen Herrscher dar, der von zwei Personen[1] flankiert wird, deren Kriegerattribute, Schilde oder Speerschleudern (*atlatl*) und Ausrüstung eindeutig auf die Ikonografie Teotihuacans verweisen. Diese Stele ist von T. Proskouriakoff unverzüglich als Veranschaulichung eines Eindringens von Leuten des mexikanischen Hochplateaus oder gar einer Eroberung gedeutet worden. Spätere Forschungen haben diese Hypothese gestützt und die Realität des Einflusses von Teotihuacan (Abb. 2) in Tikal nachgewiesen, selbst wenn Coggins (1975) sich selbstverständlich zunächst in Richtung Kaminaljuyú wendet. Abgesehen von dem grünen Obsidian (Moholy-Nagy, 1999), der Keramik und der Ausgrabung von zwei Königsgräbern in der Nordakropolis mit für Teotihuacan charakteristischer Keramik, darunter stuckierten Gefäßen (Coe, 1972), kam das Ausmaß des Phänomens bei den sogenannten *Mundo-Perdido*-Grabungen (Laporte, 2003) zum Ausdruck. Hier wurden Bauwerke in *Talud-Tablero*-Bauweise und eine Kompositskulptur (der „Marcador von Tikal") ausgegraben, welche an die von La Ventilla in Teotihuacan erinnert, auch wenn sie eine Inschrift in Maya trägt. Mit der Untersuchung von Texten und Monumenten von Fundplätzen wie Uaxactún, Río Azul oder El Perú (Waka) hat namentlich die Epigrafie zum Verständnis der dieses „Eindringen" betreffenden Ereignisse beigetragen.

Diese komplexe Reihe von Ereignissen kann wie folgt zusammengefasst werden (Martin und Grube, 2000, Stuart, 2000): Erwiesen ist, dass am 8. Januar 378 von Siyaj K'ak' angeführte Krieger aus Teotihuacan durch die Stadt El Perú, einige Marschtage westlich von Tikal, ziehen. In Tikal kommen sie am 16. Januar an. Am Tag nach ihrer Ankunft, am 8.17.1.4.12. 11 Eb 15 Mac, stirbt der Machthaber der Stadt, Chac Tok Ich'Aak, plötzlich, ohne dass man bestimmen könnte, ob er eines natürlichen Todes starb oder ob er getötet wurde. Er scheint in der Nordakropolis unter dem Tempel 5D-26 (Grab 22) begraben worden zu sein. Seine Grabstätte wird bereits in klassischer Zeit geplündert, während seine Monumente zerschlagen und überall in der Stadt verstreut aufgefunden werden. Im Übrigen wurde kein einziges Bauwerk aus der Zeit vor der „Ankunft" im Jahr 378 vollständig aufgefunden (Martin, 2001). Siyaj K'ak', der Anführer der Eindringlinge, wird in den Texten als Gesandter einer noch mächtigeren Persönlichkeit dargestellt, „Speerschleuder-Eule", der den Titel „Kalomté", Herr des Westens, trägt (Martin und Grube, 2000: 29–31). Mit Siyaj K'ak' beginnt die Regierungszeit einer neuen Dynastie. Er benutzt, ohne zu regieren, die Emblemglyphe von Tikal und führt im Namen der Stadt im Jahr 381 Krieg gegen Bejucal, im Jahr 393 gegen Río Azul, nachdem er bereits 378 Uaxactún besiegt hat. Ein Abgesandter Siyaj K'ak's wird auf den Thron von Uaxactún erhoben und wird sogar auf der Stele 5 dargestellt.

Der Nachfolger Chac Tok Ich'Aaks, Yax Nuun Ayiin I, der von 379 bis 404 herrscht, ist noch ein Kind, als er den Thron besteigt. Er ist der Sohn von „Speerschleuder-Eule", dieses Kalomtés mit dem so mexikanisch klingenden Namen, und einer Angehörigen der Aristokratie Tikals (ebd., S. 31). Die an seinem Skelett durchgeführten Strontium-Analysen haben darüber hinaus bestätigt, dass Yax Nuun Ayiin I tatsächlich im Gebiet der Maya geboren wurde. Doch die eigentliche, noch unbeantwortete Frage betrifft die Herkunft seines Vaters, des berühmten „Speerschleuder-Eule". Soll man in ihm, wie manche Forscher vorschlagen (Stuart, 2000; Martin, 2001), ein Mitglied der Führungselite Teotihuacans sehen? Auf der Inschrift der Ballspielmarkierung von Mundo Perdido wird zwar erwähnt,

Abb. 3.
Akroter aus Teotihuacan mit einer von den Maya beeinflussten Ikonografie (Kat. 308)

Abb. 4.
Röhrenförmige Perle aus Jade aus Motagua, die von dem Individuum A im Depot 5 der Mondpyramide getragen wurde. Es besitzt große Ähnlichkeit mit den von den Würdenträgern der Maya präsentierten Pektoralen (Kat. 87)

dass er im Jahr 374 den Thron bestieg, doch es weist nichts darauf hin, dass dies in Teotihuacan geschah.

Dennoch besteht kein Zweifel an der Tatsache, dass diese beiden Fremden, Siyaj K'ak' und „Speerschleuder-Eule", an dem Staatsstreich in Tikal beteiligt waren. Auf der 445 von seinem Sohn und Nachfolger, Siyaj Chan K'awiil II, errichteten Stele 31, betont Yax Nuun Ayiin I ostentativ seine Herkunft: Er ist es, der auf beiden Seiten Siyaj Chan K'awiils dargestellt ist, im Gewand eines Kriegers aus Teotihuacan, mit dem Schild mit dem Bild des Gewittergottes Chak und der Speerschleuder. In seiner in der Nordakropolis lokalisierten Grabstätte 10 ist er von zahlreichen Beigaben aus Teotihuacan umgeben, darunter 32 Keramikgefäße. Die Einsetzung der neuen Dynastie ist von der Verlegung des alten Stadtzentrums vom Mundo Perdido an die Nordakropolis begleitet.

Zwar ist fremdes Eingreifen unleugbar (Culbert 2008), doch ist dieses nicht zu interpretieren. Allein schon der Begriff *arrival* ist zweideutig, da er ebenso „Ankunft" als auch „Machtergreifung" bedeuten kann (Stuart, 2000). Zwar ist wahrscheinlich, dass Siyaj K'ak' fremder Herkunft war, doch wie verhält es sich mit „Speerschleuder-Eule"? Die Ausgrabungen von Laporte und Fialko (Laporte 2003) zeigen, dass die Spuren einer Präsenz von Personen aus Teotihuacan im Komplex des Mundo Perdido bis ins 3. Jahrhundert zurückreichen, und demzufolge aus der Zeit vor der Intrusion stammen. Es mag auch daran erinnert werden, dass die Ausgrabungen von Sugiyama und Cabrera Castro (2003) in der Mondpyramide von Teotihuacan ergeben haben, dass es sich bei den drei Individuen des Depots 5 um ausländische Würdenträger, genauer gesagt um Maya handelte, die in die Metropole gekommen waren. Das Gebäude 5 der Mondpyramide wurde um 300 ± 50 n. Chr. errichtet, das Gebäude 6 um 350 ± 50. Das im Boden des Gebäudes 5 niedergelegte Depot wurde sofort von der Auffüllschicht von Gebäude 6 verschlossen. Die drei Individuen,

Erwachsene männlichen Geschlechts, wurden sitzend mit überkreuzten Beinen aufgefunden, das Gesicht nach Westen gewandt. Im Unterschied zu den anderen Menschenopfern waren ihre Hände nicht gefesselt, doch ihr gleichzeitiges Begräbnis macht ihren Opferstatus wahrscheinlich. Zwei von ihnen waren mit reichen Beigaben bestattet worden, an die zwanzig Jadeitperlen, Ohrscheiben und für die Kunst der Maya charakteristische Pektorale[2]. Wir befinden uns wahrscheinlich in Gegenwart von Würdenträgern der Maya, die freiwillig oder gegen ihren Willen begraben worden sind. Wie dem auch sei, ihre Anwesenheit in Teotihuacan, ebenso wie die von Maya-Händlern im Händlerviertel, bestärkt die Vorstellung, dass zwischen Tikal und Teotihuacan bereits vor der Ankunft Siyaj K'ak's Tauschbeziehungen existierten. Wenn dieser tatsächlich aus der fernen Metropole kam, dann war seine Expedition, die trotz allem mit einem brutalen Dynastiewechsel zusammenfiel, die Folge bereits bestehender Kontakte.

Zwar ist die Abfolge der Ereignisse fortan gesichert, doch bestehen auch weiterhin ungeklärte Punkte: Handelt es sich wirklich um eine Eroberung oder, wie Culbert (2008) vorschlägt, um die Einmischung vor Ort ansässiger Fremder in interne Rivalitäten Tikals? In diesem Fall hätte die Ankunft ein paar Dutzend Kriegern aus Teotihuacan genügen können, um den Konflikt zugunsten der Gegner Chac Tok Ich'Aaks zu entscheiden. Alles in Allem dürfte die Einwohnerzahl von Tikal, wie David Webster betont (pers. Mitt., 2008), zu dieser Zeit nicht sehr hoch gewesen sein. Wie dem auch sei, der Dynastiewechsel markiert den Beginn einer expansionistischen Politik Tikals, die in anderen Städten, darunter Uaxactún und Río Azul, Fuß fasst. Doch in diesen Städten ist die Präsenz Teotihuacans nur an seltenen materiellen Überresten erkennbar, etwas grünem Obsidian, einigen Keramikgefäßen, oder aber in der Kunst (Wandmalereien von Uaxactún). In Tikal selbst stellt sich der in Tikal geborene Siyaj Chan K'awiil auf

Abb. 5.
Abfolge der Seitenansichten des Altars Q in Copán, datiert auf 776 n. Chr, mit Yax K'uk'Mo' und seinen Nachfolgern in der Dynastie (nach der Zeichnung von A. Blank, in Baudez, 1994)

der Stele 31 im traditionellen Gewand der Maya-Fürsten dar, was den Einfluss Teotihuacans etwas relativiert.

Die Ausgrabungen im Copán-Tal werfen neues Licht auf das Eindringen Teotihuacans in das Herz des Petén. William und Barbara Fash (2000), die die Ausgrabungen in der Akropolis von Copán geleitet haben (*Proyecto Arqueológico de la Acrópolis de Copán*), haben die Ergebnisse der letzten 20 Jahre zusammengefasst. Ihren Angaben zufolge enthält der in dem Tal lokalisierte, befestigte Fundplatz Cerro de las Mesas den größten, jemals im Gebiet der Maya gemachten Fund von grünem Obsidian. Dies legt nahe, dass sich hier Händler aus Teotihuacan niedergelassen hatten, doch sie hätten keine führende Stellung eingenommen und wären darauf bedacht gewesen, sich gegen mögliche Angriffe zu schützen. Die Situation ändert sich 426 mit der Thronbesteigung K'inich Yax K'uk' Mo's, dem Begründer der lokalen Dynastie (Abb. 5). Letzterer bekennt sich offen dazu, dass er „nicht lokaler Herkunft" ist, was nicht ausschließt, dass er mit den Traditionen der Maya eng vertraut ist. Auf der Stele 6 ist er mit für Teotihuacan typischem Kopfschmuck dargestellt. Sein im Stil der Maya gewölbter Grabbau soll im Hunal, dem ersten Bauwerk der Akropolis (Sharer, 2003), lokalisiert worden sein. Die Basis des Hunal ist eine *Talud-Tablero*-Konstruktion, den oberen Abschnitt des Bauwerks schmücken Malereien im Stil von Teotihuacan. Das Grab selbst ist angefüllt mit Gegenständen, die einen Bezug zu Teotihuacan aufweisen – grüner Obsidian, Rückenspiegel, *Fine-Orange*-Keramik und Dreifüße –, die jedoch lokal produziert worden waren. Die Strontium-Analysen der Knochenreste von K'inich Yax K'uk' Mo' bestätigen, dass er nicht aus dem Copán-Tal stammte (Fash und Fash, 2000, Iglesias Ponce de León, 2008); doch stammte er auch nicht direkt aus Teotihuacan. Tatsächlich wäre ein gewisser K'uk' Mo' in Tikal aufgewachsen, hätte sich nach Copán begeben und dort gewaltsam eine neue Dynastie begründet.[3] In seiner Zeit in Tikal hätte K'inich Yax K'uk' Mo' also unter dem Einfluss Teotihuacans gestanden.

Er war nicht allein nach Copán gekommen: Mehrere Grabstätten der Eliteschicht enthalten ebenfalls Überreste, die von Beziehungen mit der fernen Metropole zeugen (Fash und Fash, 2000). Das Grab XXXVII-8, verbunden mit der Mot Mot-Struktur in der Nähe eines Ballspielplatzes, dessen Ikonografie das Thema der Gefiederten Schlange aufnimmt, erinnert in seiner Form an die Gräber von Teotihuacan. In seiner Auffüllung wurden große Mengen an grünem Obsidian gefunden. Die sogenannte Grabstätte des „Krieger Tláloc" gegenüber der sogenannten Margarita-Struktur lieferte zahlreiche Geschossspitzen sowie einen Gegenstand aus Muschelschale, der die „Brille" Tlálocs darstellt. In einem anderen Grab wurden *Fine-Orange*-Keramik gefunden, ein Spiegel aus Pyrit und ein für Teotihuacan charakteristischer Kopfschmuck. Die meisten Mitglieder der Führungselite von Copán betonen also ihre fremde Herkunft und bekräftigen ihren Machtanspruch, indem sie die Bezüge zu der mythischen Stadt betonen.

Im Vergleich zu Tikal oder Copán sind die anderen Entdeckungen, die von Kontakten zwischen Maya-Städten und Teotihuacan zeugen, zufallsbedingt und wenig überzeugend (Abb. 6). In der Struktur XIV von Becán wurde ein wenig grüner Obsidian mit einer Figur gefunden, bei der eine Öffnung im Oberkörper den Blick auf weitere Figuren freigibt; darüber hinaus lieferte die Struktur jedoch keine weiteren Anhaltspunkte (Ball, 1974, 1983). In Altun Ha wurde im Königsgrab der Struktur F8 die außergewöhnliche Anzahl von 248 Gegenständen aus grünem Obsidian gefunden, dazu 23 Keramikgefäße aus der Miccaotli-Phase, die älter ist als jedes fremde Eindringen in Tikal (Pendergast, 2003). Die Stele 11 von Yaxhá zeigt einen Würdenträger im Gewand des Gewittergottes[4], andere Indizien, wie ein Straßennetz, sind dagegen nicht sehr überzeugend, denn diese urbane Organisation existiert ebenfalls in den Fundstätten im Süden von Quintana Roo. Um endgültige Schlüsse zu ziehen, müssen die Ergebnisse der Grabungen von Ichkabal abgewartet werden, von denen Enrique Nalda erhofft, dass sie sich für die Diskussion als interessant erweisen könnten. Das überzeugendste Indiz ist die Entdeckung in La Sufricaya, in der Nähe von Holmul, von Fresken, die mit Speerschleudern und Schilden bewaffnete Krieger zeigen (Estrada-Belli und Foley, 2004, Tomasic und Estrada-Belli, 2003). Eine Referenz zu Siyaj K'ak wurde in das Jahr 8.17.0.0.0 (376 n. Chr.) datiert. Keines dieser Indizien widerspricht dem Konzept eines Austauschs von Luxusgütern oder politischer Beziehungen. Nachweise einer direkten Niederlassung (*Talud-Tablero*-Strukturen, Wandmalereien, Grabstätten) sind nur an wenigen Fundstätten anzutreffen.

Tatsächlich stammen die einzigen signifikanten Entdeckungen, die von bedeutsamen Beziehungen zeugen, aus der Gegend von Escuintla und der Pazifikküste Guatemalas. An Fundplätzen wie Balberta (Bove und Medrano, 2003) hat man grünen Obsidian gefunden, *Fine-Orange*-Keramik und Darstellungen Tlálocs, aber auch dünnwandige Gefäße von der Golfküste. Und die Räuchergefäße des Theatertypus aus der Region von Escuintla (Berlo, 1989; Hellmuth, 1978), die lokalen Ursprungs sein könnten, werden neben charakteristischen Gegenständen aus dem Veracruz, Jochen, Beilen oder *Palmas*, gefunden.

Die Ergebnisse dieser Ausgrabungen erlauben es, die Art der Kontake der lokalen Eliten zu Teotihuacan zu überprüfen. Die Dynastie von Tikal unterhält seit dem 3. Jahrhundert Beziehungen mit Zentralmexiko: In dieser Zeit entstehen die von Teotihuacan inspirierten Strukturen des Mundo Perdido. Auch andere Städte, etwa Altun Ha, mögen Beziehungen zu Teotihuacan unterhalten haben, und niemand weiß, woher genau die in der Mondpyramide bestatteten Würdenträger der Maya stammen. Sind die Beziehungen politischer Natur, tauscht man Luxusgüter aus? In der Stadt auf dem mexikanischen Hochplateau sind zu dieser Zeit bereits Maya-Händler etabliert. Es besteht kein Zweifel an der Tatsache, dass Teotihuacan die Reichtümer des Maya-Gebietes (unter anderem Kakao, kostbare Federn, Jadeit) kennt, und dass das Prestige Teotihuacans wiederum Maya-Herrscher anzieht. Ungewiss ist jedoch, unter welchen Umständen Menschen aus Teotihuacan in Tikal eingedrungen sind, und in welchem Maße sich deren Intrusion auf bereits in der Stadt anwesende Fremde gestützt hat (Culbert, 2008). Sicher ist dagegen, dass die Eindringlinge eine neue Dynastie begründen und sich schnell integrieren, ohne ihre Herkunft zu leugnen. Sie nutzen die Bildträger der Maya, die Stelen, um die fremden Symbole ihrer Macht zur Schau zu stellen: Waffen, Kopfschmuck und das Bild ihres Kriegsgottes, Tláloc mit den Brillenaugen. Von Tikal aus übernimmt diese Gruppe nach und nach die Kontrolle über andere Städte, Uaxactún, Río Azul, und scheint sich ab dem Beginn des 5. Jahrhunderts in Copán durchzusetzen. Um 450 n. Chr. erreicht der mexikanische Einfluss von Copán aus schließlich Kaminaljuyú (Fash und Fash, 2000). Iglesias Ponce de León (2008) warnt davor, das Eindringen der Fremden überzubewerten. Die Intrusion hat zweifellos stattgefunden. Es ist jedoch ebenfalls erwiesen, dass sie sich ein bereits existierendes, auf den Austausch von Luxusgütern für eine Elite beschränktes Netz von Handelsbeziehungen zunutze gemacht hat (Spence 1996). Das gemeine Volk ist von diesen Beziehungen ausgeschlossen. Die Maya-Herrscher (Yax Nuun Ayiin I und K'inich Yax K'uk' Mo' nicht inbegriffen), die sich zu ihren Beziehungen zu Teotihuacan bekennen, leugnen keineswegs ihre Identität als Maya und drücken ihre Andersartigkeit lediglich durch verstreute Symbole aus, die sie in die Bilderwelt der Maya integrieren. Schon die Präsenz solcher Symbole auf Stelen, die eine persönliche dynastische Macht repräsentieren, ist Teotihuacan völlig fremd. Auf dieser Grundlage ist es

Abb. 6.
Figur mit Figürchen im Inneren vom Typ Teotihuacan, die in einer dreifüßigen zylinderförmigen Maya-Vase in Becan gefunden wurde (Kat. 299)

gewagt, von Eroberung oder Bevölkerungsbewegung zu sprechen. Man ist weit entfernt von einer Variante des Imperialismus oder der Schaffung von Kolonien oder Exklaven, wie es Santley (1983) für Matacapan im Veracruz vorschlägt.

Demzufolge ist vorstellbar, dass die Intrusion begrenzt geblieben ist, vielleicht kamen ein paar Dutzend Personen. Ihre Macht und ihr Prestige haben es ihnen ermöglicht, sich in die lokalen Führungsschichten zu integrieren, indem sie ihnen neue Machtsymbole brachten[5]. Die Aufrechterhaltung von Verbindungen mit ihrer Heimatstadt dürfte sich auf den Austausch von Luxusgütern beschränkt haben. Die Führungsschicht der Maya hat ihre Inschriften und ihre mit Skulpturenschmuck versehenen Bauwerke mit Insignien wie Quetzalfedern, Jaguarfellen oder Ornamenten aus Jade und einigen exotischen Elementen, wie der Maske Tlálocs, dem Schild und der Speerschleuder, sowie bestimmten Kopfschmuckformen bereichert. Wahrscheinlich ist es diese tiefgehende Integration, die erklärt, warum die Herrscher der Späten Klassik (600–900) nach dem Niedergang der großen Metropole auch weiterhin die Symbole benutzen, die an deren Prestige erinnern. Die Tafel 2 von Piedras Negras zeigt zum Beispiel mitten im 7. Jahrhundert Krieger mit Speerschleuder und Schild (Stone, 1989).

Welche Gründe mögen so viele Maya-Herrscher bewogen haben, sich zu dieser fremden Identität zu bekennen, ohne ihre eigenen Traditionen zu leugnen? Als Antwort werden unterschiedliche Hypothesen vorgebracht: Teotihuacan hätte die Rolle der Urstadt gespielt, des mythischen Tollan (López Austin und López Luján, 1999). Die Verwendung von Symbolen, die dies beschwören, hätte den geweihten Charakter und die Unantastbarkeit des dynastischen Anspruchs gerechtfertigt. Einer anderen Hypothese zufolge hätten die Dynastien miteinander gewetteifert, um ihre Abstammung von der illustren Stadt geltend zu machen (Demarest und Foias, 1993;

Laporte, 2003). Diese beiden miteinander durchaus zu vereinbarenden Interpretationen sind vorstellbar für die Blütezeit Teotihuacans, doch sie genügen nicht, um das Fortbestehen der Symbole noch lange nach dem Untergang der Stadt zu erklären. Es wäre nun denkbar, dass die Maya-Herrscher versucht haben, sich von ihren Untertanen abzugrenzen, einen Abstand zu wahren, der ihre Macht stärkte (Stone, 1989). Diese Theorie hat den Vorzug, die Gesamtheit der bekannten Äußerungen mit einzubeziehen, von der physischen Niederlassung und dem Austausch von Luxusgütern bis hin zum Fortbestehen bestimmter Traditionen.

Diese Vorstellung von dem Identitätsanspruch der herrschenden Schicht erlaubt es, den sterilen Meinungsstreit bezüglich der Vorrangstellung einer Zivilisation über eine andere zu umgehen. Bei der Intrusion von Kriegern und Händlern aus Teotihuacan hätte es sich keinswegs um eine Kolonisierung gehandelt, sondern sie wäre zeitlich und örtlich begrenzt gewesen. Die Maya hätten durch die schnelle Integration der fremden Elemente ihren Dynamismus und ihre Tatkraft bewiesen. Dennoch bleiben noch zahlreiche Fragen offen. Wenn der Austausch in beide Richtungen stattgefunden hat, warum hat die Metropole den möglichen Beiträgen der Maya, insbesondere der Schrift (Gómez und King, 2004) so wenig Interesse entgegengebracht? Um diesen Austausch zu bewerkstelligen, mussten riesige Entfernungen zurückgelegt und Regionen mit zahlreichen unterschiedlichen Kulturen durchquert werden. Warum findet man im Gebiet der Maya so wenige Nachweise eines bestehenden Kontakts oder Austauschs mit den Kulturen der Golfküste oder den Zapoteken von Oaxaca (Coggins, 1975)? Nur die Intensivierung der Forschungen wird es ermöglichen, diese Präsenz Teotihuacans im Gebiet der Maya besser zu verstehen.

ANMERKUNGEN

1. Tatsächlich handelt es sich um den zweimal dargestellten Vater dieses Herrschers.
2. Es mag ebenfalls daran erinnert sein, dass zu dieser Zeit der gesamte Jadeit von Teotihuacan aus dem Maya-Gebiet stammt (aus dem Motagua-Tal), und dass auf einigen Wandmalereien von Tetitla Maya-Inschriften entdeckt wurden (Taube, 2003).
3. K'inich Yax K'uk' Mo' ist sein Herrschername.
4. Was kaum überrascht, denn Yaxhá wurde sehr früh von Tikal unterworfen.
5. Es ist nicht einmal auszuschließen, dass der Titel „Kalomté" im Zusammenhang mit Teotihuacan gesehen werden muss.

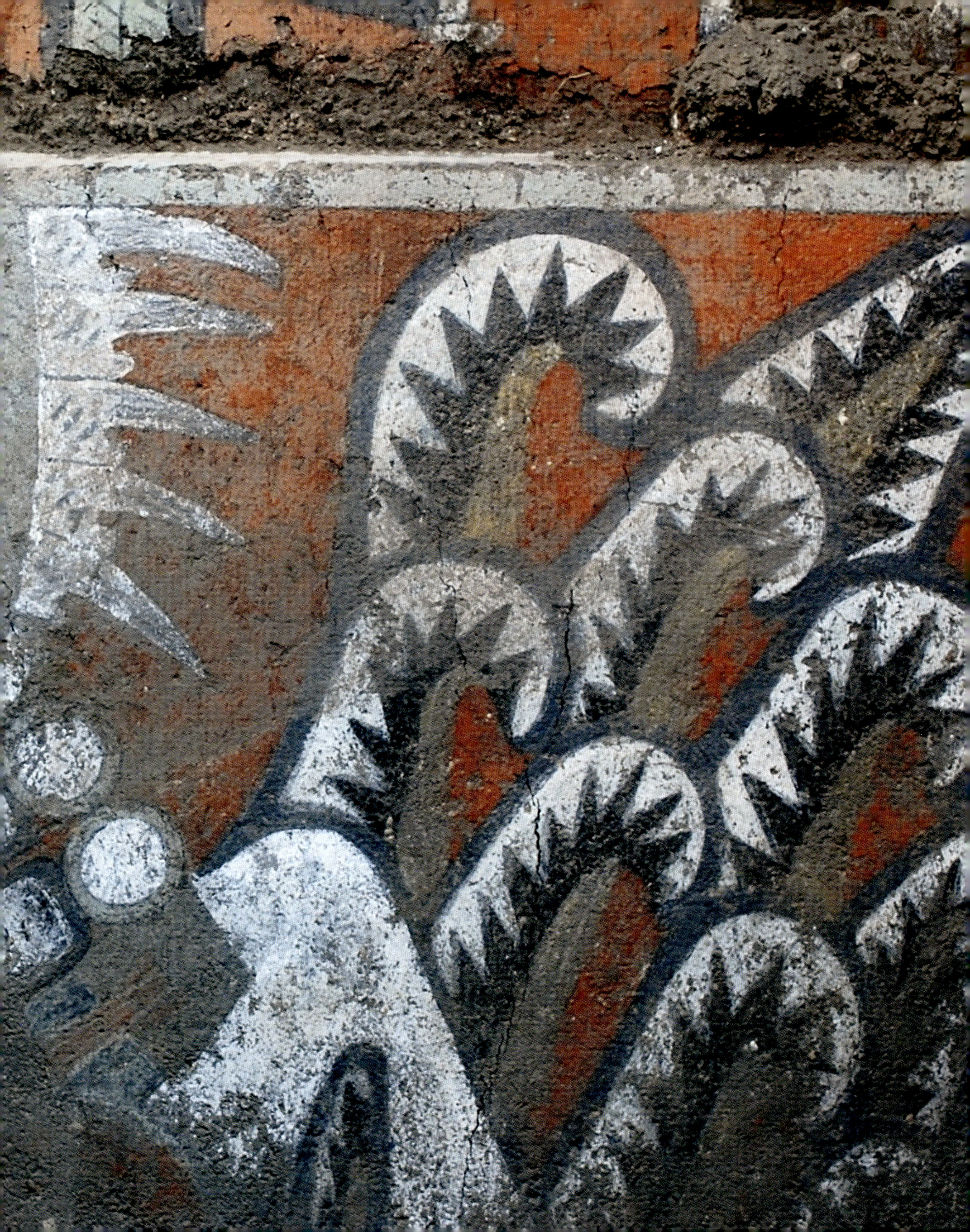

TEOTIHUACAN UND WESTMEXIKO

DOMINIQUE MICHELET UND GRÉGORY PEREIRA

UMR 8096 „Archäologie Altamerikas"
Universität Paris-I und CNRS

Lange Zeit hat die Frage nach den Beziehungen zwischen Teotihuacan und Westmexiko (im weiteren Sinne) wenig Begeisterung in der Forschung ausgelöst. Wissenschaftliche Untersuchungen zu diesem Thema waren selten, da die archäologischen Kenntnisse über diese weiträumige Region sehr rudimentär blieben. Darüber hinaus galt als gesichert, dass Westmexiko eine von Zentralmexiko und dem restlichen Mesoamerika relativ isolierte Entwicklung durchlaufen hatte. Auch das Wissen über die einzigartige architektonische Entwicklung in Teuchitlan (Jalisco) untermauerte die Auffassung, dass sich die westlichen mexikanischen Gesellschaften unabhängig von Teotihuacan entwickelt hatten. Vermehrte Recherchen haben jedoch aufgezeigt, dass durchaus Beziehungen zu der Metropole Zentralmexikos existierten, wenn auch mit je nach Region unterschiedlicher Intensität. Die Tatsache, dass die Einflüsse Teotihuacans im Westen Mexikos weniger als in anderen Regionen Mesoamerikas zu spüren sind, ist vermutlich der Grund dafür, dass nur eine detaillierte Studie dieses Thema am Beispiel der Bauwerke von Cuitzeo behandelt (Filini, 2004a). Im folgenden Text wird zunächst ein zusammenfassendes und zugleich kritisches Gesamtbild der Stilelemente abgegeben, die als Nachweis der Beziehungen zwischen Teotihuacan und den verschiedenen westlichen Regionen gelten. Im Rahmen dieser generellen Übersicht werden wir anschließend in wenigen Worten auf die möglichen Umstände eingehen, die zur Verbreitung dieser Stilelemente beigetragen haben.

Die Fakten

Häufig wird davon ausgegangen, dass deutliche Ähnlichkeiten architektonischer Bauelemente ein Anzeichen für enge Beziehungen zwischen verschiedenen Kulturräumen sind. So hat man in einigen Stätten der Bundesstaaten Querétaro und Guanajuato die Anordnung von drei Pyramiden um einen offenen Platz (siehe die Pyramidengruppe „Los Cuitzillos" in Plazuelas, Castañeda, 2008) auf den Einfluss des zentralmexikanischen Hochplateaus und insbesondere der Drei-Tempel-Komplexe in Teotihuacan zurückgeführt. Das architektonische Stilelement, das jedoch am häufigsten Aufmerksamkeit erregte, ist das berühmte *Talud-Tablero*-System, das zur Gestaltung von Gebäudefassaden eingesetzt wurde (Konstruktionsweise, bei der sich *Talud*-Schräge und vertikales *Tablero*-Doppelsims abwechseln). Besonders in Tingambato, einer Stätte an der südlichen Grenze des Hochlands von Michoacán, ist dieses architektonische System anzutreffen. Dort weisen mehrere Bauwerke der zweiten Konstruktionsphase den *Talud-Tablero*-Stil auf (Piña Chan und Oi, 1982). Wie Siller (1984) feststellte, stimmt die Morphologie des *Talud-Tablero* in Tingambato mit den Maßstäben Teotihuacans überein (Abb. 2). So entsprechen die 1:2 Proportionen zwischen Schrägwand (*Talud*) und Steilwand (*Tablero*), die Steinplatten am Sockel des *Tablero*-Simses und die Rampen an den Seiten der Treppenaufgänge den in der Metropole geltenden Normen. Doch weist die Tingambato-Architektur neben diesen Ähnlichkeiten auch Unterschiede auf, insbesondere hinsichtlich der angewandten Konstruktionstechniken: die *Talud*-Schrägen sind hier beispielsweise nur einfache Applikationen, die sich auf durchgehend vertikale Mauern stützen. Ebenso lässt sich laut Siller das Fehlen von ausgearbeiteten Steinblöcken am Abschluss der Rampen feststellen, welche die Treppen säumen. Darüber hinaus besteht die Wandverkleidung hier aus unbemaltem Lehm, ganz im Gegensatz zu dem üblicherweise verwendeten Mörtel und Stuck. Auch wenn einige Bauwerke in Tingambato also offensichtlich architektonische Elemente Teotihuacans

Abb. 1.
Detail einer Wandmalerei im typisch teotihuacanischen Stil, die in El Rosario freigelegt wurde (Courtesy Zentrum INAH-Queretaro)

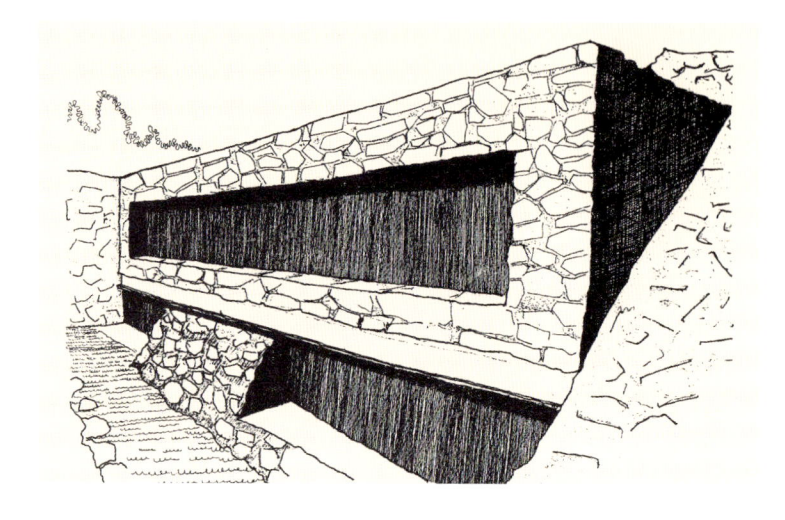

enthalten, handelt es sich dennoch lediglich um Imitationen, die in lokaler Technik ausgeführt wurden. Hinzuzufügen ist letztendlich auch, dass die zweite Konstruktionsphase, die den *Talud-Tablero*-Stil anwendet, genau genommen erst nach dem Niedergang Teotihuacans erfolgte, denn sie wurde auf 600 bis 900 n. Chr. datiert. Es kann davon ausgegangen werden, dass die genannten Stilelemente also mehr ein kulturelles Erbe als das Ergebnis einer direkten Beeinflussung sind.

Auch andere Stätten in Westmexiko wie El Ixtépete, Jalisco (Corona Nuñez, 1960; Sáenz, 1966) oder Tres Cerritos, Michoacán (Macías und Vackimes Serret, 1989; Macías, 1997) weisen *Talud-Tablero*-Konstruktionen auf. Zumindest im Falle von El Ixtépete handelt es sich jedoch um Bauwerke der Spätklassik, die in der Folgezeit Teotihuacans entstanden sind (Sáenz, 1966; Castro Leal und Ochoa, 1975). Dieses späte Beispiel weist im Übrigen große Unterschiede zum Teotihuacan-Stil auf: Die *Talud*-Schräge ist hier über vier Meter hoch, während das *Tablero*-Sims nur 90 Zentimeter misst. Für das *Talud-Tablero*-Bauwerk in Tres Cerritos liegt noch keine präzise Datierung vor. Da die Ausgrabungen sowohl Objekte hervorbrachten, die einen zeitgleichen Einfluss Teotihuacans erkennen lassen, als auch solche, die nach dem Fall der Metropole entstanden sind, müssen Rückschlüsse mit Vorsicht gezogen werden. Der kürzlich entdeckte Casas-Tapadas-Komplex der Ausgrabungsstätte Plazuelas (Guanajuato) weist spätklassische Variationen des *Talud-Tablero* auf, die sich deutlich vom Beispiel Teotihuacans unterscheiden: Das in allen drei Konstruktionsetappen erkennbare *Tablero* nimmt hier eine eigene distinktive Form an (Castañeda und Quiroz, 2004).

Genau genommen sind zeitgleich mit Teotihuacan entstandene *Talud-Tablero*-Systeme im Westen selten. Zu dieser Kategorie zählen beispielsweise die Stätten Santa María el Refugio, Guanajuato (Castañeda, Crespo und Flores, 1996) und Loma Santa María, Michoacán (Manzanilla, 1984). In Loma Santa María präsentiert sich das *Talud-Tablero* in vereinfachter Form, da das *Tablero* nicht die übliche Einrahmung bildet. Bemerkenswert an diesem *Talud-Tablero*-System ist die Tatsache, dass es die Plattformen eines Wohnkomplexes mit Innenhof ziert und damit stark an die für Teotihuacan typischen Wohnanlagen erinnert.

Die Keramik ist sicher einer der Bereiche der materiellen Kultur, die am meisten über den Kontakt zwischen Teotihuacan und West-Mexiko Auskunft geben. Verschiedene Kategorien von Keramik können interessante Informationen zu Merkmalen wie Form und Oberflächenbearbeitung liefern, doch nimmt die Gruppe der *Fine-Orange*-Keramik in diesem Zusammenhang eine zentrale Stellung ein. Es gilt heute als anerkannt, dass die Gefäße dieser Gruppe nicht in den Ateliers von Teotihuacan hergestellt wurden, doch weiß man, dass Teotihuacan bei deren Verbreitung eine wichtige Rolle spielte, sodass Funde außerhalb Zentralmexikos in der Regel darauf schließen lassen, dass diese Regionen mit Teotihuacan in Kontakt standen. Zwei Aspekte müssen hierbei jedoch berücksichtigt werden: zum einen die chronologische Einordnung der entsprechenden Funde, zum anderen die Unterscheidung zwischen Originalen und lokalen Kopien. Letztgenanntem Punkt ist hinzuzufügen, dass bisher nur eine Analyse anhand der Keramiken des Cuitzeo-Beckens durchgeführt wurde: Die Ergebnisse der Untersuchung von 22 Scherben aus zwei Stätten (Bucio *et al.*, 2001) bestätigten sowohl den Import der *Fine-Orange*-Keramik als auch die Existenz lokaler Kopien. In beiden Fällen lassen die Objekte auf eine Verbindung mit Teotihuacan schließen. Die *Fine-Orange*-Keramik ebenso wie der grüne Obsidian aus Pachuca gehören zu den Objekten Teotihuacans, die weit entfernte Regionen erreichten. So ließ sie sich bis in den Nordwesten des Staates Guanajuato, in Cóporo (Braniff, 2008), außerdem in Jalisco, in Ahualulco (Weigand, 1993) und in der

Abb. 2.
Beispiele für *Talud-Tablero* in Tingambato, Michoacán (Zeichnungen von J. A. Siller)

Abb. 3.
Krug des Typs *Fine-Orange*-Keramik, aus Colima (Kat. 319)

Region Colima (Kelly, 1980) nachweisen. Isabel Kelly berichtet über einen sehr großen, vollständig erhaltenen Tonkrug aus Colima (Abb. 3), der in Ritztechnik sowie mit Eindruckdekor und mit Applikationen in Form von Kaffeebohnen und mit Modeln geformten Medaillons verziert ist und somit auf die frühe Xolalpan-Phase zurückgeht (Rattray, 2001: 598). Bedauerlicherweise wurde er in dem zu einem späteren Zeitpunkt baulich veränderten, geplünderten Grab gefunden. Die *Fine-Orange*-Keramik kommt relativ häufig in den Regionen Michoacán, Querétaro und im südlichen Guanajuato vor. In den beiden letztgenannten Regionen wurden neben der *Fine-Orange*-Keramik auch andere Keramiktypen aus dem Tal von Mexiko (Saint-Charles, 1996) entdeckt. Wie es die Stätten Santa María El Refugio und La Negreta (Brambila und Velasco, 1988) zeigen, steigt die Zahl solcher Keramikgegenstände mit zunehmender Nähe zu Zentralmexiko an. Im Hochland von Michoacán tritt die *Fine-Orange*-Keramik in Loma Santa María (Manzanilla, 1984), in Loma Alta (Carot, 1992) und in mehreren Stätten des Cuitzeo-Beckens auf. Wie an anderen Fundstellen überwiegen auch hier die Schalen mit konkaver Wandung und Ringboden. Bemerkenswert ist außerdem das wunderschöne anthropomorphe Tongefäß, das in Tres Cerritos entdeckt wurde (Macías und Vackimes Serret, 1989).

Die Mehrzahl dieser Funde bekräftigt zwar den Kontakt zu Teotihuacan, doch mahnt das Beispiel in Loma Alta zu einer gewissen Vorsicht. Tatsächlich lassen sich laut Patricia Carot (*op. cit.*) die in dieser Stätte gefundenen Scherben etwa auf das erste Jahrhundert v. Chr. datieren, das heißt auf eine Periode vor der Blütezeit Teotihuacans und deren Einflussnahme auf die Verbreitung der *Fine-Orange*-Keramik. In dieser Ausgrabungsstätte haben wir es also vermutlich mit Objekten zu tun, die auf Beziehungen zwischen Michoacán und dem Tal von Puebla-Tlaxcala zurückzuführen sind und Teotihuacan noch nicht involvieren.

Abgesehen von der *Fine-Orange*-Keramik wurden in mehreren Fundstätten Westmexikos auch andere Gefäße gefunden, beispielsweise Dreifuß-Gefäße mit knopfförmigen Standfüßen und Zylindervasen mit prismatischen Standfüßen, zum Teil mit Durchbruchmuster. Einige dieser Stücke wurden direkt importiert oder vor Ort imitiert (Filini, 2004b). Im Cuitzeo-Becken (vgl. Filini, 2004a) wurden auch diverse Varianten der charakteristischen *Floreros*-Vasen entdeckt und an den Ufern des Chapala-Sees einige Gefäße, die die berühmten figürlichen *Tláloc*-Vasen imitieren (Schöndube, 1974). Im östlichen Teil des Bundesstaates Colima, in Südwest-Mexiko, ist die Keramik aus lokalen Privatsammlungen hervorzuheben, über die McBride (1969) berichtet und die eine deutliche Annäherung an den Stil Teotihuacans erkennen lassen. Darunter befinden sich Tonkrüge mit weiten Mündungsdurchmessern, Deckel mit Henkeln, dekorative Weihrauchgefäße (Abb. 4), Ohrschmuck und Figuren. Wieder andere Keramiken tragen dekorative Elemente, die an die stuckverzierten Objekte der Metropole erinnern (Abb. 3). Wie von verschiedenen Wissenschaftlern belegt (Molina und Torres, 1975; Holien, 1977), wurden die aus Westmexiko stammenden Stücke zwar in einer völlig anderen Technik ausgeführt als in Teotihuacan (insbesondere setzte man hier keinen Stuck ein, sondern eingefärb-

Abb. 4.
Krug mit gemaltem Dekor, der die Stuckmalerei imitiert, Huandacareo, Michoacán (Kat. 317)

Abb. 5.
Eine „westliche" Interpretation eines „Theater"-Weihrauchgefäßes (Kat. 314)

ten Ton und arbeitete nicht in Fresko-Technik), doch belegen viele Fälle deutlich, dass sie die Ikonografie der Metropole zu kopieren suchten. Es handelt sich hierbei um Verzierungen auf Tonkrügen (Matos und Kelly, 1974; Carot, 1985), Zylinder-Vasen und Schüsseln (Enríquez, 2005). Diese Kategorie von Behältnissen belegt auch, dass die Beziehungen zwischen Teotihuacan und Westmexiko nicht einseitig waren. Tatsächlich wurden in verschiedenen Sektoren der Stadt, beispielsweise in Zacuala, Tetitla oder der sogenannten Struktur 19 mehrere Behältnisse entdeckt, die mit großer Wahrscheinlichkeit aus Michoacán importiert wurden (Gómez und Gazzola, 2007). Im Bereich der Keramik waren die Kontakte zwischen Westmexiko und Teotihuacan also nicht unerheblich, insbesondere in Michoacán, Querétaro und Guanajuato. So lässt sich abschließend sagen, dass der Import diverser Objekte in diese Regionen durchaus stattgefunden hat und dokumentiert ist, dass die Einwohner auch selbst Objekte anfertigten, die den Teotihuacan-Stil imitierten oder sich von diesem inspirieren ließen.

Die Verbreitung des Obsidians, der aus den reichen Vorkommen der Sierra de las Navajas (Pachuca) gewonnen wurde, und der aus diesem Material gefertigten prismatischen Klingen, sind ein weiterer Beweis für den Transfer von Artefakten. Diese Objekte wurden bis in die Region Sayula, Jalisco (Reveles, 2005) in zahlreichen Stätten entdeckt, wo sie zur gleichen Zeit wie in Teotihuacan auftraten. Dies gilt beispielsweise für Fundstücke aus verschiedenen Stätten in Michoacán: Loma Santa María (Manzanilla, 1984), Loma Alta (Carot, 2001) und Guadalupe (Pereira, 1999).

Nach dem Untergang der Metropole ging der Handel mit dem grünen Obsidian aus Pachuca drastisch zurück bzw. kam zeitweise ganz zum Stillstand.

Im Bereich der Steinschneidekunst wird von wenigen Objekten berichtet. Im Skulpturenkatalog von Williams (1992) lassen sich nur vereinzelte Fundstücke der Stadt Teotihuacan zuschreiben. Ein Kohlenbecken bildet hierbei eine Ausnahme. Das im Museo Michoacano konservierte Becken (Ursprung ungeklärt) trägt eine Darstellung des Alten Feuergotts (entspricht dem aztekischen Huehuetéotl) und erinnert in seinem Stil deutlich an die aus Teotihuacan bekannten Stücke (Williams op. cit., Abb. 18). Derartige Kohlebecken wurden sehr häufig in Westmexiko imitiert und dies noch weit nach dem Untergang Teotihuacans. So bezeugt es beispielsweise das im Katalog aufgeführte Stück aus Tzintzuntzan. Nennenswert ist außerdem eine rundplastische Skulptur aus dem Regionalmuseum von Guadalajara (Williams op. cit., Abb. 185), die einen Schlangenkopf darstellt. Die Ursprünge dieser Skulptur sind unbekannt, der Stil lässt sich jedoch Teotihuacan zuordnen. Schließlich tragen mehrere, kürzlich im Casas-Tapadas-Komplex in Plazuelas freigelegte Skulpturen Symbole der großen Metropole. Darunter befinden sich beispielsweise Stein-Akroterien in Form der Glyphe „Xi", die eines der Monumente zierten (Aramoni Burguete, 2008) sowie die katzenförmigen Markierungen (die Castañeda 2008 als Kaiman-Schlangen bezeichnet) der Ballspielfelder. Diese Objekte, wenn auch von Prototypen aus Teotihuacan inspiriert, lassen sich stilistisch eindeutig der Spätklassik zuordnen und können somit erst nach dem Niedergang der zentralmexikanischen Metropole entstanden sein.

Die Steinmasken sind eine weitere Kategorie von Objekten aus Teotihuacan, die in einigen Stätten des westlichen Zentrums nachgewiesen werden konnten. Man kennt sehr schöne Beispiele aus den Stätten Guadalupe (Arnault et al., 1993), Tres Cerritos und Tiristarán im Bundesstaat Michoacán. In Guadalupe und Tres Cerritos stammen die Masken aus Grabkontexten. Bei unlängst von Cárdenas (2008) durchgeführten Ausgrabungen in Peralta, Guanajuato, wurde ein weiteres Exemplar entdeckt, dessen Stil sich jedoch leicht von den Beispielen aus Teotihuacan unterscheidet.

Andere Objekte, die eine Symbolik von Teotihuacan aufweisen, treten ebenfalls in den genannten Regionen auf. Hierbei sind insbesondere die häufig auftretenden Spiegelscheiben aus Stein von Interesse, welche mit Pyrit-Mosaiken verziert wurden. Diese waren häufig in den Opfergaben der größten Monumente der Stadt (Pereira, 2008) enthalten und sind in Mesoamerika und darüber hinaus weit verbreitet. Aus dem westlichen Guadalupe und Tingambato, Michoacán (Pereira, 1999) kennt man mehrere Beispiele aus spätklassischer Zeit, doch auch Exemplare der Klassik wurden in den Depots entdeckt. In der Grabstätte 2 in Loma Santa María wurde beispielsweise eine Schieferscheibe freigelegt, die mit mehreren aus Teotihuacan importierten Keramiken in Verbindung gebracht werden kann (Manzanilla, 1984). Agapi Filina (2004a, 2004b) berichtete unter anderem über zwei Scheiben aus dem Cuitzeo-Becken, die in Privatsammlungen konserviert werden. Eine dieser Scheiben soll aus dem Sektor von Alvaro Obregón stammen und ist mit einem Vogel verziert, der typische stilistische Merkmale Teotihuacans trägt. Die andere scheint aus Queréndaro zu stammen und weist mehrere Symbole Teotihuacans auf, unter anderem einen Kopfschmuck und eine vierblättrige Blume.

Abschließend soll auf einige Muschelobjekte hingewiesen werden, die ebenfalls aus Michoacán stammen. In einer der Grabstätten von Huandacareo (Macías, 1990) hat man zwei Muschelringe entdeckt, die in einer Weise über dem Kopf des Verstorbenen platziert waren, welche an einen in Teoti-

Abb. 6.
Meeresschnecke mit graviertem Dekor
aus dem Westen (Kat. 321)

huacan verbreiteten Kopfschmuck erinnert. Aus derselben Stätte des Cuitzeo-Beckens stammt außerdem ein Figurenkopf im Teotihuacan-Stil, der ebenfalls mit einem Kopfschmuck dieser Art geziert ist. Ein weiteres Muschelobjekt ist eine aus den Sammlungen des Museo Michoacano stammende Flügelschnecke, die mit Motiven im Flachrelief verziert ist und den Gott Tláloc der großen klassischen Metropole darstellt (Abb. 6).

Direkte oder indirekte Zeugnisse weisen auf die Verbreitung bestimmter Glaubensinhalte oder zeremonieller Praktiken aus Teotihuacan hin. Dies zeigt sich beispielsweise im Falle der mit einem Punkt versehenen Kreise, die als „Solarmarkierer" interpretiert werden und von denen einige Beispiele in Michoacán (Filini und Cárdenas, 2007) bis ins nordwestliche Altavista (Kelley, 1976) dokumentiert sind. Wie einige Autoren aufzeigen (Corona Nuñez, 1972; Taladoire, 1976, 1989), lassen sich auch Parallelen feststellen zwischen dem Ballspiel Teotihuacans, das sich dank des Tlalocan-Freskos nachvollziehen lässt, und dem Ballspiel mit Stab, das bis heute in Michoacán (genannt *Pasiri Akuri*) ausgeübt wird. Diese Beispiele deuten darauf hin, dass die Beziehungen zwischen Teotihuacan und dem Westen sich nicht auf den Austausch von Gütern beschränkten, sondern auch der Verbreitung von Konzepten und zeremoniellen Bräuchen dienten.

Die aufgeführten Elemente belegen, dass Interaktionen zwischen Teotihuacan und Westmexiko durchaus existiert haben, wenn auch mit je nach Region unterschiedlicher Intensität. Um festzustellen, in welcher Form diese Beziehungen sich entwickelt und entfaltet haben, müssen jedoch auch geografische und chronologische Daten hinzugezogen und quantitativ bzw. qualitativ (der symbolische Wert ist hierbei von besonderer Bedeutung) ausgewertet werden.

Interpretatorische Bemerkungen

Ausgehend von den aktuell verfügbaren Daten können einige Interpretationsversuche angestellt werden. Dabei wird zuerst darauf hingewiesen, dass der Einfluss Teotihuacans auf die verschiedenen Regionen Westmexikos stark variieren konnte. Insbesondere im westlichen Zentrum – Michoacán, Guanajuato, Querétaro – sind die Anzeichen einer Interaktion am deutlichsten erkennbar und am zahlreichsten. Richtung Westen und Nordwesten treten sie weit weniger häufig auf, wobei der Osten Colimas eine interessante Ausnahme bildet. Hier nämlich bezeugen diverse Objekte, dass sie importiert wurden (Kelly, 1980), und darüber hinaus, dass eine bestimmte Anzahl von Objekten dem Stil Teotihuacans nachempfunden wurde (McBride, 1969). Diese Objekte lassen sich zwar in keinen bekannten Kontext einordnen, weisen jedoch auf einen Bezug zwischen Teotihuacan und den Gesellschaften Colimas hin, welcher in Jalisco oder Nayarit nicht stattgefunden zu haben scheint. In den letztgenannten Regionen sind Zeugnisse eines Einflusses durch Zentralmexiko häufig erst nach dem Niedergang Teotihuacans zu verzeichnen. Die Stätte El Ixtépete ist ein gutes Beispiel für dieses Phänomen. An den dortigen spätklassischen Bauwerken sieht man, dass die architektonischen Formen Teotihuacans aufgenommen und kopiert oder adaptiert wurden.

Im westlichen Zentrum, wo die Anzeichen eines Kontakts mit Teotihuacan am deutlichsten und zahlreichsten sind, muss unterschieden werden zwischen Objekten, die es dort zur gleichen Zeit in der Metropole gab und solchen, die erst nach deren Niedergang erschienen. Mehrere Stätten lieferten Zeugnisse aus einem Zeitraum zwischen 100 und 600 n. Chr. und geben daher Grund zur Vermutung, dass es einen direkten oder indirekten Bezug zu Teotihuacan gegeben hat. Zwei Regionen scheinen besonders enge Verbindungen mit der großen Metropole gepflegt zu haben: zum einen die Region, die sich zwischen dem Südwesten von Querétaro bis zum Südosten von Guanajuato erstreckt und zum anderen die Region des Seenbeckens von Cuitzeo (Michoacán). Erstgenannte Region umfasst mehrere Stätten mit beeindruckendem Mobiliar aus Teotihuacan sowie einige architektonische Elemente. Die Stätte El Rosario mit ihrem im Teotihuacan-Stil gemalten Fresko ist besonderes bemerkenswert (Abb. 1). In Cuitzeo finden sich Bauwerke im *Talud-Tablero*-Stil sowie eine große Anzahl einzigartiger Objekte, die mit der Metropole in Verbindung gebracht werden können (Gefäß in *Fine-Orange*-Keramik, Alabaster-Maske, verzierte Spiegelscheiben, Muscheldekorationen, etc.). Bei Betrachtung der Objekte dieser beiden Gebiete kann davon ausgegangen werden, dass die lokalen Gesellschaften enge Kontakte zu Teotihuacan pflegten. Es ist auch möglich, dass ausgehend von diesen Regionen Teotihuacan-Elemente in andere Regionen des westlichen Zentrums gelangten, beispielsweise in das Zacapu-Becken oder in westlichere Zonen Guanajuantos. Nicht außer Acht zu lassen ist jedoch auch die Tatsache, dass die lokalen Handwerker in all diesen Regionen zum Teil sehr originalgetreue Kopien der Keramiken Teotihuacans herzustellen wussten.

Wie in zahlreichen anderen Regionen Mesoamerikas auch, haben mehrere kulturelle Merkmale Teotihuacans den Niedergang der Metropole überlebt und wurden von den lokalen Gesellschaften übernommen. Dieses Phänomen konnte in Tingambato festgestellt werden, wo die *Talud-Tablero*-Konstruktion sehr treu vom Vorbild in Teotihuacan kopiert wurde, und ebenso in Plazuelas, wo sie hingegen eine völlig neue Gestalt annimmt. An letztgenannter Stätte sowie an anderen Stätten Guanajuatos, wie z.B. Cañada La Virgen (Zepeda, 2008) oder Cóporo (Torreblanca, 2007), weisen die Werke der spätklassischen Bildhauer stilistische Modifikationen an Symbolen auf, die ursprünglich aus Teotihuacan stammen. Der kleine, mit Stuck gezierte Krug aus Huandacareo (Cuitzeo, Michoacán) ist ein Beispiel für dieses Vorgehen. Das Gefäß selbst und die Verzierung der darauf angebrachten stuckierten Oberfläche weisen darauf hin, dass dieses Objekt, das typische Fresko-Elemente Teotihuacans enthält, mit großer Wahrscheinlichkeit in der Spätklassik entstanden ist.

Die Art der Beziehungen zwischen den westlichen Gesellschaften und Teotihuacan ist Gegenstand reger Diskussionen. Einige Autoren sehen in den natürlichen Ressourcen der westlichen Regionen den Grund dafür, dass die Einwohner Teotihuacans begannen, Handelsrouten zu etablieren und Kontakte zu knüpfen. Wenn diese Hypothese auch plausibel scheint, so geben neueste Entdeckungen in Teotihuacan Grund zur Annahme, dass die Kontakte vermutlich nicht immer nur in einer Richtung verliefen. Diese neuesten Erkenntnisse betreffen die Präsenz von Migranten aus Michoacán (Gómez, 2002) in Teotihuacan und die Fähigkeit der Gesellschaften des westlichen Zentrums, sich Symbole der Metropole anzueignen. In jedem Fall waren die Beziehungen weit komplexer als bisher angenommen. Im Hinblick auf die spätklassischen Einflüsse Teotihuacans, die in den westlichen Regionen nachgewiesen wurden, vermuten einige Wissenschaftler, dass bestimmte Einwohnergruppen Teotihuacan verließen, als das Ende der Metropole abzusehen war, um sich in westlichen Regionen niederzulassen. Dem ist jedoch hinzuzufügen, dass man im westlichen Zentrum bereits in der klassischen Periode Elemente der Metropole einführte und dass deren Fortbestehen bis in die Spätklassik auch das Ergebnis einer rein lokalen Entwicklung sein könnte. Wie dem auch sei, dieses Kapitel kann nicht beendet werden, ohne abschließend zu bemerken, dass die Gesellschaften des westlichen Zentrums möglicherweise auch eine wichtige Rolle im Untergang Teotihuacans gespielt haben (Manzanilla, 2005).

KATALOG DER AUSGESTELLTEN OBJEKTE

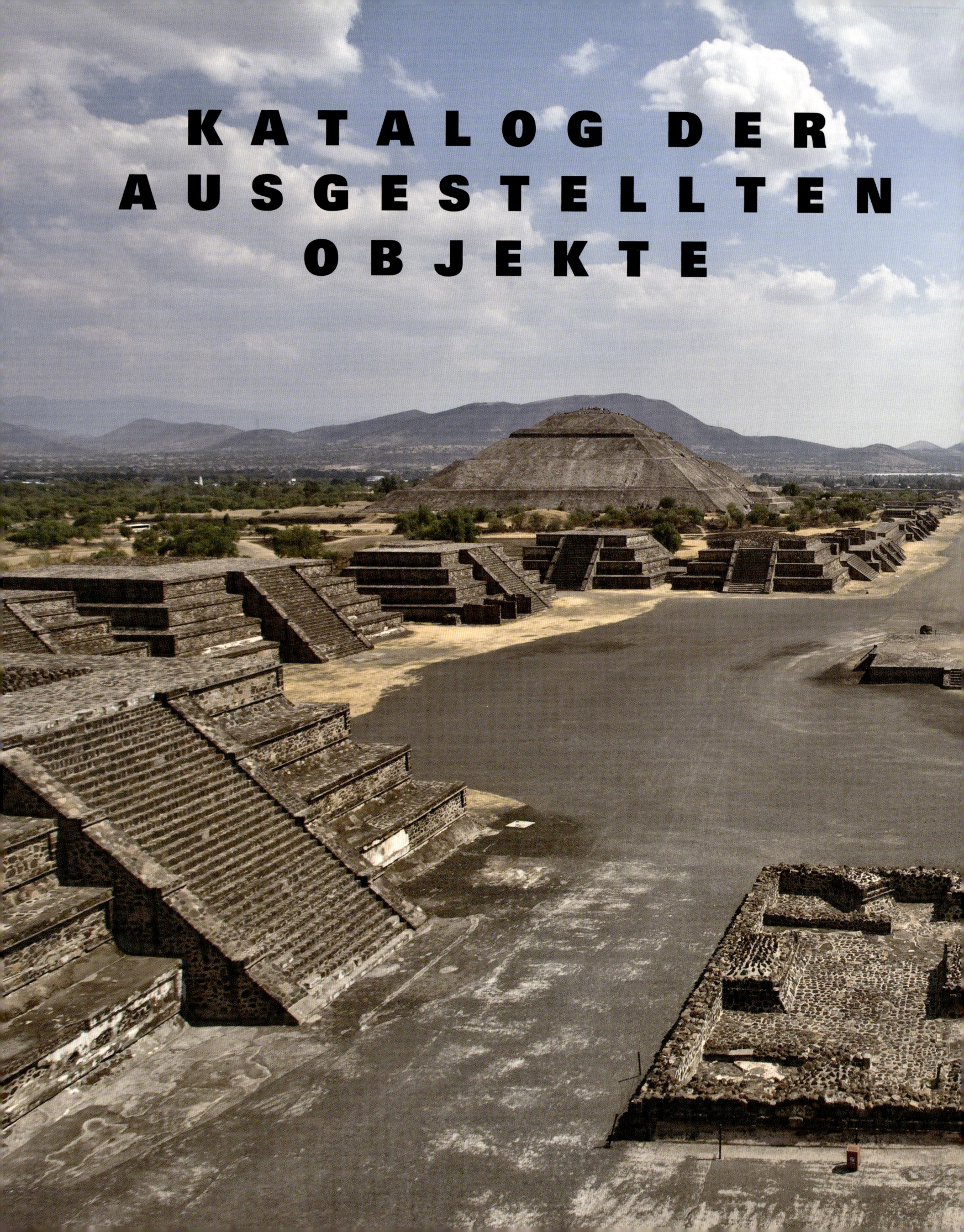

Koordination: Patricia Ochoa Castillo und Federica Sodi Miranda
E.C. Esther Cruz Álvarez
H.H. Hugo Herrera Torres
J.J. Jonathan Enoch Jiménez Delgado
J.E. José Luis Estrada Reynoso
K.R. Karina Elizabeth Reséndiz Zamora
R.F. Rafael Fierro Padilla
Z.L. Zula Elena León Velasco
M.B. Miguel Baez

M.G. Maria Gaida
M.F. Manuela Fischer
S.M. Steffen Mayer

F.P. Fabienne de Pierrebourg

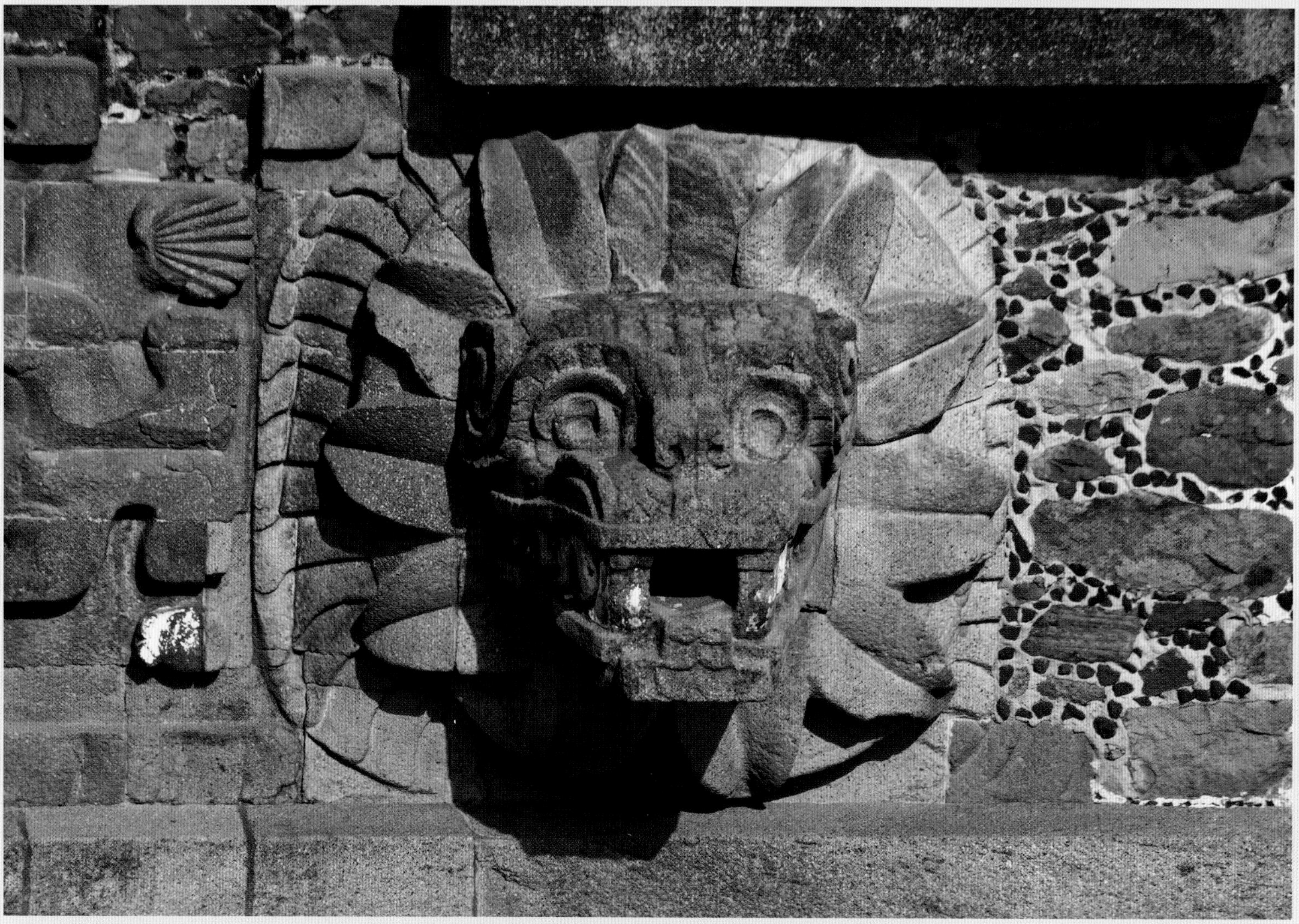

DIE STADT DER GÖTTER

Im Náhuatl, der Sprache der Azteken, bedeutet Teotihuacan „der Ort der Götter" oder „der Ort, an dem man zu Gott wird". Dieser Name verweist auf den Mythos der „fünften Sonne", eine außergewöhnliche Erzählung aus der Zeit vor der Ankunft der Europäer in Mexiko. Wie durch ein Wunder überlebte diese Erzählung das von den spanischen Erobern verursachte Gemetzel. Dank der Schriften mehrerer Chronisten blieb insbesondere *La leyenda de los Soles*, ein prächtiger Codex in Náhuatl, erhalten.

Die Azteken kannten verschiedene Weltzeitalter, die sie als Sonnen bezeichneten. Sie alle wurden durch Katastrophen zerstört. Die Legende der „fünften Sonne" berichtet von dem Zustand des Universums nach der Zerstörung der vierten Sonne. Die Dunkelheit hatte sich auf der Erde verbreitet, und die Götter waren beunruhigt. Sie versammelten sich, um zu bestimmen, wer von ihnen der Welt das Licht bringen sollte. Sie forderten den schönen Tecuciztécatl und den aussätzigen Nanahuatzin auf, die Sonne der neuen Zeit zu werden.

Tecuciztécatl machte sich als erster auf, doch als er an dem von den Göttern angezündeten Feuer ankam, zögerte er, sich hineinzustürzen. Im Anblick dieser Schande befahlen die Götter nun Nanahuatzin, sich in die Flammen zu stürzen. Dieser kam der Aufforderung nach und wurde zur fünften Sonne. Eifersüchtig stürzte ihm sein Gefährte nach und verwandelte sich sogleich in eine zweite Feuerscheibe, doch einer der Götter schleuderte ihm ein Kaninchen ins Gesicht, und nahm dem Licht so die Kraft und vernichtete die Wärme.

Nach dem vom Sonnengott geforderten und von den Göttern den großen Gestirnen dargebrachten Blutopfern begannen Nanahuatzin und Tecuciztécatl ihren täglichen Umlauf am Firmament: So bilden als erste die Sonne und dann der Mond die Gestirne der fünften Schöpfung.

Teotihuacan war der Schauplatz dieser Geschehnisse.

Vorherige Doppelseite:
Die Sraße der Toten an der Mondpyramide

Linke Seite:
Die Pyramide der Gefiederten Schlange

1
JAGUAR VON XALLA
Teotihuacan, Xalla
Xolalpan-Metepec-Phase (350-650 n. Chr.)
Stein, Stuck und Farbe
97,5 x 235,5 x 74,5 cm
Inv. INAH-MNA, 10-626269 0/10 und 10-643355 2/3, 3/3
BIBLIOGRAFIE
López Luján und Manzanilla 2001: 14-15; López Luján,
Manzanilla und Fash 2002: 405; Sodi 2004: 376;
Manzanilla 2008: 111-131; Fierro 2008: 41

1

Zwischen 450 und 550 n. Chr. erlebte Teotihuacan seine größte Blüte: Die Stadt war ein bedeutendes politisches und wirtschaftliches Machtzentrum und Schauplatz einer beispiellosen kulturellen Entwicklung. Sie schmückte sich mit majestätischen, den Göttern geweihten Bauten, die den Fortbestand der Menschen gewährleisteten, und die Paläste der Elite zeigten, wie reich die Stadt war. Die Fassaden der Paläste waren mit plastisch gestalteten Friesen verziert, denen zusammen mit den prächtigen Wandmalereien große Bewunderung gezollt wurde, wie zum Beispiel im Fall des Palastkomplexes von Xalla im Zentrum der Stadt nördlich der Sonnenpyramide. Diesem Bereich kam eine große Bedeutung zu, denn hier befand sich allem Anschein nach der Sitz der Herrscher von Teotihuacan, wie dies auch die jüngsten archäologischen Untersuchungen vermuten lassen.

Der Komplex besteht aus 29 Gebäuden und 8 großzügig angelegten Plätzen. Gefunden wurden Reste von Wandmalereien und Luxusgegenstände wie „Theater"-Räuchergefäße, Glimmer, Schiefer, aus Knochen hergestellte Instrumente und Schmuckgegenstände, Grünstein und Muscheln aus dem Gebiet der Maya. Unter den Funden fällt insbesondere eine monumentale Skulptur auf, die eine durch Pfeile geopferte Figur darstellt. Der zentrale Platz von Xalla wird auf der Ostseite durch eine Struktur begrenzt, die Linda Manzanilla als einen dem Tláloc, der Schutzgottheit des Staates, geweihten Tempel identifiziert hat. In diesem Bauwerk wurden eine Reihe von Objekten gefunden, die mit dieser Gottheit in Beziehung stehen: Räuchergefäße, Stelen und dieser monumentale, skulptierte und farbig gefasste Fries aus 12 Einzelteilen.

Er zeigt einen Jaguar mit seitlich angebrachten, prächtig ausgestalteten Elementen.
Das Tier präsentiert sich in drohender Haltung: Die Eckzähne sind sichtbar und die Pfoten ausgestreckt. Der Jaguar trägt einen Federkopfschmuck und drei das Gesicht rahmende Symbole, die für den Planeten Venus stehen. Die ebenfalls in Stein gehauenen Seitenpartien sind mit länglichen blumenförmigen Elementen verziert.
Die Bedeutung dieser Jaguarskulptur bezieht sich auf drei Aspekte: Erstens handelt es sich um ein Symbol der Macht, denn diese Großkatze stand in der mesoamerikanischen Vorstellung für einen hohen sozialen Status und war eng mit Tláloc, der Schutzgottheit der Herrscher von Teotihuacan, verbunden. Zweitens ist der Jaguar von Xalla ein Kriegssymbol, da bestimmte Verzierungen auf den Planeten Venus hinweisen. Drittens steht dieser Jaguar für die Erde und die Fruchtbarkeit, angedeutet durch die blumenverzierten Seitenelemente.

Im Lichte dieser Ausführungen ist der Jaguar von Xalla nicht bloß ein prächtiger, skulptierter Fries, vielmehr repräsentiert er die teotihuacanische Vorstellung von politischer Macht, der Institution also, die für Kriegshandlungen aber auch für die Verwaltung der Landwirtschaft zuständig war und damit den Fortbestand der Menschen sicherstellte. R.F. und H.H.

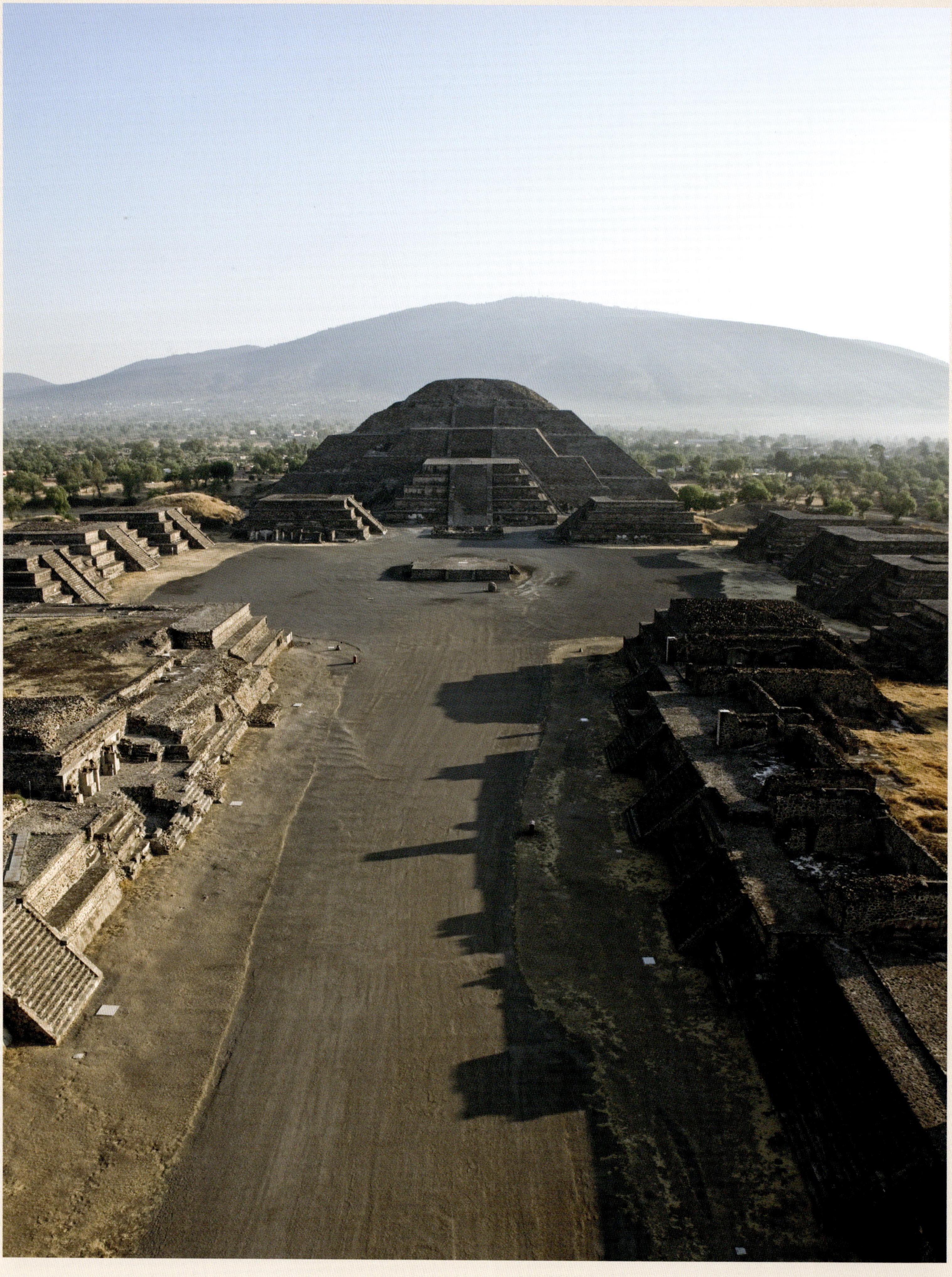

ARCHITEKTUR UND STADTENTWICKLUNG

Die „Stadt der Götter" entwickelte ab der Tzacualli-Phase (1-150 n. Chr.) ein Architekturprogramm großen Stils und setzte ein städteplanerisches Konzept um, das sich durch ein Besiedlungsschema um eine Hauptachse in Nord-Südrichtung, die Straße der Toten, auszeichnete. Sie verband ein kultisches Bauwerk, die Mondpyramide (im Norden), mit der Zitadelle (*Ciudadela*) und dem Großen Platz, einem offenen, als Markt der Stadt identifizierten Raum (im Süden).

Seit dieser frühen Siedlungsphase prägten die Mond- und die Sonnenpyramide die architektonische Identität der Stadt. Wenig später kamen Plattformen, Tempel und Paläste dazu, deren Errichtung an die hundert Jahre dauerte. Anfänglich bauten die Architekten riesige abgeschrägte Mauern für die Sockel bis die *Talud-Tablero*-Bauweise (von einer ebenen Fläche überragte Schräge) zum architektonischen Hauptmerkmal der Stadt wurde.

Die Stadt erreichte ihre maximale Ausdehnung (22,5 km²) während der Miccaotli-Phase (150-200 n. Chr.), in der die Ost-West-Achse angelegt wurde; diese verband den Großen Platz mit der Zitadelle und bildete mit der Straße der Toten das Grundraster, das die Stadt in vier Teile oder „Viertel" aufteilte. Im Herzen der Stadt konzentrierten sich die wirtschaftlichen und politischen Aktivitäten (Markt und Zitadelle). Hier befand sich auch der Tempel der Gefiederten Schlange, des Gottes Quetzalcóatl, was von dessen großer Bedeutung zeugt.

Das Anfang der 1960er Jahre von René Million durchgeführte *Teotihuacan Mapping Project* hat es ermöglicht, das außergewöhnliche Siedlungsschema der „Stadt der Götter" im Detail zu erkennen. Außer den als Paläste bezeichneten Wohnkomplexen, die für mehrere vornehme Familien bestimmt waren, wurden Kultstätten nachgewiesen. Diese waren auf drei Seiten durch Sockel oder Plattformen begrenzt.

Nebenstehend:
Die Straße der Toten und die Mondpyramide

MODELLE DER BAUWERKE TEOTIHUACANS

Das große fachmännische Können der Erbauer der Stadt der Götter offenbart sich in der Errichtung von monumentalen Plattformen, Tempeln und Wohnkomplexen. Modelle zeugen von ihrer herausragenden Tätigkeit als Planer, Architekten und Ingenieure. Sie führen im Detail die charakteristischen Eigenheiten der Architektur Teotihuacans vor Augen, insbesondere die Kombination von *Talud* und *Tablero* sowie die strikten Proportionen bestimmter Elemente wie Freitreppen und Tempel.

Einige dieser Modelle geben ausgesuchte Details der Ornamente der *Tableros* (senkrechte Felder) zu erkennen. An anderen nur fragmentarisch erhaltenen Modellen kann man große Kreise, die *Chalchihuites* oder Wassertropfen, Symbole für Reichtum und Wohlstand, beobachten.

Die Funktion dieser Modelle ist, abgesehen von ihrer architektonischen Zweckmäßigkeit, ritueller Natur. Tatsächlich fand sich in jedem der zahlreichen Wohnkomplexe Teotihuacans eines dieser Modelle, um die in den Tempeln zelebrierten Riten aufzuzeigen. Nicht alle besaßen nämlich große Altäre oder Tempel. Die Präsenz dieser maßstabgerecht reduzierten Reproduktionen vermittelte ein Gefühl der Zugehörigkeit zu den Bewohnern der in der Hierarchie höher gestellten Wohnkomplexe, wo diese Elemente in Originalgröße standen.

Jedes Modell besitzt mehrere Elemente; auf der einen Seite befand sich die im Allgemeinen quadratische Basis, auf der ein Tempel dargestellt war. In manchen Fällen sind die Freitreppen, die sich grundsätzlich gegenüber der Basis befanden, erhalten. Diese Modelle vermitteln eine detaillierte Vorstellung von den Proportionen der eigentlichen Bauwerke.

2

MODELL EINER TEMPELPLATTFORM
Teotihuacan, Randbereich des Abschnitts um das zeremonielle Zentrum
Klassische Periode, Tlamimilolpa-Metepec-Phase
(200-650 n. Chr.)
Basalt, Stuck und Farbe
24 x 59 x 30 cm
INV. INAH-MNA, 10-81813 2/2

BIBLIOGRAFIE
Matos 1990: 114-118, Séjourné 1966: 87-131

2

2

Trotz der nur geringen Schräge ist bei diesem Modell das typisch teotihuacanische *Talud-Tablero*-Prinzip (Wechsel aus schrägen und geraden Mauern), das sich in ganz Mesoamerika verbreitet hatte, deutlich zu erkennen. Für diese damals so fortschrittliche Bauweise waren Spezialisten zuständig und für die einzelnen Bauphasen existierte eine Aufgabenteilung: Es gab Verantwortliche für die Auswahl und den Transport der verschiedenen Baumaterialien. Außerdem wurden Maurer, Tischler und Spezialisten für Stein- und Verputzarbeiten herangezogen.

Die letzte Bauphase wurde von höherrangigen Personen geleitet, die in direktem Kontakt mit Priestern, Herrschern

3
TEMPELMODELL
Teotihuacan, Randbereich des Abschnitts um das zeremonielle Zentrum (Tempel),
Zacuala, Portikus 3
Klassische Periode. Tlamimilolpa-Metepec-Phase
(200-650 n. Chr.)
Basalt, Stuck und Farbe
59,5 x 52 x 62,8 cm
Inv. INAH-MNA, 10-81813 1/2, 10-80888, 10-393954
BIBLIOGRAFIE
Díaz 41-45: 1990, Miller 1973

3

Unter den prächtigen und für die Kultur Teotihuacans typischen Ausdrucksformen hat zweifelsohne die Architektur den berühmtesten Beitrag geleistet. Der Einfluss des *Talud-Tablero*-Baustils (Wechsel aus schrägen und geraden Mauern) auf die Gestaltung der Fassaden der Wohnkomplexe und Paläste reichte bis ins südliche Mesoamerika.
Die teotihuacanischen Baukomplexe besaßen einen Stuckverputz, mit mehrfarbigen, motivisch vielfältigen Malereien verziert, die in Resten noch erhalten sind.
An dieser Nachbildung eines Tempels sind die erwähnten typischen Bauelemente zu erkennen. Damit ist das Interesse der Steinkünstler Teotihuacans an der Darstellung von Gebäuden in verkleinertem Maßstab klar belegt. In manchen Fällen wurde vor der Errichtung eines Gebäudes zunächst ein Modell angefertigt.
Die Architektur spielte eine zentrale Rolle für die Kosmovision der Stadtbewohner: Entwurf, Aufteilung und Ausrichtung der Gebäude lagen astronomischen und mythologischen Studien zugrunde.

und Kriegern standen und für die bildliche Darstellung der ausgewählten Themen zuständig waren.   J.J.

J.J.

KONSTRUKTIONS-SYSTEME

Im Laufe der Tzacualli-Phase (1-150 n. Chr.) wird das Stadtbild Teotihuacans geprägt. Originelle Konstruktionssysteme ermöglichen in dieser Zeit, die monumentalen Sockel der Mond- und Sonnenpyramide zu errichten. Bei den neueren Ausgrabungen an der Mondpyramide wurden sieben aufeinanderfolgende Bauphasen erkannt; der ältere Bau wurde dabei jeweils vom Neubau ummantelt. In allen Fällen handelt es sich um eine Auffüllung aus einer Mischung von Steinen und feiner sandiger Erde.

Bezüglich der Sonnenpyramide bemerkt der Architekt Ignacio Marquina, dass sie allem Anschein nach in einem Zug errichtet wurde und dass das Innere der Pyramide aus Erde und Gestein besteht. Die Bauweise des vollständig aus Erde bestehenden Kerns der Konstruktion wurde anhand von Tunneln erforscht, die von Osten nach Westen durch das Bauwerk getrieben wurden.

Sowohl bei der Mond- als auch bei der Sonnenpyramide besteht die Abdeckung aus großen, mit Steinen bedeckten Böschungen, die der ganzen Konstruktion Festigkeit verliehen.

In der zweiten, der Miccaotli-Phase (150-200 n. Chr.), baute man große Pfeiler aus *Tepetate* (vulkanischer Tuff), wobei die Zwischenräume mit Gestein und Erde aufgefüllt wurden. Diese Technik wurde insbesondere beim Bau des Tempels der Gefiederten Schlange angewandt; sie brachte eine bessere Festigkeit und ermöglichte es, in den Mauern Schlangenköpfe mit Zapfen einzuarbeiten, deren Spitze bis weit in die Basis reichte.

Zu dieser Zeit wurde die *Talud-Tablero*-Bauweise erfunden. Sie basierte auf der Errichtung einer schrägen Mauerfläche (*Talud*), die in ihrem oberen Teil eine eingelassene Andesit-Platte stützte. Über dieser erhob sich ein senkrechtes, auf seinen vier Seiten von einer breiten Zierleiste eingefasstes Feld (*Tablero*). Dieses Element erlaubte es, groben Stuck aufzutragen, der mit gemahlenem *Tezontle* (poröses Vulkangestein) gemischt eine gute Festigkeit bot.

4
HAUSALTAR
Teotihuacan
150-550 n. Chr.
Vulkangestein, Stuck und Farbpigmente
28,5 x 30,5 x 13,5 cm
Inv. INAH – Museo de Sitio de Teotihuacan, 10-411072

4

4

Dieses Segment eines aus Vulkangestein gehauenen Modells, dessen Sockel mit einer dünnen, rot bemalten Stuckschicht überzogen war, lässt deutlich das große Können der Bildhauer aus Teotihuacan erkennen. Es eignet sich sehr gut zum Verständnis der verschiedenen künstlerischen Gestaltungsformen innerhalb der *Talud-Tablero*-Architektur. Der *Talud* ist hier mit sehr fein poliertem Stuck überzogen, während in die Füllung des *Tablero* sowie in den Rahmen zarte, an Wasser erinnernde Motive eingraviert wurden.

M.B.

5
HAUSALTAR
Teotihuacan
150-550 n. Chr.
Basalt
13,5 x 43 x 26 cm
INV. INAH – Museo de Sitio de Teotihuacan, 10-411073

6
ARCHITEKTONISCHES ELEMENT
Teotihuacan
150-550 n. Chr.
Grünstein
25 x 26 x 6,5 cm
INV. INAH – Museo de Sitio de Teotihuacan, 10-615519

7
ARCHITEKTONISCHES ELEMENT
Teotihuacan
150-550 n. Chr.
Kalkgestein
10 x 28,5 x 26 cm
INV. INAH – Museo de Sitio de Teotihuacan, 10-600774

5

Architektonisches Element, bei dem es sich um das maßstabsgetreue Modell eines zu einem Tempel gehörigen Sockels handelt. Wie auch in anderen Fällen treten hier die Grundform des *Tablero* und die akkurate Flächenbearbeitung besonders hervor. Auffallend sind auch die feinen Kreise oder *Chalchihuites*, Symbole für Reichtum und Wohlstand, die sich auf dem Rahmen und auf einer der Flächen des *Tablero* befinden. In die Füllung des *Tablero* wurden tiefe Haken eingemeißelt.   M.B.

6

Fragment eines Ziersteins aus Grünstein mit weißen Schattierungen, vermutlich Alabaster. Der verwendete Stein ist untypisch für das Tal von Teotihuacan. Vermutlich gelangte er im Zuge der intensiven Handelstätigkeit rund um die Stadt der Götter dorthin. Das Relief weist zwei eindeutige Symbole für Reichtum und Wohlstand auf: Kreise oder *Chalchihuites* und eine Bordüre aus Federn.   M.B.

7

Zierstein, auf dem links ein *Chalchihuitl* zu erkennen ist und rechts ein Symbol für Blutstropfen. Diese Art von Kalkgestein kommt in der unmittelbaren Umgebung des Tals von Teotihuacan nicht vor. Vermutlich stammt er aus der Gegend des heutigen Bundesstaates Hidalgo, einer Gegend, die in der klassischen Periode (200-650 n. Chr.) von den Teotihuacanern auf ihrer ständigen Suche nach elementaren Rohstoffen wie Kalk, Kalkstein und Holz kontrolliert und kolonisiert wurde.   M.B.

8
SKULPTUR IN FORM EINER MUSCHEL

Teotihuacan, Platz der Mondpyramide, Palast 3, Weihgabe 4
Klassische Periode (200-650 n. Chr.)
Metamorphes Gestein
25,5 x 26,1 x 16,9 cm
Inv. INAH-MNA, 10-525070

BIBLIOGRAFIE
Suárez 1989; Acosta 1964: 65-85;
Teotihuacan. Guía visual 2008: 61-73

9
SKULPTUR IN FORM EINER MUSCHEL

Teotihuacan
150-550 n. Chr.
Andesit
21,6 x 13,9 x 18,9 cm
Inv. INAH – Museo de Sitio de Teotihuacan, 10-336608

8

Die Weihegaben aus dem Komplex des Platzes der Mondpyramide wurden der Göttin des Wassers und der Fruchtbarkeit dargebracht. Sie stehen mit der auf die Venus bezogenen präkolumbischen Kosmovision in Zusammenhang und umfassen eigentümliche Formen skulptierter mariner Elemente. Dieses Objekt wurde als Darstellung einer Muschel der Gattung *Pecten sp.* identifiziert. Der zwölfzinkige Kamm ist detailliert gearbeitet, die beiden Klappenfortsätze sind in Form dreier horizontaler Streifen dargestellt.

Dieses bemerkenswerte Objekt belegt, wie stark entwickelt die plastischen Techniken in Teotihuacan waren. Die Symmetrie der Formen und der Dekor bilden eine harmonische Einheit, wobei die Oberfläche mit einer Schicht aus direkt aufgetragener roter Farbe versehen und dann mit einer dünnen Stuckschicht überzogen wurde. Dieser wichtige Fund stammt aus dem Bereich neben der dritten Stufe über der Aufschüttung für den Zugang zum Quetzalpapálotl-Palast. Es wird angenommen, dass diese Zone der Nacht, dem Tod und der Unterwelt geweiht war. Am zugehörigen Unterbau, dem sogenannten „Hof der Jaguare" (*Patio de los Jaguares*), sind marine Elemente, darunter als Mosaik gearbeitete Schnecken, an den Pfeilern zu sehen.

J.J.

9

Muschelförmiges architektonisches Ornament. Obgleich diese Steinskulptur eine rein dekorative Funktion zu besitzen scheint, basiert sie auf einer bisher noch wenig ergründeten Vorstellungswelt, welche in Teotihuacan unmittelbar mit der Symbolik der Meeresmuscheln in Verbindung steht. Einige Bauten der Stadt weisen verschiedene Meeresmotive auf. Vor allem an der Fassade der Pyramide der gefiederten Schlange sind solche Motive zu sehen. Dort fügen sie sich auf den Friesen des Bauwerks zu einer komplexen Botschaft zusammen.

M.B.

Ein Kommen und Gehen

SIEGEN Juri Jansen bringt im Rathaus Geräusche aus vier öffentlichen Räumen zusammen

Der Medienkünstler ist ein Klangmaler, seine Installation „Foyer" ist heute und morgen zu hören.

zel ■ Nachwuchsmusiker im Rathaus? Die gibt es doch eigentlich nur, wenn die Fritz-Busch-Musikschule zum Konzert im Ratssaal Siegen einlädt. Ein Video über den Künstler Hubert Kiecol? Läuft das jetzt auch im Rathaus? Man meint, es gehörte ins Museum für Gegenwartskunst. Gespannte Erwartung, wie der Film wird, den man sich für heute Abend ausgeguckt hat? Die vermutet man im Viktoria-Kino in Dahlbruch, und das Flanieren und Begrüßen von Bekannten vor einem Konzert oder einer Theateraufführung sind typisch fürs Apollo. Und doch: All diese gehörten Raum-Eindrücke sind versammelt in Juri Jansens Klanginstallation „Foyer", mit der sich der Niederscheldener Medienkünstler am Kunst-Sommer 2010 beteiligt. Heute um 16 Uhr ist die Eröffnung.

Bis 19 Uhr haben Besucher die Gelegenheit, fünf Foyers des öffentlichen Raumes in einem zu erleben. Aus acht kleinen Boxen, die Jansen auf dem Boden des ansonsten naturbelassenen Rathausfoyers installiert hat – allein durch den Anschluss an einen Festplattenrekorder und die Verkabelung entsteht eine „Zeichnung im Raum" – rauscht, schnarrt, klappert und schwirrt, was Jansen an Material in den vier vorgenannten Foyers gesammelt hat.

Geräusche haben für Juri Jansen eine malerische Qualität: Sie können dick und zähflüssig sein, sagt er, oder wie zarte Stri-

Mexikos „Stadt der Götter" in Berlin

S.Z. 1.7.2010

Ihr Ende war rätselhaft, ihre Herrscher sind unbekannt. Die mexikanische Pyramidenstadt Teotihuacan war in ihrer Epoche (100 v. Chr. bis 650 n. Chr.) die erste, größte und einflussreichste Metropole auf dem amerikanischen Kontinent. Eine Berliner Ausstellung gibt nun erstmals in Europa umfassenden Einblick in die Geheimnisse von Teotihuacan. Ab heute sind im Martin-Gropius-Bau über 450 Objekte – wie die aus Ton geformten Ballspieler – zu sehen, die Kunst, Alltag und Religion der rätselhaften Kultur dokumentieren. Die Ausstellung „Teotihuacan — Mexikos geheimnisvolle Pyramidenstadt" (bis 10. Oktober) zeigt monumentale Fassadenteile, filigrane Gefäße und Figuren, kostbare Masken und Götterstatuen. Als die Azteken im 14. Jahrhundert die verlassene Ruinenstadt entdeckten, gaben sie ihr den Namen Teotihuacan – „der Ort, an dem die Menschen zu Göttern werden". In der Ausstellung sind 15 großformatige Fragmente von Wandgemälden zu sehen, die ein erstes und wohl letztes Mal die Erlaubnis erhalten haben, ins Ausland zu reisen. Teotihuacan zählt zum UNESCO-Weltkulturerbe. Foto: dpa

10
SÄULENSEGMENT
Teotihuacanisch
Teotihuacan, Treppe der Sonnenpyramide
Klassische Periode (200-650 n. Chr.)
Stein und rote Farbe
119 x 59 x 55 cm
INV. INAH-MNA, 10-81809

BIBLIOGRAFIE
Gamio 1979: 122

10

Die Pracht der Gebäude Teotihuacans belegt das enorme Wissen und die Kunstfertigkeit der Erbauer, die auf die komplexen und schwierigen architektonischen und ingenieurtechnischen Arbeiten spezialisiert waren. Alle Räumlichkeiten wurden bis ins kleinste Detail durchgeplant, um funktionale Gebäude unter größtmöglicher Ausnutzung des Raumes zu errichten. Für den Bau der Zeremonialzentren, Wohnstätten, Handelszentren und anderer Gebäude wurden genaue Grundrisse entworfen.

Die an diesen Bauwerken beteiligten Arbeitskräfte beherrschten die einzelnen verwendeten Techniken vollkommen. Darüber hinaus waren Bildhauer für die Ausgestaltung der Gebäude zuständig.

Dieses Säulensegment ist ein Beispiel für die Bauelemente, die zur Abstützung der Dächer geschaffen wurden. Manche Forscher bezeichnen sie als isolierte Stützen, denen nicht unbedingt eine Funktion für die Gebäudestatik zukam – sie dienten vielmehr als Schmuck. Dieses Objekt wurde mit Details aus *Chalchihuites* und fein gearbeiteten horizontalen Streifen verziert, und es sind Reste von roter Farbe erhalten.

E.C. und K.R.

KATALOG DER AUSGESTELLTEN OBJEKTE

11
ARCHITEKTONISCHES ELEMENT
Palast des Quetzalpapálotl, Teotihuacan
150-550 n. Chr.
Basalt
44,5 x 15,5 cm
Inv. INAH – Museo de Sitio de Teotihuacan, 10-336636

12
ZINNE
Teotihuacan
150-550 n. Chr.
Andesit
81 x 98 x 9 cm
Inv. INAH – Museo de Sitio de Teotihuacan, 10-411075

11

Dieses eigenartige Objekt wurde in der Nähe der Mondpyramide gefunden, in dem prachtvollen Wohnkomplex namens Quetzalpapálotl, bei dem es sich zweifellos um einen der bekanntesten und am besten gelegenen Gebäudekomplexe der Stadt handelt. Seine Form erinnert an eine Tasche oder einen Pfeil- oder Lanzenköcher. Fünf waagerechte Streifen mit hervortretenden Kreisformen umlaufen das Objekt, während am oberen Ende Waffen zu erkennen sind, die um eine kleine Vertiefung herum angeordnet sind. Diese wurde vermutlich als Kohlebecken benutzt, worauf die auf der Innenseite befindlichen Rußflecken hinweisen. M.B.

12

Zinnen sind Ziersteine, die an den höchsten Teilen mancher Gebäude angebracht wurden, so etwa an Palastkomplexen oder auf Altarüberdachungen. Hier sehen wir eine gestufte Zinne mit einer Vertiefung auf der Vorderseite. Diese Zinne besteht aus Andesit, aber man fand auch solche aus Halbedelsteinen. Die Stufenform scheint die beliebteste in der ganzen Stadt gewesen zu sein, doch bezüglich der Themen und der dargestellten Figuren trifft man auf eine beachtliche Vielfalt, die von abstrakten Formen bis hin zu komplexen Symbolen oder Glyphen und sogar Tierdarstellungen reicht. M.B.

13
ZINNE
Teotihuacan, Komplex Plaza Oeste
150-550 n. Chr.
Vulkangestein, Stuck und Farbpigmente
94,5 x 88 x 11 cm
Inv. INAH – Museo de Sitio de Teotihuacan, 10-336702

14
EINFACHE STELE
Teotihuacan, Quetzalpapálotl-Palast, Südzimmer
Klassische Periode, Xolalpan-Phase (350-550 n. Chr.)
Stein
76 x 36 x 18 cm
Inv. INAH-MNA, 10-80887
BIBLIOGRAFIE
Gamio 1979; Acosta 1964: Abb. 50; López

13

Stilisierte Zinne, auf der das Sonnenstrahlsymbol zu erkennen ist. Diese Glyphe steht zugleich für das Jahr und den Zeitzyklus. Folglich ist anzunehmen, dass die Zinne und vermutlich auch der Ort, an dem sie sich ursprünglich befand, in engem Zusammenhang mit dem Sonnenkult standen. Bemerkenswert ist es, dass ein Großteil des rot bemalten Stucküberzugs erhalten geblieben ist. Ganz ähnliche Zinnen fand man im Quetzalpapálotl-Palast, nördlich der Straße der Toten, in der Nähe des Mondplatzes. M.B.

14

Auf diesem außergewöhnlichen Monolithen aus dem Quetzalpapálotl-Palast ist die Spur einer horizontalen, mit Kalk gezogenen weißen Linie erhalten, ein Hinweis darauf, dass die Stele in vertikaler Position auf einem Sockel stand und daher vielleicht symbolische Bedeutung besaß. Bei Grabungen in verschiedenen Wohnkomplexen in Teotihuacan wurde eine Reihe länglicher und wenig bearbeiteter Gesteinsknollen gefunden, die – mit Sicherheit als kultische Elemente – an den zentralen Achsen der Gebäude und Portiken aufgestellt waren. Es ist zwar zu erkennen, dass diese Stelen poliert waren, aber es gab keine Versuche, ihre natürliche Form zu verändern. Die Gestalt dieser großen Blöcke aus grünem Gestein ist dabei in allen Fällen ähnlich.

Während des 16. Jahrhunderts wurde in Zentralmexiko grünen Steinen eine doppelte Eigenschaft zugeschrieben: Man glaubte, dass sie Feuchtigkeit zugleich anzogen und absonderten, eine Vorstellung, die in frühesten Zeiten wurzelt. Manche Skulpturen weisen eine Vertiefung auf – wie auch bei dieser Stele – in die man in einigen Fällen Grünsteine legte, bevor sie abgedeckt wurden. Grünstein hatte eine religiöse Bedeutung. Man glaubte unter anderem, dass der Tote einen Fluss überqueren und den Fährmann dafür mit einer Kugel aus Grünstein bezahlen musste. In manchen Gräbern hochstehender Personen wurde in der Hand des Toten eine Kugel aus Grünstein oder Jade gefunden, wie beispielsweise im Grab des Pakal in Palenque. H.H.

KATALOG DER AUSGESTELLTEN OBJEKTE

WERKZEUGE

Das Stadtbild und der Stadtplan, die Teotihuacans Identität im Vergleich zu anderen Städten dieser Zeit ausmachen, ist das Ergebnis einer perfekten Koordination zwischen Erbauern und Künstlern. Die Grundmauern der Bauwerke ruhten auf großen, im Untergrund eingelassenen Fundamentplatten, auf denen Mauern aus mit Mörtel verfugten Werksteinen errichtet wurden. Kalk war in diesem Stadium unerlässlich: gebrannt unter Zugabe von gemahlenem Gestein und natürlichen Harzen, wie dem Schleim des Feigenkaktus, erhielt er eine leichter zu verarbeitende Konsistenz. Genau wie die Ingenieure heute benutzten die Maurer Teotihuacans Lote, um die Vertikalität ihrer Mauern zu überprüfen. Nachdem die Mauern errichtet waren, wurde eine Mischung aus Kalk und gemahlenem *Tezontle* aufgetragen, die anschließend mit einer im Allgemeinen sehr feinen Stuckschicht überzogen wurde.

Die glatte und einheitliche Struktur der Oberfläche wurde mit Polierwerkzeug aus Basalt erzielt. Man rieb die letzte Stuckschicht mit Wasser und sehr feinem Sand ab, wodurch sie ihren Glanz erhielt und die Haftfähigkeit der Pigmente verbesserte.

15a
LOT
Fundort unbekannt
Klassische Periode (200-650 n. Chr.)
Stein
9 x 5 cm
Inv. INAH-MNA, 10-407
BIBLIOGRAFIE
De la Fuente (Hg.) 2001

15b
LOT
Fundort unbekannt
Klassische Periode (200-650 n. Chr.)
Stein
7,1 x 4 cm
Inv. INAH-MNA, 10-530725
BIBLIOGRAFIE
De la Fuente (Hg.) 2001

15a-b
Lote wurden von den Architekten des alten Mexiko allgemein verwendet. Sie bestanden aus einem Gewicht, das aus einem Stein gehauen, dann an einem Ende durchbohrt und durch eine Kombination aus Glätt- und Poliertechniken schließlich in Zylinder-, Würfel- oder, wie hier, in Eiform gebracht wurde. Lote wurden zum Fluchten von Mauern und Oberflächen verwendet und dazu an einer Schnur aufgehängt, sodass eine senkrechte Linie gezogen wurde, nach der man sich später bei den Bauarbeiten richten konnte. J.E., Z.L. und J.J.

16a

POLIERWERKZEUG
Fundort unbekannt
Klassische Periode (200-650 n. Chr.)
Stein (Basalt)
10,3 x 15,5 x 7,1 cm
INV. INAH-MNA, 10-333
BIBLIOGRAFIE
De la Fuente (Hg.) 2001

16b

POLIERWERKZEUG
Fundort unbekannt
Klassische Periode (200-650 n. Chr.)
Stein (Basalt), Stuck
7,7 x 10,6 x 5,1 cm
INV. INAH-MNA, 10-525077
BIBLIOGRAFIE
De la Fuente (Hg.) 2001

17

REIBEBRETT
Fundort unbekannt
Stein
9 x 14,7 x 7,8 cm
INV. Staatliche Museen zu Berlin, Ethnologisches Museum,
IV Ca 6054

16a

16b

17

16a-b

Die teotihuacanischen Künstler besaßen eine Reihe von Werkzeugen, die speziell der Bearbeitung der Wände dienten, die in einem nächsten Arbeitsschritt bemalt wurden: Die Flächen wurden geglättet und widerstandsfähig gemacht, damit die Bilder möglichst gut aufgetragen werden konnten und auch hafteten. Ein gutes Beispiel sind diese rechteckigen Polierwerkzeuge mit rundem bzw. geradem Griff. Sie wurden dazu verwendet, Wände und Böden mit einer Stuckschicht zu überziehen und anschließend in einer fortlaufenden reibenden Hin- und Herbewegung zu glätten und zu polieren, bis die gewünschte Beschaffenheit erreicht war.
Diese Werkzeuge wurden aus Basalt gefertigt, einem vulkanischen Gestein dunkelgrauer oder schwarzgrünlicher Färbung, das feinkörnig und äußerst hart ist – Eigenschaften, die zu besonders guten Ergebnissen bei der Oberflächenbearbeitung führten. Basalt ist ein in Mexiko häufig auftretendes Gestein und war daher für die Herstellung dieser Art von Gegenständen weit verbreitet.

J.E., Z.L. und J.J.

17

Ein wesentliches Kulturmerkmal der Metropole Teotihuacan sind die elaborierten, höchst fragilen Wandmalereien in den Wohnkomplexen der Eliten und öffentlichen Gebäuden. Die polychromen Malereien wurden auf einer dünnen Stuckschicht aufgebracht. Die Mineralfarben mussten auf die noch feuchte Grundierung aufgetragen werden, damit sie sich mit der Stuckschicht verbanden und sich die Farben nicht nach und nach in dünnen Schichten ablösten.
Das kleine Reibebrett ist ein Werkzeug, mit dem die Freskenmaler die Stuckgrundierung auftragen beziehungsweise glätten konnten. Um sicher zu stellen, dass die bemalte Oberfläche sich mit der Grundierung verbindet, haben die Künstler die Malereien darüber hinaus mit glatten Holz- oder Steinwerkzeugen poliert, wodurch der gewünschte glänzende Effekt erzeugt wurde.
Die Glättkelle, die 1881 mit der Sammlung Jimeno ins Ethnologische Museum Berlin kam, ist im Gegensatz zu vielen anderen Exemplaren, die nur einen Knauf oder einfachen Henkelgriff besitzen, ein besonders sorgfältig gearbeitetes Stück. Der Henkelgriff ist stufenartig geformt. Das Werkzeug hat eine flache, wenn auch nicht völlig plane Unterseite mit feiner Oberfläche.

M.G.

KATALOG DER AUSGESTELLTEN OBJEKTE

18
MIT STUCK ÜBERZOGENE UND BEMALTE SCHALE
Teotihuacan, Höfe von Zacuala, Grab 2
Klassische Periode, frühe Xolalpan-Phase (350-450 n. Chr.)
Ton
8,1 x 21,7 cm
Inv. INAH-MNA, 10-80616

BIBLIOGRAFIE
Séjourné 1959: Abb. 41; Rattray 2001: 234 und Abb. 128

18

Die frühen Bewohner Mesoamerikas legten den Verstorbenen Beigaben mit ins Grab, darunter auch Gegenstände, die von Generation zu Generation weitervererbt wurden. Dieses besondere Gefäß, durch Einfärbung der Engobe mit einem eindrücklichen Muster versehen, wurde in einem Grab der späten Xolalpan-Phase (450-550 n. Chr.) gefunden. Form und Gestaltung belegen jedoch, dass die Schale bereits in der frühen Xolalpan-Phase hergestellt wurde. Der feine Dekor wurde durch das Auftragen einer dünnen Stuckschicht auf die unpolierte Oberfläche erreicht, die anschließend mit einfachen Wellenmustern in Rot, Grün, Gelb und Weiß verziert wurde. Die Motive wurden dabei vorsichtig in die Stuckoberfläche eingeschnitten und auf diese Weise vorgezeichnet.

Wie Gregori Pereyra angemerkt hat, ist die Verzierung dieser Schale typisch für die Region von Michoacán. Der schöne und feingliedrige Dekor wurde für Gefäße der Eliten entworfen. Daher handelt es sich bei dieser Art von Funden um Luxusgüter aus Palastgräbern wie im Fall von Zacuala und in Monte Albán.

R.F. und H.H.

19
PALETTE
Teotihuacan
Klassische Periode (200-650 n. Chr.)
Rhyolith
15,1 x 44,3 x 7,7 cm
Inv. INAH-MNA, 10-77707
BIBLIOGRAFIE
Morante 1998: 38-45

19

19

Ein weiteres Beispiel für den hohen Spezialisierungsgrad bei der Anfertigung von Werkzeugen ist diese Palette aus Stein zur Herstellung reiner und gemischter Farben, wobei die Pigmente in die Vertiefungen gegeben wurden. Aufgrund der geringen Größe der zehn Vertiefungen wird angenommen, dass die Palette für die Ausführung von Details verwendet wurde.

Die Form der Palette ist in jeder Hinsicht funktional: Dank der Zwischenräume zwischen den über eine Brücke verbundenen Stützen kann das Gerät leicht mit einer Hand gehalten oder auf dem Boden abgestellt werden. Zugleich weist das Gerät eine hohe Stabilität auf.

Die Aufgabe der Maler, auf Náhuatl als *Tlacuiloques* bezeichnet, bestand in der bildlichen Darstellung der gesellschaftlichen, ideologischen und historischen Vorstellungen mithilfe symbolischer Bilder, die sich an Tempeln, Häusern, Palästen, Gerichten, Märkten und allen Mauern und Fassaden finden.   J.J.

WANDMALEREI

Unter allen in Teotihuacan vertretenen Kunstgattungen gehört die Wandmalerei zu den schönsten. Die Vielzahl der entdeckten fragmentarischen und vollständigen Fresken legt die Vermutung nahe, dass in der Stadt die Mauern vollständig mit weißem und rotem Stuck bedeckt waren.

Die Maler waren Meister ihrer Technik. Nachdem sie die Mauern mit Stuck überzogen und diesen glatt geschliffen hatten, zeichneten sie die Malereien mit Hilfe von Obsidianklingen, Agavenstacheln oder Kohle vor und trugen dann die Farben oder mineralischen Pigmente direkt auf. Spezialisten meinen, dass diese Farben auf dem Stuckuntergrund mit dem Schleim des Feigenkaktus und anderen natürlichen Bestandteilen fixiert wurden.

Im 19. Jahrhundert kopierten einige Reisende, wie Léon-Eugène Méhédin, bei ihren Erforschungen Zentralmexikos mehrere farbige Malereien. Zwischen 1884 und 1886 entdeckte Leopoldo Batres die bemerkenswerten Wandmalereien vom Tempel des Ackerbaus. Doch vor allem im Laufe des *Teotihuacan Mapping Project* (1962-1964) wurden in den verschiedenen Bauwerken der Stadt der Götter Dutzende von bemalten Wänden entdeckt. Zahlreiche Fragmente und vollständige Bildflächen wurden abgenommen und andernorts geschützt wieder angebracht, einige wurden jedoch an ihrem ursprünglichen Platz belassen und erwecken die Bewunderung der Besucher der archäologischen Stätte.

Gegenwärtig werden große Anstrengungen unternommen, um diese Malereien zu retten; Dutzende von Restauratoren arbeiten an der Rekonstruktion der Farben, an der Erhaltung und Pflege dieser außergewöhnlichen Kunstwerke. Im Bereich der archäologischen Stätte wurde kürzlich ein großartiges Museum eingeweiht, das der Erhaltung und Präsentation der Wandmalereien gewidmet ist. Es trägt den Namen von Beatriz de la Fuente, der großen Spezialistin dieses Fachbereichs.

20
FRAGMENT EINER WANDMALEREI
Teotihuacan, Techinantitla
Klassische Periode, Metepec-Phase (550-650 n. Chr.)
Stuck und Farbe
54 x 92,5 x 3,5 cm
Inv. INAH-MNA, 10-229201

BIBLIOGRAFIE
Villaseñor et. al. 1998: 49-75; Lombardo et. al. 1998: 110-133

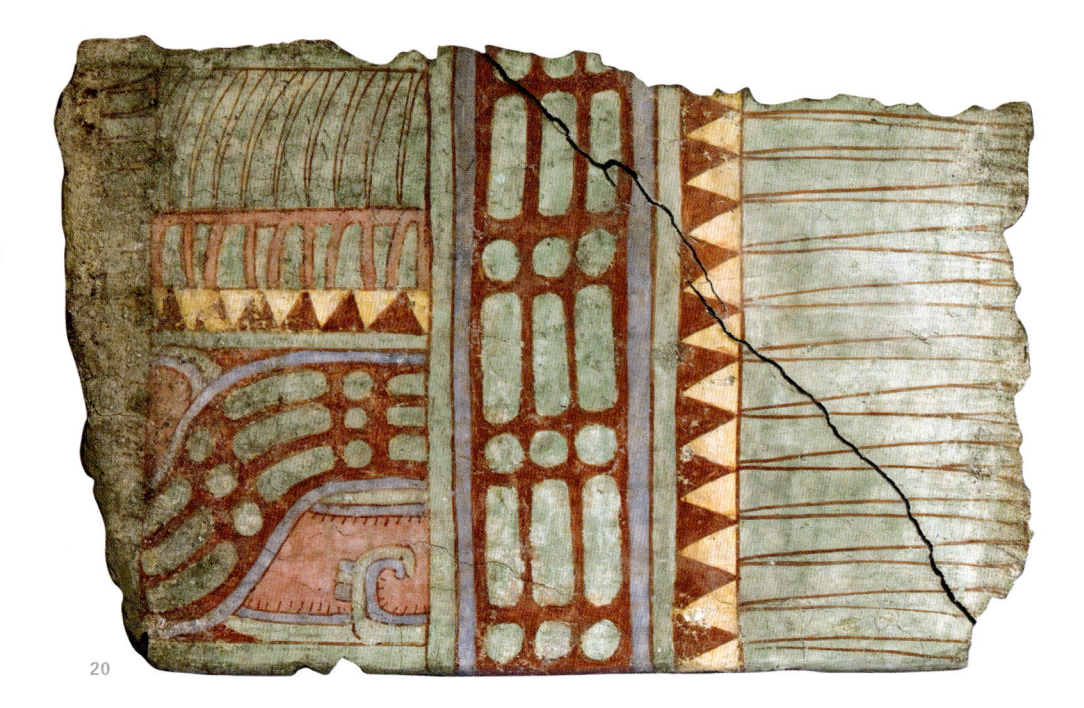

20

Die Wände der Wohnkomplexe waren mit farbigen Bildern geschmückt, sodass die teotihuacanischen Künstler ein harmonisches Ganzes aus Wandmalereien und der bildhauerischen und architektonischen Arbeit schufen. Die Malerei Teotihuacans zeichnet sich durch die Darstellung von Kalendersymbolen sowie breite und feine Linien aus, die durchbrochen oder rund gezogen sind und geometrische und runde Muster bilden. Das wichtigste Element war aber wohl die farbliche Gestaltung. Diese mehrfarbige Malerei war Teil eines Frieses und zeigt eine Reihe von Mustern aus grünen Federn mit Abschnitten, Punkten und Strichen. Es handelt sich um Freskomalerei, bei der die Farben ohne Bindemittel auf eine feuchte Stuckschicht aufgetragen wurden. Die Farbpalette umfasst die Töne Grün, Hellblau, Gelb und Rot. J.E., Z.L. und J.J.

21
BLÜHENDE STRÄUCHER
Teotihuacan, Techinantitla
Klassische Periode, Metepec-Phase (550-650 n. Chr.)
Stuck und Farbe
33 x 54 x 3,5 cm
Inv. INAH-MNA, 10-626966
BIBLIOGRAFIE
Arqueología Mexicana Nr.16, Vol. 3; Berrin 1988; de la Fuente 2001

21

21

Es ist archäologisch belegt, dass die prähispanischen Gebäude in Teotihuacan bemalt wurden und Paläste, Tempel und auch manche Wohnkomplexe mit vielfältigen Farben, Mustern und Motiven dekoriert waren.
Die Wahl der Motive hing von der Zweckbestimmung des Gebäudes ab. Es wurden alltägliche, erzählende, historische, religiöse, rituelle und konzeptionelle Motive dargestellt, so wie im Fall dieser Wandmalerei, auf der blühende Sträucher mit langen Wurzeln und Schriftzeichen zu sehen sind.
Diese Wandmalerei zierte einen Raum in Techinantitla, einem Baukomplex östlich der Mondpyramide im Viertel Amanalco.   J.E., Z.L. und J.J.

22
WANDMALEREI MIT FANTASIETIEREN
Teotihuacan, Komplex der Fantasietiere
Xolalpan-Phase (350-550 n. Chr.)
Stuck und Farbpigmente
80 x 310 x 3,3 cm
INV. INAH – Museo de Sitio de Teotihuacan, 10-136105

22

Dies ist ein großer Ausschnitt aus einer Wandmalerei, die man im nördlichen Teil der Straße der Toten fand, im „Complejo de los Animales Fantásticos", dem sogenannten „Komplex der Fantasietiere". Die unglaubliche Farbenvielfalt – Rot, Grün, Blau, Ocker, Grau, Orange, Weiß und Gelb – verbindet sich mit einer äußerst rhythmischen Bewegung, was dieses Gemälde zu einer der dynamischsten bildlichen Darstellungen der teotihuacanischen Kunst macht. Die Szenerie entfaltet sich entlang breiter, waagerecht verlaufender schwarzgelber Streifen. Um sie herum scheint ein symbolischer Kampf zwischen weißen, gefiederten Schlangen und anderen Tieren stattzufinden, die ebenfalls übernatürliche Eigenschaften aufweisen: Man erkennt geflügelte Fische, Kojoten mit Obsidianstacheln und Jaguare, die Blumen am Körper tragen. Einige Autoren verbinden die inhaltliche Aussage dieser Wandmalerei mit politischen Veränderungen, die sich vermutlich um das Jahr 350 n. Chr. in der Stadt vollzogen. Damals wurde die Pyramide der Gefiederten Schlange mit einer großen Plattform versehen, die anzeigt, dass Quetzalcóatl als bedeutendster Gott Teotihuacans seine Bedeutung verloren hatte.   M.B.

KATALOG DER AUSGESTELLTEN OBJEKTE

23

WANDMALEREI MIT SINGENDEM QUETZAL

Teotihuacan, Komplex Techinantitla
450–650 n. Chr.
Stuck und Farbpigmente
70 x 105 cm
Inv. Museo Amaro, 52 22 MA FA 57 PJ 1354

23

Segment einer Wandmalerei aus dem Wohnkomplex Techinantitla. In einem großen Rahmen erkennt man einen Vogel, der wegen seiner Schönheit und der Zeichnung seiner Federn auf den ersten Blick an einen Quetzal erinnert. Doch besitzt er auch Attribute anderer Vögel. Sein Auge zum Beispiel ähnelt stark den Augen, die man von Darstellungen des Uhus kennt, während sein Schnabel wegen der ausgeprägten Krümmung eindeutig einem Papagei zuzuordnen ist. Man sieht den mythischen Vogel stolz seine Flügel ausbreiten; gleichzeitig scheint er zu singen oder feierlich Teile einer Liturgie zu deklamieren. Bei den verschiedenfarbigen Fußspuren rund um seine Füße handelt es sich um Symbole für Bewegung, Handel und Migration. M.B.

24
AGAVEN-PRIESTER
Teotihuacan, Tlacuilapaxco
Xolalpan-Metepec-Phase (350-650 n. Chr.)
Stuck und Farbe
63 x 106 x 8 cm
Inv. INAH-MNA, 10-229199

BIBLIOGRAFIE
Lombardo 2001: 34-35; Ruiz Gallut 2001: 447-457;
Berrin und Millon 1988: 194-205; Berrin und Pasztory 1993: 194-207

24

Die Wandmalerei zählte in Teotihuacan zu den wichtigsten Ausdrucksformen. Sie diente der Darstellung unterschiedlicher Motive, die vom Alltagsleben bis zu komplexen kosmogonischen und religiösen Aspekten reichten.

Auf dieser Wandmalerei aus der von Berrin identifizierten Serie des „Agavenrituals" ist eine von der Seite dargestellte schreitende Person zu sehen. Sie trägt einen zoomorphen Kopfschmuck, bei dem es sich möglicherweise um eine gefiederte Schlange oder Echse handelt. Die Zähne der Figur sind zu erkennen, und aus dem Mund tritt eine längliche Form zur Darstellung gesprochener Worte: Man kann Elemente wie die allgemein für die Fruchtbarkeit stehenden Muscheln und Seeschnecken sowie konzentrische Kreise erkennen. Aus der rechten Hand rinnen kleinteilige Gegenstände, die als Samen interpretiert werden. Die Figur trägt außerdem eine Kette aus konzentrischen Kreisen und einen federgeschmückten Schild.

Auf einem weiteren Fragment derselben Serie – aus der Sammlung des Museo Rufino Tamayo in Oaxaca – ist eine Person mit ähnlichen Merkmalen zu sehen, wobei die Darstellung aus vier Elementen in Form von Agavenblättern mit roten Spitzen als Zeichen von Blut besteht. Diese Spitzen durchbohren ein weiteres Element, einen Ball aus Gras oder *Zacatapayolli*, der im aztekischen Selbstopferungsritual verwendet wurde und der Serie ihren Namen gab. Agaven wurden zu vielen Zwecken verwendet, unter anderem zur Herstellung von Fasern, aus denen verschiedene Gegenstände gefertigt wurden, für Fruchtbarkeitsrituale und Selbstopferungen und zur Gewinnung des heiligsten aller Getränke: dem *Pulque*.

J.E., Z.L. und J.J.

25
VOGEL MIT SCHILD
Fundort unbekannt
Klassische Periode (200-650 n. Chr.)
Stuck und Farbe
55,5 x 119,5 x 4 cm
Inv. INAH-MNA, 10-136025
BIBLIOGRAFIE
Aguilera 2001: 399-410; Matos 1990: 179-181

25

25

Dieses interessante Wandmalereifragment stammt möglicherweise aus dem Komplex von Techinantitla. Dargestellt sind dem Krieg und der Opferung zugeordnete Motive; zu sehen ist ein Vogel im Profil, der mit diesen beiden Bereichen des mesoamerikanischen Themenkreises verbunden ist. Am rechten Flügel hat das Tier einen roten Streifen mit Haken, der linke Flügel ist mit einer Standarte aus drei an den Enden ausgefransten Streifen bedeckt. Der Vogel trägt außerdem im mittleren Körperbereich einen Brustschmuck oder Schild mit einer Hand, die diagonal einen langen Pfeil oder eine Lanze hält. Aus dem Schnabel ragt eine länglich geformte Pflanze.

Obwohl die Bestimmung der auf den Malereien abgebildeten Tiere schwierig ist, gilt der hier dargestellte Vogel als Quetzal.
Bei den Wandmalereien in Teotihuacan, die die Innenbereiche zierten, wurde der wichtigste Teil der Darstellung meist am Zu- oder Eingang platziert und diente als zentrale Achse. Von dort nahmen die Bildmotive in beide Richtungen ihren Ausgang, wobei sie einem ausgewogenen Rhythmus folgten, der dem dargestellten Motiv Gleichmaß und Kohärenz verlieh.

Z.L. und J.E.

KATALOG DER AUSGESTELLTEN OBJEKTE

MONUMENTALSKULPTUR

Ungefähr hundert Jahre lang, insbesondere während der Miccaotli-Phase (150-200 n. Chr.), wurden bestimmte Bauwerke herausragender Bedeutung mit prächtigen Reliefs oder skulptierten Friesen verziert. Das berühmteste dieser Bauwerke, der Tempel des Quetzalcóatl, liegt innerhalb der Zitadelle. Der alternierende Dekor auf dem *Talud-Tablero* wirkt hier besonders harmonisch. Auf dem *Talud* scheinen Schlangen in einer zähen Flüssigkeit zwischen Muscheln und Schnecken zu treiben. Der *Tablero* ist von 365, dem Betrachter zugewandten Köpfen der Gefiederten Schlange rhythmisch gegliedert; sie wechseln mit Figuren ab, die mit einem Geflecht aus Edelsteinen verziert und deren Augen umrandet sind. Damit die Bildhauer und Architekten diese wunderschönen Reliefs ausführen konnten, mussten zunächst schwere Andesitblöcke mit einem langen Zapfen zugerichtet werden, in die Skulpturen in Form von Schlangenköpfen gehauen wurden. Dann wurde der Dekor mit skulptierten Elementen ergänzt, die wie in ein riesiges Mosaik eingefügt wurden. Während der Tlamimilolpa-Phase (200-450 n. Chr.) wurden drei der vier Seiten an der Basis der Pyramide demontiert und beschädigt. Nur die Westfassade, die damals von einem anderen Gebäude überdeckt war, ist bis heute in ihrem ursprünglichen Zustand erhalten geblieben. Viele Friese, Figuren und Schlangenköpfe wurden als Baumaterial oder Pflastersteine verwendet. Ebenso erging es der mit Schlangen-Jaguaren dekorierten Fassade der Sonnenpyramide, von der wir die Raubtierköpfe kennen, ein paar Krallen und Teile der Tatzen.

Bei den Grabungen in Teotihuacan wurden noch andere interessante skulptierte Friese und Reliefs entdeckt, wie zum Beispiel der vor kurzem im Xalla-Komplex freigelegte prächtige Jaguar mit bunten Federn, der am Anfang der Ausstellung zu sehen ist.

26a
SCHLANGENKOPF
Teotihuacan, Tempel der Gefiederten Schlange
Miccaotli-Phase (150-200 n. Chr.)
Vulkangestein, Stuck und Farbpigmente
200 x 70 x 70 cm
Inv. INAH – Museo de Sitio de Teotihuacan, 10-411074

26b
SCHLANGENKOPF
Teotihuacan, Tempel der Gefiederten Schlange
Miccaotli-Phase (150-200 n. Chr.)
Vulkangestein, Stuck und Farbpigmente
180 x 73 x 60 cm
Inv. INAH – Museo de Sitio de Teotihuacan, 10-411138

26a

26a-b

Diese großen Schlangenköpfe saßen an der Fassade der Pyramide der Gefiederten Schlange (Quetzalcóatl-Pyramide), eines Bauwerks, das sich in der Zitadelle (*Ciudadela*) befand. Solche Skulpturen wurden rings um das Bauwerk angebracht, mittels einer Technik, bei der ein langer, am Kopf befestigter Stift in einen Steinkasten im Inneren des Bauwerks gesteckt wurde, sodass der Kopf fest und ohne sichtbare Stütze an der Front des Bauwerkes saß. An einigen Stellen, zum Beispiel am Maul und an den Ohren, sind noch rot gefärbte Stuckreste zu erkennen; vermutlich handelt es sich dabei um die äußere Schicht, die diese Skulpturen überzog. Die an der Fassade des Bauwerks sitzenden Köpfe umgab eine Steinverzierung in Form einer Scheibe oder eines Lichtkranzes, der eine Federkrone symbolisierte.

M.B.

26b

KATALOG DER AUSGESTELLTEN OBJEKTE

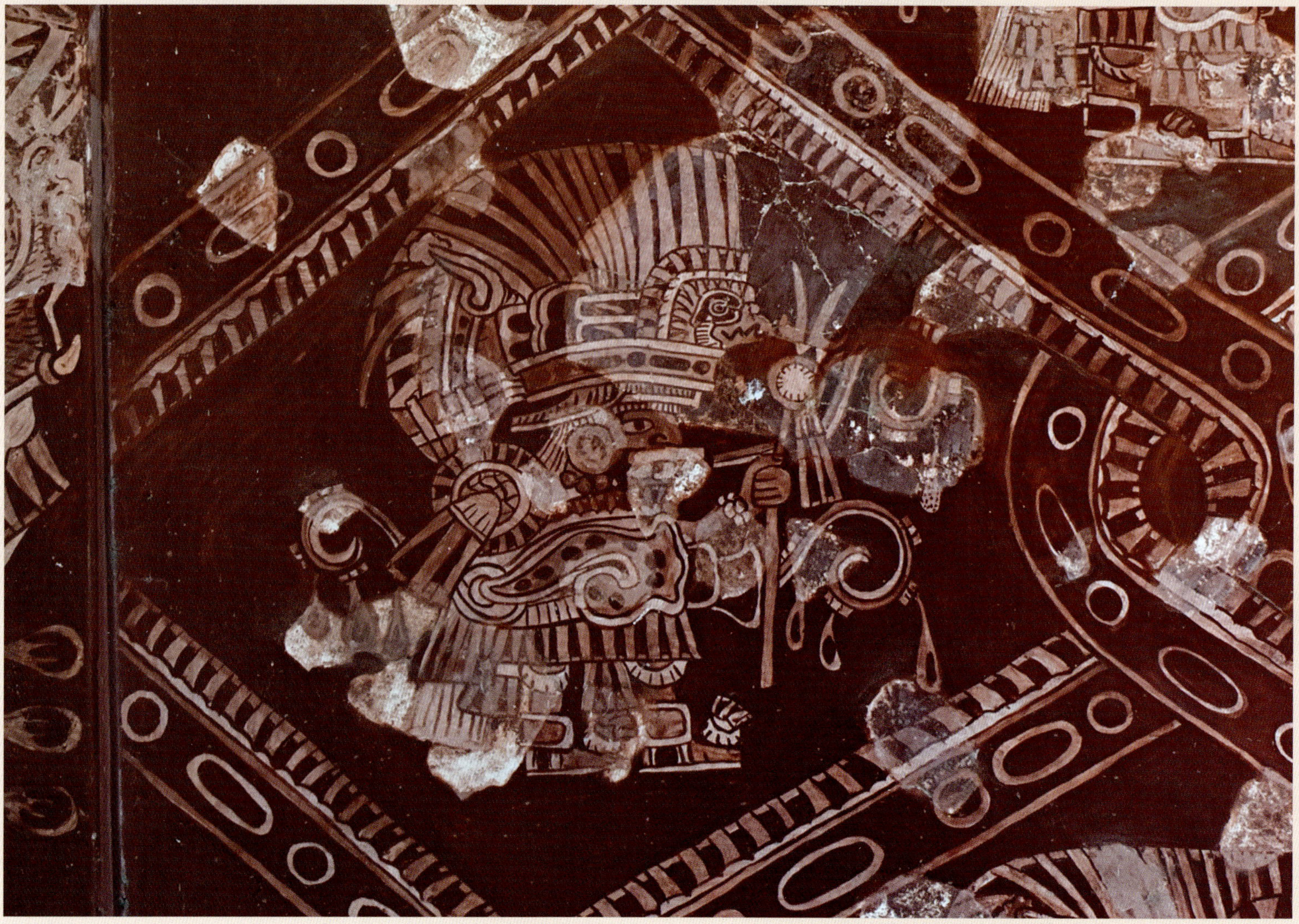

POLITIK, HANDEL UND MILITÄR

Die Frage, wie Teotihuacan regiert wurde, ist zurzeit Gegenstand intensiver Diskussionen. Möglicherweise übten zu derselben Zeit mehrere Herrscher Macht aus, wobei jeder einzelne über einen bestimmten Bereich der Stadt regierte. Vielleicht lagen die Geschicke der Stadt auch in den Händen einer einzelnen Person.

Wir verfügen noch nicht über genügend aussagekräftige Indizien, um die Orte zu bestimmen, an denen die Herrscher ihre Entscheidungen trafen und wo sie residierten. Bis heute wurde weder ein Grab lokalisiert noch eine Inschrift gefunden, die von den Taten eines Herrschers Zeugnis ablegen. Es scheint so, dass – im Unterschied zu anderen zahlreichen Persönlichkeiten in Mesoamerika – die Nomenklatura von Teotihuacan in der Anonymität verbleibt.

Die mit der Politik in Beziehung stehenden Menschen, wie die Priester, die Händler, die Botschafter oder die Krieger, sind auf den Wandmalereien oder auf den Keramikgefäßen in ihren Tätigkeiten dargestellt, jedoch nicht in ihrer Individualität.

In der mesoamerikanischen Welt waren Krieg und Handel eng miteinander verknüpft. Karawanen von Händlern, Botschaftern und Kriegern legten Hunderte von Kilometern zurück und reisten in die unterschiedlichsten Regionen, um mit Waren wie Keramik, Obsidian, Tuch oder verderblichen Produkten Handel zu treiben. Parallel hierzu wurden strategische, politische und geschäftliche Bündnisse geknüpft und gefestigt und durch den Austausch von Luxusgütern wie Quetzalfedern, Glimmer oder Jadeit besiegelt.

Nebenstehend: Wandmalerei aus dem Patio Blanco in Atetelco (Detail)

HIERARCHIE UND MACHT

Manche Forscher sind der Meinung, dass sich der Sitz der politischen Führung und die Wohnsitze der Herrscher Teotihuacans in der Zitadelle in den Wohnbereichen oder Palästen an der Nord- und der Südseite des Tempels der Gefiederten Schlange befand. Dieses heilige Bauwerk galt als Ursprung der Macht. Die Zitadelle ist von einer 400 Quadratmeter großen Plattform umgeben, die als Schutzmauer diente. Die Tatsache, dass der Zugang kontrolliert werden konnte sowie der abgeschirmte Komplex legen die Vermutung nahe, dass es sich tatsächlich um einen Ort der Machtausübung handelte. Zudem bestärkt die Existenz des „Großes Ensemble" genannten Komplexes gegenüber der Zitadelle auf der anderen Seite der Straße der Toten, der als Markt der Stadt betrachtet wird, die Vorstellung, dass es sich bei diesem Bereich um das politische und wirtschaftliche Machtzentrum der Stadt handelte. Zu den bemerkenswertesten Herrschaftssymbolen zählen die steinernen Sitze oder Throne und eine Reihe von Figuren, die Persönlichkeiten von hohem Rang darstellen. Einige von ihnen verkörpern Götter, was nahelegt, dass diese Sitzmöbel eine sowohl religiöse als auch politische Funktion hatten. Sie spielten wohl eine Rolle bei den mit der Machtausübung verbundenen Rituale, deswegen gelten sie als die Vorgänger der *Icpalli*, der Throne der aztekischen Herrscher.

27
ZEPTER MIT GEFIEDERTER SCHLANGE
Teotihuacan, Tempel der Gefiederten Schlange
Miccaotli-Phase (150-200 n. Chr.)
Holz
8,2 x 55,6 x 2 cm
Inv. INAH – Museo de Sitio de Teotihuacan, 10-411013

27
Dieses Zepter aus geschnitztem Holz ist einer der wenigen hölzernen Gegenstände, die in Teotihuacan geborgen werden konnten. Aufgrund der Trockenheit des Klimas und der Eigenart des Holzes muss der Fund dieses Zepters als ein herausragendes Ereignis gewertet werden. Doch ist dieses Stück nicht nur wegen seines Materials außergewöhnlich, sondern auch aufgrund des privilegierten Ortes, an dem Archäologen es fanden. Es gehört zu den Grabbeigaben einer Person, die im mittleren Teil der Pyramide der Gefiederten Schlange, im Inneren der Zitadelle (*Ciudadela*), bestattet wurde. Da Zepter dieser Art als Machtsymbole verwendet wurden, muss der Tote der obersten Schicht der teotihuacanischen Gesellschaft angehört haben. Möglicherweise handelte es sich sogar um einen der noch immer nicht bekannten Herrscher der Stadt.

M.B.

28a
THRON
Teotihuacan
150-550 n. Chr.
Vulkangestein
33 x 31,5 x 21 cm
Inv. INAH – Museo de Sitio de Teotihuacan, 10-262276

28b
THRON
Teotihuacan
150-550 n. Chr.
Vulkangestein
31 x 34,5 x 14 cm
Inv. Museo Diego Rivera Anahuacalli, 671 PJ 817

28a

28b

28a-b

Objekte aus dem Besitz der Eliten und herrschenden Klassen Teotihuacans sind bei archäologischen Ausgrabungen nur schwer zu finden. Auf Wandmalereien erkennt man zwar Teile des Mobiliars der privilegierten Schichten, doch konnten nur wenige entsprechende Objekte wiedergefunden werden. Diese beiden Throne fallen durch ihre geringe Größe auf, weshalb man sie als symbolische Sitzgelegenheiten interpretiert hat. Im ersten Fall sind Lehne und Sitzteil des Throns geneigt, und auf dem Frontteil des Objekts erkennt man acht *Chalchihuites*, welche symbolisch Reichtum und Wohlstand unterstreichen. Im zweiten Fall haben wir es mit einem akkurat gearbeiteten Stück zu tun, dessen Oberfläche aber keinerlei schmückende ikonographische Elemente trägt.

M.B.

29

STEINTAFEL MIT PRIESTER

Teotihuacan, Quetzalpapálotl-Palast, Westzimmer
Klassische Periode (200-650 n. Chr.)
Travertin
48 x 49,8 13,2 cm
INV. INAH-MNA, 10-396947

BIBLIOGRAFIE

Acosta 1964: 37; López Luján, Filloy, Fasch, L. Fasch und Hernández 2006: 171

29

Zur Zeit der größten Blüte Teotihuacans ließ die Priesterklasse eine große Anzahl an Bauten errichten. Dazu wurden verschiedene, nach ihrer Seltenheit ausgewählte Materialien verwendet, die den hohen sozialen Rang und die Macht dieser Klasse wesentlich steigerten. Diese Tafel aus Travertin, die bei den Forschungen des Archäologen Jorge Acosta im Quetzalpapálotl-Palast gefunden wurde, ist ein außerordentlich beeindruckendes und charakteristisches Beispiel dafür. Die große „Stadt der Götter" existierte mehr als vier Jahrhunderte lang als urbaner Komplex aus großen Bauten mit Darstellungen der höchsten Vertreter der Priesterklasse, die mit reicher Ausstattung abgebildet wurden.

Auf der Vorderseite der Platte wurde im unteren Bereich ein fein gearbeitetes Flachrelief eingeschnitten, das den Priester zeigt. Er ist mit Katzenattributen dargestellt, und insbesondere die Klauen mit den ausgefahrenen Krallen zeigen seine Wildheit. Die Figur trägt einen Brustschmuck in Form eines *Chalchihuitl*, der fast den gesamten Brustkorb bedeckt. In den beiden oberen Ecken sind Opfermesser dargestellt, aus denen zwei Tropfen einer Flüssigkeit, vielleicht Blut, fallen.

Die wissenschaftliche Forschung ist zu dem Schluss gekommen, dass der Untergang Teotihuacans auf eine Katastrophe zurückzuführen ist: Die Stadt ging in Flammen auf. Dieses Unglück war Folge des geplanten und äußerst gezielten Handelns einer Gruppe, bei dem die Paläste, Tempel und Verwaltungsgebäude der Stadt die Hauptangriffsziele bildeten. Die Spuren der Zerstörung der „Stadt der Götter" deuten auf eine ungeheure kollektive Anstrengung hin, in der die Bauten der Stadt, die der politischen, religiösen und wirtschaftlichen Macht des Staates als Sitz dienten, mit unbeschreiblichem Vernichtungswillen zugrunde gerichtet und niedergebrannt wurden.

H.H.

30
FRAGMENT EINER ANTHROPOMORPHEN SKULPTUR

Teotihuacan, Hof der Mondpyramide, Struktur 1, Fuß der Südtreppe
Klassische Periode (200-650 n. Chr.)
Travertin (Typ *Tecalli*)
14,1 x 13,7 x 12,7 cm
Inv. INAH-MNA, 10-80881

BIBLIOGRAFIE
Castro Cabrera 2008: 13-21

30

30

Über die teotihuacanische Gesellschaft herrschte eine Priesterklasse, die die religiösen, zeremoniellen, politischen, verwaltungstechnischen und wirtschaftlichen Ämter ausübte. Die gefundenen bildlichen und plastischen Darstellungen zeigen reich ausgestattete, mit dem Herrschaftssystem verbundene Personen mit dem besonderen Schmuck dieser Klasse. Darstellungen dieser Art sind nicht auf Teotihuacan begrenzt. Auch auf Stelen in den Gebieten der Maya und Zapoteken sind teotihuacanische Individuen abgebildet, die im Zusammenhang mit Eroberung, Bündnissen und politischer Kontrolle stehen dürften.

In Teotihuacan gab es keine politisch motivierten Darstellungen. Weder für Herrscher noch für Gefangene liegen Hinweise auf eine Idealisierung vor, wie sie für andere Kulturen bekannt ist, z.B. die Maya und die Zapoteken. In der Stadt wurden keine adligen Einzelpersonen verehrt, sondern das Gemeinwesen insgesamt; die Kunst Teotihuacans drückt entsprechend unpersönliche, kollektive Werte aus.

Diese anthropomorphe Skulptur aus *Tecalli* ist ein Beispiel für eine Darstellung der Priesterklasse. Nur der Kopf der Figur ist erhalten, an dem sich jedoch die Gesichtszüge und die detaillierte Ausarbeitung erkennen lassen, die alle Gesichtspartien in ihren Einzelheiten darstellt. Die Figur trägt zwei Ringe auf der Stirn, deren Bedeutung bisher nicht bestimmt werden konnte, von verschiedenen Forschern jedoch als Zeichen des Regengottes *Tláloc* interpretiert wurden. Die Augen weisen eine längliche Form auf, die Nase ist klein, und die Lippen sind nicht deutlich gezogen. Es scheint sich daher um das Gesicht einer jungen Person zu handeln, die als ein Zeichen der Herrscherklasse außerdem über jedem Ohr eine Haarsträhne trägt.

E.C. und K.R.

31a

ANTHROPOMORPHE FIGUR MIT REICHER AUSSTATTUNG
Teotihuacan; Schenkung Stone, Herkunft unbekannt, und Santiago Ahuizotla
Klassische Periode (200-650 n. Chr.)
Ton
13,4 x 9,1 x 4,8 cm
Inv. INAH-MNA, 10-2608
BIBLIOGRAFIE
Séjourné 1966: 145-167; Solís 1991: 49-52, 66-67

31b

ANTHROPOMORPHE FIGUR
Teotihuacan; Schenkung Stone, Herkunft unbekannt, und Santiago Ahuizotla
Klassische Periode (200-650 n. Chr.)
Ton
14,8 x 11,1 x 5,5 cm
Inv. INAH-MNA, 10-686
BIBLIOGRAFIE
Séjourné 1966: 145-167; Solís 1991: 49-52, 66-67

31c

ANTHROPOMORPHE FIGUR
Teotihuacan; Schenkung Stone, Herkunft unbekannt, und Santiago Ahuizotla
Klassische Periode (200-650 n. Chr.)
Ton
7,5 x 6,4 x 3,8 cm
Inv. INAH-MNA, 10-146154
BIBLIOGRAFIE
Séjourné 1966: 145-167; Solís 1991: 49-52, 66-67

31d

ANTHROPOMORPHE FIGUR
Teotihuacan; Schenkung Stone, Herkunft unbekannt, und Santiago Ahuizotla
Klassische Periode (200-650 n. Chr.)
Ton
17,7 x 14,2 x 6 cm
Inv. INAH-MNA, 10-78237

BIBLIOGRAFIE
Séjourné 1966: 145-167; Solís 1991: 49-52, 66-67

31e

ANTHROPOMORPHE FIGUR
Teotihuacan; Schenkung Stone, Herkunft unbekannt, und Santiago Ahuizotla
Klassische Periode (200-650 n. Chr.)
Ton
18,4 x 11,7 x 6,6 cm
Inv. INAH-MNA, 10-78239

BIBLIOGRAFIE
Séjourné 1966: 145-167; Solís 1991: 49-52, 66-67

31d

31e

31a-e

Die Komplexität der Ausgestaltung der Kleidung, die die teotihuacanische Gesellschaft trug, spiegelt den symbolischen Gehalt dieser Ausschmückung zur Kennzeichnung der sozialen Klasse und der mythologischen Eigenschaften der Götter wider. Diese verzierten Figuren in roten, gelben, schwarzen und grünen Farbtönen auf weißem Grund erhielten ihre Form in einer Kombination aus Handarbeit und der Verwendung von Modeln. Die Figuren wurden bei rituellen Praktiken eingesetzt und erlauben uns eine klare Vorstellung der in Teotihuacan getragenen Kleidungs- und Schmuckstücke und ihrer Bedeutung als symbolische Darstellung bei Opfer- und Weihgaben.

Es wird angenommen, dass es sich bei diesen mit prächtigem Schmuck aus Quetzal-Federn und Tiergesichtern versehenen Figuren um wichtige Persönlichkeiten der teotihuacanischen Gesellschaft handelt, welche die für ihren Status übliche Haltung eingenommen haben: sitzend mit einem horizontalen Band auf den Beinen. Man geht davon aus, dass es sich um Adlige und Priester handelt, somit Personen, die die Kontrolle über die Gesellschaft ausübten. Die Priester rufen in dieser Haltung verschiedene Gottheiten an. Auch Personen, die mit Gebrechen geboren wurden, kam eine besondere soziale Position zu, da ihnen eine größere Nähe zu den Göttern zugeschrieben wurde. Dies war beispielsweise bei Zwergwuchs der Fall. Die Herstellung dieser fein gearbeiteten Figuren ist das Ergebnis einer Entwicklung der Produktionsverfahren in der Modeltechnik. An diesem Verfahren lassen sich chronologische Unterschiede ablesen, mit denen dieser technologische Fortschritt eindeutig in der Zeit eingegrenzt werden kann.

J.J.

KATALOG DER AUSGESTELLTEN OBJEKTE

32
ANTHROPOMORPHE FIGUR AUF EINEM THRON
Teotihuacan
450–650 nach. Chr.
Ton und Farbpigmente
10,5 x 7,7 x 4,8 cm
Inv. Fundación Televisa; P.J.21 Reg. 358

33
KOPFSCHMUCK
Teotihuacan
Klassische Periode (200–650 n. Chr.)
Ton
8,4 x 14,8 x 4,4 cm
Inv. INAH-MNA, 10-525034
BIBLIOGRAFIE
Vié-Wohrer 2008: 193–227

32

In der Kunst von Teotihuacan gelten Darstellungen von Männern, die auf einem Thron sitzen, als Machtsymbole und zählen zu den im Übrigen seltenen Herrscherbildern. Wir haben es hier mit einem der farbigsten Beispiele dieses Objekttypus zu tun. Die reich gekleidete Figur wohnt, stoisch auf ihrem Thron sitzend, einer Versammlung bei. Eine große Haube reicht über ihren Hinterkopf, die über die Stirn fallenden Haare verdecken die obere Gesichtshälfte. Die thronende Figur trägt einen großformatigen Ohrschmuck und um den Hals eine Perlenkette, wobei diese Attribute wiederum als Machtsymbole gelten.

Die Figur zeichnet sich durch eine bemerkenswerte Polychromie aus, zumal die für die Wandmalerei typische Vielfalt der Farbtöne im Bereich der Keramik eher eine Ausnahme darstellt: Sowohl die Figur als auch der Thron zeigen grüne, rote, gelbe und blaue Bemalungen.

M.B.

33

Anthropomorphe Figuren wurden aus Ton hergestellt und dienten zur Darstellung einer edlen Abstammung. Mit ihren Attributen brachten sie die Abgrenzung gegenüber anderen Gruppen und somit die Sozialstruktur Teotihuacans auf symbolische Weise zum Ausdruck. Kopfputze waren Teil ihrer speziellen Ausstattung und wurden Männern und Frauen gemäß den Regelungen zuerkannt, die die Herrscher erließen.

Die prunkvollen und prächtigen Kopfputze, die die Häupter der hochstehenden Bewohner Teotihuacans schmückten, wurden von geschickten Federkunstspezialisten angefertigt und mit Schmuckbesatz aus Edelsteinen, Stoffen und Flechtwerk sowie Schichten aus Edelmetallen

34

ANTHROPOMORPHE FIGUR
Teotihuacan
Klassische Periode (200-650 n. Chr.)
Ton und Stuck
12,7 x 11,1 x 5 cm
Inv. INAH-MNA, 10-393499

BIBLIOGRAFIE
Berrin und Pasztory 1993: 229; von Winning 1987: 53-55

34

detailreich verziert. In diesem Zusammenhang muss erwähnt werden, dass die Künstler diese großartigen Objekte zwar entwerfen und anfertigen, aber selbst nicht tragen durften. Ihre Verwendung war per Gesetz beschränkt, und Verstöße wurden sogar mit dem Tod bestraft. Themen und Ausarbeitung dieses Prunkschmucks waren vielfältig, und jedes einzelne Stück stellte die Schutzgottheit eines gesellschaftlichen Ranges dar, dem jeweils der Wesenskern eines Tieres oder einer Gottheit zugeordnet war. Die Verwendung in Zeremonien lässt sich an diesem abnehmbaren Kopfschmuck ablesen, der mit Sicherheit zu der Figur einer hochstehenden Persönlichkeit gehörte.

J.J.

Dieses Objekt ist mithilfe von Modeln hergestellt: ein Verfahren, bei dem zunächst eine Form hergestellt wurde, an der man dann die vielen Details ausarbeitete, die sich in der Komplexität dieses Objekts widerspiegeln. Die Technik erlaubt eine stärkere Ausgestaltung, die bei der Herstellung des Abdrucks größtenteils auf das Objekt übertragen wird.

An den rechteckigen Elementen unter und hinter der Figur ist zu erkennen, dass diese auf einem Thron sitzt. Sie trägt Augenmuscheln als typisches Kennzeichen des Regengottes *Tláloc* sowie einen aufwendigen und mit Federn geschmückten Kopfputz, den nur hochrangige Personen tragen durften. Das Gesicht wird von Verzierungen eingerahmt, die dem unteren Teil des Kopfputzes gleichen. Verschiedene Forscher gehen aufgrund der Ähnlichkeit mit der Stele 31 in Tikal davon aus, dass es sich um eine Person der Krieger- oder Herrscherklasse handelt. Die hier vorliegende Art der Schmückung stellt eine Verbindung zu Teotihuacan her, denn auf der Stele von Bazán (Monte Albán) sind der Figur ähnliche Personen beigesellt, von denen man annimmt, dass es sich um Beauftragte für die Außenangelegenheiten Teotihuacans handelt.

E.C. und K.R.

35

GEFÄSS IN FORM EINES KRÄFTIGEN MANNES
Teotihuacan, Tetitla
Klassische Periode, Xolalpan-Phase (350-550 n. Chr.)
Ton
13,1 x 15,1 x 11,3 cm
Inv. INAH-MNA, 10-77410

BIBLIOGRAFIE
Von Winning 1987: 143-144

36

ANTHROPOMORPHES GEFÄSS MIT DECKEL
Teotihuacan
350-550 n. Chr.
Ton
13,7 x 20 x 14,4 cm
Inv. Museo Diego Rivera Anahuacalli, 671 PJ 1148

35

Die Wölbungen eines breitwandigen Gefäßes wurden zur Formung eines voluminösen, kräftigen Körpers genutzt, der eine Person mit gepolsterter Kleidung darstellt. Der heute fehlende Kopf bildete den Deckel. Dieses von Hand geformte Gefäß zählt zu der für Teotihuacan typischen Gruppe der *Fine-Orange*-Keramik.
Durch archäologische Belege und Quellen zur aztekischen Kultur wissen wir, dass die aztekischen Krieger Baumwollkleidung als Schutz trugen, insbesondere ein Hemd mit Ärmeln, das vorn geschlossen wurde. Es handelt sich dabei um eine seit frühester Zeit ausschließlich von Kriegern verwendete Kleidung. Das gepolsterte Baumwollgewebe der Figuren und Skulpturen aus der klassischen Periode wurde in Form einer unregelmäßig gestalteten Oberfläche dargestellt, so wie auch bei der hier gezeigten Figur. Dieser archäologische Fund legt die Annahme nahe, dass gepolsterte Kleidung von den Kriegern seit dieser Periode als Körperschutz getragen wurde. Die Darstellung beleibter Krieger mit gepolsterter Kleidung ist auch für Oxkintok, eine prähispanischen Stadt im Puuc-Gebiet, und die Golfküste belegt, insbesondere für das Zentralgebiet des heutigen Bundesstaates Veracruz.

H.H.

36

Fein gearbeitetes Gefäß mit Deckel. Wie bereits zuvor beobachtet, war Fettleibigkeit bei der Darstellung von Figuren ein Symbol für Reichtum und Wohlstand. Hier sehen wir einmal mehr die Figur eines dicken Mannes, der gelassen dasitzt und beide Hände auf der Brust ruhen lässt. Er vermittelt einen Eindruck von Zufriedenheit. Auf seiner Stirn sitzen zwei Kreise oder *Chalchihuites*, beides eindeutige Symbole für Wohlbefinden und Reichtum.

M.B.

37

ANTHROPOMORPHES GEFÄSS
Teotihuacan, Zacuala, Schuttplatz, Nr. 1004
Klassische Periode. Frühe Xolalpan-Phase (250-350 n. Chr.)
Ton
19,8 x 17,3 x 22,4 cm
Inv. INAH-MNA, 10-79100

BIBLIOGRAFIE
Séjourné 1966: Abb. 37, 1966 : Abb. 41; Solís 1991: Abb. 86

38

ANTHROPOMORPHES GEFÄSS
Teotihuacan
350-550 n. Chr.
Ton
14 x 15,8 x 10 cm
Inv. Museo Amparo, 52 22 MA FA 57 PJ 1315

37

Ein auf die Herstellung von *Fine-Orange*-Keramik spezialisierter Töpfer stellte mit der Formung dieser in das Gefäß integrierten Figur eines athletischen Mannes in entspannter Haltung sein Können unter Beweis. Die Gesichtszüge sind klar herausgearbeitet und zeigen einen kahl geschorenen jungen Mann, der auf der Stirn zwei symmetrische Ringe trägt.

Die realistische Darstellung dieser kleinen Tonplastik lässt an eine Zeremonie der klassischen Periode denken, bei der junge Würdenträger aus wichtigen Familien mit dem Attribut ausgestattet wurden, das ihre soziale Stellung und ihre Macht kennzeichnete.

Auch das Fabeltier mit Echsenhaut und Schopf auf dem gewundenen Körper der Gefiederten Schlange, die die *Tableros* (ebene Flächen) an der Pyramide des Quetzalcóatl in der Zitadelle ziert, trägt zwei Ringe auf der Stirn. Die Tatsache, dass das genannte Symbol an diesem Gebäude vorhanden ist, bestätigt offensichtlich die herausragende Bedeutung dieses Zeichens. Die zwei Ringe zählen auch zu den Attributen des Gottes Tláloc, der in einem mythischen Ritual die Erde fruchtbar machte.

H.H.

38

Kugelförmiges Gefäß, aus dem eine männliche Person hervorzukommen scheint, die auf dem Kopf und am Körper verschiedene Symbole für Reichtum trägt. Bei dieser Figur wurden die typischen Kreise oder *Chalchihuites* durch zwei kleine Quasten oberhalb der Ohren ersetzt, die wie Teile einer Haartracht erscheinen. Um den Hals trägt der Mann eine auffällige Perlenkette. Er sitzt und hat die Arme in stolzer Haltung auf die Knie gelegt.

M.B.

KALENDER, ZAHLENSYSTEM UND SCHRIFT

39
OBERER TEIL EINER BALLSPIELMARKIERUNG
Fundort unbekannt
Klassische Periode (200-650 n. Chr.)
Stein und Zement
157,5 x 40 x 14,6 cm
Inv. INAH-MNA, 10-627128

BIBLIOGRAFIE
Angulo 2001: 152-159; von Winning 1987: 73-79

In allen Gesellschaften, insbesondere den alten, ist die Ausübung der Macht auf das Wissen gegründet, das den privilegierten, den politischen, wirtschaftlichen und religiösen Machthabern und ihnen nahestehenden Klassen vorbehalten ist. Teotihuacan ist diesbezüglich beispielhaft. Sein landwirtschaftlicher Sonnenkalender mit 365 Tagen – und wahrscheinlich auch sein ritueller Kalender mit 260 Tagen – scheinen eine Rolle bei der Errichtung und der Ausschmückung mancher Stätten gespielt zu haben. So kennzeichneten die Sonnenpyramide und die drei kleinen Sockel auf der Ostmauer der Zitadelle den Sonnenaufgang bei den Tagundnachtgleichen und der Winter- und Sommersonnenwende. Sie dienten als Orientierungspunkte für die Organisation der landwirtschaftlichen und kaufmännischen Tätigkeiten. Die Präsenz der 365 Schlangenköpfe auf den vier Seiten des Tempels der Gefiederten Schlange weist ebenfalls darauf hin, dass zwischen diesem Bauwerk und dem Kalender der „Stadt der Götter" eine Beziehung bestand.

Das Zahlensystem Teotihuacans bestand aus Strichen und Punkten: ein Punkt bedeutete eine Einheit, ein Strich fünf Einheiten. Seine Benutzung ermöglichte eine bessere Kontrolle des Vertriebs der Handelsgüter, sowohl im Fernhandel als auch im lokalen Warenverkehr.

Die Schrift dieser Zeit ist uns nicht vollständig überliefert, doch es sind manche, immer wiederkehrende Zeichen zu beobachten, insbesondere die mit der Gefiederten Schlange, dem heiligen Tier, assoziierte Glyphe „Reptilienauge".

39

Auf dem Platz der Glyphen (*Plaza de los Glifos*) im Viertel La Ventilla wurden symbolische Elemente mit ähnlichen Merkmalen wie bei diesem erhalten gebliebenen oberen Teil einer Ballspielmarkierung gefunden, die Hermann Beyer als „Reptilienauge" bezeichnete. Alfonso Caso kam zu dem Schluss, dass es sich um eine Darstellung des Windgottes Ehecatl handelt, während James C. Langley die Markierung den Zeichen „RE" und „RM" zuordnete, welche mit den Fähigkeiten des „Kaimans/Wasserraubtieres", dem *Cipactli* des klassischen Náhuatl, in Zusammenhang stehen.

Meist besteht eine solche Darstellung aus einem ovalen Rahmen, zwei Halbkreisen im unteren Abschnitt, die möglicherweise die Pupille des Reptils darstellen, und Kreisen oder kleinen Scheiben darüber, während von links und rechts oben jeweils zwei Figuren mit abgerundeten Kanten diagonal nach unten weisen. Diese Elemente werden insgesamt von einer vierblättrigen Blume begrenzt. Der hier vorgeschlagenen Deutung zufolge handelt es sich um ein Symbol für die Schöpfung und das Wachstum der Kulturpflanzen, eine Art Gebet mit Bezug auf die Erde, die Fruchtbarkeit und die Fülle. Die Anordnung der Elemente mit einem zentralen Motiv, das von Anspielungen auf Pflanzen und die Vegetation im Allgemeinen umgeben ist, festigt diese Hypothese. Diese Darstellungen in Form symbolischer Gebete wurden in Teotihuacan verwendet, um die Gunst der Götter zu sichern, insbesondere die des Regengottes.

Bekannt ist die Wandmalerei von Tepantitla, bei der sich die beiden Markierungen horizontal über je einem kleinen Tempel befinden und einander gegenüberliegen, sodass sie ein dazwischenliegendes Spielfeld markieren.   J.E.

40
SKULPTUR EINER SCHLANGE
Teotihuacan (Grabungsphase 1964, Tempel V, Bereich 6, Palast 1, Nr. 3235)
Klassische Periode (200-650 n. Chr.)
Travertin (Typ *Tecalli*)
15,4 x 12,8 cm
Inv. INAH-MNA, 10-525074

BIBLIOGRAFIE
Sugiyama, Cabrera 2004

41
SCHEIBE EINER BALLSPIELMARKIERUNG
Fundort unbekannt
Klassische Periode (200-650 n. Chr.)
Travertin (Typ *Tecalli*)
35,3 x 29 x 5,5 cm
Inv. INAH-MNA, 10-80815

BIBLIOGRAFIE
Von Winning 1987: 63-66

40

Diese wunderbare und aufgrund des verwendeten Materials einzigartige Skulptur enthält die Grundelemente, die die Mexica (Azteken) später in ihren Meisterwerken aufgriffen. Aber auch in der Kultur von Teotihuacan, die die Bewohner von Mexiko-Tenochtitlan stark beeinflusste, wurden ausgefeilte Steinschneidetechniken entwickelt und mit den Rohmaterialien experimentiert. Hier ist der Wesenskern des Tieres dank Nutzung der plastischen Möglichkeiten des Materials gut erfasst.
Die eingerollte Schlange mit dem geöffneten und giftgefüllten Maul ist in einer Drohhaltung dargestellt und bereit, den gefürchteten Biss zu erteilen. Das elegante und verführerische Tier ist der mythologische Vorläufer von Gottheiten wie der Gefiederten Schlange. J.J.

41

Der im prähispanischen Amerika verwendete Travertin wird als *Tecalli* bezeichnet. Aufgrund seiner Eigenschaften galt er als wertvoll und wurde als Schmuck- und Baustein sowie zur Herstellung von Ritualobjekten und einer Reihe künstlerisch hochwertiger Gegenstände genutzt, die den Besitzern ein hohes Ansehen verliehen. Die wichtigsten Lagerstätten, an denen das Rohmaterial abgebaut wurde, befinden sich im Gebiet der Mixteken und der Region von Puebla (heutige Bundesstaaten Oaxaca und Puebla), aber *Tecalli* war in ganz Mesoamerika weit verbreitet.
Mit geometrischen Mustern und symbolischen Motiven verzierte Markierungsscheiben wurden häufig für plastische Darstellungen verwendet. Eine der wichtigsten ist diese als „Insignie" oder „Zeichen des Tláloc" bekannte Scheibe mit den typischen Augenmuscheln und bandartigen Elementen im Mundbereich des Regengottes. Laut von Winning handelt es sich dagegen um eine Kartusche mit drei Punkten oder Kreisen über der Oberlippe Tlálocs, die eine Fünfpunktanordnung enthält. Das Zeichen bezieht sich damit auf den Jaguar-Tláloc bzw. Tláloc B, eine dem Krieg, der Opferung von Herzen, der Erde und dem Wasser zugeordnete Gottheit. J.E.

42
SCHEIBE MIT KALENDERZEICHEN
Fundort unbekannt
Klassische Periode (200-650 n. Chr.)
Travertin (Typ *Tecalli*)
16 x 3 cm
Inv. INAH-MNA, 10-44415
BIBLIOGRAFIE
Taube 2002: 331-370

42

42

Obwohl keine Belege für Kalender- und Schriftsysteme in Teotihuacan vorliegen, ist sich die Forschung darin einig, dass elaborierte Systeme dieser Art auf ikonografischer Grundlage existierten, wie auch bei den Maya, Mexica (Azteken) und Zapoteken. Manche Zeichen teotihuacanischer Herkunft wurden sogar in späteren Schriftsystemen (650-900 n. Chr.) identifiziert. Verschiedene Forscher haben sich daher schwerpunktmäßig mit der Untersuchung der Zeichen zur Darstellung von Wörtern, Vorstellungen und Zahlen befasst.

Es ist denkbar, dass die meisten Texte auf vergänglichen Materialien wie Papier oder Haut niedergeschrieben wurden. Einige Beispiele sind jedoch erhalten, da sie mit beständigerem Material ausgearbeitet wurden und nicht ausschließlich auf beweglichen Objekten, sondern auch als Teil anderer Darstellungsformen wie Wandmalereien, Keramiken und Skulpturen vorkommen, so wie auch im Fall dieser Scheibe aus Travertin.

Die verschiedenen mesoamerikanischen Kulturen verfügten zwar über jeweils eigene Schrift- und Kalendersysteme mit unterschiedlichen Inhalten und Bedeutungen. Diese besonderen Wissenssysteme gehen jedoch offenbar auf einen gemeinsamen Ursprung zurück. Zahlen und die Namen der Tage galten als derselben Schrift zugehörig, einer Schrift, die auf eine bestimmte Weise in einer bestimmten Sprache zu lesen war. Die Erforschung der Gestirne, die Beobachtung der Naturerscheinungen und das religiöse System bildeten die Grundlage der prähispanischen Kalender. Die Schrift war jedoch von entscheidender Bedeutung für die Berechnung der Zeitpunkte, zu denen wichtige politische und religiöse Ereignisse stattfanden, und bot eine Orientierung zur Festlegung der günstigsten Zeitpunkte für die Tätigkeiten in Landwirtschaft und Handel.

Alfonso Caso nahm eine der ersten systematischen Untersuchungen der teotihuacanischen Schrift vor und wies einen Kalender mit 260 Tagen nach, der als eines der kennzeichnenden Merkmale des kulturellen und geografischen Gebietes gilt, das wir Mesoamerika nennen. In einer abschließenden Studie richtete Caso das Augenmerk auf eine Reihe von Zeichen, die beigefügte Zahlen enthalten und in eine Schlange aus *Tecalli* geschnitten sind.

J.E.

43
BAUELEMENT
Teotihuacan
Klassische Periode (200-650 n. Chr.)
Vulkanisches Gestein
20 x 20,2 x 6,9 cm
INV. INAH-MNA, 10-46448

44
DREIFUSSSCHALE
Teotihuacan
Klassische Periode (200-650 n. Chr.)
Ton
12,4 x 22,9 cm
INV. INAH-MNA, 10-758
BIBLIOGRAFIE
Von Winning 1987: Band II, 73-77; Rattray 2001

43

Die Handwerker von Teotihuacan stellten Gegenstände mit Gebrauchsfunktion, aber auch für die Verwendung bei Zeremonien her. Im Hinblick auf ihre semantische Funktion wurde die Sprache begleitet von den bedeutungsstiftenden Aufgaben von Architektur, Malerei und Skulptur. In Teotihuacan wurden Gegenstände gefunden, die nahelegen, dass es mit dem Kalender verknüpfte Schriftzeichen gab. Es handelt sich offensichtlich, wie auch bei den Maya, um ein Kalendersystem mit Zahlzeichen in Form von Punkten und Strichen und um ein System aus Schriftzeichen, die im Hochland sowie der Region von Oaxaca weit verbreitet waren. Daher ist bekannt, dass in der klassischen Periode bereits ein Kalendersystem existierte. Auf diesem Objekt sind auf der einen Seite das Zeichen „Reptilienauge" und auf der anderen die Zahl Acht – ein Strich und drei Punkte – dargestellt. Das Element ist von einem Federsaum umgeben und wurde aus einem vulkanischen Gestein hergestellt.

In der Stadt wurden auch andere Schrift- und Zahlzeichen gefunden, die nicht mit dem Kalender zusammenhängen, sondern offenbar mit einem Schriftsystem, das in der gesamten Stadt verbreitet war.

Z.L.

44

Die grobkörnige Tonmasse, aus der dieses Gefäß hergestellt wurde, lässt beim Vergleich mit ähnlichen Eigenschaften von Kohlenbecken an eine Verwendung bei symbolisch-rituellen Handlungen denken. Das in Modeltechnik gearbeitete Zeichen „Reptilienauge", das in der vorspanischen Epoche eng mit dem *Cipactli* verbunden war, wurde als plastischer Dekor viermal auf die Gefäßwand aufgesetzt und unterstreicht das auf diesem Gefäß dargestellte Motiv des Urkrokodils. Hier wird es in einen Zusammenhang mit dem Mais, der „Flor de Mayo" („Maiblume") und dem Reichtum an Pflanzen und der Vegetation allgemein gestellt. Dieser Aspekt wird durch vertikale Abfolgen von zwei seitlich dargestellten Pflanzen noch betont.

Die Darstellung wird als Bitte oder Gebet interpretiert, denn diese Amphibienabkömmlinge besetzten eine wichtige Position im Erntekalender. Dieser ist ein Beleg für das große Wissen über die Phänomene der Jahreszeiten im teotihuacanischen Kalender.

J.J.

45

MEERESSCHNECKE MIT STUCKDEKOR
Teotihuacan
Klassische Periode (200–650 n. Chr.)
Pleuroploca gigantea, Stuck und Farbe
15,1 x 35,7 x 19,6 cm
Inv. INAH-MNA, 10-223548

BIBLIOGRAFIE
Martí 1978: 20; Magaloni 1998: 94; Suárez 1991: 86; von Winning 1987: 25–28

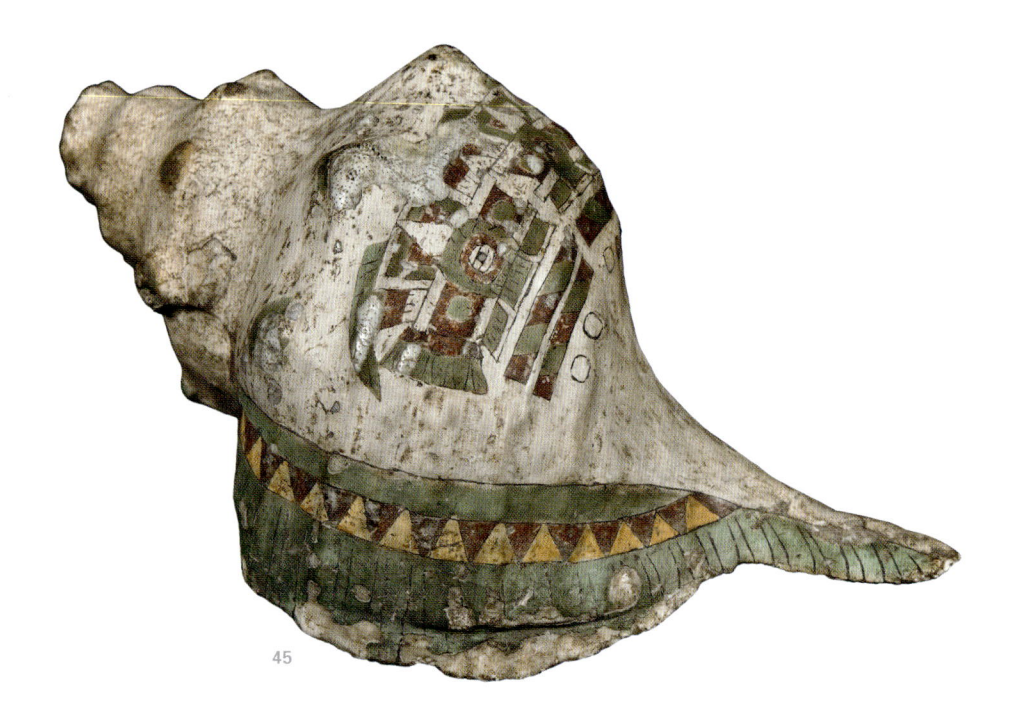

DIE KRIEGER

Für die Stadt der Götter stellten Krieg und militärische Vorherrschaft eine Form der politischen Strategie in den Regionen dar, in denen die diplomatische, religiöse oder wirtschaftliche Präsenz als ungenügend erachtet wurde. So zeugen die Darstellungen mächtiger Krieger in Teotihuacan selbst und im weitentfernten zentralen Altiplano von der Expansionspolitik der Stadt und ihrem Einfluss auf die hier ansässige Bevölkerung. In einigen dieser Ortschaften, insbesondere im heutigen Bundesstaat Guerrero und im Maya-Gebiet sind typisch teotihuacanische Darstellungen von siegreichen Kriegern erhalten.

Man findet sie auf den Wandmalereien von Atetelco, ca. einen Kilometer westlich von der Straße der Toten in ihrer Adler-, Jaguar-, und Kojotenausstattung, aber auch auf einigen Dreifüßen, wo sie mit ihren charakteristischen Waffen dargestellt sind: Wurfgeschossen, Lanzen, Pfeilen und Schilden.

45

Die Meeresschnecke *Pleuroploca gigantea* ist die größte amerikanische Art dieser Gattung und eine der größten weltweit. Die Bewohner der „Stadt der Götter" importierten sie über große Distanzen. Diese aus der genannten Schneckenart hergestellte Trompete wurde in Freskomalerei farbig verziert. Zu erkennen sind zwei Glyphen vom Typ „Auge" oder „Türkis", die das Jahr, d. h. einen Kalenderzyklus darstellen, sowie die Zahlen 12 und 9, in Form von Strichen und Punkten, die den Zahlenwerten 5 und 1 entsprechen. Die äußere Lippe ist mit Motiven aus Dreiecken und Linien verziert, die einen Sonnenstreifen darstellen.

Es ist noch zu erkennen, dass die einzelnen Elemente vor dem Farbauftrag mit Kohle vorgezeichnet wurden. Kohle wurde nicht nur zur Zeichnung der Umrisse verwendet, sondern zählte auch zur teotihuacanischen Farbpalette. Für die Farbpigmente, mit denen die Motive auf diesem Instrument koloriert wurden, verwendete man verschiedene Mineralien. Der grüne Farbton wurde aus Malachit hergestellt, die verschiedenen Rottöne aus Eisenoxid bzw. Hämatit gewonnen, und für Gelb oder Ocker wurden Lepidokrokit und Kalk genutzt. Bei diesem Zusammenspiel aus Mustern und Farbtönen handelt es sich um ein besonders schönes Beispiel typisch teotihuacanischen Dekors.

E.C. und K.R.

46
GEFÄSS
Teotihuacan
Klassische Periode (200-650 n. Chr.)
Ton
15 x 33,2 cm
Inv. INAH-MNA, 10-524161
BIBLIOGRAFIE
Rattray 2001: 224-226; von Winning 1987: 79-83

47
DREIFUSSGEFÄSS
Teotihuacan
Klassische Periode, Xolalpan-Phase (350-550 n. Chr.)
Ton
25,2 x 24,8 cm
Inv. INAH-MNA, 10-524097
BIBLIOGRAFIE
Rattray 2001: 224-228, 533

46
Die typischen zylinderförmigen Gefäße aus Teotihuacan wurden mit Flachreliefs dekoriert. Durch die ausgefeilte Kombination verschiedener Techniken entstand eine Reihe von Mustern, von denen einige mit der Zeit immer sorgfältiger ausgearbeitet und komplexer wurden. Dieses Gefäß zeigt eine Figur, die einen majestätischen zoomorphen Kopfschmuck mit Darstellung des Mauls, der Nase und der Augen eines mythischen Tieres trägt. Verschiedenen Wissenschaftlern zufolge handelt es sich um einen Kojoten, dem mythischen Tier und Symbol der kriegerischen Vereinigungen.
Die Figur ist unter anderem mit Augenmuscheln und einem runden Ohrpflock geschmückt. Aus dem Mund tritt ein längliches Element als Zeichen gesprochener Worte, und die Kleidung besteht aus einem Mantel und einem Knieschutz. Die Figur trägt Sandalen, die für den ausschließlichen Gebrauch der oberen Klassen Teotihuacans gefertigt wurden. Hinter der Figur sind drei mit Federn verzierte Lanzen dargestellt, während sich vor ihr eine Hand befindet, die ein brennendes Bündel Holz mit daraus hervorquellendem Rauch hält. Auf der der Figur gegenüberliegenden Seite sind zwei *Chalchihuites* mit einer Muschel dazwischen zu sehen.

E.C. und K.R.

47
Das Gefäß zeigt eine reich ausgestattete und in Flachrelief gearbeitete Figur, die zu einer aus weiteren Elementen bestehenden Szene gehört. Zu nennen sind insbesondere der großartige Kopfschmuck mit Vogeldarstellung und die von der Figur ausgeführte Handlung: In der einen Hand hält sie eine Tasche, während sie mit der anderen Hand Samen ausstreut und dabei Worte spricht, die in Form eines länglichen Elementes dargestellt sind. Diese Szene wiederholt sich vier aufeinanderfolgende Male, jeweils durch einen Rahmen aus Rundmäandern getrennt. Es wird angenommen, dass es sich um einen Priester bei einer Fruchtbarkeitszeremonie oder ein von einem Ballspieler ausgeführtes Ritual handelt.
Der außergewöhnliche vierlappige Mund verweist auf die teotihuacanische Vorstellung der Fünfpunktanordnung, die die vier Himmelsrichtungen (mit einem zentralen Punkt) zum Ausdruck bringt.

J.J.

48

FIGUR EINES KRIEGERS
Teotihuacan
Klassische Periode (200-650 n. Chr.)
Ton, Stuck und Farbe
14,8 x 17,7 x 8,5 cm
Inv. INAH-MNA, 10-742
BIBLIOGRAFIE
Sugiyama 2002: 185-209; INAH 2008: 70

49

DECKEL EINES RÄUCHERGEFÄSSES MIT KRIEGER
Teotihuacan, Oztoyahualco
350-550 n. Chr.
Ton
41 x 33 cm
Inv. INAH – Museo de Sitio de Teotihuacan, 10-411039

48

Die in den vergangenen 20 Jahren in Teotihuacan durchgeführten Forschungen haben die Vorstellung von der Gesellschaft Teotihuacans als friedliebende theokratische Kultur mit einer Stadtanlage ohne Festungs- oder Wehrbauten verändert. Im Licht neuerer Grabungen und der Auswertung des archäologischen Materials wurden neue Hypothesen aufgestellt und bereits vorhandene überprüft. Heute wird davon ausgegangen, dass der teotihuacanische Staat auch durchaus kriegerisch war. Es wurde sogar angenommen, die Gründung Teotihuacans habe auf militärischen Gesichtspunkten beruht, die sich in der Aufteilung der Stadt und der Lage ihrer zentralen Bauten widerspiegeln.

Diese Umstände lassen sich an Wandmalereien, Gebrauchsgegenständen und den bei rituellen Praktiken verwendeten Objekten eindeutig ablesen, wie auch im Fall dieser, einen Krieger darstellenden Figur, die einen kappenartigen Kopfschmuck, Ohrpflöcke und einen großen Brustschmuck trägt, bei dessen zentralem Element es sich möglicherweise um einen Spiegel handelt. Daneben trägt die Figur einen kurzen, durch einen Gürtel gehaltenen Rock, Sandalen und einen Beinschutz. Auffällig sind die beiden mit Federn verzierten Schilde, welche die Figur in je einer Hand trägt, sowie die geometrischen Narben-Tatuierungen im Gesicht, die denen des mit dem Krieg in Bezug stehenden Schmetterlingsgottes Quetzalpapálotl gleichen.

Z.L.

49

Deckel eines Weihrauchgefäßes mit Darstellung eines prachtvoll ausgestatteten und bewaffneten Kriegers in Kampfhaltung. Auf dem Kopf trägt er einen auffälligen Federschmuck, und im oberen Teil der Kopfbedeckung ist das Symbol der drei Berge zu erkennen. Er hält in jeder Hand einen Schild, der ebenfalls mit prächtigen Federn geschmückt ist. Einige Details im Gesicht des Kriegers sagen uns, dass er gestorben ist. Auf seinen Tod weisen der Nasenschmuck des Schmetterlingsgottes (Dios Mariposa) und die großen Ohrenscheiben hin. Der Krieger steht auf dem „Cerro de los Mantenimientos" (Berg des Unterhalts) oder *Tonacatépetl*, zu erkennen an den zahlreichen Lebensmitteln, mit denen er bestückt ist.

M.B.

49

50

SPEERSCHLEUDER (*ÁTLATL*)
Fundort unbekannt
Klassische Periode (200-650 n. Chr.)
Holz
48,4 x 2,8 x 2,8 cm
Inv. INAH-MNA, 10-646877
BIBLIOGRAFIE
Ruiz Gallut 2002

51

SPEERSCHLEUDER (*ÁTLATL*)
Fundort unbekannt
Klassische Periode (200-650 n. Chr.)
Holz
50,1 x 5,4 x 2,7 cm
Inv. INAH-MNA, 10-646878
BIBLIOGRAFIE
Ruiz Gallut 2002

50

Dieses Gerät, eine Speerschleuder, wird im Náhuatl als *Átlatl* bezeichnet. Es besteht aus einem flachen, kurzen und schmalen Stück biegsamen, dünnen Holzes, wurde aber auch aus Knochen oder Horn hergestellt. Ein Ende mündet in eine Art Haken mit zoomorpher Verzierung, der dem oben eingelegten und am anderen Ende gehaltenen Geschoss als Widerlager dient.

Durch die Schleuder wird die Kraft der Armbewegung von hinten nach vorn verstärkt und dem Pfeil oder Speer ein größerer Impuls verliehen, sodass sich Reichweite und Wirkung erhöhen.

Diese Waffe wurde in urgeschichtlicher Zeit für die Jagd verwendet, aber aufgrund der Wirksamkeit entwickelte sich die Speerschleuder zu einer unentbehrlichen Waffe der vorspanischen Krieger. Man nimmt an, dass diese Art Waffen sehr dicke Tierhäute zu durchbohren vermochten. Selbst für spätere Epochen wird in historischen Quellen davon berichtet, dass die Mexica (Azteken) die Panzerhemden der Spanier durchdringen konnten, als sie die Schleuder bei der Eroberung Mexikos *Átlatl* gegen die Spanier einsetzten.

J.E.

51

Diese aus Holz gefertigte Schleuder weist im mittleren Abschnitt eine Verbreiterung in Form einer Flosse oder Feder auf. An einem Ende ist noch der Rest des Hakens erhalten, in den der Speer oder Pfeil eingelegt wurde. Diese Speerschleudern belegen die große Bedeutung von Kriegshandlungen in der Kultur von Teotihuacan. Sie gehören zu jenen Waffen, die auf den Wandmalereien von Atetelco, Techinantitla und Tepantitla am häufigsten dargestellt sind. Möglicherweise galt die Speerschleuder als Rangabzeichen des Kriegers, der sie bei sich trug. Sie wird auch Gottheiten wie dem sogenannten Tláloc B zugeordnet. Neue Forschungsergebnisse bestätigen, dass das Kriegertum für das teotihuacanische Staatsgebilde seit Anbeginn von großer Bedeutung war. Militärische Institutionen setzten in entfernten Regionen kriegerische Handlungen mit dem Ziel politischer und wirtschaftlicher Einflussnahme ein.

J.E.

MIT DEN KRIEGERN VERBUNDENE TIERE

Jaguar

Diese starke, in den tropischen Zonen beheimatete Raubkatze wurde sehr früh wegen ihres herrlichen Fells und ihrer Wildheit bemerkt. In den präkolumbischen Gesellschaften symbolisiert sie deswegen die Kraft und den militärischen Sieg.
In Teotihuacan findet man sie nicht nur als bezeichnendes Schmuckelement bestimmter Kriegergruppen, sondern auch als Symbol für hohen Rang und Wert.

Kojote

Dieses hundeartige Tier ist charakteristisch für die Halbwüste Mexikos. Es wird auf zahlreichen Wandmalereien dargestellt. In Atetelco ist es realistisch gestaltet, es war auch Bestandteil des prächtigen Kopfputzes, den die Priester trugen, wenn sie an Fruchtbarkeitsriten teilnahmen. In manchen Fällen wird es auch mit den Toten- oder Grabzeremonien assoziiert.

Vögel: Adler, Eule, Kolibri

In der Kunst der „Stadt der Götter" wimmelt es von Vögeln unterschiedlicher Gattungen, insbesondere in der Wandmalerei. Manche haben einen Bezug zum Krieg, wie der Adler und die Eule.
Der Adler wird, wie der Jaguar, als der Räuber schlechthin angesehen und war aus diesem Grund eines der charakteristischsten Symbole der Krieger Teotihuacans. Er ist auf einigen Deckeln von Räuchergefäßen mit Maskenschmuck dargestellt; besonders gut erkennbar ist er in den Gesichtszügen der Figuren an den Mauern des Patio Blanco von Atetelco.
Auch die Eule weist einen Bezug zum Krieg auf. Sie wird mit dem die Dunkelheit und die Nacht symbolisierenden Westen verbunden. Bei zahlreichen Figuren, die religiöse Würdenträger darstellen, sind Eulen Bestandteil des Kopfschmucks. Der Kolibri weist einen Bezug zu Blut und Opfer auf und wird ebenfalls mit den Sonnenritualen in Verbindung gebracht.

52
DECKEL MIT JAGUAR
Teotihuacan, Tetitla, Beigabe 30
Klassische Periode, Xolalpan-Phase (350-550 n. Chr.)
Ton, Stuck und Farbe
31,2 x 34,1 x 23,8 cm
Inv. INAH-MNA, 10-80876

BIBLIOGRAFIE
Séjourné 1966: Abb. 14, Abb. 30; Rattray 2001: Abb. 133

52

52

Für die Bewohner von Teotihuacan symbolisierten der Jaguar, der Kojote, die Eule und der Kolibri die verschiedenen kriegerischen Vereinigungen. In diesem Zusammenhang ist die Tatsache von Bedeutung, dass die Stadt zur Zeit ihrer höchsten Blüte sehr reich und privilegiert war, was mit Sicherheit auf die Eintreibung von Abgaben zurückzuführen ist – erreicht durch Feldzüge und die im Kriegertum der Stadt verkörperte Macht.
Wie auch andere Klassen der Gesellschaft Teotihuacans waren die Krieger treue Ergebene ihrer Gottheiten und schrieben sich selbst deren Eigenschaften zu. Ihre Götter verehrten sie mit Werken der Bildhauer, Maler und Töpfer auf alle denkbaren Arten.

Unter den Macht tragenden militärischen Gruppen der „Stadt der Götter" treten insbesondere die Vereinigungen hervor, deren Symbol der Jaguar ist, ein Tier, das auch für Wasser und Fruchtbarkeit stand. Schon die Vorbereitung der Umgebung bildete einen wichtigen Bestandteil der Zeremonien, und Räuchergefäße hatten in diesem Zusammenhang eine zentrale Rolle, da sie mit der Abstammung der Krieger in Bezug stehende Gottheiten repräsentierten. In manchen Fällen wurden Zeremonialgegenstände, darunter Deckel von Räuchergefäßen, beim Tod eines wichtigen Kriegers als Grabbeigabe dargebracht.

H.H.

53a
ROTER QUETZALCÓATL
Zacuala, Portikus 2, Wandmalerei 7, Teotihuacan
Klassische Periode (200-650 n. Chr.)
Stuck und Farbe
74,5 x 159,5 x 6,7 cm
Inv. INAH-MNA, 10-357205
BIBLIOGRAFIE
De la Fuente 2001, Bände I-II; von Winning 1987

53b
FRAGMENT EINER WANDMALEREI
Teotihuacan
Klassische Periode (200-650 n. Chr.)
Stuck und Farbe
106,5 x 193,8 x 3 cm
Inv. INAH-MNA, 10-136109
BIBLIOGRAFIE
De la Fuente 2001, Bände I-II; von Winning 1987

53a-b

Der Jaguar, „der Herr der Tiere", ist ein hervorragender Jäger, ein nachtaktiver Einzelgänger ohne natürliche Feinde. Die Mexica (Azteken) nannten ihn *Océlotl*, bei den Maya hieß er *Balam*. Er lebt in den vegetationsreichen tropischen Wäldern, bevorzugt in der Nähe von Flüssen und Sümpfen. Der Jaguar ist das Symboltier schlechthin und als Zeichen von Macht, Mut und Kraft in der mesoamerikanischen Kunst eines der am häufigsten dargestellten Tiere. Er wird mit Wasserquellen und der Fruchtbarkeit der Erde, aber auch mit der Dunkelheit, der Nacht, den Himmelsphänomenen und der Unterwelt in Verbindung gebracht.

Der Jaguar ist eine der bedeutsamsten Figuren der äußerst reichen Ikonografie Teotihuacans. Die Großkatze ist Teil komplexer und unterschiedlichster Darstellungen: Sie taucht in Prozessionen auf, mit prunkvollem Kopfputz aus grünen Federn geschmückt, unter Zurschaustellung ihrer mächtigen Krallen und wie sie in Meeresschnecken bläst. Meist wird der Jaguar nicht mit seiner Fellfleckung, sondern mit einem Netzmuster und in einer Vielzahl von Farben dargestellt, von Grün und Blau über Ocker bis hin zu Rot und Orange.

Die Menschen und insbesondere die Krieger werden als Jaguar dargestellt, wobei der Jaguar menschliche Züge annimmt. Seine Darstellung auf den Wandmalereien ist auch als Anspielung auf kriegerische Vereinigungen interpretiert worden, da er oft in der Pose des Waffenschwingens dargestellt wurde.

Die Archäologin Laurette Séjourné bezeichnete die Figur auf der ersten abgebildeten Wandmalerei ursprünglich als „Roten Quetzalcóatl". Sie fand diese im Wohnkomplex Zacuala, der aus einer Reihe von Zimmern, Gängen und Portiken bestand und von dieser Forscherin zwischen 1955 und 1958 freigelegt wurde.

Zu sehen ist eine frontal dargestellte Figur mit rotem Gesicht (eine mit Krieg und Kraft in Verbindung gebrachte Farbe), die einen Helm mit zwei sich gegenüberliegenden katzenartigen Profilen trägt. Möglicherweise handelt es sich um einen mit Federbüscheln geschmückten Jaguar. Das Tier hat einen großen Kopf mit Augen aus konzentrischen Kreisen und eine breite Nase, und die Schnauze ist in Form eines gewellten und von blauen Linien begrenzten Streifens dargestellt.

Dieser Jaguarkrieger ist mit blauen und roten Scheiben geschmückt, die von einem blauen Band gehalten werden.

53b

Im unteren Bereich sind zwei gelbe mit hakenförmigen Elementen verzierte Scheiben zu sehen. Die Figur hält in der rechten Hand einen auffälligen Schild, auf dem ein weiteres, mit Tropfen und Federn geschmücktes Profil derselben Katzenart dargestellt ist. Auf der linken Seite trägt die Figur einen mit Federn verzierten rechteckigen Schild mit einer umlaufenden blauen Randlinie, in deren Innenbereich ein hakenartiges Element und Fußspuren abgebildet sind.

Auf der zweiten Wandmalerei ist eine weitere als Jaguarkrieger geschmückte Figur dargestellt, deren Gesicht im Profil gezeigt wird, während der Körper von vorn zu sehen ist. Das Fell ist als verschränktes Netzmuster dargestellt, und die Ohren sind groß und gebogen wie bei einer Katze. Die Arme sind ausgestreckt, und die Figur trägt in jeder Hand einen Schild, wobei die Hände jedoch nicht zu sehen sind. Von dem linken Schild sind allerdings nur Reste der Federn zu erkennen, die den Rand schmückten. Der Schild auf der rechten Seite weist eine rechteckige Form mit abgerundeten Ecken sowie auf der linken Seite eine bogenförmige Plakette mit Punkten und zackenförmigen Elementen auf.

Auf dem Kopf trägt die Figur einen Kopfschmuck aus kurzen grünen Federn und auf der Höhe der linken Hüfte eine blaue Scheibe mit Federn. Ein breites, längliches Element aus blauen und grünen Streifen als Darstellung für gesprochene Worte verlässt den Mund und erinnert an wildes Gebrüll. Der Krieger trägt eine Kette aus grünen Scheiben, an die rote, blaue und gelbe Muschelschalen (Schnecken) angehängt sind. Die Figur trägt außerdem ein an den Gürtel gebundenes Tuch, von dem ein Ende nach vorne hängt.

J.E. und Z.L.

54a
TEIL EINES KOHLENBECKENS
Teotihuacan, Zone II
Klassische Periode (200-650 n. Chr.)
Ton
26,6 x 28,9 x 28,8 cm
Inv. INAH-MNA, 10-80762

BIBLIOGRAFIE
Contel 2008: 337-357; Olivier 2009: 40-43; „Arqueología mexicana" 1999

54b
TEIL EINES KOHLENBECKENS
Teotihuacan, Zone II
Klassische Periode (200-650 n. Chr.)
Ton
17,5 x 33,7 x 34 cm
Inv. INAH-MNA, 10-80429

BIBLIOGRAFIE
Contel 2008: 337-357; Olivier 2009: 40-43; „Arqueología mexicana" 1999

54a

54b

54a-b

Der Jaguar, auf Náhuatl *Océlotl*, das Ozelot, ist ein Tier von zentraler Bedeutung in der mesoamerikanischen Weltsicht. Es symbolisiert die Eigenschaften der Wildheit und Überlegenheit und begleitet Priester und Krieger, die Jaguardarstellungen daher als Teil ihres Schmucks zur Kennzeichnung ihres sozialen Status tragen. Der Jaguar wird seit der Entstehung der mesoamerikanischen Kulturen verehrt, und die Olmeken sind ihrer Mythologie zufolge direkte Nachkommen der Verbindung einer Frau mit einem Jaguar. Sie beschreiben sich selbst deshalb als Jaguarmenschen.

In der teotihuacanischen Kosmogonie und ihren Ritualen zählt der Jaguar zu den Symbolen des Tláloc und steht für die Attribute dieser Gottheit. Das Brüllen des Jaguars wurde daher mit dem Donnergeräusch gleichgesetzt. Diese einzigartigen Objekte zeigen Ozelote mit geöffnetem Maul, hervortretenden Augen und den Kopf umgebenden schneckenförmigen Elementen.

J.J.

55
GEFÄSS IN FORM EINES JAGUARS
Teotihuacan
Klassische Periode (200-650 n. Chr.)
Ton
11,7 x 10,6 x 12,2 cm
INV. INAH-MNA, 10-2601
BIBLIOGRAFIE
Manzanilla 2008: 121-122

56
GEFÄSS MIT KATZE
Tehuacan, Puebla, Nr. 35
Klassische Periode (200-650 n. Chr.)
Ton
14,5 x 15 x 19 cm
INV. INAH-MNA, 10-78206
BIBLIOGRAFIE
Séjourné 1984; Olivier 1999: 10-11, Nr. 35

55

Im Vergleich zu anderen mesoamerikanischen Kulturen fehlen für Teotihuacan zwar ausdrückliche künstlerische Darstellungen von ruhmreichen Taten des Staates. Es gab jedoch in der gesamten Stadt indirekte Abbildungen auf einfach geformten Gegenständen mit großem symbolischem Gehalt, wie im Fall dieses sorgfältig gestalteten Gefäßes. Der Jaguar galt als ein Tier mit engem Bezug zur Sonne und besonderem Zugang zur Unterwelt.
Die Anmut, die Feinheit und das sich wiederholende Formenspiel, mit denen die weltanschaulichen Konzepte dargestellt wurden, zeigen ein stark entwickeltes Feingefühl für die plastischen Formen, wie auch im Fall dieses Gefäßes.

J.J.

56

In den vorspanischen Kulturen führte das besondere Verhältnis zur Natur zu einer starken Einbeziehung der Umwelt. Dabei wurden die Elemente der natürlichen Umgebung zu Mythen und bestimmten Bedeutungen verdichtet sowie den Tieren zugeschriebene Charakterzüge aufgegriffen, mit denen später bedeutende Persönlichkeiten oder Gottheiten dieser Kulturen beschrieben wurden. Hier wurde eine Katze, ein äußerst behändes und wildes Tier, als plastischer Dekor an einer Gefäßseite aufgesetzt. Der Schwanz und eine Pfote des sitzenden Tieres sind reliefiert und heben sich vom Körper ab. Insbesondere der Kopf verleiht der Figur Lebendigkeit und zeigt eine Aufmerksamkeit, mit der unverwandt ein bestimmter Punkt fixiert wird. Die Eckzähne treten hervor, und die Ausrichtung der Ohren weist auf die Konzentriertheit des Tieres hin.
Ein weiteres Element, das diesem Objekt eine besondere Faszination verleiht, ist der umlaufende Fries aus menschlichen Gesichtern am unteren Rand des Gefäßes.

J.J.

57

GEFÄSS MIT JAGUARKRIEGER
Teotihuacan, La Ventilla, Palast 3, Hof 1 Südseite, Raum 7, Grab Nr. 9
Klassische Periode, frühe Tlamimilolpa-Phase (150-250 n. Chr.)
Ton
14 x 13,6 x 15,1 cm
Inv. INAH-MNA, 10-80639

BIBLIOGRAFIE
Séjourné 1962: 76-86; von Winning 1987: 47-51;
Ruiz 2005: 28-33

58

DREIFUSS GEFÄSS
350-550 n. Chr.
Teotihuacan
Ton
29,2 x 28,5 cm
Inv. INAH – Museo de Sitio de Teotihuacan, 10-336488

57

Als facettenreiches Symbol der prähispanischen Weltsicht wurde der Jaguar in allen verfügbaren Materialien dargestellt. Die Betrachtung von Jaguardarstellungen entsprach der Auffassung von Macht, Unbändigkeit und Mut, und Krieger als auch Herrscher identifizierten sich mit diesem Tier. Als Herz der Wildnis, untergehende Sonne auf dem Weg ins Totenreich und Symbol der Nacht waren Jaguare häufig auf den Grabbeigaben hoher Würdenträger dargestellt.

Mit seinem Merkmal der unermesslichen Kraft ist der Jaguar der ideale Helfer, der das Feuer neu entfacht und so als Mitglied einer religiösen Vereinigung die Sache des Gottes Quetzalcóatl verteidigt.

Dieses Gefäß ist nicht nur ein Beispiel für eine der häufigsten Formen der teotihuacanischen Keramik, sondern auch für die Verzierung mit eingeschnittenen Rauten. An der Vorderseite ist das Gefäß mit plastischem Dekor versehen, der einen Kopf mit einem eindrucksvollen Jaguarkopfputz und Katzen neben dem Gesicht darstellt.

J.J.

58

Verzierte dreifüßige Tongefäße wurden in der teotihuacanischen Gesellschaft stets als bedeutungsvolle Objekte betrachtet, denn die darauf zu findenden Darstellungen erzählen häufig von bedeutenden Ereignissen, veranschaulichen Riten oder beinhalten Botschaften aller Art. Manchmal sind diese Botschaften sehr abstrakt, in anderen Fällen wiederum ziemlich konkret. Hier erkennen wir das Bild eines Kriegers, kombiniert mit dem eines Jaguars. Das Gefäß vom Typ *Fine-Orange*-Keramik überzieht ein nur leicht erhabenes, mittels eines Models erzeugtes Relief, auf dem ein Jaguar von vorne dargestellt ist. Er trägt eine große, mit langen Federn

59
JAGUARSKULPTUR
Teotihuacan
250-550 n. Chr.
Vulkangestein
17 x 17,5 x 10 cm
Inv. INAH – Museo de Sitio de Teotihuacan, 10-213196

geschmückte Kopfbedeckung. Genau wie auf den Wandmalereien werden Jaguarkrieger auch auf solchen Gefäßen meist gemeinsam mit dem Tier selbst dargestellt, einem Symbol für Kraft und Wildheit.

M.B.

59

Die Figur des Jaguars kommt nicht nur in Verbindung mit prachtvoll und wie das Raubtier geschmückten Kriegern auf kriegerischen Darstellungen vor. Es existieren auch verschiedene naturalistische Darstellungen der Wildkatze selbst. Die geduckte Körperhaltung dieses Jaguars lässt seine wachsame Lauerstellung und Sprungbereitschaft erkennen. Auf Angriff eingestellt, zeigt er drohend seine Krallen. Nach Meinung verschiedener Experten weist die große Anzahl von Bildern, auf denen ein Jaguar zu erkennen ist, darauf hin, wie fundamental die Rolle dieses Tieres innerhalb der militärischen Organisation sowie in der Innen- und Außenpolitik Teotihuacans gewesen ist. M.B.

60

FIGUR MIT KOJOTENHELM
Sammlung Miguel Covarrubias, Nr. 420
Klassische Periode (200-650 n. Chr.)
Ton
13,4 x 7 x 4,3 cm
Inv. INAH-MNA, 10-2607

BIBLIOGRAFIE
Sugiyama 2002: 185-204; Cabrera 2002: 137-164

61

WANDGEMÄLDE
Teotihuacan
250-550 n. Chr.
Stuck und Farbpigmente
106 x 81,5 cm
Inv. Museo de Historia Mexicana (Museum für mexikanische Geschichte), 10-566154

60

Die teotihuacanische Kultur stellte mithilfe verschiedener Materialien und Techniken rituelle Opferungs- und Kriegsszenen dar. Die Darstellungen von Kojoten werden dabei den Kriegsszenen zugeordnet, und bei der Ausstattung dieser Figur handelt es sich einer Reihe von Experten zufolge, ausgehend von Fray Bernardino de Sahagún, einem der wichtigsten Chronisten Neu-Spaniens, um eine Darstellung des Kojotenkriegers, der mit einer wilden und beeindruckenden Erscheinung in Zusammenhang gebracht wird. So wie das Geheul des Kojoten galten auch diese Personen als aus der Ferne bedrohlich.

Das Kriegertum wurde in Teotihuacan in unterschiedlichsten künstlerischen Ausdrucksformen vorrangig auf metaphorisch-religiöse Weise dargestellt. Dem Archäologen Sugiyama zufolge handelt es sich dabei um die von den mesoamerikanischen Herrschern bevorzugte Form der Demonstration ihrer Macht über religiöse Symbole und die nach einem siegreichen Krieg abgehaltenen Zeremonien.

J.J.

61

Großes Fragment eines Wandgemäldes, auf dem ein Kojote mit menschlichen Zügen dargestellt ist. So trägt er zum Beispiel eine riesige, mit langen, grünen Federn geschmückte Kopfbedeckung, und um seinen Hals hängt eine große Kette aus grünen Steinen, die auf seine hochrangige Stellung hindeutet. Der Bauch trägt die Zeichnung eines fünfzackigen Sterns. Wie einige andere Fragmente von Wandgemälden, hat auch dieses Fundstück Mexiko auf illegalem Weg verlassen, weshalb wir heute nicht mehr wissen, wo es sich ursprünglich befand. Allerdings nimmt man an, dass Fragmente dieses Typs zum Wohnkomplex Amanalco gehörten. 1994 gelangte das vorliegende Fragment wieder nach Mexiko, nachdem es zuvor mehrere Jahre Teil der privaten Christensen-Sammlung in Melbourne, Australien, gewesen war.

M.B.

61

62
GEFÄSS MIT DARSTELLUNG DES QUETZALCÓATL
Teotihuacan, Atetelco-Komplex
Klassische Periode, Metepec-Phase (550-650 n. Chr.)
Ton
32,9 x 30,9 x 16,8 cm
INV. INAH-MNA, 10-80447
BIBLIOGRAFIE
Angulo 2001: 88-95; Matos 1990: 98; Séjourné 1966: 150; Rattray 2001: 603

63
GEFÄSS MIT DARSTELLUNG DES GÖTTLICHEN KOJOTEN
Teotihuacan, Randzone, der das zeremonielle Zentrum umgebende Bereich: 2, Nr. 892
Klassische Periode, späte Tlamimilolpa-Phase (280-350 n. Chr.)
Ton
11,9 x 12,7 cm
INV. INAH-MNA, 10-80654
BIBLIOGRAFIE
„Arqueología mexicana", Nr. 35: 16-67; Séjourné 1966: Abb. 85

62
Dieses großartige Gefäß zählt zu der als *Fine-Orange* bezeichneten Keramikgruppe und wurde mit einem im Modelverfahren hergestellten plastischen Dekor verziert, das einen Kojotenkrieger zeigt. Der Kunsthandwerker setzte damit komplexe Vorstellungen in eine bildliche Darstellung um: Aus den Wandmalereien von Atetelco wissen wir, dass Kojotenkrieger einer hochrangigen kriegerischen Vereinigung in Teotihuacan angehörten, wie auch an dem prächtigen Kopfputz zu erkennen ist. Auf dem Gefäß ist eine Szene abgebildet, in der die Figur eine Rede hält, dargestellt in dem aus dem Mund heraustretenden länglichen Element. Eine weitere symbolische Darstellung hängt möglicherweise mit Mictlan (Unterwelt, Ort des Todes) zusammen: In der unter dem Krieger befindlichen Kartusche sind drei im Profil dargestellte Schädel zu erkennen. Anderen Hypothesen zufolge handelt es sich um Quetzalcóatl in seiner Bedeutung als Gott des Morgensterns, dem er in dieser Darstellung huldigt, denn das Gefäß zeigt auch Schneckenelemente, mit denen diese Gottheit im Allgemeinen symbolisiert wird. Eine Reihe von Wandmalereien und verschiedene symbolische Darstellungen des Kojoten weisen auf einen engen Zusammenhang dieser Figur mit dem Meer hin, hier in Form einer Halskette aus *Chalchihuites*, ein grüner Stein, der mit dem Wasserkult verknüpft ist.   J.J.

63
Dieses in Champlevé-Technik verzierte Gefäß wurde im August 1964 gefunden und zeigt zwei sitzende Kojoten von der Seite, begrenzt von einem diagonalen Streifen sowie auf der rechten Seite einen Bereich mit Sternendekor. Auf dem Gefäß ist eine Vielzahl fünfzackiger Sterne abgebildet, mit denen üblicherweise die Venus symbolisiert wurde. Dieser Planet dürfte an den beiden Enden des Streifens dargestellt sein, weil es sich zugleich um den Morgenstern und den Abendstern handelt. Die mit Sternen besetzten Streifen wechseln ab mit Streifen, die mit Elementen des Wassers – kleinen Muscheln und Schnecken – geschmückt sind.
Die Verbindung der Erde mit dem Wasser und die Wildheit des Gesichts harmonieren mit dem Gebrüll, ausgedrückt

64

GEFÄSS MIT KOJOTENKRIEGER

Teotihuacan
Klassische Periode, frühe Tlamimilolpa-Phase (200-250 n. Chr.)
Ton
15,5 x 17 cm
Inv. INAH-MNA, 10-79917

BIBLIOGRAFIE
Weigand 2004: 310-321; Séjourné 1984: 75; Angulo 2001: 88-91

64

durch einen blumenbesetzten Atemhauch, ein Dekor, das in die Oberfläche geschnitten und mit Zinnober gefüllt wurde. Der kluge und ausdauernde Kojote war der Schutzgott der Federschmuckkünstler und Nagual (Schutzgott, der in Gestalt eines Tieres auftreten kann) von Tezcatlipoca. Tauchte der Kojote in Träumen oder Prophezeiungen auf, galt dies als Unheil verkündend. Bei den Náhuas stand der Kojote auch für Huehuecóyotl, den Gott „Alter Kojote", der mit dem Tanz, dem Scherz und dem Betrug in Verbindung gebracht wird.
H.H. und J.J.

Der „Große Kojote", ein rätselhaftes Tier, das meist mit einem prächtigen Kopfputz oder Federkleid dargestellt ist, war in ganz Mesoamerika verbreitet und spielt in den Mythen der Náhua eine wichtige Rolle. In Teotihuacan wurde er allerdings in typischen Haltungen des realen Tieres dargestellt.
Die zentrale Figur auf diesem Gefäß ist in der charakteristischen Mannigfaltigkeit der in Teotihuacan verwendeten Farben dargestellt; sie wurde über einer glatten, dünnen Stuckschicht auf der Gefäßwand aufgetragen.
Dreidimensionalität wurde mithilfe einer Technik dargestellt, bei der die Körper im Profil übereinandergelegt wurden. Bestimmte Elemente der Darstellung zeigen dabei anatomisch unnatürliche Haltungen, so zum Beispiel bei den Krallen, die auf diese Weise mit großer Klarheit einzeln zu erkennen sind. Der untere Rand schließlich wurde mit einer Abfolge geometrischer Elemente mit bandartigen Quasten verziert.
J.J.

65

STEINRELIEF MIT VOGEL, EIN HERZ IN DEN KLAUEN HALTEND
Teotihuacan
Klassische Periode (200-650 n. Chr.)
Vulkanit
9 x 34 x 33 cm
INV. Staatliche Museen zu Berlin, Ethnologisches Museum, IV Ca 38500

66

SCHEIBE MIT DARSTELLUNG EINER EULE
Teotihuacan
Klassische Periode (200-650 n. Chr.)
Ton und Farbe
26,4 x 1,4 cm
INV. INAH-MNA, 10-393503

BIBLIOGRAFIE
Von Winning 1987, S. 85- 91; Cowgill 2003: „Arqueología mexicana", Nr. 24, Band 64

65

Unter den Objekten, die der deutsche Altamerikanist Walter Lehmann auf seinen mehrjährigen Sammlungs- und Studienreisen nach Zentralamerika und Mittelamerika zusammentrug, ist auch dieses Steinrelief. „Gefunden am Fuße der Pyramide A, westliche Seite", notierte er 1909 in seinem Notizbuch. Damit bezeichnete Lehmann die mittlere von drei kleinen Pyramiden auf der unteren Plattform der Sonnenpyramide, die nicht mehr existieren. Die zinnenartige Steinplatte mit glatter Rückseite umgab vermutlich den Rand der Plattform und ist auf die klassische Epoche zu datieren.

In der szenischen Darstellung ist das rechte Profil einer großen Vogelfigur zu erkennen, die einen dreilappigen Gegenstand in den Klauen hält und daran pickt. Es wird vermutet, dass sie einen Adler oder einen Geier beim Verschlingen eines Menschenherzens, aus dem Blut tropft, darstellt. Im Vergleich zu den zahlreichen bunten Wandmalereien und Fresken waren Steinmetzarbeiten in Teotihuacan selten. Charakteristische Merkmale sind schwache geschlungene Linien und geometrische Formen. Das vulkanische Gestein wurde unterschiedlich tief bearbeitet und erhielt damit seinen plastischen Eindruck. Die Ikonografie verweist auf die religiösen Vorstellungen in Teotihuacan. Große starke Vögel, die hoch am Himmel fliegen, symbolisierten die Sonne. Nach der mythologischen Vorstellung war die Sonne durch ein Selbstopfer der Götter entstanden. Für das Beschreiten ihrer tagtäglichen Laufbahn und zum Leuchten braucht die Sonne Kraft, die sie in Form von Menschenherzen und Blut dargebracht bekam. Die Darstellung erinnert somit an die Opferung der Götter für die Menschen sowie das Ritual zum Dank und der Aufrechterhaltung dieser Ordnung. Steinreliefs mit ähnlichen Motiven, jedoch erst zwei Jahrhunderte nach dem Untergang von Teotihuacan, schmückten auch die zentralen Gebäude der Tolteken in Tollan sowie in Chichén Itzá im Mayagebiet.

S.M.

66

Dieses Objekt zeigt eine Eule (auf Náhuatl *Tecólotl*), die über der Brust einen Schild mit gekreuzten Pfeilen trägt. Es handelt sich um ein Wappen, das auf ein institutionalisiertes und an der Staatsführung beteiligtes Kriegertum mit einer Schutzgottheit hinweist.

Es wurden Figuren mit Medaillons und auch der Abbildung einer Eule mit Waffen gefunden, bei denen der Körper, der offenbar zerteilt wurde, vollständig von den Waffen bedeckt ist. Es handelt sich um Darstellungen einer komplexen Opferung, die den Kriegerrang der Getöteten kennzeichnet. Es wird angenommen, dass es sich bei diesem Wappen um ein bestimmtes Abzeichen von Kriegern innerhalb der Krieger-Hierarchie handelt, vergleichbar der Vereinigung der Jaguar- und Adlerkrieger der nachklassischen Periode.

J.J.

67
ADLERKRIEGER
Teotihuacan
Xolalpan-Metepec (350-650 n. Chr.)
Ton und Farbe
11,3 x 11,3 x 7,7 cm
Inv. INAH-MNA, 10-78240
BIBLIOGRAFIE
Fierro 2008: 87

68
DREIFUSS-GEFÄSS
Teotihuacan
250-450 n. Chr.
Keramik und Farbpigmente
11,4 x 8,5 cm
Inv. Museo Amparo, 52 22 MA FA 57 PJ 1347

67

In der prähispanischen Weltsicht bestand eine enge Beziehung zwischen Tieren, Göttern und religiösen Vorstellungen, so wie auch im Fall des Adlers, der als Greifvogel die Sonne, die Kraft und den Krieg symbolisierte. Als unmissverständliches Symbol hochgeschätzter Eigenschaften war der Adler seit frühester Zeit eines der wichtigsten Zeichen der Kriegerklasse; daher war der Adler in Teotihuacan Hauptsymbol einer der wichtigsten Kriegergruppen, der Adlerkrieger.
Dieses Keramikobjekt gehörte wahrscheinlich zu der Maske eines „Theater"-Räuchergefäßes und stellt einen Krieger mit Adlerhelm dar, der mit einem eleganten Kopfputz aus Federn und großen Ohrpflöcken geschmückt gewesen sein muss.

R.F.

68

Auch der Kolibri gehört zu den Tieren, denen eine mythische Bedeutung für die teotihuacanischen Krieger zugeschrieben wird. Wenngleich keine Kriegerdarstellungen mit Symbolen bekannt sind, bei denen dieser Vogel eine Rolle spielt, lässt sich auf diesem feinen dreifüßigen Gefäß eine Szene beobachten, die auf den ersten Blick zwar sehr naturalistisch wirkt, bei näherem Hinsehen aber voller Symbolik steckt. Der Kolibri ist im Begriff, sich auf einer Blume mit vier Blütenblättern niederzulassen. Sowohl der Vogel als auch die Blume tragen rote, schraffierte Umrisse. Einige Forscher halten die Blume mit den vier Blütenblättern für ein Symbol der „Stadt der Götter".

M.B.

KATALOG DER AUSGESTELLTEN OBJEKTE

KRIEG UND OPFER

Jahrzehnte lang glaubte man, dass die „Stadt der Götter" ein Ort friedfertigen Lebens war. Neuere Entdeckungen haben diese Sichtweise korrigiert, und es besteht heute kein Zweifel daran, dass in der klassischen Zeit in ganz Mesoamerika Menschenopfer dargebracht wurden. Dieses Thema ist in der Ikonographie Teotihuacans jedoch sehr selten dargestellt. Indessen zeigen Wandmalereien oder stuckierte Gefäße Teotihuacans Priester oder Krieger, die ein blutendes Herz an einem großen gebogenem Messer aus Obsidian schwenken. Bei archäologischen Grabungen wurden große, sichelförmige (gebogene) Ritualmesser gefunden, andere ähneln eher unseren heutigen Hacken. Das Blut bildete man ab als drei wertvolle Tropfen, die aus dem Herzen quellen und die Erde befruchten. Es wurde in einer dreilappigen Form dargestellt, die geschickt in Obsidian wiedergegeben wurde. Die Bewohner der „Stadt der Götter" praktizierten die Selbstopferung, hierfür stellten sie lange und feine Klingen aus Obsidian sowie wunderschöne Stichel aus menschlichen Knochen her.

69
KNOCHENDORN
Teotihuacan
Späte vorklassische Periode (1-200 n. Chr.)
Knochen
14 x 0,8 x 25 cm
Inv. INAH-MNA, 10-593536
BIBLIOGRAFIE
Pérez 2005; Padró 2000; Padró 2009; López 1998: 4-17

70
KNOCHENDORN
Zone Teotihuacan
Späte vorklassische Periode (1-200 n. Chr.)
Knochen
13,6 x 8 x 0,25 cm
Inv. INAH-MNA, 10-593537
BIBLIOGRAFIE
Pérez 2005; Padró 2000; Padró 2009; López 1998: 4-17

69
Das eine Ende dieses aus Knochen gefertigten Objekts bildet eine Spitze, und das andere Ende, an dem der Dorn gehalten wurde, ist auf der Vorderseite mit symbolischen Mustern verziert: einem runden Element und einer Fünfpunktanordnung, bestehend aus vier über einem zentralen Element verbundenen Punkten. Dieses Muster wird als Symbol der vier Himmelsrichtungen und des Zentrums gedeutet, in dem sich Himmel und Erde verbinden. Der Dorn weist außerdem zwei hakenartige Muster und federähnliche Darstellungen auf.
Dorne wurden häufig aus den Langknochen (Mittelhand- und Mittelfußknochen) von Tieren wie Wild, Katzen und Vögeln, aber auch des Menschen hergestellt, wobei im letzteren Fall bevorzugt Unterarm- oder Oberschenkelknochen verwendet wurden. Knochen eignen sich aufgrund ihrer natürlichen Eigenschaften, in denen sich Festigkeit und Formbarkeit verbinden, sehr gut für die Herstellung solcher Gegenstände. Knochendorne wurden bei Selbstopferungen eingesetzt. Dabei wurden mit dem Dorn verschiedene Körperteile wie Ohrläppchen, Zunge, Waden, Arme und Genitalien durchbohrt, um das Blut den Göttern zu opfern.   J.E.

70
Dieser Knochendorn weist eine scharfe Spitze mit einem Muster aus eingeschnittenen diagonalen und horizontalen Linien auf. Der Griff ist mit einer anthropomorphen Figur mit Kopfschmuck verziert. Der Dorn wurde aus einem langen Knochen hergestellt, wobei Ränder, Linien und Kanten zu einer ebenmäßigen Form geglättet wurden. Die Verzierung wurde wohl unter Verwendung eines Steinwerkzeugs und durch Abschleifen gefertigt. So entstanden auch die Rillen, ohne jedoch die Knochenwand zu durchbrechen. Die Handwerker verfügten über ein großes Können und waren in der Lage, ihr Material mit hoher Genauigkeit zu bearbeiten, ohne den Gegenstand zu zerbrechen oder untauglich zu machen.   J.E.

71
TONSCHEIBE MIT TLÁLOC
Teotihuacan, Komplex am Río San Juan
350-550 n. Chr.
Ton
18,8 x 2 cm
INV. INAH – Museo de Sitio de Teotihuacan, 10-410948

72
GEOPFERTER GEFANGENER
Teotihuacan, Xalla
Klassische Periode (200-650 n. Chr.)
Marmor
128 x 42 x 16 cm
INV. INAH-MNA, 10-642614
BIBLIOGRAFIE
López Luján et. al. 2006

71
Aus Ton geformte Scheibe mit Relief, das den Sturmgott Tláloc in Opferhaltung darstellt. Der Gott Tláloc ist eindeutig an seinen Fangzähnen, dem eigentümlichen Schnurrbart und den brillenähnlichen Augen zu erkennen. Seinem Kopf entspringen drei spitz zulaufende, hornartige Auswüchse, ähnlich denen, die einige Gefäße des Tláloc-Typs aufweisen. Zu beiden Seiten dieser Auswüchse sind vier langsam herabfallende Blutstropfen zu erkennen. Wenngleich der Sturmgott stets eng mit Fruchtbarkeit und Wasser in Verbindung gebracht wird, wird er ebenfalls mit verschiedenen Ritualen assoziiert, bei denen auch Blutopfer dargebracht wurden.

M.B.

72
Diese Marmorskulptur stellt eine aufrecht stehende Person mit nach vorne gewandtem Kopf dar. Auffällig sind die ovalen Augenvertiefungen mit eingefügten runden Strukturen zur Darstellung der Iris. Die Nase ist breit und die Nasenlöcher wurden in den Stein gehauen. Der zahnlose Mund mit den hervorstehenden Lippen ist halb geöffnet. Die Arme sind an den Körper gelegt, wobei die Handflächen Vertiefungen aufweisen, die Beine sind gerade. Die Figur ist nackt und trägt eine mit drei Ringen verzierte Kopfbinde, die möglicherweise „Tropfen kostbaren Wassers" symbolisieren.

Diese Figur wird als Darstellung eines durch Pfeile geopferten Gefangenen gedeutet, da die Skulptur an den unteren Gliedmaßen in Flachrelief gemeißelte Geschosse zeigt, eines am linken Schenkel und eines am rechten Fuß. Die Furchen an den Gliedmaßen weisen darauf hin, dass die Figur gefesselt war. Auf die Art der Opferung weisen Informationen aus Quellen späterer Epochen hin, denen zufolge die Mexica (Azteken) ein *Tlacacaliztli* (Pfeilopferung) genanntes Ritual praktizierten, bei der hochrangige und im Kampf gefangene Krieger nackt an eine Art Stockgerüst (*Cuauhtzatzaztli*) gebunden und geopfert wurden. Das *Tlacacaliztli*-Ritual hatte eine politische, kosmologische, sexuelle und auf die Fruchtbarkeit bezogene Bedeutung und stand mit Xipe Tótec, einem kriegerischen Fruchtbarkeitsgott, in Zusammenhang.

Der Pfeil ist eine Waffe, die auch in anderen künstlerischen Darstellungen vorkommt. Es liegen jedoch keinerlei Darstellungen vor, bei denen Pfeile in Opferszenen eingesetzt werden. Diese menschliche Figur, die größte aus Teotihuacan, ist daher einzigartig.

J.E.

KATALOG DER AUSGESTELLTEN OBJEKTE

73
SICHELFÖRMIGES MESSER
Teotihuacan, Las Palmas, Randzone, Abschnitt 1,
Südwestseite, 64, Nr. 3219
Klassische Periode (200-650 n. Chr.)
Obsidian
51,2 x 26,2 x 6,2 cm
Inv. INAH-MNA, 10-393501
BIBLIOGRAFIE
Spence 1966: 213-86; von Winning 1987: 90-92

74
SICHELFÖRMIGES MESSER
Teotihuacan
Klassische Periode (200-650 n. Chr.)
Obsidian
13,6 x 7 x 1 cm
Inv. INAH-MNA, 10-14092
BIBLIOGRAFIE
Spence 1966: 213-86; von Winning 1987: 90-92

73

Darstellungen gebogener Messer waren in Teotihuacan weit verbreitet; sie tauchen auf Wandmalereien und Keramik der späten Phasen auf, deren zentrales Motiv die Opferung ist oder die mit der Opferung in Zusammenhang standen.

Die in der Stadt gefundenen Abbildungen gebogener Messer verbinden sich für die Darstellung von Opferungen mit weiteren Elementen der teotihuacanischen Ikonografie: Auf Friesen von Wandmalereien und Gefäßen werden auf Feuerstein aufgespießte Herzen gezeigt, auf Keramik werden Messer in Verbindung mit Herzen und Blut abgebildet; auf Darstellungen wie den Wandmalereien von Atetelco oder Tepantitla halten Krieger – zu erkennen an den Pfeilen, die sie tragen – gebogene Messer in der Hand; manche Figuren tragen gebogene Messer auch als Teil ihrer Ausstattung, als Zeichen ihrer Funktion als Opferpriester. Z.L.

74

Bei vielen der in Teotihuacan bei Grabungen gefundenen Beigaben handelt es sich um Gegenstände aus Obsidian, wie auch bei diesem Messer, das in einer kombinierten Technik, bestehend aus Druck und Abschlag, hergestellt wurde. In der Stadt wurden Darstellungen ähnlicher Messerformen gefunden, die ebenfalls mit der Opferpraxis zusammenhängen.

Im Gegensatz zu älteren Hypothesen war Teotihuacan keine friedfertige Stadt. Die lange Reihe der Untersuchungen, darunter ikonografische Forschungen, haben ergeben, dass die Stadt Sitz eines stark kriegerisch geprägten Staates war, in dem Macht und Religion zur Ausübung der Herrschaft und der Ausdehnung der Kontrolle über die Stadt und die Nachbarorte hinaus eine enge Verbindung eingegangen waren. Z.L.

75

SICHELFÖRMIGES MESSER
Teotihuacan, Platz der Mondpyramide, Palast 3, Innenseite der Mauer südlich der Tür zu den Unterbauten, 62, Nr. 1006
Klassische Periode (200-650 n. Chr.)
Obsidian
36,4 x 16,6 x 4,4 cm
INV. INAH-MNA, 10-393502
BIBLIOGRAFIE
Spence 1966: 213-86; von Winning 1987: 90-92

76

DREILAPPIGES OBJEKT
Teotihuacan
Klassische Periode (200-650 n. Chr.)
Obsidian
2 x 12 x 9 cm
INV. INAH-MNA, 10-647080
BIBLIOGRAFIE
Séjourné 1959, Abb. 169; Stocker und Spence 1973: 196; Sodi und Herrera

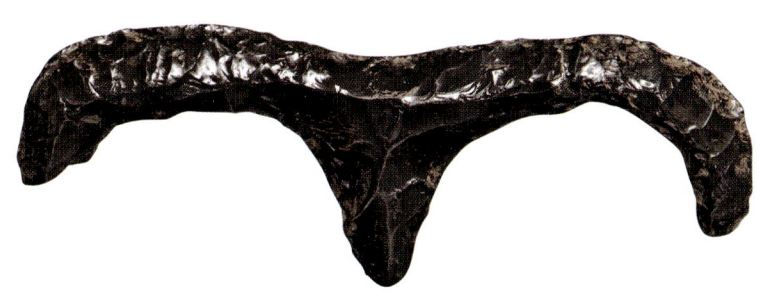

75

In Teotihuacan bestand ein enger Zusammenhang zwischen Kriegertum und Menschenopfern, der sich anhand des archäologischen Fundmaterials klar belegen lässt. Grabungsfunde zeigen, wie die Macht der Herrscherklasse über religiöse Symbole und Zeremonien, wie die Opferung von Gefangenen zur Schau gestellt wurde. Entsprechende Szenen und Zeichen sind auf einer großen Anzahl von Objekten abgebildet.
Das gebogene Obsidianmesser ist Teil der mit Symbolen für Kriegertum und Opferung zusammenhängenden teotihuacanischen Ikonografie. Die ikonografische Untersuchung der Wandmalereien hat ergeben, dass Priester auf vielen Darstellungen von Opferritualen Waffen oder Kriegerkennzeichen tragen. In der Stadt wurden Kriegsgut, Figuren, Räuchergefäße und andere Elemente gefunden, die in direktem Funktionszusammenhang mit den militärischen Institutionen standen, welche die Expansion Teotihuacans ermöglichten. Dieses gebogene Messer wurde mit großer Kunstfertigkeit aus grünem Obsidian aus der Sierra de las Navajas gehauen.   Z.L.

76

Das Herz als zentrales Element wesentlicher Rituale war für die mesoamerikanischen Kulturen von grundlegender Bedeutung. Die archäologischen Funde belegen durch Wandmalereien, Keramiken und Obsidian seinen hohen Stellenwert. Daraus folgt eine unbestreitbare Tatsache: Die Darstellung blutender Herzen hatte in Teotihuacan eine religiöse Bedeutung und weist direkt auf die Praxis des Menschenopfers hin. Bei den geopferten Personen handelte es sich wahrscheinlich um Kriegsgefangene. Bei der Zeremonie musste das Herz entnommen und als Gabe dargebracht werden. Zur Zeit der größten Blüte von Teotihuacan war die Darstellung des menschlichen Herzens kulturell so stark verankert, dass es auch auf Gefäßen, in Wandmalereien oder wie hier als Obsidianobjekt weit verbreitet war. Im teotihuacanischen Symbolsystem wird das menschliche Herz mit drei Lappungen dargestellt. Die aus Obsidian gemeißelten Skulpturen ähneln einem liegenden „E". Wird das Herz quer durchschnitten, sind die drei Herzkranzgefäße zu erkennen, über die der Organismus mit Blut und Sauerstoff versorgt wird.

Dreilappige Gegenstände, insbesondere solche aus grünem Obsidian, wurden in Zacuala und nördlich der Zitadelle gefunden. Das Vorkommen dieser Art von Objekten wurde von der Forschung sowohl für Phasen der vorteotihuacanischen Zeit als auch für die gesamte klassische Periode und selbst die nachfolgenden Jahrhunderte der späten Klassik belegt. Die Höhle von La Nopalera östlich von Tula enthielt in gemischten teotihuacanisch-toltekischen Kontexten Exemplare kleiner derartiger Gegenstände, die ebenfalls aus Obsidian gefertigt waren. Mit einer gewissen Häufigkeit sind sie auch in Santa Cruz Atizapan anzutreffen, einer Siedlung im Tal von Toluca, das ebenfalls in den Machtbereich Teotihuacans fiel. Dort sind es allerdings kleine Obsidianmesser, die diese dreilappige Form aufweisen.

H.H.

77

GEFÄSS MIT STUCKDEKOR
Teotihuacan, Tetitla
Klassische Periode, Späte Xolalpan-Phase (450-550 n. Chr.)
Ton, Stuck und Farbe
15 x 16,3 cm
INV. INAH-MNA, 10-79930

78

GEFÄSS MIT OPFERMESSERN
Teotihuacan, Tetitla, Grab 28, Nr. 3088
Klassische Periode, Späte Xolalpan-Phase (450-550 n. Chr.)
Ton, Stuck und Farbe
13,2 x 15,1 cm
INV. INAH-MNA, 10-80564

BIBLIOGRAFIE
Séjourné 1966: 108, Abb. 33; von Winning 1987: Abb. 33; Rattray 2001: 563

77

Bei den archäologischen Grabungen in den Wohnkomplexen von Teotihuacan, die im Allgemeinen als „Paläste" bezeichnet werden, wurden zahlreiche Grabbeigaben gefunden, die zu unserem Verständnis des Lebens der oberen Klassen in Teotihuacan beitragen.

Das Grab 14 in Tetitla enthielt kostbare Gefäße mit nach dem Brennen aufgetragenem und bemaltem Stuck, eine Technik, die zerbrechliche Produkte hervorbringt, sodass heute nur wenige außergewöhnliche Beispiele erhalten sind. Dieses Dreifußgefäß mit der eleganten und typischen Form der Blütezeit Teotihuacans, bei der der Töpfer ein stilisiertes kreisförmiges Gebäude schuf, das auf drei zinnenförmigen Stützen ruht, ist eines dieser wenigen erhaltenen Exemplare. Die Bemalung ähnelt einer Wandmalerei mit zwei ähnlichen Szenen, in denen je ein reich geschmückter Krieger in einer Prozession ein großes Obsidianmesser mit einem aufgespießten blutenden Herz trägt. Der untere Bereich auf der Höhe der Beine zeigt ein Band mit Blumenmuster, und die beiden Kriegerszenen sind durch zwei Flächen mit großen stilisierten menschlichen Herzen getrennt.

H.H.

78

Die Krieger- und Priesterklasse von Teotihuacan opferte Kriegsgefangene, ein Ritual, dessen Höhepunkt darin bestand, das blutende Herz des Opfers herauszunehmen und zur Schau zu stellen. Das Obsidianmesser mit gebogener Spitze oder, wie in diesem Fall, seine Darstellung auf einem Gefäß, war das zentrale Element bei dieser Art der Opferung.

Diese Zeremonie besaß eine große Bedeutung innerhalb der Kosmogonie. Die Messerdarstellungen bedeckten daher die bei dieser Handlung verwendeten Gegenstände vollständig, wie im Fall dieses Gefäßes, auf dem die Messer in zwei Reihen mit in entgegengesetzte Richtungen zeigenden Spitzen angeordnet sind. Der untere Bereich wurde mit einem Streifen mit Darstellungen des menschlichen Auges verziert.

Die Fußstützen in Art einer „Rassel" zeigen eine Fünfpunktanordnung: die vier Himmelsrichtungen, die sich im fünften Element, einem imaginären Punkt in ihrer Mitte, treffen.

Laurette Séjourné nahm an, dass der Stucküberzug und die Bemalung von Künstlern geschaffen wurden, die die unverzierten Gegenstände zur weiteren Bearbeitung erhielten.

H.H.

79

ZEREMONIALGEFÄSS
Teotihuacan, Zacuala, Grab 27, 1083
Klassische Periode, Xolalpan-Phase (350-550 n. Chr.)
Ton und Farbe
12,6 x 14,3 cm
Inv. INAH-MNA, 10-80689

BIBLIOGRAFIE
Rattray 2001: 224-226, 530; León-Portilla 1995: 67

80

FUSSFÖRMIGES GEFÄSS
Teotihuacan
250-350 n. Chr.
Ton und Farbpigmente
17,3 x 11 cm
Inv. Museo Amaro, 52 22 MA FA 57 PJ 1348

79

Menschenopfer waren eine den Göttern geweihte Zeremonie, mit der um das Fortdauern der bestehenden Ordnung und der Lebensgrundlagen gebeten wurde. Blut, „heilige Weihgabe" und lebensnotwendiger Stoff wurde den Göttern auf viele verschiedene Arten dargebracht. Dieses Gefäß gehört zu den reichen Grabbeigaben einer hochstehenden Person, deren Grab am Hauptzugang zum Palast von Zacuala als eine bei der Weihung dieses Gebäudes dargebrachte Gabe gefunden wurde.
Der genaue Ablauf dieser Opferrituale ist nicht bekannt, aber manche Wandmalereien enthalten Hinweise auf diese Art von Weihgaben. Die Darstellungen zeigen Priester bei der Opferung von Menschen, denen mit dem typischen gebogenen Messer das Herz entnommen wird, eine Szene, die auf vielen Keramiken und Wandmalereien abgebildet ist.

Der Dekor des hier gezeigten Gefäßes thematisiert dieses Motiv: Dargestellt ist eine Reihe blutender Herzen, die auf den Spitzen gebogener Messer stecken. Das Gefäß gehört zur Gruppe der Keramik mit Flachreliefdekor, ein Stil, der offenbar von der Golfküste übernommen wurde. Dabei wurden die Techniken des Wegschneidens und Einschneidens kombiniert, und in einigen Fällen wurde auf die verzierten Bereiche der Objekte Zinnoberpulver aufgetragen. Einigen Forschern zufolge kennzeichnete Zinnober einen hohen sozialen Status und erhöhte den symbolischen Wert der Stücke. Daneben stand dieses Mineral in einem Zusammenhang mit Opferungen und Blut, denn es wurde zur Verzierung von Objekten verwendet und als Weihgabe dargebracht.   Z.L.

80

Sogenannte *Patojos* sind Keramikgefäße in Form eines Fußes oder Schuhs. Dieser merkwürdige Gegenstand ist geformt wie ein kleines Stiefelchen und unter anderem mit zwei Figuren verziert, die in der teotihuacanischen Ikonographie Blutstropfen symbolisieren. Eines der beiden Symbole sitzt im vorderen Bereich, das andere am Absatz. Über die Funktion dieses Objektes kann nur spekuliert werden. Man vermutet, dass es bei Ritualen zum Einsatz kam, die anlässlich von Menschenopfern zelebriert wurden. Wahrscheinlich hat man in diesem *Patojo* das den Göttern dargebrachte Blut aufgefangen.   M.B.

KATALOG DER AUSGESTELLTEN OBJEKTE

BAUOPFER IN DER MONDPYRAMIDE

81a
GOTTHEIT
Teotihuacan, Mondpyramide, Grabstätte 2
ca. 250 n. Chr.
Grünstein, Pyrit und Muschelschale
25,4 x 10,6 x 4,8 cm
Inv. INAH – Museo de Sitio de Teotihuacan, 10-614784

81b
WEIBLICHE GOTTHEIT
Teotihuacan, Mondpyramide, Grabstätte 2
ca. 250 n. Chr.
Grünstein und Muschelschale
30,58 x 11,04 x 7,6 cm
Inv. INAH – Museo de Sitio de Teotihuacan, 10-614783 0/3

Das Forschungsprojekt „Mondpyramide", das die Phasen der Errichtung des Bauwerks rekonstruieren soll, hat Ende des letzten Jahrhunderts begonnen. Mehrere Tunnels wurden durch den Baukern gegraben und haben ergeben, dass die Pyramide aus sieben aufeinanderfolgenden Bauwerken bestand. Das erste wurde um 100 n. Chr. und das letzte um 400 n. Chr. errichtet.

Bei jeder neuen Konstruktionsphase wurden in der Pyramide umfangreiche Bauopfer hinterlegt. Sie bestanden aus geopferten Menschen, Tieren und Hunderten von Gegenständen aus Keramik und Stein.

Die während der Phase 4 angelegte Grabstätte 2 enthielt ein sitzendes Individuum mit auf dem Rücken gefesselten Händen, zwei Pumas, einen Wolf, zwei Pumaschädel, zwölf Vögel, sechs Klapperschlangen sowie hunderte von Muscheln und Meeresschnecken.

Das Bauopfer der Grabstätte 3 wurde anlässlich der fünften Bauphase der Pyramide (300 n. Chr.) dargebracht. Hier wurden vier Menschen, 14 Wolfs-, drei Puma- und ein Jaguarschädel deponiert. Es enthielt zudem anthropomorphe Figuren im Schneidersitz mit Kopfschmuck und Ohrenscheiben.

Die ebenfalls zur Phase 5 gehörige Grabstätte 6 muss eine starke symbolische Bedeutung besessen haben, denn hier wurden zwölf Personen geopfert; zwei von ihnen waren reich geschmückt. Man fand ebenfalls zehn enthauptete Individuen. Das sorgfältig vorbereitete Weiheopfer enthielt kleine Steinschneidearbeiten aus Obsidian und eine Figur, für die ein Jadeitmosaik auf einen Holzkern gearbeitet war.

Die Grabstätten 4 und 5 entsprechen der Phase 6 (350 n. Chr.). Das erste Depot bestand aus siebzehn mit Zinnober bedeckten menschlichen Schädeln. Die Grabstätte 5 enthielt drei Menschenopfer im Schneidersitz sowie die großartige Skulptur eines in der gleichen Haltung sitzenden reich geschmückten Individuums.

Die Opferung von Tieren legt die Vermutung nahe, dass diese als mythische, mit unterschiedlichen Bereichen der Gesellschaft assoziierte Figuren eine bedeutende Rolle spielten.

81a-b
Diese beiden Figuren wurden in der Grabstätte 2 gefunden, die Teil einer Opfergabe anlässlich der Errichtung des vierten Gebäudes der Mondpyramide ist und in der ersten Hälfte des 3. Jahrhunderts n. Chr. entstand. Das Depot, in dem man die Opfergabe fand, beherbergte zwei große Ansammlungen verschiedener Objekte. Zu jeder dieser Ansammlungen gehörte eine dieser menschenförmigen Figuren, außerdem neun Messer, Geschossspitzen und ein Obsidianspiegel sowie Halsketten und Muschelanhänger.

Bei der einen Gottheit handelt es sich um eine weibliche Figur mit Ohrenscheiben aus Muschelgehäusen und einer eleganten, mit dem Maiskult in Verbindung stehenden Kopfbedeckung. Die zweite Figur ist schlicht gestaltet und nackt, was darauf hinzuweisen scheint, dass es sich um einen Kriegsgefangenen handelt. Beide Figürchen begleiteten einen fremden erwachsenen Mann, vermutlich einen Kriegsgefangenen. In der Grabstätte fand man außerdem verschiedene Tiere, die gemeinsam mit ihm

81a

lebendig begraben worden waren: zwei Pumas, sechs
Klapperschlangen, einen Wolf, einen Königsadler sowie
einige andere Vögel.   M.B.

81b

82a

OHRSCHEIBEN
Teotihuacan, Mondpyramide, Grabstätte 2
ca. 250 n. Chr.
Jadeit
7,8 x 2 cm und 7,5 x 2,4 cm
Inv. INAH – Museo de Sitio de Teotihuacan, 10-615678 0/2

82b

PERLENBAND
Teotihuacan, Mondpyramide, Grabstätte 2
ca. 250 n. Chr.
Jadeit
2,8 x 3,3 cm
Inv. INAH – Museo de Sitio de Teotihuacan, 10-615674 0/20

83a-b

FIGUREN IN MENSCHENGESTALT
Teotihuacan, Mondpyramide, Grabstätte 3
ca. 300 n. Chr.
Jadeit
5,86 x 3,27 cm und 6,1 x 3,44 cm
Inv. INAH – Museo de Sitio de Teotihuacan, 10-615747 0/2

82a-b

Zum Hauptopfer von Grabstätte 2 gehört das Skelett eines erwachsenen Mannes mit hinter dem Rücken gefesselten Händen – sicher ein Fremder und wahrscheinlich ein Kriegsgefangener. Dennoch wiederholt sich offenbar das bereits bei den Gräbern der Pyramide der Gefiederten Schlange beobachtete Muster, in denen eine beträchtliche Anzahl der fast zweihundert Menschenopfer mit Ornamenten und Schmuck versehen waren, die sehr viel eher zu Teotihuacans Elite passen würde. Diese Kette aus zwanzig Perlen sowie die Ohrscheiben sind aus Jadeit gefertigt, womit ihnen eine beträchtliche wirtschaftliche und rituelle Bedeutung zukommt.   M.B.

83a-b

Die Grabstätte 3 wurde um das Jahr 300 n. Chr. während der fünften Überbauung der Mondpyramide angelegt. Darin lagen die Überreste von vier Individuen, drei mit spektakulären Bestattungsbeigaben und in einem Fall ohne jede Beigabe. Die kleinen Figuren aus Jadeit stellen vornehmlich Regierende, aber auch Personen von hohem gesellschaftlichem Rang dar; darauf verweisen ihr Kopfschmuck sowie die abnehmbaren Ohrscheiben und der

84a-c
GRABBEIGABE
Teotihuacan, Mondpyramide, Grabstätte 3
ca. 300 n. Chr.
Jadeit
Ohrscheiben: 3,1 x 1,1 cm
Perlen: 1,7 bis 2,1 x 2,1 bis 2,8 cm
Nasenring: 7,1 x 5,9 cm
INV. INAH – Museo de Sitio de Teotihuacan, 10-615675 0/23

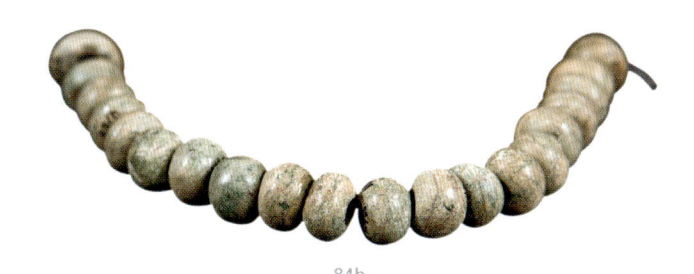

Máxtlatl, eine Art Lendenschurz. Der deutlichste Hinweis auf ihren hohen Status ist jedoch wahrscheinlich die Körperhaltung, denn der Schneidersitz wird symbolisch für Machtinhaber verwendet. M.B.

84a-c

Grabbeigabe der Überreste des Individuums 3B, eines jungen Mannes im Alter zwischen 18 und 20 Jahren. Die Beigabe besteht aus einem Paar kleiner runder Ohrscheiben, einem wie die Rassel einer Klapperschlange geformten Nasenring und einem Perlenband mit zwanzig Perlen. Bisher ist unklar, ob der junge Mann und die drei anderen Männer, die zusammen mit ihm geopfert wurden, Kriegsgefangene waren oder aber Personen, die aus anderen Gründen nach Teotihuacan kamen. Anhand der Untersuchung der Sauerstoff-Isotopen im Knochenphosphat konnte jedenfalls festgestellt werden, dass es sich bei allen vier Männern um Angehörige anderer Volksgruppen handelt. M.B.

KATALOG DER AUSGESTELLTEN OBJEKTE

85a
SKULPTUR IN MENSCHENGESTALT MIT PEKTORALE
Teotihuacan, Mondpyramide, Grabstätte 5
ca. 350 n. Chr.
Jadeit
Figur: 12,3 x 8,3 cm
Inv. INAH – Museo de Sitio de Teotihuacan, 10-615676 0/2

85b
PERLENKETTE
Teotihuacan, Mondpyramide, Grabstätte 5
ca. 350 n. Chr.
Jadeit
2,3 x 1,8 cm
Inv. INAH – Museo de Sitio de Teotihuacan, 10-615675 0/9

85c
OHRSCHEIBEN
Teotihuacan, Mondpyramide, Grabstätte 5
ca. 350 n. Chr.
Jadeit
4 x 1,6 cm und 3,8 x 1,5 cm
Inv. INAH – Museo de Sitio de Teotihuacan, 10-615677 0/2

85a-c

Figur in menschlicher Gestalt, die wohl zu zwei Individuen aus Grabstätte 5 gehörte. Diese kleine Figur besaß ihre eigenen Grabbeigaben, darunter sind besonders erwähnenswert ein kleines Pektorale und eine winzige Kette, beide maßstabgerecht für die Figur gearbeitet, sowie eine weitere Kette aus neun großen runden Perlen und ein Paar Ohrscheiben, alles aus Jadeit. Obwohl in der Kunst von Teotihuacan noch andere menschliche Darstellungen im Schneidersitz bekannt sind, ist diese Figur das deutlichste Beispiel für diesen Typus. Die Gestalt sitzt friedlich da, die Hände nach vorn gelegt, der Kopf lässt eine in die Stirn reichende Frisur erkennen sowie zwei Löcher, um winzige Ohrscheiben einzufügen.   M.B.

86
ANHÄNGER
Teotihuacan, Mondpyramide, Grabstätte 5
ca. 350 n. Chr.
Jadeit
5,69 x 3 cm
Inv. INAH – Museo de Sitio de Teotihuacan, 10-615745

87
ANHÄNGER
Teotihuacan, Mondpyramide, Grabstätte 5
ca. 350 n. Chr.
Jadeit
11 x 4,5 x 2 cm
Inv. INAH – Museo de Sitio de Teotihuacan, 10-615679

86

86

Diese Anhänger werden auch als „Glanz" bezeichnet und dienen bestimmten Persönlichkeiten als Schmuck bei wichtigen Anlässen, bei denen es darum geht, die eigene Position in der Hierarchie zu demonstrieren. Der Jadeit, aus dem das Stück gearbeitet ist, stammt aus dem Flusstal des Motagua in Guatemala und gehört zu den begehrtesten Luxusrohstoffen prähispanischer Gesellschaften. Das Stück wurde bei drei fremden männlichen Erwachsenen gefunden, die im Schneidersitz saßen und mit Ketten, Muschel- und Edelsteinschmuck reich verziert waren. Die Opfergabe von Grabstätte 5 befand sich in einer sorgsam entworfenen Grabkammer auf dem Boden eines großen Behälters, der auf der Spitze des fünften Baus ausgegraben wurde und aus der Zeit vor der sechsten Erweiterung der Mondpyramide zwischen 350 und 400 n. Chr. stammt. **M.B.**

87

87

Dieser Jadeitanhänger wurde auf der Brust des Individuums 5A gefunden. Seine Symbolik verweist auf den Bezug der Ideologie von Teotihuacan zur Welt der Maya. Die Archäologen, die den Fund machten, deuten die Form des auf der Vorderseite sichtbaren Bandes als Zuckerrohrbündel, dem Symbol für die rituellen 52-Jahre-Zyklen, die nach Auffassung der meisten prähispanischen Kulturen die Zeit bestimmen. Das Individuum 5B in derselben Grabstätte trug einen ähnlichen Anhänger, allerdings mit anderen Symbolen. **M.B.**

88

MENSCHLICHE FIGUREN
Teotihuacan, Mondpyramide, Grabstätte 6
ca. 250 n. Chr.
Roter Obsidian
49,9 cm, 21,80 cm, und 33,8 cm
Inv. INAH – Museo de Sitio de Teotihuacan, 10-615748 0/3

88

Auf einer Fläche von fünf auf viereinhalb Meter befand sich eine der unglaublichsten Weihgaben, die je im mesoamerikanischen Kulturraum gefunden wurden: zwölf Menschen, alle erwachsene Männer, die geopfert worden waren. Zwei hatten ihre Hände auf dem Rücken zusammengebunden und zehn waren enthauptet worden. Ihre toten Körper hatte man von oben in die Grube hinuntergeworfen. Die abgeschlagenen Köpfe fanden offensichtlich kultische Verwendung, denn sie befanden sich nicht in der Grabstätte. In jeder Ecke sowie in der Mitte der Grube kamen umfangreiche Opfergaben, bestehend aus zahllosen Tieren und Hunderten von Gegenständen, zutage. In vielen dieser Anhäufungen wurde eine stilisierte menschliche Figur aus Obsidian niedergelegt.   M.B.

89a
MESSER IN SCHLANGENFORM
Teotihuacan, Mondpyramide, Grabstätte 6
ca. 250 n. Chr.
Grauer Obsidian
7 x 43 x 1,6 cm
Inv. INAH – Museo de Sitio de Teotihuacan, 10-615742

89b
MESSER IN SCHLANGENFORM
Teotihuacan, Mondpyramide, Grabstätte 6
ca. 250 n. Chr.
Grauer Obsidian
7 x 39 x 1,5 cm
Inv. INAH – Museo de Sitio de Teotihuacan, 10-615741

89a

89b

89a-b

Die minutiöse Arbeit der Archäologen brachte in den Tiefen der Grabstätte 6, auf einem gestampften Untergrund die mit Kohlezeichnungen markierten Stellen der bedeutendsten Opfergaben zum Vorschein. So die kreisförmig und paarweise angeordneten Osidianmesser in Schlangenform und in Form des Blitzes. In der Mitte befanden sich zwei menschliche Figuren, eine aus Serpentin gearbeitet, die andere aus Obsidian. Obwohl diese Messertypen im Laufe der über hundertjährigen archäologischen Grabungen in der Stadt der Götter immer wieder vorkamen, haben wir sie noch nie in einer derart komplexen, mit symbolischem Gehalt versehenen Anordnung aufgefunden, die mit den Überbauungen der großen Mondpyramide verbunden war. M.B.

KATALOG DER AUSGESTELLTEN OBJEKTE

90
BEARBEITETE MUSCHELSCHALE
Teotihuacan, Mondpyramide, Grabstätte 6
ca. 250 n. Chr.
Muschel
12 x 7 x 2 cm
Inv. INAH – Museo de Sitio de Teotihuacan, 10-615744

91
SKULPTUR IN MENSCHLICHER GESTALT
Teotihuacan, Mondpyramide, Grabstätte 6
ca. 250 n. Chr.
Serpentin, Grünstein und Muscheln
31 x 15,6 x 7,6 cm
Inv. INAH – Museo de Sitio de Teotihuacan, 10-615743 0/14

90

Der Anhänger ist aus einer *Spondylus*-Muschel geschnitzt. Er zeigt die Darstellung einer Person im Profil mit deutlich erkennbarem Gesicht und Ohr sowie einer tiergestaltigen Kopfbedeckung. Es scheint als trüge die Person ein Wappen in Form einer runden Scheibe, umgeben von Vogelfedern auf dem Körper. Es handelt sich zweifellos um eine hochstehende Persönlichkeit, einen Krieger oder einen Priester.

Der Anhänger gehörte zusammen mit einer Nadel aus Jadeit, einem Opfermesser und einer Kette aus Muschelplättchen zur Beigabe von Grabstätte 6 B.   M.B.

91

Diese Figur in Menschengestalt hat Seltenheitswert. Man fand sie in Grabstätte 6 inmitten einer der größten Anhäufungen von Objekten. Sie lag dort als Weiheopfer für die vierte Überbauung der Pyramide, die um das Jahr 250 n. Chr. stattfand. Die Skulptur befand sich im Zentrum eines aus 18 Obsidiangeräten (*excéntricos*) gebildeten Kreises.

Sie bestand aus einem Holzkern, der mit mehreren Lagen Serpentin beklebt war, um so den Körper dieser menschlichen Figur zu gestalten. Anschließend wurden Mund und Augen als Einlegearbeiten mit Muscheln bestückt. Geschmückt ist die Figur mit Ohrscheiben und einer Kette mit zehn Perlen aus Grünstein.

Die Restauratoren haben eine beachtliche Arbeit geleistet, indem sie ein Modell aus Rohharz sowie ein feines Aluminiumgerüst schufen, um die Skulptur wieder zu rekonstruieren und zu stabilisieren. Sie erhielt nun das gleiche Aussehen, das sie hatte, als sie vor etwa 1700 Jahren niedergelegt wurde.   M.B.

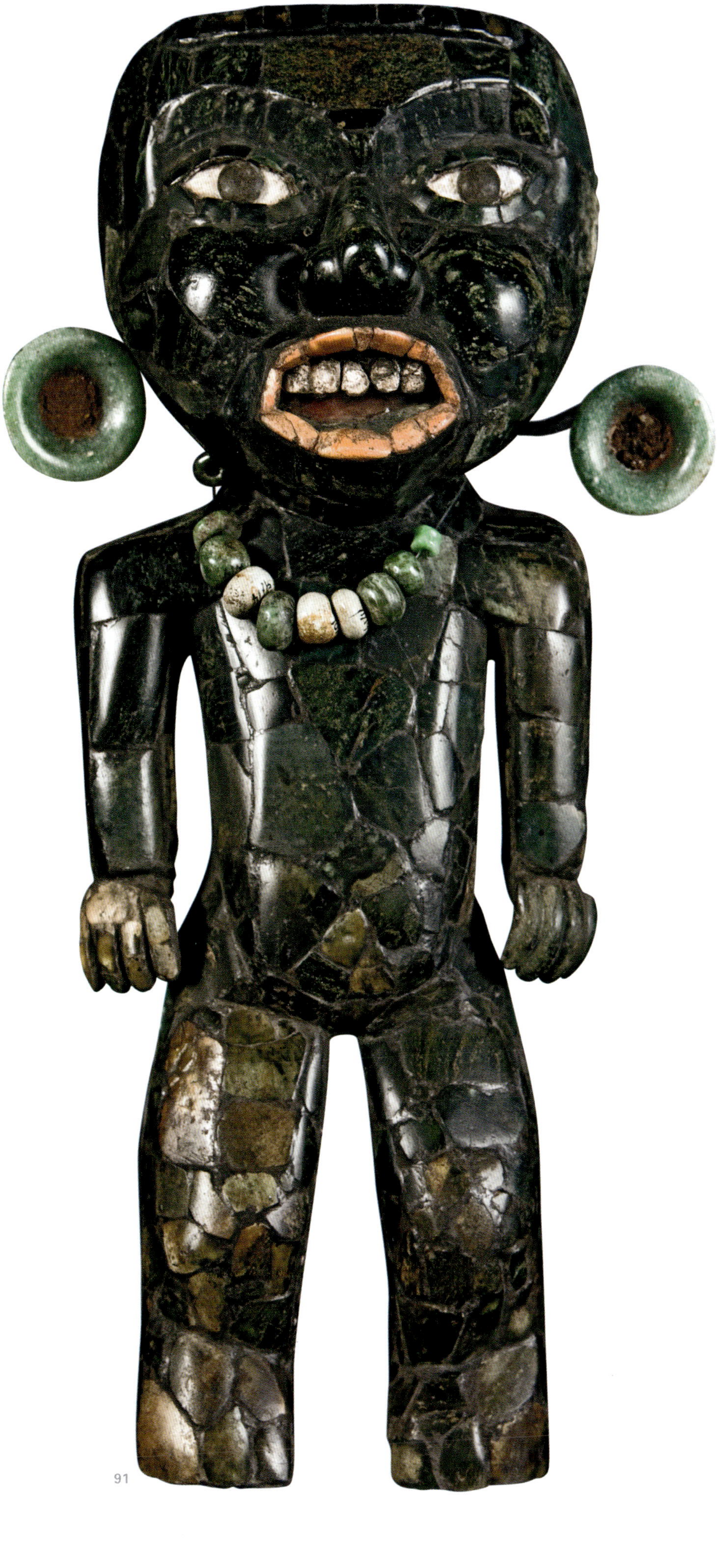

DIE ERFORSCHUNG DES TEMPELS DER GEFIEDERTEN SCHLANGE

92a
HALSKETTE
Teotihuacan, Tempel der Gefiederten Schlange
ca. 250 n. Chr.
Muscheln, Knochen und Menschenzähne
60 x 52 cm (zusammengesetzte Kette)
Inv. INAH – Museo de Sitio de Teotihuacan, 10-412062 0/209

92b
HALSKETTE
Teotihuacan, Tempel der Gefiederten Schlange
ca. 250 n. Chr.
Muscheln, Knochen und Menschenzähne
40 x 37 cm (zusammengesetzte Kette)
Inv. INAH – Museo de Sitio de Teotihuacan, 10-411024 0/345

Zwischen 1988 und 1989 wurde das Projekt „Templo de Quetzalcóatl" durchgeführt. Es offenbarte eine Vielzahl von unerwarteten Informationen über die rituellen Aktivitäten Teotihuacans, insbesondere über die Menschenopfer, die zweifellos einen Bezug zu den Riten der Machtbezeugung aufweisen. Zwar waren einige Jahre zuvor bereits Grabstätten entdeckt worden, doch erst ab dieser bedeutenden Grabungskampagne konnten bestimmte Praktiken genauer erfasst werden. So wurden in den *Tepetate* (vulkanischer Tuff) getriebene Gräben gefunden und von Steinmauern eingefasste Gräber. Sie enthielten entweder ein einzelnes Skelett oder Gruppen von vier, acht, neun oder achtzehn Körpern. Die Skelette waren zum Zentrum des Bauwerks hin ausgerichtet. Ihre Hockerhaltung mit den Armen im Rücken und den gefalteten Händen weisen darauf hin, dass sie zuerst getötet und dann geopfert worden waren. Man hat sie sowohl im Inneren als auch im Außenbereich des Tempels der Gefiederten Schlange in den vier Haupthimmelsrichtungen gefunden, weshalb man davon ausgehen kann, dass sie im Zusammenhang mit den religiösen oder landwirtschaftlichen Zyklen standen.

Diese Skelette waren reich geschmückt mit Pektoralen aus Muscheln und Grünstein in Form von menschlichen Kiefern. Die Archäologen sind der Ansicht, dass es militärische Abzeichen waren und dass es sich bei den Geopferten um Krieger handeln würde oder um Personen, die bei Kämpfen gefangen genommen worden waren.

92a

92a-b

Diese beiden prachtvollen Halsketten aus Muschelschale und Knochen stammen aus zwei in der Pyramide der Gefiederten Schlange befindlichen Grabstätten, die um das Jahr 250 n. Chr. angelegt wurden. Es gehörte zum Ritual, dass ein Teil der Geopferten, etwa vierzig Personen, solche Halsketten trugen. Die orangefarbenen Muschelplättchen stammen von einer im Pazifischen Ozean vorkommenden Muschelart namens *Spondylus*, die in Zentralmexiko sehr geschätzt wurde. Perlen in Form menschlicher Zähne wechseln sich hier ab mit Stücken echter Zähne und bilden ein großes U-förmiges Kollier. An diesem Kollier wiederum sitzen hufeisenförmige Anhänger, die menschlichen Unterkiefern nachgebildet sind.

M.B.

KATALOG DER AUSGESTELLTEN OBJEKTE 285

DER OBSIDIAN

Dieses Gesteinsglas war in den neovulkanischen Zonen wie dem zentralmexikanischen Altiplano reichlich vorhanden. Es gehörte zu den Rohstoffen, deren Produktion Teotihuacan vom Abbau bis zum Endkunden, d. h. den Handwerkszonen und den Werkstätten der Wohnbereiche und Paläste kontrollierte.

Bei der Bearbeitung der Obsidiankerne, aus denen sie Abschläge für die Herstellung von Werkzeugen wie Schaber, Stichel, Klingen, Hobel, Wurfgeschossspitzen oder Messer gewannen, stellten die Steinmetze Teotihuacans ihre Kunstfertigkeit unter Beweis. Obsidian diente ebenfalls der Herstellung von kleinen, menschlichen Figuren oder asymmetrische Tiere darstellenden Steinschneidearbeiten.

Den archäologischen Forschungen zufolge befand sich das Teotihuacan nächstgelegene Obsidianvorkommen im Nordosten der Stadt, in Otumba. Als die Mine praktisch ausgebeutet war, mussten die Bergarbeiter in den Cerro de las Navajas im Nachbarstaat Hidalgo ziehen, wohin die Steinmetze sie begleiteten und vor Ort Gegenstände herstellten oder von dort das Rohmaterial nach Teotihuacan schickten.

Die Bewohner Teotihuacans unterhielten ebenfalls Handelsbeziehungen mit der Region der Minen des Pico de Orizaba in Zentralmexiko und mit den Lagerstätten von El Chayal in Guatemala, die auch das Gebiet der Maya und den Süden Mesoamerikas belieferten.

Die Forscher, die sich mit der Ökonomie und der sozialpolitischen Struktur Teotihuacans beschäftigt haben, sind der Meinung, dass die Kontrolle und die Bearbeitung des für sämtliche Aktivitäten des täglichen Lebens so wichtigen Obsidians den Stadtstaat dazu bewogen hatte, seine Machtstellung im gesamten damaligen Zentralmexiko auszubauen, was ihm darüber hinaus Zugang zu anderen wertvollen Materialien verschaffte.

93a-c
VERSCHIEDENE MESSER
Teotihuacan
Klassische Periode (200-650 n. Chr.)
Obsidian
1/13: 22,9 x 1,6 cm
2/13: 20,5 x 1,5 cm
3/13: 20,1 x 1,4 cm
Inv. INAH-MNA, 10-643082 1/13, 2/13 und 3/13
BIBLIOGRAFIE
Spence 1966: 213-86; von Winning 1987: 90-92

93d
OBSIDIANKERN ZUM ABSPALTEN VON MESSERN
Teotihuacan
Klassische Periode (200-650 n. Chr.)
Obsidian
15 x 2,7 cm
Inv. INAH-MNA, 10-646882

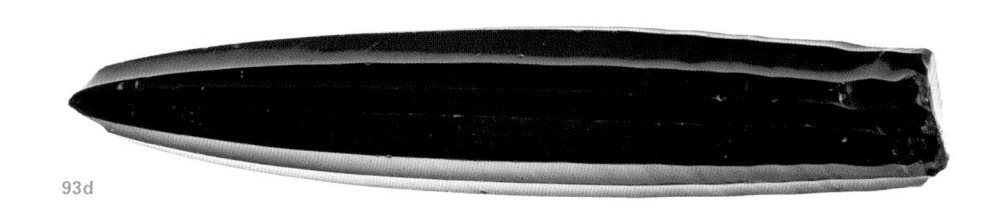

93a-d

Obsidianmesser wurden zur Blütezeit der Stadt in großen Mengen hergestellt und fanden breite Verwendung in allen erdenklichen Zusammenhängen. Die Handwerker, die solche Messer herstellten, waren hoch spezialisiert. Die Werkzeuge wurden aus einem halbrunden Obsidianknollen mit einer ebenen Fläche gewonnen. Die einzelnen langen und sehr scharfen Messer wurden durch Druck vom Knollen abgetrennt. Zurück blieb die Negativform der abgespalteten Klinge. So erhielt der Knollen eine polyedrische Form.

Die Kontrolle über die Gewinnung und Verarbeitung von Obsidian trug offenbar mit dazu bei, dass sich Teotihuacan zu einer großen Stadt entwickelte und die Macht des Staates sich über einen großen Teil Mesoamerikas erstreckte, mit ausgedehnten und komplexen Handelsnetzen für Rohmaterialien und Fertigwaren.   Z.L.

94
MESSER
Teotihuacan
Klassische Periode (200-650 n. Chr.)
Grüner Obsidian
49,5 x 14 x 4,2 cm
Inv. INAH-MNA, 10-525111
BIBLIOGRAFIE
Spence 1966: 213-86; von Winning 1987: 90-92

94

Obsidian ist ein vulkanisches Gesteinsglas, das aufgrund seiner natürlichen Eigenschaften und des reichhaltigen Vorkommens in prähispanischer Zeit eines der am weitesten verbreiteten Rohmaterialien war. Das Gestein zeichnet sich durch muscheligen Bruch, eine mittlere Härte und je nach Mineralzusammensetzung unter anderem schwarze bis graue, durchscheinend grüne bis goldgrüne und braun-rot oder anders gesprenkelte Farbtöne auf. In Teotihuacan wurden zwei Varianten von Obsidian verarbeitet: grauer und braun-rot gesprenkelter Obsidian aus Otumba im Bundesstaat Mexiko, und feiner halbtransparenter Obsidian grüner Färbung aus der Sierra de las Navajas.

Der Obsidian aus Otumba wurde vermutlich durch Sammeln von Knollen in den Flüssen nahe der Stadt gewonnen und so wurde jenes Rohmaterial genutzt, das von den Gewässern mitgeführt wurde. Der Obsidian aus der Sierra de las Navajas wurde in großen Blöcken über Schächte gefördert und anschließend in die Stadt transportiert.
Dieses Messer mit zwei Schneideflächen wurde aus grünem Obsidian aus der Sierra de las Navajas gemeißelt. Dank des großen Könnens des Handwerkers war es möglich, ein Objekt von dieser Größe herzustellen. Z.L.

KATALOG DER AUSGESTELLTEN OBJEKTE

95a
MESSER MIT ZWEI SCHNEIDEFLÄCHEN
Klassische Periode (200-650 n. Chr.)
Obsidian
15,7 x 4,1 x 1,1 cm
Inv. INAH-MNA, 10-14123

95b
MESSER MIT ZWEI SCHNEIDEFLÄCHEN
Teotihuacan
Klassische Periode (200-650 n. Chr.)
Obsidian
15,4 x 4,1 x 0,7 cm
Inv. INAH-MNA, 10-14122

95c
FÜNF MINIATURMESSER
Klassische Periode (200-650 n. Chr.)
Obsidian
max. 5,3 x 0,6 cm, min. 3,9 x 0,1 cm
Inv. INAH-MNA, 10-646881 0/5
BIBLIOGRAFIE
Spence 1966: 213-86; von Winning 1987: 90-92

95a-c

Aufgrund seiner Eigenschaften diente Obsidian als Rohmaterial zur Herstellung einer Reihe von Werkzeugen, Schneiden, Schaber, Klingen, Dorne, Stichel, Messer, Geschossspitzen und Instrumente mit zwei Schneideflächen, aber auch anderer Werkzeuge. Obsidian wurde zudem für die Herstellung von Insignien und magisch-religiösen Objekten verwendet, die zur Ausstattung der Krieger, Herrscher und Gottheiten zählten und als Weih- und Beigaben von zentraler Bedeutung waren. Die Werkzeuge wurden durch gezielte Schlag- und Drucktechnik mithilfe von Holz oder Horn hergestellt. Messer mit zwei Schneideflächen, wie die hier gezeigten, wurden durch die Kombination dieser beiden Techniken gewonnen. Die hergestellten Werkzeuge wurden durch Abnutzung nicht etwa unbrauchbar, denn bei diesem Rohmaterial ist eine fortlaufende Nachschärfung durch Nachbearbeitung der Schneideflächen möglich. Die hier gezeigten, fein gearbeiteten Miniaturen weisen auf die hohe Qualität eines ausgefeilten Herstellungsprozesses hin, erbracht von Gruppen von Handwerkern, die mit großem Können eine Reihe verschiedener Werkzeuge schufen, insbesondere Messer. Diese Objekte zählen aufgrund ihrer Ebenmäßigkeit zu Weih- und Bestattungskontexten.

Z.L.

96a-c
MINIATURPFEILSPITZEN
Teotihuacan
Klassische Periode (200-650 n. Chr.)
Obsidian
a: 6 x 2,7 cm, b: 6,1 x 3,6 cm, c: 3,6 x 1,9 cm
Inv. INAH-MNA, 10-14105 2/4, 1/4 und 3/4
BIBLIOGRAFIE
Spence 1966: 213-86; von Winning 1987: 90-92

97
EXZENTER
Teotihuacan, Zitadelle
250-450 n. Chr.
Grüner Obsidian
13,5 x 13,5 x 1,2 cm
Inv. INAH – Museo de Sitio de Teotihuacan, 10-411040

96a-c

In dem Maße, in dem Teotihuacan sich ausdehnte, wuchsen auch die technologischen Kenntnisse zur Deckung der Bedürfnisse, die durch diese Ausbreitung entstanden. Was den Obsidian betrifft, handelte es sich bei den in frühen Entwicklungsphasen der Stadt gefundenen Werkstätten eigentlich um die Wohnorte der Familien. In späteren Perioden arbeiteten die Handwerker jedoch in separaten Werkstätten. Das bedeutet, dass sie als Spezialisten einen Teil ihrer Arbeit dem Staat als Tribut zollten, während sie auch in ihrer freien Zeit Obsidian in ihren Wohnstätten bearbeiteten und landwirtschaftlichen Tätigkeiten nachgingen. Später, zur Zeit der größten Blüte der Stadt, kam es zu einer Ausdifferenzierung der Tätigkeiten, und die Handwerker verbrachten ihre gesamte Zeit mit der Herstellung von Gegenständen und Werkzeugen zur Deckung des Alltagsbedarfs. Daneben gab es Handwerker, die sich der Produktion von Luxusgütern wie den hier gezeigten Geschossspitzen widmeten. In der teotihuacanischen Ikonografie sind Pfeile den Kriegern zugeordnet und weisen sie als solche aus.   Z.L.

97

Obsidian war einer der wichtigsten Rohstoffe der teotihuacanischen Kultur. Einerseits stellte dieses Vulkanglas einen der Grundpfeiler beim Aufbau von Handelsbeziehungen dar, denn es wurde gegen verschiedene Waren eingetauscht, insbesondere gegen Luxusobjekte und exotische Rohstoffe. Überdies hatten aus Obsidian gefertigte Gegenstände eine elementare Bedeutung im religiösen Leben der Stadt. Dieser Exzenter in Form einer Volute erinnert an Zeichen, die auf Wandgemälden die wörtliche Rede einer Person anzeigen. Gleichzeitig ähnelt das Objekt den sichelförmigen Messern, die benutzt wurden, um Herzen zur Opferung herauszuschneiden.   M.B.

DER HANDEL

Die Archäologen entdeckten an den Fundstätten fremde Gegenstände und Rohstoffe, was sie bewog, die Handelsbeziehungen dieser Gesellschaften zu untersuchen. In Zentralmexiko hat man Beweise dafür gefunden, dass diese Region in der präklassischen Periode, während der sich die Stadt Teotihuacan herausbildete, bereits intensive Handelsbeziehungen mit den Küstengebieten unterhielt. Man fand insbesondere: Muscheln und Meeresschnecken der beiden Küstengebieten, Grünstein und Halbedelmetalle aus den Lagerstätten von Guerrero, Oaxaca, Chiapas und Mittelamerika, sowie einige Gefäße und Figuren, die der olmekischen Kultur zugeordnet wurden, und Gegenstände, die für die Golfküste bezeichnend sind.

Es ist leicht verständlich, dass Teotihuacan zahlreiche, bereits bestehende Handelswege weiter nutzte. Jedoch erschloss die Stadt auch neue Wege, um mit den Abbauregionen der Rohstoffe direkt in Verbindung zu treten, insbesondere mit Monte Albán, Kaminaljuyú, Copán und Tikal im Gebiet der Maya. Sie knüpfte zudem diplomatische Beziehungen mit diesen Regionen.

Diese Handelsnetze wurden nicht nur für den Transport von Keramikgefäßen im Stil *Fine-Orange* (sehr feintonige, orangefarbene) und dekorierten Dreifüßen genutzt, sondern sie dienten auch der Weitervermittlung zahlreicher Herstellungstechniken und im weiteren Sinne der Verbreitung von Ideen und religiösen Kulten und machten Teotihuacan so zu einer der mächtigsten Städte ihrer Zeit.

98
GEFÄSS IN FUSSFORM
Teotihuacan
Klassische Periode, Späte Xolalpan-Phase – Metepec-Phase (450-650 n. Chr.)
Ton
7,6 x 6,5 x 11,2 cm
Inv. INAH-MNA, 10-78235

98

98

Im Rahmen der teotihuacanischen Handelsbeziehungen wurden nicht nur Obsidian und *Fine-Orange*-Keramik importiert, sondern auch andere Produkte aus verschiedenen Regionen. Aus den Tälern von Morelos brachte man Baumwolle in die Stadt im Hochland, aus dem Gebiet der Maya, insbesondere aus dem Tal von Motagua, Grünstein, und aus der Region von Petén wurde feine Tzakol-Keramik importiert, die als Luxusgut galt und der Elite bei der Bestattung in ihren Wohnkomplexen, beispielsweise in Mezquititla, als Grabbeigabe dargebracht wurde. Aus der Region Guerrero wurde Zinnober importiert, ein Mineral mit religiöser Bedeutung, das bereits die Olmeken kannten und das als Dekor für Keramik und Figuren verwendet wurde. Von der Golfküste brachte man wertvolle Gegenstände wie Muscheln und Schnecken nach Teotihuacan und fertigte daraus Musikinstrumente und Schmuckgegenstände.

Diese Rohmaterialien und halbfertigen oder fertiggestellten Gegenstände erreichten Teotihuacan durch den intensiven Handel, den die mächtige Stadt mit dem übrigen Mesoamerika trieb. Dieses Gefäß in Form eines Fußes ist Symbol der mächtigen Händlerklasse: Sie überwand enorme Distanzen, um ihre Waren in entfernte Regionen zu exportieren und gegen exotische, in Teotihuacan hoch geschätzte Produkte einzutauschen, die den Status der Elite festigten.

R.F. und H.H.

99
FUSS MIT SANDALE
Teotihuacan
Klassische Periode (200-650 n. Chr.)
Metamorphes Gestein
11,5 x 5,3 x 2,5 cm
INV. INAH-MNA, 10-81795

100
DREIFUSSGEFÄSS MIT DECKEL
Teotihuacan
250-450 n. Chr.
Ton
13,7 x 12,6 cm
INV. Museum Diego Rivera Anahuacalli, 671 PJ 1233

99

Sandalen, auf Náhuatl *Cactlis*, sind ein prähispanisches Schuhwerk, das in vielen Regionen des alten Mexiko getragen wurde. Sie wurden oft aus Wildleder und mit verstärkter Ferse gefertigt und am Fuß mit zwei gekreuzten Riemen über dem Spann befestigt.

Die intensiven Handelsbeziehungen zwischen Teotihuacan und den Maya-Gebieten waren von großer Bedeutung. Beispiele für diesen Austausch bei den Maya sind unter anderem in Architektur, Malerei, Skulptur und Keramik zu finden, zum Beispiel auf einer Stele in Copán: Sie zeigt eine in Flachrelief gemeißelte Figur, die einen Kopfschmuck mit dem Gesicht des Gottes Tláloc sowie Sandalen trägt, auf denen eindeutig teotihuacanische Schriftzeichen zu erkennen sind.

Die Darstellung von Fußabdrücken in Codices und Skulpturen oder wie hier in Form eines in braunes metamorphes Gestein gemeißelten Fußes mit Sandale symbolisierte die Händlerklasse, als Metapher für die großen Entfernungen, die diese Personen beim Transport der hoch geschätzten Luxus- und Prunkgüter zurücklegten. Diese kleine Skulptur weist im oberen Teil ein Loch auf, ein Hinweis dafür, dass dieser Gegenstand von einem bedeutenden teotihuacanischen Händler als Kennzeichen getragen wurde.

H.H.

100

Auf dem Deckel dieses schönen Gefäßes ist ein eingeritztes Paar Füße zu sehen. Sie stehen symbolisch für die Fußmärsche der Kaufleute und der Krieger, die die Kaufleute quer durch Mesoamerika begleiteten. Rohstoffe wie beispielsweise Jadeit beschaffte man sich auf diese Weise aus mehr als tausend Kilometern Entfernung. Sie wurden anschließend zu kunstvollen Gegenständen für den rituellen oder persönlichen Gebrauch verarbeitet und spielten bei einigen der bedeutendsten Zeremonien in Teotihuacan eine wichtige Rolle. Den Händlern kam gerade deshalb vermutlich eine wichtige Funktion zu bei der Konsolidierung der Macht jener Elitegruppen, welche diplomatische und wirtschaftliche Beziehungen mit weit entlegenen Regionen wie Oaxaca, dem südlichen Puebla, dem südlichen Veracruz oder dem guatemaltekischen Petén unterhielten.

M.B.

KATALOG DER AUSGESTELLTEN OBJEKTE

101a
TOPF
Teotihuacan, Tetitla
Klassische Periode, Metepec-Phase (550-650 n. Chr.)
Ton
29,9 x 23,8 cm
INV. INAH-MNA, 10-80576
BIBLIOGRAFIE
Séjourné, 1966

101b
ANTHROPOMORPHES GEFÄSS
Unbekannt
Klassische Periode (200-650 n. Chr.)
Ton
14 x 10,6 x 13,4 cm
INV. INAH-MNA, 10-221994

101a

101b

101a-b

Die Töpferwerkstätten in der Gegend von Tepexi de Rodríguez im südlichen Teil des Bundesstaates Puebla versorgten die große Stadt im Norden des Beckens über lange Zeit mit Zeremonialgefäßen. Im Laufe der Jahrhunderte wurde die *Fine-Orange*-Keramik Teil des Alltags und der rituellen Praktiken der Bewohner von Teotihuacan. Dieser in den 2 000 Wohnkomplexen weitverbreitete Keramiktyp entwickelte und veränderte sich in Abhängigkeit von der jeweils herrschenden Mode. Der zentrale Markt von Teotihuacan war der größte Umschlagplatz für *Fine-Orange*-Keramik in ganz Mesoamerika. Es ist denkbar, dass Teotihuacan die Produktionszentren in Tepexi de Rodríguez, d. h. der Region, aus der die Waren importiert wurden, und außerdem die Hunderte von Händlern kontrollierte, die den Export von Tepexi aus organisierten.

Mithilfe von Modeln wurde eine große Zahl an Gefäßen in *Fine-Orange*-Keramik hergestellt. Es gibt aber auch bedeutende Einzelstücke wie diesen Topf mit breitem Rand und drei kleinen zylinderförmigen Füßen, der für den Transport und die Aufbewahrung von Lebensmitteln verwendet wurde, wahrscheinlich für Schmalz oder Honig. Ein weiteres Beispiel für einen Gebrauchsgegenstand ist dieses Gefäß in Form einer Figur mit gepolsterter Kleidung. Aufgesetzter plastischer Dekor, der mithilfe von Modeln hergestellt wurde, gilt dabei als charakteristisches Element für die Phasen Xolalpan und Metepec.

H.H.

102
GEFÄSS IN MENSCHLICHER GESTALT
Teotihuacan
250-450 n. Chr.
Ton
17,3 x 20 x 21 cm
INV. Museum Diego Rivera Anahuacalli, 671 PJ 1143

103
GEFÄSS IN FORM EINES GÜRTELTIERES
Mexiko, San Rodrigo Aljojuca
Klassische Periode (250-750 n. Chr.)
Fine-Orange-Keramik
17,2 cm x 11,5 cm
INV. Staatliche Museen zu Berlin, Ethnologisches Museum,
IV Ca 35750

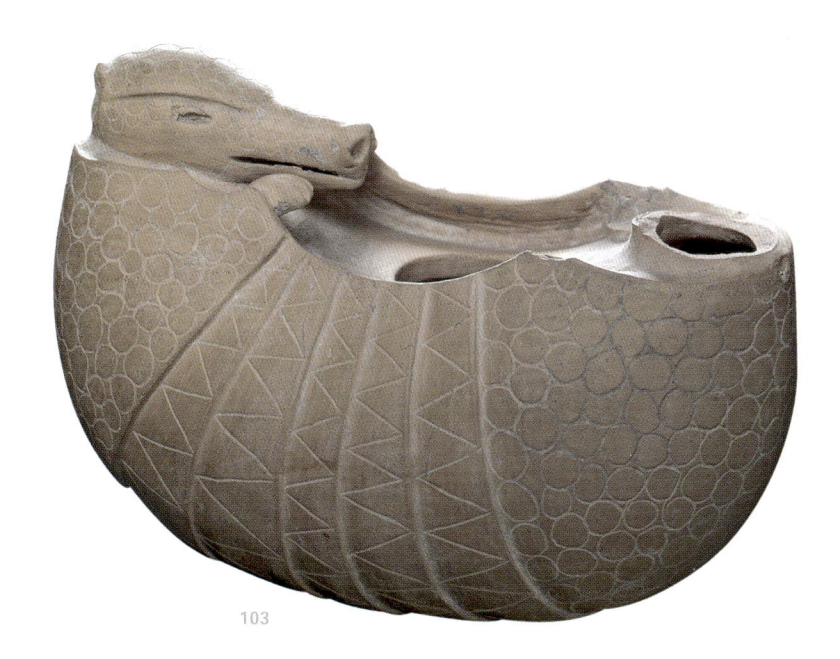

102

Gefäße in menschlicher Gestalt stellen in der Regel Personen von hohem gesellschaftlichen Rang dar; die beiden kreisförmigen Symbole, die *Chalchihuites*, auf der Stirn galten als Statussymbole. Die Perlenkette um den Hals der Figur sowie der Schneidersitz sind deutliche Hinweise auf den hohen sozialen Status. Wahrscheinlich wurde das Gefäß im Süden Pueblas hergestellt, da es aus dem gleichen Material besteht und in der gleichen Machart gefertigt wurde wie die *Fine-Orange*-Keramik. M.B.

103

Das Gefäß in Form eines Gürteltieres war vermutlich, wie die meisten der figürlichen Tongefäße der sogenannten *Fine-Orange*-Keramik, eine Grabbeigabe. Die Darstellung eines Gürteltieres ist im Vergleich zu den viel häufigeren Hunden eher selten.

Die erste Beschreibung von *Fine-Orange*-Keramik stammt von dem Berliner Mexikanisten Eduard Seler (1849-1922). In seinem Aufsatz „Die Teotihuacan-Kultur des Hochlandes von Mexiko" (1915) beschreibt er sie: „Es ist eine sehr dünnwandige, hartgebrannte, feine, leichte Ware hellgelber Farbe, die jedenfalls an einer besonderen Stelle gefertigt und durch den Handel verbreitet wurde." Seler vermutet, dass das Gefäß aus Huauchinango (Puebla) stammt (Seler 1915, 501), da dort der Sammler Honorato J. Carrasco lebte, aus dessen Sammlung Seler das Stück erhalten hat. Das Gefäß ist eines von etwa 13 000 Objekten, die Seler auf seinen sechs Reisen nach Mexiko für das Ethnologische Museum in Berlin zusammengetragen hat.

Erworben hat er es auf seiner letzten Reise nach Mexiko – April 1910 bis September 1911 – als er am Internationalen Amerikanistenkongress in Mexiko teilnahm und an der Escuela de Arqueología y Etnología Americanas lehrte. Von Mexiko-Stadt aus unternahm Seler u. a. Exkursionen nach Teotihuacan und nach Tepexi.

Heute wissen wir, dass der Ton für diese Keramik in der Region von Tepexi, im Süden Pueblas abgebaut wurde. Außer den feinen Figurengefäßen, gibt es auch einfachere Gefäße für den Haushalt. Etwa 20 Prozent der Scherben in Teotihuacan sind von diesem Typ. Die neuesten Materialanalysen ergeben, dass die Keramik als Tribut an Teotihuacan abgegeben werden musste. Die Forschungen von Carmen Cook de Leonard und Evelyn Rattray zeigen, dass *Fine-Orange* als beliebteste Handelskeramik ein wichtiger Indikator für den Einfluss Teotihuacans in Mesoamerika gesehen werden kann. M.F.

KATALOG DER AUSGESTELLTEN OBJEKTE

104
DREIFÜSSIGER TOPF
Teotihuacan
Klassische Periode (200-650 n. Chr.)
Ton
19,3 x 22,6 cm
Inv. INAH-MNA, 10-14383
BIBLIOGRAFIE
Von Winning 1987; Gamio 1979,186-188

105
GEFÄSS
Teotihuacan, La Ventilla
Klassische Periode, Xolalpan-Phase (350-550 n. Chr.)
Ton
9,7 x 13,6 cm
Inv. INAH – Museo de Sitio de Teotihuacan, 10-614815

104

105

104

Die Machthaber von Teotihuacan unterhielten wirtschaftliche Beziehungen mit der Golfküste, dem Westen Mexikos, einer Reihe von Gruppen aus Oaxaca und sogar mit den Gebieten der Maya. Die aus den verschiedenen Regionen importierten Elemente brachten eine große Vielfalt und Formenreichtum für die Luxuskeramik der oberen Klassen mit sich. Der Gefäßfuß dieses dreifüßigen Topfes wurde mit plastischem Dekor in Form von Kakaobohnen verziert, die auf den Außenhandel anspielen, denn diese Samen aus dem südlichen Mesoamerika galten als Zahlungsmittel von hohem Wert und zentraler wirtschaftlicher Bedeutung. Die eingeritzten zweischaligen Elemente weisen eine große Ähnlichkeit mit den Muscheln der Gattung *Pecten sp.* auf, die als Tauschmittel verwendet wurden und so auf Handelsbeziehungen verweisen. Der symbolische Gehalt dieses Gefäßes steht daher im Zusammenhang mit der Ausweitung der Handelsnetze.

E.C. und K.R.

105

Dieses Gefäß gehört zu den gängigsten Formen der *Fine-Orange*-Keramik. Es ist mit verschiedenartigem Dekor verziert. Schön gestaltet sind die zwei sich überkreuzenden Wellenbänder mit Einstichverzierung. Zuunterst ist ein sich wiederholendes Fünfpunktemuster zu erkennen, welches das Zentrum des Universums und die vier Himmelsrichtungen symbolisiert.

M.B.

106

BEHÄLTNIS MIT DECKEL
Teotihuacan
250-550 n. Chr.
11 x 6,5 x 5,5 cm
Ton
Inv. INAH – Museo de Sitio de Teotihuacan, 10-336581 0/2

107

KERAMIKGEFÄSS IN FORM EINES ZUSAMMENGEROLLTEN HUNDES
Teotihuacan
Klassische Periode, Xolalpan-Phase (350-550 n. Chr.)
Ton
6,6 x 15,2 x 15,1 cm
Inv. INAH-MNA, 10-524798

BIBLIOGRAFIE
Bauss 1998: 50; Séjourné 1966: 259; Rattray 2001; Séjourné 1966: Abb. 42

106

106

Dieses Behältnis gehört zur Gattung der *Fine-Orange*-Keramik. Es besitzt zwei Unterteilungen sowie einen Deckel mit einem kleinen runden Knopf. Gegenstände dieser Art findet man in der Regel zusammen mit weiteren prächtigen Objekten in einigen Grabstätten innerhalb der Wohnanlagen. Da sie nicht in allen Gräbern vorkommen, vermuten wir, dass es sich um spezielle Stücke handelt, die eindeutig den hohen Rang ihres Besitzers bezeugen.

M.B.

107

Eines der Motive, das die Töpfer der *Fine-Orange*-Keramik mit großem Können darzustellen verstanden, war der Hund, der meist in einer typischen Körperhaltung – zusammengerollt und mit leicht erhobenen Kopf – dargestellt wurde. Solche Darstellungen von Hunden wurden auch in Grabkammern im Westen Mexikos gefunden, insbesondere im heutigen Bundesstaat Colima. Die kleinformatigen Figuren wurden mithilfe von Modeln hergestellt; bestimmte Details des Gesichts wurden eingeschnitten. Die spezialisierten Werkstätten im Süden von Puebla deckten den Bedarf an diesen in Tierform gestalteten Gefäßen. Bei archäologischen Forschungen wurden sie in Bestattungskontexten gefunden, und als Graburnen enthielten sie in manchen Fällen Asche und kalzinierte Knochen.

In der klassischen Periode waren Gefäße in Form eingerollter Hunde auch Teil von Grabbeigaben in Monte Albán im Westen von Mexiko, eine mit Teotihuacan gemeinsame Tradition, die sich mit Sicherheit vom Süden Pueblas aus verbreitete, als die Stadt ihre größte Blüte erlebte.

H.H.

Oben: Malerei des Kopfes der Gefiederten Schlange auf einem Sims in Techinantitla

DIE RELIGION: GÖTTER UND RITUALE

In Teotihuacan spielte die Priesterschaft eine zentrale Rolle. In allen Bauten befanden sich spezielle, dem Kult vorbehaltene Bereiche – von den kleinen Innenhöfen der Wohnkomplexe bis hin zu den großen Plätzen, auf denen sich Tausende von Menschen versammeln konnten, wie dem Platz in der Zitadelle oder der Platz vor der Mondpyramide. Die Unterschiede zwischen dem staatlich orchestrierten öffentlichen Kult und dem wesentlich intimeren und bescheideneren privaten Kult waren gewaltig.

Das Pantheon wies große Ähnlichkeiten mit den Pantheons anderer Regionen Mesoamerikas auf; in einigen Gebieten des alten Mexiko wurden noch Jahrhunderte lang viele Götter Teotihuacans verehrt.

Der Wettergott und die Gefiederte Schlange, die die Azteken später Tláloc und Quetzalcóatl nannten, spielten eine bedeutende Rolle im öffentlichen Kult. Bildnisse dieser Gottheiten wurden in den verschiedensten Materialien ausgeführt: sie wurden auf Keramikgefäßen und Wandmalereien abgebildet oder als Skulpturen dargestellt. Andere Gottheiten, etwa der von den Azteken Huehuetéotl genannte Alte Gott oder Feuergott, oder Xipe-Tótec, der Gott des Todes, waren im Allgemeinen in den Wohnkomplexen in Form von Stein- oder Terrakotta-Figuren anzutreffen.

Die Priester trugen die Verantwortung für verschiedene Zeremonien, deren Ziel es war die Gunst der Götter zu gewinnen. Reich geschmückt mit Baumwollstoffen, mit Kopaltaschen in der Hand, Federkopfputz und Schmuck aus Edelsteinen und Muscheln ausgestattet, standen sie spektakulären Liturgien vor, bei denen sie Botschaften von Fruchtbarkeit, politischer Einheit und von der Neuordnung des Kosmos verkündeten. Die Rolle der Priester war so maßgeblich, dass sie in der Forschung lange als höchste Gesellschaftsklasse galten. Heute ist man eher der Meinung, dass die Priester im Dienst einer sehr viel komplexeren Gesellschaft standen.

DIE WELTORDNUNG

Alle Aspekte des Lebens in der „Stadt der Götter", von der Planung des Stadtstaates bis zu den privaten Riten, wurden von kohärenten Konzepten geprägt, in denen sich religiöse Überzeugungen mit den politischen Anschauungen der herrschenden Klasse vermischten. Hieraus abgeleitet sollte eine vielseitige, integrierende soziale Umgebung geschaffen werden.

Die Archäologen entdeckten, dass dem Totenkult im familiären Kreis eine große Bedeutung zukam. Zumeist wurden die Toten mit verschiedenen Opfergaben unter dem Haus bestattet. Unter den Beigaben fand man vor allem Gefäße, darunter einige Dreifußgefäße, Gegenstände aus Obsidian und oftmals Figuren aus gebranntem Ton. Bei den ineinander schachtelbaren Figuren handelt es sich um menschliche Darstellungen, die meistens nur grob bearbeitet und kaum verziert wurden, der Oberkörper besitzt einen Deckel und eine Nische im Inneren, in der sich eine oder mehrere wesentlich kleinere doch sehr sorgfältig bearbeitete Figuren befinden. Die winzigen Figuren tragen einen riesigen Kopfputz, feine Gewänder und Schmuck.

Unter den vielgestaltigen Exemplaren finden sich sowohl festlich geschmückte Frauen als auch Krieger und Priester. Man vermutete, dass es sich um Vertreter der verschiedenen Gesellschaftsschichten in Teotihuacan handelte.

Unter den Grabbeigaben einiger der Bewohner, insbesondere der Frauen, fand man wunderschöne Gliederfiguren. Man konnte ihre Körperhaltung verändern und erstaunlicherweise auch ihre Kleidung wechseln, wodurch man diese Figuren für verschiedene Zwecke verwenden konnte.

108
FIGUR DES WIRTSTYPUS
Teotihuacan, Schenkung Stone, Nr. 1349
Metepec-Phase (550-650 n. Chr.)
Ton
13,5 x 10,4 x 7,8 cm
Inv. INAH-MNA, 10-223779
BIBLIOGRAFIE
De Orellana 2008: 66; Díaz 1990: 50, 54; Díaz 1993: 213

108

108

Dank der zahlreichen Untersuchungen zur Kosmogonie von Teotihuacan konnten viele Vorstellungen der Stadtbewohner über die Weltordnung geklärt werden. Es gibt jedoch weiterhin rätselhafte Aspekte, darunter eine bestimmte Art sitzender Keramikfiguren, die in ihrem Inneren, meist dem Brustkorb, in manchen Fällen aber auch im Kopf oder in den Gliedmaßen, kleine und mit anatomisch geformten Deckeln verschließbare Hohlräume besitzen. Darin befinden sich weitere, kleinere Figuren, weshalb sie von der Forschung als *Huésped*-Figuren (span. *Huésped* = „Gast" oder „Wirt") bezeichnet werden.

Man fand sie in Bestattungs- und Weihkontexten, weshalb angenommen wird, dass mit diesen Figuren wichtiger Ereignisse in Teotihuacan und in anderen Städten gedacht wurde. Denn diese Objekte finden sich häufig nicht nur in der „Stadt der Götter", sondern auch in weit entfernten Regionen wie Michoacán, Yucatán und sogar Guatemala.

Zur Klärung der Bedeutung dieser Figur haben Wissenschaftler verschiedene Hypothesen aufgestellt. Manchen Forschern zufolge handelt es sich um Darstellungen der gesellschaftlichen Gruppe, der die Gabe geweiht ist, denn die Darstellungen im Inneren der Figuren wurden als Herrscher, Krieger, Händler usw. identifiziert. Einer anderen Ansicht zufolge handelt es sich bei den Figuren und den in ihrem Inneren enthaltenen Bildern um Metaphern der Essenz des Individuums: Der menschliche Körper wurde demnach als persönlicher Kosmos aufgefasst.

R.F.

109
FIGUR DES WIRTSTYPUS
Teotihuacan
250-650 n. Chr.
Ton
8,2 x 10 x 5,5 cm
Inv. Museum Diego Rivera Anahuacalli, 671 PJ 1316 / 617 PJ1318

109

109

Bei diesen verschachtelbaren Keramikfiguren handelt es sich um besonders bemerkenswerte Objekte, die im direkten Kontext des Totenkultes und der allgemeinen kosmischen Vision der Gesellschaft Teotihuacans stehen. Ins Innere einer ausgehöhlten kleinen Tonfigur wurden kleine Keramikfiguren gelegt, die prachtvoll gekleidet waren und sich deutlich vom grob gearbeiteten Behältnis absetzten.

Bestimmte Funde in verschiedenen Gebieten von Teotihuacan offenbaren den rituellen Charakter dieser Gegenstände. Da sie direkt mit den Grabstätten in Verbindung standen, deutete man sie als Bestandteile des Grabmobiliars, die zu Ehren gesellschaftlich hochstehender Persönlichkeiten vergraben wurden. Dieses Stück zeichnet sich dadurch aus, dass es über viele Jahre hinweg der Privatsammlung des berühmten mexikanischen Wandmalers Diego Rivera angehörte. Jahrzehntelang hatte er Kunstgegenstände aus der vorspanischen Zeit zusammengetragen, die im Laufe der Zeit seinen eigenen Stil mitprägten.

M.B.

110a-b
WEIBLICHE FIGUREN MIT BEWEGLICHEN GLIEDERN
Teotihuacan, Zacuala, Grab 11
Klassische Periode, Xolalpan-Phase (350-550 n. Chr.)
Ton
26,6 x 12 x 4 und 11,8 x 6,5 x 2,4 cm
Inv. INAH-MNA, 10-13588 und 10-2602

BIBLIOGRAFIE
Séjourné 1959: Abb. 32, 1962: Abb. 28; Scott 2001: 36-38; Cowgill 2008: 25

111
FIGUR DES WIRTSTYPUS
Teotihuacan, Tlajinga
350-550 n. Chr.
18,5 x 20 x 12 cm
Ton und Farbpigmente
Inv. INAH – Museo de Sitio de Teotihuacan, 10-411079

110a

110b

110a-b

Viele der in Teotihuacan gefertigten anthropomorphen Figuren haben einen kahl geschorenen Kopf, der eine Schädeldeformation erkennen lässt und dem Gesicht eine dreieckige Form verleiht. Schädelverformungen waren in den frühen mesoamerikanischen Kulturen üblich. In der Zeit von Teotihuacan wurden damit zweifelsohne soziale Abgrenzungen ausgedrückt. Ein interessanter Umstand ist die Tatsache, dass die Kopfrasur für manche Gruppen aus dem Westen Mexikos mit den Vorstellungen über die Fruchtbarkeit der Ernte zusammenhing.
Die Figuren teotihuacanischen Stils mit einer aus zwei seitlichen Strähnen bestehenden Haartracht wurden eindeutig als Darstellungen weiblicher Personen identifiziert. Die besonders zu nennende, größere Figur wurde unter den Grabbeigaben einer Frau gefunden. Alle Teile der Figuren wurden mithilfe von Modeln gefertigt. Kopf und Körper wurden vor dem Brennen fest miteinander verbunden, während Arme und Beine Durchbohrungen aufweisen, an denen die Gliedmaßen über Fäden am Körper befestigt wurden. So waren die Figuren beweglich und konnten gekleidet und je nach Anlass in unterschiedlichen Positionen aufgestellt werden.

H.H.

111

Die Figuren des sogenannten Wirtstypus zeigen Menschen mit einem abnehmbaren Teil, der einen Blick ins Körperinnere freigibt. In diesem Fall sieht man in der Öffnung eine kleine Frauengestalt, geschmückt mit einem *Quechquemitl*, einer Art Cape, sowie einer Halskette, großen Ohrscheiben und einem bemerkenswerten Kopfschmuck. Dieser Figurentypus kommt gewöhnlich im Kontext von Gräbern oder Opferstätten vor. Seine Funktion scheint darin zu bestehen, besondere Lebenssituationen der Teotihuacaner aufzuzeigen. Im Allgemeinen stellen die kleineren Figuren Menschen mit bestimmten Berufen wie Krieger oder Kaufleute dar. Häufig handelt es sich aber auch um Frauen mit deutlichen Merkmalen ihrer Zugehörigkeit zu den oberen Gesellschaftsschichten.

M.B.

111

DIE MUTTERGÖTTIN, DER KULT DER ERDE

Im 19. Jahrhundert wurde die monumentale Skulptur einer weiblichen Gottheit entdeckt. Sie trägt einen außergewöhnlichen Kopfschmuck aus Blumen, Köpfen von Kojoten sowie heiligen Vögeln und hält in ihren Händen Kultgegenstände. Sie wurde als Chalchiuhtlicue, die Göttin des fließenden Wassers identifiziert, und mit ihr wurde der weibliche Aspekt der Schöpfung offensichtlich.

Im Laufe der letzten Jahrzehnte – vor allem seit der Entdeckung eines skulptierten Frieses, der eine weitere weibliche Gottheit darstellt, die ebenfalls heilige Gegenstände in ihren Händen hält – hat Esther Pasztory die Figur der Muttergöttin als den Kult des Weiblichen schlechthin bekannt gemacht, der im religiösen Weltbild Teotihuacans eine große Rolle spielte.

Jedoch teilen nicht alle Forscher diese Meinung. Eine große Anzahl von Bildnissen stellt nämlich ein Gesicht mit verschwommenen Zügen dar, das anhand seines Nasenrings in Form eines Schmetterlings, seiner runden Ohrscheiben, seiner Kleidung und seines Kopfschmuck identifiziert wird; es kann aber auch nur mit dem Nasenring und einer Kette dargestellt sein.

Die Muttergöttin verkörpert als Göttin der Erde die Fruchtbarkeit, die Blüte und die Reife der lebenden Wesen. In späteren Epochen wurde diese Gottheit mit Schlangen und anderen Tieren assoziiert.

112
STUCKIERTES UND BEMALTES GEFÄSS MIT SCHMETTERLINGSDARSTELLUNG
Teotihuacan
Klassische Periode, Metepec-Phase (550-650 n. Chr.)
Ton, Stuck und Farbe
22,5 x 21 cm
Inv. INAH-MNA, 10-78202

BIBLIOGRAFIE
Westheim 1962: Abb. 28 (unten); von Winning 1987: 115; Rattray 2001: 604

112

Fine-Orange-Keramik war nicht nur ein aufgrund ihrer Formen, Ausgestaltung und Feinheit geschätztes Luxusgut, sondern diente den Künstlern auch zur Darstellung einer Reihe von Motiven, die die religiösen Vorstellungen in Teotihuacan zum Ausdruck brachten.

Wie auf diesem Gefäß und anderen ähnlichen, in diesem Katalog erwähnten Objekten zu sehen, ist die Fruchtbarkeit ein häufig wiederkehrendes Thema. Die Gefäßwand wurde hier in vier Bereiche geteilt. Hauptelement sind zwei Schmetterlinge und das als „Berg des Unterhalts" identifizierte Zeichen. Die Motive wiederholen sich abwechselnd und sind durch Blüten mit Stängel umrandet: eine Darstellung, die wir in ihrer Gesamtheit als „Blumenfelder" deuten.

Diese Blumenfelder weisen unserer Ansicht nach auf eine Art Paradies hin, das dem auf der Wandmalerei von Tepantitla dargestellten Paradies ähnelt. Der „Berg des Unterhalts", die Blüten und der mit Augenmuscheln geschmückte und damit an Tláloc, den Gott des Regens und der Fruchtbarkeit, erinnernde Schmetterling legen eine solche Bedeutung nahe.

Hervorzuheben ist der künstlerische Stil dieses und eines weiteren bereits erwähnten Gefäßes, der sich durch die verwendeten Farben, die Komposition und die Anordnung der Motive auf der Oberfläche des Gegenstands auszeichnet.

R.F. und H.H.

113
SKULPTUR EINES FABELTIERES
Teotihuacan
Klassische Periode (200-650 n. Chr.)
Vulkanisches Gestein
20,7 x 20 cm
Inv. INAH-MNA, 10-41893
BIBLIOGRAFIE
Oliver 1999: 4-15

114
KEGELFÖRMIGE OBJEKTE
Teotihuacan, Pyramide der Gefiederten Schlange
ca. 250 n. Chr.
Grünstein
4,7 x 5 cm, 4,9 x 5,2 cm und 6,5 x 6,5 cm
INAH – Museo de Sitio de Teotihuacan, 10-0411083, 10-0411014 und 10-0411019

113

Für Teotihuacan liegen umfangreiche Bestände an Skulpturen, Flachreliefs und Wandmalereien vor, auf denen die für diese Kultur bedeutendsten Tiere gezeigt werden. Sie bildeten die zentralen Figuren in den Darstellungen und Erklärungen der teotihuacanischen Kosmogonie, denn sie waren Teil der Verbindung zwischen Menschen und Göttern. Am häufigsten kommen die Schlange und der Jaguar vor, und in dieser hybriden Skulptur verschmelzen sie miteinander.
Der Jaguar war Begleiter der Priester und Krieger; er stand mit den Wasserquellen und der Fruchtbarkeit der Erde in Verbindung. Die Schlange bezog sich auf Himmel und Erde und damit ebenfalls auf Fruchtbarkeit und Wasser. Aus dieser Zusammenfügung entstand ein Fabelwesen, das die Wildheit und die majestätische Pracht dieser Tiere zum Ausdruck bringt.
Tiere spielten auch im Alltag eine zentrale Rolle, ihr Fleisch diente als Nahrung, Haut und Knochen wurden zur Herstellung einer Reihe verschiedener Gegenstände genutzt.

E.C. und K.R.

114

Diese rätselhaften kegelförmigen Objekte wurden bei der Erforschung der Pyramide der Gefiederten Schlange zu Beginn der 90er Jahre des 20. Jahrhunderts entdeckt. Obwohl nirgends über ähnliche Funde berichtet wird, interpretierten einige Wissenschaftler die kleinen Kegel als symbolische Darstellungen von Bergen. Tatsächlich weisen sie an ihrem unteren Rand ein Muster aus je drei ineinander gefügten Kegeln auf, ein in der Sakralkunst von Teotihuacan weit verbreitetes Symbol, das ebenso als Darstellung von Gebirge wie der Muttergöttin gedeutet wird.

M.B.

115

RÄUCHERGEFÄSS MIT WASSERMOTIVEN

Teotihuacan, Tetitla, Weihgabe 16
Metepec-Phase (550-650 n. Chr.)
Ton, Stuck und Farbe
Deckel: 21,4 x 22,4 x 19,3 cm
Fuß: 17,2 x 22 cm
Inv. INAH-MNA, 10-80436 und 10-530832

BIBLIOGRAFIE
Rattray 2001: 565; Ross 2008: 59; Séjourné 1966: 49

115

Der Fortbestand der mesoamerikanischen Kulturen und aller frühen Kulturen wurde durch den Ackerbau gesichert, ermöglicht durch die vier lebensspendenden Elemente Wasser, Feuer, Erde und Luft. Für die mesoamerikanischen Gesellschaften spielte dabei das Wasser eine zentrale Rolle, was sich in ausgefeilten Wasserleitungssystemen für die Versorgung mit diesem lebenswichtigen Gut zeigt. Dieses Räuchergefäß belegt die Bedeutung des Wassers für die Bewohner von Teotihuacan. Es zeigt den „Berg des Unterhalts" (*Cerro de los Mantenimientos*) oder *Tonacatépetl* und ist mit einer Reihe von Elementen verziert: Federn, Seesterne, verschiedene Muschelarten und, besonders groß, eine von einem Federkranz umgebene Schnecke der Gattung *Strombus* in der Mitte – all dies verweise auf das Wasser, die Fruchtbarkeit und das Heilige.

R.F.

116
GEFÄSS
Teotihuacan
250–550 n. Chr.
Ton und Farbpigmente
15,5 x 19,7 cm
Inv. INAH – Museo de Sitio de Teotihuacan, 10-261106

117
FUSS EINES RÄUCHERGEFÄSSES
Teotihuacan, Tetitla, Weihgabe 14, Objekt 1129,
Grabungsphase 1966
Klassische Periode (200–650 n. Chr.)
Andesit
17 x 24,2 cm
Inv. INAH-MNA, 10-525061

116

117

116

Das Gefäß besitzt eingeritzte und gemalte Darstellungen der Muttergöttin. Fachleute gehen davon aus, dass sie eine der wichtigsten Gottheiten der Stadt war; sie steht in enger Verbindung zu Höhlen, Bergen und der Fruchtbarkeit. Die Abbildungen auf dem Gefäß sind den Darstellungen der Gottheit in den Wandmalereien der Wohnanlagen von Tetitla sehr ähnlich: Die Göttin präsentiert sich frontal, mit einem Paar großer Ohrscheiben, einem raffinierten Kopfputz und einer Scheibe oder einem Wappen auf der Brust. Seitlich von ihr finden sich wiederkehrende Abbildungen der Verbrennung eines Zuckerrohrbündels, ein Symbol, das wie oben erwähnt mit dem Ende eines Zeitzyklus und somit dem Beginn einer neuen Zeit in Verbindung gebracht wird.

M.B.

117

Rituale wurden in Teotihuacan von Priestern unter Verwendung verschiedener Gegenstände zelebriert. Zu den am häufigsten verwendeten zählen die „Theater"-Räuchergefäße, die unterschiedlich dekoriert waren und aus einem Fuß mit Deckel bestanden. Der Deckel war dabei überreich mit plastischem Dekor verziert, der mit Farben und Inkrustationen aus verschiedenen Materialien gestaltet war und meist Fruchtbarkeit symbolisierende Elemente zeigte. Der doppelkegelige Fuß mit seiner „Sanduhrform" verlieh dem Deckel Stabilität und erfüllte die Funktion einer Rauchkammer.

Bei dem hier gezeigten Objekt handelt es sich um den in Stein gearbeiteten doppelkegeligen Fuß eines Räuchergefäßes, eine Skulptur, die möglicherweise zu dekorativen und zugleich rituellen Zwecken ausgearbeitet wurde. Sie ist ein Beispiel für die verschiedenen künstlerischen Ausdrucksformen der teotihuacanischen Kultur, an denen sich die ästhetischen Präferenzen und die Weltsicht dieser Kultur ablesen lassen. In diesen Erzeugnissen, darunter majestätische Skulpturen unterschiedlicher Größe, die von den Bildhauern meisterhaft gemeißelt wurden, fügen sich religiöse Vorstellungen und Kunst zu einem harmonischen Ganzen zusammen.

E.C. und K.R.

DER FRUCHTBAR-KEITSKULT

In Teotihuacan wurden mit Blumen, Schmetterlingen, Saatkörnern, Muscheln und Schnecken verzierte Deckel von sogenannten „Theater"-Räuchergefäßen entdeckt. Eine rätselhafte Maske mit einem Nasenring in Form eines Schmetterlings im Zentrum dieser Deckel legt die Vermutung nahe, dass sie die Fruchtbarkeit und die Blüte darstellen, welche die Ankunft des Regens begleiten.

Laurette Séjourné und andere Archäologen haben sie mit Xochipilli, dem Blumenprinz der Azteken, dem Gott der Fruchtbarkeit und des Ackerbaus identifiziert. So werden diese Räuchergefäße auch mit anderen bildlichen Darstellungen des frühen Xochipilli-Kultes in Verbindung gebracht.

Die Präsenz dieser Gottheit lässt sich in der klassischen Periode nur schwer nachweisen, doch die Form, in der sie zu dieser Zeit in den Räuchergefäßen gestaltet wird, ist unmissverständlich: Hier wird die Macht der Natur betont, die der Umgebung des Menschen das Leben einhaucht. In diesem Konzept ist die Bedeutung des Ackerbaus und der von den einheimischen Künstlern so reich dargestellten Pflanzenwelt enthalten.

118

ANTHROPOMORPHE MASKE
Teotihuacan, Techinantitla (Sammlung Miguel Covarrubias)
Klassische Periode, späte Tlamimilolpa-Phase – Xolalpan-Phase (300-550 n. Chr.)
Ton, Stuck und Farbe
20,7 x 17 x 10 cm
INV. INAH-MNA, 10-2620
BIBLIOGRAFIE
Solís 1991: 65

118

118

Dieses besondere Beispiel prähispanischer Kunst wurde von Hand geformt und mit aufgesetztem plastischem Dekor versehen. Es gehörte zum Dekor im zentralen Bereich eines der „Theater"-Räuchergefäße. Räuchergefäße hatten eine stark religiös-symbolische Funktion. Ihr praktischer Zweck bestand in der Durchräucherung von Ritualbereichen und Tempeln, die zeremonielle Funktion ist jedoch komplex, denn die meisten Objekte dieses Typs wurden im Kontext von Weihezeremonien gefunden. Es handelt sich um prunkvolle Gegenstände, die über den aufgesetzten Dekor wie Masken, Scheiben, stilisierte Schmetterlinge und Vögel, Sterne, Muscheln, Schnecken und andere Meereselemente sowie Glimmer- und Zinnoberinkrustationen mythische Vorstellungen zum Ausdruck brachten.

Dieses Stück zeichnet sich durch den eindrucksvollen spiralförmigen Federschmuck über der Stirn aus, der wie ein Vogelschopf fällt und so eine Bewegung andeutet. Das Gegenstück bilden die großen runden Ohrpflöcke. Auf der Maske sind noch der Stucküberzug sowie die Gesichtsbemalung erhalten.

J.E.

119a
DECKEL EINES „THEATER"-RÄUCHERGEFÄSSES
Weihgabe 23, Tetitla, Teotihuacan
Klassische Periode (200-650 n. Chr.)
Ton, Farbe und Glimmer
49,6 x 42,5 x 22,2 cm
INV. INAH-MNA, 10-80432

119b
FUSS EINES „THEATER"-RÄUCHERGEFÄSSES
Teotihuacan, La Ventilla, Hof IA, Nr. 2684
Klassische Periode (200-650 n. Chr.)
Ton
23,2 x 25,5 cm
INV. INAH-MNA, 10-525026

BIBLIOGRAFIE
Berrin und Pasztory 1993: 216; Rattray 2001: 238-167; Solís 1991: 66

119a-b

Viele Rituale und Zeremonien der Kultur von Teotihuacan bezogen sich auf die Fruchtbarkeit, einen Aspekt, der für die Bewohner der Stadt von größter Bedeutung war, da ihr Überleben davon abhing. Dieser Umstand ist durch eine Reihe künstlerischer Darstellungen belegt. Für die Rituale, die den mit der Fruchtbarkeit verbundenen Göttern geweiht waren, wurden häufig spezielle Elemente eingesetzt, wie aus den Schriftzeichen auf verschiedenen Rohmaterialien und Skulpturen hervorgeht.

Dieses Räuchergefäß und der Fuß wurden aus örtlich verfügbarem Ton in Handformung hergestellt. Die Doppelkegelform des Fußes gibt dem Aufsatz Stabilität und hat die Funktion einer Brennkammer für den Kopal. An der Rückseite ist ein „Schornstein" als Rauchabzug angebracht.

Das Stück ist das Modell eines teotihuacanischen Tempels und stellt eine Art Altar dar, der von zwei Pfosten und einem Sturz eingerahmt ist. Die Verzierungen wurden mithilfe von Modeln hergestellt und zeigen stilisierte Vögel, Schmetterlinge und Federn. Schmetterlinge standen mit dem Feuer in Zusammenhang und galten als Insekten der Blumen, sodass sie eng mit der Vegetation und der Fruchtbarkeit verbunden waren. Gemeinsam mit den Vögeln steht diese Darstellung in Zusammenhang mit den aztekischen Gottheiten der nachklassischen Periode: Xochipilli, Macuilxochitl und Xochiquetzal waren zentrale Gottheiten für die Frühjahrs- und Blütenfeste.

Am rechten Pfosten des Räuchergefäßes ist ein Reptilienauge zu sehen, am linken eine die Idee des Zyklus symbolisierende Spirale. Beide Darstellungen hängen mit der Fruchtbarkeit zusammen und wurden mit einem Stempel geprägt. Die Maske im Zentrum dieses Räuchergefäßes zeigt eine junge Person mit einem als *Yacapapálotl* bezeichneten Mundschmuck. Der Sturz ist mit Obsidianscheiben und Schmetterlingsmotiven verziert.

E.C. und K.R.

120

„THEATER"-RÄUCHERGEFÄSS
Teotihuacan
350-550 n. Chr.
Ton, Glimmer und Farbpigmente
54 x 32,7 x 24,5 cm
Inv. Fundación Televisa, P.J. 21 Reg. 42

120

Dieses in stilistischer Hinsicht anders als die herkömmlichen „Theater"-Räuchergefäße gestaltete Stück ist mit einer auffallenden Figur verziert und zeigt sowohl auf dem Deckel als auch auf der Basis ein knappes Dutzend Keramikapplikationen.

Auf der Vorderseite sind vier große Scheiben aus Glimmer zu sehen, drei auf der Höhe des Halsschmuckes, eine an der Basis des Deckels.

Das Gesicht der Figur, dargestellt als Maske, ist rot und gelb bemalt. Wie bei allen Stücken dieses Typs entspricht die Physiognomie der eines Toten, sodass man vermuten kann, dass sie als Übergangsobjekte zwischen der Welt der Toten und den Ritualen der Lebenden vermittelten. Glimmer ist ein Material, das in Teotihuacan eine wichtige Rolle spielte. Seine Einführung setzt eine enge politische und wirtschaftliche Verbindung mit der zapotekischen Hauptstadt Monte Albán voraus, die den Handel und die Steinbrüche in den Tälern von Oaxaca kontrollierte. Daraus lässt sich ableiten, dass wir es bei den Räuchergefäßen mit Gegenständen zu tun haben, deren Gebrauch eng mit dem von der Zentralregierung eingeführten Kult zusammenhing. Insofern ist anzunehmen, dass der Staat die gesamte, in der Stadt lebende Bevölkerung strikter Kontrolle unterwarf: Er legte die Symbole und Strategien fest, mit welchen den Mitgliedern der Gesellschaft gezielte Botschaften übermittelt wurden.

M.B.

121

„THEATER"-RÄUCHERGEFÄSS
Teotihuacan
Klassische Periode (200-650 n. Chr.)
Ton, Glimmer und Farbe
56,5 x 41 x 31,3 cm
Inv. INAH-MNA, 10-80439 0/2

121

Manchen Forschern zufolge stellt dieses „Theater"-Räuchergefäß den „Berg des Unterhalts" (*Cerro de los Mantenimientos*) dar, einen paradiesischen Ort, immer blühend und fruchtbar, mit herrlichen Vögeln wie dem Quetzal, Papageien und Aras sowie einer Überfülle an Schmetterlingen, Blüten und Früchten.

Dieses großartige Objekt wurde mit plastischem Dekor in Form von Vögeln verziert. Sie sind an den grünen, weißen, roten und gelben Schnäbeln und Federn zu erkennen. Im Zentrum ist eine Maske zu sehen, bei der es sich um eine Fruchtbarkeitsgottheit handelt. Die Augen sind mit Federn, möglicherweise des Quetzal, verziert. Die Maske ist von kleinen Schnecken- und Muschelnachbildungen umrahmt. Früher waren manche Forscher der Ansicht, dass es sich um den Vorläufer der aztekischen Gottheit Xochipilli handelt. Solche „Theater"-Räuchergefäße sind meist sehr aufwändig gestaltet; der plastische Dekor belegt das große Können der Töpfer, und die verwendeten Materialien wie Glimmer zeigen, auf welch hohem Detaillierungsniveau gearbeitet wurde.

E.C. und K.R.

KATALOG DER AUSGESTELLTEN OBJEKTE

122
„THEATER"-RÄUCHERGEFÄSS
Teotihuacan
350-550 n. Chr.
Ton, Glimmer und Farbpigmente
72 x 34,5 x 24,2 cm
Inv. Fundación Televisa, P.J.21 Reg. 349

122

Hier sehen wir ein sehr bekanntes Exemplar eines „Theater"-Räuchergefäßes. Seine Oberfläche ist mit mehreren Dutzend Keramikapplikationen verziert, die u. a. Schilde, Federn und Scheiben aus Glimmer darstellen. Aufgrund der großen Formenvielfalt ist man lange davon ausgegangen, dass diese Stücke aus einem handwerklichen oder familiären Kontext stammten. Allerdings haben Ausgrabungen im Norden des Komplexes der Zitadelle ergeben, dass die Herstellung dieser rituellen Gegenstände in einem staatlich beschirmten Unternehmen vor sich ging. Dort wurde eine Werkstatt mit Hunderten von Applikationen gefunden, die zweifelsohne für die Verzierung solcher Räuchergefäße vorgesehen waren.

In der Mitte des Deckels zeigt sich das Gesicht einer Figur, das mit üppigem Ohrschmuck und Ketten ausgestattet ist. Dessen ungeachtet ähnelt der Gesichtsausdruck dem auf anderen Räuchergefäßen dieses Typus, denn auch hier scheint die Hauptfigur tot zu sein. Die Funktion dieser Stücke verweist auf das Reinigungszeremoniell vor und während bestimmter Rituale, bei denen es sich möglicherweise um Bestattungszeremonien handelte.

M.B.

122

123a
STUCKIERTES GEFÄSS
Teotihuacan
350-550 n. Chr.
Ton, Stuck, Farbpigmente
13,7 x 9,7 cm
Inv. Museum Diego Rivera Anahuacalli, 671 PJ 1192

123b
DREIFUSSGEFÄSS
Teotihuacan
350-550 n. Chr.
14,4 x 15,7 x 15,7 cm
Ton, Stuck, Farbpigmente
Inv. Museum für mexikanische Geschichte, 10-229277

123a

123b

123a-b

Auf diesen großartigen stuckierten Gefäßen sind deutlich die Abbildungen fantastischer Bäume zu erkennen. In weiten Teilen Mesoamerikas existierte der Glaube, dass die Himmelsrichtungen und die Schöpfung durch riesige mythologische Bäume markiert seien. Auch in Teotihuacan macht sich diese Vorstellung bemerkbar, so im ersten Beispiel, wo ein großer Baum aus der Erde aufragt und an drei horizontal angeordneten Astreihen Früchte trägt. Die Pflanzenabbildung vor dem roten Hintergrund auf dem zweiten Gefäß ist sichtbar naturalistischer. M.B.

124

POLYCHROME SCHALE
Beschlagnahmung
Klassische Periode (200-650 n. Chr.)
Ton, Stuck, Farbpigmente
8 x 26 cm
Inv. INAH-MNA, 10-157537

125

DECKELGEFÄSS IN TIERGESTALT
Teotihuacan
350-550 n. Chr.
Ton
Gefäß: 11,5 x 10 x 10,5 cm
Deckel: 12 x 11,5 x 14 cm
Inv. INAH – Museo de Sitio de Teotihuacan, 10-336624 2/2

124

Die mesoamerikanischen Kulturen entwickelten fortschrittliche Ackerbautechniken mit ausgeklügelten Systemen zur Bewässerung und Wasserspeicherung, die eindeutig die Wertschätzung dieses als Lebensmittel und für den Ackerbau sowie die handwerkliche Produktion unerlässlichen Lebenselexieres widerspiegelt. Die Beziehung Mensch – Wasser wird damit gesteigert in eine notwendige, mythisch dimensionierte Verbindung zwischen Menschen und Göttern.

Für Erhalt und Fortschritt der Gesellschaft war Fruchtbarkeit essenziell, und die Verehrung der Gottheiten sollte durch Opferungen und Rituale die gesamten Lebensbedingungen sichern. Entsprechende Zeremonien wurden allerorten begangen, und die Bewohner brachten ihre Dankbarkeit umfassend zum Ausdruck.

Für die Herstellung von Keramik wurde eine breite Palette an Techniken eingesetzt. Diese meisterhaft gearbeitete Schale wurde in lebendigen Farben mit Zeichen verziert, die in engem Kontext des Wasser- und Fruchtbarkeitskults stehen. Luxuriöse Gefäße wie dieses wurden für Rituale verwendet, die von Personen mit einem bestimmten Status und Verantwortung mit der Bitte um das Wohl der Bewohner ausgeführt wurden.

J.J.

125

Affen waren in den mesoamerikanischen Kulturen beliebt in Darstellungen, die Feste, Spiel und Fruchtbarkeit thematisierten. Dieses großartige Deckelgefäß hat die Form eines Affen, der zudem mit Ohrscheiben und einer Perlenkette kunstvoll ausstaffiert ist. Aus dem Mund des Affen scheint eine Hand hervorzuschauen, ein bislang wenig verstandenes und in der Kunst von Teotihuacan nur selten verwendetes Symbol.

M.B.

126
RÄUCHERGEFÄSS IN MAISFORM
Teotihuacan, La Ventilla, Hof A
Klassische Periode, frühe Xolalpan-Phase (350-450 n. Chr.)
Ton
Deckel: 30,6 x 18,3 cm
Fuß: 19,9 x 23,5 cm
Inv. INAH-MNA, 10-80444 und 10-155809

BIBLIOGRAFIE
Rattray 2001: 517

126

Die an den Palasteingängen aufgestellten Räuchergefäße wurden neben der Verwendung bei öffentlichen Zeremonien als Weihgaben beim Bau oder Wiederaufbau von Tempeln oder Wohnkomplexen dargebracht und oft in diesen Bereichen gefunden.

Die teotihuacanischen Räuchergefäße wurden in verschiedenen Größen hergestellt und setzten sich meist aus zwei Teilen zusammen: dem doppelkegeligen und als Stütze dienenden Fuß, der mit dem Gefäß verbunden war und in dem sich das zu verbrennende Material befand, sowie dem auffälligen hohen Deckel, der mit symbolischen Darstellungen versehen war. In diesem Fall stellt der Deckel des Räuchergefäßes einen gewaltigen Maiskolben dar, ein Symbol für den Ackerbau, der das Überleben der Menschen sicherte.

Andere Räuchergefäße mit maisförmigen Deckeln wurden in Tetitla (Weihgabe 57) und dem sogenannten Oaxaca-Viertel gefunden, u. a. ein Exemplar, das dem hier gezeigten sehr ähnelt.

H.H.

127

MAIS TRAGENDER TLÁLOC
Teotihuacan, Zacuala
Klassische Periode, Xolalpan-Phase (350-550 n. Chr.)
Stuck und Farbe
45 x 92 x 2,4 cm
Inv. INAH-MNA, 10-222316

BIBLIOGRAFIE
Von Winning 1987: 49, 153; de la Fuente 2001: 336-337

127

127

Dieses Wandmalereifragment zeigt eine Person, die eine Reihe der Kennzeichen des Tláloc trägt: gebogene Hauer, Zähne und Augenmuscheln. Die Figur ist mit einer Kette aus kleinen Scheiben, die Kugeln nachahmen, ausgestattet; sie trägt einen Ohrpflock aus konzentrischen Kreisen und grün-blaue Kleidung, Farben, die mit dem Wasser und der Fruchtbarkeit zusammenhängen. Er trägt einen durch ein großes Tuch an seinem Arm befestigten Korb mit gelben, blauen und rosafarbenen Maissorten. In der rechten Hand hält die Figur eine Maispflanze mit Blättern und in der linken Hand einen Beutel mit Griff.

E.C. und K.R.

TLÁLOC

Der Kult Tlálocs, Gott des Wassers und des Regens, existierte bereits vor der Blütezeit von Teotihuacan. Die Bauern Zentralmexikos stellten diese bedeutende Gottheit schon am Ende der Präklassik (400-1 v. Chr.) auf Ritualgefäßen dar, doch erst in Teotihuacan wurden die Darstellungen mit dem ihnen eigenen Merkmal, den Brillenaugen ausgestattet. Bei diesen Ritualgefäßen handelt es sich also um die Urform der Darstellung dieser Gottheit.

Diese Ritualgefäße wandelten sich im Laufe der Jahrhunderte, meistens im Sinne einer Vereinfachung. Teotihuacan und Zentralmexiko liegen auf einem Breitengrad, an dem die Grenze zwischen Regen- und Trockenzeit sehr ausgeprägt ist. Es hieß von Tláloc, dass er das kostbare Nass im Inneren der Berge aufbewahrte, die deshalb mit Wasser gefüllt waren, und dass er es in Form von Tropfen oder Unwettern auf die Erde goss. Es ist anzunehmen, dass der Regen von den Bauern jedes Jahr mit erwartungsvollem Bangen herbeigesehnt wurde.

128
TLÁLOC-SKULPTUR
Teotihuacan
Klassische Periode (150-650 n. Chr.)
Vulkanisches Gestein
20,4 x 15,2 x 15,7 cm
Inv. INAH-MNA, 10-226477

129
ABSCHLUSS EINER STELE
Teotihuacan, Anlage der Plaza Oeste
Alabaster
41 x 34 x 8 cm
Inv. INAH – Museo de Sitio de Teotihuacan, 10-333080

128

Tláloc, der Gott des Wassers, der auch für die Fruchtbarkeit zuständig ist, ist die in Teotihuacan am häufigsten abgebildete Gottheit. Er findet sich auf Keramikfiguren und -gefäßen, Wandmalereien, Friesen und Skulpturen, wie im Fall dieser aus vulkanischem Gestein gefertigten Skulptur. Sie zeigt den Gott sitzend wie eine ihre gefährlichen Krallen zeigende Katze.
Die Figur trägt im Gesicht die für Tláloc typischen Attribute: Bänder im Mundbereich, Eckzähne und Augenmuscheln, neben einem Kopfschmuck in Form eines Schildkrötenpanzers. Die Figur hat einen runden Bauch, der zwischen den Beinen hervortritt, und ist in der für die Gottheit typischen schwarzen Farbe dargestellt.
In dieser Darstellung vereint Tláloc die Schlange und den Jaguar in sich. Die die Fruchtbarkeit symbolisierende Schlange ist durch die Bänder im Mundbereich und die Eckzähne dargestellt. Einer Reihe von Wissenschaftlern zufolge handelt es sich um für Tláloc typische Attribute des Reptils. Die Großkatze kommt durch die Körperhaltung zum Ausdruck. Dieses amerikanische Raubtier wurde wegen seines ihm eigenen Brüllens mit dem Donner in Verbindung gebracht.
Der Kopfschmuck in Form eines Schildkrötenpanzers verweist auf das Wasser und somit auf die Fruchtbarkeit; der hervortretende Bauch alludiert Fülle und den Reichtum.

R.F.

130

TLÁLOC-MAUERZINNE

Gebäude „Los Subterráneos"
Klassische Periode (200-650 n. Chr.)
Stein und Farbe
128 x 107 x 16 cm
Inv. INAH-MNA, 10-136921

BIBLIOGRAFIE

Berrin und Pasztory 1993: 171;
Teotihuacan 2008;
Díaz Oyarzabal 1990: 51-53, Abb. 20;
Charnay 1884: 307-310;
Chavero 1984: 108-109

129

Abschluss einer Stele aus feinem weißlichen Alabaster mit kaffeebraunen Nuancen in der Gesteinsfärbung. In der Mitte der Scheibe ist eine Darstellung von Tláloc zu sehen, umgeben von einem großen Stern, der mit dem Kult des Planeten Venus assoziiert wird. Man erkennt, wie aus dem Mund des Gottes die göttlichen Wasserströme entspringen, die durch weitere Fruchtbarkeitssymbole ergänzt sind. Die Scheibe war vermutlich der obere Abschluss einer großen Tafel oder Stele, denn ein kleiner Zapfen am unteren Ende weist eindeutig darauf hin, dass sie ursprünglich auf einem steinernen Sockel saß. Dieser Schlussstein aus Alabaster wurde in der gleichen Wohnanlage gefunden wie ein großes Becken aus grünem Alabaster, was vermuten lässt, dass die Anlage der West-Platzes eine besondere Bedeutung für die Stadt hatte.

M.B.

130

Im April 1880 führte Desiré Charnay in Teotihuacan Untersuchungen durch, bei denen eine Reihe archäologischer Funde geborgen wurden, darunter ein dem hier gezeigten Objekt ähnlicher Gegenstand. Sie beschrieb diese als Objekte, die den „toltekischen Grabsteinen" ähnelten. Unter einem dieser Objekte fand man den „Eingang" zu einer Reihe von Räumen mit Beigaben, weshalb Charnay annahm, dass es sich um Grabsteine handelte.

Die Skulptur hier stellt Tláloc dar. Dieser Gottheit kam in Teotihuacan eine doppelte Funktion zu: Tláloc stand zugleich mit militärischen Fragen und der Fruchtbarkeit in Zusammenhang. Bei diesem Objekt ist Tláloc in Hochrelief gearbeitet, und es sind Reste roter Farbe erhalten, mit der diese Mauerzinne verziert war. Zu sehen sind etliche der Kennzeichen Tlálocs: die gespaltene Zunge, das Lippenband und vier obere Zähne.

Die Funktion dieses Gegenstands ist noch unbekannt; manchen Forschern zufolge handelt es sich um eine Gebäudekrone (Mauerzinne), eine Vermutung, die aufgrund des Gewichts dieser Objekte wahrscheinlich nicht zutrifft. Auch wurde angenommen, es handle sich möglicherweise um Teile der Abdeckung eines Gangs, aber auch dies ist aus dem eben genannten Grund unwahrscheinlich. Einer weiteren Annahme zufolge haben diese Platten zur Versiegelung von Eingängen gedient.

Zwischen 1905 und 1910 leitete Leopoldo Batres, einer der Pioniere der Archäologie in Mexiko, die ersten Untersuchungen in Teotihuacan und fand dabei vier weitere Objekte derselben Form in einem Bereich, der heute als das Gebäude „Los Subterráneos" bezeichnet wird.

Z.L., J.E. und J.J.

131
MAUERZINNE
Teotihuacan
Klassische Periode (200-650 n. Chr.)
Andesit
65,6 x 44 x 8 cm
Inv. INAH-MNA, 10-80886
BIBLIOGRAFIE
Matos 1990: 125-186; Acosta 1964: 23

131

1962 wurde während der dritten Grabungsphase in Teotihuacan im Gebäude 5 dieses Objekt gefunden, zusammen mit einem zweiten, sehr ähnlichen, und weiteren zwei Fragmenten. Es handelt sich möglicherweise um Mauerzinnen – Elemente, die zuoberst an den Bauwerken angebracht wurden.

Diese runde Mauerzinne ist auf einer Seite mit einem Flachrelief verziert, das das Gesicht von Tláloc, der dem Regen und dem Ackerbau zugeordneten Gottheit, zeigt. Die Figur ist innerhalb eines fünfzackigen Sterns dargestellt, der wiederum von einem Kreis aus Federn umgeben ist – ein in Teotihuacan häufig vorkommendes Motiv. Darstellungen des Gottes Tláloc waren in der Stadt weit verbreitet, nicht nur in Form von Skulpturen, sondern auch auf Gefäßen und Wandmalereien. Im oberen Abschnitt der Wandmalerei im „Hof der Jaguare" (*Patio de los Jaguares*) befindet sich eine Darstellung, die dieser Zinne gleicht. Darauf ist die ursprünglich in roter Farbe dargestellte Gottheit mit ihren typischen Merkmalen zu sehen, die heute rosafarben sind. Auch der die Figur umgebende fünfzackige Stern ist vorhanden, während der Kreis aus Federn kaum mehr zu erkennen ist.

E.C. und K.R.

132
GEFÄSS MIT DARSTELLUNG DES TLÁLOC
Teotihuacan
Klassische Periode (200-650 n. Chr.)
Ton
13,3 x 13,3 cm
Inv. INAH-MNA, 10-56525

BIBLIOGRAFIE
Von Winning 1987: 65-73; Arellano 2002: 165-168; Contel 2009: 20-25

133
DREIFUSSGEFÄSS
Teotihuacan
450-550 n. Chr.
11,8 x 12 cm
Ton
Inv. INAH-Museum Teotihuacan, 10-411365

132

Tláloc, der Gott des Regens der Náhua, ist an den Augenringen, den Bändern am Mund und den Eckzähnen, zu erkennen. Diese Attribute wurden in allen plastischen Ausdrucksformen dargestellt, die von den Bewohnern Teotihuacans beherrscht wurden.

Fray Diego Durán, einer der bekanntesten neuspanischen Chronisten, beschreibt Tláloc als Skulptur mit sehr großen Eckzähnen, anhand derer sich bei der Erforschung der Merkmale dieser Gottheit die Entwicklung ihrer Kennzeichen in den verschiedenen Kulturen ablesen lässt.

Die ikonografischen Attribute des Tláloc stammen vermutlich aus vorklassischer Zeit und wurden mit Merkmalen des Jaguars und der Schlange versehen, deren Darstellung sogar Krallen an den Flanken einschließt. J.J.

133

Das Gefäß in der Art der *Fine-Orange*-Keramik zeigt einen Krieger, der mit dem Tláloc-Kult in Verbindung steht, erkennbar an den großen runden Augen, dem Hauptmerkmal dieses Gottes. Die Verbindung zu Tláloc zeigt überdies die frontale, für diesen Gott übliche künstlerische Darstellung in Teotihuacan. Der Priester trägt vornehmen Schmuck sowie auf dem Kopf einen großen Federputz, dessen Mitte ein Fünfpunktemuster ziert, welches das Zentrum des Universums und die vier Himmelsrichtungen symbolisiert. Dieses Symbol steht gewöhnlich für den Kalender und die Zeit. Ein Panzer mit einer tierartigen Darstellung ziert die Brust. Die Arme sind ausgestreckt, und beide Hände tragen Schilde, wie bei Darstellungen von Kriegern üblich. M.B.

KATALOG DER AUSGESTELLTEN OBJEKTE

134a-b

ZWEI TLÁLOC-GEFÄSSE IN MINIATUR
Teotihuacan
Klassische Periode (200-650 n. Chr.)
Ton und Stuck
6,5 x 5,7 x 4,4 cm und 5,2 x 5,7 x 5,4 cm
Inv. INAH-MNA, 10-393498 0/2
BIBLIOGRAFIE
Berrin und Pasztory 1993: 242

135

TLÁLOC-GEFÄSS
Xico, Bundesstaat Mexiko
Metepec-Phase (550-650 n. Chr.)
Ton
45 x 30 x 24,6 cm
Inv. INAH-MNA, 10-224372
BIBLIOGRAFIE
Díaz 1991: 51, 62; Díaz 1993: 240-241;
Fierro 2008: 73

134a-b

Diese beiden Miniaturgefäße symbolisieren den Gott des Wassers und des Sturms, den Tláloc der Mexica (Azteken). Dieser Gott besaß große Bedeutung, denn er war die Schutzgottheit der Fruchtbarkeit und damit des Ackerbaus, der Lebensgrundlage der Menschen. Diese Gottheit kam mit unterschiedlichen Namen in vielen Kulturen vor, bezog sich jedoch in allen Fällen auf das Wasser. Auf den Wandmalereien des „säenden" Gottes in Teotihuacan beispielsweise sind reich geschmückte Figuren zu sehen, die den Regengott nachahmen und Samen auf die Erde streuen. Auf dem Rücken tragen die Figuren einen Korb mit verschiedenen, farblich unterschiedenen Maissorten. Diese beiden Gefäße zeigen die wichtigsten Merkmale des Regengottes. Die Töpfer zeigten ein großes Können bei diesen in höchster Qualität hergestellten kleinen und fein ausgearbeiteten Gegenständen mit aufgesetztem plastischem Dekor.

Eine Besonderheit dieser beiden Stücke ist der Umstand, dass sie speziell für die Verwendung bei rituellen Handlungen hergestellt wurden; gefunden wurden sie in einem Bestattungskontext. **E.C. und K.R.**

135

Die ersten Darstellungen des Gottes des Regens, des Wassers und der Fruchtbarkeit der Erde finden sich auf den sogenannten Tláloc-Gefäßen, erkennbar an der Darstellung der wichtigsten Attribute dieses Gottes an Körper und Rand. Zu teotihuacanischer Zeit waren diese Darstellungen bereits weit verbreitet. Unter ihnen tritt dieses beeindruckende Gefäß hervor, das sich im Unterschied zu ähnlichen Gefäßen durch seine Größe auszeichnet. Gezeigt werden die Attribute der Gottheit, wie die Augenmuscheln, die Bänder im Mundbereich und die Eckzähne. Der Gott ist auf der Vorderseite mit Ohrpflöcken und einem hohen Kopfputz geschmückt und zeigt drei stilisierte Rachen, die für die Ikonografie im Zusammenhang mit dieser Gottheit kennzeichnend sind. Am Körper des Gottes ist ein symbolisches Motiv aus drei Blüten zu sehen, mit Sicherheit ein Verweis auf die Fruchtbarkeit der Erde, auf die der Wasser spendende Gott großen Einfluss hat. Manchen Forschern zufolge könnte das pflanzliche Motiv an der Vorderseite ein Ortssymbol sein, denn es handelt sich, auch wenn die Darstellung in ihrer Gesamtheit ein Beispiel für den Einfluss Teotihuacans in Xico ist, um einen für die Region des Chalco-Sees typischen künstlerischen Stil. **R.F.**

136
DREITEILIGES GEFÄSS MIT HENKEL
Teotihuacan
250-650 n. Chr.
Ton
11 x 7 x 11 cm
Inv. Museum Diego Rivera Anahuacalli, 671 PJ 15 72

137
TLÁLOC-GEFÄSS
Teotihuacan
Klassische Periode (200-650 n. Chr.)
Ton
16,7 x 13,3 cm
Inv. INAH-MNA, 10-14214
BIBLIOGRAFIE
Rattray 2001: 196-200

136
Das feine Henkelgefäß ist mit Darstellungen von Tláloc verziert. Die dem Wettergott Tláloc zugeordneten Miniaturbilder werden als *Tlaloques* interpretiert – mythische Figuren von kleinem Wuchs, welche die irdischen Arbeiten der Gottheit repräsentieren. Offenbar wurden die Götter im privaten Rahmen genauso stark verehrt wie im öffentlichen Raum; auf Tláloc-Gefäße trifft man jedenfalls in beiden Bereichen: bei den umfangreichen Weiheopfern anlässlich der Ummantelungen der Mondpyramide und in den Innenhöfen der Wohnanlagen.
M.B.

137
Der Regengott steht mit dem Wasser, der Erde und damit auch den Bergen in Zusammenhang. Es wurden viele Gegenstände gefunden, die sich auf diesen Gott beziehen, und einer Reihe von Wissenschaftlern zufolge handelt es sich um eine der Gottheiten, die von den Bewohnern Teotihuacans am stärksten verehrt wurde. Darstellungen des Tláloc wurden aus einer Reihe von Materialien gefertigt. Sie reichen von Grünstein, Wandmalereien und Tonskulpturen bis zu Dekor, bei dem es sich nicht unbedingt um Abbildungen, sondern um vereinfachte Symbolisierungen dieser Gottheit handelt. Das hier beschriebene Gefäß zeigt typische Merkmale des Tláloc: die kopfschmuckartigen Zacken als Darstellung von drei Bergen am Gefäßrand, die bogenförmigen Augenbrauen, Mund und Nase, die als plastischer Dekor aufgesetzt wurden, und die langen Ohren, die auf beiden Seiten des Kopfes bis zum Hals hinunterreichen. Am Gefäßkörper wurden rudimentäre Hände und Füße gestaltet.
Auf den Wandmalereien von Tepantitla und Tetitla, zwei Stadtvierteln in Teotihuacan, sind Priester dargestellt, die Tláloc-Gefäße tragen.
E.C. und K.R.

KATALOG DER AUSGESTELLTEN OBJEKTE

138
STUCKIERTES GEFÄSS
Teotihuacan
350-550 n. Chr.
18 x 14 cm
Ton, Stuck und Farbpigmente
Inv. INAH – Museo de Sitio de Teotihuacan, 10-336493

139
STUCKIERTES DREIFUSSGEFÄSS
Teotihuacan
350-550 n. Chr.
18 x 21 cm
Ton, Stuck und Farbpigmente
Inv. INAH-Museum Teotihuacan, 10-411174

138

139

138

Das stuckierte und mit Farbpigmenten fein bemalte Gefäß zeigt die meisterhafte Darstellung des Wettergottes Tláloc. Der Priester der Gottheit ist hier mit seinen großen runden Augen und dem eigentümlichen Schnurrbart von vorn abgebildet. In der linken Hand hält Tláloc eine große Vase, während er mit der Rechten das Leben eines Vogels zu opfern scheint. Zu seinen Füßen sieht man einen großen, in der Mitte geteilten Stern, der für den Planeten Venus steht. Ein Großteil der begabten Künstler Teotihuacans wurde von den Machthabern unterstützt. Das große Können dieser Personen diente – wie bei diesem Gefäß – den regierenden Klassen zur Verbreitung von politischen und religiösen Botschaften. M.B.

139

Das bezaubernde Gefäß besitzt eine feine mit Farbpigmenten dekorierte Stuckschicht. Dargestellt ist ein Priester des Wettergottes Tláloc. Er ist gerade dabei, eine liturgische Prozession durchzuführen. In der einen Hand hält er ein großes Messer, darüber hängt das Herz eines Menschenopfers. Noch ist uns das in Teotihuacan herrschende religiöse System nicht ganz klar. Abbildungen wie diese auf stuckierten Gefäßen dienen als Grundlage für Hypothesen über verschiedene Arten von Festen und verschiedene Zeremonien in der Stadt der Götter. M.B.

140

SÄENDER TLÁLOC IM PROFIL
Teotihuacan, Zacuala, evtl. Gang 1 oder Portikus 9
Klassische Periode, Xolalpan-Phase (350-550 n. Chr.)
Stuck und Farbe
75 x 146 x 2 cm
Inv. INAH-MNA, 10-136067

BIBLIOGRAFIE
Contel 2009: 21; Lombardo 1990: 51; Pasztory 1993: 195;
Ruiz 2001: 447-457

140

140

Für die Bewohner von Teotihuacan spielten die religiösen Zeremonien und Götterverehrungen eine große Rolle. Zu den wichtigsten Gottheiten zählte zweifelsohne Tláloc, der Gott des Wassers. Er wurde in unzähligen Varianten dargestellt, auch wie hier als säender Tláloc. Er ist auf einer Wolke zu sehen, die ihn durch den sternumrahmten und als blauen Streifen dargestellten Himmel trägt. Aus seiner Hand rinnt das lebensspendende Nass auf die Erde, ein Hinweis auf das Fruchtbarkeitsritual, das in diesen Kulturen eine große Rolle spielte.

Aus dem Mund der Figur tritt ein längliches Doppelelement zur Darstellung gesprochener Worte, mit denen der Gott auf seiner Fahrt Gaben und Wohltaten verteilt.

Tláloc verkörpert alle Wetterphänomene, wie Regen oder Sturm, Wolken, Blitz, Wetterleuchten und Donner. Mit seinen guten Handlungen macht er die Erde fruchtbar, beschützt die Felder und sorgt für alle lebensnotwendigen Nahrungsmittel. Er kann aber auch zerstörerisch wirken.

E.C. und K.R.

141
MAIS TRAGENDER TLÁLOC
Teotihuacan, Zacuala, Wandmalerei 3, Portikus 3
Klassische Periode, Xolalpan-Phase (350-550 n. Chr.)
Stuck und Farbe
48 x 94 x 4 cm
Inv. INAH-MNA, 10-221996
BIBLIOGRAFIE
Von Winning 1987: 153; de la Fuente 2001: 336-337

141

141

Der Körper dieser Figur, deren Gesicht Attribute des Tláloc zeigt, ist gelb. Die Maiskolben, die sie auf dem Rücken trägt, stellen sie in einen Zusammenhang mit der Nahrungsgrundlage der Menschen. In der rechten Hand trägt die Figur eine Maispflanze mit Stängel, Blättern und Kolben, in der linken einen Beutel mit zusammengeknoteten Bändern und ein Ledertuch, in dem Kopal transportiert wurde, ein Attribut der Priesterklasse.
Verschiedenen Deutungen stellen diese Figuren mit dem Gott der Händler in einen Zusammenhang, denn die Wandmalerei wurde im Palast von Zacuala gefunden, der Entsprechung Pochtlans, dem Tempel der Händler in Tenochtitlan.   E.C. und K.R.

142
WANDGEMÄLDE VON TLÁLOC
Teotihuacan, Techinantitla
350-550 n. Chr.
Stuck und Farbpigmente
76 x 96 cm
Inv. Museum Amparo, 52 22 MA FA 57 PJ 1353

142

Diese Szene zeigt einen dem Kult des Wettergottes Tláloc zugehörigen Priester während einer spektakulären religiösen Zeremonie. Er ist reich geschmückt mit einem großartigen Kopfputz und trägt ein vornehmes Gewand; darauf ist das Fünfpunktemuster zu erkennen, das das Zentrum des Universums und die vier Himmelsrichtungen symbolisiert. In der einen Hand hält er ein Gefäß mit dem Bildnis von Tláloc – diese Gefäßform war bei der Durchführung von häuslichen Ritualen sehr beliebt –, während die andere Hand einen großen Blitz hält, nach Art der gebogenen Messer, die bei den Opferungen in Teotihuacan gebräuchlich waren. Wenngleich seine Herkunft ungeklärt ist, lässt uns der Stil dieses Gemäldes vermuten, dass es die Wände der Wohnanlage von Techinantitla zierte.　　　　M.B.

DAS FEUER

Abbildungen des Feuerkultes in Teotihuacan standen in Verbindung mit bildlichen Darstellungen, die in der Nachbarstadt, dem im Süden des Tals von Mexiko gelegenen und durch Ausbrüche des Vulkans Xitle zerstörten Cuicuilco, beheimatet waren. In Cuicuilco tauchten sehr früh Darstellungen von Huehuetéotl auf, einer archaischen Gottheit, deren Name „Alter Gott" bedeutet. Dieser Feuergott wurde gebeugt, im Schneidersitz dargestellt, mit faltigem Gesicht und einem Kohlebecken auf dem Kopf. Die Figur ist eine Verbildlichung des Vulkans und seines Kraters, aus dem das Feuer der Erde entsteht. Die Bildhauer Teotihuacans haben diese Gottheit häufig dargestellt, entweder schematisiert und geometrisch oder in realistischerer Form. Huehuetéotl wurde mit den Wohnbereichen assoziiert, wo man zahlreiche seiner Bildnisse fand. Das Gesicht des Greises, von dem man nur die Eckzähne sieht, da er die Schneidezähne bereits verloren hat, bildet das Zentrum der Skulptur. Seine Form erinnert an das umgekehrte und abgestumpfte Dreieck der Masken. Über seinen großen runden Ohrscheiben befindet sich das Kohlebecken mit einem Dekor, das in Rauten eingepasste Kreise rhythmisch gliedern. Es erinnert an Augen, die durch vier senkrechte Striche voneinander getrennt sind. Der Gott war ebenfalls Motiv von Figuren, die zum Teil das charakteristische Kohlebecken trugen. Die Bewohner Teotihuacans stellten diese Figuren zu Tausenden her. Manche Exemplare waren mit zwei Vertiefungen zeigenden Tongefäßen ausgestattet und sind unter der Bezeichnung *Candeleros* (Leuchter) bekannt. Sie dienten offenbar als Halterung für kleine Fackeln für die Beleuchtung der Häuser.

143
JAHRESBÜNDEL
Teotihuacan
Klassische Periode (200-650 n. Chr.)
Vulkanisches Gestein
45 x 13,3 cm
Inv. INAH-MNA, 10-393505

144
STEINTAFEL MIT BÜNDEL
Teotihuacan, Fuß der Treppe der Sonnenpyramide
Klassische Periode (200-650 n. Chr.)
Andesit
104 x 103,5 x 14 cm
Inv. INAH-MNA, 10-81808
BIBLIOGRAFIE
Von Winning 1987: 163-164; Solís 1991: 54

143

143

Diese aus vulkanischem Gestein gefertigte Skulptur wird als „Jahresbündel" bezeichnet. Es wird angenommen, dass es sich um die Darstellung eines Holzbündels mit züngelnden Flammen handelt. Darstellungen solcher Bündel wurden in vertikaler, horizontaler und diagonaler Ausrichtung gefunden.
Vermutlich handelt es sich um den Vorläufer der Zeremonie des „Neuen Feuers" (*Fuego Nuevo*), die zu nachklassischen Zeiten am Ende eines Kalenderzyklus von 52 Jahren, den prähispanischen Epochen oder „Jahrhunderten" gefeiert wurde.

Das Denken der Gruppen, die Mesoamerika vor der Ankunft der Spanier bewohnten, war durchweg religiös geprägt. Ihre Kosmovision veranlasste sie, komplexe Rituale der Verehrung, Bitte, Opferung und Gabendarbringung für die ihr Schicksal bestimmenden Gottheiten zu entwickeln. Die Demonstration dieser Religiosität erfolgte oft über öffentliche Rituale, die an eigens festgelegten Orten und Zeitpunkten stattfanden. Z.L.

144

Zeremonien spielten in Teotihuacan eine zentrale Rolle, denn sie gehörten grundlegend zur Weltsicht der Bewohner der Stadt.

Die Zeremonialbereiche wurden mit Darstellungen von Elementen versehen, die für das jeweilige Ritual wesentlich waren. Oft handelte es sich um die jeweiligen Gottheiten mit ihren Attributen. Sie waren abgebildet auf den Wandmalereien oder präsentierten sich in Form von Skulpturen. Die einzelnen im Innen- oder Außenbereich befindlichen Objekte wurden für einen jeweils bestimmten Zweck gefertigt, so auch in dem der Sonne geweihten Unterbau, an dem das Fragment eines Reliefs mit Symbolen für die Sonne und das Feuer gefunden wurde. Im Vordergrund sind zwei gebundene oder ausgeschnittene Papierstreifen zu sehen, dahinter flammenartige Darstellungen. Diese Elemente werden mit Ende und Beginn der Kalenderzyklen in Verbindung gesetzt; bei den entsprechenden Zeremonien wurden Holzbündel rituell verbrannt.

E.C. und K.R.

145

SKULPTUR VON HUEHUETÉOTL
Teotihuacan
250-550 n. Chr
Stein
16,8 x 25 x 25 cm
Inv. INAH – Museo de Sitio de Teotihuacan, 10-336617

146

SKULPTUR VON HUEHUETÉOTL
Teotihuacan, Rancho Lobo, 1963
Klassische Periode (200-650 n. Chr.)
Ton
36,4 x 37,7 x 36,7 cm
Inv. INAH-MNA, 10-79920
BIBLIOGRAFIE
Müller, Castañeda und Vidarte 1963: 6-7

145

Huehuetéotl, der Alte Feuergott, ist eine schon vor der Entstehung von Teotihuacan in Mesoamerika weit verbreitete Gottheit. Stets erscheint er im Schneidersitz, Hände und Armen ruhen auf den Beinen. Das Antlitz zeigt die Spuren seines vorgerückten, durch verschiedene Falten angedeuteten Alters, während er auf dem Kopf ein großes Kohlenbecken trägt, in dem bei verschiedenen Ritualen eine Kohlenglut entfacht wurde. Obwohl wir ihn nicht wirklich als solchen katalogisieren können, scheint der alte Feuergott ein Schutzpatron für Haus und Herd gewesen zu sein und ist sehr häufig im Bereich der Innenhöfe in den Wohnanlagen anzutreffen.

M.B.

146

Der Alte Gott oder Huehuetéotl ist hier in einer besonders großformatigen Version dargestellt, die in Ton gearbeitet wurde. Die Figur wurde als bisher größte dieser Art aus diesem Material 1963 während der fünften archäologischen Untersuchungsphase in Teotihuacan gefunden.

Zur Blütezeit der klassischen Periode wurden monumentale Steinskulpturen dieses Gottes, aber auch mittelgroße Figuren und kleine Tonfiguren gefertigt. Stets wird er als gebückter Greis mit einem Gefäß auf Nacken und Rücken, faltigem Gesicht und zahnlosem Mund als Zeichen der Alterung des Menschen dargestellt.

Die Vorläufer des teotihuacanischen Huehuetéotl im zentralen Mesoamerika wurden in Cuicuilco gefunden, einer Siedlung am südlichen Rand des Beckens von Mexiko, die nach dem Ausbruch eines kleinen Vulkans aufgegeben wurde (600-100 v. Chr.). Ein Feuerkult existierte mit Sicherheit seit frühester prähispanischer Zeit. Die Verehrung dieses Elements wurde jedoch von den staatlichen Strukturen generalisiert und die extrem gebückte Haltung und die Größe des Gefäßes dabei standardisiert.

H.H.

147

SKULPTUR VON HUEHUETÉOTL
Teotihuacan
Klassische Periode (200-650 n. Chr.)
Stein
65 x 63 x 66 cm
Inv. INAH-MNA, 10-81811
BIBLIOGRAFIE
Gendrop 1979: 66; Solís 1991: 54; Lombardo 1990: 51

148

MASKE EINES ALTEN MANNES
Teotihuacan
Klassische Periode (200-650 n. Chr.)
Ton und Stuck
9 x 13 x 5,8 cm
Inv. INAH-MNA, 10-879
BIBLIOGRAFIE
Von Winning 1987: 111-114

147

Es handelt sich hier um ein von Huehuetéotl getragenes Räuchergefäß, welches zur Entzündung des „Heiligen Feuers" verwendet wurde. Es ist außen mit geometrischen, durch vertikale Streifen getrennten Mustern in Form einer Raute mit einer Scheibe im Zentrum verziert, ein Motiv, das als Darstellung von Augen interpretiert worden ist und Licht oder Feuer symbolisiert.

Diese Gottheit stammt offenbar aus Cuicuilco und wurde in verschiedenen Regionen in den Kult übernommen. Sie steht in engem Zusammenhang mit der Fruchtbarkeit; es handelt sich jedoch nicht um die einzige Gottheit, die mit diesem Aspekt verbunden ist.

Andere Darstellungen dieser Figur stammen von der Golfküste, wo die Skulpturen im Unterschied zu Teotihuacan aus Ton gefertigt wurden. E.C. und K.R.

148

Die Symbolik des „Heiligen Feuers" hängt mit der Verehrung des „alten" Feuergottes zusammen, der in nachklassischer Zeit als Huehuetéotl bezeichnet wurde. Es handelt sich um eine der ältesten verehrten Gottheiten im Becken von Mexiko. Darstellungen dieses Gottes kamen sehr häufig in Cuicuilco vor; bemerkenswert ist die Tatsache, dass die Darstellung dieses Gottes bei der Übernahme des Kultes in Teotihuacan keine großen Veränderungen erfuhr und die Merkmale der Figur mit der Entwicklung und Blüte der Stadt beibehalten wurden. In Teotihuacan wurden die den Göttern geweihten Rituale unter Verwendung von Gegenständen vollzogen, die speziell für diesen Zweck hergestellt wurden. Im Fall des „Heiligen Feuers" ist insbesondere der Gebrauch von verzierten Räuchergefäßen aus Keramik, von Skulpturen in Form von Feuerbecken und von „Kandelabern" zu nennen. Diese kleine Maske gehörte wahrscheinlich zu einem Räuchergefäß. Sie wurde mithilfe eines Models hergestellt und war mit Stuck überzogen und farblich verziert. Zu erkennen sind das faltige Gesicht des Huehuetéotl und der offene, fast zahnlose Mund. Z.L.

KATALOG DER AUSGESTELLTEN OBJEKTE

149

HUEHUETÉOTL
Teotihuacan, San Miguel Azcapotzalco, 1207, 9 n
Klassische Periode (200-650 n. Chr.)
Ton
16,3 x 10,3 x 10,9 cm
INV. INAH-MNA, 10-223690 0/2

BIBLIOGRAFIE
Von Winning 1987, Band 1: 111-114

149

149

Diese Keramikfigur zeigt den Feuergott, dargestellt als gebückter Greis. Auf dem Rücken sind durch horizontale Einschnitte die Wirbel angedeutet; die Beine sind überkreuzt, und die Hände liegen auf den Knien. Das Gesicht ist faltig und der Mund zahnlos. Die Ohren weisen Durchbohrungen auf, die zweifellos zum Zweck der Verzierung gearbeitet wurden. Das Stück wurde in Stöckchenpolitur bearbeitet: eine in der Stadt weitverbreitete Technik für die Keramikendbearbeitung. In Teotihuacan wurden Figuren meist reich ausgestattet, bekleidet oder mit Kopfputzen dargestellt. In diesem Fall lässt sich von der Abnutzung an Kopf und Armen darauf schließen, dass die Figur möglicherweise Schmuck trug. Diese Figur ist einzigartig, denn der Kopf wurde in zwei Teilen gefertigt und kann abgenommen und in einer anderen Position auf den Körper gesetzt werden. Die Figur zählte zu den bei der Zeremonie des „Heiligen Feuers" verwendeten Objekten.

Z.L.

150a-b

Bei den sogenannten Kandelabern oder Leuchtern handelt es sich um kleine rechteckige Keramikgegenstände mit flachem Boden und abgerundeten Kanten. An der Oberseite befinden sich eine oder zwei Öffnungen, der funktionale Teil der Kandelaber. Es wurden Exemplare mit Fingerabdruckdekor, eingeschnittenen geometrischen und symbolischen Motiven, plastischem Dekor und in manchen Fällen, unter Ausnutzung der seitlichen Löcher, anthropomorphen Figuren gefunden.

Trotz der Bezeichnung „Kandelaber" gibt es bis heute keine überzeugende Erklärung für ihren Zweck, obwohl sie in fast allen in der Stadt gefundenen archäologischen Kontexten äußerst häufig vorkommen. Man hat vorgeschlagen, dass sie als Leuchter verwendet wurden und die Lichter sich

150a
KANDELABER
Teotihuacan
Klassische Periode, Xolalpan-Metepec-Phase (350-650 n. Chr.)
Ton
4,3 x 3,2 x 7,4 cm
Inv. INAH-MNA, 10-136127

150b
KANDELABER
Teotihuacan
Klassische Periode, Xolalpan-Metepec-Phase (350-650 n. Chr.)
Ton und Stuck
4,4 x 4,2 x 4,1 cm
Inv. INAH-MNA, 10-525229

BIBLIOGRAFIE
Ortiz 1993: 502-503; Ceballos 1922: 205-212; von Winning 1987: 111; Sánchez 2006

151a
KANDELABER
Teotihuacan, CO-TEOT, 6
Klassische Periode, Xolalpan-Metepec-Phase (350-650 n. Chr.)
Ton
5,9 x 6,1 x 4,1 cm
Inv. INAH-MNA, 10-77731

151b
KANDELABER
Teotihuacan
Xolalpan-Metepec- Phase (350-650 n. Chr.)
Ton
5,1 x 6,6 x 2,8 cm
Inv. INAH-MNA, 10-47184

BIBLIOGRAFIE
Ortiz 1993: 502-503; Ceballos 1922: 205-212; von Winning 1987: 111

150a

150b

151a

151b

151a-b

dabei in den Öffnungen befanden. Verschiedene Forscher haben diese Hypothese in Zweifel gezogen und nehmen stattdessen an, ausgehend von Analysen verschiedener Exemplare und deren harzigen Rückständen, vermutlich Kopal, dass es sich um Räuchergefäße gehandelt haben muss. Fest steht, dass keine dieser sich gegenseitig nicht unbedingt ausschließenden Erklärungen belegt werden konnte.   Z.L.

In den prähispanischen Kulten war das Verbrennen von Hauchharz zur Erbittung der Gunst und der Wohltaten der Götter weit verbreitet, womit sich die große Zahl an „Kandelabern" erklären ließe. Diese Art von Gegenständen wurde in Haus-, Zeremonial-, Gebrauchs- und Bestattungskontexten gefunden, allerdings selten außerhalb der Wohngebiete der Stadt.

Obwohl anthropomorphe Verzierungen der Kandelaber häufig sind, ist das kleine Räuchergefäß mit einer Darstellung des Huehuetéotl bemerkenswert. Das Gesicht zeigt die für den „alten" Feuergott charakteristischen Falten, die mit der Technik des Einschneidens erzeugt wurden. Auf der hinteren Seite des Kandelabers ist der gekrümmte Rücken angedeutet. Die Hände sind nach vorn gestreckt, und die Figur trägt ein Feuerbecken auf dem Kopf, das mit einem Symbol, bestehend aus einer Raute mit einem Kreis im Inneren, verziert ist. Man glaubt, dass es auf das Feuer und sein Leuchten verweist. Diese kleinen Gegenstände dürften für das „Heilige" und nicht das gewöhnlich in den Wohnstätten genutzte Feuer verwendet worden sein.

Typisch für die Kandelaber sind auch eingeschnittene Verzierungen, in diesem Fall ein Dekor mit dem vierteiligen Zeichen, das der kosmischen Ordnung, dem heiligen Raum und der Schöpfung zugeordnet wird. Es wurde die Hypothese aufgestellt, dass dieses Zeichen in Teotihuacan außerdem auf das Regenwasser verweist.   Z.L.

KATALOG DER AUSGESTELLTEN OBJEKTE

QUETZALCÓATL

Eine der bedeutendsten Gottheiten von Teotihuacan war Quetzalcóatl, die Gefiederte Schlange.
In Teotihuacan wurden die Darstellungen dieses mythologischen Tieres mit Macht assoziiert und mit der Fähigkeit der Natur, das Leben mit einer von diesem heiligen Wesen ausströmenden, Leben spendenden Flüssigkeit zu erneuern.
Im Tempel der Gefiederten Schlange in der Zitadelle wiederholt sich das Motiv dieses mythischen Reptils auf jedem *Talud*. Es schwimmt inmitten von Muscheln und Meeresschnecken in einer Flüssigkeit, die als Lebenswasser identifiziert wurde. In Verbindung mit Quetzalcóatl bringt sie der Natur das Leben. Die Anzahl der Schlangenskulpturen auf dem *Tablero* entspricht den dreihundertfünfundsechzig Tagen des Sonnenkalenders. Sie stehen im Zusammenhang mit großen augenumrandeten Figuren, die die Ausübung der Macht darstellen.
Die zahlreichen Darstellungen der Gefiederten Schlange auf rituellen Gefäßen, Wandmalereien und als Obsidianfiguren zeugen von ihrer kultischen Bedeutung.

152
STUCKIERTES DREIFUSSGEFÄSS
Teotihuacan
350–550 n. Chr.
Ton, Stuck und Farbpigmente
17,2 x 16 cm
Inv. Museum Diego Rivera Anahuacalli, 671 PJ 1147

152

152

Auf dem dreifüßigen stuckierten Gefäß ist die schöne Darstellung eines grünen Quetzal-Vogels zu erkennen. In der Mythologie Mesoamerikas ist der Quetzal-Vogel eng mit der Gefiederten Schlange verknüpft. Deshalb trägt die große Gottheit als Kennzeichen auch das Federkleid eines Quetzal, dessen grüne Federn zu den begehrtesten und kostbarsten Materialien der prähispanischen Gesellschaften gehörten.
Die Herstellung dieser Art von Gegenständen ähnelt der Technik zur Anfertigung von Wandmalereien: Auf das Gefäß aus gebranntem Ton wird eine feine Stuckschicht aufgetragen. Anschließend und so lange die Stuckschicht noch feucht ist, werden die Farben aufgetragen, die so rasch einziehen.

M.B.

153
VOGEL MIT SCHILD, LANZE UND BLÜTE

Teotihuacan, Techinantitla
Klassische Periode, Xolalpan-Metepec-Phase (350-650 n. Chr.)
Stuck und Farbe
26 x 30,8 x 4 cm
Inv. INAH-MNA, 10-229208

BIBLIOGRAFIE
Berrin und Millon 1988: 168-183; Berrin und Pasztory 1993; de la Fuente (Hg.) 2001: 447-457; Lombardo 2001: 3-64

153

Dieses Wandmalereifragment zeigt einen Quetzal im Profil, einen Vogel von besonderer Schönheit; er lebt in den mittelamerikanischen Nebelwäldern, die sich in Mexiko auf Teile des Bundesstaates Chiapas erstrecken und bis nach Zentralamerika reichen.

Aufgrund seines bunt schillernden Gefieders galt er in verschiedenen mesoamerikanischen Kulturen als Symbol des Wertvollen; auf Náhuatl drücken die Begriffe *Quetzal* und *Quetzalli* diese Vorstellung aus. Auf der Wandmalerei ist zu erkennen, dass der Vogel am Schwanz eine Gruppe von fünf Federn und auf Brusthöhe einen runden Schild trägt; eine menschlich geformte Hand scheint eine Lanze oder einen Pfeil zu halten, und aus dem Schnabel tritt ein längliches Element in Form einer gelben Blüte. Von der linken Seite des Schildes hängen zickzackartige Streifen herab, die von einem roten Band gehalten werden. Manchen Hypothesen zufolge handelt es sich bei dieser Art von bebänderten Schilden um Metaphern für Spiegel. Anderen Deutungen zufolge weisen die Merkmale des abgebildeten Vogels möglicherweise darauf hin, dass es sich nicht um einen bestimmten Vogel, sondern vielmehr um ein Fabeltier handelt. Diese Auffassung stützt sich darauf, dass die Darstellung Merkmale von mindestens drei verschiedenen Vogelarten (Greifvögel, Hühnervögel und Papageienvögel) und sogar anthropomorphe Elemente enthält, und es gibt teotihuacanische Beispiele für Vögel, die Objekte wie *Átlatl* (Speerschleudern), Pfeile und Schilde tragen. Daher wurden sie mit kriegerischen Ereignissen und der Existenz einer Kriegerklasse in Verbindung gebracht.

J.E.

154a-f
GEFIEDERTE SCHLANGE
Teotihuacan, Techinantitla
Klassische Periode, Xolalpan-Metepec-Phase (350-650 n. Chr.)
Stuck und Farbe
53 x 387 x 5 cm
Inv. INAH-MNA, 10-229195

BIBLIOGRAFIE
Berrin und Millon 1988: 137-159; Berrin und Pasztory 1993: 202-203; de la Fuente (Hg.) 2001: 447-457; Lombardo 2001: 3- 64; Navarijo Ornelas 1998: 134-165

154a

154b   154c   154d

154a-f

In der mesoamerikanischen Vorstellungswelt war die Gefiederte Schlange sowohl mit dem Ackerbau und den Kräften der Natur, den Luft- und Wasserströmungen und den stehenden Gewässern verbunden als auch mit Politik und Religion. Ihre wichtigste Verkörperung war Quetzalcóatl, ein Name auf Náhuatl, den diese Gottheit in der nachklassischen Periode (900-1521 n. Chr.) erhielt. Darstellungen dieser Figur sind in der teotihuacanischen Kunst weit verbreitet und finden sich auch auf den Wandmalereien von Tepantitla und Atetelco und den Fragmenten aus Tlacuilapaxco und Techinantitla, wo sie das Hauptmotiv der Friese bilden.

Manchen Forschern zufolge symbolisieren die Schlangendarstellungen aus Teotihuacan die Vereinigung gegensätzlicher kosmogonischer Elemente, beispielsweise die Verbindung von Himmel und Erde. Die Gefiederte Schlange ist Schöpfergottheit und lebensspendende Kraft, und daher ist auf dieser Wandmalerei nicht bloß eine über Sträucher kriechende Schlange dargestellt, der ein Wasserstrahl aus dem Maul rinnt, sondern eine Allegorie auf das gesellschaftliche oder politische Leben mit Elementen der Natur. Die Schlange wird auch einer der herrschenden Gruppe von Teotihuacan zugeordnet, was zu der Annahme führt, dass diese Wandmalerei auch eine politische Dimension hatte.

Die Wand zeigt eine Zusammenstellung phonetischer, piktografischer und ideografischer Systeme zur Bezeichnung von Namen oder Orten, bei denen es sich aktuellen Untersuchungen zufolge um eine Teotihuacan tributpflichtige Provinz handeln könnte. Die Stadt ist hier in Form von Sträuchern mit verzweigten Wurzeln dargestellt. Hinsichtlich der Bedeutung der Sträucher wurden verschiedene Hypothesen aufgestellt, denen zufolge es sich um Namen von Ortschaften, Familien oder Geschlechtern handelt, die mit den Bezeichnungen für die jeweiligen Pflanzen zusammenhängen.

154e 154f

Das auf den Ort verweisende Zeichen ist ein wirklichkeitsgetreues Piktogramm in Form von Sträuchern mit unterschiedlichen Blütenarten. Die Zeichen im mittleren Bereich dagegen stellen ideografisch konkrete Namen dar. Auf der linken Seite ist die symbolische Darstellung eines krautartigen Kreuzblütlergewächses zu sehen, die bestimmten Gemüsesorten wie dem Kohl, dem Rettich oder dem Brokkoli ähnelt. Im Zentrum ist ein auf den Krieg verweisendes Asterngewächs zu erkennen, und auf der rechten Seite eine *Macapalxóchitl* (eine Blütenpflanze).

J.E. und J.J.

154b
GLYPHEN IN FORM BLÜHENDER BÄUME
Teotihuacan, Techinantitla
Klassische Periode, Xolalpan-Metepec-Phase (350-650 n. Chr.)
Stuck und Farbe
34 x 61 x 5 cm
Inv. INAH-MNA, 10-229217

154c
GLYPHEN IN FORM BLÜHENDER BÄUME
Teotihuacan, Techinantitla
Klassische Periode, Xolalpan-Metepec-Phase (350-650 n. Chr.)
Stuck und Farbe
32 x 101 x 5 cm
Inv. INAH-MNA, 10-229218

154d
GLYPHEN IN FORM BLÜHENDER BÄUME
Teotihuacan, Techinantitla
Klassische Periode, Xolalpan-Metepec-Phase (350-650 n. Chr.)
Stuck und Farbe
29 x 71 x 5 cm
Inv. INAH-MNA, 10-229219

154e
GLYPHEN IN FORM BLÜHENDER BÄUME
Teotihuacan, Techinantitla
Klassische Periode, Xolalpan-Metepec-Phase (350-650 n. Chr.)
Stuck und Farbe
32 x 54 x 3 cm
Inv. INAH-MNA, 10-222228

154f
GLYPHEN IN FORM BLÜHENDER BÄUME
Teotihuacan, Techinantitla
Klassische Periode, Xolalpan-Metepec-Phase (350-650 n. Chr.)
Stuck und Farbe
29 x 54 x 4 cm
Inv. INAH-MNA, 10-229226

154b

154c

154d

154e

154f

KATALOG DER AUSGESTELLTEN OBJEKTE 337

155a

RASSEL DER KLAPPERSCHLANGE
Teotihuacan
350-550 n. Chr.
Alabaster
9,3 x 13 x 3 cm
Inv. Museum Diego Rivera Anahuacalli, 671 PJ 1532

155b

RASSEL DER KLAPPERSCHLANGE
Staat Mexiko
350-550 n. Chr.
Andesit
71 x 50 x 27 cm
Inv. Instituto Mexiquense de Cultura, B-13201

155a

155b

155a-c

Die Religion war eines der wichtigsten Kulturgüter, die von den Menschen aus Teotihuacan exportiert wurden; obwohl wir nicht genau wissen, welche Gebiete von Teotihuacan unterworfen wurden, stellen wir fest, dass seine Religion und Kunst in einer großen Region anerkannt und übernommen wurden. Diese großen, in Stein gehauenen Rasseln der Klapperschlange sind typische Darstellungen des Gottes Quetzalcóatl, der Gefiederten Schlange. Aus unterschiedlichen Gesteinsarten gefertigt, stellen alle drei Skulpturen die Allgegenwärtigkeit dieser obersten, den Boden berührenden und die Rassel in die Luft streckenden Gottheit dar, die auf diese Weise ihre enge Verbindung zur Erde, zur Fruchtbarkeit und zu guten Ernteerträgen demonstriert.

M.B.

155c
RASSEL DER KLAPPERSCHLANGE
Staat Mexiko
350-550 n. Chr.
Andesit
80 cm
Inv. Instituto Mexiquense De Cultura, B-13018

155c

156
SKULPTUR DES QUETZALCÓATL
Teotihuacan
250-450 n. Chr.
Stein
116,2 x 19 x 11 cm
Inv. Museum Diego Rivera Anahuacalli, 671 PJ 2378

156

Die gefiederte Doppelschlange ist aus Vulkangestein gearbeitet. Die Skulptur stellt die duale Facette dieser bedeutsamen Gottheit dar. Die beiden Schlangenkörper sind aus je drei Teilen gemeißelt, einen für den Kopf und zwei für den Leib, der jeweils in dasselbe Schwanzende mündet, aus dem sich die beiden Rasseln emporstrecken. Diese Skulptur gehörte zur Sammlung des Malers Diego Rivera und wurde später in den Bestand des Museums übernommen, das seinen Namen trägt. Es beherbergt eine großartige Sammlung prähispanischer Kunst, die der Künstler im Laufe seines Lebens zusammentrug. M.B.

KATALOG DER AUSGESTELLTEN OBJEKTE 341

157

DREIFUSSGEFÄSS
Teotihuacan
350-550 n. Chr.
Ton
13 x 19 cm
INV. Fundación Televisa, P.J.21 Reg. 91

158

BEMALTE DREIFUSSSCHÜSSEL
San Sebastián Xolalpan, Teotihuacan
Xolalpan-Phase (350-550 n. Chr.)
Ton und Farbe
18 x 46,5 cm
INV. INAH-MNA, 10-80450

157

Die Gefiederte Schlange gehört zu den wichtigsten Gottheiten Teotihuacans. Sie besaß eine solche Bedeutung, dass man sie mit dem Schutzgott der Stadt gleichsetzte, der besonders mit der politischen und führenden Klasse in Verbindung stand.
Darüber hinaus ist Quetzalcóatl eine Gottheit der Fruchtbarkeit und der Erde. Als kriechendes Tier, das in Grotten oder Erdvertiefungen haust, werden der Schlange – verbindendes Symbol zwischen der Erde und der jenseitigen Welt – ganz besondere Kräfte zugeschrieben. Auf dem hier gezeigten großen Dreifußgefäß sieht man die stilisierte Darstellung eines die Zähne bleckenden Schlangenkopfes. Aus dem Schlund des Tieres quellen zwei „Kommata", die zum einen das mit der Gottheit assoziierte Wort symbolisieren, zum anderen einen Wasserstrahl, der den Boden tränkt und in der Alten Welt Mesoamerikas als Lebens- und Nahrungsquell gedeutet wird. M.B.

158

Ob es in Teotihuacan einen Quetzalcóatl-Kult gab, blieb lange umstritten. Manchen Wissenschaftlern zufolge handelt es sich hierbei nämlich um eine Gottheit aus viel späterer Zeit: In der „Stadt der Götter" sei es dieser Auffassung zufolge vielmehr eine Variante des Regengottes, der sich in seinem mythischen Aspekt als Schlange auf die Fruchtbarkeit bezieht.
Fest steht, dass die Gefiederte Schlange in Teotihuacan dargestellt wurde. Die entsprechenden Repräsentationen blieben in Form zahlreicher archäologischer Funde erhalten, als Friese, Skulpturen, Keramikgefäße und Wandmalereien wie jene in Techinantitla. Diese Umstände weisen auf die Bedeutung dieses Fabelreptils in der Vorstellungswelt der „Stadt der Götter" hin.
Die meisten Wissenschaftler sind sich darin einig, dass die Gefiederte Schlange für Fruchtbarkeit steht. Daher wird dieses Wesen auf vielen Darstellungen in Teotihuacan zusammen mit dem Gott Tláloc gezeigt, wie auf dem Dekor einer Reihe von Dreifußgefäßen, die unter den Überresten dieser frühen Großstadt gefunden wurden.
Diese Dreifußschüssel weist an der Außenwand eine großartige Bemalung auf, die eine sich um das Gefäß ziehende, majestätische und imposante Gefiederte Schlange zeigt. R.F.

159a

GEFÄSS
Teotihuacan
350-450 n. Chr.
Ton
14,5 x 39 cm
INV. INAH – Museo de Sitio de Teotihuacan, 10-336655

159b

DREIFUSSGEFÄSS
Teotihuacan
450-550 n. Chr.
Ton
13,8 x 13 x 13 cm
INV. Museum für mexikanische Geschichte, 10-506812

159a-b

Die dekorierten Gefäße der Teotihuacan-Keramik zeigen in der Regel spektakuläre Szenen mit Kriegern, Gottheiten oder Priestern. Manche weisen aber auch eine naturalistische Ikonographie auf, die gleichzeitig als machtvolle politische Botschaft interpretiert wird. Die Gefäße sind mit sorgfältig gearbeiteten Darstellungen der Gefiederten Schlange verziert. Auf dem ersten Gefäß ist die anmutig eingerollte Schlange zu sehen. Im geöffneten Maul werden die großen Reißzähne sichtbar. Am Schwanzende ist die Rassel steil aufgerichtet. Das zweite Gefäß, das der Gattung *Fine-Orange*-Keramik zugehört, zeigt eine modellierte und eher abstrakte Komposition der Gefiederten Schlange. M.B.

KATALOG DER AUSGESTELLTEN OBJEKTE

XIPE TÓTEC

Eine der rätselhaftesten Darstellungen Teotihuacans ist eine menschliche Figur mit einer Maske, die im Augen- und im Mundbereich Öffnungen aufweist. Die Forscher sind der Meinung, dass es sich um eine lokale und frühe Form des Xipe-Tótec-Kults handelt. Diese Gottheit verlangte, dass den Opfern die Körper- und Gesichtshaut abgezogen wurde, um daraus das Ritualgewand der Priester und der Gläubigen herzustellen.

Bei den zu Hunderten gefundenen Figuren dieser Gottheit konzentrierte sich die Aufmerksamkeit der Töpfer auf das Detail der Masken. Man hat einen Stein gefunden, auf dem das Gesicht nur angedeutet ist. Einige zugerichtete Steine haben anscheinend dazu gedient, das Gesicht eines Priesters oder Repräsentanten des Gottes zu bedecken. Später wurde Xipe-Tótec, „Unser Herr der Gehäutete", mit dem Krieg und der Goldschmiedekunst assoziiert, denn er war der Schutzpatron der Metallarbeiter. In Teotihuacan ist es jedoch schwierig, ihn mit dem Krieg und der Herstellung von Metallgegenständen zu verbinden, da man hier zu dieser Zeit noch kein Metall kannte. Seine Präsenz in Teotihuacan und seine damalige Bedeutung ist also nach wie vor geheimnisumwoben.

160
MASKE DES „MASKIERTEN" GOTTES
Teotihuacan
Klassische Periode (200-650 n. Chr.)
Stein
26,3 x 24,1 x 8 cm
Inv. INAH-MNA, 10-46653

BIBLIOGRAFIE
Lombardo de Ruiz 1990: 111-112; Armillas 1991: 114-115

160

160

Masken zählten zur Ausstattung der Priester, die an den Zeremonien teilnahmen und zu manchen Gelegenheiten den Gott oder die Gottheiten verkörperten, denen das Ritual geweiht war. Masken wurden jedoch nicht nur von den Priestern getragen, sondern zierten auch die Skulpturen von Gottheiten. Festlichkeiten waren in der Kultur von Teotihuacan von zentraler Bedeutung und dienten immer einem bestimmten Zweck, beispielsweise der Beschwörung der Fruchtbarkeit oder der Einstimmung auf bevorstehende Kriegszüge. Masken wurden auch als Grabbeigaben gefunden.

Bei der Zeremonie zu Ehren von Xipe, einer aztekischen Gottheit, wurden Gefangene geopfert. Diese mussten sich zunächst mit Kriegern messen und wurden nach dem Kampf geopfert. Dabei wurde ihnen das Herz entnommen. Nach dem Tod wurden ihnen die Gesichts- und Körperhaut abgezogen. Priester und Hautkranke trugen dann diese Häute, um so die Gottheit zu personifizieren oder geheilt zu werden. Aufgrund der Ähnlichkeit zwischen dem „maskierten" Gott und Xipe werden diese beiden Gottheiten von manchen Forschern in Beziehung zueinander gesetzt. Es wurde die Hypothese aufgestellt, dass die Technik zum vollständigen Abziehen der Gesichtshaut zu teotihuacanischer Zeit wahrscheinlich noch nicht bekannt war, sodass möglicherweise nur die Haut eines Teils des Körpers, zum Beispiel des Schenkels, verwendet wurde. Diese wurde dann mit runden Öffnungen für Augen und Mund des „maskierten" Gottes versehen. E.C. und K.R.

161
FIGUR DES „MASKIERTEN" GOTTES
Teotihuacan
Miccaotli-Tlamimilolpa-Phase (150-350 n. Chr.)
Ton
11,6 x 5,5 x 4,5 cm
INV. INAH-MNA, 10-45033

162
ANTHROPOMORPHE FIGUR
Teotihuacan
Xolalpan-Phase (350-550 n. Chr.)
Ton
14 x 7,3 x 6,9 cm
INV. INAH-MNA, 10-81800

161
Bei der Erforschung Teotihuacans wurde eine große Menge an Tonfiguren gefunden, die eine maskierte Person darstellen. Diese Figuren werden in der Wissenschaft sehr kontrovers gedeutet, denn es ist unklar, um wen es sich handelt. Seit Beginn des vergangenen Jahrhunderts ist jedoch die Vermutung, dass es sich um die in die abgezogene Haut einer geopferten Person gekleidete Gottheit Xipe Tótec der nachklassischen Periode handelt, am weitesten verbreitet. Einige Wissenschaftler, darunter Eduard Seler, haben angemerkt, dass die Maske der hier dargestellten rätselhaften Figur auf die Haut eines geopferten Menschen hinweist.

Die kleine Tonskulptur zeigt eine Person mit den Attributen des „maskierten" Gottes. Sie wurde von Hand geformt: eine für die Anfänge der Keramikherstellung in Teotihuacan typische Technik. Dieses Objekt belegt somit klar, dass die Gesellschaft von Teotihuacan diesen Gott seit den Anfängen der Stadt verehrte.

Die Kleidung besteht aus einem *Máxtlatl* (Lendenschurz) und einem diagonal von rechts nach links die Brust querenden Band. Die Töpfer, die diese frühe Darstellung des „maskierten" Gottes fertigten, richteten ihre Aufmerksamkeit auf das Gesicht der Figur, um so die Maske hervorzuheben. R.F.

162
Aus dem Vergleich von Figuren des „maskierten" Gottes mit anderen Figuren, die ebenfalls von Hand geformt wurden, geht hervor, dass diese Gottheit in Teotihuacan seit frühester Zeit dargestellt wurde. Die Gottheit tauchte erstmals in der Miccaotli-Phase (150-250 n. Chr.) auf, passend zu dem Umstand, dass Teotihuacan zu diesem Zeitpunkt zu wachsen begann und ihren für spätere Phasen kennzeichnenden urbanen Charakter herausbildete. Um die Mitte der Tlalmimilolpa-Phase (250-350 n. Chr.) entwickelte sich Teotihuacan zu einer Großstadt. Ihre politische Macht und ihre Kultur waren in ganz Mesoamerika spürbar. Zu diesem Zeitpunkt kam es zu einer Veränderung in der Keramikherstellung, denn jetzt verbreitete sich die Herstellung mithilfe von Modeln, einer Technik, die mit dem Ziel der Massenproduktion zur Deckung des Bedarfs einer wachsenden Bevölkerung entwickelt wurde.

Figuren des „maskierten" Gottes wurden jetzt serienmäßig hergestellt und konnten durch die Verwendung von Modeln mit einem größeren Detailreichtum gestaltet werden, mit Einzelheiten, bei denen es sich mit Sicherheit um teotihuacanische Kennzeichen dieser Gottheit handelte. Zu diesen Merkmalen zählen neben der Maske außerdem ein gewaltiger rechteckiger Kopfschmuck, ein diagonal über der Brust liegendes Band und in manchen Fällen ein viereckiges, kreuzförmiges Zeichen auf der Vorderseite des Rumpfes, das möglicherweise auf die vier von der *axis mundi* ausgehenden Himmelsrichtungen hinweist. R.F.

163
GEFÄSS MIT DARSTELLUNGEN VON GOTTHEITEN
Teotihuacan, Zacuala, Grab 2
Späte Xolalpan-Phase (450-550 n. Chr.)
Ton
11 x 13,3 cm
Inv. INAH-MNA, 10-223686
BIBLIOGRAFIE
Matos 1990: 126; Rattray 2001: 554

164a-b
GEFÄSSE MIT FÜNFPUNKTANORDNUNG
Teotihuacan und Abschnitt 2, Randbereich
Xolalpan-Phase (350-550 n. Chr.)
Ton und Farbe
16,7 x 19,3 cm und 23,2 x 21,8 cm
Inv. INAH-MNA, 10-80652 und 10-56526 0/2
BIBLIOGRAFIE
Díaz 1993: 250-251

163

Unter der Keramik, die ausschließlich für die Verwendung bei den verschiedenen religiösen Zeremonien hergestellt wurde, befinden sich auch Objekte mit Darstellungen von Gottheiten mit den sie kennzeichnenden Attributen, wie im Fall dieses Dreifußgefäßes. Dargestellt ist der Gott Tláloc, zu erkennen an den Augenmuscheln, den Bändern über dem Mund, den Eckzähnen und der gespaltenen Zunge. Er ist mit einem majestätischen Federkopfschmuck und runden Ohrpflöcken geschmückt und wird von zwei seitlich gezeigten Schlangen mit ihren ebenfalls gespaltenen Zungen flankiert.

Das andere Motiv auf diesem Gefäß ist ein Kreuz, das in der Mitte ein menschliches Gesicht zeigt. Dieses trägt eine eigentümliche Maske aus grobem Material mit kreisförmigen Öffnungen für die Augen und einem Oval für den Mund: eine Darstellung, die von einer Reihe von Wissenschaftlern als „maskierter" Gott bezeichnet wird. Auf diesem Gefäß wird Tláloc als Gott der Fruchtbarkeit von Schlangen begleitet, d.h. von Tieren, die von den altmexikanischen Kulturen allgemein mit diesem Aspekt des Lebens in Verbindung gebracht wurden. Rätselhaft ist jedoch der Zusammenhang mit dem „maskierten" Gott, der durch seine Position im Zentrum eines die vier Himmelsrichtungen bezeichnenden Kreuzes die *axis mundi* symbolisiert. R.F.

164a-b

Die mesoamerikanischen Kulturen verfügten über eine eigene Vorstellung vom Kosmos, durch die sie sich von vielen anderen der frühen großen Kulturen unterscheiden. In ihnen herrscht die Vorstellung, dass das Universum aus vier Bereichen bestand, die den Himmelsrichtungen entsprachen, welche von einem zentralen Punkt, der *axis mundi*, ihren Ausgang nahmen.

Die archäologischen Forschungen in Teotihuacan weisen darauf hin, dass auch die Bewohner der „Stadt der Götter" diese Vorstellung der vier Bereiche teilten, die sich auch in der räumlichen Anordnung der Stadt widerspiegelt: Sie ist von zwei Achsen durchzogen, einer in Nord-Süd-Richtung, die als „Straße der Toten" bezeichnet wird, und einer von Osten nach Westen verlaufenden Achse, die an der Zitadelle ihren Ausgang nimmt.

Das Konzept von den vier Bereichen findet auch auf vielen archäologischen Funden dieser frühen Stadt seine bildliche Darstellung, wie bei Dreifußgefäßen, die mit Kreuzen oder vierblättrigen Blüten dekoriert sind und auf die Himmelsrichtungen verweisen. In einigen Fällen beziehen sich diese Elemente außerdem auf den rätselhaften „maskierten" Gott, den manche Forscher mit der nachklassischen Gottheit Xipe Tótec, dem „geschundenen Gott" gleichsetzen. R.F.

DIE MUSIK

Die zahlreichen Szenen von Ritualen und Prozessionen auf den Wandmalereien der Paläste lassen erahnen, welche Macht und Wirkung die Zeremonien in Teotihuacan ausgeübt haben mögen. Die Priester und die Würdenträger oder Krieger kleideten sich für ihre Teilnahme festlich und trugen eleganten Kopfschmuck. Auf den Wandmalereien sieht man sie auf den Plattformen, geschmückt und bewaffnet, komplizierte Choreographien tanzen. Bei den Zeremonien spielte die musikalische Begleitung eine wesentliche Rolle, wodurch sich die große Bedeutung der damaligen Musikinstrumente ergab. Die Bewohner Teotihuacans spielten Trompete mit Flügelschnecken, deren Spitzen sie abschnitten, um dröhnende Geräusche zu erzeugen. Muscheln dieses Typs wurden häufig mit Jaguaren und Kojoten assoziiert, die den Krieg symbolisierten. Auch Blasinstrumente aus Keramik waren offenbar sehr populär in Teotihuacan: Es wurden Pfeifen und Flöten mit einer oder mit mehreren Röhren gefunden, darunter eine riesige Flöte mit vier Röhren, deren Löcher man öffnete oder schloss, um die Schwingungsfrequenzen zu bestimmen und so unterschiedliche Töne hervorzubringen. In einigen Fällen wurden die Öffnungen mit den Fingern verschlossen und zur Erzeugung einer aufsteigenden Tonfolge nacheinander aufgedeckt.

165
FLÖTE
Teotihuacan, Zacuala, Grab 30
Klassische Periode, Xolalpan-Phase (350-550 n. Chr.)
Ton
74,5 x 13,3 x 3,5 cm
INV. INAH-MNA, 10-223540
BIBLIOGRAFIE
Both, Adje 2008: 28-29; Gómez 2008: 45; Martí 1978: 86-87.

166
FLÖTE
Teotihuacan
Klassische Periode (200-650 n. Chr.)
Ton
19,6 x 2,5 x 1,8 cm
INV. INAH-MNA, 10-223558
BIBLIOGRAFIE
Martí 1978.

165
Der Ursprung der Musik in Mesoamerika lässt sich nur schwer bestimmen, es wurde jedoch ein enger Zusammenhang mit den kosmogonischen Ritualen der prähispanischen Kulturen festgestellt.
Das hier gezeigte Instrument zählt zu den zahlreichen Aerophonen oder *Tlapitzalli* (allgemeine Bezeichnung für Flöten zu prähispanischen Zeiten). Dieses Exemplar ist besonders bemerkenswert, da es aus vier Rohren mit nur einem Mundstück besteht und damit auf den Grad der Spezialisierung bei den Keramiktechniken und das große musikalische Wissen hinweist.
Die Töne werden durch die schwingende Luft erzeugt, die den Flötenkörper durchströmt. Auf diese Weise wurden psychoakustische Effekte hervorgerufen, die eine geeignete Stimmung für die Rituale schufen. Diese Flöten bildeten in manchen Fällen Ensembles mit anderen Instrumenten, damit für eine fröhliche und harmonische Klangatmosphäre der Zeremonien gesorgt war.

E.C. und K.R.

166
Diese Flöte mit zylindrischem Körper und schnabelförmigem Mundstück weist an ihrem Ende eine kleine rechteckige Öffnung auf, die unterschiedliche Töne ermöglichte. In dieser Öffnung befindet sich eine kleine Keramikkugel, die wie ein Kolben funktioniert und dem Spieler durch die Änderung der Neigung des Instruments die Erzeugung von Tönen und Halbtönen erlaubte.
Flöten spielten eine wichtige Rolle bei Ritualen und wurden zum Hervorbringen eines volleren Klangs auch von anderen Instrumenten begleitet. Die musikalische Begleitung der Zeremonien ist eines der Merkmale, das den mesoamerikanischen Kulturen zu allen Zeiten gemeinsam war und nicht nur für bestimmte Gruppen charakteristisch ist. Die detaillierten Darstellungen auf manchen Wandmalereien in Teotihuacan und an anderen Orten sowie in Codices und sonstigen Quellen stützen die Annahme, dass die Musikinstrumente in zahlreichen Situationen des gesellschaftlichen Lebens eingesetzt wurden.

E.C. und K.R.

167a
ZOOMORPHE PFEIFE
Teotihuacan, La Ventilla, Grab 2, Struktur 1,
Grabungsphase 1963
Klassische Periode, Xolalpan-Phase (350-550 n. Chr.)
Ton
14 x 11,8 x 17,7 cm
INV. INAH-MNA, 10-80673
BIBLIOGRAFIE
Séjourné 1996: 233

167b
PFEIFVASE
Staat Puebla, San Martín Texmelucan
Klassische Periode, Xolalpan-Phase (350-550 nach Chr.)
Ton
16 x 20,8 x 13,8 cm
INV. musée du quai Branly (Schenkung Pinart, frühere Sammlung Boban); 71.1878.1.1033
BIBLIOGRAFIE
Boban, s.d.; Rattray, 2001

167a

167b

167a-b

Musikinstrumente waren wichtige Utensilien politischer, religiöser, militärischer und anderer Rituale. Zu jeder Zeremonie gehörten Instrumente mit einer besonderen Form, die ein besonderes Geräusch erzeugten.
Dieses aus mehreren Teilen zusammengesetzte Objekt besteht aus der Figur eines Affen, der über eine zylindrische Röhre mit dem Gefäß verbunden ist. Der Körper des Affen ist hohl, sodass in das Gefäß gefülltes Wasser durch die Röhre in den Körper der Figur fließt und dabei das für dieses Tier typische Geräusch erzeugt.

Diese spezielle Art von Gefäßen wurde bei Windritualen verwendet, da der Affe das Symboltier der entsprechenden Gottheit war.
Nach dem Inventarheft des Antiquitätenhändlers Eugène Boban, dem vermutlich ersten Käufer (um 1860), stammt die im musée du quai Branly aufbewahrte, in *Fine-Orange*-Keramik gearbeitete Vase aus San Martín Texmelucan in der Region Puebla-Tlaxcala. Damit fiele die Herkunft dieses Stückes in ein Gebiet, in dem man Handelsniederlassungen von Teotihuacan gefunden hat. Diese befanden sich entlang der Straßen, die vermutlich einst die Hauptstadt mit dem Süden des Staates Puebla verbanden, wo die *Fine-Orange*-Keramik hergestellt wurde.

E.C., K.R. und F.D.P.

168
KETTE AUS SCHNECKENGEHÄUSEN
Teotihuacan
Klassische Periode (200-650 n. Chr.)
Olivenschnecken
111 x 3 cm
INV. INAH-MNA, 10-524807 0/150
BIBLIOGRAFIE
Suárez 2004: 63-65; Suárez 1991: 47-49

169
TROMPETENSCHNECKE
Sammlung Martel
Klassische Periode (200-650 n. Chr.)
Pleuroploca gigantea
17,2 x 37,6 x 20,9 cm
INV. INAH-MNA, 10-223549
BIBLIOGRAFIE
Suárez 1991

170
KERAMIKSCHNECKE
Teotihuacan, Grab 32, Nr. 3094, Tetitla
Klassische Periode, Xolalpan-Phase (350-550 n. Chr.)
Ton
13,9 x 28,2 x 11,4 cm
INV. INAH-MNA, 10-223554
BIBLIOGRAFIE
Rattray 2001: 350, 352, 612

168

In Teotihuacan war die Verwendung von Schneckenhäusern aufgrund ihrer Eigenschaften wie Feinheit, Schönheit, Formenreichtum, Klang und Färbung, weit verbreitet. Als Rohmaterial waren sie daher sehr begehrt. Die hier gezeigte Kette diente mit Sicherheit als Schmuck. Für ihre Herstellung verwendete man Schneckenhäuser der Gattung *Oliva sp.* Sie wurden mit einer Reihe von Techniken bearbeitet: Durch Meißeln brach man die Spitze ab, durch Schleifen – entweder polierte man die poröse Oberfläche oder schnitt sie mithilfe einer gespannten Schnur ein – erhielten sie ihre Form. Durch Schleifen des Siphos entstand ein Schlitz im Schneckenkörper. Dadurch konnten die einzelnen Schneckenhäuser aufgefädelt werden. Dieses wunderbare Rohmaterial wurde allerdings auch zur Herstellung von verschiedenen anderen Gegenständen verwendet. Die meisten Luxusgüter, die aus diesen Schneckenhäusern hergestellt waren, wurden über Handelsnetze beschafft; die Produktionsstätten befanden sich also nicht am Ort der Verwendung.

E.C. und K.R.

169

Diese Trompetenschnecke ist ein Beispiel für die verschiedenen Techniken zur Herstellung von Musikinstrumenten. Der Schneckenkörper ist mit eingeritzten geometrischen Mustern verziert. Das Instrument wurde gespielt durch Blasen in die Öffnung, die durch Aufbrechen der Spitze entstand, sodass die Luft die Spindel durchströmte und durch die Öffnung zwischen Körper und Lippe austrat. Dabei wurde in Abhängigkeit vom Luftdruck ein Ton erzeugt, der durch das teilweise Verdecken der Öffnung verändert werden konnte. Auf manchen bildlichen Darstellungen sind Mundstücke aus Ton oder Knochen zu sehen, die aufgesetzt wurden, damit die Luft die Schnecke besser durchströmte, so zum Beispiel in Teotihuacan auf der Wandmalerei 1 des Portikus 1 im sogenannten „Hof der Jaguare" (*Patio de los Jaguares*). Mit den Gehäusen der Trompetenschnecken lassen sich dieselben Töne wie mit einem Jagdhorn erzeugen und darüber hinaus mit einer in den heutigen Musiksystemen bestehenden Tonleiter.

E.C. und K.R.

170

Schneckengehäuse sind die ältesten bekannten Trompeten und mythische Symbole der Schöpfung, des Meeres und des Regens.
Dieses Musikinstrument zählt zur Gruppe der Aerophone. Es handelt sich um ein spiralförmiges Schneckenhaus mit einer Öffnung an der Spitze, über die durch strömende Luft Töne erzeugt wurden. Das Objekt besteht aus sogenannter „körniger" *Granular-Ware*-Keramik, die für die heutigen Bundesstaaten Morelos und Guerrero typisch ist, sodass auf Tauschbeziehungen zwischen verschiedenen Regionen geschlossen werden kann. Das Gehäuse wurde von Hand geformt. In den Rillen sind noch immer Stuckreste zu sehen. Aus Ton stellte man nicht nur Gegenstände für den Alltag her, sondern auch solche, die bei Ritualen verwendet wurden, in diesem Fall die aus Ton geformte Nachbildung eines Schneckenhauses. Schneckengehäuse wurden jedoch auch aus Stein und anderen Materialien geformt.

E.C. und K.R.

KATALOG DER AUSGESTELLTEN OBJEKTE

171
TROMPETE
Teotihuacan, Tetitla, Grab 17 auf der Ostseite des Weißen Hofes, Boden des Nordosttempels
Klassische Periode, späte Tlamimilolpa-Phase (250-350 n. Chr.)
Ton, Stuck und Farbe
28 x 4,6 cm
Inv. INAH-MNA, 10-223559
BIBLIOGRAFIE
Séjourné 1996: 232-233; Rattray 1997: 154-155

172
ANTHROPOMORPHE PFEIFE
Teotihuacan
Klassische Periode (200-650 n. Chr.)
Ton
6,4 x 2,3 x 3,1 cm
Inv. INAH-MNA, 10-26480
BIBLIOGRAFIE
Arellano 2009: 105-112

173
ANTHROPOMORPHE PFEIFE
Teotihuacan
Klassische Periode (200-650 n. Chr.)
Ton und Farbe
7,6 x 3,8 x 3,3 cm
Inv. INAH-MNA, 10-77336
BIBLIOGRAFIE
Martí 1978: 39-55; Gómez 2009: 45

171
In Teotihuacan gab es zahlreiche Blasinstrumente; in prähispanischer Zeit war die Musik eng mit den Zeremonien verbunden, wie auch eine Reihe von Chroniken belegt.
In Grab 17 in Tetitla auf der Ostseite des „Weißen Hofes" (*Patio Blanco*) wurde ein erwachsenes Individuum mit reichen Grabbeigaben gefunden, zu denen auch dieser Gegenstand zählt, offenbar eine Trompete. Dieses einzigartige Objekt besteht aus einem runden Mundstück, das über einen hohlen Zylinder mit einem identisch geformten, aber größeren Ausgang verbunden ist.
Das Instrument weist keine Löcher zur Erzeugung unterschiedlicher Töne auf, weshalb angenommen wird, dass nur Spezialisten in der Lage waren, mit dieser Flöte verschiedene Töne zu erzeugen.
Für die Epoche der Mexica (Azteken) ist bekannt, dass auf Flöten oder Schneckenhäusern hervorgerufene tiefe Töne die Zeremonie der Darbringung von Menschenopfern untermalten.
E.C. und K.R.

172
Die Musik spielte zu prähispanischer Zeit eine wichtige Rolle bei Zeremonien, gehörte vermutlich aber auch zum Alltag. Daher sind die Instrumente sehr differenziert, obwohl sie auf den ersten Blick sehr einfach anmuten. Sie weisen aber tatsächlich auf ein großes Wissen und eine hohe Spezialisierung bei ihrer Herstellung hin, und jedes Objekt verfügt über einen besonderen Klang. So gibt es Pfeifen mit halbkugeligen oder, wie beim Gesicht der hier dargestellten Figur, runden Resonanzkörpern.
Die Figur stellt eine ganz besondere Form der Abstraktion dar, bei der der Künstler die an den Regengott erinnernden Augen, aber auch den Mund und die große Nase stark betonte, Elemente, die als plastischer Dekor auf das Instrument aufgesetzt wurden.
E.C. und K.R.

173
Pfeifen zählten zu den Instrumenten, die bei verschiedenen Ritualen zur Schaffung einer entsprechenden Atmosphäre eingesetzt wurden.
Bei diesem Musikinstrument handelt es sich um ein Aerophon. Es gehört zu einer Gruppe von Instrumenten, bei denen Töne durch Luftschwingungen erzeugt werden. Das Objekt weist ein röhrenförmiges Mundstück am oberen Ende auf und verfügt über keinerlei Löcher zur Erzeugung unterschiedlicher Töne. Mit dieser Art von Pfeifen wurden im Allgemeinen Vogelgeräusche nachahmt.
Das Instrument weist drei Stützen auf, von denen zwei durch die unteren Gliedmaßen der Figur gebildet werden; der Rumpf dient als halbkugeliger Resonanzkörper. Das Gesicht weist eine orange-rötliche Farbe auf, die im Allgemeinen mit der Unterwelt in Verbindung gebracht wurde. Der Kopf ist mit zwei Quasten mit eingeschnittenen Mustern versehen, an denen noch Stuckreste erhalten sind. Um den Hals trägt die Figur eine Art Halskrause. Die Pfeife wurde von Hand geformt und mit aufgesetztem plastischem Dekor verziert. Diese Art von Gegenständen wurde in vielen Fällen in Bestattungskontexten als Grabbeigabe gefunden.
E.C. und K.R.

DAS BALLSPIEL

Das Ballspiel in Teotihuacan ist Gegenstand zahlreicher Diskussionen. Die Kontroverse wurde durch die Entdeckung der rätselhaften Stele von La Ventilla belebt, einer auseinandernehmbaren Skulptur, die man auf den Malereien des Palastes von Tepantitla zu erkennen meinte. In diesem Wohnbereich im Osten der Sonnenpyramide ist ein Ballspiel dargestellt, bei dem die Teilnehmer den Ball mit einem Schlagholz fortbewegen. Man glaubt, dass der Ball die Spieler am Ende des Spielfeldes treffen musste.

In Mesoamerika sind die Ausübung und der Kult des Ballspiels an zahlreichen archäologischen Stätten bezeugt. Die Spielplätze waren längsseits durch unüberdachte Maueranlagen begrenzt, zwischen denen das Spielfeld lag.

Bis heute wurde in Teotihuacan keine Anlage dieses Typs identifiziert. Es wird deshalb angenommen, dass bestimmte Abschnitte der Straße der Toten dazu dienten, die für dieses Spiel nötigen Plätze zu schaffen. Wir besitzen nur wenige skulptierte Elemente und die Fresken aus Tepantitla, die Varianten dieser Regeln darstellen, etwa, dass der Ball mit den Füßen oder mit einer Art Schläger getroffen wurde.

Wir verfügen ebenfalls über rituelle Gefäße und Keramikfiguren, die die Spieler in Aktion oder in schwierigen Stellungen darstellen, oder aber an ihrem für das Spiel charakteristischen Hüftschutz erkennbar sind.

174
STELE VON LA VENTILLA
Teotihuacan, La Ventilla
Klassische Periode, späte Tlamimilolpa-Phase (250-350 n. Chr.)
Stein und Stuck
215 x 77 x 55 cm
Inv. INAH-MNA, 10-81815 0/4

BIBLIOGRAFIE
Solís 1991: 54; Aveleyra 1963: 11-12;
Sánchez 2004: 254

174

Im Februar 1963 wurden in Rancho La Ventilla zufällig bearbeitete Steine prähispanischer Herkunft gefunden. Bei der Überprüfung durch die damals tätigen Archäologen stellte sich heraus, dass es sich um eine große, aus vier Teilen bestehende Skulptur handelte, deren einzelne Elemente in unmittelbarer Nähe zueinander gefunden wurden, aber nicht zusammengesetzt waren.

Trotz der Bezeichnung „Stele von La Ventilla" stützten sich die ersten Deutungen dieses Gegenstands auf die Wandmalerei in Tepantitla, und der entsprechenden Annahme zufolge handelte es sich um eine Markierung für das Ballspiel: Auf der Wandmalerei ist ein ähnliches Element abgebildet, das offenbar diese Funktion erfüllt. Ausgehend von diesem Fund wurde die Hypothese aufgestellt, dass in Teotihuacan das Ballspiel ausgeübt wurde.

Die Stele besteht aus vier Teilen jeweils unterschiedlicher Form, die sich über ein Stecksystem aus Zapfen und Löchern zusammensetzen lassen. Das Unterteil mündet in einen Zapfen, der auf eine Plattform oder einen Altar gesteckt werden konnte. Die Scheibe, die den oberen Teil der Stele und zugleich ihr wichtigstes Element bildet, ist mit Reliefs verziert: Im Zentrum ist der Abdruck eines aufgeschnittenen Schneckenhauses oder möglicherweise ein Symbol für Bewegung dargestellt, umgeben von einem Federkranz, der die religiöse Dimension der Stele unterstreicht. Die übrigen Teile der Stele sind in Hochrelief im sogenannten El-Tajín-Stil verziert.

Z.L.

175
TEIL EINER BALLSPIELMARKIERUNG
Teotihuacan, Randbereich, Abschnitt 2
Klassische Periode (200-650 n. Chr.)
Kalzit
18,2 x 24,5 cm
Inv. INAH-MNA, 10-81805

BIBLIOGRAFIE
Sánchez 2004: 254

176
BALLSPIELMARKIERUNG
Teotihuacan
350-550 n. Chr.
Andesit
35 x 48 cm
INAH – Museo de Sitio de Teotihuacan, 10-336640

175

176

175

Obwohl in Teotihuacan bis heute keine Ballspielfelder gefunden wurden, weisen andere Elemente darauf hin, dass das Ballspiel in der Stadt bekannt war und praktiziert wurde. Es wird angenommen, dass in Teotihuacan eine besondere Variante gespielt wurde, bei der der Ball in einem offenen, durch Spielmarkierungen wie in dem von La Ventilla markierten Bereich mit Stöcken geschlagen wurde. Bei Grabungen in La Ventilla wurde in unmittelbarer Nähe zu dem das Regierungs- oder Verwaltungszentrum des Viertels bildenden Tempel ein großer Bereich gefunden, der in der Zeit von der Errichtung des zugehörigen Komplexes bis zu seiner Aufgabe nicht bebaut wurde. Man nimmt an, dass es sich um einen öffentlichen Platz handelte, der als Ort für den Warenaustausch und die gemeinschaftlichen Feste diente, zu denen auch das Ballspiel zählte.

Im Zuge der in Teotihuacan durchgeführten Grabungen wurden verschiedene Elemente gefunden, von denen man heute vermutet, dass es sich um Fragmente von Ballspielmarkierungen handelt, wie auch im Fall dieses Fundes mit einem eingeschnittenen Hochrelief verschränkter schneckenförmiger Elemente, die als Glyphen im El-Tajín-Stil oder als „totonakische Verschränkung" bezeichnet werden. Heute ist allerdings bekannt, dass diese Zeichen bereits seit der späten vorklassischen Periode und somit tausend Jahre vor El Tajín existierten.

Z.L.

176

Dieses Objekt ist Teil einer Markierung des Ballspiels. Wie bei vollständig erhaltenen Beispielen sichtbar, z.B. an der Stele von La Ventilla (in diesem Katalog), wurde dieses kugelförmige Teil oben mit einer kleinen Vertiefung versehen, in die abschließend ein größeres Teil mit der eigentlichen Markierung eingefügt wurde. Bemerkenswert ist die Darstellung eines Vogels auf der Vorderseite. Obwohl dieser nicht eindeutig identifiziert werden kann, nimmt man an, dass die Abbildung auf Vogelarten anspielt, die an der Küste des Golfs von Mexiko heimisch sind, einer Gegend, die bekannt ist für die weite Verbreitung des Ballspiels.

M.B.

177
BALLSPIELER
Teotihuacan
Klassische Periode (200-650 n. Chr.)
Ton, Stuck und Farbe
13,2 x 5,2 x 5,6 cm
Inv. INAH-MNA, 10-222315
BIBLIOGRAFIE
Sánchez 2004: 254

178
FIGUR EINES BALLSPIELERS
Teotihuacan
250-550 n. Chr.
Ton und Farbpigmente
15 x 8 x 2,8 cm
Inv. INAH – Museo de Sitio de Teotihuacan, 10-411369

177

Neben der Stele von La Ventilla wurden auch andere Elemente gefunden, die auf das Ballspiel verweisen, wie Spieler darstellende Figuren, Fragmente von „Jochen" (yugos) und kürzlich ein Steinfragment, bei dem es sich möglicherweise um eine pflanzenartige Spielmarkierung handelt.
Auf der Wandmalerei von Tepantitla sind Ballspielszenen dargestellt, in denen die Personen ähnlich wie diese Figur ausgestattet sind: mit einem Kopfputz, der einen Teil des Gesichts bedeckt, einem Lippenpflock, einem Band oder einem Gürtel um die Taille, einem Knieschutz und Sandalen.
Es sind noch Reste von Farben erhalten: auf Stuck aufgetragenes Rot und Gelb.
Die Deutungen besagen, dass es sich bei den Gürteln der Ballspieler um Kennzeichen, Symbole oder Insignien handelt, die für das Spiel angelegt wurden, und dass die „Joche" diese Gürtel darstellten, aber nicht zur Ausstattung der Spieler gehörten.
In seiner symbolischen Dimension verweist das Ballspiel auf die Fruchtbarkeit und auf Vorstellungen von der Kosmogonie und der Unterwelt. Z.L.

178

Die Kunst von Teotihuacan lässt darauf schließen, dass es verschiedene Arten von Ballspielen gegeben hat. Einerseits existieren Funde von Tonfiguren, wie dieser, die einen reich geschmückten Spieler darstellen, der bereit ist, den Ball mit der Hüfte zu stoßen, die er zu diesem Zweck mit einer Art Rock und einem Gürtel geschützt hat. Die Wandbilder von Tepantitla östlich der Sonnenpyramide, welche ausführlich die Beschäftigungen im mythischen Tlálocan – einer Ebene der Unterwelt – thematisieren, waren für die Menschen gedacht, die durch Einwirkung von Wasser den Tod gefunden hatten. Auf diesen Wandmalereien sind mehrere Figuren abgebildet, die mit Schlaghölzern das Ballspiel ausüben. Diese Variante des vorspanischen Ballspiels wird übrigens noch bis in unsere Tage in einigen Gegenden von Michoacán praktiziert. M.B.

179

GEFÄSS IN FORM EINES BALLSPIELERS

Teotihuacan, Tetitla, Grab 30
Klassische Periode, Xolalpan-Phase (350-550 n. Chr.)
Ton
11,1 x 19,7 x 15,3 cm
Inv. INAH-MNA, 10-80661

BIBLIOGRAFIE
Séjourné 1966: Abb. 22; 1966b: Abb. 43, 44;
Bernal 1977: Abb. 30; Matos 1990: Abb. 32;
Solís 1991: Abb. 85, 1998: 112

DER TOD

Teotihuacan, das ist die Macht und Stärke eines großen Stadtstaates, dessen künstlerisches und kulturelles Schaffen vom Norden bis zum Süden Mexikos ausstrahlte, ja sogar bis an die Grenzen des heutigen Honduras' und Guatemalas. Die Kulte der Erde, das Leben und der Reichtum des Landes wurden im Gegensatz zum Abschluss des Lebenszyklus', des Todes, ständig dargestellt. Dennoch hat man einige monumentale Schädel mit heraushängender Zunge gefunden, die den Durst nach Blut, der kostbaren Flüssigkeit, ausdrücken. Einige Kohlebecken stellen serienweise menschliche Schädel dar. Sie ähneln denen, die die Azteken und ihre Nachbarn berühmt gemacht haben, doch es handelt sich hier um Einzelfälle. Man kennt sogar eine Skulptur, die einem Toten mit einem ausgemergelten Thorax ähnelt, auf dem ein menschlicher Schädel ruht.
Ein großes Ritualgefäß zeigt ein Wesen mit einem Helm in Form eines Kojoten. Es steht auf einem Sockel mit Schädeln.
In dieser Stadt des Lebens wird der Tod mit dem Verfall, mit der Dunkelheit der Abenddämmerung und der Nacht gleichgesetzt.

179

Dieses Gefäß in Form eines Ballspielers wurde in einem Grab in Tetitla, einem Baukomplex östlich der Zitadelle, gefunden. Die mit realistischen Zügen versehene Figur zeigt einen auf seiner rechten Seite liegenden jungen Mann. Die Gesichtszüge und die eigentümliche Haartracht aus einer zentralen und zwei seitlichen Strähnen auf einem sonst kahl geschorenen Kopf wurden detailliert herausgearbeitet. Die Person befindet sich in einer ruhenden Position, die sie wohl nach einem Spiel eingenommen hat. In dieser Haltung lässt sich klar das Schutzband erkennen, das es erlaubte, den Ball mit größerer Kraft zu schlagen, und gleichzeitig die Hüfte schützte. Weitere Charakteristika des Ballspielers sind der die rechte Hand schützende Handschuh und ein am Gürtel plastisch hervortretendes Element, ähnlich den sogenannten Palmas. Die Palmas wurden am Gürtel befestigt, wie auf einer Reihe von Reliefs in El Tajín zu sehen ist.
Den Forschungsergebnissen zufolge war Tetitla zur Zeit der größten Blüte Teotihuacans – der späten Tlamimilolpa-Phase (250-350 n. Chr.) und der Xolalpan-Phase (350-550 n. Chr.) – bewohnt. Aufgrund des außergewöhnlichen bildlichen Dekors und des Reichtums der dort gefundenen Weihgaben wird angenommen, dass diese Bezirke der erweiterten Stadt von einem Teil der Bevölkerung mit hohem wirtschaftlichem Status bewohnt wurde.

H.H.

180

RÄUCHERGEFÄSS DES TODESGOTTES
Teotihuacan
250-550 n. Chr.
Ton
19,4 x 20 cm
Inv. INAH – Museo de Sitio de Teotihuacan, 10-336685

181

SKULPTUR EINES TOTENBÜNDELS
Teotihuacan
350-550 n. Chr.
Stein
54 x 36,5 cm
Inv. INAH – Museo de Sitio de Teotihuacan, 10-336638

180

180

Der in der Kunst von Teotihuacan selten dargestellte Todesgott wird mit unterschiedlichen Materialien gestaltet. Für gewöhnlich lechzt er nach Blut, wie auf diesem wunderbaren Räuchergefäß aus Keramik. Der Sockel des Objekts besteht aus einer breiten, den Hals des Gottes andeutenden Röhre.
Sein Gesicht wird durch zwei große Kreise dominiert, die um die Augen verlaufen und an eine Brille erinnern. Aus dem breiten Mund ragt eine Zunge hervor.
Man muss sich in Erinnerung rufen, dass Blutopfer für einen Großteil der mesoamerikanischen Völker eine grundlegende Bedeutung besaßen. Ihrer stark am Sonnenkult angelehnten Mythologie zufolge konnte die Sonne ohne Darbringung von Blut morgens nicht aufgehen: Menschenopfer gehörten demnach zu den wichtigen Zeremonien des rituellen Lebens in Teotihuacan.   M.B.

181

Die Verwendung von eigens für die Bestattung hergestellten Totenbündeln war in großen Teilen Mesoamerikas verbreitet. Darstellungen davon findet man im Allgemeinen jedoch nur in den *Códices* oder Chroniken, in denen komplexe Zeremonien in allen Einzelheiten ausgeführt sind; gewöhnlich gipfelten diese in der Verbrennung der Bündel. Diese Steinskulptur stellt den Todesgott dar mit einem bereits verfallenden Körper. Man erkennt deutlich die Aushöhlung des Thorax und insbesondere die Rippen. Obwohl wir sowohl in den Wohnanlagen als auch in den umfangreichen Weiheopfern für die großen Kultbauten auf unterschiedliche Bestattungsarten gestoßen sind, wurde die große Mehrheit der Bevölkerung von Teotihuacan wahrscheinlich brandbestattet.   M.B.

KATALOG DER AUSGESTELLTEN OBJEKTE

182

ANTLITZ DES TODES
Teotihuacan, Platz der Sonnenpyramide, Z.5-A
Klassische Periode (200-650 n. Chr.)
Stein
70 x 99 x 39 cm
Inv. INAH-MNA, 10-958

BIBLIOGRAFIE

Matos Moctezuma 1990; Lombardo de Ruiz in Olivetti-Electa (Hg.) 1990: 50-51, 58; Berrin und Pasztory 1993: 168

182

In Teotihuacan wie auch in anderen prähispanischen Kulturen war die Darstellung des Todes von großer Bedeutung, denn als *imago mundi* war der Tod eine andere Form des Lebens. Die mit der entsprechenden Gottheit und der Unterwelt hergestellte Verbindung war daher ein zentraler Bestandteil der mythisch-religiösen Weltvorstellung, die im täglichen Leben allgegenwärtig war. Bei dieser Darstellung eines menschlichen Schädels tritt die Zunge heraus, die noch Spuren roter Farbe aufweist – ein Farbton, der mit dem Tod in Verbindung gebracht wurde. Auffällig sind die Augenhöhlen, die sichtbaren Zähne und der fleischlose Unterkiefer, daneben ein vertikales, geknotetes Band und eine Flammengruppe.

Das geknotete Band wurde als das eines Totenbündels gedeutet, und die heraustretende Zunge wurde mit der Selbstopferung in Verbindung gebracht: eine in Mesoamerika übliche Praxis, die darin bestand, sich mit Agavendornen die Zunge zu durchbohren. Die Flammen deuten auf das Verbrennen von Rauchharz für die Götter oder die Feier des „Neuen Feuers" (*Fuego Nuevo*), bei der Bündel aus 52 Schilfrohrstängeln verbrannt wurden. Dieser Hypothese entsprechend handelt es sich bei dem hier gezeigten Gegenstand um ein der Opferung von Blut geweihtes Monument, denn Blut wurde bei dieser Zeremonie dargebracht, mit der das Ende eines Kalenderzyklus und der Beginn eines neuen Zyklus gefeiert wurde. Die Skulptur befand sich möglicherweise ursprünglich auf einer Plattform gegenüber der Sonnenpyramide.

Obwohl der Tod zur *conditio humana* gehört, waren ihm insbesondere in der prähispanischen Vorstellungswelt auch die mächtigen Götter unterworfen, die ebenfalls sterben und neu geboren werden mussten; die Leben schaffende und spendende Sonne ging am Abend unter, wurde verschlungen und musste in die Welt der Toten hinabsteigen. In Teotihuacan verweisen nur wenige Darstellungen auf den Tod, weshalb diese Skulptur besonders bemerkenswert ist.

J.E.

182

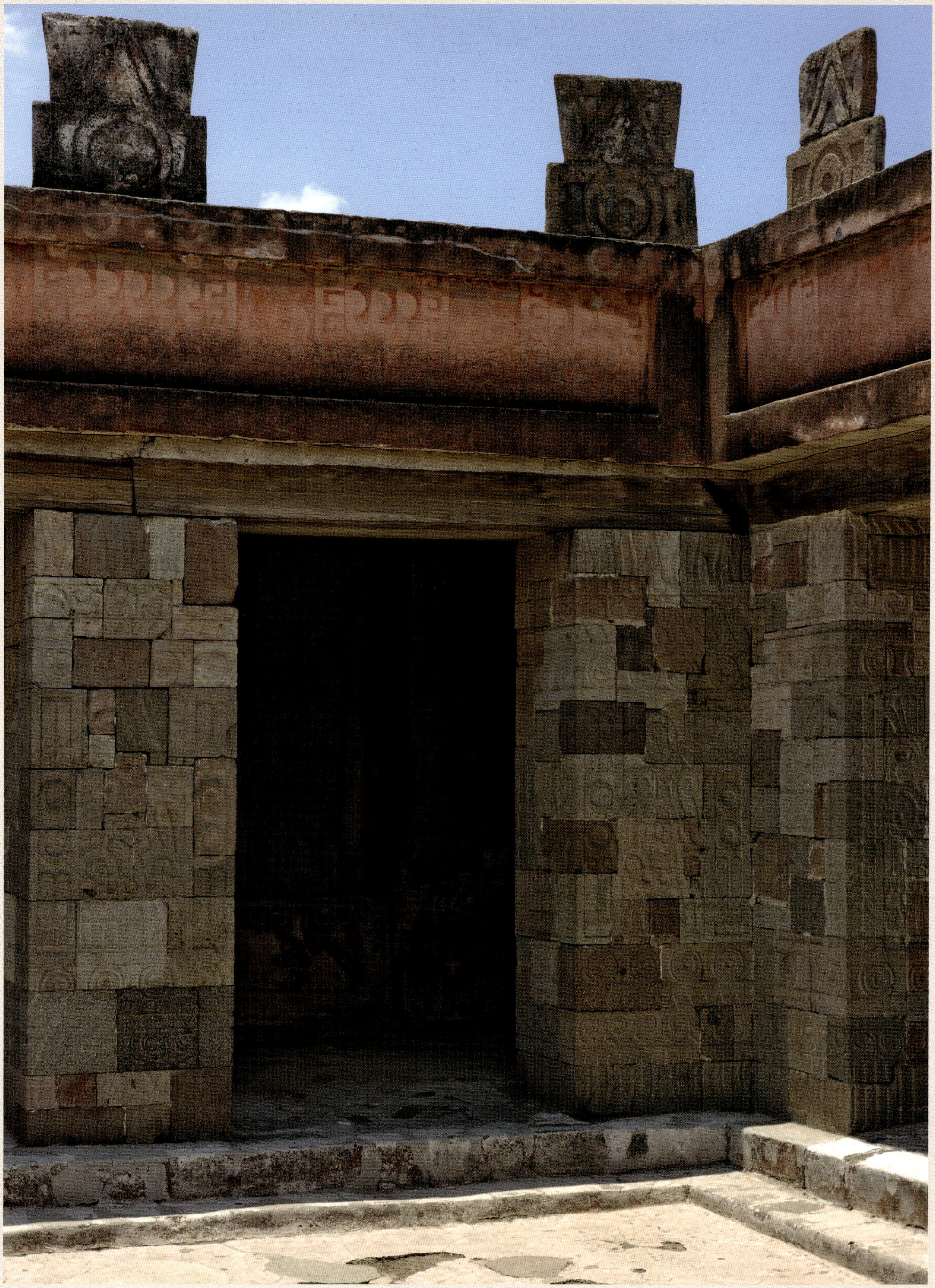

DAS LEBEN IN DEN PALÄSTEN UND WOHNKOMPLEXEN

Bei den von Manuel Gamio am Anfang des letzten Jahrhunderts geleiteten Ausgrabungen der Zitadelle wurden südlich des Tempels der Gefiederten Schlange zum ersten Mal die Wohnräume eines Palastes lokalisiert. Die Paläste wurden von mehreren Familien bewohnt, deren unterschiedlich große Wohnräume um Innenhöfe angeordnet waren. Die bekanntesten Komplexe sind Atetelco, Tetitla, Zacuala und Yayahuala im Südwesten der Stadt. Im Zentrum Teotihuacans hat man vor kurzem mit Ausgrabungen im Xalla-Komplex begonnen.

Die Wohnbereiche waren von einer Schutzmauer umgeben, die es ermöglichte, den Zugang zu kontrollieren. Jeder dieser Bereiche wurde von einer Großfamilie der gehobenen Gesellschaftsklassen sowie zahlreichen Mitarbeitern unterschiedlichen Ranges bewohnt: Handwerkern, Wächtern, Händlern und anderen Bediensteten, die je nach ihrem Platz in der Hierarchie und ihrer Nähe zum Familienoberhaupt in unterschiedlichen Räumen lebten.

Die Wohnräume und überdachten Eingangshallen waren mit prächtigen Wandmalereien verziert, welche die Tätigkeiten der Bewohner dieser Komplexe darstellten; sie betonten insbesondere die Teilnahme der Familie an den religiösen Zeremonien der Stadt.

Die Innenhöfe empfingen das Tageslicht, dienten aber auch dem Auffangen des Regenwassers, das über Kanäle und Leitungen in Zisternen geführt und dort gesammelt wurde. Die Dächer waren mit Architekturelementen und skulptiertem Schmuck in Form von Tieren verziert, die dem Komplex eine ausgeprägte Identität verliehen.

Nebenstehend: Quetzalpapálotl

ARCHITEKTUR-ELEMENTE, WANDMALEREI UND ORNAMENTE

Die mehr als tausend Wohnkomplexe von Teotihuacan zeichneten sich durch ein relativ ähnliches architektonisches Konzept aus. Sie waren von einer Mauer, die oftmals mit nur einem Eingang ausgestattet war, umgeben; die einzelnen Wohnungen im Inneren dieses Bereichs waren in eine Reihe kleiner, rechteckiger Räume unterteilt und um einen Innenhof angeordnet, in dessen Mitte sich ein Altar befand. Neben dem Altar standen Skulpturen, insbesondere steinerne Statuen des Gottes Huehuetéotl, des Alten Feuergottes und Schutzherrn von Heim und Herd.
Von den Ecken aus führten schmale Gänge zu den hinter dem Innenhof liegenden Räumen und den Tempeln.
Am Rande der in der Mitte gelegenen Höfe befanden sich Tempel oder spezielle Räume, die mit Letzteren durch prächtige, mit Wandgemälden verzierte Portiken verbunden waren. Hier zelebrierten die Bewohner ihre rituellen Bräuche, hier fanden Zeremonien und Feste statt, die den sozialen Zusammenhalt in den Anlagen förderten.
In manchen Wohnkomplexen hatte man Ziergegenstände aus Stein, insbesondere aus Alabaster, entdeckt, die zur Ausschmückung von Fassaden oder der Häuser verwendet worden waren. Sie trugen im allgemeinen die Symbole, die den gesellschaftlichen Rang der Bewohner veranschaulichten: Federn, *Chalchihuites* oder Blutzeichen.

183
BECKEN
Teotihuacan, Anlage des West-Platzes
Alabaster
79 x 28 x 62 cm
Inv. INAH – Museo de Sitio de Teotihuacan, 10-0261110

183

183
Dieses großartige Alabasterbecken wurde aus einem einzigen Block des weißlichen und in diesem Fall wunderschön hellgrün geäderten Gesteins gearbeitet. Der dazu verwendete Alabasterblock muss aus weiter Ferne nach Teotihuacan gebracht worden sein, um dort sorgfältig behauen und in einer Palastanlage unweit der Straße der Toten genutzt zu werden. In derselben Anlage fanden sich weitere Objekte aus Alabaster. Das Becken wurde wahrscheinlich als Wasserbehälter verwendet wie ein gewöhnliches Steinbecken, jedoch könnten seine Größe, das Material und die Qualität der Steinmetzarbeit auch ein Hinweis dafür sein, dass es für verschiedene Kulthandlungen im Zusammenhang mit Wasser und Fruchtbarkeit Verwendung fand.
M.B.

184

SKULPTUR DES HUEHUETÉOTL
Fundort unbekannt
Klassische Periode (200-650 n. Chr.)
Basalt
44,6 x 38,8 x 33,8 cm
Inv. MNA-INAH, 10-222234

BIBLIOGRAFIE
Morelos 1982: 129-136

185

ALTAR
Fundort unbekannt
Klassische Periode (200-650 n. Chr.)
Stein, Stuck und Farbpigmente
24 x 48 x 43 cm
Inv. MNA-INAH, 10-633561

184

Die Stadt wurde auf Grundlage einer exakten Stadtplanung errichtet und hatte so durch das Bestehen allgemein anwendbarer Normen gute Wachstumsbedingungen. Die Wohnanlagen im Palaststil, wie Tetitla, Yayahuala, Tepantitla, um nur einige Beispiele zu nennen, wiesen sowohl gemeinsame städtebauliche wie auch gemeinsame symbolische Elemente auf. Unter diesen Elementen galten viele insbesondere der Götterverehrung, die auch in familiären Wohnbauten gepflegt wurde.
Ein Beispiel dafür ist diese Skulptur des Huehuetéotl aus Vulkangestein, Basalt, die mit Schleif- und Polier-Technik gefertigt wurde. Die Gesichtszüge stechen durch ihre einfache und realistische Formgebung hervor. Dargestellt ist ein sitzender Greis, sein Rücken ist gekrümmt, die Beine vorne gekreuzt und die Fäuste auf die Knie gestützt. Zeichen des Alters prägen sein Gesicht, tiefe Falten durchfurchen seine Wangen, der Mund ist leicht geöffnet und runde Ohrscheiben schmücken seinen Kopf, auf dem ein nahezu kreisrundes Kohlebecken ruht. Dieses ziert ein Ornamentband, das aus einer Aneinanderreihung geometrischer Figuren besteht und an den äußeren Enden jeweils mit einem schmalen Band abschließt.

Z.L.

185

Die Aufstellung von Altären bildet eine religiöse Einheit mit Tempeln und Orten der Götterverehrung. Auf diesem Altar konnten verschiedene Opfergaben platziert werden. Die Verzierung wurde auf der Grundlage einer Reihe ineinander verflochtener Symbole entwickelt, dem sogenannten *Tejido del petate* (Palmblattstruktur). Dieser mit der adligen, militärischen oder religiösen Hierarchie verbundene Dekor ziert die vier Frontseiten der Skulptur, auf die eine feine Schicht aus Stuck und rotem Pigment aufgebracht ist.
Idee des Altars ist die Schaffung eines Ortes für die Darbringung von Weihgeschenken und Opfergaben mit religiösem bzw. gesellschaftlichem Charakter, ein Platz, an dem sich die Götter niederlassen, zu deren Verehrung man die Zeremonien veranstaltete.

J.J.

186

VOGEL MIT SPRECHSCHNÖRKEL
Fragment einer Wandmalerei
Teotihuacan, Techinantitla
Klassische Periode, Metepec-Phase (550-650 n. Chr.)
Stuck und Farbpigmente
85 x 113,5 x 4,5 cm
Inv. MNA-INAH, 10-229198

BIBLIOGRAFIE
Lombardo de Ruiz 2001: 3-64

186

Inmitten der großen Stadt wurden Überreste alter Wohnkomplexe gefunden, in denen Personen der verschiedenen Gesellschaftsklassen von Teotihuacan lebten. Einige dieser Komplexe waren von immenser Größe und bestanden aus verschiedenen Räumen, Toren, Fluren und Höfen, die mit mannigfaltigen Bildern, Themen, Formen und Farben verschwenderisch dekoriert waren und Beweis sind für den hohen Lebensstandard, den die Bewohner von Teotihuacan erreicht hatten.

Der Stadtteil Techinantitla östlich der Mondpyramide, aus dem das vorliegende Fragment stammt, setzte sich aus mehreren Wohnkomplexen zusammen. Möglicherweise verzierten Darstellungen wie diese den Innenbereich einer Wohnung, denn es gibt weitere Fragmente mit ähnlichen Darstellungen, die jedoch Ende der 50er Jahre des letzten Jahrhunderts von Plünderern auseinander gerissen wurden. Auf dieser Darstellung ist ein Vogel im Profil zu sehen, mit ausgestreckten Flügeln und zurückgeworfenem Kopf vor rotem Hintergrund. Ein Sprechschnörkel entspringt seinem Schnabel, und die Schwanzfedern ragen über den aus einer starken blauen und gelben Linie gebildeten Rahmen hinaus. Außerdem sind unterhalb und hinter dem Vogel verstreut menschliche Fußspuren in unterschiedlichen Farben zu sehen.

Ebenso wie auf anderen Wandmalereien handelt es sich hier offenbar nicht um eine besondere Vogelart, sondern um eine Mischung aus Merkmalen verschiedener Arten, wie Ara, Raubvögel, Truthahn, Eule und Quetzal.   J.E.

187

TLÁLOC ALS SÄER
Teotihuacan, Zacuala
Klassische Periode (200–650 n. Chr.)
Stuck und Farbpigmente
82 x 147 x 2 cm
Inv. MNA-INAH, 10-595274

BIBLIOGRAFIE
Berrin und Millon 1988: 168-183; Berrin und Pasztory 1993;
De la Fuente (Hg.) 2001: 447-457; Lombardo 2001: 3-64

187

In Teotihuacan waren die Wandmalereien an strategischen Punkten errichtet und dienten der Ausübung religiöser Riten. In Zacuala befindet sich ein Wohnkomplex, der auffallend gleichmäßig bemalt und dekoriert war. Aufgrund des zusammenhängenden Bildprogramms wird von einer zeitgenössischen Manufaktur gesprochen. Hauptthema ist die Fruchtbarkeit, die für die Menschen von Teotihuacan von größter Bedeutung war.

Auf diesem bemalten Mauerfragment sticht eine Figur mit den charakteristischen Attributen von Tláloc hervor – große, brillenumrahmte Augen sowie scharfe Eckzähne, die aus seinem Mund ragen. Aus den Fingern seiner ausgestreckten Hand entspringt ein gelber Wasserlauf mit Samenkörnern. Die im Profil dargestellten Körper der Gottheiten in Menschengestalt sind in Übereinstimmung mit dem Kanon von Teotihuacan als Nebengötter zu erkennen. Auf Wasserwolken sitzend und singend bringen sie aus ihren Händen eine Fülle von Samen hervor. Auch tragen sie eine Tláloc-Maske, weshalb es sich möglicherweise um Vorläufer der aztekischen *Tlaloques* handelt, die dem Gott helfen, das Regenwasser fließen zu lassen.

Z.L.

188
DACHSCHMUCK IN FORM EINES VOGELS
Teotihuacan
Klassische Periode (200–650 n. Chr.)
Vulkangestein
32,1 x 21 x 5,8 cm
Inv. MNA-INAH, 10-1011
BIBLIOGRAFIE
Berrin und Pasztory (Hg.) 1998

189
ARCHITEKTONISCHES ELEMENT
Teotihuacan, Zone 5-A, Stück 1, Ostseite Anlage 2
Klassische Periode (200–650 n. Chr.)
Travertin Typ *Tecalli*
28 x 34, 5 x 6,6 cm
Inv. MNA-INAH, 10-80885
BIBLIOGRAFIE
Solís 1991

188

189

188
Dieses Element aus Stein bildete möglicherweise den Abschluss eines Gebäudedaches. Abgesehen von seinem dekorativen Charakter diente der Dachschmuck nicht nur der Darstellung von Bildern, Symbolen und Konzepten, sondern auch der Mitteilung religiöser Botschaften, die in einer Art Markierung die heiligen Stätten kennzeichneten. Das als Relief gearbeitete Element zeigt einen Vogel mit prächtigem Federkleid. Vögel waren für die mesoamerikanischen Kulturen von großer Bedeutung: Ihre Federn stellten etwas Kostbares dar, sodass sie auch als Tributabgaben dienten. Ihre Bedeutung nahm in einem solchen Maße zu, dass von Künstlern mannigfache Vogeldarstellungen auf Wänden, Keramik, Skulpturen und architektonischen Elementen geschaffen wurden.   J.E.

189
Für Teotihuacan waren große architektonische Komplexe charakteristisch. Sie bestanden nicht allein aus Mauern und Pfeilern, sondern waren mit großflächiger Ausdehnung in jedem einzelnen Bauteil mit Symbolen ausgestattet. Diese dekorativen Elemente zeugen vom Geschick und der Kunstfertigkeit der Bildhauer und bringen Größe und Macht zum Ausdruck.

Auch bei diesem skulptierten Element nutzten die Kunsthandwerker die Formschönheit des *Tecalli*. Die geometrische Form wie auch die Stilausprägung der Teotihuacan-Kultur sind hier besonders hervorzuheben. Dargestellt ist die stilisierte Figur eines Jaguars. Er bildete möglicherweise den Abschluss eines Pfeilers oder schmückte eine Mauer in der Art einer Zinne. In Teotihuacan wurden zahlreiche Darstellungen des Jaguars gefunden. Dieses Tier ist auch Symbolgestalt für Krieg und Macht.   E.C. und K.R.

190

DACHSCHMUCK IN FORM EINES GEFIEDERTEN JAGUARS
Teotihuacan, Mondpyramide
Klassische Periode (200-650 n. Chr.)
Ton
49,5 x 47,6 x 5,2 cm
Inv. MNA-INAH, 10-80430

191

JAGUAR MIT STREIFEN
Teotihuacan, Palast des Quetzalpapálotl, Tempel IV Palast B
Klassische Periode (200-650 n. Chr.)
Alabaster
19,6 x 13,4 x 15,7 cm
Inv. MNA-INAH, 10-78331
BIBLIOGRAFIE
Acosta 1964: Fig. 51-54; Solís 1991: 57

190

Zinnen sind architektonische Abschlüsse, die über dem Gesims der Fassaden angebracht waren, über die eigentliche Höhe des Gebäudes hinausragten und durch besondere Symbole für diesen Ort sinnbildliche Kennzeichen aufwiesen. Soweit bekannt ist, wurde gerade in Teotihuacan zum ersten Mal diese Art von Aufsatz in verstärktem Maße eingesetzt. Herstellungsmaterialien waren Stein und Lehm und bei den Darstellungen sind Symbole, Menschenköpfe mit opulentem Kopfputz sowie Vögel und Jaguare vorherrschend. Dieser aus Ton gefertigte Dachschmuck wurde in Serie hergestellt. Er verfügt über einen breiten Stift, der in der Mauer des Gebäudes versenkt wurde, sodass ausschließlich die Prozession der Jaguare auf dem Dach des Gebäudes zu sehen war. Die Tierfigur wurde als Relief gearbeitet; sie ist teilweise hohl und auf der Rückseite flach, ähnlich einem flachen Ziegel.
In der Ikonografie von Teotihuacan ist der Jaguar mit Federbusch eines der wiederkehrenden Themen. Er ist hauptsächlich auf Gefäßen, Wandmalereien und Skulpturen zu finden, oder wie bei diesem Beispiel auf einer Zinne. **H.H.**

191

Während der Ausgrabungen im September 1962 am Quetzalpapálotl-Palast wurde an der Westseite des Mondplatzes eine in *Tecalli* – eine Art hellgrünen Marmors – gehauene Skulptur entdeckt, die einen Jaguar in sitzender Position mit heraushängender Zunge darstellt. Die Skulptur war bei ihrem Fund bestens erhalten. Sie war auf die rechte Seite gefallen und lag mit dem Antlitz nach Nordosten gerichtet direkt auf dem Boden.
Dass die Skulptur aus einem Stück geschnitten ist, gilt als sehr bemerkenswert. Viele Linien bestehen aus flachen Einschnitten, was sich insbesondere in der für den Stil von Teotihuacan bezeichnenden stumpfen Form des Gesichts äußert.
Die seitlichen Ausbeulungen am Kopf stellen einen Federbusch dar, wie er bei nahezu allen Jaguarfiguren auf Wandmalereien zu finden ist. Wenn eine Person oder ein Tier mit einem Federbusch geschmückt ist, so wird damit auf eine höhere Stellung des Trägers in der Hierarchie hingedeutet. Aus diesem Grund kann diese Skulptur als „heiliger oder göttlicher" Jaguar angesehen werden. Die auf seinen Beinen befindlichen Streifen verdeutlichen zusätzlich, dass es sich um einen *Jaguar solar*, einen Sonnenjaguar handelt. Auf der Rückseite ist ein Symbol angebracht, das einem Zeichen aus dem Jahreskreis ähnelt und stark an das Zeichen von Xochicalco erinnert. Im oberen Teil wurde, kaum wahrnehmbar, eine weitere Glyphe eingeritzt, mit dem Datum 1 Rohr: „Ce Acatl", das auch mit der Geburt des toltekischen Königs Topíltzin Quetzalcóatl in Verbindung gebracht wird. **H.H.**

KATALOG DER AUSGESTELLTEN OBJEKTE

192

WASSERRÖHRE
Teotihuacan, Umkreis des Mondplatzes
Klassische Periode (200-650 n. Chr.)
Ton
12,5 x 80 cm
Inv. MNA-INAH, 10-646872

BIBLIOGRAFIE
Sugiyama 2004; Monzón 1982:101-111

193

ZINNE
Teotihuacan
350-550 n. Chr.
Ton und Stuck
45 x 31,3 x 2 cm
Inv. INAH – Museo de Sitio de Teotihuacan, 10-600116

192

Zylinderförmiges Leitungsrohr mit Abschluss in Form eines Tieres, wohl einer Schlange, mit geöffnetem Maul. Es ist anzunehmen, dass dieses Stück als Ablaufrohr zur Ableitung von Regenwasser an der Außenseite von Gebäuden verwendet wurde, um so die Ansammlung von Wasser auf Dächern und in Höfen zu vermeiden. Das Wasserrohr wurde in Modelliertechnik unter Verwendung von aufgesetzten Tonelementen hergestellt. Es wurde aus körniger Tonmasse geformt und weist eine fein geglättete Oberfläche auf.

Aufgrund seiner Formschönheit und insbesondere seiner Funktionalität ist dieses Bauelement ein sehr gutes Beispiel der Architektur von Teotihuacan. Es wurde bei Ausgrabungen bei der Mondpyramide gefunden.
Die Organisation der Wasserversorgung in Teotihuacan folgte – entsprechend dem Anwachsen der Stadt – einer strengen Planung. Die Wasserleitungen waren so angelegt, dass das Regenwasser abfließen konnte. Es existierten auch Kanäle für das Trinkwasser; den Lauf der nahe gelegenen Flüsse hatte man geändert, um eine bestmögliche Wasserversorgung einzurichten. Mit diesem komplexen Netzwerk konnten die Wasserressourcen optimal verwaltet werden.

E.C. und K.R.

193

Zinnen sind architektonische Elemente, die als oberer Abschluss an Fassaden oder in Innenhöfen der Wohnhäuser von Teotihuacan vorkommen. In Mesoamerika und insbesondere in Zentralmexiko scheint dieses Schmuckelement an Palästen jedoch auch die Funktion gehabt zu haben, mit Symbolen auf die in der jeweiligen Wohnanlage ausgeübten Beschäftigungen hinzuweisen. Hier sehen wir eine Zinne mit abgerundeter Oberkante. Der runde Rand trägt zudem das aus Ton geformte Symbol für Blut.

M.B.

194

TREPPENFÖRMIGE ZINNE
Teotihuacan, Techinantitla
Klassische Periode (200-650 n. Chr.)
Stein, Stuck und Farbpigmente
33,5 x 26,5 x 8,7 cm
INV. MNA-INAH, 10-229215

BIBLIOGRAFIE
Berrin und Pasztory (Hg.) 1998: 182-183;
Lombardo de Ruiz 1990: 52

194

194

Die Architekten von Teotihuacan krönten gewöhnlich die Gebäudedächer mit nebeneinander gereihten architektonischen Elementen, die gemeinhin als „Zinnen" bezeichnet werden. Damit verliehen sie ihren Bauwerken größeren Glanz. Diese Zinnen sind aus Materialien wie Ton und Stein gefertigt. Sie besitzen verschiedenartige Formen und können als Tiere, menschliche Figuren, Symbole des Kalenders oder als stilisierte Gottheiten gestaltet sein. Die Zinnen wurden in verschiedenen Größen hergestellt, bisweilen sind sie über einen Meter hoch.
Dieser architektonische Abschluss gleicht einer treppenförmigen Pyramide, die eine Beschichtung aus Stuck sowie eine polychrome Verzierung aufweist, in der die Farben Grün und Rot vorherrschen. Möglicherweise diente dieses Objekt als Verzierung eines Wohngebäudes oder Palastes mit einem zentralen Innenhof, in dem ein kleiner Tempel für Zeremonien errichtet war.   J.E.

DIE GESELLSCHAFT TEOTIHUACANS

Der Umfang und die Komplexität des Besiedlungsschemas Teotihuacans, sowie der Kontrast zwischen dem Plan der Stadt und dem Umland legen nahe, dass in dieser Gesellschaft sehr unterschiedliche Klassen existierten, denen jeweils bestimmte Wohnungstypen zugeordnet waren. Mindestens vier große Klassen existierten gleichzeitig. Die mächtige Führungsschicht stellte den oder die Regierenden sowie die obersten Priester und genoss Privilegien. Diese Elite kontrollierte die Religion, die Erziehung, das Rechtswesen und nahm an den Altenräten teil. Die in der Handhabung der Waffen und in der Kriegsführung geübten Krieger sind auf den Wandmalereien und den Gefäßen an ihrer prächtigen, reich mit Darstellungen von Jaguaren, Kojoten, Adlern und anderen wilden Tieren geschmückten Kleidung erkennbar.

Die Händler oder Kaufleute waren hochqualifiziert. Bei ihren Handelsreisen legten sie große Entfernungen zurück und transportierten wertvolle Rohstoffe wie Muscheln, Schnecken, Häute, Federn, Halbedelsteine und Kakao.

Die Handwerker bearbeiten diese Materialien, welche die Grundlage des wirtschaftlichen Lebens der Stadt bildeten.

Diese vier Gruppen wohnten wahrscheinlich in Siedlungskomplexen, die ihnen Privilegien und Schutz boten. Das gewöhnliche Volk setzte sich aus Bauern und den körperlich schwer arbeitenden Bauhandwerkern zusammen. Sie wohnten in den Hütten aus *Bajareque* (Schilf und Erde) mit einem oder zwei Räumen und einem Boden aus gestampfter Erde.

195a
FIGUR IN MENSCHLICHER GESTALT
Autobahn Mexiko-Tuxpan, östlich von Teotihuacan
250-550 n. Chr.
Ton und Farbpigmente
10,5 x 11 x 6 cm
Inv. INAH – Museo de Sitio de Teotihuacan, 10-585197

195b
FIGUR IN MENSCHLICHER GESTALT
Autobahn Mexiko-Tuxpan, östlich von Teotihuacan
250-550 n. Chr.
Ton und Farbpigmente
8,5 x 7,5 x 5,5 cm
Inv. INAH – Museo de Sitio de Teotihuacan, 10-585211

195a

195b

195a-b

Darstellungen der Gesellschaft von Teotihuacan fielen im Zuge der Jahrhunderte zwar unterschiedlich aus, folgten jedoch stets ganz bestimmten künstlerischen Richtlinien. So sind nahezu alle Gesichter, obwohl in unterschiedlichen Materialien gefertigt und entweder mit künstlerischer, religiöser, politischer Intention oder als Ausdrucksform des Alltagslebens entstanden, gleichsam identisch. Die ständige Integration neuer Immigrantengruppen motivierte vermutlich die Schaffung eines eigenen Stils, der sich vom künstlerischen Kanon in Teotihuacan unterscheiden sollte. Einige Forscher nehmen an, dass dieses künstlerische Phänomen von der Zentralregierung Teotihuacans gelenkt sein musste, ebenso wie die Verhinderung der Gefährdung des politischen Systems durch individualistische Bestrebungen.

M.B.

196a
WEIBLICHE FIGUR MIT KIND UND WIEGE
Autobahn Mexiko-Tuxpan, östlich von Teotihuacan
250-550 n. Chr
Ton und Farbpigmente
11,5 x 8 x 5,5 cm
Inv. INAH – Museo de Sitio de Teotihuacan, 10-585193 0/3

196b
FIGUR EINES KINDES UND EINER WIEGE
Autobahn Mexiko-Tuxpan, östlich von Teotihuacan
250-550 n. Chr
Ton und Farbpigmente
Wiege: 13,8 x 9 cm – Kinder: 19 x 13,5 x 10,5 cm
Inv. INAH – Museo de Sitio de Teotihuacan, 10-585187 und 10-585177

196c
WEIBLICHE FIGUR MIT KIND UND WIEGE
Autobahn Mexiko-Tuxpan, östlich von Teotihuacan
250-550 n. Chr.
Ton und Farbpigmente
9,5 x 7,5 x 7 cm
Inv. INAH – Museo de Sitio de Teotihuacan, 10-585214 0/3

196a-c

Bei archäologischen Rettungsgrabungen im Zusammenhang mit dem Bau einer Autobahn östlich von Teotihuacan stieß man auf eine große Opfergabe, die beinahe vollständig aus zierlichen, mehrfarbigen Figuren von Frauen, Männern und Kindern bestand. Die dargestellten Mütter tragen in der Regel einen *Quechquémitl*, eine Art Cape, Halsketten sowie einen stilisierten Hut und große Ohrscheiben. Die Kinder werden gewöhnlich mit ihren Müttern neben den Wiegen dargestellt, als Symbol der mütterlichen Fürsorge im frühesten Alter der Kinder, was einen anrührenden Eindruck vom Alltag der Mütter vermittelt. M.B.

197a

WEIBLICHE FIGUR
Autobahn Mexiko-Tuxpan, östlich von Teotihuacan
250-550 n. Chr.
Ton und Farbpigmente
9,5 x 9 x 6 cm
Inv. INAH – Museo de Sitio de Teotihuacan, 10-585203

197b

WEIBLICHE FIGUR
Autobahn Mexiko-Tuxpan, östlich von Teotihuacan
250-550 n. Chr.
Ton und Farbpigmente
10 x 9 x 6,5 cm
Inv. INAH – Museo de Sitio de Teotihuacan, 10-585194

197c

WEIBLICHE FIGUR
Autobahn Mexiko-Tuxpan, östlich von Teotihuacan
250-550 n. Chr.
Ton und Farbpigmente
9,5 x 9 x 5,5 cm
Inv. INAH – Museo de Sitio de Teotihuacan, 10-585224

<u>197a-c</u>

Auch diese Frauen stammen aus der Opfergabe, die beim Bau der Autobahn zwischen Mexiko und Tuxpan geborgen wurde. Die Mehrfarbigkeit der Figuren ist hier besonders gut sichtbar. Sie tragen *Quechquemitl,* eine Art Cape, große Halsketten und Ohrscheiben, sowie auffällige Frisuren, die mit einem Hut bedeckt sind; bei einer Figur ist dieser mit kleinen, aber zahlreichen Kreisen in der Art von *Chalchihuites* versehen. Ebenso bemerkenswert ist die Farbe der Kleider: rot mit einem gelben Streifen in der Mitte und einem breiten weißen Saum. Man beachte auch die wahrscheinlich anfangs vorhandene Bemalung der Gesichter. Mindestens bei einer Figur erkennt man die weiße Grundierung des Gesichts sowie die beiden grauen Balken um die Augen. M.B.

198a
FIGUR IN MENSCHLICHER GESTALT
Autobahn Mexiko-Tuxpan, östlich von Teotihuacan
250-550 n. Chr.
Ton und Farbpigmente
12 x 11 x 4 cm
Inv. INAH – Museo de Sitio de Teotihuacan, 10-585182

198b
FIGUR IN MENSCHLICHER GESTALT
Autobahn Mexiko-Tuxpan, östlich von Teotihuacan
250-550 n. Chr.
Ton und Farbpigmente
11 x 9 x 3,5 cm
Inv. INAH – Museo de Sitio de Teotihuacan, 10-585223

198c
FIGUR IN MENSCHLICHER GESTALT
Autobahn Mexiko-Tuxpan, östlich von Teotihuacan
250-550 n. Chr.
Ton und Farbpigmente
12 x 10 x 3,5 cm
Inv. INAH – Museo de Sitio de Teotihuacan, 10-585225

198d
FIGUR IN MENSCHLICHER GESTALT
Autobahn Mexiko-Tuxpan, östlich von Teotihuacan
250-550 n. Chr.
Ton und Farbpigmente
12 x 11 x 3,5 cm
Inv. INAH – Museo de Sitio de Teotihuacan, 10-585216

198a-d

Dieser Figurentypus ist bekannt für seinen breiten Kopfschmuck. Er ist recht verbreitet und zwar in unterschiedlichen Kontexten von Teotihuacan. Im Allgemeinen handelt es sich um mit großen Ohrscheiben und Ketten reich geschmückte Frauen bei der Verrichtung von Alltagsarbeiten, dem Kinderhüten, oder einfach nur dastehend. Ihr Oberkörper ist mit einer Art Umhang bedeckt, der Schultern und Brust verhüllt. Sie tragen einen langen Rock, der nur die Füße unbedeckt lässt. Die in diesen Figurendarstellungen unter anderem thematisierte Mutterschaft stellt möglicherweise einen Bezug zu Fruchtbarkeitskulten her. Ein genauer Bedeutungszusammenhang ist jedoch nicht geklärt.   M.B.

KATALOG DER AUSGESTELLTEN OBJEKTE

199a-j

ANTHROPOMORPHE FIGUREN

Teotihuacan; Schenkung Stone (Shepard-Stone-Stiftung), Beschlagnahmung Co – FM 19, unbekannte Herkunft und Azcapotzalco

Klassische Periode, späte Tlamimilolpa-Phase und frühe Xolalpan-Phase (250-450 n. Chr.)

Ton

a: 10,4 x 7,7 x 4,7 cm; b: 11,3 x 8,5 x 7,1 cm;
c: 10 x 7,3 x 4 cm; d: 10 x 6 x 3 cm;
e: 9,7 x 6,2 x 7,5 cm; f: 8,2 x 5,7 x 5,9 cm;
g: 11,5 x 7 x 4,5 cm; h: 6 x 3,4 x 4,5 cm;
i: 7,2 x 4,5 x 3,6 cm; j: 9,7 x 7,2 x 2,7 cm

INV. INAH-MNA; a :10-391; b: 10-525052; c: 10-223845;
d: 10-633785; e: 10-80443; f: 10-633777; g: 10-633787;
h: 10-81867; i: 10-77337; j: 10-77742

BIBLIOGRAFIE

Bove 2002: 685-709; Berrin 1993; Sejourne 1966: 145-167; Solís 1991: 49-52 und 66-67

199a

199b

199a-j

Vorgänge des täglichen – auch gesellschaftlichen – Lebens finden unter anderem in den mit großer Herstellungsvielfalt und fein gearbeiteten, rhythmisch wie statisch formvollendeten Tonfiguren ihren künstlerischen Ausdruck. Aufgesetzte Tonelemente verdeutlichen die Eigenheiten ihrer Kleidung. Einfache schmale Körper ohne Haarschmuck besaßen möglicherweise einen vergänglichen Kopfputz. Im lebendigen Ausdruck und der Haltung dieser Figuren spiegeln sich familiäre Situationen wie auch freudige Momente wider. Diese künstlerischen Darstellungen geben eine klare Vorstellung der sozialen Wirklichkeit, indem sie die typische Aufmachung der Bewohner von Teotihuacan abbilden und auch die verschiedenen Stilrichtungen der Mode einbeziehen, wie Haartrachten, Kleidungsstücke, Schmuck, Kopfputz und Fußbekleidung, je nach sozialem Stand oder Geschlecht.

In der Herstellung der Tonfiguren lässt sich eine gewisse Standardisierung erkennen, was vermutlich auf die vermehrte Nachfrage nach diesen Produkten zurückzuführen ist. Die verschiedenen Herstellungstechniken, die in der Formgestaltung der Figuren zum Ausdruck kommen, widerspiegeln die unterschiedlichen Zeitphasen ihrer Entstehung.

J.J.

199f

199g

199c

199d

199e

199h

199i

199j

KATALOG DER AUSGESTELLTEN OBJEKTE

373

200a
MODEL MIT KOPFPUTZ IN ZOOMORPHER FORM
Teotihuacan
Klassische Periode (200-650 n. Chr.)
Ton
10,6 x 9,5 x 3,5 cm
Inv. MNA-INAH, 10-560

200b
MODEL MIT KOPFPUTZ IN ZOOMORPHER FORM
Teotihuacan
Klassische Periode (200-650 n. Chr.)
Ton
3,5 x 8,8 x 3 cm
Inv. MNA-INAH, 10-524785
BIBLIOGRAFIE
Oliver 1999, vol. Nr. 35: 7-8; Sánchez 2006: 263-290

200a-b

Die Tonmodel, die bei den Ausgrabungen in der Umgebung von Teotihuacan zutage kamen, geben nicht nur Aufschluss über deren Beschaffenheit, sondern auch über die bei der Serienherstellung angewandten Techniken. Die Model, die zur Herstellung von Tonfiguren dienten, machen deutlich, dass es spezialisierte Werkstätten gab. Die abgebildeten Model weisen einen ausgefeilten Haarschmuck auf, der zweifellos auf den hohen sozialen Status seines Trägers hindeutet. Die zoomorphen Attribute verleihen diesen Personen einen außergewöhnlichen Charakter.

Es war nur Personen von bestimmtem Rang innerhalb des Palastlebens vorbehalten, das von exotischen Tieren stammende Material wie beispielsweise Krallen, Zähne oder Federn zu besitzen und als Schmuck zu verwenden. Die Beziehung zwischen Mensch und Tier in der vorspanischen Zeit beruhte auf der Idee, dass Charakter und Schicksal einer Person durch die Verbundenheit zu einem bestimmten Tier beeinflusst sind, die vom Tag der Geburt an besteht.

J.J.

201
FRAU MIT BUCKEL
Teotihuacan, Palast 3, Opfergabe in der Entwässerung, Kampagne 1963
Klassische Periode (200-650 n. Chr.)
Ton
16,9 x 16 x 15 cm
INV. MNA-INAH, 10-80699

202
ANTHROPOMORPHE FIGUR
Teotihuacan
350-650 n. Chr.
Ton
8,6 x 2,6 cm
INV. Fundación Televisa, REG. 21 P.J. 64 2/4

201

Diese mithilfe eines Models gefertigte anthropomorphe Figur besitzt zusätzlich Details, die von Hand modelliert wurden. Möglicherweise ging der Künstler zunächst von den Dimensionen des modellierten Gesichts aus und verlieh der Figur, indem er die Proportionen zum Abschluss verzerrte, einen verfremdenden Anstrich. Es entstand die Figur einer sitzenden Frau mit einem Buckel.
Personen mit einer Missbildung galten als Kinder der Sonne und man schrieb ihnen übernatürliche Kräfte zu, die eng mit Quetzalcóatl verknüpft waren. Sie galten als von den Göttern berührt und standen mit diesen in ständiger Verbindung. Dadurch waren sie in der Gesellschaft als Ratgeber anerkannt. **J.J.**

202

Die reich gekleideten Keramikfiguren zeigen für gewöhnlich Personen, die eine Machtposition innehaben und innerhalb der Gesellschaft hohe Ämter bekleiden. Die hier dargestellte weibliche Figur trägt eine große Haube, die vorne mit einer Rosette verziert ist. Das Gesicht wird durch einen prachtvollen Ohrschmuck gerahmt, während über die Brust eine breite Perlenkette verläuft. Der Körper verbirgt sich hinter einer zweiteiligen, fein ausgearbeiteten Bekleidung, die am unteren Ende in Fransen oder Stickereien ausläuft. Darstellungen von Frauen, die über Machtattribute verfügen, sind in der Kunst Teotihuacans selten. Die hier gezeigte Figur scheint der Führungsschicht anzugehören, besitzt aber gleichfalls Ähnlichkeiten mit den weiblichen Figuren des Fruchtbarkeitskultes. **M.B.**

MINIATUREN

In ihrer Beschäftigung mit der umfangreichen Keramikproduktion in Teotihuacan konnten Archäologen nachweisen, dass das Keramikgeschirr sowohl von den herrschenden Klassen als auch von dem gewöhnlichen Volk benutzt wurde, und dass es eine große Formenvielfalt aufwies.

Das Gebrauchsgeschirr ist unter dem Begriff San Martín Orange bekannt. Der orangefarbene Ton diente der Herstellung aller möglichen Gefäßtypen, von großen Töpfen, in denen Wasser oder Saatgut aufbewahrt wurde – und die zudem als Mobiliar und Graburnen dienten –, bis hin zu den in dieser Stadt sehr beliebten Kochplatten, den *Comales*.

Das für die Paläste charakteristische Geschirr bestand neben den elegant verzierten Dreifüßen und Gefäßen mit dem Bildnis Tlálocs aus Feinkeramik in *Fine-Orange*-Keramik, deren Vertrieb der Kontrolle der „Götterstadt" unterstand.

Die Bewohner Teotihuacans gaben den Verstorbenen Miniaturnachbildungen ihres Geschirrs mit ins Grab.

203a-zb
MINIATURGEFÄSSE

Teotihuacan; unterschiedlicher Herkunft (Zacuala, Tetitla, Ventilla „Palast B", Straße der Toten und Schenkung Dolores del Río)
Klassische Periode, späte Xolalpan-Phase (450-550 n. Chr.)
Ton
a: 7,8 x 6,4 cm; b: 6,6 x 3,8 cm; c: 3,7 x 6,2 cm; d: 7 x 6,5 cm; e: 7,3 x 7,8 x 8,2 cm; f: 4,7 x 8,4 cm; g: 4,9 x 6,3 cm; h: 1 x 9,4 cm; i: 6,4 x 5,5 cm; j: 3,4 x 4,2 x 5,8 cm; k: 1,2 x 4,6 cm; l: 3,3 x 4,1 cm; m: 1,7 x 3,1 cm; n: 5,5 x 3,3 cm; o: 8 x 4,2 cm; p: 4,6 x 3,8 x 4,1 cm; q: 1,8 x 2,9 cm; r: 3,2 x 3,4 cm; s: 3,7 x 4,7 cm; t: 1,6 x 3,6 x 5,6 cm; u: 2 x 6,3 cm; v: 4,1 x 4,7 cm; w: 2,6 x 7,2 cm; x: 3 x 6,3 cm; y: 3 x 6,2 cm; z: 1,6 x 5,3 x 3,2 cm; z1: 2,7 x 7,5 cm; z2: 1,4 x 5,8 cm
INV. INAH-MNA; a: 10-80601; b: 10-540350; c: 10-619637; d: 10-530755; e: 10-9258; f: 10-529495; g: 10-646866; h: 10-646869; i: 10-80465; j: 10-623; k: 10-646873; l: 10-14597; m: 10-80488; n: 10-646871; o: 10-525151; p: 10-540776; q: 10-619634; r: 10-619633; s: 10-529449; t: 10-80486; u: 10-14414; v: 10-646868; w: 10-80628; x: 10-80607; y: 10-530795; z: 10-646876 0/2; z1: 10-530790; z2: 10-77739
BIBLIOGRAFIE
Matos 1990: 123-186

203a-z2

Die Vielfalt an Geschirr aus Teotihuacan ist das Ergebnis der nahezu tausendjährigen kulturellen Entwicklung der Metropole. Im Laufe der verschiedenen Perioden reifte ein ästhetisches Konzept heran, das in vielfältigen dekorativen Formen und Stilausprägungen der Keramik seinen künstlerischen Ausdruck fand.

In der Patlachique-Phase entsteht ein grober und experimenteller Kunststil, der den Auftakt zu einem langen Entwicklungsprozess in der Kunst und im Handwerk bildet und schließlich zur typischen Stilprägung von Teotihuacan führt.

Zwischen der Tzacualli- und Tlalmimilolpa-Phase sind in den Kreationen der Künstler von Teotihuacan erste Anzeichen der keramischen Formgebung zu erkennen, die in den darauf folgenden Phasen ihren glanzvollen Höhepunkt erreichen sollten. Zu jener Zeit finden schließlich die berühmten Gefäße von Teotihuacan, wie „Theater"-Räuchergefäße, Tláloc-Gefäße, sogenannte Blumenvasen und *Candeleros* ihre Verbreitung, die unverkennbarer Ausdruck der Keramikkunst von Teotihuacan sind.

In der Xolalpan-Phase schufen die Meister des Tons mit einem Höchstmaß an Einfallsreichtum eine Vielzahl großartiger Formen.

203l 203o 203p
203m 203n 203s
203k 203q 203r 203t

203v 203w 203z1
203u 203x 203y 203z2
203z

In der Zeit der Metepec-Phase war die Metropole im Niedergang begriffen, was sich in verschiedenen Bereichen der Kultur und damit auch in der Keramikherstellung niederschlug. Die Künstler brachten keine innovativen Ideen mehr hervor.

In Teotihuacan wie in vielen mesoamerikanischen Gesellschaften sind umfangreiche Ausprägungen von Geschirr zu finden. Bis heute ist ihre Funktion Gegenstand wissenschaftlicher Diskussionen. Archäologische Ergebnisse legen verschiedene Verwendungsformen dieser Keramik nahe: bei Bestattungsritualen als Behältnisse mit unterschiedlichem Inhalt, die die Verstorbenen auf ihrer Reise zu dem Ort begleiten sollten, der von den Nahuas als *Mictlan* bezeichnet wurde, die Verwendung als Spielzeug oder aber als kleine Behältnisse für Kopalharz.

So verschiedenartig wie die Formen des Geschirrs, sind auch die Miniaturen. Sie weisen ebenso die typischen Merkmale, deren rituellen Charakter wie auch deren Masse, Fertigung, Formen und Verzierung auf. Religiöse Handlungen hatten Einfluss auf alle Bereiche des täglichen Lebens und sind auch in vielen Gebrauchsgegenständen erkennbar, denen dadurch Symbolcharakter verliehen wird. Am deutlichsten kommt die Symbolik in den Tláloc-Gefäßen zum Ausdruck, wie bei dem in dieser wundervollen Sammlung enthaltenen Beispiel.

Viele der ausgewählten Miniaturen stammen aus Grabstätten von Ventilla, dem an den monumentalen Gebäudekomplex der Zitadelle angrenzenden Palastareal, welches nach Meinung zahlreicher Wissenschaftler das Zentrum der politischen und administrativen Macht von Teotihuacan war. Es ist demnach davon auszugehen, dass die Miniaturen mit symbolischer Bedeutung ausgestattet und mit der Reise in die Unterwelt verbunden sind.

J.J. und R.F.

KATALOG DER AUSGESTELLTEN OBJEKTE

DIE KERAMIK: DEKOR UND ALLTAG

204
RITUELLES OBJEKT
Teotihuacan
250-450 n. Chr.
Ton und Farbpigmente
19,3 x 23,4 cm
Inv. INAH-MNA, 10-525013

Die bedeutende Keramikproduktion war bezeichnend für das städtische Leben in Teotihuacan. Im Laufe der siebenhundertjährigen Geschichte dieser Stadt wurden unterschiedliche Herstellungstechniken entwickelt; die Formen und die Dekore der Gefäße sowie die Tonfiguren zeichneten sich durch eine unvergleichliche Vielfalt aus.

Die Begräbnisse und die bei den Ausgrabungen der Paläste gefunden Bauopfer vermitteln eine Vorstellung von der Vorliebe der herrschenden Klassen für Keramik. Sie fand Verwendung im Alltag, wurde aber auch bei den Zeremonien benutzt, insbesondere von den Oberhäuptern der mächtigen Familien.

Bei den in Teotihuacan gefundenen „Theater"-Räuchergefäßen handelt es sich um rituelle Gegenstände. Ihre Deckel waren mit mehr oder weniger komplexen, zuweilen symbolischen Motiven verziert: heiligen Szenen sowie Gesichtern von Gottheiten inmitten von Blumen, Samen, Muscheln, Federn, Schmetterlingen oder Kopalrauch (eine Art Weihrauch).

Symbol der Pracht Teotihuacans waren die steilwandigen Dreifüße, die zuweilen auch prächtige Deckel besaßen. Bei diesen polierten Gefäßen in Brauntönen mit aufgesetzten Pastillen oder mit auf kleine Tonkugeln gestempelten Motiven stellten die Töpfer ihr außerordentliches Können unter Beweis. Sie verzierten das Geschirr auch mit Ritzdekoren, die sie mit roten Zeichnungen auf braunem Grund kombinierten. Die prächtigsten Gefäße waren mit Inkrustationen aus Silex, Muscheln oder Jade verziert, oder mit einer feinen Stuckschicht überzogen, auf die wie bei den Fresken an den Wänden eine mehrfarbige Malerei auftragen wurde.

204

204

Die Keramikgegenstände, die im Inneren der Paläste von Teotihuacan gefunden wurden, wiesen eine erstaunliche Formenvielfalt auf: Sowohl die einfachen, bei der Vorbereitung und dem Verzehr von Nahrungsmitteln verwendeten Gefäße, als auch komplexer gestaltete Räuchergefäße oder Tonfiguren wurden von den Töpfern der Stadt mit Meisterschaft entworfen und ausgeführt. Dieses große Behältnis diente keinen häuslichen Verrichtungen. Seine Funktion hing vielmehr mit dem rituellen Leben innerhalb der Wohnkomplexe zusammen. Es ist sowohl auf dem oberen Teil als auch an seiner Basis mit zwei rot bemalten Profilstäben verziert; seine Außenwände sind außerdem mit einem sich wiederholenden durchbrochenen Motiv geschmückt.

Die Riten waren innerhalb der Wohnkomplexe von großer Bedeutung, da sie die sozialen Bindungen der Gruppe stärken und ihnen darüber hinaus womöglich auch die von der Regierung Teotihuacans propagierten Ideale vermitteln sollten.

M.B.

205

WEIHRAUCHGEFÄSS MIT DORNEN UND DURCHBROCHENEM MUSTER

Teotihuacan, La Ventilla, San Juan
Klassische Periode, frühe Tlamimilolpa-Phase (150-250 n. Chr.)
Ton
51,8 x 28,4 cm
Inv. MNA-INAH, 10-530658 0/2

BIBLIOGRAFIE
Acosta 1966: 23; Bernal 1977: Fig. 20; Rattray 2001: Fig. 53

205

205

Bei den Weihrauchgefäßen aus Teotihuacan handelt es sich um Keramikobjekte, die aus einem Fuß mit integriertem Behältnis für das zu verbrennende Material und einer konisch geformten Abdeckung bestehen. Das abgebildete Weihrauchgefäß wurde bei der vom *Teotihuacan Mapping Project* durchgeführten Oberflächenaufnahme entdeckt. Gefunden wurden die Bruchstücke des Gefäßes ca. 600 Meter südwestlich der Zitadelle auf dem Gelände von Ventilla, wo sich eine gewaltige Wohnanlage mit Zimmern, Plätzen, Tempeln und unter verputzten Boden gelegenen Gräbern befand.

Sowohl der Behälter in Form einer Spule als auch der an der Spitze geöffnete konische Deckel sind mit einem durchbrochenen Muster versehen und weisen vertikal angeordnete Dornen auf. Auf der hellbraunen Oberfläche sind Spuren weißer Farbe erhalten und im Inneren vom Feuer eingebrannte Flecken zu sehen. Durchbrochen gearbeitete rhombenförmige Figuren werden mit Huehuetéotl, dem „Alten Gott", in Verbindung gebracht, dem vermutlich auch dieses besondere Weihrauchgefäß geweiht war. Die Herstellung zeremoniell genutzter Weihrauchgefäße spezialisierte sich im Laufe des ersten Jahrhunderts der Tlamimilolpa-Phase und nahm in beträchtlichem Maß zu.

H.H.

206a
TOPF
Teotihuacan
Klassische Periode (200-650 n. Chr.)
Ton
18,1 x 16,1 cm
Inv. MNA-INAH, 10-14162

206b
SCHALE MIT STANDRING
Teotihuacan, CO-CF, 31
Klassische Periode (200-650 n. Chr.)
Ton
10,3 x 26,7 cm
Inv. MNA-INAH, 10-77380

206a-c

Die *Fine-Orange*-Keramik wurde in der südlichen Region des Staates Puebla gefertigt. Sie ist seit der frühesten Entwicklung der Stadt Teotihuacan anzutreffen, findet jedoch erst in der Zeit des höchsten Aufschwungs größere Verbreitung und Bekanntheit. Eine Vielzahl von Gegenständen dieses Keramiktyps wurde unter Grabbeigaben gefunden, doch auch bei den Ausgrabungen der 2 000 Wohnkomplexe der Metropole. Demnach war diese Art von Gefäßen allgemein verbreitet, sowohl unter dem Volk als auch in der Oberschicht.

Bei Untersuchungen zur handwerklichen Produktion innerhalb und außerhalb von Teotihuacan wurden Werk- und Wohnstätten gefunden, die die komplexen Prinzipien und Mechanismen der Güterverteilung offen legen. Es ist nachgewiesen, dass auf regionaler Ebene bestimmte Gruppen auf die Herstellung von Gegenständen spezialisiert waren. Offenbar führte der Bedarf an spezifischen Waren zur Serienherstellung, um so der Nachfrage in der Stadt gerecht zu werden, beispielsweise bei der Obsidianverarbeitung und bei der Keramikherstellung.

In der Glanzzeit der Stadt wurden in die Serienherstellung auch Tonmodel für Mörser mit Standring des Typs *Fine-Orange*-Keramik aufgenommen. Daraus ist zu schließen, dass Grundstoffe vonseiten des Staates rationiert wurden. An diesen beiden Objekten kann die Vielfalt des Geschirrs beispielhaft dargestellt werden.

Der Topf weist eine flache Standform auf sowie Ritzverzierungen, die auf dem größten Teil des bauchigen Körpers angebracht sind. An den beiden Henkeln wurde eine Schnur befestigt und somit der Transport des Gefäßes erleichtert.

Beim zweiten Stück handelt es sich um eine Schale mit Standring und Wänden mit Wellendekor. Ein ähnliches Stück wurde auch als Grabbeigabe bei Ausgrabungen in La Ventilla gefunden.

Aufgesetzte Tonelemente, die an Glöckchen erinnern, verzieren das dreifüßige Gefäß mit Deckel. Es wurde zusammen mit weiteren Gegenständen als Teil einer Grabbeigabe eines Erwachsenen gefunden.

Z.L.

206c
GEFÄSS MIT DREIFUSS UND DECKEL
Teotihuacan, La Ventilla A, CO-CF, 22
Klassische Periode (200-650 n. Chr.)
Ton
17,6 x 16 cm
Inv. MNA-INAH, 10-77369 0/2

207
SCHALE MIT STANDRING
Teotihuacan
Klassische Periode, frühe Tlamimilolpa-Phase (150-250 n. Chr.)
Ton
4,7 x 11,6 cm
Inv. MNA-INAH, 10-539551
BIBLIOGRAFIE
Rattray 2001: 306-328

207

In dieser feinen Keramik verbinden sich Schlichtheit und Eleganz. Das Gefäß ist mit einem mäanderartigen Ornament verziert und gehört zur *Fine-Orange*-Keramik. Es belegt die Verwendung von Standringen bei dieser Art von Schalen seit der frühen Tlamimilolpa-Phase. Standringe dieser Art waren bis in die Postklassik üblich.
Diese Gefäße erfreuten sich insbesondere in den Palästen und Wohnkomplexen großer Beliebtheit, wurden aber auch als Grabbeigaben verwendet. Sie waren ein beliebtes Handelsgut und finden sich deshalb in entfernten Gegenden wie Popoloca und Monte Albán, denn sie waren aufgrund ihres geringen Gewichts und ihrer hohen Bruchfestigkeit gut zu transportieren.   J.J.

208
TRICHTERFÖRMIGES GEFÄSS
Teotihuacan, Tetitla, Opfergabe 45, Nr. 2940
Klassische Periode, frühe Tlamimilolpa-Phase (150–250 n. Chr.)
Ton
19,4 x 30 cm
INV. MNA-INAH, 10-529439
BIBLIOGRAFIE
Rattray 2006: 206

209
BECHER IN FORM EINES SITZENDEN MANNES
Tlaxcala, San Mateo Tepetictla de Lardizábal
Klassische Periode (200–650 n. Chr.)
Ton und Farbpigmente
18,8 x 15,5 x 20 cm
INV. MNA-INAH, 10-56527
BIBLIOGRAFIE
Solís und Velasco 2004: 94

208
Gefäße, die mit den Keramiktechniken der sogenannten San Martín-Orange-Gruppe entwickelte wurden, weisen innnen und außen eine sehr grobe Endbearbeitung auf. Die im Verhältnis zur Außenseite größere Glätte im Inneren des Gefäßes rührt von dessen Benutzung her. Die Tonmasse ist in der Regel sehr grob und besitzt Merkmale, die einem Kochgefäß ähnlich sind. Die Formgestaltung ist beeindruckend. Der Rand ist zum Ausschütten des Inhalts nach außen geneigt. Dank des gerundeten Bodens kann das Gefäß in einer Vertiefung platziert werden. Es diente wohl als Haushaltsgerät für die Zubereitung von Nahrungsmitteln.　　　　　　　　　　　　　　　J.J.

209
Das Bedürfnis, mythologische und gesellschaftliche Situationen mittels Objekten des alltäglichen oder religiösen Gebrauchs darzustellen, kommt in der vorspanischen Zeit auf unterschiedlichste Weise zum Ausdruck. So wird z.B. bei diesem Gefäß die Persönlichkeit eines Mannes innerhalb der Gesellschaft von Teotihuacan idealisiert. Seine Haartracht ist typisch für Angehörige der Kriegerklasse; auf einer Kopfseite ist das Haar kurz rasiert, auf der anderen halblang. Er trägt Ohrscheiben, Halskette und einen vorne verknoteten Lendenschurz, *Máxtlatl*.
In der höchst interessant gelösten Komposition aus Becher und Figur verbinden sich Funktionalität und Ästhetik insbesondere durch die angemessene Einpassung des Ausgusses auf dem Rücken des Sitzenden.　　　　J.J.

210

GEFÄSS IN GESTALT EINES HUNDES
Teotihuacan
350-550 n. Chr.
Ton
40,5 x 20,2 x 16,6 cm
INV. Museum Amparo, 52 22 MA FA 57 PJ 1322

210

210

Gebrauchsgegenstände aus Ton oder Stein zeigen uns sehr direkt Bilder aus dem Alltag hinter den Mauern der Wohnanlagen von Teotihuacan. Dieses Gefäß hat die Form eines Hundes oder *Itzcuintli* – einer indigenen Hunderasse, deren Hauptmerkmal das fehlende Fell ist –, der friedlich daliegt, jedoch die Ohren spitzt. Obwohl Hunde zum Speiseplan der Teotihuacaner gehörten, kam ihnen vermutlich auch als Haustier Bedeutung zu. M.B.

211
KOHLEBECKEN
Teotihuacan
250-550 n. Chr.
Ton
19 x 42,5 cm
Inv. INAH – Museo de Sitio de Teotihuacan, 10-262411

212
KOHLEBECKEN MIT ANTHROPOMORPHEN DARSTELLUNGEN
Teotihuacan, Tetiltla, Zeitabschnitt 1964, Opfergabe 39, Nr. 1008
Klassische Periode, Metepec-Phase (550-650 n. Chr.)
Ton
18,1 x 32,5 cm
Inv. MNA-INAH, 10-80448
BIBLIOGRAFIE
Rattray 1997: 75-105; Rattray 2001: 567

211

212

211

Das große Kohlebecken diente zur Essenszubereitung innerhalb der Wohnanlagen von Teotihuacan. Die Gesamtform ist rund und zum Abstellen der Töpfe mit drei großen Buckeln versehen. Der obere Rand ist an einer Stelle etwas tiefer gesetzt: So konnte Luft ins Kohlebecken gelangen und die Glut fortwährend anfachen. Kohlebecken dieser Art waren von großem Nutzen für die Ernährung, weil das Essen darauf über lange Zeit warm gehalten werden konnte.

M.B.

212

Die technischen Fortschritte der vorspanischen Kulturen brachten unter anderem eine tragbare Wärmevorrichtung für die Zubereitung von Speisen hervor. Auf die drei am oberen Gefäßrand angebrachten Stützen konnte ein Gefäß gestellt werden, dessen Inhalt mithilfe der im Becken vorhandenen Kohle erwärmt oder gekocht werden konnte. Der schmückende Stempel mit der Darstellung eines Greises sowie der Fundort dieses Objekts in einem Grab sprechen für eine symbolische Bedeutung mit Bezug zum Feuer. Darüber hinaus gibt es Nachweise, dass die wenigen Kohlebecken sowie ihre Verzierungen Merkmale von Kulthandlungen in Zusammenhang mit dem Tod aufweisen.

J.J.

WEBARBEITEN

Die auf den Wandmalereien und in Ton dargestellten Figuren geben uns eine Vorstellung von der außerordentlichen Vielfalt der Kleidung und der Schmuckstücke, die die Bewohner Teotihuacans im Laufe ihrer langen Geschichte geschaffen haben. In dem von Regen- und Trockenzeit geprägten Klima von Teotihuacan haben sich die Kleidungs- und Dekorelemente aus Gewebe sowie Federn und Häute leider nicht erhalten. Nur die künstlerischen Darstellungen aus resistentem Material zeugen noch von ihrer Pracht. Auch die Brandkatastrophe, die den Untergang der Stadt nach sich zog, war mitverantwortlich für die Vernichtung der Gewänder. Den Bewohnern Teotihuacans stand eine sehr große Auswahl an Kleidungstücken zur Verfügung. Abgesehen von den *Máxtlatl* (Lendenschurzen) waren die Männer mit kurzen Röcken, Umhängen und Westen bekleidet. Die Frauen trugen das *Huipil* (Oberteile) unterschiedlicher Länge, *Quexquemitl* (eine Art Cape) und zahlreiche andere Kleidungsstücke aus so unterschiedlichen Materialien wie Tierfasern und Amate, eine Art Papier aus Pflanzenfasern.

Bei den Ausgrabungen wurden Gerätschaften gefunden, die für die Herstellung der Kleidung und der Accessoires benutzt wurden: Pfrieme zum Lochen, Nadeln unterschiedlicher Länge, Spinnwirtel, um die Fäden zu drehen und zu verdicken, dazu zahlreiche Stempel und Schablonen um die Stoffe mit sich wiederholenden Dekormotiven zu versehen.

213a
STEMPEL
Teotihuacan, Zacuala, Grab Nr. 22
Klassische Periode (200-650 n. Chr.)
Ton
2,3 x 4,3 x 2,2 cm
Inv. MNA-INAH, 10-77342

213b
STEMPEL
Teotihuacan, Zacuala, Grab Nr. 22
Klassische Periode (200-650 n. Chr.)
Ton
2,4 x 4,1 x 2,2 cm
Inv. MNA-INAH, 10-77344
BIBLIOGRAFIE
Séjourné 1959: Fig. 56; Morante 2002: 213

213a

213b

213a-b
Auf der Oberseite der beiden kleinen Stempel mit Stift befinden sich zwei Varianten derselben Glyphe, die bei den Azteken als *Ollín* oder „Bewegung" bekannt ist. Jüngsten Untersuchungen zufolge scheint sich die Existenz eines Kalenders in Teotihuacan zu bestätigen, der im 15. Jahrhundert von den Azteken als *Tonalpohualli* bezeichnet wurde. Das auf diesen beiden Stempeln dargestellte Symbol *Ollín* entspricht einem Kalendertag. Zwei Exemplare aus einer Grabbeigabe in Zacuala weisen große Ähnlichkeit mit den hier gezeigten Stempeln auf. H.H.

214a
STEMPEL IN ANTHROPOMORPHER FORM
Teotihuacan
Klassische Periode (200-650 n. Chr.)
Ton
3,1 x 1,9 x 1,5 cm
Inv. MNA-INAH, 10-646870

214b
STEMPEL IN FORM EINER PFLANZE
Teotihuacan
Klassische Periode (200-650 n. Chr.)
Ton
2,4 x 8 cm
Inv. MNA-INAH, 10-646867
BIBLIOGRAFIE
Gamio, 1979: 112, 113.

215
NADEL AUS KNOCHEN
Teotihuacan
Klassische Periode (200-650 n. Chr.)
Knochen
16,6 x 0,6 x 0,5 cm
Inv. MNA-INAH, 10-646880
BIBLIOGRAFIE
Pérez 2005; Padró 2000; Padró 2009; Rieff 2005: 10-19

214a-b

Auf den Stempeln finden sich Darstellungen verschiedener Motive: es sind Naturmotive wie auch geometrische und symbolische Motive. Die Stempeldrucke schmückten die Keramik, aber auch Böden und Außenwände. Man verwendete sie auch zum Verzieren des Körpers in der Art von Tätowierungen. Mitunter wurden die Stempel auch für das Bedrucken von Stoffen benutzt. Ihre Größe kann variieren: Es gibt große Stempel für Muster auf dem Körper und kleine Stempel wie die hier abgebildeten Stücke. Diese beiden Stempel sind Beispiele unterschiedlicher Stilausprägungen, die in Teotihuacan entwickelt wurden: Der erste Stempel (links) stellt eine weibliche Figur mit einem Rock dar, unter dem einer der Füße zum Vorschein kommt. Der Oberkörper ist mit einem *Quexquémitl* (eine Art Cape) bedeckt, eine Kette ziert den Hals und ein Paar runde Ohrscheiben schmücken das Gesicht. Der zweite Stempel zeigt eine vierblättrige Blume mit einem Kreis in der Mitte. Sie ist von einem weiteren Kreis umgeben – möglicherweise ein Sinnbild für Vegetation und Fruchtbarkeit.

E.C. und K.R.

215

In vorspanischer Zeit bedienten sich die in der Textilherstellung tätigen Handwerker ausgefeilter Methoden unter Einsatz spezieller Techniken und Instrumente. Dadurch erreichten diese Tätigkeiten einen hohen Entwicklungsgrad, der seinerseits Ausdruck der dynamischen Sozial- und Wirtschaftsstrukturen ist. Früher wurde Kleidung gewöhnlich aus Pflanzenfasern hergestellt, wie Baumwolle für die Oberschicht und *Ixtle* (Agavenfaser) und Palmblätter für das gemeine Volk, doch gibt es verschiedene Hinweise auf die Anfertigung von Kleidungsstücken und Zubehör unter Verwendung von Tierhäuten, die teilweise reich mit Ornamenten besetzt waren, z. B. mit Muschelschalen, Metall, Edelsteinen, Federn oder Kaninchenfell.

Bei der Herstellung der Stoffe wurden verschiedene Leinentücher ohne Zuschnitt aneinander genäht, bis die Form des gewünschten Kleidungsstücks entstand, sei es

216a
NADEL
Teotihuacan
Klassische Periode (200-650 n. Chr.)
Knochen
6,5 x 0,4 x 0,2 cm
INV. MNA-INAH, 10-77323

216b
NADEL
Teotihuacan
Klassische Periode (200-650 n. Chr.)
Knochen
8,4 x 0,4 x 0,3 cm
INV. MNA-INAH, 10-77322

216c
NADEL
Teotihuacan
Klassische Periode (200-650 n. Chr.)
Knochen
11,4 x 0,4 x 0,2 cm
INV. MNA-INAH, 10-77320

216d
NADEL
Teotihuacan
Klassische Periode (200-650 n. Chr.)
Knochen
11 x 0,5 x 0,3 cm
INV. MNA-INAH, 10-77321

BIBLIOGRAFIE
Padró 2000; Padró 2009; Ratttray 2004: 493-512; Rieff 2005: 10-19; Manzanilla 2006: 28-35

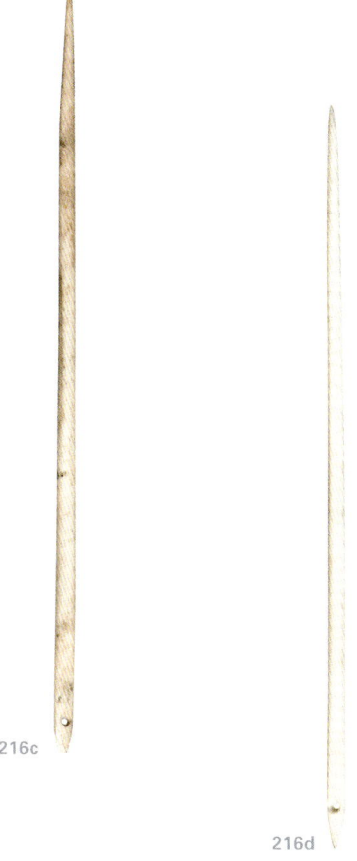

216a-d

Tilma, Máxtlatl, Xicolli, Rock oder Umhang. Demnach gab es bestimmte Grundformen mit nur leichten Abweichungen in der Linie der Kleidungsstücke, aber mit einer großen Vielfalt an Farben, Motiven und Mustern, die sich als Erbe in der Kleidung verschiedener indigener Völker Mexikos bis heute erhalten haben.

Gegenstände wie dieser dienten möglicherweise diesen Zwecken und gehörten somit zur Grundausstattung an Werkzeugen, die ein Arbeiter für sein Handwerk benötigte. Es handelt sich um eine aus Knochen gefertigte Nadel aus der Wohnanlage von Zacuala, Teotihuacan. Entlang der Oberfläche der Nadel ist außerdem eine Politur zu erkennen, die auf ihren stetigen Gebrauch hinweist, wie auch leichte Rillen nahe dem Nadelöhr. J.E.

Die Nadeln sind aus Knochen gefertigt. Bei der Herstellung dieser Arbeitsgeräte verwendeten die Handwerker bevorzugt längliche Knochen wie Metapodien (Mittelfußknochen) oder Rippen, aber auch Hirschhorn. Für die Herstellung der Nadeln wurde zunächst das Rohmaterial mithilfe von Schneide- und Schleiftechniken in Form gebracht und danach die Nadelöhröffnung gebohrt. Schließlich bekamen die Nadeln in der Endbearbeitung durch Politur den letzten Schliff. Der große Arbeitsaufwand sollte die Herstellung eines perfekt funktionierenden Instruments garantieren, das den Ansprüchen des Benutzers genügte.

Es ist bekannt, dass in verschiedenen Stadtteilen von Teotihuacan mannigfaltige Waren produziert wurden, die sowohl für den heimischen Verbrauch als auch für den Fernhandel bestimmt waren. Für die Herstellung von prestigeträchtigen Gegenständen wurden Materialien wie Meeresmuscheln, Edelsteine und Halbedelsteine, Vogelfedern, Baumwollstoffe usw. benötigt. Archäologische Forschungsergebnisse legen nahe, dass im Händlerviertel von Teotihuacan vornehmlich kostbare Stoffe für die gesellschaftliche Elite gewebt wurden. Archäologische Ausgrabungen im Stadtviertel von Teopancazco südöstlich von Teotihuacan brachten zahlreiche Werkzeuge aus Knochen zutage – darunter insbesondere Nadeln zum Sticken, Nähen und Zusammennähen von Stoffen –, die der letztendlichen Anfertigung der Luxusgegenstände dienten. J.E.

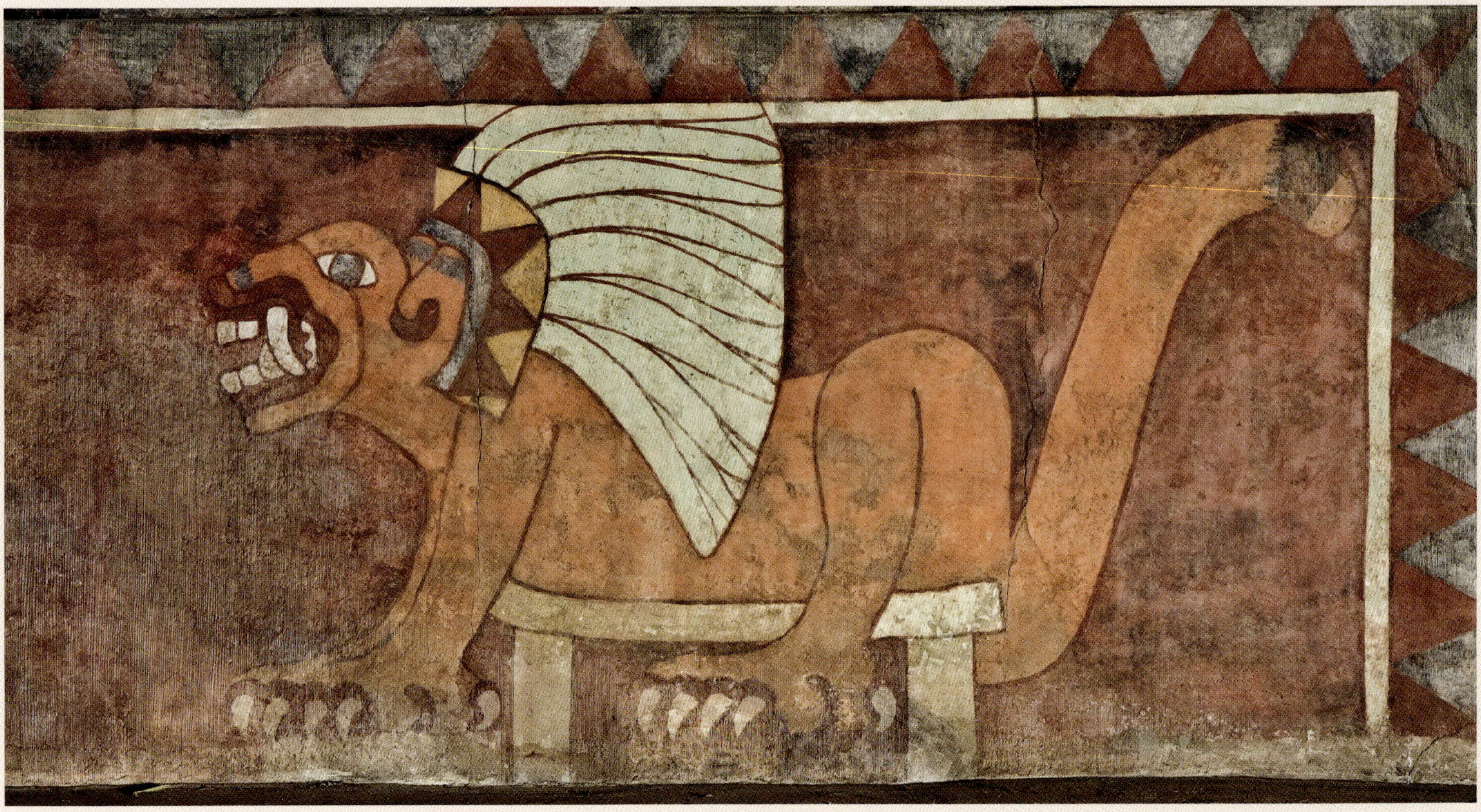

HANDWERKSKUNST IN TEOTIHUACAN

Die Gestaltung der Skulpturen, die menschliche Figuren darstellen, folgt einem spezifischen stilistischen Modell, sowohl was ihre Machart betrifft, als auch die Proportionen von Körper und Gesicht. Für ihre Ausführungen wurden unterschiedliche Materialien wie Diorit, Jadeit oder Basalt ausgewählt. Gemeinsam ist all diesen Steinskulpturen jedoch die Abwesenheit jeglicher Individualisierung.

Auch die Wandmalereien folgen einem klar definierten Standard. Die Farben, die Farbtöne und die Linien der Zeichnungen haben sich im Laufe der Zeit nur wenig entwickelt. Selbst wenn die Themen variieren, so ist doch eine bestimmte Anzahl von Konstanten zu beobachten, wie die Benutzung von Glimmer in der Stuckpaste. Glimmer war ein exotischer Rohstoff, dessen Vertrieb von der machthabenden Elite kontrolliert wurde.

Die Beiträge der Handwerker, die sich mit tausenden anderer Immigranten in Teotihuacan angesiedelt hatten, waren beträchtlich. Auch sie waren verpflichtet, bei der Wahl des Materials und der künstlerischen Ausführung in ihren Werkstätten strikte, staatlich festgesetzte Regeln zu befolgen. Innerhalb ihrer Häuser scheinen sie jedoch mehr Freiheit besessen zu haben, und konnten ihre alten Traditionen beibehalten. So wurden im „Oaxaca-Viertel" von Teotihuacan zahlreiche Beweise für den Konsum und die Produktion bestimmter, für die zentralen Täler Oaxacas charakteristischer Elemente, wie die graue Keramik oder die Figurengefäße gefunden.

Nebenstehend: Wandmalerei eines Pumas (Wohnkomplex in Tetitla, Vorzimmer östlich des zentralen Innenhofes).

DIE STEIN-BEARBEITUNG

Die Steinmetze der mittleren und späten Präklassik (1300-200 v. Chr.) spielten in Teotihuacan eine bedeutende Rolle. Sie bewiesen ihr großes technisches Können, indem sie aus harten Steinen und Halbedelsteinen, hauptsächlich Jade, Jadeit, Diorit, aber auch Obsidian und Grünstein prachtvollen Schmuck herstellten. Ihre Ketten und Armbänder aus Steinperlen, Pektorale, kleine Figuren, Ohrscheiben und viele andere Erzeugnisse wurden von den herrschenden Klassen sehr geschätzt. Die außergewöhnlichen Wandmalereien und die Figuren zeigen die Formen dieser Schmuckelemente und ihrer Verwendung. Insbesondere ist die geschmackvolle und komplexe Kombination dieser Schmuckelemente mit Baumwollgewändern, Jaguarfellen und dem komplizierten, mit unterschiedlichsten Federn versehenem Kopfschmuck zu beobachten.
Schon vor der Blütezeit Teotihuacans beschafften sich die ortsansässigen Gemeinschaften seltene Steine durch Tauschhandel, deren Wert auf ihrer Farbe und ihrer Härte beruhte. Die Bewohner der „Stadt der Götter" beschafften sich größere und sehr unterschiedliche Steine, insbesondere aus manchen Regionen des heutigen Bundesstaates Guerrero. Gehandelt wurde nicht nur mit dem Rohstoff, sondern auch mit anthropomorphen Skulpturen aus der Gegend des Río Mezcala. Die Steinmetze produzierten außergewöhnliche Stücke. Sie stellten idealisierte Personen dar mit einem bemerkenswert stilisierten Körper. Dessen Rumpf und die Gliedmaßen waren unnatürlich lang, das maskenähnliche Gesicht hatte die Form eines umgekehrten stumpfen Dreiecks.
Diorit, Rhyolith und kompakter Basalt waren sehr geschätzt. Die Oberfläche der Steine wurde mit dem in Werkstätten Teotihuacans reichlich vorhandenen Obsidianpulver glänzend poliert.

217
VERSTÜMMELTE ANTHROPOMORPHE SKULPTUR
Teotihuacan, „Priesterhaus", Nachbargebäude der Sonnenpyramide
Klassische Periode, Tlamimilolpa-Phase (150-350 n. Chr.)
Serpentin
71,7 x 25,4 x 11,7 cm
INV. MNA-INAH, 10-81806
BIBLIOGRAFIE
Batres 1906; Díaz Oyarzabal 1991: Abb. 13

217

Zu den in Teotihuacan hergestellten tragbaren Skulpturen zählen anthropomorphe und zoomorphe Darstellungen, die in spezialisierten Werkstätten mit meisterlicher bildhauerischer Technik gefertigt wurden.
Das Ausgangsmaterial dieses Gegenstands ist ein Serpentin, der für Guerrero typisch ist. Der Block wurde wahrscheinlich in dieser Region behauen, bis die grobe Form der Figur geschaffen war und anschließend nach Teotihuacan transportiert, wo die Figur mit Schneide-, Schleif- und Poliertechniken aus dem Stein herausgearbeitet wurde. Ihre Haltung und die Proportionen entsprechen genau dem teotihuacanischen Stil mit seinem ausgeprägten Grad an geometrischer Starrheit. Die verstümmelten männlichen Geschlechtsteile und die Nacktheit der Figur weisen darauf hin, dass es sich hier um die Darstellung eines Gefangenen handelt.
Solche Skulpturen waren eingebunden in die rituellen Praktiken der Stadt zum Zeitpunkt ihrer größten Blüte. Zu ihrem Niedergang hin wurden viele Gegenstände jedoch mit Absicht beschädigt.

H.H.

220
ANTHROPOMORPHE SKULPTUR
Teotihuacan
Klassische Periode (200-650 n. Chr.)
Serpentin und Stuckmörtel
40 x 18,6 x 9,5 cm
Inv. MNA-INAH, 10-229755

221
ANTHROPOMORPHE SKULPTUR
Teotihuacan
Klassische Periode (150-650 n. Chr.)
Schiefergestein
50,7 x 16,8 x 8,1 cm
Inv. MNA-INAH, 10-41864
BIBLIOGRAFIE
Solís 1991

220
Die hier gezeigte Skulptur ist ein einzigartiges Beispiel für die Arbeit der Handwerker, die in den Werkstätten von Teotihuacan Stein bearbeiteten. Es handelt sich um eine stilisierte menschliche Figur in aufrechter Haltung mit angelegten Armen und einer runden Vertiefung in der Brust. Die dargestellte Person wurde mit keinerlei Schmuck oder Kleidung ausgestattet. Das Objekt wurde aus einem Gestein grüner Färbung hergestellt, möglicherweise Serpentin, und weist noch Spuren des Bindemittels auf, mit dem die Inkrustationen zur Darstellung der nicht erhaltenen Augen aufgebracht wurden. Die Gesichtszüge erinnern an den typischen Stil der teotihuacanischen Masken mit ihrer U-Form, den markanten Nasen und Lippen, den ovalen Augen und den rechteckigen Ohren. Kennzeichnend für diese Figur ist jedoch der unverhältnismäßig große Kopf, der fast zwei Drittel des Körpers einnimmt. J.E.

221
Es handelt sich hier um die schmucklose Darstellung einer nackten menschlichen Figur, mit der Besonderheit, dass die Figur an der Stelle der Hände zwei gefiederte Schlangenköpfe trägt. Die Gefiederte Schlange ist ein Fabeltier, das Erde und Himmel vereint, und wird seit ihrem ersten Auftreten in der Kunst der klassischen Periode in Teotihuacan mit dem Wasser, der Fruchtbarkeit, der Macht und der Mystik in Verbindung gebracht.
An vielen Skulpturen dieser Art lassen sich die technischen Verfahrensschritte ablesen, die zu ihrer Herstellung erforderlich waren. Zunächst wurden die Umrisse aus dem Rohmaterial gehauen, gemeißelt und geschnitten. Anschließend wurden Details wie das Gesicht der Figur herausgearbeitet, wozu mit Bohrern aus vergänglichem Material wie Schilf oder Holz sowie Sticheln aus härterem Material Perforationen hergestellt wurden, eine Arbeit, die durch den Einsatz verschiedener Schleifmittel vereinfacht wurde. Abschließend wurde dem Stein mit einer Glanzpolitur eine homogene Oberfläche verliehen. Der Warenaustausch der Materialien, die für die Steinschneideproduktion in Teotihuacan erforderlich waren, erfolgte durch Handel oder Tribut und spielte eine grundlegende Rolle für die Herausbildung der wirtschaftlichen, politischen und gesellschaftlichen Strukturen einer Reihe entlegener Orte in Mesoamerika, denn diese Materialien mussten aus den zum Teil weit entfernten Regionen beschafft werden. J.E.

222
STEINFIGUR
Mexiko, Golfküste
Olmekisch, Präklassik
Grünstein
Höhe: 46 cm
INV. Staatliche Museen zu Berlin, Ethnologisches Museum, IV Ca 298

222

222

Die Steinskulptur aus Grünstein kam 1869 in die Ethnografische Abteilung der Königlich Preußischen Kunstkammer. Aus den Unterlagen des Ethnologischen Museums Berlin geht hervor, dass die Figur von dem Consulatsverweser Loewenthal veräußert wurde und damals als „mexikanisches Götzenbild von Stein" bezeichnet wurde. Das Konzept „Olmeken" gab es zu dieser Zeit wie wir wissen noch nicht. Gleichwohl sind olmekische Züge wie die aufgeworfene Oberlippe unverkennbar. Der eingeschnittene schmale Mund ist offenbar in sehr viel später Zeit hinzugefügt worden. Es ist nicht bekannt, wann und warum diese Veränderung vorgenommen wurde. Die schlichte, ansonsten undekorierte Skulptur, trägt ein kurzes schulterfreies Hemd oder eine Art Cape, das den Oberkörper und die Oberarme bedeckt. Beide Füße und die Unterarme sind abgebrochen. Bearbeitungsspuren auf dem Kopf könnten ein Hinweis darauf sein, dass die Figur unvollendet ist.

Da der Verkäufer dieser Figur keine Angaben zum Fundkontext geliefert hat, lassen sich keine präziseren Aussagen zur Funktion der Skulptur treffen. M.G.

223a
WEIBLICHE SKULPTUR
Teotihuacan, Anlage West-Platz
350-550 n. Chr.
Grünstein
29 x 13,2 cm
Inv. INAH – Museo de Sitio de Teotihuacan, 10-411002

223b
WEIBLICHE SKULPTUR
Teotihuacan, Anlage West-Platz
350-550 n. Chr.
Serpentin
40,2 x 17,4 cm
Inv. INAH – Museo de Sitio de Teotihuacan, 10-213190

223a-b

Die Steinskulpturen von Teotihuacan stellen auch häufig Frauen dar, die allerdings im Unterschied zu den Männern meistens sorgfältig gekleidet sind. In diesen beiden Fällen sehen wir Bildnisse von Frauen, gekleidet im *Huipil*, einem langen Oberkleid. Um die Köpfe tragen sie Bänder, die vermutlich gewebt waren und ihr Haar zusammenhalten sollten. In beiden Fällen lässt sich sogar die feine Machart der Kleidung erkennen und mithin ein Eindruck gewinnen von den harmonischen Mustern, die jedes Kleidungsstück zierten.　　　　　　　　　　　　　　　　　　M.B.

KATALOG DER AUSGESTELLTEN OBJEKTE

224
VIERFUSSSCHALE
Teotihuacan
Klassische Periode (200-650 n. Chr.)
Quarzit
8 x 17,8 cm
Inv. MNA-INAH, 10-525083
BIBLIOGRAFIE
Pasztory 1993: 277-278

225
DECKEL EINES GEFÄSSES
Teotihuacan
Klassische Periode (200-650 n. Chr.)
Tecalli, Stuck und Farbe
5,1 x 13,4 cm
Inv. MNA-INAH, 10-77705 (Schenkung William Spratling 8y)
BIBLIOGRAFIE
Aveleyra 1964

224

In Teotihuacan hat man großartige Objekte gefunden, welche das Können der spezialisierten Handwerker belegen, die in der Lage waren, verschiedene Gegenstände wie Instrumente, Figuren und Textilien herzustellen. Diese Vierfußschale mit zylinderförmigen Stützen und glattpolierter Oberfläche wurde als Ganzes aus einem Quarzitblock gehauen. Quarzite sind schwere und sehr beständige Gesteine mit Härten zwischen 7 und 8 gemäß Mohs-Skala, ein Härtegrad, bei dem die Widerstandsfähigkeit des Materials gegen Abrieb hoch ist. Dies stellte bei Fertigung von Gegenständen aus diesem Ausgangsstoff eine äußerst erschwerende Bedingung dar, ganz abgesehen von der Lokalisierung und dem Abbau, Vorgänge, für die hoch spezialisierte Kenntnisse, Werkzeuge und Techniken erforderlich waren. **E.C. und K.R.**

225

Dieser Deckel eines zylinderförmigen Gefäßes wurde in *Tecalli* gearbeitet und zur Verzierung der Außenseite mit einer *al fresco* bemalten Stuckschicht überzogen. Zu sehen sind schwarze, mit Kohle gezogene Motive, die Vogelköpfe darstellen. Diese befinden sich in einer Art Federhelm mit dreieckigen Verzierungen in Grün- und Rottönen, Farben, die aus Malachit bzw. Eisenoxid oder Hämatit hergestellt wurden. Die dreieckigen Motive hängen möglicherweise mit dem Symbol der „drei Hügel" zusammen, einem Zeichen, das auf die Vorstellung von Fülle und Gedeihen verweist. Aus den geöffneten Vogelschnäbeln treten spiralförmige Elemente und ein weiteres Zeichen, das möglicherweise fließendes Wasser darstellt. Außerdem ist ein nicht identifiziertes Zeichen über einem Kegel gelber Farbe zu erkennen, die aus Lepidokrokit und Kalk gewonnen wurde.
E.C. und K.R.

226
SPIEGEL

Tlaxcala, Gemeinde Aztlayaca, Grab 10, Los Teteles de Ocotitla
Klassische Periode (200-650 n. Chr.)
Schiefer
9,9 x 0,9 cm
Inv. MNA-INAH, 10-388

BIBLIOGRAFIE
Sugiyama 1991: 312, 315

227
LIPPENPFLOCK

Teotihuacan
Klassische Periode (200-650 n. Chr.)
Kalkstein und Stuck
3,7 x 3 x 5,1 cm
Inv. MNA-INAH, 10-13887

226

227

226

Bei den *Tezcacuitlapilli* der nachklassischen Zeit handelt es sich um Scheiben, die als Ausstattungsmerkmal den Rückenbereich hochrangiger Personen zierten. In Teotihuacan wurden ähnliche Elemente als Grabbeigaben in Bestattungskontexten gefunden. Die Scheiben dienten als Hüftschmuck, und Gegenstände wie dieser sind häufig unter den Beigaben zu finden.
Die Scheiben dienten als Grundplatten für Spiegel, auf die ein Bindemittel aufgetragen wurde, um anschließend Pyritmosaike aufzubringen. Die Verwendung von Spiegeln unterlag Beschränkungen, und nicht jeder konnte diesen Schmuck mit mantischer Bedeutung tragen, der als Orakel und als Zugang von dieser Welt zu der der Vorfahren diente. Spiegel galten zudem als Quelle von Wissen. Ihre Verwendung war daher Priestern, Kriegern und Personen, die mit offiziellen Funktionen betraut waren, vorbehalten.

Auf den Wandmalereien von Tetitla und Atetelco ist beispielsweise zu sehen, dass solche Scheiben Teil des Schmucks hochrangiger teotihuacanischer Persönlichkeiten bildeten.
Chemische Untersuchungen einer Reihe von Objekten haben ergeben, dass die Lagerstätten des in Teotihuacan verwendeten Pyrits in Guanajuato lagen, und belegen damit die große Ausdehnung und Komplexität der Handelsnetze jener Zeit.
Bei dem abgebildeten Gegenstand handelt es sich um eine Schieferscheibe mit zweiseitig konischer Öffnung im oberen Bereich, die durch Schleifen hergestellt wurde. Die Scheibe konnte so als Anhänger verwendet werden. Auf der Oberfläche der Scheibe sind noch Schleifspuren zu erkennen.

E.C. und K.R.

227

Stein war ein Ausgangsstoff mit vielen Verwendungsmöglichkeiten, da seine Eigenschaften die Fertigung widerstandsfähiger Gegenstände erlaubten. Zur Bearbeitung wurden je nach ausführendem Künstler verschiedene Techniken angewandt, ein Umstand, der sich an vielen, teilweise als Ornament verwendeten Objekten ablesen lässt. Die Verwendung von Ornamenten war auf bestimmte gesellschaftliche Gruppen in Teotihuacan beschränkt.
Dieser Lippenpflock wurde aus Kalkstein gehauen und setzt sich aus zwei verbundenen Teilen zusammen. Er zierte die Lippen oder Wangen von Personen – aber auch Skulpturen, an denen die im Alltag verwendete Ausstattung nachgebildet wurde.

E.C. und K.R.

KATALOG DER AUSGESTELLTEN OBJEKTE

228a
OHRPFLOCK MIT PFROPFEN
Teotihuacan, La Ventilla
Klassische Periode (200-650 n. Chr.)
Grünstein
2,5 x 7,5 cm
Inv. INAH-MNA, 10-14431 0/2

228b
OHRPFLOCK MIT PFROPFEN
Teotihuacan, La Ventilla
Klassische Periode (200-650 n. Chr.)
Grünstein
2,5 x 7,5 cm
Inv. INAH-MNA, 10-14431 0/2

229a
KETTENELEMENT
Teotihuacan
Klassische Periode (200-650 n. Chr.)
Grünstein
2,5 x 4 x 0,9 cm
Inv. INAH-MNA, 10-646879

229b
RÖHRENFÖRMIGES KETTENELEMENT MIT DEKOR
Teotihuacan
Klassische Periode (200-650 n. Chr.)
Grünstein
8,1 x 1,6 cm
Inv. INAH-MNA, 10-595
BIBLIOGRAFIE
Sugiyama und Cabrera 2004

228a   228b

229a

229b

228a-b
Dieser, schlicht als „Ohrpflock" bezeichnete Schmuck weist eine halbrunde Form auf und wurde aus poliertem Grünstein gefertigt. Ohrpflöcke dienten der Verzierung der Ohrmuscheln. Beide hier gezeigten Ohrpflöcke sind in der zentralen Öffnung mit Pfropfen versehen, die aus demselben Ausgangsmaterial hergestellt wurden. Die Ohrpflöcke verfügen an der Rückseite über ein zylinderförmiges Element, mit dem sie in die Ohrmuschel eingesetzt wurden. Diese wurde zu diesem Zweck zunächst perforiert und geweitet, bis die Öffnung die zum Befestigen der Pflöcke geeignete Größe erreicht hatte.
Luxuriöser Schmuck wie dieser war für die oberen Klassen der Gesellschaft Teotihuacans kennzeichnend, sowohl hinsichtlich der Verwendung eines exklusiven Ausgangsmaterials wie Grünstein, der in großer Entfernung zur Stadt gewonnen wurde, als auch der herausragenden Qualität der mit ausgefeilten Poliertechniken und unter Einsatz von Schleifmitteln erreichten Gestaltung. J.E.

229a-b
Gezeigt wird hier ein Beispiel für Schmuckelemente an Hals- und Armbändern, die verschiedene Formen aufweisen können – von kugeligen, scheibenförmigen oder flachen bis runden und unregelmäßigen. Hauptmerkmal dieser Art von Objekten ist eine zentrale oder radiale Bohrung.
Im ersten Fall wird ein Kettenelement mit halbrechteckiger Vorderseite und dreieckiger Seite mit einer Bohrung längs zum Körper gezeigt. Das zweite Kettenelement ist röhrenförmig und innen hohl. An der Außenseite ist ein Dekor aus eingeritzten parallelen Linien an den Enden und diagonal in Längsrichtung des Objekts zu erkennen. Diese Kettenelemente wurden mit einer Schleiftechnik hergestellt. Die Bohrung wurde bei der Polierung durch leichtes „Hacken" mit einem spitzen Gegenstand gefertigt, mit dem der Gegenstand anschließend unter Zuhilfenahme von Schleifmitteln bearbeitet wurde. Es handelt sich dabei um den arbeitsintensivsten Schritt, denn hier war das Risiko, den Gegenstand zu beschädigen und so unbrauchbar zu machen, besonders hoch. Abschließend wurde das Objekt glattpoliert und mit dem gewünschten Dekor versehen. J.E.

230
KETTE
Teotihuacan
Klassische Periode (200-650 n. Chr.)
Grünstein
20,4 x 1,6 cm
Inv. INAH-MNA, 10-13733 0/38

231
OHRSCHMUCK
Teotihuacan
250-550 n. Chr.
Serpentin
7,2 x 2 cm
Inv. Musée Amparo, 52 22 MA FA 57 PJ 1569

232
NASENSCHMUCK IN FORM EINER RASSEL DER KLAPPERSCHLANGE
Teotihuacan, Tempel der Gefiederten Schlange
ca. 250 n. Chr.
Jadeit
5,5 x 4,5 cm
Inv. INAH – Museo de Sitio de Teotihuacan, 10-336505

230

Diese Schmuckkette besteht aus 38 Grünstein-Kugeln, die auf einer Schnur aufgefädelt sind. Die indigenen Kunsthandwerker schufen Ketten in einfachen Ausführungen, aber auch reich ausgearbeitete Objekte mit prächtigen Zusammenstellungen von Kettenelementen, die den Hals hochstehender teotihuacanischer Persönlichkeiten schmückten. Aber selbst zur Herstellung einfachster Ketten waren eine große Kunstfertigkeit sowie die Kenntnis der Verarbeitungstechniken und der physischen Eigenschaften der Ausgangsstoffe erforderlich, die das Ergebnis jahrelanger praktischer Erfahrung waren. Zur Fertigung von Ketten wurde mit Rücksicht auf Härte und Formbarkeit des Materials eine breite Palette von Gesteinen und Mineralien verwendet.

Die Untersuchung der Herstellungsprozesse mit den entsprechenden Methoden und Techniken führte zu grundlegenden Erkenntnissen nicht nur hinsichtlich der einzelnen Gegenstände, sondern auch der Gesellschaftsstruktur in Teotihuacan. J.E.

231

Die Steinschneider von Teotihuacan gelten allenthalben als große Künstler. Sie verwendeten vornehmlich Serpentin, einen grünen Stein, der in Mesoamerika sehr verbreitet war und heute noch in den Staaten Guerrero, Puebla und Oaxaca zu finden ist. Auch andere, symbolisch bedeutsame Edelsteine wurden importiert. So stammte zum Beispiel die Jade aus dem Tal des Río Motagua in Guatemala, das sich fast fünftausend Kilometer südöstlich von Teotihuacan befand. Dieser prächtige Ohrschmuck ist aus Jade gefertigt. Die Stücke sind sorgfältig geschliffen und stellen auf ihrer Außenseite eine Blume mit vier Blütenblättern dar. Dabei könnte es sich um das Symbol für Teotihuacan handeln.

Die sorgfältige Ausführung dieser Schmuckstücke lässt auf die Arbeit spezialisierter Handwerker schließen, die wahrscheinlich von den führenden Schichten beauftragt wurden. Diese Edelsteinschleifer hatten sehr genaue Kenntnisse der Eigenschaften und physischen Merkmale des Materials und stellten großes Geschick unter Beweis. M.B.

232

Die Edelsteinschleifer von Teotihuacan bearbeiteten unterschiedliche Halbedelsteine, die sie mit Hingabe und großer Sorgfalt in ihren Werkstätten zu großartigen Schmuckstücken schliffen. Dieser feine Nasenring in Form einer Rassel der Klapperschlange besteht aus Jadeit, einem der beliebtesten Steine in ganz Mesoamerika. Die Künstler erhielten das Rohmaterial vermutlich als Gesteinsbrocken, aus denen sie dann Kunstwerke wie dieses schufen, dessen Verwendung in bestimmten Zeremonien ein Ausdruck für das hohe Ansehen der geschmückten Person war. M.B.

233a
ANTHROPOMORPHE FIGUR
Teotihuacan, möglicherweise Zitadelle
Klassische Periode
Miccaotli-Tlamimilolpa-Phase (150-350 n. Chr.).
Grünstein
5 x 2,3 x 1,4 cm
Inv. INAH-MNA, 10-485

233b
FIGUR MIT ABNEHMBAREM KOPFPUTZ
Teotihuacan, möglicherweise Zitadelle
Klassische Periode, Miccaotli-Tlamimilolpa-Phase (150-300 n. Chr.)
Grünstein
7,5 x 3,7 x 2,4 cm
Inv. INAH-MNA, 10-9620
BIBLIOGRAFIE
De la Borbolla 1947; Solís 1991: 57; Armillas 1991: 203-207; Berrin und Pasztory (Hg.) 1993: 182

233a

233b

233a-b

Diese in Grünstein gearbeiteten Objekte zeigen verschiedene Personen in aufrechter Position. Eine der Figuren verfügt über einen sie kennzeichnenden abnehmbaren Kopfputz in Form eines umgedrehten „T" oder gezackten Plättchens, der unabhängig vom Körper der Figur gearbeitet wurde. Beide Figuren sind mit abnehmbaren Ohrpflöcken geschmückt, die an Löchern seitlich des Gesichts befestigt wurden. Die Gesichtszüge sind im Vergleich zum restlichen Körper sehr viel detaillierter herausgearbeitet. Außerdem tragen die Figuren als Kleidung an Vorder- wie Hinterseite des Körpers einen eingeritzten *Máxtlatl* oder Lendenschurz.

Der Herstellungsprozess dieser Gegenstände begann mit der Auswahl eines geeigneten Materials, bei dem die natürliche Form des Steins ausgenutzt werden konnte. Dieser wurde mit Schneide- und Schleiftechniken bearbeitet, bis Kopf, Arme und Beine ihre Form annahmen. Augen und Mund wurden in einer Hin- und Herbewegung herausgearbeitet.

Diese Stücke zählen zu den reichen Grabbeigaben, die 1939 bei den Sondierungsarbeiten von Alfonso Caso, Rubín de la Borbolla, D´Aloja und Pérez gefunden wurden, durchgeführt im Gebäude der Zitadelle von Teotihuacan, gegenüber dem Tempel des Quetzalcóatl, unter der Treppe der umgebenden Plattform. Zu den Beigaben zählte außerdem eine Vielzahl weiterer Objekte, darunter Figuren aus Obsidian, Kettenelemente, Geschossspitzen, Messer, Pyritspiegel, Schnecken, Nadeln und Dorne aus Knochen sowie Grünsteinfragmente, die keinerlei Bearbeitungsspuren aufwiesen.

J.E.

234a
SCHMUCK IN FORM EINER
ANTHROPOMORPHEN MASKE
Teotihuacan
Klassische Periode (200-650 n. Chr.)
Serpentin
5,5 x 5,3 x 1,8 cm
Inv. INAH-MNA, 10-9639

234b
SCHMUCK IN FORM EINER
ANTHROPOMORPHEN MASKE
Teotihuacan (M.R. Teotihuacan 2/6)
Klassische Periode (200-650 n. Chr.)
Serpentin
3,9 x 3,8 x 1,9 cm
Inv. INAH-MNA, 10-79935

234c
SCHMUCK IN FORM EINER
ANTHROPOMORPHEN MASKE
Teotihuacan
Klassische Periode (200-650 n. Chr.)
Serpentin
7,3 x 6,3 x 2,7 cm
Inv. INAH-MNA, 10-9638

234d
SCHMUCK IN FORM EINER
ANTHROPOMORPHEN MASKE
Teotihuacan
Klassische Periode (200-650 n. Chr.)
Serpentin
4 x 4 x 2 cm
Inv. INAH-MNA, 10-9621
BIBLIOGRAFIE
Berrin und Pasztory 1993; Daneels 2004: 393-426, in: Ruiz Gallut und Pascual Soto; Solís 1991

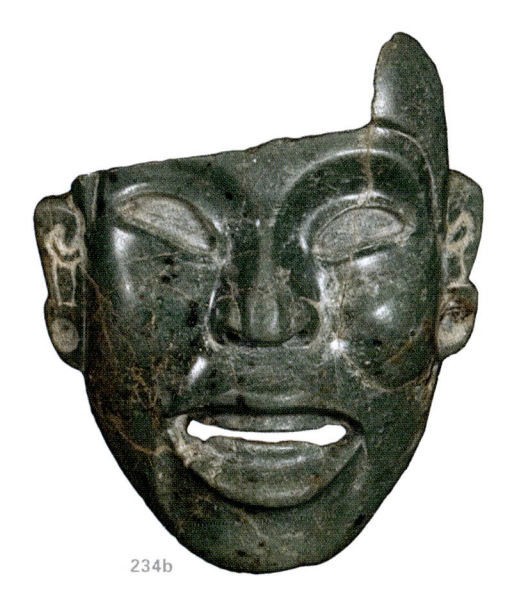

234a

234b

234c

234d

234a-d

Diese großartigen Objekte aus Stein belegen die hohe Geschicklichkeit der Steinschneider beim Einsatz von Techniken des Behauens, Glättens und Polierens von Materialien wie Basalt, Nephrit, Diorit, Andesit und Serpentin, bei denen im Wesentlichen Steinwerkzeuge und Schleifmittel Verwendung fanden.

Masken dienten unterschiedlichen Zwecken. Keramikmasken wurden unter anderem verwendet, um Gesichter bestimmter Skulpturen zu verdecken oder die zeremoniellen Räuchergefäße zu verzieren. Aus Stein gefertigte Masken wurden dagegen als Teil von Weih- und Grabbeigaben gefunden, und es ist insbesondere anzunehmen, dass ihnen in Bestattungskontexten ein bestimmter Zweck zukam: Die Gesichter der in Totenbündeln bestatteten Überreste von hochrangigen Personen wurden mit einer Steinmaske bedeckt, vielleicht in der Absicht, das Bild eines ewig schönen und jugendlichen Gesichtes aus Lebzeiten der Person zu bewahren.

Weiterhin ist es denkbar, dass kleine Masken als Anhänger verwendet und dazu an einer Schnur oder einem Faden aufgehängt wurden, denn diese Art von Masken, zu denen auch die hier gezeigten zählen, weisen im oberen Bereich Durchbohrungen auf. Sie dienten damit wohl als Amulette, die gegen Bedrohungen und Gefahren schützen sollten, und in diesem Fall müsste ihnen eine magische Funktion zugekommen sein.

Der Stil dieser teotihuacanischen Masken zeichnet sich durch schlichte und natürliche Gesichtszüge aus, wobei Höhe und Breite der Gesichter fast gleich sind, mit markanter Nase und Kinn, klar herausgearbeiteten Wangen, auf die Nase zulaufenden Augenbrauen, rechteckigen Ohren und horizontal angeordneten ovalen Augen, die Vertiefungen für Inkrustationen aus Obsidian und Muschelmaterial aufweisen. Zur Herstellung der Masken wurden bevorzugt Gesteine grünlicher Färbung verwendet.

J.E.

DIE MASKEN

Die außergewöhnlichen Steinmasken von Teotihuacan sind für die Kunst und die Kultur der Stadt bezeichnend. Durch Polieren erhielten sie ein außergewöhnlich glänzendes Aussehen. Diese Meisterwerke zeugen von dem Geschmack der damaligen Zeit für stilisierte Gesichter, mit der Verherrlichung eines jugendlichen, strengen, undurchdringlichen Ausdrucks. Alle folgten dem gleichen Modell: Sie besaßen die Form eines großen gleichschenkligen umgekehrten Dreiecks, dessen untere Kante abgestumpft war. So wurde die Stirn verbreitert dargestellt und das Problem der Ausbildung des Kinns gelöst. Von der riesigen Anzahl von Masken, die während der Blütezeit der „Stadt der Götter" (350-550 n. Chr.) produziert wurden, war die Mehrzahl aus kompaktem dunklem Basalt, Jade oder Diorit. Jedoch wurden auch einige Masken aus interessant geädertem Metamorphit entdeckt, so aus *Tecalli*, einer Art Onyx, und aus bestimmten Marmorarten.

Alle diese Masken waren mit Aushöhlungen für die Augen und den Mund versehen, in die Muscheln, Obsidian und andere Materialien eingelegt waren, was ihnen einen bemerkenswert lebendigen Ausdruck vermittelte. Sie weisen keinerlei Benutzungsspuren um die Augen und den Mund auf, was darauf hindeutet, dass sie nicht von lebenden Personen getragen wurden, sondern die Gesichter von Toten oder Götterbildnissen bedeckten.

Die prächtigen Terrakotta-Masken geben menschliche Gesichter wieder, wahrscheinlich personifizierte Götter oder Persönlichkeiten, die in der Gesellschaft Teotihuacans eine besondere Rolle spielten. Für die Herstellung benutzten die Töpfer Tonmodel. Dieser Maskentyp zierte oft die Deckel der „Theater"-Räuchergefäße. Auch er sollte den Gläubigen das Gesicht des Gottes vergegenwärtigen. Die lebensgroßen Tonmasken waren mit Aushöhlungen für Augen und Mund versehen, so konnte ihr Träger sehen und sprechen.

235
MASKE MIT EINLEGEARBEITEN
Teotihuacan
500 n. Chr.
Stein und Muschel
17,5 x 15,8 cm
INV. INAH – Museo de Sitio de Teotihuacan, 10-411187

235

235
Die meisten Wissenschaftler sind sich einig, dass die großartigen Steinmasken in einem Bezug zu den Sterberitualen sowie zu den Bestattungsriten stehen. Dieses Beispiel ist eine präzise gearbeitete Maske mit Einlegearbeiten aus Muscheln zur Betonung von Augen und Mund. Auf beiden Wangen findet sich ein großer, eingeschnittener Kreis, der ein Hinweis sein könnte auf die in Teotihuacan weit verbreitete Praxis der Skarifizierung.

M.B.

236a-f
ANTHROPOMORPHE MASKEN
Teotihuacan
Klassische Periode, Tlamimilolpa-Metepec-Phase
(200-650 n. Chr.)
Stein
a: 22,8 x 29 x 12 cm; b: 18 x 16,5 x 7,3 cm;
c: 16,6 x 14,4 x 9,4 cm; d: 18,1 x 18,5 x 9,5 cm;
e: 12,9 x 12,7 x 6,4 cm; f: 21 x 19,5 x 8,8 cm
Inv. INAH-MNA; a: 10-9628 ; c: 10-13571;
d: 10-223688; e: 10-529512; f: 10-9634
Inv. musée du quai Branly (Vermächtnis Édouard-Victor Saint-Paul);
b: 71.1977.35.1

236a

236b

236a-f

Im Verlauf der teotihuacanischen Geschichte perfektionierten die Steinschneider durch ihre Erfahrung und den Austausch mit anderen Regionen die Kunst der Steinbearbeitung und erwarben ein Können, das nicht nur in einer hoch entwickelten Technik, sondern auch in den Formen zum Ausdruck kam. Die hier gezeigten Masken belegen die Blüte der teotihuacanischen Kunst: Diese Objekte aus Stein repräsentieren die Identität der „Stadt der Götter". Manche Masken lassen das Zusammenspiel unterschiedlicher Stile erkennen, insbesondere zweier künstlerischer Traditionen: der teotihuacanischen Tradition und jener von Mezcala in Guerrero.

Die teotihuacanischen Masken entsprechen meist einem bestimmten Typus. Zunächst wurde die Innenseite ausgehöhlt, mit der die Proportionen grob umrissen wurden und der Maske allgemein die Form eines umgekehrten Dreiecks mit abgestumpfter Basis gegeben wurde. Die Augen sind in Form ovaler Öffnungen dargestellt, die Nase ist breit, die Wangen sind markant und die Lippen voll. Die Ohren sind durch rechteckige Elemente an den Seiten des Gesichts dargestellt und weisen Durchbohrungen zum Befestigen von Ohrpflöcken auf. Das Kinn ist meist klein und rund.

Vielen Spezialisten zufolge kam diesen Masken eine Funktion in Bestattungskontexten zu, da sie eine oder mehrere Durchbohrungen im oberen Bereich des Kopfes und an den Seiten aufweisen, mit denen die Masken möglicherweise an Totenbündeln befestigt wurden, um dem Verstorbenen auf symbolische Weise ein Gesicht zu geben. Diese Hypothese wird durch archäologische Untersuchungen wie die in Napatecuhtlan, Veracruz bekräftigt, wo eine Maske auf dem Gesicht eines Toten gefunden wurde. In den meisten Fällen zählten die Masken jedoch zu den Grabbeigaben.

R.F., J.J. und F.P.

236c

236d

236e

236f

237a
MASKE
Teotihuacan
200–650 n. Chr.
Stein
21 x 19,5 x 8,8 cm
Inv. INAH-MNA, 10-9634

237b
MASKE
Teotihuacan
200–650 n. Chr.
Stein
16,7 x 12,9 x 7,6 cm
Inv. INAH-MNA, 10-619610

237a

237b

237a-b

Zu den einprägsamsten Objekten dieser Kultur gehören sehr wahrscheinlich die aus Teotihuacan stammenden Masken. Das Gesicht in Form eines umgekehrten Dreiecks sowie die strengen Züge verleihen ihnen eine ganz eigene Ästhetik. Im Einklang mit allen Kunstgegenständen aus Teotihuacan, sind auch die auf den Masken dargestellten Gesichter nicht individualisiert: Sie gleichen sich untereinander so stark, als seien sie immer nach dem gleichen Modell gefertigt worden. Das erklärt sich aus der Tatsache, dass der künstlerische Kanon keine naturalistische Wiedergabe individueller Gesichter vorschrieb. Es war im Gegenteil wichtig, alle Personen ähnlich zu behandeln, um innerhalb der Gesellschaft ein Gefühl von „Gleichheit" aufkommen zu lassen.

Auch wenn in situ nur wenige Masken entdeckt wurden, gehen die Archäologen davon aus, dass diese vermutlich bei Begräbnissen hochstehender Persönlichkeiten Verwendung fanden. Dabei sollte man festhalten, dass diese Stücke so gut wie nie in einem anderen Zusammenhang gebraucht wurden: In der Tat weisen sie keinerlei Abnutzungserscheinungen auf. Auch die Rückseite der Masken zeigen keine, möglicherweise durch den Kontakt mit menschlicher Haut entstandenen, Spuren oder Flecken.

Gegen Ende der klassischen Periode, um das Jahr 600 unserer Zeitrechnung, verbreitet sich bis zur Ankunft der Spanier in Mesoamerika der Brauch sogenannter „Grabbündel". Diese Bestattungspraxis bestand darin, die Reste des Verstorbenen in ein großes Baumwolltuch zu hüllen und ihnen als symbolische Verweise auf die Bedeutung des Toten einige Artefakte wie Kleidungsstücke oder Masken hinzuzufügen.

M.B.

238
MODEL
Sammlung Dolores del Río, Nr. 211, P.F. 187
Klassische Periode (200-650 n. Chr.)
Ton
15,2 x 16,7 x 9,4 cm
Inv. INAH-MNA, 10-619621
BIBLIOGRAFIE
Gamio 1979; Manzanilla 2006: 28-35

238

238

In Anbetracht des fortlaufend steigenden Bedarfs an Luxusgütern der Eliten erlaubte die Verwendung von Hilfsmitteln wie diesem Model die Produktion großer Mengen von Gebrauchs- und Luxuswaren. Infolge dieses wirtschaftlichen Umstands wurden stark standardisierte Herstellungsprozesse unter der Zuständigkeit von Spezialisten eingeführt. Diese entwickelten über Jahrhunderte immer effizientere Fertigungstechniken und -methoden, ohne dabei Kompromisse bei der Qualität, dem ästhetischen Konzept und dem künstlerischen Wert der Plastiken einzugehen. Ein gutes Beispiel hierfür sind die Keramikmasken, die zu den klarsten archäologischen Belegen der Leistungen zählen, die in den Werkstätten von Teotihuacan erbracht wurden.

J.E.

239a
ANTHROPOMORPHE MASKE
Teotihuacan
Klassische Periode (200-650 n. Chr.)
Ton
9,4 x 16,7 x 5,3 cm
Inv. INAH-MNA, 10-375

239b
ANTHROPOMORPHE MASKE
Teotihuacan
Klassische Periode (200-650 n. Chr.)
Ton, Stuck und Farbe
17,5 x 24,4 x 7,1 cm
Inv. INAH-MNA, 10-78198

BIBLIOGRAFIE
Lombardo de Ruiz in: Olivetti-Electa (Hg.) 1990: 50;
Berrin und Pasztory (Hg.) 1993: 216

239a

239b

<u>239a-b</u>

Die Verwendung von Masken spielte in Teotihuacan eine große Rolle. Beleg dafür ist die Vielzahl an Exemplaren aus Stein, die zu den Totenbündeln gegeben wurden, des weiteren die auf Wandmalereien abgebildeten Masken und die Keramikmasken, zu denen auch die hier gezeigten Masken zählen. Obwohl sie demselben Typ angehören und sich daher gleichen, gelang es den Künstlern, sie durch Details wie die Bemalung des Gesichts und die Form der Dekorelemente individuell zu gestalten.
Die Masken zeichnen sich durch ihren ruhigen und entrückten Gesichtsausdruck aus. Sie zeigen Personen von unerschütterlicher Gelassenheit, dargestellt in archetypischer oder konventioneller Formensprache. Es scheint sich daher um Darstellungen idealisierter Wesen oder von Individuen zu handeln, deren Gesichter Wertvorstellungen außerhalb menschlicher Physiognomie ausdrückten.

J.E.

240

ANTHROPOMORPHE MASKE
Azcapotzalco, San Miguel Amantla
Klassische Periode, späte Xolalpan-Phase (450–550 n. Chr.)
Ton, Stuck und Farbe
9,7 x 16,8 x 5,6 cm
INV. INAH-MNA, 10-373

BIBLIOGRAFIE
Lombardo de Ruiz in: Olivetti-Electa (Hg.) 1990: 50;
Berrin und Pasztory (Hg.) 1993: 216; Manzanilla 2006

240

240

Ursprünglich war diese polychrome Maske Teil eines der zeremoniellen „Theater"-Räuchergefäße aus Ton, wie sie in den sakralen Bereichen von Teotihuacan gefunden wurden. Es wird angenommen, dass es sich dabei um eine Art von Miniaturaltären handelte, die sich durch den überreichen Dekor auszeichnen, der in seiner Gesamtheit möglicherweise eine Bitte an die Götter oder auch eine besondere Art von Abbild der Tempel von Teotihuacan darstellte. Im zweiten Fall repräsentierte die Maske, die im zentralen Bereich befestigt war, verschiedenen Auslegungen zufolge einen Priester oder möglicherweise die jeweilige Gottheit selbst. Nördlich der Zitadelle von Teotihuacan wurden in der Nähe der Wohnkomplexe der Herrscherklasse Belege dafür gefunden, dass der Dekor einschließlich der Masken in besonderen Werkstätten gefertigt wurde, die direkt von den Machthabern finanziert und kontrolliert wurden. Schmuck wie an diesem Objekt, insbesondere die Ohrscheiben und der Nasenschmuck, hier in Form eines stilisierten Schmetterlings, waren kennzeichnend für die oberen Gesellschaftsklassen. Es ist daher wahrscheinlich, dass mit der Maske auf eine hochstehende Persönlichkeit der Priesterklasse verwiesen wurde. Einer anderen Deutung zufolge gleicht die Form des Nasenschmucks der für die teotihuacanischen Gebäude typischen *Talud-Tablero*-Form.

J.E.

241
TOTENBÜSTE MIT MASKE
Teotihuacan, nördlich der Zitadelle
250-550 n. Chr.
Ton
32 x 17 x 23 cm
INV. INAH – Museo de Sitio de Teotihuacan, 10-336692
und 10-336693

241

Diese Keramikfigur stellt sehr wahrscheinlich eine Totenbüste dar. Sie ist in zwei Teilen gefertigt, aus einem Körper und einer Maske. Der Körper besitzt eine kaum bearbeitete Oberfläche und eine viereckige Öffnung in der Mitte. Die Form des Kopfs ist modelliert, aber ohne jegliche Gesichtzüge. Die Maske ist aus einem anderen Ton geformt und sorgfältig ausgearbeitet. Diese Figur gehört zu den ersten in Mesoamerika bekannten Darstellungen von Totenbüsten. M.B.

241

MUSCHELN UND KNOCHEN

Das ausgedehnte Handelsnetz, das Teotihuacan in weiten Teilen Mesoamerikas geknüpft hatte, ermöglichte seinen Bewohnern, sich die verschiedensten Muscheln und Meeresschnecken aus dem Pazifischen Ozean und dem Golf von Mexiko beschaffen. Deren Form und Farbe rechtfertigen die Annahme reger Tauschbeziehungen zwischen dem Altiplano und den Küstenregionen, bereits bevor sich die ersten Landwirtschaft betreibenden Gemeinschaften im Tal von Teotihuacan niederließen.

Zur Blütezeit der „Stadt der Götter" (350-550 n. Chr.) waren Muscheln und Meeresschnecken äußerst wertvoll und besaßen in der Gesellschaft große Bedeutung. Sie symbolisierten Reichtum und Macht und wurden selbstverständlich als Opfergaben benutzt, hauptsächlich jedoch als Grabbeigaben. Die Bewohner Teotihuacans ritzten Zeichnungen in die Stromben oder sie überzogen sie mit Stuck und bemalten sie anschließend, um ihre Funktion als Trompeten zu betonen. Andere Muscheln wurden zersägt oder eingeritzt, um Pektorale, Ohrscheiben oder Ketten herzustellen. Tierische oder menschliche Knochen wurden dagegen direkt mit geschnittenen oder polierten Werkzeugen aus Diorit, Feuerstein oder Obsidian bearbeitet.

242
MUSCHELANHÄNGER
Teotihuacan
Klassische Periode (200-650 n. Chr.)
Muschelschale
6 x 5,5 x 1,3 cm
Inv. INAH-MNA, 10-646875
BIBLIOGRAFIE
Suárez 1991

243
ORNAMENT
Fundort unbekannt
Klassische Periode (200-650 n. Chr.)
Knochen
3 x 2,9 cm
Inv. INAH-MNA, 10-77353
BIBLIOGRAFIE
Pérez 2005; Padró 2000

242
Der Mensch hat Weichtiere im Verlauf der Geschichte auf verschiedene Arten genutzt: als Nahrungsmittel, Arbeitsinstrument und Werkstoff.
Ihre Schalen wurden aufgrund ihres symbolischen und religiösen Wertes unter anderem als Tauscheinheit, wegen ihrer gerundeten Form aber auch als Gefäße verwendet. Zu Pulver gemahlene Schalen wurden beim Bau als Material für die Endbearbeitung der Gebäudemauern genutzt, als Rohmaterial dienten die Schalen zur Herstellung unterschiedlicher Gegenstände wie Schabinstrumente, Messer und Stichel und als wertvoller Schmuck. Letzteres ist auch der Fall bei dieser Muschel, die mit Öffnungen versehen wurde, um sie als Anhänger verwenden zu können. Das Loch wurde in einer drehenden Schleifbewegung mit einem Schilfrohr unter Verwendung von Sand als Schleifmittel und Wasser hergestellt.

E.C. und K.R.

243
Bei diesem Objekt handelt es sich um einen zylinderförmigen Schmuck aus Knochen, für den die Diaphyse eines Röhrenknochens verwendet wurde. Von diesem Knochen wurden die beiden als Epiphyse bezeichneten Enden abgetrennt und Knochenmark sowie Spongiosa aus dem Inneren entfernt. Der hier gezeigte Gegenstand diente als Schmuck an Kleidung oder Körper. Im gesamten Gebiet des alten Mesoamerika wurden Grabbeigaben gefunden, die meist eine Vielzahl von Objekten umfassten. Auch wenn sich die Beigaben der einzelnen Personen in Abhängigkeit von gesellschaftlicher Stellung, Epoche und Gebiet nach Form, Art und Material unterscheiden konnten, sind aus Knochen gearbeitete Objekte häufig, denn seit urgeschichtlicher Zeit wurde aus Knochen eine große Vielfalt an Schmuck-, Votiv- und Gebrauchsgegenständen gefertigt.

J.E.

244a

MEERESSCHNECKEN
Teotihuacan
Klassische Periode (150-650 n. Chr.)
Pleuroploca gigantea
15,4 x 43,1 x 22,7 cm
INV. INAH-MNA, 10-79496

244b

MEERESSCHNECKEN
Ankauf, Sammlung Swan B E7B
Klassische Periode (150-650 n. Chr.)
Pleuroploca gigantea
15,4 x 36,8 x 18,9 cm
INV. INAH-MNA, 10-224140
BIBLIOGRAFIE
Suárez 1991

244a

244b

244a-b

Im Unterschied zu anderen Exemplaren, die man an einer Reihe archäologischer Fundorte in größerer Zahl entdeckte, wurde bei diesen Schnecken nicht die Spitze abgeschnitten. Die Schnecken sind am ganzen Gehäuse mit in die Knötchen eingeschnittenen geometrischen Motiven wie beispielsweise konzentrischen Kreisen verziert.

Die Meeresschnecke war eines der mit dem Mond, der Fruchtbarkeit des Wassers, der Schwangerschaft und der Geburt verbundenen Symbole, möglicherweise aufgrund ihrer Form, die den weiblichen Geschlechtsorganen ähnelt. Ihre Schalen waren nicht nur Ausgangsmaterial für Zeremonial- und Ziergegenstände, sondern wurden weit verbreitet eingesetzt, unter anderem im Bauwesen und bei der Herstellung von Keramikgegenständen. Beim Bauen wurden Schalen als Entfettungsmittel verwendet. Dazu wurden sie fein gemahlen und mit Kalk gemischt, um die Widerstandskraft des Stucks zu erhöhen. Schnecken wurden auch als Gebäudedekor verwendet, wie am Tempel des Quetzalcóatl deutlich zu sehen ist. Bei der Keramikproduktion wurden gemahlene Schalen ebenfalls als Entfettungsmittel eingesetzt, um die Formbarkeit des Tons zu erhöhen und den Trocknungs- und Brennprozess zu beschleunigen.

E.C. und K.R.

245a
ANHÄNGER
Teotihuacan
100-650 n. Chr.
Muschel
14 x 10 cm
Inv. INAH – Museo de Sitio de Teotihuacan, 10-411042

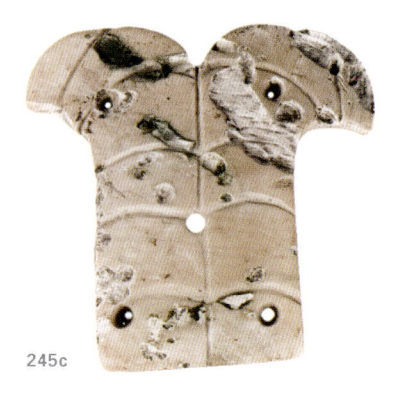

245b
ANHÄNGER
Teotihuacan
100-650 n. Chr.
Muschel
4,2 cm
Inv. INAH – Museo de Sitio de Teotihuacan, 10-615137

245c
ANHÄNGER
Teotihuacan
100-650 n. Chr.
Muschel
4 x 4 cm
Inv. INAH – Museo de Sitio de Teotihuacan, 10-412061

245a

245b

245c

245a-c

Unter den Funden in Teotihuacan finden sich viele verschiedene Muschelarten, die zu unterschiedlichen Gegenständen verarbeitet wurden, beispielsweise zu Musikinstrumenten, Tafeln, Ohrscheiben, Armreifen und Anhängern. Diese drei Anhänger unterscheiden sich in Form und Stil. Der rechte Anhänger stellt die Rassel einer Klapperschlange dar, der obere ist sternförmig und die kleine Muschelscheibe links schliesslich fand wahrscheinlich als Anhänger oder Ohrring Verwendung.

M.B.

246a
OHRSCHEIBE
Teotihuacan
200-550 n. Chr.
Muschel
7 x 5 cm
Inv. INAH – Museo de Sitio de Teotihuacan, 10-336562

246b
OHRSCHEIBE
Teotihuacan
200-550 n. Chr.
Muschel
9 x 5 cm
Inv. INAH – Museo de Sitio de Teotihuacan, 10-336563

246a

246b

246a-b

Dieses Paar Ohrscheiben ist aus einer Stachelauster der Gattung *Spondylus* hergestellt, eine zweischalige Muschelart, die an der Pazifikküste reichlich vorkommt. Spondylus-Muscheln wurden vor allem wegen ihrer Orangefärbung und ihrer recht guten Eignung zur kunsthandwerklichen Verarbeitung als Rohstoff in verschiedenen Kulturen Mesoamerikas geschätzt. Diese Ohrscheiben dienten wohl als Schmuck für Hausgötter oder Menschenfiguren. Sie sind jenen Ohrscheiben sehr ähnlich, die bei einer Figur aus Grünstein im Innern der Mondpyramide gefunden wurden. M.B.

DIE KERAMIKGEFÄSSE

Die Keramik macht den größten Anteil des Fundmaterials aus. Sie vermittelt eine Vorstellung vom Alltag in der „Stadt der Götter". Für die Formen und Dekortechniken der Keramik Teotihuacans wurde eine mit der Patlachique-Phase (150-1 v. Chr.) beginnende, die Siedlungsphasen der Stadt definierende Typologie erarbeitet.

Die Keramikproduktion beinhaltet unterschiedliche Kategorien von Gegenständen. Die gefundenen Figuren, Gefäße, Stempel, Masken, und verschiedene andere Gegenstände dienten in der achthundertjährigen Geschichte Teotihuacans unterschiedlichen Zwecken.

In der Patlachique-Phase, bevor Teotihuacan sich als Siedlung herausbildete, und während der Tzacualli-Phase I (1-150 n. Chr.) wurden die Figuren modelliert, so konnten vor dem Brennen Details der Anatomie und der Kleidung in Form von Ritzzeichnungen oder plastischen Elementen zugefügt werden. Am Ende dieser Phase (75-150 n. Chr.) wandte man eine Technik an, bei der der Körper und die Gliedmaßen (sowohl für anthropomorphe als auch für zoomorphe Figuren) modelliert und die Köpfe mithilfe einer Form hergestellt wurden.

Die Modellierung von Hand wurde zunehmend durch die Verwendung von Modeln ersetzt, und bis zur Zerstörung Teotihuacans wurden mit diesem Verfahren Tausende von Figuren hergestellt.

Das Gebrauchsgeschirr war immer handaufgebaut, doch es ist wahrscheinlich, dass Gefäße fremder Herkunft des Typs *Fine-Orange*-Keramik, etwa die Töpfe mit ringförmigem Fuß, serienmäßig unter Verwendung von Modeln hergestellt wurden.

Die außerordentliche künstlerische Kreativität der Töpfer äußert sich in den Dekortechniken, die vom Polieren und Glätten bis zum Bemalen auf Stuckuntergrund, oder Inkrustationen von Silex, Jade, Muscheln und Obsidian reichte.

247
GEFÄSS MIT NEUN BUCKELN
Teotihuacan
Klassische Periode, Xolalpan-Phase (350-550 n. Chr.)
Ton
20,4 x 19,5 cm
Inv. INAH-MNA, 10-432
BIBLIOGRAFIE
Westheim 1962: 31, Abb. 41; Séjourné

247

Die prähispanische Töpferkunst entwickelte sich im Laufe vieler Jahrhunderte, und insbesondere die Keramik der klassischen Periode kann auf eine Vielzahl von Gruppen und Typen blicken. An den formalen, dekorativen oder aufgesetzten Elementen lassen sich die regionale Herkunft sowie die besonderen Stile und Traditionen der einzelnen Regionen Mesoamerikas ablesen, und der hier gezeigte Gegenstand in Gefäßform ist ein solcher Fall. Mit den neun kugelförmigen Elementen entspricht er Objekten, die in der Region von Oaxaca, insbesondere Monte Albán, und natürlich in Teotihuacan gefunden wurden. Die hervorstehenden Buckel sind von zwei ebenfalls hervortretenden länglichen Elementen begrenzt, die allerdings nicht aufgesetzt, sondern im Prozess der Formung von Hand gestaltet wurden. Diese Art von Gefäßen ist zweifelsohne zapotekischer Herkunft, und ihr Vorkommen in Teotihuacan belegt den Kontakt mit Monte Albán.

H.H.

248
DREIFUSSGEFÄSS
Teotihuacan
Miccaotli-Phase, frühe Tlamimilolpa-Phase (150-250 n. Chr.)
Keramik
9,8 x 15,2 cm
Inv. INAH-MNA, 10-471

249
TOPF MIT RINGFÖRMIGEM FUSS
Azcapotzalco
Metepec-Phase (550-650 n. Chr.)
Keramik und Farbe
15,1 x 18,6 cm
Inv. INAH-MNA, 10-229802

248

Dieses Dreifußgefäß von schlichter Schönheit erlaubt einen Einblick in die Anfänge der Keramikherstellung in Teotihuacan. Es ist zu erkennen, dass bereits die Standardform des sogenannten „teotihuacanischen Gefäßes" verwendet wurde, d. h., dass die Töpfer zur Zeit der Herstellung dieses Gefäßes, vermutlich in der Miccaotli- und frühen Tlamimilolpa-Phase (150-250 n. Chr.), bereits einen eigenen Stil entwickelt hatten, wie sich in den formalen Ausprägungen erkennen lässt.
An diesem Dreifußgefäß ist zu sehen, wie einfach der Dekor gegenüber den Verzierungen aus späteren Phasen der „Stadt der Götter" ist. Dies ist nicht nur dem Umstand geschuldet, dass Verzierungen Moden folgen, sondern auch der Tatsache, dass der Erfahrungsschatz der Keramikkünstler noch in der Entwicklung begriffen war. Die Einfachheit der Motive, mit denen dieses Gefäß verziert ist, spiegelt daher die Anfänge des teotihuacanischen Dekors wider.
Diese Hypothese wird durch die Tatsache gestützt, dass die knopfartigen Gefäßstützen für die Keramik aus der Anfangszeit von Teotihuacan charakteristisch sind, und dass teotihuacanische Gefäße seit ihrem Auftauchen in der Tzacualli-Phase (1-150 n. Chr.) meist runde, sich nach oben öffnende Wände aufwiesen, die später, in der Xolalpan-Phase (350-550 n. Chr.) und insbesondere in der Metepec-Phase (550-650 n. Chr.), gerader wurden. R.F.

249

In Azcapotzalco wurden seit Beginn des 20. Jahrhunderts eine Reihe von archäologischen Funden gemacht, darunter um Innenhöfe angeordnete Strukturen und „Theater"-Räuchergefäße, Kandelaber und Keramik. Die archäologische Forschung hat aus diesem Grund darauf hingewiesen, dass das Gebiet mindestens seit der späten Tlamimilolpa-Phase (250-350 n. Chr.) stark von Teotihuacan beeinflusst wurde.
Dieser Topf aus der Region von Azcapotzalco weist eine für die plastische Produktion Teotihuacans ungewöhnliche Form und Endbearbeitung auf. Die aufgemalten Verzierungen verweisen jedoch sehr wohl auf die „Stadt der Götter", mit einem paarweise angeordneten Muster aus Kreisen und Ellipsen, die ausdrucksvollen Augen ähneln und von den Forschern als die Augenmuscheln des Regengottes Tláloc identifiziert wurden. R.F.

250

DREIFUSSGEFÄSS
Sammlung C. F. 24 A
Miccaotli-Phase, frühe Tlamimilolpa-Phase (150-250 n. Chr.)
8,5 x 11,5 cm
Ton und Farbe
Inv. INAH-MNA, 10-77371

251

DREIFUSSGEFÄSS MIT PLASTISCH GESTALTETEM GESICHT
Teotihuacan
Klassische Periode, Xolalpan-Phase (350-550 n. Chr.)
Ton, Stuck und Farbpigmente
13,4 x 13,1 cm
Inv. INAH-MNA, 10-754
BIBLIOGRAFIE
Pasztory 1993: 249; Rattray 1997: 99

250

Beim Negativdekor handelt es sich um eine äußerst komplexe und ausgeklügelte Technik, die für die Keramik aus der Anfangszeit Teotihuacans typisch ist und die Grundlage für die Pracht und Vielfalt des Dekors schuf, wie sie die Kunstfertigkeit der Töpfer späterer Perioden charakterisieren. Diese Art der Verzierung kam in der Tzacualli-Phase (1-150 n. Chr.) und der frühen Tlamimilolpa-Phase (150-250 n. Chr.) besonders häufig vor, in dem Zeitabschnitt, in dem die „Stadt der Götter" den typischen Grundriss und ihre architektonische Identität entwickelte. Diese als Negativdekor bezeichnete Art der Verzierung wird erreicht, indem die Gefäßwände in den zu verzierenden Bereichen mit einem Material überzogen werden, das sich unter Einwirkung von Hitze auflöst, beispielsweise Wachs. Im Anschluss wird das Objekt in dünnflüssigen Ton getaucht und so mit einer Schutzschicht oder Engobe versehen, die danach poliert wird. Schließlich wird das Gefäß in einem Ofen gebrannt, und bei diesem Prozess löst sich das die Motive überziehende Material auf. Stehen bleibt das Negativmotiv in der Farbe des Tons unter der Engobe.

Wie an diesem prächtigen Dreifußgefäß zu sehen ist, wurde Negativdekor in Teotihuacan für geometrische Muster verwendet, meist an Gefäßen mit hell- oder dunkelbrauner Engobe. Die teotihuacanischen Töpfer kombinierten den Negativdekor der Gefäße oft mit Bemalungen, insbesondere in roter Farbe.

R.F.

251

Dieses Gefäß wurde bei Grabungen im Baukomplex des Viertels Xolalpan östlich der Sonnenpyramide gefunden. Zwischen Xolalpan und dem Händlerviertel bestanden enge Beziehungen. Hier entdeckte der Archäologe Sigvald Linné eine Reihe von Grabbeigaben, die überwiegend aus Keramikgefäßen bestanden.

Dieses sich nach oben öffnende rundwandige Gefäß mit hervortretendem Rand und Verschränkungen sowie Bewegung ausdrückenden Stützen illustriert den Reichtum dieses Fundes. Das außergewöhnlichste Detail ist jedoch der großartige aufgesetzte Dekor mit dem von der Archäologin Esther Pasztory identifizierten Gesicht des „dicken" Gottes. Erkennbar ist außerdem die ursprüngliche Endbearbeitung mit rot bemaltem Stuck.

252
DREIFUSSGEFÄSS MIT GOTTHEIT
Teotihuacan
350-550 n. Chr.
Ton
40 x 36 cm
Inv. INAH – Museo de Sitio de Teotihuacan, 10-336713

252

In dieser Phase erreichte Teotihuacan seinen größten Einfluss in ganz Mesoamerika, insbesondere im Hinblick auf die Beherrschung der Lagerstätten für Ton und Obsidian und den umfassenden Abbau dieser Rohstoffe. Ebenso bildeten sich neue Typologien heraus, womit diese Art von Objekten an vielen Orten verbreitet war. J.J.

252

Die Spezialisierung von Teotihuacans Töpfermeistern ist in allen Phasen der Stadtentwicklung offensichtlich. Zwar ist das Dreifußgefäß die Grundform für sämtliches Geschirr von Teotihuacan, aber für die Bearbeitung der Wandungen wurden im Laufe der Jahrhunderte Techniken entwickelt und verfeinert. Die Gefäße wurden mit Stuck abgedeckt und anschließend bemalt, besitzen Ritz- oder Stempeldekor oder aber großartige plastische Reliefdarstellungen wie bei dieser, wegen ihrer ausgeprägten Wangenknochen als „der pausbäckige Gott" bezeichneten Figur. Rund um ihr Gesicht sind verschiedene netzartige Motive eingeritzt. Unterhalb des Gefäßrandes sind drei Dreiecke zu erkennen, ein in Teotihuacan weit verbreitetes Motiv, das gewöhnlich in Verbindung mit der Verehrung der Berge steht. M.B.

253

DREIFUSSGEFÄSS
Teotihuacan
Klassische Periode, Xolalpan-Phase (350-550 n. Chr.)
Ton
13,4 x 15 cm
Inv. INAH-MNA, 10-746

254

DREIFUSSGEFÄSS
Teotihuacan
Klassische Periode, Xolalpan-Phase (350-550 n. Chr.).
Ton
14,7 x 17,1 cm
Inv. INAH-MNA, 10-80651
BIBLIOGRAFIE
Sánchez 2006: Abb. 27

253

253

Wie in allen Kulturen des alten Mexiko war auch in Teotihuacan die Religion fester Bestandteil des Alltags und damit auch der kunsthandwerklichen Produktion. Die teotihuacanischen Künstler bildeten die Wirklichkeit stets unter Verweis auf die kosmogonischen Kräfte ab, die zwischen der Natur und dem Tun des Menschen vermittelten. Die Themen, die sie in ihren noch heute beeindruckenden Werken darstellten, brachten ihre besondere Vorstellung von der Welt und dem Leben zum Ausdruck, in vielen Fällen in Keramikgegenständen: Es handelt sich um „Erzählungen in Ton".

Hierauf verweist auch die Darstellung auf diesem teotihuacanischen Gefäß: Die in Einschneidetechnik ausgearbeitete Darstellung zeigt ein Zeichen in Form eines „Berges mit Kopf", das mit Sicherheit auf einen Ortsnamen verweist. Im hinteren Bereich des Kopfes befindet sich ein Pfeil mit der Darstellung einer länglichen Form, bei der es sich um fließendes Blut oder Wasser handeln kann – Elemente, die für das Leben der Menschen, aber auch den Fortbestand der Götter unersetzlich sind. **R.F. und H.H.**

254

In der Xolalpan-Phase griffen die teotihuacanischen Töpfer auf die Außenwände von Dreifußgefäßen zurück, um unter Einsatz verschiedener Techniken Szenen mit einer Reihe symbolischer Elemente darzustellen. Eine der wichtigsten Techniken war das Einritzen von Bildern. Im Unterschied zur Einschneidetechnik setzt das Einritzen eine geübte und sehr genau arbeitende Hand voraus, um das gewünschte Motiv auszuarbeiten. Der Dekor wurde dabei mit einem sehr spitzen Werkzeug in die durch den Brennprozess bereits gehärtete Oberfläche eingeritzt. Auf die Verzierungen wurde Zinnober aufgetragen, einem wichtigen Mineral mit religiöser Bedeutung für die prähispanischen Kulturen.

Zu den zentralen Elementen, mit denen die Wände dieses Gefäßes verziert wurden, zählt ein Berg oder eine Pyramide mit einem Körper in Form eines Stufenmäanders und einem im Profil dargestellten menschlichen Kopf auf der Spitze. Ein weiteres klar zu erkennendes Motiv sind zwei „verkrüppelte" Beine im unteren Bereich eines stufenförmigen Bauwerks. Der Künstler variierte außerdem die Größe der Elemente, um den Grad ihrer Bedeutung auszudrücken. Die ergänzenden Elemente sind daher kleiner dargestellt, wie beispielsweise eine Reihe von Hügeln – einer davon mit einem kleinen Tempel auf der Spitze –, deren Größe in einem deutlichen Gegensatz zu einer rechteckigen Plattform steht, auf der sich eine Pflanze mit sehr großen Blüten befindet. **H.H. und R.F.**

255

DREIFUSSGEFÄSS
Teotihuacan, San Miguel Amantla
Klassische Periode, frühe Tlamimilolpa-Phase (200-250 n. Chr.)
Ton
10 x 10,9 cm
Inv. INAH-MNA, 10-762
BIBLIOGRAFIE
Díaz Oyarzabal 1991: 117

256

DREIFUSSGEFÄSS
Teotihuacan
Klassische Periode (200-650 n. Chr.)
Ton
10,4 x 12,3 cm
Inv. INAH-MNA, 10-527297

255

256

255

San Miguel Amantla war eine Provinzsiedlung in der Nähe von Teotihuacan, in der Manuel Gamio Grabungen durchführte. Dank dieser und weiterer Untersuchungen in diesem Gebiet ist bekannt, dass in der Region um Azcapotzalco zu jener Zeit viele Bewohner enge Verbindungen zur „Stadt der Götter" pflegten, die anhand des Vorkommens von Keramikmaterial, wie diesem rot bemalten und anschließend polierten Gefäß, belegt werden konnten.

Das im oberen Bereich eingeschnittene Motiv zeigt gekreuzte Bänder, ein Symbol für hohen gesellschaftlichen Rang. Die hervorstehenden Elemente am unteren Rand stellen Kakaobohnen dar.

Zu prähispanischen Zeiten wurde Keramik in Teotihuacan häufig verwendet, um die Ausdehnung des Einflussbereichs der Stadt zu bekunden. Die „Gesandten" Teotihuacans, die dauerhaft in den angrenzenden Gebieten lebten, verwendeten Keramikgefäße, um ihre Identität als Personen mit engen Verbindungen zu der großen Stadt zu betonen. In späteren Jahrhunderten war die Region im Osten des Tals von Mexiko für ihre bedeutende landwirtschaftliche Produktion bekannt, und zur Zeit der Mexica (Azteken) war Azcapotzalco Sitz der Zunft der Federkunstarbeiter aus Amantla. Heute sind die archäologischen Reste aufgrund des modernen Wachstums der Stadt vollständig überbaut.

R.F. und H.H.

256

Die teotihuacanische Keramikproduktion belegt den Ideenreichtum der damaligen Bewohner und ihre an den einzelnen Gefäßen ablesbaren Vorstellungen über die Gottheiten und das Leben. Dank dieser Objekte gewinnen wir Informationen, aus denen sich auf eine äußerst produktive Gesellschaft schließen lässt.

Die spezialisierten Handwerker haben Zeugnisse der verschiedenen Techniken und Stile hinterlassen, auf die ihre Nachfolger zur Herstellung der zu Zeremonial- oder Gebrauchszwecken verwendeten teotihuacanischen Keramik zurückgriffen. Das hier gezeigte Dreifußgefäß wurde mit in den Ton eingeschnittenen federartigen Motiven versehen. Außerdem wurden im unteren Bereich kleine, durch einen hervorstehenden Rand begrenzte Kugeln aufgesetzt.

Das technologische Wissen zur Herstellung von Keramikgegenständen wurde vertraulich und familienintern von Generation zu Generation weitergegeben. Heute noch kann man die Kunstfertigkeit der Töpfer an einer Reihe von Orten sehen.

E.C. und K.R.

257
DREIFUSSGEFÄSS OHNE STÜTZEN
Teotihuacan, Tetitla, Grabbeigabe 26, Nr. 970
Klassische Periode, frühe Xolalpan-Phase (350-450 n. Chr.)
Ton
25 x 30 cm
Inv. INAH-MNA, 10-80422

BIBLIOGRAFIE
Séjourné 1966

257

257

Das Töpferhandwerk ist eine der ältesten produktiven Tätigkeiten des Menschen, und die Entwicklung dieser Technik steht in einem engen Zusammenhang mit der Entwicklung der menschlichen Gemeinschaften. Ihre archäologische Bedeutung ist so groß, dass Keramik als eine der häufigsten Formen von Funden in Mesoamerika herangezogen wird für die Datierung und Benennung von Kulturen und um Rückschlüsse auf die eingesetzte Technologie und die Produktionsbedingungen zu ziehen. Dieser Umstand ist der Tatsache geschuldet, dass die Herstellung von Keramik dem Bedarf an Gefäßen zur Aufbewahrung von überschüssigen Lebensmitteln gerecht wurde, aber auch das Bedürfnis nach symbolischen Gegenständen religiöser Natur befriedigte.

Eines der besten Beispiele für das große Können der teotihuacanischen Töpfer sind die außergewöhnlichen Dreifußgefäße mit ihren komplexen, in Flachrelieftechnik in die Außenwände eingeritzten symbolischen Motiven. Diese Art von Keramik diente offenbar rituellen Zwecken, zu erkennen an der Gefäßform, der feinen Oberfläche und dem an Motiven reichen, großartigen Dekor. Dieser wurde nach dem Brennen auf die polierte Oberfläche mit einer Flachrelieftechnik aufgebracht, bei der Wegschneide- und Einschneidetechniken kombiniert wurden. Diese Techniken erreichten ihren Höhepunkt in der frühen Xolalpan-Phase (350-450 n. Chr.) und prägten damit den besonderen Stil der Töpfer von Teotihuacan.

Das hier gezeigte Gefäß gehörte zu einer in Tetitla gefundenen Grabbeigabe. Zu erkennen ist eine anthropomorphe Figur im Profil, die einen zoomorphen und mit Federn verzierten Kopfschmuck sowie einen Nasenschmuck in Form eines stilisierten Schmetterlings und einen Ohrpflock in Form konzentrischer Kreise trägt. Die Figur streut Elemente in Form verschlungener Bänder und eingefasster Querstreifen aus, während in der rechten Hand die Form einer Blume zu sehen ist. Neben der Figur ist auf einer vierblättrigen Blüte in einem U-förmigen Symbol ein kleiner Vogel zu erkennen, der seine Flügel spreizt. In diese Elemente wurden am oberen und unteren Rand der Darstellung Muschel- und Schneckenmotive eingefügt.

J.E.

258

DREIFUSSGEFÄSS
Teotihuacan
Xolalpan-Metepec-Phase (350-650 n. Chr.)
Ton
18,5 x 22,5 cm
Inv. INAH-MNA, 10-80649

259

DREIFUSSGEFÄSS MIT GEOMETRISCHEN MUSTERN
Teotihuacan, Randbereich des Abschnitts um das zeremonielle Zentrum
Klassische Periode, Tlamimilolpa-Metepec-Phase (200-650 n. Chr.)
Ton
10,9 x 11,5 cm
Inv. INAH-MNA, 10-80822
BIBLIOGRAFIE
Muller 1978: 165-168

258

Während der Xolalpan-Phase erlebte Teotihuacan seine größte Blüte: Die Stadt erreicht ihre größte Ausdehnung, die Hauptstraßen waren als klarer Ausdruck der Macht der herrschenden Schichten und des Reichtums der Stadt von Prachtbauten gesäumt, es wurde mit verschiedenen Gütern über ein ausgedehntes Wegenetz gehandelt, das praktisch ganz Mesoamerika überzog. In den Werkstätten von Teotihuacan hatten die Töpfer für die Herstellung von Keramik eine große Kunstfertigkeit entwickelt und waren in der Lage, Formen, Bearbeitung und Dekor meisterhaft umzusetzen.

Zu den prächtigsten und typischsten Verzierungen der teotihuacanischen Keramik zählen meist an den Außenwänden der Gefäße vorgezeichnete Motive, die anschließend durch das Wegschneiden bestimmter Oberflächenbereiche als Hochreliefs ausgearbeitet wurden. Die Details der Motive wurden durch Einritzen mit einem spitzen und scharfen Werkzeug gestaltet.
An diesem Dreifußgefäß lässt sich das hohe Maß an Arbeit und Können ablesen, das die Künstler von Teotihuacan zur Ausarbeitung der Motive an den Gefäßwänden durch Einschneiden und Einritzen aufbringen mussten. Dargestellt ist hier ein reich ausgestatteter Krieger, der einen Schild mit einem Adler davor trägt (ein Greifvogel, der das Symbol der Adler-Krieger von Teotihuacan war) und dem eine Reihe symbolischer Motive beigefügt sind, insbesondere eine Darstellung des Planeten Venus. R.F.

259

Zu den technischen Verfahrensweisen bei der Verzierung der Oberflächen der für Teotihuacan typischen Dreifußgefäße zählt die künstlerische Technik des Einschneidens, die den Motiven durch das Entfernen von Material aus der bereits gebrannten Oberfläche Leben verlieh und den Umgang mit Formen und Proportionen der Motive verdeutlicht. An diesem Objekt lassen sich verschiedene Elemente ablesen, insbesondere das Andreaskreuz, das mit dem Kreuzungspunkt der Himmelsrichtungen in einem Zusammenhang steht. Experten zufolge ist dieser Dekor für das Ende einer Stilperiode charakteristisch, in der in erster Linie dichte geometrische Muster produziert wurden. J.J.

260
GEFÄSSDECKEL
Teotihuacan
350-650 n. Chr.
Ton
8 x 22,6 cm
Inv. INAH-MNA, 10-46057

261
DREIFUSSGEFÄSS
Teotihuacan (Tetitla 1963)
Klassische Periode, Xolalpan-Metepec-Phase (350-650 n. Chr.)
Ton und Zinnober
10,3 x 10,5 cm
Inv. INAH-MNA, 10-80571
BIBLIOGRAFIE
Magaloni 1998: 88-109

260

Die Einwohner Teotihuacans perfektionierten die Begräbnispraxis, indem sie den Gefäßinhalt zwecks längerer Haltbarkeit mit Hilfe von Deckeln schützten. Wir müssen uns dabei vergegenwärtigen, dass dieser Kultur die uns heute geläufige Vorstellung eines Möbelstückes fremd war. Diverse Gegenstände und wertvolle Substanzen bewahrte man in Gefäßen auf, die zum einen auf einem Gestell ruhten, um nicht mit dem Boden in Kontakt zu kommen, zum anderen mit Deckeln versehen waren, um den Inhalt vor Außeneinwirkungen zu schützen.
Auf diesem Deckel sieht man geometrische, die Oberfläche in vier Teile gliedernde Zeichnungen. Damit begegnen wir dem stilisierten Konzept der Vierteilung, das sich sowohl auf dem Gebiet der urbanen Rasterordnung als auch in kosmologischer Hinsicht durch die gesamte Kultur Teotihuacans zieht.

Der meisterhaft gearbeitete Gefäßdeckel wurde gefertigt in der Pseudo-Champlevé-Technik: Dabei wird zunächst eine eingegrenzte Fläche ausgekratzt, dann der äußere Beguss abgeschabt (dieser Vorgang wird also zwangsläufig nach dem Brennen ausgeführt), bevor schließlich die Pigmente aufgetragen werden. Das hier gezeigte Stück gewinnt seine Originaliät vor allem aus der exakten Ausführung und der räumlichen Anordnung des Motivs, das sich elegant aus verschiedenen Zeichnungen konstituiert.

J.J.

261

Zur Zeit der Xolalpan-Phase spiegelte sich der Stand der Entwicklung von Teotihuacan auch in den Kunsthandwerkstätten der Stadt wider, in denen unter Anwendung äußerst beeindruckender und vielzähliger Dekorationstechniken Keramiken mit großartigen Darstellungen der Kosmogonie gefertigt wurden, so auch im Fall dieses Dreifußgefäßes.
In die Engobe eingeschnittene Muster setzten ein großes Können des Handwerkers voraus, da es sich um einen nach dem Brennprozess geschaffenen Dekor handelte.
Zinnober, das für dieses Gefäß verwendete Mineralpigment, sorgt mit einem leuchtenden Rot und Braun für eine Farbgebung in den für die teotihuacanische Engobe typischen Tönen, sodass für das Flachrelief ein leichter Kontrast entsteht, der die Attribute des Tláloc hervorhebt.

J.J.

262
ZYLINDRISCHES GEFÄSS
Fundort unbekannt
350-500 n. Chr.
Ton und Farbpigmente
24 x 22,8 cm
INV. musée du quai Branly, 70.2000.5.2.1-2

BIBLIOGRAFIE
Rattray 2001; musée du quai Branly 2006

262

Die in ganz Mesoamerika verbreiteten zylindrischen Gefäße sind für die Keramik aus Teotihuacan besonders charakteristisch, da sie fast während der gesamten Geschichte der Stadt in großer Anzahl hergestellt wurden. Die zylindrische Form erreichte ihre vollkommenste Ausführung während der Xolalpan-Periode (350-550 n. Chr.) mit dem Aufkommen von Gefäßen, die in der Champlevé-Technik verziert waren. Bei dieser Technik wird das Material eingeritzt, um eine Oberfläche mit einer reliefartigen Zeichnung gewinnen zu können. Die vertieften Teile sind häufig mit einem roten Pigment (vielleicht Zinnober) bemalt, während die erhabenen Elemente poliert sind.

Das Champlevé-Verfahren, dessen Wurzeln in der Küstenregion des Golfes von Mexiko zu liegen scheinen, hat sich insbesondere während der Maya-Ära in anderen Gegenden Mesoamerikas ausgebreitet. Dieser Stil steht somit im Kontext des weitreichenden kulturellen und künstlerischen Austausches der sogenannten klassischen Periode (300-600 n. Chr.), in der Teotihuancan eine zentrale Bedeutung zukommt.

Zusammen mit den vertikalen Außenwänden erlaubte diese Technik den Töpfern, die Gefäße mit sich wiederholenden Szenen oder Bildfeldern zu verzieren. Anthropomorphe oder zoomorphe Gestalten und zahlreiche Symbole beziehen sich auf Gottheiten, auf die Elemente sowie auf Orte des Universums.

Die vier dekorativen Bildfelder dieses Gefäßes mit je einem Schmetterling in der Mitte sind durch Symbole des Feuers voneinander getrennt, die aus Segmenten gerader Linien und einem rautenförmigen Motiv bestehen. Wie in der aztekischen Welt verweisen das Feuer und die Schmetterlinge auf die Seele der Krieger, die ihrerseits auf dem Gefäßdeckel dargestellt sind. In den Sammlungen des musée du quai Branly befindet sich ein verwandtes Gefäß. Dessen Deckel ist mit dem Symbol des Gewittergottes verziert, das abwechselnd mit den Schmetterlingen und den erwähnten Feuersymbolen auch auf den Außenwänden erscheint. Mittlerweile weiß man, dass diese Gottheit mit dem Krieg in Zusammenhang stand.

F.P.

263
DREIFUSSGEFÄSS MIT DECKEL
Teotihuacan
Klassische Periode (200-650 n. Chr.)
Ton, Stuck, Farbe und Alabaster
23 x 20,3 cm
Inv. INAH-MNA, 10-78203 0/2
BIBLIOGRAFIE
Gendrop 1979: 70; Solís 1991: 62

264
POLYCHROMES DREIFUSSGEFÄSS
Teotihuacan, Teopancasco, C206, AA37B
Klassische Periode, Xolalpan-Phase (350-550 n. Chr.)
Ton, Stuck und Farbe
16,2 x 27,2 cm
Inv. INAH-MNA, 10-613767
BIBLIOGRAFIE
Manzanilla 2006: 26-35

263

264

263

Zur Verzierung der verschiedenen Objekte, die in Teotihuacan hergestellt wurden, wendete man nicht nur bekannte Techniken wie das Aufsetzen von Dekor, Einritzen, Kannelieren, Einschneiden und Bemalen an, sondern auch Kombinationen dieser Methoden, aus denen neue Techniken entstanden. Außerdem wurden unterschiedliche Materialien als Dekor verwendet, zum Beispiel eine Reihe von Gesteinen, um die hohe ästhetische Qualität und die Bedeutung der jeweiligen Darstellung hervorzuheben.
Dieses Dreifußgefäß weist für Teotihuacan typische Merkmale auf: gerade Wände, einen flachen Boden und einen kegelförmigen Deckel mit Griff. Das Objekt wurde mit Inkrustationen aus kleinen Alabasterscheiben verziert und anschließend mit roter Farbe überzogen, um dem Gefäß seine besondere Gestalt zu verleihen. Der Deckel wurde auf dieselbe Weise wie das Gefäß dekoriert.
Zwischen 300 und 550 n. Chr. befand sich Teotihuacan auf dem Höhepunkt seiner Entwicklung: In der Stadt wurden prächtige Dreifußgefäße hergestellt, die man bis in entfernte Regionen wie Yucatán und Guatemala exportierte.

E.C. und K.R.

264

Die mehrfarbige Gestaltung dieses großartigen Dreifußgefäßes wurde auf die genaue Anordnung eines Darstellungssystems ritueller Elemente abgestimmt. Der Töpferkünstler musste die Regeln der religiösen Symbolik einhalten und Gegenstände erschaffen, die für rituelle Handlungen benötigt wurden. Die Form der durchbrochenen prismaartigen Stützen ist beabsichtigt. Bei der Herstellung dieser besonderen Gegenstände wurde mit Sicherheit gewissenhafter als bei einem Gebrauchsgegenstand gearbeitet.

J.J.

265
TÖPFE TRAGENDE FIGUR
Teotihuacan
Klassische Periode, Tlamimilolpa-Phase (200-350 n. Chr.)
Ton, Stuckmörtel, Muschel und Schiefer
13,8 x 12,3 x 11,8 cm
INV. INAH-MNA, 10-6196 0/3

BIBLIOGRAFIE
Gómez Chávez 2002: 598, 600; Teotihuacan Ciudad de dioses, 2008: 67; Gazzola 2008: 552-29; Gómez

266
GEFÄSSE
Teotihuacan
200-450 n. Chr.
Ton
4,1 x 3,8 x 2,7 cm
INV. INAH – Museo de Sitio de Teotihuacan, 10-411343 0/3

265

Diese von Hand geformte und polierte hellbraune Tonfigur stellt eine junge Person in aufrecht sitzender Position mit eigentümlicher, zweigeteilter Haartracht dar, die vor sich in jeder Hand einen Topf mit Deckel trägt. Als besonderes Detail wurden die Augen aus kleinen Muschelplättchen zur Darstellung der Augäpfel mit einer Iris aus Schiefer eingesetzt. Das mit Stuckmörtel in die Augenhöhlen eingesetzte Material ist nur sehr schlecht erhalten. Hervorzuheben sind die harmonischen Proportionen und die Ausgewogenheit der menschlichen Anatomie.
Bedeutend ist außerdem der Umstand, dass die Gefäße am unteren Rand mit einem Motiv verziert sind, das kürzlich als Kakaobohnen-Symbol identifiziert wurde. Möglicherweise stellt die Figur einen jungen Händler dar, der dieses Produkt auf dem Markt der belebten Stadt anbot.

Die Herkunft des Gefäßes ist leider ungeklärt, da es zur Privatsammlung von Dolores del Río gehörte. Es ist jedoch ein ähnliches Objekt bekannt, an dem im Gegensatz zu dem hier gezeigten Stück im Mundbereich noch Spuren von Zinnober erhalten sind und das im Kontext des Grabes 37 des sogenannten Oaxaca-Viertels als Grabbeigabe eines Kindes gefunden wurde.

H.H. und R.F.

266

Das Töpferhandwerk muss zu den meist ausgeübten Berufen von Teotihuacan gehört haben, denn im Zuge der verschiedenen archäologischen Grabungen wurden Unmengen von Tonscherben von allen möglichen Behältnissen und auch von Räuchergefäßen in der Stadt zutage gefördert. Die hier abgebildeten Gefäße mit Deckel sind ein vorzügliches Beispiel für die Arbeit der Töpfer und dürfen zugleich als Symbol für deren Handwerk stehen. Die Bäuche sind kugelförmig, während die Deckel aus einer Scheibe gefertigt sind und einen kleinen, schnurartig gedrehten Griff haben.

M.B.

267a
DREIFUSSGEFÄSS
Teotihuacan
Klassische Periode (200-650 n. Chr.)
Ton und Farbe
12,6 x 12,8 cm
INV. INAH-MNA, 10-527172

267b
POLYCHROMES GEFÄSS
Teotihuacan
Klassische Periode (200-650 n. Chr.)
Ton und Farbe
10,2 x 19,8 cm
INV. INAH-MNA, 10-524162
BIBLIOGRAFIE
Manzanilla 2008: 111-131

267a

267b

267a-b

Vielfalt und Reichtum der bei der Keramikherstellung in der großen Stadt eingesetzten Techniken, das Ausgangsmaterial und die Formen und Verzierungen erlauben der Archäologie die Datierung der einzelnen Stücke. An den hauptsächlich bei Ausgrabungen gesicherten Kontexten lassen sich die Bezüge zwischen den Elementen der erhaltenen materiellen Kultur Teotihuacans ablesen.

Die zur Herstellung dieser beiden Gefäße verwendeten Techniken verweisen auf einen Zeitabschnitt des Wandels, in dem sich auch die Kontakte mit externen Gruppen ausweiten. Diese Dreifußgefäße weisen durchbrochene oder zackenartige Stützen auf und sind reich mit Motiven religiöser Thematik verziert, die eine zeremonielle Verwendung nahelegen. Den ikonografischen Interpretationen und den Analysen des Gebrauchs und der Funktion zufolge dienten diese Gefäße der Kommunikation, d. h. ihr Zweck bestand in der Vermittlung von Botschaften und Vorstellungen und zugleich in der Aufbewahrung von rituellen Gegenständen oder Substanzen.

Eine weitere Besonderheit dieser Gefäße besteht darin, dass die Technik der nach dem Brennen angebrachten Malereien offenbar nur für Gefäße mit zackenartigen Stützen verwendet wurde, so im Fall des hier gezeigten Gefäßes, dessen Stützen nicht erhalten sind. Dargestellt ist ein Symbol der Venus, das offensichtlich zu einem Federbusch gehört und von geometrischen Figuren ergänzt wird. Andere häufig verwendete Dekorationstechniken waren das Einritzen, Abschaben, Bemalen und der Negativdekor. Das hier gezeigte Gefäß weist durchbrochene zackenförmige Füße sowie einen Dekor auf, der mit den Techniken des Einschneidens, Ausschneidens und Bemalens ausgearbeitet wurde. Im zentralen Bereich ist ein Kopfputz aus Federn, *Chalchihuites*, Fünfpunktanordnung und anderen Symbolen dargestellt.

Manchen Forschern zufolge waren Kopfputze Zeichen von Macht in der Stadt, da hiermit die soziale Stellung ihrer Träger ausgedrückt wurde, je nach Form und ergänzenden Elementen. Man hat außerdem vermutet, dass das Zeichen der vierblättrigen Blüte, die am unteren Gefäßrand dargestellt ist, die Stadt symbolisierte. Die rote Farbe des Gefäßes steigert seine symbolische Bedeutung.

E.C. und K.R.

268a
TOPF MIT STUCKDEKOR UND RINGFÖRMIGEM FUSS
Puebla, Chiconautla
Klassische Periode (200-650 n. Chr.)
Ton, Stuck und Farbe
10,5 x 12 cm
Inv. INAH-MNA, 10-43

268b
SCHALE MIT RINGFÖRMIGEM FUSS
Puebla, Chiconautla
Klassische Periode (200-650 n. Chr.)
Ton, Stuck und Farbe
4,8 x 16,6 cm
Inv. INAH-MNA, 10-618
BIBLIOGRAFIE
Gendrop 1979: 70; von Winning 1987: 29-32

268a

268b

268a-b

Die Keramikproduktion erreichte in Teotihuacan ein äußerst hohes Niveau. Die Stücke spiegeln die große Kunstfertigkeit der Töpfer und ihre ausgefeilten Techniken wider, die von glänzend poliertem Ton über weit entwickelte Flachrelief-, Champlevé- und Cloisonnétechniken bis zu Temperadekor reichen.

Die Gegenstände wurden aus einem für Teotihuacan charakteristischen Ton hergestellt, der als *Fine-Orange*-Keramik bezeichnet wird und, wie der Name sagt, sehr feinkörnig war. Die Tonmasse war deshalb besonders gut formbar und erlaubte es den Töpfern, äußerst anmutige Gefäße zu schaffen. Die beiden hier gezeigten Gefäße wurden mit Stuck überzogen, der anschließend mehrfarbig mit rotem Grund und fein gemalten Motiven in Grün und Gelb verziert wurde, mit symmetrisch angeordneten vierblättrigen Blüten, einer in Teotihuacan verwendeten Konvention zur Darstellung dieses phytomorphen Elements. Verschiedene Forscher haben versucht, die Blüten einer Pflanze zuzuordnen, aber die hierzu aufgestellten Hypothesen gehen weit auseinander.

E.C. und K.R.

269
ZOOMORPHES GEFÄSS
Teotihuacan, La Ventilla, Palast B
Klassische Periode (200-550 n. Chr.)
Ton, Farbe, Muschel und Grünstein
23,2 x 24 x 35 cm
Inv. INAH-MNA, 10-80489

BIBLIOGRAFIE
Séjourné 1966: 37-39; Bernal 1977: 19; Müller 1978;
Matos 1990: Abb. 79; Solís 1991: 52, Abb. 87;
Ross 2008: 52-53

269

Keramik besaß für die Kulturen des alten Mexiko einen hohen Stellenwert, da es sich um ein Material handelte, das nicht nur im Alltag unentbehrlich war, sondern auch bei den Ritualen eine wichtige Rolle spielte.

Die Töpferkunst in Teotihuacan war insbesondere für zeremonielle Zwecke von zentraler Bedeutung und somit auch für die Stabilität der sozialen Beziehungen der Stadtbewohner. Daher befand sich eine Reihe von Werkstätten, die sich auf die Verarbeitung verschiedener Arten von Ton und unterschiedliche Techniken spezialisiert hatten, direkt im Stadtzentrum.

Manche Exemplare der teotihuacanischen Keramik zeichnen sich durch die Einmaligkeit ihres Dekors aus, so auch das hier gezeigte Objekt, zu dessen Herstellung verschiedene Techniken – Inkrustation roter Muschelplättchen zur Darstellung des Kamms oder mit Stuckmörtel auf den Gefäßkörper aufgesetzte Schnecken – angewendet wurden. Das Stück ist ein einzigartiges Beispiel für die Verwendung zusätzlicher Materialien, insbesondere Muschel und Grünstein, durch die der dargestellte Vogel sehr lebendig wirkt. In der modernen oralen Tradition wird dieses Tier aufgrund der für die teotihuacanische Keramik ungewöhnlichen Merkmale als „verrücktes Huhn" bezeichnet.

H.H.

269

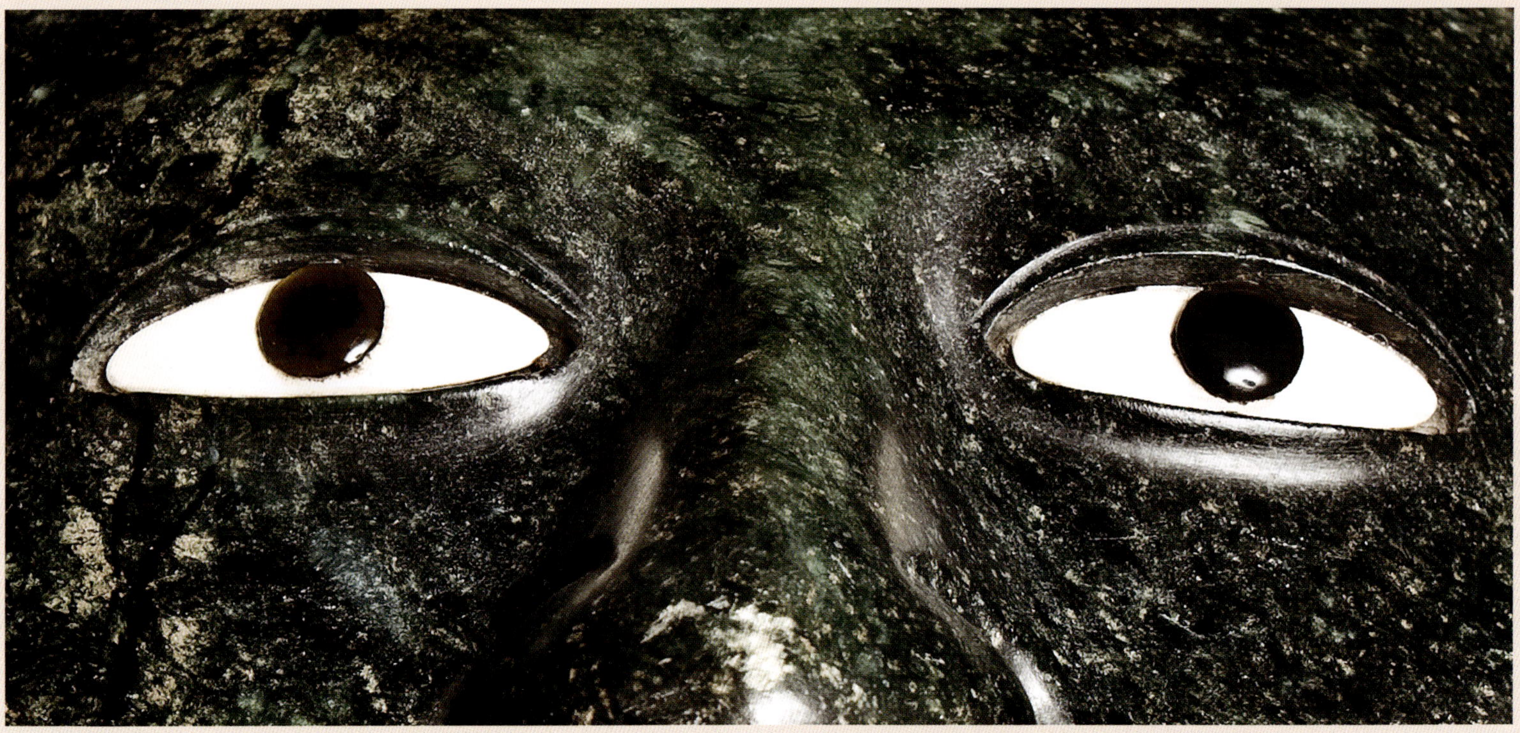

DIE BEZIEHUNGEN TEOTIHUACANS MIT DER MESOAMERIKANISCHEN WELT

Teotihuacan war der erste Stadtstaat in Mesoamerika, der eine politische Organisation besaß. Durch den Aufbau von Handelsnetzen und der Knüpfung diplomatischer, politischer und militärischer Kontakte dehnte Teotihuacan seit dem Beginn unserer Zeitrechnung seine Herrschaft über das zentrale Hochland aus und unterhielt mit zahlreichen anderen Regionen Beziehungen, insbesondere mit Orten wie Monte Albán und verschiedenen Maya-Städten.

Die urbane Entwicklung von Teotihuacan und ihre Identität spiegeln sich in den unterschiedlichen stilistischen Elementen der Architektur, in der Skulptur, Wandmalerei, Keramik und zahlreichen anderen Gegenständen wider. Die archäologischen Forschungen haben neben diesen Elementen die vielfachen bilateralen Beziehungen aufgezeigt, die Teotihuacan mit anderen Regionen Mesoamerikas unterhielt.

Im gesamten zentralen Hochland galten die von der „Stadt der Götter" im Bereich der Architektur gesetzten Massstäbe, und der Stil Teotihuacans ist an den Alltags- und Kultgegenständen erkennbar. Nur Cholula im Becken des Río Atoyac entwickelte sein eigenes politisches System und eine in mancher Hinsicht eigenständige Kultur. Die Präsenz der Krieger Teotihuacans ist an der Golfküste nachweisbar, wo sie in der Gegend von Matacapan eine Militärkolonie eingerichtet hatten. Die Beziehungen zu den Bewohnern der Region, die dem heutigen Bundesstaat Guerrero entspricht, und zu denen der Pazifikküste beschränkten sich dagegen auf Handelskontakte.

Mit Monte Albán unterhielt Teotihuacan in seiner Blütezeit (350-550 n. Chr.) ganz offensichtlich diplomatische Beziehungen: der Einfluss Teotihuacans ist im Keramikstil der zapotekischen Hauptstadt erkennbar, während in der „Stadt der Götter" im „Oaxaca-Viertel" zahlreiche Migranten aus dem Süden Mesoamerikas wohnten.

In Kaminaljuyú, in Tikal und in anderen Maya-Städten prägten die in die lokalen Armeen integrierten Kontingente aus Teotihuacan das politische Leben, und sie haben sogar neue Dynastien eingesetzt, wie die Stelen, die Grabkammern und die Wandmalereien dieser bedeutenden Stadtstaaten zu erkennen geben.

Nebenstehend: Maske aus Teotihuacan, im Templo Mayor in Tenochtitlan (Mexiko-Stadt) gefunden

DIE GOLFKÜSTE UND TEOTIHUACAN

Dank der in den Tälern Mittelmexikos vorgefundenen Werkstoffe aus der Küstengegend und dank des Einflusses der Olmeken auf derselben Hochebene weiß man, dass die Gegend der Golfküste schon seit der mittleren Frühklassik (1000-400 v. Chr.) wirtschaftliche und kulturelle Beziehungen zu Mittelmexiko unterhielt.

Während der Blütezeit von Teotihuacan (350-550 n. Chr.) wurden die Beziehungen zwischen den beiden Regionen durch den Bau von Handelswegen und militärischen Expeditionen noch ausgebaut. Die Einwohner von Teotihuacan sollen mehrere Orte an der Golfküste, insbesondere in der Gegend der Tuxtlas, in Matacapan kontrolliert haben. Dort habe man eine Exklave eingerichtet, um die Beförderung der Rohstoffe in die Stadt zu gewährleisten und um die Händler, die sich in das Gebiet der Maya begaben, zu beschützen.

Auch in Teotihuacan wurden zahlreiche Beweise für diese Verbindungen aufgefunden: Fragmente von Jochen (die für die Golfregion charakteristische Skulptur, die mit dem Ballspiel in Bezug steht); Motive wie beispielsweise verschlungene Linienmuster, die auf den Wandgemälden auftauchen sowie die Verzierungen von Keramiken und einigen Skulpturen. Es wird sogar vermutet, dass Gruppen von der Golfküste in bestimmten Stadtteilen von Teotihuacan wie z. B. dem Händler-Viertel wohnten.

Teotihuacan exportierte nicht nur Gegenstände sondern auch Ideen, religiöse Bräuche und stilistische Elemente in die Gegend von Veracruz. Sie wurden dem lokalen Geschmack angepasst: Eine Keramikfigur von Huehuetéotl, dem Feuergott, die in dem für die Golfküste typischen Stil modelliert worden war, wurde in Cerro de las Mesas entdeckt. Zylindrische Dreifußgefäße waren in derselben Region sehr verbreitet – diese Form hätte übrigens von dort stammen können – und wurden anlässlich ritueller Opfergaben als Insignien der Macht verwendet.

270
GEFÄSS MIT EINER PROZESSION TEOTIHUACANISCHER PRIESTER
Las Colinas/Calpulalpan, Tlaxcala
Klassik, Metepec-Phase (550-650 n. Chr.)
Ton
7,4 x 13,6 cm
INV. INAH-MNA, 10-78208

BIBLIOGRAFIE
Von Winning 1987: 71-76; Rattray 2001: Abb. 189

270

270

Bei den von Sigvald Linné geleiteten Ausgrabungen im Nordosten Tlaxcalas wurden in Las Colinas in der Nähe von Calpulalpan an zwei Hügeln Hinweise auf eine teotihuacanische Besatzung gefunden. Dieses Objekt war Teil der Keramikgefäße des Grabes Nr. 2. Obwohl die Keramik größtenteils zerbrochen war, war dieses modelgeformte Gefäß aus feiner hellbrauner Keramik mit einer komplexen Darstellung unbeschädigt. Die Schüssel aus Las Colinas, besser bekannt als „Gefäß von Calpulalpan", ist ein „kleiner Kodex aus Ton", der wichtige religiöse Konzepte aufzeigt. Die Figuren sind symmetrisch auf der gewölbten Außenfläche des Behälters verteilt; am Boden befindet sich ein von verschlungenen Linien umgebenes Medaillon. Der glatte Rand stellt eine Besonderheit unter ähnlich verzierten Gefäßen dar. Die Darstellung zeigt vier Priester, die in einer Prozession über ein Blumenfeld gehen. Am Boden befindet sich ein Bildnis des Gottes Tláloc mit einem Knoten im Haar. Die Aufteilung der Motive entspricht der Komposition der modelgeformten Keramik aus Rio Blanco. Die Kleidung, die Tiere und die Zeichen sind jedoch vollkommen teotihuacanisch.

Die vier Priester bewegen sich auf ein Wappen der soziopolitischen Gruppe der Verwalter, Händler und Krieger zu. Dieses Wappen besteht aus einem Federschmuck mit drei Quasten, die drei Scheiben oder *Chalchihuites* teilweise bedecken. Clara Millon hat diese Quasten als Symbole eines hohen Ranges bzw. der Macht identifiziert. Ihre Träger sind Mitglieder einer sozialen Gruppe oder Institution. Ein Kranz aus Kakaobohnen umgibt das Wappen. Dies deutet laut Von Winning auf den Handel mit der Golfküste hin.

H.H.

271
GEFÄSS AUS EL FAISÁN
El Faisán, Veracruz
550–650 n. Chr.
Ton
9 x 14 cm
Inv. Autonome Universität Veracruz – Museum für Anthropologie von Xalapa, 49 PJ 151

272
BECHER AUS *FINE-ORANGE-KERAMIK*
Calpulalpan, Tlaxcala
Spätklassik (650–950 n. Chr.)
Ton
20,9 x 11,2 cm
Inv. INAH-MNA, 10-346003

BIBLIOGRAFIE
Díaz Oyarzabal 1991: 38; Ruz Lhullier, 1972; Fahmel 1988: 39–40, 47, 49

271
Dieser Gefäßtypus diente vermutlich der Vermittlung politischer Leitvorstellungen. Seine Herstellung mithilfe eines Models ermöglichte eine Massenproduktion. Dieses Stück stammt aus der Ortschaft El Faisán, wo sich der Einfluss der Teotihuacan-Kultur offenbar in Form komplexer Handelsverbindungen und ehelicher Beziehungen niederschlug, sodass sich die kulturellen Bezüge zwischen Mexiko und der Golfküste institutionalisieren konnten.

M.B.

272
In Calpulalpan im Bundesstaat Tlaxcala, einem Verbindungspunkt zwischen Teotihuacan und der Golfküste, wurden von dem schwedischen Archäologen Sigval Linné Grabbeigaben in Form von luxuriösen Gefäßen aus der Küstenregion gefunden. Unter den Objekten im Maya-Stil sticht aufgrund seiner Form und Verzierungen ein Becher aus *Fine-Orange*-Keramik hervor. Der Becher besitzt einen ausschwingenden Fuß und zwei Bildfelder, die mit Flachreliefs dekoriert sind. Der Produktionsort der *Fine-Orange*-Keramik der Balancán-Gruppe befand sich in Usumacinta im Norden des Bundesstaates Tabasco. Die Existenz dieser Keramik im Grab eines Angehörigen der Oberschicht von Calpulalpan verweist auf die Beziehungen zwischen den beiden Regionen.

Das Bildfeld hat die Jahre unbeschadet überstanden; es zeigt den Kopf eines Fabelwesens im Profil. Um alle Feinheiten auf dem Bild zu erkennen, muss man den Becher horizontal betrachten. Im oberen Bereich ist ein nach vorne geknickter und von einem Band gehaltener Federbusch zu sehen. Über dem stark stilisierten Oberkiefer befindet sich eine hakenförmige Nase, wie sie für Chac, den Regengott der Maya, typisch ist. Über der Nase ist eine Atemwolke zu sehen. Aus dem Kiefer ragt eine riesige Zunge, die sich in entgegengesetzte Richtungen teilt.

Der Fund dieses Bechers in einem Grab in Calpulalpan zeigt, dass diverse wichtige Kolonien Teotihuacans während der Spätklassik noch Macht besaßen und die Tradition einer Kultur fortsetzten, die in ihrer Hauptstadt bereits untergegangen war.

H.H.

KATALOG DER AUSGESTELLTEN OBJEKTE

273
DREIFUSSGEFÄSS
Teotihuacan, San Francisco Mazapa
450-650 n. Chr.
Ton und Farbpigmente
18 x 35 cm
Inv. INAH – Museo de Sitio de Teotihuacan, 10-213195

274
BECHER MIT EINGERITZTEM MUSTER
Teotihuacan und Golfküste
Klassik (200-650 n. Chr.)
Ton und Stuck
19,4 x 19 cm
Inv. INAH-MNA, 10-78188
BIBLIOGRAFIE
Acosta 1964: 47; Acosta 1973: letzte Seite;
Angulo 2004: 157

273
Dieses prächtige Gefäß auf drei Füßen wurde während der Rettungsgrabungen in einem Grab in der Ortschaft San Francisco Mazapa, unweit von Teotihuacan, entdeckt. Es ist an der Außenseite mit einem Dekor in der Art eines vertieften Reliefs versehen und weist starke Ähnlichkeit mit der an der Golfküste Mexikos vorkommenden Symbolik auf, vor allem mit El Tajín. Im Nordosten von Teotihuacan befand sich ein Händlerviertel genannter Wohnkomplex. Hier hinterließen von der Golfküste stammende Einwohner ihre Spuren. Nicht nur dort, auch in anderen Teilen der Stadt konnte das Zusammenleben großer Gruppen unterschiedlicher Völker nachgewiesen werden. Jüngere Forschungen haben inzwischen auch Einwohner aus dem Osten Mexikos im Wohnkomplex Teopancazco, im Südosten der Ciudadela, nachgewiesen.   M.B.

274
Die jüngsten archäologischen Funde verweisen auf eine intensive politische und kommerzielle Verbindung zwischen Teotihuacan und der Golfküste, die zu einem umfangreichen kulturellen Austausch führte. Dieser äußerte sich im Entstehen eines hybriden Stils, Produkt des Zusammenspiels der künstlerischen Traditionen von Golfküstenregion und Teotihuacan, wie wir ihn an diesem dreifüßigen Becher sehen. Er zieht den Betrachter durch seinen detailreichen Dekor, die feine Oberflächenbearbeitung und die außergewöhnlichen Fußstützen in seinen Bann.
Die Form des Gefäßes und die polierte kaffeefarbene Innenseite erinnern an die typischen teotihuacanischen Becher. Der Einfluss der Golfküste hingegen wird durch die weißliche Engobe sowie die üppigen Verzierungen auf den vier Bildfeldern der Außenseite deutlich.
Das „Kreuz"-Motiv in zwei Feldern stellt die Richtungen des Universums dar, die von einer *axis mundi* ausgehen, dem heiligen Ort *par excellence* in der mesoamerikanischen Weltsicht. Die ineinander gewundenen Linien symbolisieren, wie schon andere Autoren angemerkt haben, die Bewegung des Universums.
Ein weiteres wichtiges Element ist die außergewöhnliche Form der Fußstützen, die so an der Golfküste nicht bekannt war und in der teotihuacanischen Keramik auch nur vereinzelt. Die durchbrochene Verzierung zeigt ein Fünfpunktemuster, das auf die Vorstellung eines viergeteilten Universums verweist.
Das Zusammenspiel der Ornamente von Gefäßwänden und Fußstützen dieses besonderen Bechers illustriert die Vorstellung der Ordnung des Universums, die sich, ausgehend von einem sakralen Zentrum, in die vier Himmelsrichtungen aufteilt. Die Gemeinschaften, die in Kontakt mit Teotihuacan standen, müssen beeindruckt gewesen sein von dessen politisch-kultureller Entwicklung und dessen Einfluss auf ganz Mesoamerika und die *axis mundi* in der „Stadt der Götter" selbst vermutet haben.
            R.F. und H.H.

275
DECKEL EINES BECHERS
Teotihuacan und Golfküste
Fundort unbekannt
Klassik, Metepec-Phase (550-650 n. Chr.)
Ton
6,3 x 24,5 cm
Inv. INAH-MNA, 10-80660

276
GEFÄSS MIT LINIENMUSTER
Teotihuacan, La Ventilla, Struktur 6, Raum 3, Grab 1
Klassik (200-650 n. Chr.)
Ton und Zinnober
10,4 x 14,5 cm
Inv. INAH-MNA, 10-80659

BIBLIOGRAFIE
Aveleyra 1964: 47

275

Dieser Deckel wurde aus der typischen *Fine-Orange*-Keramik hergestellt. Er besitzt jedoch eine ungewöhnliche matte weiße Engobe, sowie eingeritzte Motive. Die Art der Oberflächenbearbeitung dieses schönen Exemplars ist typisch für die gestalterische Tradition der Golfküste, insbesondere für das zentrale Veracruz. Es sei an dieser Stelle auf Druckers Entdeckung eines häufig vorkommenden Keramiktyps aus Cerro de las Mesas verwiesen, der sich durch eine weißliche Engobe und eine matte Oberfläche auszeichnet.

Die Oberseite des Deckels ist in vier Felder aufgeteilt. Auffallend ist, dass mit der teotihuacanischen Tradition, in der alle Bildfelder mit Szenen geschmückt sind, gebrochen wird: Zwei Felder bleiben nämlich leer. In den anderen beiden ist das Profil einer hochstehenden Persönlichkeit mit elegantem Federschmuck und anderen Schmuckelementen zu sehen.

Die dargestellte Person hat kein typisch teotihuacanisches Profil; vielleicht beherrschte der Künstler den teotihuacanischen Stil nicht perfekt. Sollte es sich um ein in Teotihuacan hergestelltes Stück handeln, so war der Künstler eventuell zugezogen. Wurde der Deckel hingegen importiert, so ist der Herstellungsort an der Golfküste zu suchen.

R.F. und H.H.

276

Bei den Forschungsarbeiten in La Ventilla im Südosten von San Juan Teotihuacan wurden wertvolle Grabbeigaben mit Objekten aus der Maya- und der Golfküstenregion entdeckt. Unter den Objekten aus der Küstenregion befand sich eine kleine Schüssel, die sich durch ihre extrem polierte Oberfläche und zwei Bildzonen mit Linienmustern auszeichnet.

Die polierte Fläche ist mit unauffälligen diagonalen Rillen verziert, die von einem Polierstein mit stumpfer Spitze stammen. Das Hauptmotiv, eingeschnitten und in Sgraffito-Technik erstellt, ist auf zwei gegenüberliegenden Bildzonen zu sehen. Darin befindet sich je ein verschlungener Dekor aus Linienmustern verschiedener Größe, deren Enden jeweils neue Formen bilden. Die Wissenschaftler sind sich darin einig, dass die verschlungenen Linien Wind, Wolken und Regen darstellen, Elemente, die ja auch in der Natur zusammengehören.

Das eigentümliche Linienmuster auf diesem Gefäß ist ein typisches Element eines Stils, der sich an der Golfküste herausbildete. Weitere Beispiele ineinander verschlungener Linienmuster finden wir auf den steinernen Markierungen des Ballspiels (ebenfalls aus La Ventilla) und auf den Jochen (*Yugos*) in der von Olmeken und Totonaken bewohnten Region Veracruz.

H.H.

277
WANDGEMÄLDE
Las Higueras, Veracruz
450-650 n. Chr.
Stuck und Farbpigmente
48 x 234 cm
INV. Autonome Universität Veracruz – Museum für Anthropologie
von Xalapa, 49 PJ 4881

278
SOCKEL FÜR STELE
Fundort unbekannt
350-650 n. Chr.
Stein
43 x 102 cm
INV. Autonome Universität Veracruz – Museum für Anthropologie
von Xalapa, 49 P.J. 0945

277

278

277
Las Higueras ist ein wichtiger archäologischer Fundort im Zentralgebiet des heutigen Veracruz. Sein Ruhm beruht auf den Zeremonialbauten, die mit Wandmalereien reich ausgestattet waren; hier ein Fragment mit der Darstellung von Quetzalcóatl. Die Popularität dieser Gottheit hat in Veracruz mit der immer größeren Bedeutung von Teotihuacan rasant zugenommen. Dies spricht dafür, dass die Ideologie zu den wichtigsten Exporten von Teotihuacan gehörte.

M.B.

278
Der kulturelle Einfluss Teotihuacans erstreckte sich in unterschiedlicher Weise auf ganz Mesoamerika. Im Süden und im Zentralgebiet von Veracruz war er besonders ausgeprägt. Ein Austausch fand jedoch in beiden Richtungen statt. In Teotihuacan gibt es eindeutige Hinweise darauf, dass ein beträchtlicher Teil der Erzeugnisse für den täglichen Bedarf – Fisch, Baumwolle, Muscheln, Keramik usw. –, die in den verschiedenen Stadtteilen, wie dem Händlerviertel oder in Teopancazco, konsumiert wurden, vom Golf von Mexiko stammten. Im Gegenzug übernahm Veracruz verschiedene eng mit Teotihuacan verknüpfte Symbole, darunter die *Chalchihuites* auf dem oben abgebildeten rechteckigen Sockel. Er diente zur Befestigung einer mittels eines Zapfens eingesteckten Stele. In diesem Zusammenhang ist erwähnenswert, dass Stelen in Teotihuacan keine Verwendung fanden, wohl aber in einem großen Teil Mesoamerikas.

M.B.

279
KOHLEBECKEN
Cerro de las Mesas, Veracruz
350-650 n. Chr.
Ton
38 x 62,5 cm
INV. Autonome Universität Veracruz – Museum für Anthropologie
von Xalapa, 49 PJ 12 926

280
STELE
Piedra Cabrada, Veracruz
350-650 n. Chr.
Stein
185 x 44 cm
INV. Autonome Universität Veracruz – Museum für Anthropologie
von Xalapa, 49 PJ 12926

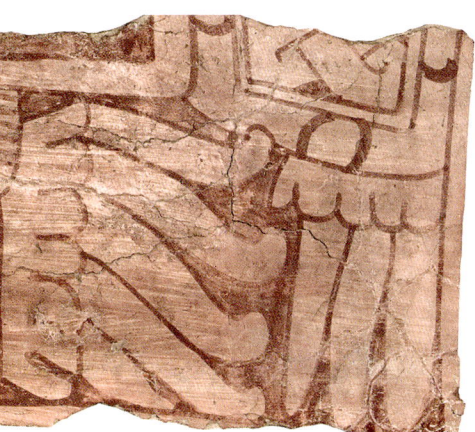

279
Das große Kohlebecken besitzt einen komplexen Dekor, der an typische Elemente der Teotihuacan-Kultur anknüpft, darunter die drei Dreiecke im oberen Teil des Kohlebeckens. In der Mitte erkennt man ein rituelles Bündel aus Holzstangen oder kostbaren Materialien, das bei Opferungen im Zusammenhang mit dem Verstreichen der Zeit und am Ende bedeutsamer Zeitzyklen verbrannt wird.   M.B.

280
Im oberen Abschnitt dieser großartigen Stele erkennt man über der Darstellung, die wohl eine große Rassel einer Klapperschlange symbolisiert und am Fuß der Stele erwähnt wird, den Strich oder das „Reptilauge", wie es häufig im Zusammenhang mit Teotihuacan zu sehen ist. Wie oben erwähnt, verwendete man in Teotihuacan keine Stelen als Symbole der Machtausübung. In anderen Teilen Mesoamerikas benutzte man Stelen zur Darstellungen besonderer Ereignisse oder Themen. Sie dienten als Mittel, um den Reichtum oder die Großartigkeit bestimmter Personen zu demonstrieren oder ihnen und ihren Botschaften mehr Aufmerksamkeit zu verschaffen.   M.B.

281
BILDNIS EINER FRAU MIT KOPFSCHMUCK
Zentrales Veracruz
Teotihuacan und Golfküste
Klassik, Metepec-Phase (550-650 n. Chr.)
Ton und Farbpigmente
15,2 x 20,4 x 8 cm
Inv. INAH-MNA, 10-537

282a-b
STÜCKE EINES JOCHS (*YUGO*) IN FORM EINER KRÖTE
Veracruz
Teotihuacan, Sonnenpyramide
Klassik (200-650 n. Chr.)
Feinkörniger Stein
12,3 x 26,1 x 10,8 cm und 10,8 x 20,6 x 11,5 cm
Inv. INAH-MNA, 10-646874/10-646865
BIBLIOGRAFIE
Gamio 1922

281

282a

281

Der Fund ist das Fragment eines Gefäßbildnisses. Den physischen Eigenschaften zufolge ist hier eine weibliche Person dargestellt. Als Kopfschmuck trägt die Figur ein breites Band mit Federn an der Seite und eine Aufmachung, die sie als Mitglied der damaligen Elite ausweist. Die Gesichtszüge der Frau, ihre Kleidung und die Verzierungen der Skulptur sind in der teotihuacanischen Plastik nicht verbreitet, sondern beweisen vielmehr ihre Herkunft von der Golfküste.

In der künstlerischen Tradition im Bereich der Golfküste verwendete man zur gleichen Zeit wie bei den Maya eine blaue Farbe mineralischen Ursprungs, die vor allem gegen Ende der Klassik eine stärkere Tönung aufwies. Dieses Blau können wir auch an diesem Kunstwerk erkennen. Gefertigt wurde das Bildnis zweifellos im nördlichen Veracruz, wo diese Art rundlicher Gesichter und auch die verwendete weiße Tonerde mit hohem Kaolingehalt typisch sind.

Das modelgeformte Gesicht und die Schmuckdetails sind typisch für eine Manufaktur aus der zweiten Hälfte der Klassik. Ihren Standort können wir indessen nicht exakt bestimmen.

R.F. und H.H.

282a-b

Im alten Mexiko waren Skulpturen in Jochform typisch für die Golfküstenregion zwischen Veracruz und Tabasco, zu der Teotihuacan intensive Beziehungen pflegte. Das Joch (*Yugo*) hat einen Bezug zum Ballspiel. Selbstverständlich wurden die Joche aus Stein nicht in dem Spiel selbst verwendet; es handelt sich vielmehr um Nachbildungen der dicken, gepolsterten Gürtel, mit denen die Spieler Hüfte und Taille schützten.

Diese Jochfragmente wurden bei den Ausgrabungen zu Beginn des 20. Jahrhunderts in der Sonnenpyramide gefunden. Diese beiden Funde sowie weitere in La Ventilla zeugen von den Kontakten mit der Region Veracruz. Die vorliegenden Fragmente gehören wahrscheinlich zu einem offenen Joch, das in Gestalt eines Fabeltiers skulptiert ist. Aufgrund der Art des Steins, der Bearbeitung und des bildlichen Schmucks ist es gut vergleichbar mit den Jochen in Form einer Kröte aus Tres Zapotes, die in den ersten Jahrhunderten n. Chr. hergestellt wurden.

H.H.

283

HUEHUETÉOTL, GOTT DES FEUERS
Cerro de las Mesas, Veracruz
Ton
87,5 x 62 x 64 cm
Inv. INAH-MNA, 10-3148

BIBLIOGRAFIE
Westheim 1962: Abb. 9

282b

283

283

Für die alten Mexikaner war Huehuetéotl, der als Greis dargestellt wurde, eine der ältesten und wichtigsten Gottheiten. Er wurde mit dem Element Feuer assoziiert: Huehuetéotl ist die Personifizierung jener uralten Entdeckung, die das Kochen von Lebensmitteln und die Herstellung von Wärme ermöglichte und so die Jäger-und-Sammler-Völker in ihrer Entwicklung voranbrachte. Deswegen war Huehuetéotl auch der Schutzheilige von Herd und Heim.

Die Verehrung dieser Gottheit war in Teotihuacan von besonderer Bedeutung, da das Tal von Mexiko sich durch besonders kalte Nächte auszeichnet. Nach der Ernte wurden die Felder abgebrannt, um sie auf die nächste Aussaat vorzubereiten. In der Landwirtschaft war das Feuer aus diesem Grund von großer Bedeutung; es wurde aber auch allgemein mit sozialem Wohlstand assoziiert. Das Feuer fungiert aber neben seiner wohltuenden Rolle auch als kreative Kraft: Die Legende von der fünften Sonne erzählt z.B., wie die Götter Nanahuatzin und Tecuciztécatl in Teotihuacan durch ihre Strahlen verbrannten, um zu Sonne und Mond zu werden.

Bei Druckers Ausgrabungen in Cerro de las Mesas wurde eine große Huehuetéotl-Skulptur aus Ton gefunden, die von zahlreichen modelgeformten Gesichtern alter Menschen umgeben war. In dieser majestätischen Darstellung trägt der Gott des Feuers ein großes Kohlebecken auf dem Kopf, auf dem ein Symbol aus fünf Elementen zu sehen ist, das in der Ikonografie Teotihuacans häufig verwendet wurde, um das Universum darzustellen.

In Cerro de las Mesas, dem Mittelpunkt des Olmekenreiches, war die teotihuacanische Präsenz in der Klassik von besonderer Bedeutung. Der Einfluss Teotihuacans manifestiert sich in der Darstellung Huehuetéotls, der hier realistisch, eigenwillig und ganz in der Kunsttradition der Küstenregion präsentiert wird. Der Greis wurde sitzend, mit gebeugtem Rücken, schlaffer Brust- und Bauchpartie, Spitzbart und Ohrscheiben modelliert. Das große Kohlebecken liegt auf Nacken und Kopf.

H.H. und R.F.

TEOTIHUACAN, DER SÜDEN MEXIKOS UND OAXACA

Über die Handelsstraßen, die den Bundesstaat Puebla durchquerten, kamen die Teotihuacaner nach Oxaca, wo die Stadt Monte Albán, der mächtigste Staat der Region, die zentralen Täler der Zone beherrschte.

Bei den Ausgrabungen von Monte Albán fand man heraus, dass seine Vorherrschaft auf seine politisch-militärische Vormachtstellung und seine günstige geografische Lage zurückzuführen war. Das politische Zentrum befand sich auf der Spitze des Hügels Monte Albán, wo sich die Stätte ab 400 v. Chr. entwickelt hatte.

Anhand der archäologischen Materialien tritt zutage, dass Teotihuacan und Monte Albán diplomatische und wirtschaftliche Beziehungen pflegten. Die Archäologen vermuten, dass Teotihuacan Monte Albán mit grünem Obsidian versorgte und dafür Glimmer und andere Werkstoffe erhielt.

Mehrere Monumente, die bei den Ausgrabungen von Monte Albán freigelegt wurden, zeugen von diesen Beziehungen: z.B. die Stele von Bazan aus einem gelblich marmorierten Stein, auf der in genau denselben Proportionen ein Einwohner von Teotihuacan und ein als Jaguar gekleideter zapotekischer Herrscher dargestellt ist. Es ist jedoch nicht auszuschließen, dass Teotihuacan nach einer kriegerischen Auseinandersetzung einige Zeit auch über Monte Albán herrschte.

Man weiß, dass Einwohner aus Oaxaca in Teotihuacan wohnten, insbesondere in einem Viertel im Westen der Stadt, wo verschiedene Spuren der Monte-Albán-Kultur gefunden wurden: eine Stele mit Symbolen des Kalenders und zapotekischen Schriftzeichen sowie zwei für diese südliche Region charakteristische Gefäße.

Der Einfluss von Teotihuacan in Monte Albán wird durch die Produktion von Dreifußgefäßen aus lokalem Ton und durch zoomorphe Vasen in Form eines kauernden Hundes belegt. Sie sind ein Beweis dafür, dass Teotihuacan die Lebensweise und die künstlerischen Stilrichtungen zahlreicher Regionen prägte.

284
STEINTAFEL AUS BAZÁN
Teotihuacanisch-Zapotekisch
Monte Albán
Klassik (200-650 n. Chr.)
Travertin
49,5 x 50 x 12 cm
Inv. INAH-MNA, 10-46851

284

Die Eliten in der Klassischen Epoche des alten Mexiko gingen für gewöhnlich Bündnisse ein, um ihre Macht zu erhalten. Die Erinnerung an politische Allianzen wurde oft auf verschiedenartigen Objekten illustriert. Das vorliegende Exemplar ist ein besonders berühmtes: Es zeigt zwei Personen, von denen die linke Figur die größere und damit wichtigere ist. Sie wird im Profil dargestellt und zeigt einen Priester im teotihuacanischen Gewand. Hinweise dafür sind ihre Kopal-Tasche und ihr Schmuck. Die Figur befindet sich über der Glyphe für den Berg oder Ort mit dem Toponym *8 Türkis*, das für Teotihuacan steht. Die Figur rechts befindet sich unter dem Himmelsschlund und ist als Jaguar gekleidet. Sie befindet sich über der Glyphe *3 Türkis*, mit der in diesem Monument Monte Albán bezeichnet ist. Durch die Interpretation dieser Steintafel wissen wir um die Existenz politischer Beziehungen zwischen Teotihuacan und Monte Albán. Der Text besagt, dass Herr Jaguar mit einem Priester aus Teotihuacan eine Zeremonie abhielt. Beide Personen erfüllten wichtige politische und rituelle Aufgaben: Der Priester aus Teotihuacan war für die Anbetung des Wassers an den Quellen und die Verehrung der Sonne zuständig; er heilte und operierte mit dem Bohrer; er konnte die Zukunft anhand von Bohnensamen lesen; er lehrte Religion und kümmerte sich um die internationalen Geschäfte des Reiches. Die Aufgaben des Herrn Jaguar waren: mit Stöckchen das Feuer im Tempel zu entfachen, Selbstopferungen anzuleiten und Opferungen durchzuführen, für Regen zu beten, die Freundschaft zu Teotihuacan zu erhalten, dem Wasserkult in den Höhlen beizuwohnen und sich um die religiöse Musik zu kümmern.

H.H.

285
DREIFUSSGEFÄSS
Teotihuacan
350-550 n. Chr.
Ton und Farbpigmente
16,2 x 12,6 cm
INV. Museum Diego Rivera Anahuacalli, 671 PJ 1163

286
FIGURENGEFÄSS
Zapotekisch
Oaxaca-Viertel, Teotihuacan
Klassik, Tlamimilolpa-Epoche (200-350 n. Chr.)
Ton, Farbpigmente, Perlmutt, grüner Stein
33,8 x 21,1 x 23 cm
INV. INAH-MNA, 10-393504

BIBLIOGRAFIE
Berrin und Pasztory 1993: 270;
Urcid 2009: 30-34;
Urcid 2003: 54-57

285

Dieses Dreifußgefäß trägt außen die Darstellung eines friedlich dasitzenden Mannes mit verschiedenen Insignien seiner Macht. Es ist anzunehmen, dass die Beziehungen zwischen Zapoteken und Teotihuacanern mit ständigen Handels- und persönlichen Missionen einhergingen, bei denen die hohen Herren zum Beweis ihrer gesellschaftlichen Stellung Geschenke austauschten. Die Präsenz von Menschen aus Oaxaca in Teotihuacan wurde ausgeglichen durch eine große Anzahl von Teotihuacanern in Monte Albán, wo sie angeblich sogar einen Teil der wichtigsten Stadtzone bewohnten, nämlich das Nördliche Plateau.

M.B.

286

Als Folge des teotihuacanischen Einflusses in vielen Regionen Mesoamerikas befanden sich in der Stadt der Götter zahlreiche Objekte unterschiedlicher Herkunft. Ein Beispiel dafür ist dieses Figurengefäß, das aus Oaxaca importiert wurde.

Die dargestellte Figur trägt um den Mund herum eine Maske in Form eines Schlangenmauls mit spitzen Zähnen und einer zweigeteilten Zunge. Die Maske ist eine visuelle Allegorie, deren Gesamtheit Wolken symbolisiert. Am Hals der Figur ist eine Kette aus Keramikperlen dargestellt. In der Mitte der Kette befindet sich ein rechteckiges Plättchen aus grünem Stein. Kleine Scheiben aus Muschel schmücken die Enden der Kette auf Höhe der Schultern.

Die Glyphe *8 J* (*8 Mais*), ein Name aus dem Kalender, der die Figur identifiziert, ist Teil des Kopfschmucks. Die Figur weist noch Reste roter Bemalung an der oberen Seite und am Kopfschmuck, am Gesicht und an den Schultern auf.

E.C. und K.R.

287
DREIFÜSSIGER BECHER
Zapotekisch
Oaxaca
Klassik (200-650 n. Chr.)
Ton
9,6 x 9,7 cm
Inv. INAH-MNA, 10-17191
BIBLIOGRAFIE
Caso 1967; Rattray 1992: 5

288
DREIFÜSSIGER BECHER
Zapotekisch
Oaxaca, Monte Albán
Klassik, Phase III-A (250-500 n. Chr.)
Ton
16,5 x 17,4 cm
Inv. INAH-MNA, 10-3227
BIBLIOGRAFIE
Caso 1967: 349-351

287

Der dreifüßige Becher besitzt runde Füße, wie sie in Teotihuacan während der Xolalpan-Phase (350-550 n. Chr.) hergestellt wurden. Die Mode des dreifüßigen „teotihuacanischen" Bechers in den zentralen Tälern Oaxacas kam gegen Ende der sogenannten Monte-Albán-III-Phase (250-550 n. Chr.) auf. In Oaxaca wurde das Gefäß neu interpretiert, indem es dem lokalen Geschmack und den technischen Gegebenheiten angepasst wurde. Die in den Ton eingeschnittenen Elemente zeigen eine Kartusche mit einem System zapotekischer Schriftzeichen, unter denen man die Glyphe f erkennen kann. Elemente beider Kulturen sind zu erkennen. Die Beziehungen zwischen Teotihuacan und Oaxaca existierten auch nach der Blütezeit beider Städte. Aus der Endzeit Monte Albáns wurden Objekte mit teotihuacanischen Merkmalen gefunden. In Teotihuacan wiederum existierten zapotekische Stadtviertel und beweisen, dass die Beziehung weiterging und nicht abrupt endete.   E.C. und K.R.

288

Der Übergang von der Tlamimilolpa- zur Xolalpan-Phase in Teotihuacan entspricht der Phase Monte Albán III-A in Oaxaca. Diese Zeit ist für Mesoamerika sehr bedeutend: Die zu Macht gelangten zapotekischen Orte sind durch die Keramikproduktion eng mit Teotihuacan verbunden; der feine orangefarbene Ton kommt auch hier zur Verwendung. Die Verschmelzung mit schon existierenden Typen führt nach und nach zu einem eigenen Stil.
Dieser dreifüßige Becher weist an den Wänden eingeschnittene Verzierungen in Form eckiger Mäander (*Xicalcoliuhquis*) und dreieckiger Muster auf. Am Boden des Bechers befinden sich kleinformatige Verzierungen, die die für Teotihuacan typische vierblättrige Blume in sehr stilisierter Form zeigen. Ebenfalls typisch teotihuacanisch sind der Wulst auf halber Höhe des Bechers und seine durchbrochen gearbeiteten Füße. Das Gefäß vereint somit drei dekorative Techniken.   J.J.

289

TLÁLOC-GEFÄSS
Teotihuacanisch – Zapotekisch
Sammlung Plancarte
Klassik (200-650 n. Chr.)
Grüner Stein
24,3 x 14,5 x 16,3 cm
INV. INAH-MNA, 10-9626
BIBLIOGRAFIE
Solís 1991: 56

290

UNTERSATZ FÜR EIN RÄUCHERGEFÄSS
Bundesstaat Oaxaca
350-550 n. Chr.
Stein (Alabaster?)
19,8 x 18 x 20,5 cm
INV. musée du quai Branly (Schenkung Alfred Labadie),
71.1887.101.24

289

Die teotihuacanische Welt war komplex und voller Mystik: Jede Zeremonie, das tägliche Leben selbst, war voller Symbolik, jedes symbolisch-rituelle Objekt wurde mit einer bestimmten Absicht gefertigt. Allen gemeinsam war der religiöse Zweck.

Hier zu sehen ist ein Gefäß aus grünem polierten Stein, der die Gottheit des Regens zeigt, die in der Spätklassik Tláloc genannt wurde. Diese Behälter wurden normalerweise mit aus Mineralien gewonnenen Farben, die das heilige Wasser symbolisieren, blau, weiß oder grün bemalt.

Das Gefäß zeigt das Gesicht Tlálocs. Auffallend sind die „Brille", die Eckzähne und der „Schnurrbart". Die Form des Gefäßes erinnert an die Gefäße von Monte Albán, was ohne Zweifel auf die kulturellen, religiösen und wirtschaftlichen Beziehungen der verschiedenen Regionen und Völker Mesoamerikas hinweist.

Die Herkunft des Objekts ist nicht sicher geklärt.

E.C. und K.R.

290

Die Gottheiten, die für den Regen, das Gewitter und häufig für Erde und Blitz stehen und unter dem aztekischen Namen Tláloc bekannt sind, durchziehen mit einigen Varianten die gesamte Kultur Mesoamerikas. Die Gottheit aus Oaxaca wurde von den Zapoteken Cociyo (oder Cocijo) genannt und trug damit einen Namen, der gleichzeitig „Blitz" wie „Gott des Blitzes" bedeutete. Ihr Gesicht ist zoomorph, mit einer breiten Schnauze und einer langen zweispaltigen Zunge, während sich auf der Kopfbedeckung häufig die das Wasser symbolisierenden Glyphen (Vertiefungen) zeigen.

In der zapotekischen Götterwelt kommt Cociyo ein ebenso bedeutsamer Platz zu wie seinem „Zeitgenossen", dem Gewittergott in der Götterhierarchie Teotihuacans. Die Gottheit, die auf diesem, dem Inventar zufolge aus dem Staat Oaxaca stammenden Untersatz für ein Räuchergefäß dargestellt ist, ähnelt jedoch aufgrund ihrer ikonografischen Eigenschaften eher dem Gewittergott aus Teotihuacan als Cociyo.

Sie zeugt mithin von den Verbindungen, die Teotihuacan zu der zapotekischen Hauptstadt Monte Albán unterhielt. Wir wissen, dass Handelsbeziehungen sowie ein diplomatischer Verkehr gepflegt wurden und man außerdem in der großen Metropole ein zapotekisches Viertel entdeckt hat. Über die wirtschaftlichen und diplomatischen Beziehungen hinaus wurde gleichfalls ein enger intellektueller Austausch betrieben.

Ein gemeinsamer Hintergrund ist also dafür verantwortlich, dass die Mesoamerikaner sehr ähnliche Gottheiten verehrten. So wie es auch hier der Fall zu sein scheint, wechselten sie manchmal jedoch auch von einer Kultur in die andere.

F.P.

291

GEFÄSS IN BEINFORM
Oaxaca, Mexiko
Klassik (200-650 n. Chr.)
Ton
17,3 x 8,5 x 13,2 cm
INV. INAH-MNA, 10-61324
BIBLIOGRAFIE
Solís 1991: 145-177

292

FIGURENGEFÄSS
Zapotekisch
Monte Albán, Hügel der Tänzer, zentraler Schacht, Grab II-22C
Klassik (200-650 n. Chr.)
Ton
14,8 x 16 x 12,5 cm
INV. INAH-MNA, 10-61330
BIBLIOGRAFIE
Caso 1967: 335

291

Die Herstellung von Objekten aus Ton ging an verschiedenen Orten sehr unterschiedlich vor sich, je nach Region, Keramikwerkstatt oder Stiltradition. Ursprünglich aus dem zapotekischen Gebiet stammende Formen kamen z.B. über Puebla und andere Regionen nach Teotihuacan und beeinflussten die einheimische Produktion.
Dieses Gefäß hat die Form eines menschlichen Beins. Auf dem Knie ist eine zapotekische Glyphe eingeritzt; unterhalb des Knies sind Zahlenelemente zu sehen – ein Balken und drei Punkte – die die Ziffer 8 ergeben. Die zapotekischen Handwerker haben als Zeugnis ihrer Kunstfertigkeit Objekte hinterlassen, die durch ihren detailreichen Realismus bestechen, wie dieses Bein mit den akkuraten schmückenden Details und den präzise gearbeiteten Zehen.

E.C. und K.R.

292

Die Gleichzeitigkeit der teotihuacanischen und der Monte-Albán-Kultur führte zum Austausch von Stilen und Ideen zwischen den beiden Staaten: Aus diesem Grund können in Oaxaca teotihuacanische Gefäße gefunden werden, und umgekehrt typisch zapotekische Formen in Teotihuacan. Typisch teotihuacanische Keramikformen haben einen flachen Boden, konvex verlaufende Wände und einen weiten Hals mit geradem oder leicht abgeschrägtem Rand. Manchmal haben die Gefäße robuste oder konische Füße. Der doppelte Henkel und die kleinen aus Ton geformten Verzierungen in Form von Scheiben sind hingegen typisch für das Tal von Oaxaca.
Das Gefäß weist die oben genannten Eigenschaften auf: Ihm entspringen als Halbfigur ein menschliches Gesicht, sowie Arme und Beine. An der Figur finden sich noch Reste roter Farbe, ebenso an den Scheiben, die sie umgeben. Alle Details wurden an den fein geformten Tonverzierungen angebracht. Die Technik der zusätzlich angebrachten plastischen, in Ton geformten Verzierungen ist nicht auf einen Ort beschränkt, sondern in ganz Mesoamerika zu finden.

E.C. und K.R.

293
PFEIFENGEFÄSS
Zapotekisch
Oaxaca, Monte Albán, Grab 109
Klassik (200-650 n. Chr.)
Ton
17,1 x 19,9 x 9,8 cm
Inv. INAH-MNA, 10-18001

BIBLIOGRAFIE
Barba und Rivas 2002: 84-85; Both 2008: 28;
Caso, 1967 300

294
ZOOMORPHES GEFÄSS
Zapotekisch
Grab 139 a, Nr. 6 (Saison 11) Monte Albán, Oaxaca
Klassik (200-650 n. Chr.)
Ton
9,6 x 17,8 x 11,15 cm
Inv. INAH-MNA, 10-3226

BIBLIOGRAFIE
Baus 1998: 30; De la Garza 1999: 28-31;
Séjourné 1966: 259-262

293

Der Musikinstrumentenbau entwickelte sich gemeinsam mit den Keramiktechniken; für die Herstellung von vielen Exemplaren wurde ein umfangreiches Wissen benötigt, was zur Herstellung faszinierender Gefäße führte. Dieses Beispiel zeigt ein Pfeifengefäß mit der Darstellung eines Affen. Der Affe stand für Genuss, Tanz, Vergnügungen, Spiel, Mimik – kurz: alles was zur Freude und Verschönerung des Lebens beiträgt. Er verwies aber auch auf die Bestrafung für Ehebruch.
Zur Erzeugung des Tons mit dieser Wasserpfeife wird der offene Behälter mit Wasser gefüllt. Durch Schräghalten läuft das Wasser in das geschlossene Gefäß, aus dem die Luft durch ein Loch entweicht, wodurch ein Pfeifen entsteht.

E.C. und K.R.

294

In vielen Kulturen existiert der Glaube, dass die Tiere geschaffen wurden, um den Menschen zu begleiten. In einigen Grabstätten in Teotihuacan hat man geopferte Hunde als Teil der Grabbeigaben gefunden. Die Tiere sollten ihren Besitzern auch nach dem Tod Gesellschaft leisten; außerdem galten Hunde als hilfreich beim Überqueren des Totenflusses. Die Maya beerdigten ihre Toten mit Tortillas, damit die Hunde sie in der Unterwelt nicht bissen. Andere Völker glaubten und glauben bis heute, dass der Hund seinen Herrn auf dem Rücken über den Fluss ins Totenreich bringt.
Hunde wurden im alten Mexiko vielfältig als Nutztiere eingesetzt und in großer Anzahl domestiziert. Sie wurden als Jagd- und Wachhunde abgerichtet oder waren einfach Spielgefährten für die Kinder; Hundefleisch war aber auch Bestandteil vieler Gerichte der prähispanischen Küche. In Monte Albán wurde ein Grab mit einem Gefäß in Form eines kauernden Hundes gefunden. Material und Form stimmen fast komplett mit in Teotihuacan gefundenen Figuren überein; dies lässt auf einen Austausch zwischen den beiden Städten schließen.
Darstellungen von kauernden schlanken Hunden mit spitzer Schnauze waren zwischen Westmexiko und dem Hochland Guatemalas, zwischen Oaxaca und der zentralen mexikanischen Hochebene weit verbreitet. Dies bedeutet, dass Form und Symbolik des Hundes in vielen Teilen Mesoamerikas existierten. Es wird vermutet, dass Teotihuacan der Ursprungsort dieser Art von Hundeplastiken war.

E.C. und K.R.

295
SKULPTUR DES FEUERGOTTES
Zapotekisch
Fundort unbekannt
Klassik (200-650 n. Chr).
Stuck und Farbpigmente
35,7 x 31,4 x 19,8 cm
Inv. INAH-MNA, 10-156022
BIBLIOGRAFIE
López 1995: 38-40

296
STEINTAFEL
Teotihuacan, Viertel von Oaxaca
250-350 n. Chr.
Andesit
96 x 39 x 28 cm
Inv. INAH – Museo de Sitio de Teotihuacan, 10-411078

295

296

295
Die in ganz Mesoamerika verbreiteten Skulpturen der Nahua-Gottheit Huehuetéotl basieren auf denselben Darstellungsmustern: Er ist ein im Schneidersitz sitzender Mann, dessen körperliche Verfassung auf ein höheres Alter schließen lässt. Seine Hände befinden sich auf den Knien liegend. Auf dem Kopf trägt Huehuetéotl ein Gefäß, das längs mit geometrischen Elementen verziert ist. Diese Muster variierten im Laufe der Jahrhunderte, da sie sich den Charakteristika der verschiedenen Kulturen anglichen. Diese Figur wurde als Trägerin eines Kohlebeckens entwickelt, das sie als Kopfschmuck trägt. Sie stellt den Gott des Feuers dar. Hergestellt wurde die anmutige Skulptur auf zapotekischem Gebiet. Ihre Besonderheit erlangt sie durch die außergewöhnliche Position ihrer Hände. Sie sind offen, und die Handflächen zeigen nach vorne.
J.J.

296
Die Dynamik zwischen den großen Städten, Teotihuacan und dem im zentralen Oaxaca-Tal gelegenen Monte Albán, ist der Beweis für ein umfangreiches gesellschaftliches und politisches System, das vornehmlich auf Handel und politischem Austausch beruhte. Diese großartige rechteckige Steintafel mit einem Symbol der Zapoteken an der Vorderseite wurde in einem Stadtviertel von Teotihuacan gefunden, das zweifellos von einer aus Oaxaca stammenden Menschengruppe bewohnt wurde. Die Vielfalt und Toleranz im politischen System von Teotihuacan gestattete Einwanderern zu Hunderten nach Teotihuacan zu kommen und sich in bestimmten Stadtvierteln niederzulassen, um sich dort eine neue Identität zu schaffen.
M.B.

297

SKULPTUR EINES MASKIERTEN GOTTES

Teotihuacan
Klassik, Xolalpan-Phase (350-550 n. Chr.).
Ton, Stuck, Farbpigmente
110 x 49 x 31 cm
Inv. INAH-MNA, 10-79158 0/3

BIBLIOGRAFIE
Solís 1991: 60; Sahagún 2006: 51-52; Linné 1934: 83-86

297

An dieser großformatigen Plastik zeigt sich die Dramatik des prähispanischen Naturalismus in anschaulich dargestellten Ritualen. Die prähispanischen Einwohner verehrten den Gott Xipe Totec (der Gehäutete) als Schutzheiligen der Kunstschmiede. Die Personifizierung des Gottes wurde durch das Tragen der Haut eines geopferten Menschen dargestellt. Die Figuren von Xipe Totec zeigen die Fettschicht der abgehäuteten Hypodermis, die Auswirkungen der Schwerkraft an den Schnitten in der Haut, sowie Kopfschmuck mit Schärpen und konischen Elementen. Der Gott trägt in einer Hand einen Krallenbecher und in der anderen einen Schild. Die Bedeutung des Tributes an diese Gottheit steht in enger Verbindung mit der Verehrung Tezcatlipocas. Dieser Gott zog sich selbst wie einem Maiskolben die Haut ab, um den Menschen Nahrung zu geben. Deswegen wurde Tezcatlipoca geehrt, indem man diesen mythischen Moment wiederholte: Priester opferten und häuteten Sklaven und trugen deren Haut.

J.J.

KATALOG DER AUSGESTELLTEN OBJEKTE

TEOTIHUACAN UND DIE MAYA

Die Präsenz der Teotihuacaner in der Welt der Maya wird nicht nur durch die Formen des Keramikgeschirrs belegt, wozu das für Teotihuacan typische dreifüßige Gefäß gehört (Gefäße, die von Künstlern aus der Gegend El Petén, Südguatemala und der Region Copan verziert wurden), sondern auch durch die Reproduktion des *Talud-Tablero*-Stils. Archäologische Untersuchungen und die Entzifferung der Schriftzeichen zeugen von dem Einfluss, den Teotihuacan auf Uaxatún ausübte. In Tikal bildete sich nach der Ankunft einer bewaffneten Gruppe aus dem Zentrum Mexikos eine neue Herrscherdynastie heraus, die in Zusammenarbeit mit der einheimischen Elite eine neue politische Ordnung durchsetzte. Die Motive einiger Dreifußgefäße schildern die Ankunft dieser Krieger in Tikal. Auf der Stele 31 sieht man den Herrscher der Stadt Tikal (Siyaj Chan K'awil II) flankiert von Darstellungen seines Vaters, der den für Tláloc – und folglich für Teotihuacan – charakteristischen Kopfschmuck und dessen Insigne trägt. Von der Anwesenheit der Maya in Teotihuacan zeugen insbesondere die polychromen Gefäße, die im Osten der Stadt im Händlerviertel gefunden wurden.

Des weiteren entdeckte man Spuren in den Opferdepots der verschiedenen Bauphasen der Mondpyramide wie beispielsweise Menschenopfer, die aus der Maya-Zone stammten.

298
WANDMALEREI
Teotihuacan
Um 350-550 n. Chr.
Stuck und Farbpigmente
57 x 103 cm
Inv. Musée Amparo, 52 22 MA FA 57 PJ 1352

298

298

Die Wandmalereien von Teotihuacan gehören zu den bekanntesten der vorspanischen Kunst Mesoamerikas. Im Allgemeinen heben sie sich von einem roten Hintergrund ab, der durch ein mineralisches Farbpigment auf der Basis von Hämatit erzeugt wird. Auf dieser Grundlage zeichnete man häufig mit Kohle die großen Linien der späteren Malerei vor, während die anderen Farben erst später aufgetragen wurden.

Wir sehen hier zwei sitzende Figuren im Schneidersitz, die untereinander Geschäfte aushandeln und abschließen.

Sowohl für den täglichen Austausch innerhalb der Stadt, als auch in den ungleich komplexeren und wichtigeren Beziehungen mit dem Ausland gehörten diese rituellen Zeremonien vermutlich zu den meistverbreiteten Formen der politischen Praxis.

Im Laufe der Verhandlungen begleiteten die Herrscher von Teotihuacan ihre Entscheidungen durch komplexe Rituale, die an der Besiegelung der Abkommen ihren Anteil hatten. Dabei konnte es sich ebenso um geschäftliche oder politische wie auch um familiäre Belange handeln, wie zum Beispiel um Ehevereinbarungen zwischen zwei einflussreichen Familien..

M.B.

299

GEFÄSS MIT WIRTSFIGUR
Becan, Campeche
450–550 n. Chr.
Ton, Farbpigmente, Grünstein
Gefäß: 16,5 x 18 cm
Figur: 22 x 16,2 cm
Inv. INAH – Regionales Museum „Palacio Cantón",
10-251140 0/41

299

299

Mehrere Details machen dieses Dreifußgefäß in Gestalt einer „Wirtsfigur" zu einem einzigartigen Objekt. Zum einen verschmelzen darin Botschaften zweier großer Kulturen Mesoamerikas, denn die Wirtsfigur gehört, ebenso wie der Gefäßtypus, ganz und gar zur Formensprache Teotihuacans, während der Dekor der Wandung eindeutig der Maya-Kultur zuzuordnen ist. Sogar das Abbild von Gott Chak, einer dem Wasser zugeschriebenen Gottheit, ist darin zu erkennen. Zum anderen finden wir im Innern der Figur buchstäblich die ganze Welt: kleine Figuren von Adligen und Kriegern, dazu passende Schmuckstücke aus Grünstein und sogar winzige Tonapplikationen in Form von Meeresmuscheln.

M.B.

300
DREIFUSSGEFÄSS
Teotihuacan, Händlerviertel
450–550 n. Chr.
Ton
13,2 x 20,5 cm
Inv. INAH – Museo de Sitio de Teotihuacan, 10-262408

301
DREIFÜSSIGER BECHER MIT DECKEL
Teotihuacan, La Ventilla, San Juan Teotihuacan,
Bundesstaat Mexiko
Klassik (200–650 n. Chr.)
25 x 15,4 cm
Ton
Inv. INAH-MNA, 10-80650 0/2
BIBLIOGRAFIE
Aveleyra 1964: 45

300
Die Präsenz verschiedener Gruppen von Fremden, in ihrer Mehrzahl wahrscheinlich Kaufleute, untermauert die Annahme, dass Teotihuacan eines der großen Zentren der Region war und intensive Handelstätigkeiten sowie rege politische Beziehungen unterhielt. Hier sehen wir ein mit einer mächtigen Schlange kunstvoll verziertes Gefäß. Sie erinnert an die Schlangendarstellungen in der Kunst von Teotihuacan, nur findet sich hier zusätzlich noch eine Reihe von Symbolen, die eindeutig der Maya-Kultur zuzuordnen sind, wie das als Strich angedeutete „Reptilauge" unterhalb des Schlangenkörpers oder der direkt aus dem Kopf herauswachsende imposante Federschmuck. M.B.

301
In Kaminaljuyú, einer Maya-Stadt in der Region El Petén in Guatemala, wurden mehrere dreifüßige Becher mit Deckel als Grabbeigaben gefunden. Die Objekte stammen aus der frühen Tzakol-Epoche. Damals wurden vermehrt schmale Gefäße hergestellt, deren schlanke Form durch die leicht auseinander laufenden Wände zusätzlich betont wurde. Der Griff des Deckels in Form eines Vogels findet sich auch an Bechern aus Tikal.
Dieses Objekt aus La Ventilla erinnert uns an das hohe Ansehen Teotihuacans, in diesem Fall das seiner adligen Oberschicht. Die herausragende Eleganz in Form, Oberflächenbearbeitung und Dekoration zeugt von der Existenz einer Gruppe hochqualifizierter Keramikfachleute, die Töpferwaren höchster Qualität herstellten, darunter Stücke, die ihnen exklusiv von den Herrscherfamilien in Auftrag gegeben wurden. H.H.

302a-b
DREIFÜSSIGE GEFÄSSE
Teotihuacan
Xolalpan-Phase (350-550 n. Chr.)
Ton, Stuck, Farbpigmente
14,6 x 13,2 cm und 12,4 x 13 cm
Inv. INAH-MNA, 10-78129 und 10-78119
BIBLIOGRAFIE
Aveleyra 1964: 47-48

302a

302b

302a-b

Der Einfluss Teotihuacans in der Maya-Region wird von Fachleuten unterschiedlich bewertet und diskutiert; jüngste Funde haben zu neuen Erkenntnissen geführt. Über die Existenz des Maya-Stils in der Stadt der Götter ist hingegen wenig geforscht worden.
Einer der eindeutigsten Beweise für die Anwesenheit der Maya in Teotihuacan ist das Händlerviertel. Dort wurde eine größere Menge Keramik aus dem Maya-Tiefland entdeckt, die teilweise sogar aus der späten Vorklassik (350 v. Chr.-250 n. Chr.) stammt. Eine Reihe von Gegenständen mit entsprechenden Stilmerkmalen aus den Maya-Regionen fanden die Archäologen auch in den Wohnkomplexen von Xolalpan, La Ventilla und Tetitla. Diese dreifüßigen Gefäße sind in Form, Material, Oberfläche, Farbgebung und dekorativer Technik charakteristisch für die teotihuacanische Keramik. Den Einfluss der Maya erkennt man jedoch an den für den Südosten Mesoamerikas typischen Verzierungen mit symbolischen Mustern.

R.F.

303

Der künstlerische Erfindungsgeist der Maya gehört zum Eindrucksvollsten der Kulturen des alten Mexiko. Ihre Architektur, Keramik und Skulpturen in Stein und Stuck sind Zeugnisse dieser Meisterschaft.
Das Keramikhandwerk der Maya hatte mit einem schwierig zu bearbeitenden Ton zu kämpfen, sodass auf die Feinheit der Anfertigung oft verzichtet werden musste. Umso mehr konzentrierten sich diese talentierten Handwerker auf den Dekor: Auf den Gefäßwandungen bildeten sie stilisierte Formen und eindrucksvolle realistische Muster ab, die von der Umwelt und der Kosmogonie ihrer Kultur kündeten. Als Teotihuacan wuchs und sich sein Einflussgebiet bis zu den Maya ausweitete, kam es zur Berührung von zwei künstlerischen Stilen hoher Qualität. Das Resultat war eine

303
DREIFÜSSIGES GEFÄSS
Maya
Fundort unbekannt
Frühe Klassik (250-600 n. Chr.)
Ton, Stuck, Farbpigmente
16,7 x 17,2 cm
INV. INAH-MNA, 10-2702
BIBLIOGRAFIE
Rivero und Sanabria 2003: 27

304
BEMALTES GEFÄSS
Maya
Campeche, Zoh-Laguna
Frühe Klassik (250-600 n. Chr.)
Ton, Stuck, Farbpigmente
14,6 x 19,6 cm
INV. INAH-MNA, 10-342657
BIBLIOGRAFIE
Rivero und Sanabria 2003: 29

ästhetisch hybride Demonstration der Genialität beider Kulturen.

Hiervon zeugt dieses dreifüßige Gefäß: Es weist die traditionelle Form der teotihuacanischen Becher mit den runden, leicht auseinander laufenden Wänden auf, und es ist mit der typischen mehrfarbigen Malerei der Maya in den Farben rot, orange und schwarz verziert. Das Exemplar zeigt einen menschlichen Kopf sowie symbolische und geometrische Formen.   R.F.

304

Während der Xolalpan-Epoche (350-550 n. Chr.) befand sich die Großstadt Teotihuacan auf dem Höhepunkt ihrer Macht; ihr politisch-kultureller Einflussbereich und ihre Handelsrouten erstreckten sich zu jener Zeit bis zu weit entfernten Orten wie dem Gebiet der Maya, vor allem bis in den tropischen Bezirk El Petén.

Dieses Gefäß, dessen Fußstützen leider verloren sind, stammt aus der Region El Petén in Campeche. Seine zylindrische und hohe Form entspricht den teotihuacanischen Bechern. Der Einfluss der Maya wird im gemalten Dekor sichtbar; er erinnert an die berühmte mehrfarbige Tzakol-Malerei, die für El Petén typisch ist. Die gemalten Motive des Bechers zeigen eine Palastszene: Ein reich geschmückter, hochrangiger Maya sitzt friedlich auf seinem Thron. Ihm gegenüber befinden sich zwei ihm offenbar Untergebene. Diese Art der Erzählung ist charakteristisch für die Kunst der Maya; durch sie wurden bedeutende Ereignisse zu glorreicher Erinnerungsgeschichte.   R.F.

305
VIERFÜSSIGER BECHER MIT DECKEL UND GRIFF IN AFFENFORM
Maya
Quintana Roo, Dzibanché, Tempel des Uhu
Frühe Klassik (250-600 n. Chr.)
Alabaster
18,5 x 16,5 cm
Inv. INAH-MNA, 10-390824 0/2

BIBLIOGRAFIE
Campaña 1995: 28-31; Nalda 2003: 6-13

306
SCHALE AUS BECÁN
Becán, Campeche, Struktur IX
350-400 n. Chr.
Ton und Farbpigmente
41,8 x 20 cm
Inv. Regionales INAH-Museum „Fuerte De San Miguel", Campeche 10-568680 0/2

305

306

305

Dzibanché, bedeutende Ausgrabungsstätte im Süden des Bundesstaates Quintana Roo und vermutlicher Hauptsitz der Kaan-Dynastie, die ab dem sechsten Jahrhundert die Geschicke der mächtigen Stadt Calakmul bestimmte, war der Ort wichtiger archäologischer Entdeckungen und beweist unter anderem die Präsenz Teotihuacans im östlichen Gebiet der Maya.

In Dzibanché befindet sich der Tempel der Türstürze. Er ist im *Talud-Tablero*-Stil Teotihuacans gestaltet. Laut den Fachleuten der Ausgrabungsstätte wurden bei diesem Tempel von allen Maya-Bauten die teotihuacanischen Maße am exaktesten reproduziert.

Eine weitere wichtige Entdeckung, die eine Verbindung zu Teotihuacan herstellt, befand sich in Dzibanché, im Inneren des während der Frühen Klassik wichtigsten Gebäudes der Stadt: dem Tempel des Uhu auf der Plaza Xibalbá.

Bei Untersuchungen stieß man schließlich auf die Grabstätte eines Mannes mittleren Alters. Dieser trug Ohrschmuck aus Jade, eine Muschelperlenkette mit drei Anhängern aus Jade und hatte eine Jadeperle im Mund. Die Grabbeigaben bestanden aus Alabaster- und mehrfarbigen Keramikgefäßen, Klingen aus grünem Obsidian, einer Kette aus Schnecken, einer spiegelnden Scheibe, einer Holztafel mit Stuckverzierungen und einem Brustanhänger aus einer Stachelauster (*Spondylus sp.*) mit Naturperlen und Einlegearbeiten aus Jade, Acerin, Pyrit und Perlmutt.

Aus dieser Grabbeigabe stammt dieser Alabasterbecher in typisch teotihuacanischer Form. Der Deckel des Bechers ist ebenfalls erhalten. Der Griff des Deckels stellt einen Affen dar, der ein Halsband trägt. Wie die meisten Steingefäße aus Teotihuacan besitzt auch dieser Becher vier Füße. R.F.

306

Diese beeindruckende Schale mit Deckel wurde als Opfergabe von Struktur IX in Becán gefunden, einem Ort von großer Bedeutung im Norden von El Petén, südöstlich von Mexiko. Auf der Oberseite des Deckels ist eine erlesene Darstellung des „Herrn mit dem Sonnengesicht" oder *Kinich Ahau* zu sehen. Die Gottheit ist eingerahmt von einem großen Wappen aus schwarzen Federn mit vier Rosetten, an denen weitere Federn hängen. Vor allem in dieser Gestalt wird die nächtliche Anrufung des Sonnengottes dargestellt, die auch an den roten Aras auf der Außenseite der Schale zu erkennen ist. Das Gesicht der Gottheit weist stilistische Ähnlichkeiten mit dem Wettergott der Teotihuacaner auf, dessen Hauptmerkmal die großen runden Augen und der Schnurrbart sind.

M.B.

307

TOPF MIT RINGFÖRMIGEM FUSS
Maya
Fundort unbekannt
Frühe Klassik (250-600 n. Chr.)
Ton, Stuck, Farbpigmente
18,2 x 22,7 cm
Inv. INAH-MNA, 10-619598

308

DACHSCHMUCK
Teotihuacan
Xolalpan-Metepec (350-650 n. Chr.)
Ton und Stuck
79 x 74,5 x 9,5 cm
Inv. INAH-MNA, 10-530659

307

307

Die politischen und wirtschaftlichen Beziehungen zwischen Teotihuacan und den Maya führten unter anderem zu einem bedeutenden wirtschaftlichen Austausch, den wir heute anhand von Funden aus Teotihuacan in der Maya-Region sowie Maya-Elementen im Tal von Mexiko, nachvollziehen können.

Von der Präsenz der Maya-Kultur in Teotihuacan zeugt dieser schöne mehrfarbige Topf mit ringförmigem Fuß. Er ist in Tzakol-Tradition hergestellt; diese hat ihren Ursprung in der Region El Petén. Tzakol gehört zu den feinsten Keramiken der Maya. Sie wurde für die Elite hergestellt und zeichnet sich durch prächtige Farbgebung und Verzierungen mit geometrischen, symbolischen und anthropomorphen Mustern aus. Mit Sicherheit kam dieses Gefäß auf dem Handelsweg zwischen Teotihuacan und den Maya-Städten in El Petén als auffälliges Prestigeobjekt nach Teotihuacan. R.F.

308

Gegen Ende des vierten und während des fünften Jahrhunderts unserer Zeitrechnung erreichte Teotihuacan den Höhepunkt seiner Macht und übte auf viele Bereiche Mesoamerikas kulturellen Einfluss aus, auch auf die von den Maya beherrschten Gebiete. Die Interaktion der teotihuacanischen und der Maya-Kultur führte zu einer Symbiose, die den künstlerischen Ausdruck beider Gesellschaften bereicherte. Ein Beispiel dafür ist dieser Dachschmuck aus der „Stadt der Götter".

Auf dem baulichen Element ist der Gründer der Maya-Welt Itzamnaaj in seiner Weihung zum Sonnengott K'inich Ajaw (Herr des Sonnenauges), dem Schöpfer von Zeit, Licht, Wärme und den vier Himmelsrichtungen, zu sehen. Der Sonnengott der Maya wird begleitet von stilisierten Abbildungen der Gottheit Tláloc, der an seiner unverwechselbaren „Brille" und seinem „Schnurrbart" identifiziert werden kann.

Die gemeinsame Darstellung beider Gottheiten ist von Bedeutung, da K'inich Ajaw in enger Verbindung mit den göttlichen *Ajawo'ob*, den Gouverneuren der Maya, Tláloc hingegen den Führern der teotihuacanischen Gesellschaft nahestand. Eventuell symbolisiert dieser Dachschmuck die politischen Beziehungen zwischen Teotihuacan und den Maya. R.F.

KATALOG DER AUSGESTELLTEN OBJEKTE

309

ZYLINDRISCHES DREIFUSSGEFÄSS
Maya
Guatemala, Zacualpa
Spätklassik, 600–900 n. Chr.
Ton
Höhe: 17 cm; Durchmesser: 14,4 cm
Inv. Staatliche Museen zu Berlin, Ethnologisches Museum,
IV Ca 50420

310

DREIFÜSSIGES GEFÄSS MIT DECKEL
Maya
Fundort unbekannt
Frühe Klassik (250–600 n. Chr.)
Ton
25,5 x 17,6 cm
Inv. INAH-MNA, 10-76618 0/2
BIBLIOGRAFIE
Matos 1990: 184; Rivero und Sanabria 2003: 34

309

Das zylindrische Dreifußgefäß kommt aus Zacualpa im guatemaltekischen Department El Quiché. Seit sich in der Frühen Klassik der Einfluss der zentralmexikanischen Metropole Teotihuacan im Maya-Gebiet verbreitet hatte, wurde diese Gefäßform dort ebenso typisch, wie die aus dem Westen eingeführten Motive, zu denen Schmetterlinge, Schnecken, Wasserdarstellungen und Meeresfauna/-flora zählen. Ganz dem Teotihuacan-Stil entspricht auch die erhabene Verzierung in Form kleiner Noppen am unteren Gefäßrand. Im guatemaltekischen Hochland waren in dieser Zeit die Gefäßbemalung und auch die Verzierungen in Ritz-, Stempel- und Modeltechnik üblich.

Die Gefäßwand ist aus zwei gleichartigen, aus dem Model genommenen Abdrücken zusammengesetzt – getrennt durch ein vertikales, unverziertes Band. Auf den Gefäßbildern sind kleine Kreise – wahrscheinlich Wassertropfen – wie Kettenglieder so angeordnet, dass sie aneinander anschließende Rauten bilden. Die nach oben bzw. unten offenen Dreiecke außerhalb der Rauten sind mit einem Meeresschneckengehäuse ausgefüllt, aus dem ein Kopf mit großem Mund/Maul herausschaut. In jeder Raute ist ein zoomorphes Wesen zu sehen. Deutlich erkennbar sind ein symmetrischer Körper, vier Füße, ein kleiner Schwanz. Der im Profil gezeigte Kopf scheint den typischen Nasenaufsatz der dort heimischen Fledermaus zu besitzen, und auch das zweigeteilte Rückenteil erinnert an Fledermausflügel.

Die Fledermaus ist eine Kreatur der Nacht. Im Schöpfungsmythos der K'iche', dem Popol Vuh, reißt die Todesfledermaus Kamasotz' den Kopf des Heldenzwillings Junajpu' ab; sie symbolisiert die Kräfte des Todes und der Dunkelheit. Wahrscheinlich verweisen die Unterwassermotive und die Fledermaus auf den Tod und das Jenseits.

M.G.

310

Da sie an Bestattungsorten gefunden wurden, gehen Wissenschaftler davon aus, dass die dreifüßigen teotihuacanischen Gefäße bei Zeremonien Verwendung fanden. Wenn man jedoch auch ihre Funktion als Behälter bedenkt, könnten sie sowohl rituelle Objekte als auch persönliche Dinge der Priester enthalten haben. Aufgrund ihres zeremoniellen, ästhetischen und kostbaren Charakters waren die teotihuacanischen Becher Prestigeobjekte. Als das Einflussgebiet der Stadt der Götter sich bis zu den Maya ausbreitete, wurde die Produktion dieser Keramikgefäße von den dort ansässigen Töpfern als Neuerung aufgenommen. Die Becher der Maya erhielten durch aufgetragene Malereien ein kulturelles

311
DREIFÜSSIGER BECHER MIT DECKEL
Maya
Izapa
Frühe Klassik (250-600 n. Chr.)
Ton
27 x 22 cm
Inv. INAH-MNA, 10-534801 0/2

311

Unterscheidungsmerkmal. Themen waren die Kosmogonie und das tägliche Leben der Maya sowie fantastische Darstellungen. Bei der Verzierung der Gefäße mit Bildern und Symbolen kamen verschiedene dekorative Techniken zur Anwendung. Im Falle dieses dreifüßigen Bechers besteht der teotihuacanische Einfluss in der Formgebung von Becher, Deckel und den Eigenschaften der Füße; seine kulturelle Identität erlangt er jedoch durch seine Muster.

R.F.

Im Zuge der Entwicklung und Konsolidierung der politischen und wirtschaftlichen Macht Teotihuacans wuchs auch das Ansehen der Stadt und ihr Einfluss auf große Teile Mesoamerikas. Dies führte zu Handelskontakten und -bündnissen mit anderen großen Städten wie z.B. Monte Albán in Oaxaca oder Kaminaljuyú, Tikal und Copán in den Maya-Gebieten.
Die Beziehungen zwischen Teotihuacan und den verschiedenen Stadtstaaten der Maya vergrößerte die Macht und das Ansehen beider Seiten. Bestätigung dafür ist die Stilsymbiose, die sowohl in Teotihuacan als auch in verschiedenen Maya-Städten auf Bildern und anderen künstlerischen Darstellungen zu sehen ist.

Unter den Kunstwerken der Maya, die von der teotihuacanischen Präsenz geprägt sind, befindet sich auch dieses dreifüßige Gefäß aus Izapa, einer archäologischen Stätte in der Nähe von Montana an der Pazifikküste Guatemalas, die von Fachleuten als Bastion Teotihuacans im Maya-Gebiet gewertet worden ist. Das Gefäß hat die typische Form des teotihuacanischen Bechers, selbst am Deckelgriff. Der Ton, die Dicke der Wände und die Verzierung mit Rillen, eingeritzten geometrischen Mustern und Perforierungen verweist aber auf seine Herstellung in der Maya-Region.

R.F.

TEOTIHUACAN UND DER WESTEN UND NORDEN MEXIKOS

Die Gebiete im Westen und Norden von Mesoamerika lieferten Teotihuacan wichtige Rohstoffe: Halbedelsteine, Baumwolle und zahlreiche andere Werkstoffe, die von den Handwerkern und Händlern verwendet wurden. Von den heutigen Bundesstaaten Guerrero und Michoacán erhielt die Stadt Steine, die im Zentrum von Mexiko nicht vorhanden waren. Die Bearbeitung der Masken und Behälter aus Stein lassen den Einfluss von Teotihuacan erkennen. Die Masken von Malinaltepec sind ganz besonders charakteristisch dafür. Die hier präsentierte, die noch ihre Mosaikverzierungen aus Amazonit, Türkis und Muscheln besitzt, ist ein Meisterwerk der prähispanischen Kunst.

In den Regionen im Norden von Mesoamerika (die heutigen Bundesstaaten Quere Querétaro und Guanajuato) entdeckte man ländliche Siedlungen ohne jegliche Monumentalarchitektur. Ihre Einwohner benutzten im Alltag und für Kulthandlungen Nachbildungen von Keramikgeschirr aus dem Zentrum Mexikos. Die als Grabbeigaben verwendeten Dreifußschalen und -gefäße mit gebogenem, konvexem Rand und glattem Boden bezeugen die Verbindung mit Teotihuacan: Sie waren bisweilen mit Abbildungen von Tempeln und teotihuacanischen Riten verziert. Diese Siedlungen – eine Art Kolonie –, die mit Teotihuacan in Beziehung standen, bildeten Etappen auf den Handelswegen, die nach Michoacán und bis nach Colima führten. Von dort stammte vielleicht ein Teil der Muscheln der panamaischen Provinz, die in der „Götterstadt" verwendet wurden. Man darf nicht vergessen, dass in Teotihuacan eine Zone freigelegt worden war, die von Bevölkerungsgruppen aus Michoacán bewohnt wurde.

312
HUEHUETÉOTL
Michoacán
Andesit
41,5 x 33,4 x 33,3 cm
Inv. Regionales INAH – Museum in Michoacán, 10-83990

312

312

Die Figur des alten Feuergottes Huehuetéotl wurde praktisch von allen mesoamerikanischen Kulturen dargestellt. Bei diesem Objekt wurde der Umriss geringfügig verändert; Arme und Beine sind im Vergleich zum Körper klar definiert. Die Haltung der Gottheit ist nicht der typische Schneidersitz. Die Gottheit erscheint hier in der Hocke, was den Blick freigibt auf ihr Geschlecht. Der künstlerische und ökonomische Einfluss Teotihuacans lässt sich auch in Michoacán, im Westen des Landes, feststellen, wo sich die bedeutende archäologische Fundstätte Tingambato mit verschiedenen, eindeutig der Teotihuacan-Kultur zuzuordnenden Merkmalen, wie der *Talud-Tablero*-Architektur befindet. M.B.

313
DREIFUSSGEFÄSS MIT DECKEL
Fundort unbekannt
Ton
11,5 x 11 x 12 cm
Inv. Regionales INAH – Museum Michoacán, 10-514913

314
KOHLEBEHÄLTER MIT DER DARSTELLUNG TLÁLOCS
Westmexikanische Kulturen
Klassik (200-250 n. Chr.)
Ton
45,5 x 22,5 x 22,8 cm
Colima, Schenkung durch McBried, Tecoman
Inv. INAH-MNA, 10-80892

313

Die Interpretation des künstlerischen Kanons von Teotihuacan wurde in der ausgehenden klassischen Periode in sämtlichen Werkstätten Mesoamerikas förmlich zum Studienthema. Dieses Beispiel zeigt eine seltsame Variante der Dreifußgefäße aus Teotihuacan. Die Füße befinden sich praktisch außerhalb des Gefäßes. Sie beginnen am Bodenrand und schaffen damit eine anmutig geschwungene Silhouette des Gefäßkörpers. Im Deckel und am oberen Gefäßrand befinden sich kleine, samenartige Einkerbungen. Der Deckel besitzt einen gelochten Griff.

M.B.

314

Die wiederkehrenden Beschreibungen der Attribute Tlálocs zeigen eine stilistische Entwicklung mit Reminiszenzen an frühere Darstellungen, vor allem was die „Brille" und die Auswüchse, die wie Eckzähne aus dem Gesicht herausragen, betrifft. Zur Erklärung seines Aussehens gibt es viele Interpretationsansätze; relevant ist zweifellos die Verbreitung dieser Figur in ganz Mesoamerika. Dieses Objekt zeigt eine schematische Darstellung Tlálocs, der seit der Vorklassik als Gottheit verehrt wurde. Die Figur besitzt einen oberen Abschluss in Brückenform, auf dem sich zwei von ursprünglich drei für den teotihuacanischen Typus charakteristischen Zinnen befinden. Die bikonische Form der Figur war typisch für Kohlebecken; die Zinnen thematisieren den Tempelbau. Das Gefäß versinnbildlicht somit die Beziehungen zwischen den beiden Kulturen in der Blütezeit der „Stadt der Götter".

J.J.

KATALOG DER AUSGESTELLTEN OBJEKTE

315
SCHÜSSEL MIT STILISIERTEN ZOOMORPHEN FIGUREN
Westmexikanische Kulturen
Michoacán, Queréndaro
Klassik, Loma Alta-Phase (0-400 n. Chr.)
Ton
6,7 x 20,8 cm
Inv. INAH-MNA, 10-81300
BIBLIOGRAFIE
Oliveros 2005: 76-85

316
TOPF
Kulturen Nordmexikos
Nordmexiko
Frühe Tlamimilolpa-Metepec-Phase (200-650 n. Chr.)
Ton, Farbpigmente
21,1 x 19 cm
Inv. INAH-MNA, 10-228004

315

Die Entwicklung des prähispanischen Zeitalters der Klassik wurde von der Großstadt Teotihuacan angeführt. Die Stadt präsentierte stolz ihre Macht und ihren Einfluss und provozierte dadurch eine Reihe stilistischer Nachahmungen an verschiedenen Orten. Sie lagen oft weit entfernt, z.B. im heutigen Bundesstaat Michoacán, Hauptsiedlungsort des Volkes der Purépecha, die weite Teile Westmexikos beherrschten. Sie ließen sich im Seengebiet des Nordens an den Orten Queréndaro, Cuitzeo und Zacapu nieder. Ihre Kultur widerstand in der Postklassik erfolgreich den Invasionsversuchen der Azteken.

An einer Serie von Gefäßen wurde der teotihuacanische Stil festgestellt. Er zeichnet sich durch glatte Böden und runde, leicht konvex verlaufende Wände aus, wie man an diesem komplett erhaltenen Stück sehen kann. Der Dekor der Keramik des Typs *Tres Palotes* – rot auf crèmefarben und umgekehrt – zeigt drei aufeinander folgende zoomorphe Figuren an der Innen- und Außenseite der Schüssel.   J.J.

316

Die Bedeutung von Zinnober als Symbol für Prestige und Macht in den Gesellschaftsformen des alten Mexiko erklärt größtenteils, warum die Elite Teotihuacans die Ausweitung ihrer politischen und wirtschaftlichen Beziehungen in die Gebiete der heutigen Bundesstaaten Guanajuato und Querétaro betrieb, wo auch heute noch bedeutende Mengen dieses Minerals gefördert werden. Besonders wichtig war die Mina Grande del Soyatal in der Sierra Gorda von Querétaro. Dank der neuesten Forschungen weiß man, dass diese Mine zwischen 900 v. Chr. und 700 n. Chr. betrieben wurde.

Die archäologischen Untersuchungen, die in den 1960er und 1970er Jahren in den Bundesstaaten Guanajuato und Querétaro an archäologischen Stätten in der Nähe der Zinnoberminen unternommen wurden, berichten von Keramik mit teotihuacanischem Einfluss – so auch dieses Gefäß, das die charakteristische Form und Gestaltung der dreifüßigen Töpfe aus Teotihuacan aufweist.

Der Dekor mit gemalten Mustern in Rot, die mit ausgekratzten Linien umgeben sind, zeigt die typische Verzierungstradition des teotihuacanischen Töpferhandwerks; der regionale Stempel wird dem Stück jedoch durch die Darstellung eines Vogels auf dem Bauch des Gefäßes aufgedrückt: Dieser ist ein unübliches Motiv für dreifüßige Gefäße aus Teotihuacan.

In Teotihuacan verzierten die Töpfer diese Art rituelle Gefäße meistens mit geometrischen und/oder symbolischen Mustern. Es gab dort also im Gegensatz zu der hier abgebildeten realistischen Darstellung eine Tendenz zur Stilisierung.   R.F.

317
GEFÄSS MIT STUCK UND FARBPIGMENTEN
Westmexikanische Kulturen
Michoacán, Huandacareo
Klassik (150-650 n. Chr.)
Ton, Stuck, Farbpigmente
17,5 x 18,8 cm
Inv. INAH-MNA, 10-1476
BIBLIOGRAFIE
Solís 1991: 198, Abb. 296

318
DREIFÜSSIGE SCHÜSSEL
Westmexiko
Michoacán, Queréndaro
Frühe Klassik (250-600 n. Chr.)
Ton und Farbpigmente
7 x 14,9 cm
Inv. INAH-MNA, 10-560426

317

In der Ortschaft Huandacareo am Ufer des Cuitzeo-Sees befinden sich Überreste prähispanischer Siedlungen aus der klassischen Epoche. Einige Grabfunde weisen auf eine starke Beziehung der Stadt mit Teotihuacan hin. So auch dieses außergewöhnliche Gefäß mit weiter Mündung, das im lokalen Stil dekoriert ist: mit geometrischen Motiven in rot und schwarz, von denen einige als Negativabdruck zu sehen sind – eine Technik, die für die Keramikproduktion dieser Region sehr charakteristisch ist.

Das Gefäß ist nach seiner Herstellung weiter bearbeitet worden. Dies weist auf die hohe Bedeutung dieses Objekts in der Gesellschaft hin, die es herstellte. Sicherlich war es ein Luxusartikel, der den sozialen Status seines Besitzers hervorhob bzw. als Relikt aus früheren Zeiten fungierte. Im Zweitgebrauch wurde der Originaldekor mit einer dünnen Schicht Stuck bedeckt und mit gemalten und eingeritzten Motive geschmückt. Man sieht den Kopf einer Schlange im Profil. Er ist von Linien umgeben und reichlich mit Federn geschmückt.

Die an diesem Gefäß vorhandene Dekortechnik mit mehreren Außenschichten wird von einigen Fachleuten, in Anlehnung an die Techniken aus Europa und dem Orient, auch als Pseudo-Cloisonné bezeichnet. Im Töpferhandwerk Westmexikos ist sie sehr verbreitet.

R.F. und H.H.

318

Teotihuacan erreichte den Höhepunkt seines Glanzes zwischen 350 und 550 n. Chr. Zu dieser Zeit erstreckten sich ihre politischen und wirtschaftlichen Verbindungen auf den Westen Mexikos.

In Westmexiko existieren mehrere archäologische Beweise für die Präsenz der teotihuacanischen Kultur, z.B. die Pyramide von Iztepé im *Talud-Tablero*-Stil, die teotihuacanischen Gefäße aus Chanchopa im Bundesstaat Colima, Mariano Escobedo und Sayula in Jalisco sowie El Cóporo in Guanajuato. Wissenschaftler gehen davon aus, dass alle diese Funde und Bauwerke den Handelsbeziehungen zwischen Westmexiko und der „Stadt der Götter" geschuldet sind.

Ein Großteil der Fachleute stimmt darin überein, dass der Ort Queréndaro beispielhaft für die Präsenz Teotihuacans in Westmexiko ist. In Queréndaro wurden Gefäße in teotihuacanischer Form hergestellt, die jedoch mit lokalen Techniken und Motiven verziert wurden.

Diese dreifüßige Schüssel aus Queréndaro weist die typische Form der teotihuacanischen Schüssel mit auseinander strebenden Wänden und knopfförmigen Füßen auf; die geometrischen Muster verweisen jedoch auf die autochthone Tradition.

R.F.

319

GROSSES GEFÄSS
Teotihuacan
Colima, Chanchota
Klassik, Xolalpan-Phase (350-550 n. Chr.)
Ton
36,9 x 38,9 cm
Inv. INAH-MNA, 10-611
BIBLIOGRAFIE
Kelly 1947; Rattray 2001: 310, Abb. 205

320

DEKORIERTES GEFÄSS
Teotihuacan
Querétaro, San Juan del Río
Klassik, späte Tlamimilolpa- frühe Xolalpan-Phase
(200-450 n. Chr.)
Ton und Farbpigmente
15,4 x 17,5 cm
Inv. INAH-MNA, 10-228001
BIBLIOGRAFIE
Rattray 2006: 217-219; Sánchez 2006: 277-280

319

In den vierziger Jahren des 20. Jahrhunderts forschte die Archäologin Isabel Kelly im Bundesstaat Colima. Nach Monaten der Grabungen und Datenauswertung entdeckte sie ein Schachtgrab mit nur einer Kammer, was sehr außergewöhnlich ist. Die Erwartungen waren hoch, da sich sehr selten die Gelegenheit bietet, ein noch unberührtes Grab zu untersuchen und so den archäologischen Befund, die ursprüngliche Anordnung der Ausstattung und der Personen zu erforschen.

Unter den von den prähispanischen Bewohnern Colimas hergestellten Gegenständen fiel ein großes Objekt auf, das leider kaputt war. Nach seiner Restaurierung entpuppte es sich als großes Gefäß aus der berühmten *Fine-Orange*-Keramik, die für die Glanzzeit und den großen Einfluss Teotihuacans stand – selbst in dieser entfernten Region des Altiplano.

Dieses in das Grab mitgegebene Gefäß war ein Zeichen für das hohe Ansehen des Bestatteten und für die Beziehung Colimas zu Teotihuacan. Erst kürzlich wiesen Fachleute jedoch auch darauf hin, dass es eine direkte Beziehung zwischen Westmexiko und der produzierenden Region der *Fine-Orange*-Keramik Ixcaquixtla im Süden des Bundesstaates Puebla gab.

H.H.

320

Dieses dreifüßige Gefäß besitzt eine Außenseite mit eingeritzten Mustern, deren Zwischenräume rot sind, die Wände verlaufen leicht konkav, und die Grundfarbe ist kaffeebraun. Der Dekor dieser Art von Gefäßen besteht meist aus geometrischen und symbolischen Mustern. Dieser Becher kommt aus dem Norden Mexikos und ist ein weiteres Beispiel der Verbreitung teotihuacanischer Kultur. Besonders an diesem Gefäß ist die Darstellung eines brennenden oder rauchenden Tempels, der typisch teotihuacanische Merkmale aufweist: Zu sehen sind vier architektonisch zusammengehörende gestufte Zinnen, eine vierblättrige Blume und eine zoomorphe Gestalt, die aussieht wie ein Reptil.

J.J.

321

MUSCHEL MIT EINLEGEARBEITEN
Michoacán
Muschel
8,5 x 15,5 cm
Inv. Regionales INAH – Museum Michoacán, 10-83765

322

STEINTAFEL MIT FANTASTISCHER FIGUR
Fundort unbekannt
Teotihuacan – Westmexiko
Klassik (200-650 n. Chr.)
Stein
97 x 77,5 x 14 cm
Inv. INAH-MNA, 10-619597
BIBLIOGRAFIE
López 1989: 17-19

321

Zu weiteren künstlerischen Neuerungen, welche Teotihuacan nicht nur seinen Zeitgenossen, sondern als Vermächtnis allen Völkern Mesoamerikas hinterließ, gehört die Tradition, große Meeresschnecken zu dekorieren und zu beschnitzen. Dieses Exemplar ist über und über mit feinen Symbolen und Gesichtern verziert. Zur abschließenden Behandlung ihrer Oberfläche wurde sie mit feinem Sand vorsichtig geschmirgelt und mit einem Stück Stoff oder Leder poliert und damit zum Glänzen gebracht.

M.B.

322

Die Beziehung zwischen den Kulturen Westmexikos und Teotihuacan war nicht auf den Handel beschränkt, sondern ging weit darüber hinaus; so fand eine Vermischung oder Assimilation von Konzepten statt, die ursprünglich der jeweils eigenen Kosmovision entsprachen.
Stilistische und mythologische Darstellungen der Kulturen haben nicht zwangsläufig dieselbe Bedeutung, da ikonografische Beobachtungen heute nicht immer die Logik des Originalkontextes rekonstruieren können.
Die Gottheit Tláloc war – als Gesamtheit der sie charakterisierenden Attribute – eine andauernde Tradition mit stilistischer Entwicklung in allen Jahren der Entstehung und kulturellen Blüte des prähispanischen Mesoamerikas. Überall, wo sie – je nach Kultur unterschiedlich – verehrt wurde, hat sie Spuren hinterlassen.
Der auf der Steinplatte anhand geometrischer Formen dargestellte Wassergott besitzt die typisch teotihuacanischen Eigenschaften.

J.J.

323

MASKE AUS MALINALTEPEC
Teotihuacan und Westmexiko
Guerrero, Malinaltepec
Mittlere Klassik (300-550 n. Chr.)
Stein mit Einlegearbeiten aus Türkis, Amazonit, Obsidian und Muschel; Kette aus 55 Perlen und einem Anhänger
21,6 x 20,7 x 7,9 cm
INV. INAH-MNA, 10-9630

BIBLIOGRAFIE
Solís 1991: 56

323

Die Beziehung der Teotihuacaner zu anderen Völkern war von großer Bedeutung und führte aufgrund des Austauschs und der gegenseitigen Beeinflussung zu einer kulturellen Bereicherung. Viele Eigenschaften der gefundenen Objekte spiegeln diesen Austausch wider. Ein Beispiel dafür ist auch diese eindrucksvolle Maske, die bei einer Ausgrabung im Jahr 1921 gefunden wurde. Sie war Teil einer Grabausstattung in einer Höhle in Malinaltepec im Bundesstaat Guerrero.

Die Maske wurde in einem Stück aus Vulkanstein, vermutlich Serpentin, gefertigt und poliert. Ein großer Teil des die Oberfläche bedeckenden Mosaiks aus Türkis und Muschel ist noch erhalten. Die kleinen Mosaike aus rotem Stein bestehen aus der Schale der Stachelauster (*Spondylus sp.*); sie betonen die Augenbrauen und den Nasenschmuck. Im Bereich des Nasenschmucks sind vier Scheiben aus Türkis zu sehen; zwei unter den Nasenlöchern und eine auf jeder Wange. Auf der Stirn befindet sich die Glyphe für „Fließendes Wasser" aus roter und weißer Muschel, die sich vom türkisfarbenen Untergrund abhebt. Das Auge ist aus Perlmuttscheiben gefertigt, die Pupille aus kleinen Obsidianscheiben. Beide Ohren sind perforiert. Bei der Maske wurde eine Muschelkette gefunden. Sie besteht aus 55 Perlen und einem rechteckigen Anhänger aus Muschel in der Mitte.

E.C. und K.R.

DIE AZTEKEN

Selbst nachdem Teotihuacan längst verlassen und zerstört war, büßte es nichts an Ansehen und Prestige ein. Im Laufe der folgenden Jahrhunderte galt die Stadt als eine heilige Stätte, als Schauplatz bedeutender Ereignisse wie der Entstehung der Fünften Sonne, des Gründungsmythos der Azteken. Die Einwohner von Mexico-Tenochtitlan, der aztekischen Hauptstadt, betrachteten Teotihuacan als die Stadt ihrer Vorfahren. Aus diesem Grund führten sie Ausgrabungen in den Ruinen der ehemaligen Stadt durch, um kostbare Funde als Opfergaben im Templo Mayor, der großen Stufenpyramide der aztekischen Stadt, niederzulegen.

Im Zuge der Ausgrabungen der *Calle de las Escalerillas* zu Beginn des 20. Jahrhunderts, entdeckte Leopoldo Batres eine Maske von Teotihuacan und einige andere Gegenstände wie Keramikgefäße, deren Form dem Stil von Teotihuacan nachempfunden ist.

Im zeremoniellen Kern von Mexico-Tenochtitlan wurden die „Roten Tempel", die sich neben der Doppelpyramide befinden, im *Talud-Tablero*-Stil erbaut und im teotihuacanischen Stil bemalt. Die jüngsten Grabungsarbeiten im „Templo Mayor" legten wunderschöne Masken aus der klassischen Periode frei, die über Ohr- und Augenschmuck und über Zähne aus Muscheln und Obsidian verfügten, sowie prächtige Gefäße aus grünem Stein in teotihuacanischer Form und kleine Vasen, die für Zeremonien zu Ehren von Tláloc verwendet wurden. Die Skulptur von Huehuetéotl erzählt von den ehemaligen Riten, bei denen der Feuergott eine symbolische Maske mit ringförmigen Augen und einem Band als Kopfschmuck trägt, wodurch ein Bezug zum Wassergott hergestellt wird. Die Spuren an dem Gefäß auf seinem Kopf lassen vermuten, dass darin Blut aufbewahrt wurde, das als sehr kostbar galt, da es den Göttern als Getränk diente und den Fortbestand des Universums ermöglichte. Diese Skulptur ist eine Symbiose aus Feuer und Wasser: Huehuetéotl und Tláloc.

324
MASKE MIT OHRSCHMUCK UND INKRUSTATIONEN
Tenochtitlan, Mexiko Stadt, Templo Mayor
500 n. Chr.
Diorit, grüner Stein und Muscheln
Maske: 21 x 20,5 x 14 cm;
Ohrschmuck: 3,2 x 7,2 cm
Inv. INAH-Musée du Templo Mayor, 10-220037 und 10-220032 0/2

324
Die ersten uns bekannten Ausgrabungen in Teotihuacan wurden höchstwahrscheinlich von den Mexica vorgenommen. Diese eindrucksvolle Maske aus Diorit mit Muschel-Intarsien für den Mund und die Augen, die mit einem zweiteiligen Ohrschmuck aus grünem Stein ausgestattet ist, befand sich unter den Opfergaben, die einer der Vergrößerungen des Templo Mayor in Tenochtitlan zugedacht waren. Die Tatsache, dass man die Maske eigens aus Teotihuacan kommen ließ, um sie anschließend in einem rituellen Kontext vor dem wichtigsten Gebäude abzulegen, zeugt von der Bedeutung Teotihuacans in den Augen der Azteken. Für sie ist Teotihuacan der Ort der Schöpfung der Welt im „Zeitalter der Fünften Sonne" – also in unserer Epoche –, sodass die Stadt zwangsläufig als eine der heiligsten Städte ganz Mesoamerikas galt.

M.B.

325
GEFÄSS 9-XI
Tenochtitlán, Mexiko-Stadt
Haus der Adler, Templo Mayor
350-650 n. Chr.
Ton
20,2 x 28,2 cm
Inv. INAH – Museum im Templo Mayor, 10-265245

326
GEFÄSS
Aztekisch
Mexiko-Stadt, Calle de las Escalerillas
Späte Postklassik (1250-1521 n. Chr.)
Ton
22 x 13,2 x 7,1 cm
Inv. INAH-MNA, 10- 220142
BIBLIOGRAFIE
Séjourné 1966: 88-188

325
_____

Dieses fein gearbeitete Gefäß, das zur Gattung der *Fine-Orange*-Keramik gehört, ist aus verschiedenen Gründen bemerkenswert. Auffällig ist die auf der Wandung angebrachte und auf beiden Seiten sich wiederholende Verzierung. Sie bildet eine Person mit starker Ähnlichkeit zu den Darstellungen auf den „Theater"-Räuchergefäßen ab. Dies zeigt sich vor allem am Nasenschmuck in Schmetterlingsform. Doch auch der archäologische Kontext ist nicht uninteressant, denn das Gefäß gehörte zur Opfergabe V am Fuß einer der beiden Treppen zum Haus der Adler (*Casa de las Águilas*), das direkt an den Templo Mayor von Tenochtitlan anschließt. Diese Opfergabe ist sehr bezeichnend für die Mexica, die durch den Ruhm vergangener Völker wie Teotihuacaner und Tolteken versuchten, ihre Politik zu rechtfertigen und zu festigen.

M.B.

326
_____

Der aztekische Töpfer stellte dieses Objekt in der Tradition des teotihuacanischen *Talud-Tablero*-Architekturstils her. Das Gefäß ist in einfacher Schönheit gestaltet; die Erfüllung seiner Funktion als Behälter stand klar im Vordergrund. Ebenso wie dieses Objekt wurde auch die Architektur der Azteken von Teotihuacan beeinflusst, z.B. in der Gestaltung der Tempel und der tiefer gelegenen Plätze. Das Bewusstsein dieser kulturellen Tradition ging so weit, dass sie selbst in der Arbeit eines Töpfers zu sehen ist. Der *Talud-Tablero*-Stil besteht, wie sein Name besagt, aus der Kombination mehrerer von Hochreliefs umrahmter Steinplatten (*Tablero*), die alle die gleiche Höhe, aber unterschiedliche, dem Gebäude angepasste Breiten haben, sowie Schrägen (*Talud*) von ungefähr 75 Grad, die in der Regel höchstens halb so hoch sind wie die Platten.

J.J.

327

HUEHUETÉOTL-TLÁLOC
Tenochtitlán, Mexiko-Stadt, Templo Mayor
1325-1521 n. Chr. (?)
Stein
66 x 57,3 x 56 cm
Inv. INAH – Museum im Templo Mayor, 10-212978

328

TLÁLOC-GEFÄSS
Aztekisch
Templo Mayor
Ausgehende Postklassik (1325-1521 n. Chr.)
Basaltstein und Farbpigmente
28,5 x 27 x 23,5 cm
Inv. INAH-MNA, 10-219043
BIBLIOGRAFIE
Solís 1991: 239

327

Die Mexica oder Azteken waren im 15. und zu Beginn des 16. Jahrhunderts Herrscher eines großen Reiches. Ihre Hauptstadt Tenochtitlan lag in Zentral-Mexiko. Die Mexica verwendeten fortan die Symbole von Teotihuacan, um ihre erst seit kurzem konsolidierte militärische Ordnung zu rechtfertigen. Mit ihrer Kenntnis der Teotihuacan-Kultur kopierten sie die typischen Ausdrucksformen, wie den alten Feuergott, und passten sie der Mexica-Ideologie und somit ihren eigenen Bedürfnissen an. Hier sehen wir Huehuetéotl, der bestimmte Anpassungen erkennen lässt, so bei der Haltung der Hände oder der Hinzufügung des Wassersymbols. Die Bildersprache dieser Figur erzählt somit vom verbrannten Wasser oder *Atl Tlachinolli*, einem Symbol mit direktem Bezug zum Konzept des Heiligen Krieges, der für die Weltanschauung der Mexica und die Menschenopfer maßgeblich war.

M.B.

328

Bei den Ausgrabungen im Templo Mayor in Mexiko-Stadt wurden Opfergaben jeglicher Art gefunden, darunter auch Steinskulpturen, die Gottheiten darstellen. Unter den Grabbeigaben befand sich dieses Objekt, das den Regengott darstellt, der von den Bewohnern des Tals von Mexiko Tláloc genannt wurde. Er war laut einigen Wissenschaftlern die wichtigste Gottheit Teotihuacans.
Der Regengott wurde von vielen Kulturen verehrt, wobei Name und Symbolik oftmals verändert wurden. Seine Haupteigenschaften aber – die „Brille", die Eckzähne und die gespaltene Zunge – blieben erhalten.
Dieses Objekt kann aufgrund seiner Form, seiner Griffe und seines Deckels aus dem gleichen Material als Gefäß bezeichnet werden; an ihm sind Pigmentreste in den Farben blau und rot zu erkennen. Es wurde fachmännisch gestaltet, wie an den Stirnfransen, an der Nase und am aufwändigen Kopfschmuck der Skulptur zu sehen ist.

E.C. und K.R.

KATALOG DER AUSGESTELLTEN OBJEKTE

DER NIEDERGANG VON TEOTIHUACAN

Die Gründe für den Niedergang der „Stadt der Götter" sind zum Großteil noch immer nicht bekannt. Archäologische Überreste belegen, dass um die Mitte des 6. Jahrhunderts n. Chr. verschiedene Wohnkomplexe der herrschenden Elite und die meisten Tempel einem verheerenden Brand zum Opfer fielen. Man fand vor Ort eine dicke Schicht von Asche, die vom Gebälk der Dächer der Paläste und Tempel stammte.

Zahlreiche Kunstwerke waren zerstört oder mutwillig beschädigt worden: Skulpturen waren verstümmelt (man fand Fragmente an mehreren Stellen) und Darstellungen von Herrschern oder Priestern zertrümmert worden, als habe man der Elite und ihren Vertretern ein Ende setzen wollen. Bisweilen wurden sogar Mauern vor den Treppen der Pyramiden errichtet, um darauf hinzuweisen, dass sie geschlossen sind und keine Zeremonien und Kulthandlungen mehr zu Ehren der Gottheiten stattfinden. Nach diesen gewaltsamen Zerstörungen, die auf 550 n. Chr. datiert werden können, blieb ein Teil der Stadt noch rund ein Jahrhundert lang bewohnt. Danach wurde der Ort verlassen und später von Menschen aus dem Nordwesten besiedelt.

Man sucht noch nach Erklärungen: interne Revolten gegen die Macht der Hierarchie; starkes Bevölkerungswachstum und ungenügende Beachtung von Seiten der Elite; Blockierung der Handelswege, wodurch die Stadt gezwungen wurde ihre gewohnte Lebensform aufzugeben. Man stellte auch die Hypothese auf, dass benachbarte Völker gewaltsam in die Stadt eingedrungen sein könnten. Wahrscheinlich waren verschiedene Gründe für den Niedergang ausschlaggebend.

Man darf nicht vergessen, dass die prähispanische Bevölkerung schicksalsgläubig war: Wenn die Erschaffung des Universums das Werk der Götter ist, so bestimmen Letztere auch sein Ende.

329
SKULPTUR DES HERRN DER UNTERWELT

Teotihuacan, westlicher Platz gegenüber der
Sonnenpyramide, Front 5-B
Klassik, späte Tlamimilolpa- und frühe Xolalpan-Phase
(300-550 n. Chr.)
Stein, Stuck, Farbpigmente
125 x 103 x 25 cm
Inv. INAH-MNA, 10-81807

BIBLIOGRAFIE
Gendrop 1979: 45-74; Arqueología Mexicana,
Sonderausgabe Nr. 28: 47-60; Solís 1991: 49-68

329

Aufgrund des Fundortes und der Mythologie der Nahua glaubt man, dass diese Figur den Triumph Quetzalcoátls über den Herrn der Unterwelt Mictlantecutli darstellt, ein Ereignis, das in enger Beziehung zum Menschenopfer und dem „Tod der Sonne" stand. Der Bildhauer idealisierte das Konzept des Todes und stellte ihn in der damals typischen Ikonografie dar: mit einem Totenschädel, der aber Züge einer lebendigen Person aufweist, wie z.B. die Zunge, die er zeigt. So wird die Idealisierung der Opferung erreicht und zusätzlich durch die Bemalung mit rotem Pigment (Zinnober) verstärkt. Darüber hinaus verleiht der Strahlenkranz in der Art von gefaltetem Papier der Darstellung Leben und erinnert an Sonnenstrahlen.   J.J.

KATALOG DER AUSGESTELLTEN OBJEKTE

BIBLIOGRAFIE

Acosta (Jorge R.), 1962 „El palacio de las Mariposas de Teotihuacan", *Boletín del INAH*, Nr. 9, S. 5-7.

Acosta (Jorge R.), 1964 *El Palacio de Quetzalpapálotl*, Mexico, INAH.

Acosta (Jorge R.), 1966 „Un brasero excepcional de Teotihuacan", *Boletín del INAH*, Nr. 23, S. 23-24.

Aguirre (Porfirio), 1922 „Informe del Ayudante Porfirio Aguirre", *Boletín del Museo Nacional de Arqueología, Historia y Etnografía*, Band 1, 4a Época (3), S. 34-35.

Allain (Ariane), 2004 *La Sculpture dans la civilisation de Teotihuacan*, Doktorarbeit, Paris, université Paris-I.

Almaraz (Ramón), 1865 *Memoria de los trabajos ejecutados por la Comisión Científica de Pachuca*, Mexico, Druck von J. M. Andrade und F. Escalante.

Anawalt (Patricia), 1980 „Costume and Control: Aztec Sumptuary Laws", *Archaeology*, 33(1), S. 33-43.

Andrews (Bradford), 2002 „Stone Tool Production at Teotihuacan: What More Can We Learn From Surface Collection?", in K. Hirth und B. Andrews, *Pathways to Prismatic Blades. A Study in Mesoamerican Core-Blade Technology*, Monograph 45, Los Angeles, The Cotsen Institute of Archaeology, University of California, S. 47-60.

Angulo Villaseñor (Jorge), 2001 „Teotihuacan aspectos de la cultura a través de su expresión pictórica", in B. de la Fuente (Hg.), *La pintura mural prehispánica en México: Teotihuacan*, Band 2, Mexiko, IIE/UNAM, S. 65-186.

Angulo Villaseñor (Jorge), 2005 „Formación del gobierno anterior al que planeara la clásica traza urbana Teotihuacana", in M. E. Ruiz Gallut und Jesús Torres (Hg.), *Arquitectura y urbanismo: Pasado y presente de los espacios en Teotihuacan, Memoria de la III Mesa Redonda de Teotihuacan*, Mexiko, INAH, S. 251-276.

Angulo Villaseñor (Jorge), 2007 „Early Teotihuacan and its Government", in V. L. Scarborough und J. Clark (Hg.), *The Political Economy of Ancient Mesoamerica. Transformations during the Formative and Classic Periods*, University of New Mexico Press, S. 83-99.

Aramoni Burguete (María Elena), 2008 „Tiempo cíclico y deidades agrarias en Plazuelas, Guanajuato", in C. Viramontes Anzures (Hg.), *Tiempo y región. Estudios históricos y sociales (Ana María Crespo In Memoriam)*, Querétaro, Municipio de Querétaro, INAH, Universidad Autónoma de Querétaro, S. 265-302.

Arellanos M. (Ramon), 1999 „Los instrumentos musicales de Las Higueras, Ver", in *La Palabra y el Hombre*, Nr. 4, S. 105-112.

Armillas (Pedro), 1950 „Teotihuacan, Tula y los toltecas, las culturas postarcaicas y preaztecas del centro de México: excavaciones y estudios, 1922-1950", Buenos Aires, *RUNA*, Nr. 3, S. 37-70.

Armillas (Pedro), 1991 „Teotihuacan, Tula y los toltecas. Las culturas postarcaicas y pre-aztecas del centro de México: excavaciones y estudios 1922-1950", in T. Rojas Rabiela (Hg.), *Pedro Armillas: Vida y obra*, Band I, CIESAS/INAH, S. 193-233.

Arnauld (Charlotte), Carot (Patricia) und Fauvet-Berthelot (Marie-France), 1993 *Arqueología de las Lomas en la cuenca lacustre de Zacapu, Michoacán*, Cuadernos de Estudios Michoacanos 5, Mexiko, CEMCA.

Arnold III (Philip J.), 1986 „Ceramic Production and the Archaeological Record: Some Questions and Considerations", *Haliksa* 5, S. 57-73.

Arnold III (Philip J.), 1987 *The Household Potters of Los Tuxtlas: An Ethnoarchaeological Study of Ceramic Production and Site Structure*, Doktorarbeit, Albuquerque, Universität New Mexico.

Artes de México, 2008 *Cerámica de Teotihuacan*, Artes de México, Nr. 88, Mexiko.

Aveleyra Arroyo de Anda (Luis), 1963 „An Extraordinary Composite Stela from Teotihuacan", *American Antiquity* (réimp.), vol. 29, S. 235-237.

Aveleyra Arroyo de Anda (Luis), 1964 *Obras selectas del arte prehispánico, edición conmemorativa de la inauguración del Nuevo Edificio Nacional de Antropología*, Mexiko, SEP.

Aveni (Anthony F.), 1980 *Skywatchers of Ancient Mexico*, Austin, University of Texas Press.

Ball (Joseph W.), 1974 „A Teotihuacan-Style Cache from the Maya Lowlands", *Archaeology* 7 (1), S. 2-9.

Ball (Joseph W.), 1983 „Teotihuacan, the Maya and Ceramic Interchange: A contextual Perspective", in A. G. Miller (Hg.), *Highland-Lowland Interaction in Mesoamerica: Interdisciplinary Approaches*, Washington DC, Dumbarton Oaks, S. 125-145.

Barba de Piña Chan (Beatriz) und Rivas Castro (Francisco), 2002 *Iconografía Mexicana*, Mexiko, Plaza y Valdés/INAH, Colección científica.

Barba (L.), Manzanilla (L.), Chávez (R.), Arzate (J.) und Flores (L.), 1990 „Caves and Tunnels at Teotihuacan, Mexico: A Geological Phenomenon of Archaeological Interest", in N. P. Lasca und J. Donahue (Hg.), *Archaeological Geology of North America, Centennial Special*, Vol. 4, Boulder, CO, Geological Society of America, S. 431-438.

Barbour (Warren), 1975 *The Figurines and Figurine Chronology of Ancient Teotihuacan*, Doktorarbeit, Rochester, NY, Universität Rochester.

Bartolomé (Miguel Alberto), 1997 *Gente de costumbre y gente de razón. Las identidades étnicas en México*, Mexiko, Siglo XXI Editores.

Bastien (Rémy), 1947 *La Pirámide del Sol en Teotihuacan*, These, Mexiko, ENAH.

Bate (Luis Felipe), 1984 „Hipótesis sobre la sociedad clasista inicial", *Boletín de Antropología Americana*, 9, Mexiko, Instituto Panamericano de Geografía e Historia, S. 47-86.

Batres (Leopoldo), 1906 *Teotihuacan: la ciudad sagrada de los tolteca*, Mexiko, Imprenta Hull.

Baudez (Claude, François), 1994 *Maya Sculpture of Copan: The Iconography*, Norman und Londres, University of Oklahoma Press.

Baus Czitrom (Carolyn), 1998 *Los perros de la antigua provincia de Colima*, 2. Auflage, Mexiko, INAH, Colección obra diversa.

Bell (Ellen E.), Canuto (Marcelo A.) und Sharer (Robert J.), Hg., 2004 *Understanding Early Classic Copán*, Philadelphie, University of Pennsylvania, Museum of Archaeology and Anthropology.

Beltrán Medina (José Carlos), 2001 *La explotación de la costa del Pacífico en el Occidente de Mesoamérica y los contactos con Sudamérica y con otras regiones culturales*, Mexiko, Universidad Autónoma de Nayarit/Conaculta/INAH.

Bennyhoff (James A.) und Heizer (Robert F.), 1965 „Neutron Activation Analysis of Some Cuicuilco and Teotihuacan Pottery: Archeological Interpretation of Results", *American Antiquity*, 30(3), S. 348-349.

Berlo (Janet C.), 1983 „The Warrior and the Butterfly: Central Mexican Ideologies of Sacred Warfare and Teotihuacan Iconography", in Janet C. Berlo (Hg.), *Text and Image in Pre-Columbian Art: Essays on the Interrelationship of the Visual and Verbal Arts*, Oxford, Archeopress, B.A.R. International Series, 180, S. 79-117.

Berlo (Janet C.), 1984 *Teotihuacan Art Abroad: A Study of Metropolitan Style and Provincial Transformation in Incensario Workshops*, Oxford, Archeopress, B.A.R. International Series 199, 2 vol.

Berlo (Janet C.), 1989 „Art Historical Approaches to the Study of Teotihuacan related Ceramics from Escuintla, Guatemala", in F. J. Bove und L. Heller (Hg.), *New Frontiers in the Archaeology of the Pacific Coast of Southern Mesoamerica*, Anthropological Research Papers, 39, Tempe, Arizona State University, S. 147-162.

Berlo (Janet C.), 1992a „Icons and Ideologies at Teotihuacan: The Great Goddess Reconsidered", in J. C. Berlo, *Art, Ideology and the City of Teotihuacan*, Washington DC, Dumbarton Oaks, S. 129-168.

Berlo (Janet C.), Hg., 1992b *Art, Ideology and the City of Teotihuacan*, Washington DC, Dumbarton Oaks.

Bernal (Ignacio), 1963 *Teotihuacan. Informes de exploraciones*, Mexiko, INAH.

Bernal (Ignacio), 1965 „Notas preliminares sobre el posible imperio teotihuacano", *Estudios de Cultura Náhuatl*, 5, Mexiko, UNAM, S. 31-40.

Bernal (Ignacio), 1969 *100 Great Masterpieces of the Mexican National Museum of Anthropology*, New York, Harry N. Abrams.

Bernal (Ignacio), 1977 *The Mexican National Museum of Anthropology*, Mexiko, Ediciones Lara.

Bernal (Ignacio), 1979 *Historia de la arqueología en México*, Mexiko, Porrúa.

Berrin (Kathleen) und Millon (Clara), Hg., 1988 *Feathered Serpents and Flowering Trees. Reconstructing the Murals of Teotihuacan*, San Francisco, The Fine Arts Museums.

Berrin (Kathleen) und Pasztory (Esther), Hg., 1993 *Teotihuacan: Art from the City of the Gods*, New York und San Francisco, Thames and Hudson und The Fine Arts Museums.

Bishop (Ronald L.) und Lange (Frederick W.), 1993 „Sources of Maya and Central American Jadeites. Data Bases and Interpretations: A Summary", in F. W. Lange (Hg.), *Precolumbian Jades: New Geological and Cultural Interpretations*, Salt Lake City, University of Utah Press, S. 125-130.

Boban Duvergé (Eugène), O.D. *Archéologie mexicaine, collection E. Boban Duvergé, Catalogue*, manuscrit, musée du quai Branly, Archives et documentation des collections, Bestandsverzeichnis der Sammlung E. Boban Duvergé, D003441.

Both (Arnd Adje), 2008a „La música prehispánica. Sonidos rituales a lo largo de la historia", in *La música prehispánica, Arqueología mexicana*, vol. XVI, Nr. 94, Mexiko, Editorial Raíces/CNCA/INAH.

Both (Arnd Adje), 2008b *Las trompetas de caracol marino de Teotihuacan*, im Druck.

Bove (Frederick J.), 2002 „La dinámica de la interacción de Teotihuacan con el Pacífico de Guatemala", in M. E. Ruiz Gallut, *Ideología y política a través de materiales, imágenes y símbolos, Memoria de la Primera Mesa Redonda de Teotihuacan*, Mexiko, Conaculta/INAH/IIA/IIE-UNAM, S. 685-709.

Bove (Frederick J.) und Medrano Busto (Sonia), 2003 „Teotihuacan, Militarism and Pacific Guatemala", in G. E. Braswell (Hg.), *The Maya and Teotihuacan: Reinterpreting Early Classic Interaction*, Austin, University of Texas Press, S. 45-79.

Brambila (Rosa) und Velasco (Margarita), 1988 „Materiales de La Negreta y la expansión de Teotihuacan al norte", in *Primera reunión sobre las sociedades prehispánicas en el centro occidente de México. Memoria*, Mexiko, Centro regional de Querétaro, INAH, S. 187-198.

Braniff C. (Beatriz), 1972 „Secuencias arqueológicas en Guanajuato y la cuenca de México. Intento de correlación", in *Teotihuacan: XI Mesa Redonda*, Mexiko, SMA, S. 273-323.

Braniff C. (Beatriz), 2008 „Guanajuato en la historia", *Arqueología mexicana*, vol. XVI, Nr. 92, S. 28-35.

Braswell (Geoffrey E.), Hg., 2003 *The Maya and Teotihuacan: Reinterpreting Early Classic Interaction*, Austin, University of Texas Press.

Boturini (Lorenzo), 1746 *Historia de la América Septentrional*, Madrid, Druck von Juan de Zúñiga.

Brüggemann (Jürgen K.), 2004 „¿Donde está la presencia de Teotihuacan en El Tajín?", in M. E. Ruiz Gallut und Arturo Pascual Soto (Hg.), *La costa del Golfo en tiempos teotihuacanos: propuestas y perspectivas*, Mexiko, INAH, S. 349-368.

Bucio (L.), Filini (A.) und Ruvalcaba Sil (J. L.), 2001 „Estudio PIXE y de difracción de rayos X en cerámica de la cuenca de Cuitzeo", in E. Cárdenas García (Hg.), *Arqueometría, proyectos y técnicas de investigación arqueológica*, Zamora, Colegio de Michoacán, S. 22-34.

Burkhart (Louise), 1992 „Flowery Heaven: The Aesthetic of Paradise in Nahuatl Devotional Literature", *RES: Anthropology and Aesthetics* 21, S. 88-109.

Cabrera Castro (Rubén), 1982 „El Proyecto Arqueológico Teotihuacan", in Rubén Cabrera Castro, Ignacio Rodríguez und Noel Morelos G. (Hg.), *Teotihuacan 80-82: Primeros resultados*, Mexiko, INAH, S. 7-40.

Cabrera Castro (Rubén), 1990 „The Metropolis of Teotihuacan", in J. O'Neill (Hg.), *Mexico: Splendors of Thirty Centuries*, New York, Metropolitan Museum of Art, S. 87-114.

Cabrera Castro (Rubén), 1991 „Secuencia arquitectónica y cronología en La Ciudadela", in R. Cabrera Castro, I. Rodríguez und N. Morelos G. (Hg.), *Teotihuacan 80-82: Nuevas interpretaciones*, Mexiko, INAH, S. 31-60.

Cabrera Castro (Rubén), 1994 *Informe I: Proyecto Arqueológico La Ventilla (1992-1994)*, Informe, Zona Arqueológica de Teotihuacan, Mexiko, INAH.

Cabrera Castro (Rubén), 1996 „Las Excavaciones en La Ventilla: Un barrio teotihuacano", *Revista mexicana de Estudios Antropológicos*, XLII, S. 5-30.

Cabrera Castro (Rubén), 1998 „El urbanismo y la arquitectura en La Ventilla. Un barrio en la ciudad de Teotihuacan", in R. Brambila (Hg.), *Antropología e Historia del Occidente de México: XXIV Mesa Redonda*, vol. 3, Mexiko, SMA, S. 1523-1547.

Cabrera Castro (Rubén) und Cabrera (Oralia), 1991 „El significado calendárico de los entierros del Templo de Quetzalcóatl", in Ma. Teresa Cabrero (Hg.), *II Coloquio Pedro Bosh Gimpera*, Mexiko, IIA/UNAM, S. 271-297.

Cabrera Castro (Rubén) und Serrano (Carlos), 1999 „Los entierros en la Pirámide del Sol y Templo de Quetzalcóatl", in L. Manzanilla und C. Serrano (Hg.), *Prácticas funerarias en la Ciudad de los Dioses. Los enterramientos humanos de la antigua Teotihuacan*, Mexiko, UNAM/IIA, S. 345-397.

Cabrera Castro (Rubén) und Sugiyama (Saburo), 1982 „La reexploración y reconstrucción del Templo Viejo de Quetzalcóatl", in R. Cabrera Castro, I. Rodríguez und N. Morelos G. (Hg.), *Memoria del Proyecto Arqueológico Teotihuacan 80-82*, vol. I, Mexiko, INAH, S. 169-183.

Cabrera Castro (Rubén), Cowgill (George L.) und Sugiyama (Saburo), 1990 „El Proyecto Templo de Quetzalcóatl y la práctica a gran escala del sacrificio humano", in A. Cardós de Méndez (Hg.), *La Época Clásica: nuevos hallazgos, nuevas ideas*, Mexiko, Museo Nacional de Antropología/ INAH, S. 123-146.

Cabrera Castro (Rubén), Cowgill (George L.) und Sugiyama (Saburo), 1991 „The Temple of Quetzalcoatl Project at Teotihuacan: A Preliminary Report", *Ancient Mesoamerica*, 2 (1), S. 77-92.

Cabrera Castro (Rubén), Cowgill (George L.), Sugiyama (Saburo) und Serrano (Carlos), 1989 „El Proyecto Templo de Quetzalcoatl", *Arqueología*, 5, S. 51-79.

Cabrera Castro (Rubén), Rodríguez (Ignacio) und Morelos G. (Noel), Hg., 1982a *Memoria del Proyecto Arqueológico Teotihuacan 80-82*, vol. 1, Mexiko, INAH, Colección científica 132.

Cabrera Castro (Rubén), Rodríguez (Ignacio) und Morelos G. (Noel), Hg., 1982b *Teotihuacan 80-82: Primeros resultados*, Mexiko, INAH.

Cabrera Castro (Rubén), Rodríguez (Ignacio) und Morelos G. (Noel), Hg., 1991 *Teotihuacan 1980-1982: Nuevas interpretaciones*, Mexiko, INAH.

Cabrera Cortés (Oralia), 1995 *La lapidaria del Proyecto Templo de Quetzalcoatl 1988-1989*, These, Mexiko, ENAH.

Cabrera Cortés (Oralia), 1999 „Textile Production at Teotihuacan, Mexico", Magisterarbeit, Tempe, AZ, Arizona State University.

Cabrera Cortés (Oralia), 2002a „Haciendo tela en la Ciudad de los Dioses: La producción de textiles en Teotihuacan", in V. Solanilla Demestre (Hg.), *Actas de las II Jornadas Internacionales de Textiles Precolombinos*, Barcelona, Universitat Autònoma de Barcelona (Departament d'Art) e Institut Català de Cooperació Iberoamericana, S. 9-25.

Cabrera Cortés (Oralia), 2002b „Ideología y política en Teotihuacan. Ofrendas de rocas semipreciosas de la Pirámide de la Serpiente Emplumada", in M. E. Ruiz Gallut (Hg.), *Ideología y política a través de materiales, imágenes y símbolos, Memoria de la Primera Mesa Redonda de Teotihuacan*, Mexiko, IIA/IIE-UNAM/INAH, S. 75-99.

Cabrera Cortés (Oralia), O.D. *Precious Stones: The Use of Imported „Greenstones" at Teotihuacan*, Manuskript in Vorbereitung.

Campaña (Luz Evelia), 1995 „Una tumba en el Templo del Búho, Dzibanché", *Arqueología mexicana*, vol. III, Nr. 14, Mexiko, Editorial Raíces/CNCA/INAH, S. 28-31.

Campaña (Luz Evelia) und Boucher (Sylviane), 2002 „Nuevas imágenes de Becán, Campeche", *Arqueología mexicana*, Nr. 56, S. 64-69.

Carballo (David Manuel), 2005 *State Political Authority and Obsidian Craft Production at the Moon Pyramid, Teotihuacan, Mexico*, Doktorarbeit, Los Angeles, University of California.

Cárdenas García (Efraín), 1999 *El Bajío en el Clásico: análisis regional y organización política*, Zamora, El Colegio de Michoacán.

Cárdenas García (Efraín), 2008 „Peralta, Guanajuato", *Arqueología mexicana*, vol. XVI, Nr. 92, S. 56-59.

Carot (Patricia), 1992 „La cerámica protoclásica de Loma Alta, municipio de Zacapu, Michoacán: nuevos datos", in Brigitte Boehm de Lameiras und Phil. C. Weigand (Hg.), *Origen y desarrollo de la civilización en el Occidente de México*, Zamora, El Colegio de Michoacán, S. 69-101.

Carot (Patricia), 2001 *Le site de Loma Alta, lac de Zacapu, Michoacan, Mexique*, Oxford, Archeopress, B.A.R. International Series 920, Paris Monographs in American Archaeology 9.

Carot (Patricia), 2005 „Reacomodos demográficos del Clásico al Posclásico en Michoacán: el retorno de los que se fueron", in L. Manzanilla (Hg.), *Reacomodos demográficos del Clásico al Posclásico en el centro de México*, Mexiko, IIA/UNAM, S. 103-122.

Carrasco (David), Jones (Lindsay) und Sessions (Scott), 2002 *Mesoamerica's Classic Heritage. From Teotihuacan to the Aztecs*, Boulder, CO, University Press of Colorado.

Carrillo (Erika) und Morales (Gonzalo), 2008 *Estudio comparativo de la lítica tallada del barrio de La Ventilla, Teotihuacan*, thèse, Mexiko, ENAH.

Caso (Alfonso), 1937 „¿Tenían los Teotihuacanos conocimiento del Tonalpohualli?", *El México Antiguo*, Band IV, S. 131-143. Wieder aufgenommen in *Los calendarios prehispanicos*, Serie über die Kultur Náhuatl, Monografie Nr. 6, Mexiko, Instituto de Investigaciones Historicas-UNAM, S. 143-153.

Caso (Alfonso), 1966 „Dioses y signos teotihuacanos", in *Teotihuacan: XI Mesa Redonda*, Mexiko, SMA, S. 249-275.

Caso (Alfonso) und Bernal (Ignacio), 1952 *Urnas de Oaxaca*, Mexiko, INAH.

Caso (Alfonso), Bernal (Ignacio) und Acosta (Jorge R.), 1967 *La cerámica de Monte Albán*, Mexiko, INAH/SEP.

Castañeda López (Carlos), 2008 „Plazuelas, Guanajuato", *Arqueología mexicana*, vol. XVI, Nr. 92, S. 44-47.

Castañeda López (Carlos) und Quiroz Rosales (Jorge), 2004 „Plazuelas y la tradición Bajío", in Efraín Cárdenas García (Hg.), *Tradiciones arqueológicas*, Zamora, El Colegio de Michoacán, Gobierno del Estado, S. 141-159.

Castañeda López (Carlos), Crespo (Ana María) und Flores (Luz Ma.), 1996 „Santa María del Refugio: una ocupación de la fase Tlamimilolpa en El Bajío", in A. M. Crespo und C. Viramontes (Hg.), *Tiempo y territorio en arqueología. El Centro-norte de México*, Mexiko, INAH, Colección científica 323, S. 161-178.

Castro Leal (Marcia) und Ochoa (Lorenzo), 1975 „El Ixtépete como un ejemplo de desarrollo cultural en el Occidente de México", *Anales del INAH*, 7a época, Band V, S. 121-154.

Corona Núñez (José), 1960 „Exploraciones en el Ixtépete", *Eco. Revista del Instituto Jalicience de Antropología e Historia*, Nr. 2, S. 2-3.

Ceballos Novelo (Roque J.), 1922 „Candeleros", in *La Población del Valle de Teotihuacan*, Band I, zweiter Teil, Mexiko, SEP, S. 205-212.

Charlton (Thomas H.), 1987 „Teotihuacan Non-Urban Settlements Functional and Evolutionary Implications", in E. McClung de Tapia und E. C. Rattray (Hg.), *Teotihuacan: nuevos datos, nuevas síntesis, nuevos problemas*, Mexiko, IIA, Serie Antropológica 72, UNAM, S. 473-488.

Charlton (Thomas H.), 1991 „The Influence and Legacy of Teotihuacan on Regional Routes and Urban Planning", in C. D. Trombold (Hg.), *Ancient Road Networks and Settlement Hierarchies in the New World*, Cambridge, Cambridge University Press, S. 186-196.

Charlton (Thomas H.), Nichols (Deborah L.) und Otis Charlton (Cynthia), 1991 „Aztec Craft Production and Specialization: Archaeological Evidence from the City-State of Otumba, Mexico", *World Archaeology*, 23 (1), S. 98-114.

Charlton (Thomas H.) und Otis Charlton (Cynthia), 2007 „En las cercanías de Teotihuacan. Influencias urbanas dentro de comunidades rurales", in P. Fournier, W. Wiesheu und T. H. Charlton (Hg.), *Arqueología y complejidad social*, Mexiko, ENAH-INAH und CNCA, S. 87-106.

Cheek (Charles D.), 1977a „Teotihuacan Influence at Kaminaljuyú", in W. T. Sanders und J. W. Michels (Hg.), *Teotihuacan and Kaminaljuyú: A Study in Prehistoric Culture Contact*, University Park, Pennsylvania State University Press, S. 441-453.

Cheek (Charles D.), 1977b „Excavations at the Palangana and the Acropolis, Kaminaljuyú", in W. T. Sanders und J. W. Michels (Hg.), *Teotihuacan and Kaminaljuyú: A Study in Prehistoric Culture Contact*, University Park, Pennsylvania State University Press, S. 1-204.

Cid (Rodolfo) und Romano (Arturo), 1997 „Pulidores de posible uso ceremonial de cráneos humanos prehispánicos de Teotihuacan", *Estudios de Antropología Biológica*, vol. 7, S. 135-143.

Clark (John), 1986 „From Mountains to Molhills: A Critical Review of Teotihuacan's Obsidian Industry", in B. L. Isaac (Hg.), *Economic Aspects of Prehispanic Highland Mexico*, Research in Economic Anthropology, Beilage 2, Greenwich, CT, JAI Press, S. 23-74.

Coe (Michael D.), 1965 „Archaeological Synthesis of Southern Veracruz and Tabasco", in R. Wauchope und G. R. Willey (Hg.), *Handbook of Middle American Indians*, vol. 3, Austin, University of Texas Press, S. 679-715.

Coe (William R.), 1972 „Cultural Contact between the Lowland Maya and Teotihuacan as seen from Tikal, Petén, Guatemala", *XI Mesa Redonda*, vol. 2, Mexiko, SMA, S. 257-271.

Coggins (Clemency), 1983 „An Instument of Expansion: Monte Alban, Teotihuacan and Tikal", in A. G. Miller (Hg.), *Highland-Lowland Interaction in Mesoamerica: Interdisciplinary Approaches*, Washington DC, Dumbarton Oaks, S. 49-68.

Cohen (Abner), 1969 *Custom and Politics in Urban Africa: A Study of Hausa Migrants in Yoruba Towns*, Berkeley, University of California Press.

Contel (José), 2008 „Tláloc y el poder: Los poderes del dios de la tierra y de la lluvia", in *Símbolos de poder en Mesoamérica*, Mexiko, IIA/UNAM, S. 337-357.

Contel (José), 2009 „Los dioses de la lluvia en Mesoamérica", in *Dioses de la lluvia, Arqueología mexicana*, vol. XVI, Nr. 96, Mexiko, Editorial Raíces/CNCA/INAH.

Corona Núñez (José), 1972 „Los teotihuacanos en el Occidente de México", in *Teotihuacan: XI Mesa Redonda*, Mexiko, SMA, S. 253-256.

Covarrubias (Miguel), 1946 „El arte Olmeca o de La Venta", *Cuadernos Americanos*, 4, S. 154-179.

Covarrubias (Miguel), 1948 „Tipología de la industria de piedra tallada y pulida de la cuenca del río Mezcala", in *El Occidente de México: IV Mesa Redonda*, Mexiko, SMA, S. 86-90.

Covarrubias (Miguel), 1966 *Indian Art of Mexico and Central America*, New York, Alfred A. Knopf.

Cowgill (George), 1983 „Rulership and the Ciudadela: Political inferences from Teotihuacan Architecture", in R. M. Leventhal und A. L. Kolata (Hg.) *Civilization in the Ancient Americas: Essays in Honor of Gordon R. Willey*, University of New Mexico Press und Peabody Museum of Harvard University, S. 313-343.

Cowgill (George), 1997 „State and Society at Teotihuacan", *Annual Review of Anthropology*, Nr. 26, S. 129-161.

Cowgill (George L.), 2003a „Teotihuacan and Early Classic Interaction: A Perspective from Outside the Maya Region", in G. E. Braswell (Hg.), *The Maya and Teotihuacan: Reinterpreting Early Classic Interaction*, Austin, University of Texas Press, S. 315-335.

Cowgill (George L.), 2003b „Teotihuacan, ciudad de misterios", in *Teotihuacan. Ciudad de misterios, Arqueología mexicana*, Nr. 64, Mexiko, Editorial Raíces/ CNCA/INAH, S. 20-27.

Cowgill (George L.), 2008 „Herencia de arcilla", in *Cerámica de Teotihuacan, Artes de México*, Nr. 88, Mexiko.

Crespo Oviedo (Ana María), 1996 „Factores de autonomía y enlace de las unidades político territoriales en el Valle de Querétaro", in A. G. Mastache, J. R. Parsons, R. Santley und M. C. Serra Puche (Hg.), *Arqueología mesoamericana. Homenaje a William Sanders, Arqueología mexicana*, Mexiko, INAH, Band I, S. 387-397.

Crespo Oviedo (Ana María) und Mastache (Alba Guadalupe), 1981 „La presencia en el área de Tula Hidalgo, de grupos relacionados con el Barrio de Oaxaca en Teotihuacan", in E. C. Rattray, J. Litvak und C. Diaz O. (Hg.), *Interacción cultural en Mexico Central*, Mexiko, IIA/UNAM, Serie Antropológica 41, S. 99-104.

Culbert (T. Patrick), 2008 „Intervención política en la tierras bajas mayas", in R. Liendo Stuardo (Hg.), *El territorio maya, Memoria de la quinta Mesa Redonda de Palenque*, Mexiko, INAH, S. 239-255.

Daneels (Annick), 2004 „Mascaras de piedra de estilo Teotihuacano", in M. E. Ruiz Gallut und A. Pascual Soto (Hg.), *La costa del Golfo en tiempos teotihuacanos: propuestas y perspectivas*, Mexiko, INAH, S. 393-426.

De la Fuente (Beatriz), Hg., 1995 und 2001 *La pintura mural prehispánica en México: Teotihuacan*, Bänder I und II, Catálogo y Estudios, Mexiko, IIE/UNAM.

Demarest (Arthur A.) und Foias (Antonia E.), 1993 „Mesoamerican Horizons and the Cultural Transformations of the Maya Civilization", in D. Rice (Hg.), *Latin American Horizons*, Washington DC, Dumbarton Oaks, S. 147-191.

De Orellana (Margarita), 2008 „Host Figurine", in *Cerámica de Teotihuacan, Artes de México*, Nr. 88, Mexiko, S. 66.

Díaz Oyarzabal (Clara Luz), 1990 „Teotihuacan, metrópoli de sacerdotes y comerciantes", in *Arte precolombino de México*, Madrid, Olivetti-Electa.

Díaz Oyarzabal (Clara Luz), 1991a *Cerámica de sitios con influencia teotihuacana*, Catálogo de las colecciones arqueológicas, Mexiko, MNA-INAH.

Díaz Oyarzabal (Clara Luz), 1991b „Host Figurine", in K. Berrin und E. Pasztory (Hg.), *Teotihuacan: Art from the City of the Gods*, New York und San Francisco, Thames and Hudson/The Fine Arts Museums.

Díaz Oyarzabal (Clara Luz), 1993 „Masks", in K. Berrin und E. Pasztory (Hg.), *Teotihuacan: Art from the City of Gods*, New York und San Francisco, Thames and Hudson/The Fine Arts Museums, S. 184.

Dosal (Pedro), 1925 „Descubrimientos arqueológicos en el Templo de Quetzalcóatl", *Anales del Museo Nacional de Arqueología, Historia y Etnografía*, Época IV(3), S. 216-219.

Drucker (Philip), 1943 „Ceramic Sequence at Tres Zapotes, Veracruz", *Bureau of American Ethnology Bulletin*, 140, Washington DC, Smithsonian Institution.

Enríquez Farias (Roxana), 2005 *El Rosario, un sitio del valle de San Juan del Rio, Querétaro, relacionado con Teotihuacan: elementos para su estudio e interpretación*, These, Mexiko, ENAH.

Estrada-Belli (Francisco) und Foley (Jennifer), 2004 „Arqueología e historia de los enlaces geopolíticos: el Clásico Temprano en La Sufricaya", in J. P. Laporte, B. Arroyo, H. Escobedo und H. Mejía (Hg.), *XVII Simposio de Investigaciones Arqueológicas en Guatemala*, Guatemala, Museo Nacional de Arqueología y Etnología, S. 863-870.

Fahmel (B. Bernd), 1988 *Mesoamérica Tolteca sus cerámicas de comercio principales*, Mexiko, IIA/UNAM.

Fash (William) und Fash (Barbara), 2000 „Teotihuacan and the Maya: A Classical Heritage", in D. Carrasco, L. Jones und S. Sessions (Hg.), *Mesoamerica's Classic Heritage: From Teotihuacan to the Aztecs*, Boulder, CO, University Press of Colorado, S. 433-463.

Filini (Agapi), 2004a *The presence of Teotihuacan in the Cuitzeo Basin, Michoacán, Mexico: a World-System Perspective*, Oxford, Archeopress, B.A.R. International Series 1279.

Filini (Agapi), 2004b „Interacción cultural entre la cuenca de Cuitzeo y Teotihuacan", in E. Cárdenas García (Hg.), *Tradiciones arqueológicas*, Zamora, El Colegio de Michoacán, Gobierno del Estado, S. 307-327.

Filini (Agapi) und Cárdenas (Efraín), 2007 „El Bajío, la cuenca de Cuitzeo y el estado teotihuacano. Un estudio de relaciones y antagonismos", in Brigitte Faugère (Hg.), *Dinámicas culturales entre en Occidente, Centro-norte y la Cuenca de México, del Preclásico al Epiclásico*, Mexiko, Colegio de Michoacán, CEMCA, S. 137-154.

Folan (William J.), Florey-Folan (Lynda M.) und Ruiz (Antonio), 1994 *Cerrito de la Campana. Una avanzada en la ruta teotihuacana al noroeste de la gran Mesoamérica*, Mexiko, Instituto Mexiquense de Cultura, Documentos y Testimonios.

Gamio (Manuel), 1920 „Los últimos descubrimientos arqueológicos en Teotihuacan", *Ethnos*, Nr. 1, S. 7-14.

Gamio (Manuel), 1922 *La población del Valle de Teotihuacan, Mexico*, Dirección de Antropología, Secretaría de Agricultura y Fomento, Band I, 3 vol., Neuverlegt 1979, Mexiko, INI, 5 vol.

García Cook (Ángel) und Merino (Leonor), 1989 „El formativo en la región Tlaxcala-Puebla", in *Preclásico o Formativo*, Mexiko, Museo Nacional de Antropología/INAH, S. 161-193.

García-Des Lauriers (Claudia), 2000 *Trappings of Sacred War. The Warrior Costume of Teotihuacan*, thèse de master, Riverside, University of California.

García-Des Lauriers (Claudia), 2008 The Early Classic Obsidian Trade at Los Horcones, Chiapas, Mexiko, Foundation for the Advancement of Mesoamerican Archaeology, Incorporated, Website.

García-Payón (José), 1963 „Los Enigmas de El Tajín", *Nacional Científica*, Nr. 3, Mexiko, INAH-SEP.

García-Payón (José), 1964 „Secuencia Cultural de El Tajín", Mexiko, Congreso Internacional de Americanistas.

Gazzola (Julie), 2000 *Les Utilisations du cinabre à Teotihuacan*, Doktorarbeit, Paris, université Panthéon-Sorbonne Paris-I.

Gazzola (Julie), 2004 „Uso y significado del cinabrio en Teotihuacan", in M. E. Ruiz Gallut und A. Pascual Soto (Hg.), *La costa del Golfo en tiempos teotihuacanos: propuestas y perspectivas, Memoria de la Segunda Mesa Redonda de Teotihuacan*, Mexiko, INAH, S. 541-569.

Gazzola (Julie), 2005 „La producción lapidaria en Teotihuacan. Estudio de las actividades productivas en los talleres de un conjunto habitacional", in M. E. Ruiz Gallut und J. Torres Peralta (Hg.), *Arquitectura y Urbanismo: Pasado y Presente de los Espacios en Teotihuacan, Memoria de la Tercera Mesa Redonda de Teotihuacan*, Mexiko, INAH, S. 841-878.

Gazzola (Julie), 2007 „La producción de cuentas en piedras verdes en los talleres lapidarios de La Ventilla Teotihuacan", *Arqueología*, 36, S. 52-70.

Gazzola (Julie) und Gomez Chavez (Sergio), o.D. *Características generales de la primera ocupación en el espacio de la Ciudadela, Teotihuacan, Memoria de la Cuarta Mesa Redonda de Teotihuacan*, Mexiko, INAH, im Druck.

Gendron (François), Smith (David C.) und Gendron-Badou (Aïcha), 2002 „Discovery of Jadeite-Jade in Guatemala Confirmed by Non-Destructive Raman Microscopy", *Journal of Archaeological Science*, 29, S. 837-851.

Gendrop (Paul), 1979 *Arte prehispánico en Mesoamérica*, 3ᵉ edición, Mexiko, Editorial Trillas, S. 45-74.

Gómez Chávez (Sergio), 1996 „Unidades de producción artesanal y de residencia de Teotihuacan", Primeros resultados de las exploraciones del Frente 3 del Proyecto La Ventilla 92-94, *Revista mexicana de Estudios Antropológicos* XLII, S. 31-47.

Gómez Chávez (Sergio), 2000a „Nuevos datos sobre la relación de Teotihuacan y el Occidente de México", *Memorias de la XXIV Mesa Redonda*, Tepic, Nayarit, Mexiko, SMA, S. 1461-1493.

Gómez Chávez (Sergio), 2000b *La Ventilla, un barrio de la antigua ciudad de Teotihuacan*, thèse, Mexiko, ENAH.

Gómez Chávez (Sergio), 2002 „Presencia del Occidente de México en Teotihuacan. Aproximaciones a la política exterior del Estado teotihuacano", in M. E. Ruiz Gallut (Hg.), *Ideología y política a través de materiales, imágenes y símbolos, Memoria de la Primera Mesa Redonda de Teotihuacan*, Mexiko, Conalcuta/INAH/IIA/IIE/UNAM, S. 563-625.

Gómez Chávez (Sergio) und Gazzola (Julie), 2004 „Una propuesta sobre el proceso, factores y condiciones del colapso de Teotihuacan", *Dimensión Antropológica*, vol. 31, Mai-August, Mexiko, INAH, S. 7-58.

Gómez Chávez (Sergio) und Gazzola (Julie), 2007 „Análisis de las relaciones entre Teotihuacan y el Occidente de México", in Brigitte Faugère (Hg.), *Dinámicas culturales entre el Occidente, el Centro-norte y la Cuenca de México, del Preclásico al Epiclásico*, Mexiko, Colegio de Michoacán/CEMCA, S. 113-135.

Gómez Chávez (Sergio) und King (Timothy), 2004 „Avances en el desciframiento de la escritura jeroglífica de Teotihuacan", in M. E. Ruiz Gallut und A. Pascual Soto (Hg.), *La costa del Golfo en tiempos teotihuacanos: propuestas y perspectivas, Memoria de la Segunda Mesa Redonda de Teotihuacan*, Mexiko, INAH, S. 201-244.

Gómez Chávez (Sergio) und Núñez Hernández (Jaime), 1999 „Análisis preliminar del patrón y la distribución espacial de entierros en el barrio de La Ventilla", in L. Manzanilla und C. Serrano (Hg.), *Prácticas funerarias en la ciudad de los dioses; entierros humanos de la antigua ciudad de Teotihuacan*, Mexiko, IIA/DGAPA/UNAM, S. 81-148.

Gómez Chávez (Sergio), Gazzola (Julie), Reyes (Manuel), Torres (Luis) und Tenorio (Dolores), 2005 „La conservación del Templo de la Serpiente Emplumada en Teotihuacan, un compromiso de todos", in M. E. Ruiz Gallut und J. Torres Peralta (Hg.), *Arquitectura y urbanismo: pasado y presente de los espacios en Teotihuacan, Memoria de la Tercera Mesa Redonda de Teotihuacan*, Mexiko, INAH, S. 725-760.

Gómez G. (Luis Antonio), 2008 „Los instrumentos musicales prehispánicos: Clasificación general y significado", in *La música prehispánica, Arqueología mexicana*, vol. XVI, Nr. 94, Mexiko, Editorial Raíces/CNCA/INAH, S. 38-46.

Harbottle (Garman) und Weigand (Phil C.), 1992 „Turquoise in Pre-Columbian America", *Scientific American* 266(2), S. 78-85.

Harlow (George E.), 1993 „Middle American Jade: Geologic and Petrologic Perspectives on Variability and Source", in F. W. Lange (Hg.), *Precolumbian Jades: New Geological and Cultural Interpretations*, Salt Lake City, University of Utah Press, S. 9-29.

Haury (Emil W.), 1958 „Evidence at Point of Pines for a Prehistoric Migration from Northern Arizona", in Raymond H. Thompson (Hg.), *Migrations in New World Culture History*, University of Arizona Social Science Bulletin, 27, Tucson, University of Arizona, S. 1-7.

Headrick (Annabeth), 1999 „The Street of the Dead... It Really Was: Mortuary Bundles at Teotihuacan", *Ancient Mesoamerica*, 10(1), S. 69-85.

Headrick (Annabeth), 2007 *The Teotihuacan Trinity: The Sociopolitical Structure of an Ancient Mesoamerican City*, Austin, The University of Texas Press.

Hellmuth (Nicholas M.), 1975 *The Escuintla Hoards: Teotihuacan Art in Guatemala*, Foundation for Latin American Research Progress Reports, 1(2), Guatemala City, Foundation for Latin American Research.

Hellmuth (Nicholas M.), 1978 „Teotihuacan Art in the Escuintla Region, Guatemala", in E. Pasztory (Hg.), *Middle Classic Mesoamerica, A.D. 400-700*, New York, Columbia University Press, S. 71-85.

Heyden (Doris), 1966 „Sellos con el símbolo ollin", *Boletín del INAH*, Nr. 25, Mexiko, INAH.

Heyden (Doris), 1975 „An Interpretation of the Cave Underneath the Pyramid of the Sun in Teotihuacan, Mexiko", *American Antiquity*, 40, S. 131-147.

Heyden (Doris), 2008 *Teotihuacan: Ciudad de los dioses*, Catálogo de viaje, Mexiko, CNCA-INAH.

Hill (Jane H.), 1992 „The Flower World of Old Uto-Azteca", *Journal of Anthropological Research*, 48, S. 117-144.

Hirth (Kenneth G.), 2008 „The Economy of Supply: Modeling Obsidian Procurement and Craft Provisioning at a Central Mexican Urban Center", *Latin American Antiquity*, 19 (4), S. 435-457.

Holien (Thomas), 1977 *Mesoamerica pseudo-cloisonné and other decorative investments*, Doktorarbeit, Southern Illinois University.

Iglesias Ponce de León (María Josefa), 2008 „Poblaciones prehispánicas en movimiento: la presencia teotihuacana en el área maya", in R. Liendo Stuardo (Hg.), *El territorio maya, Memoria de la quinta Mesa Redonda de Palenque*, Mexiko, INAH, S. 257-301.

INAH, 2008 *Teotihuacan : Ciudad de los Dioses*, Catálogo, INAH, Nave Lewis, Parque Fundidora de Monterrey.

Jarquín Pacheco (Ana María) und Martínez Vargas (Enrique), 1982 „Una escultura tardía teotihuacana", in R. Cabrera Castro, I. Rodríguez und N. Morelos G. (Hg.), *Teotihuacan 80-82: Primeros resultados*, Mexiko, INAH, S. 121-127.

Jiménez Betts (Peter), 1992 „Una red de interacción del noroeste de Mesoamérica: una interpretación", in B. Boehm de Lameiras und P. C. Weigand (Hg.), *Origen y desarrollo de la civilización en el Occidente de México*, Zamora, El Colegio de Michoacán, S. 177-204.

Jiménez Salas (Óscar H.), 2005 „Materia prima y cerámica prehispánica", in Merino, Beatriz und García Cook, Ángel (Hg.), *La producción alfarera en el México Antiguo*, vol. I, Mexiko, INAH, Colección científica 484.

Jones (Christopher) und Satterthwaite Jr. (Linton), 1982 *The Monuments and inscriptions of Tikal: The Carved Monuments*, Tikal Reports 33A, Philadelphie, University Museum.

Juárez Osnaya (Alberto), Ávila Rivera (Elizabeth Carmen), 1995 „Totometla", in Beatriz de la Fuente (Hg.), *La pintura mural prehispanica en Mexico: Teotihuacan* (1), Mexiko, IIE/UNAM, S. 346-360.

Kelley (Charles J.), 1976 „Alta Vista: Outpost of Mesoamerican empire on the Tropic of Cancer", in *Las fronteras de Mesoamérica: XIV Mesa Redonda*, Mexiko (Tegucigalpa), SMA, S. 21-40.

Kelley (Charles J.), 1980 „Alta Vista, Chalchihuites: 'Port of Entry' on the Northwestern Frontier", in *Rutas de intercam-*

bio en Mesoamérica y norte de México, Mexiko, SMA, S. 53-64.

Kelley (Charles J.) und Abbot Kelley (Ellen), 1987 „Florecimiento y decadencia del Clásico desde la perspectiva de la frontera noroccidental de Meoamérica", in Joseph B. Mountjoy und Donald Brockington (Hg.), *El auge y la caída del Clásico en el México Central*, Mexiko, UNAM, Serie Antropológica 89, S. 145-197.

Kelly (Isabel), 1980 *A Ceramic Sequence in Colima: Capacha, an Early Phase*, Anthropological Papers of the University of Arizona, Nr. 37, Tucson, The University of Arizona Press.

Kidder (Alfred V.), Jennings (Jesse D.) und Shook (Edwin M.), 1946 *Excavations at Kaminaljuyu, Guatemala*, Carnegie Institution Publication 561, Washington DC, Carnegie Institution.

Kirchhoff (Paul), 1943 „Mesoamerica", *Acta Americana*, I, Mexiko, S. 92-107.

Kolb (Charles C.), 1987 *Marine Shell Trade and Classic Teotihuacan, Mexico*, Oxford, Archeopress, B.A.R. International Series 364.

Kroeber (Alfred), 1925 „Archaic Culture Horizons in the Valley of Mexico", *University of California Publications in American Archaeology and Ethnology*, 17:7, S. 373-408.

Krotser (Ramón) und Krotser (Paula), 1967 „Topografía y cerámica de El Tajín", *Anales del INAH*, III, Mexiko, S. 177-221.

Kubler (Georges), 1967 *The Iconography of the Art of Teotihuacan*, Studies in Pre-Columbian Art and Archaeology, Nr. 4, Washington DC, Dumbarton Oaks.

Kubler (Georges), 1972 „La iconografía del arte de Teotihuacan: ensayo de análisis configurativo", *Teotihuacan: IX Mesa Redonda*, Mexiko, SMA, S. 69-85.

Langley (James C.), 1986 *Symbolic Notation of Teotihuacan: Elements of Writing in a Mesoamerican Culture of the Classic Period*, Oxford, Archeopress, B.A.R. International Series 313, British Archaeological Reports.

Langley (James C.), 2008 „Incensarios rituales", in *Cerámica de Teotihuacan, Artes de México*, Nr. 88, Mexiko.

Laporte (Juan Pedro), 2003 „Architectural Aspects of Interaction between Tikal and Teotihuacan, during the Early Classic Period", in G. E. Braswell (Hg.), *The Maya and Teotihuacan: Reinterpreting Early Classic Interaction*, Austin, University of Texas Press, S. 199-216.

Lara Delgadillo (Eugenia), 1991 „Máscaras rituales: el otro yo", in R. Cabrera Castro *et al.* (Hg.), *Teotihuacan 1980-1982: Nuevas interpretaciones*, Mexiko, INAH, S. 203-209.

Las Casas (Fray Bartolomé de), 1967 *Apologética historia sumaria cuanto a las cualidades, dispusición, descripción, cielo y suelo destas tierras, y condiciones naturales, políticas, repúblicas, manera de vivir e costumbres de las gentes destas Indias Occidentales y Meridionales, cuyo imperio soberano pertenece a los reyes de Castilla*, Serie Historiadores y Cronistas de Indias, I, 2 vols, Mexiko, Instituto de Investigaciones Históricas-UNAM.

León-Portilla (Miguel), 1995 „El tiempo y los rituales", *Dioses del México antiguo*, pag. 67, S. 45-90.

Levy (Sydelle Brooks), 1975 „Shifting Patterns of Ethnic Identification among the Hassidim", in John W. Bennett (Hg.), *The New Ethnicity: Perspectives from Ethnology*, New York, West Publishing Co., S. 25-50.

Linné (Sigvald), 1934 *Archaeological Researches at Teotihuacan, Mexico*, New Series, Publication, Nr. 1, Stockholm, Ethnografisches Museum Schweden.

Linné (Sigvald), 1942 *Mexican Highland Cultures*, New Series Publication 7, Stockholm, Ethnografisches Museum Schweden.

Lira López (Yamile), 2004 „Presencia teotihuacana en el Valle de Maltrata, Veracruz", in M. E. Gallut und A. Pascual Soto (Hg.), *La costa del Golfo en tiempos teotihuacanos: propuestas y perspectivas*, Mexiko, INAH.

Lombardo de Ruiz (Sonia), 1990 „Conceptualización y abstracción: el arte teotihuacano", in *Arte Precolombino de México*, Madrid, Olivetti-Electa, S. 111.

Lombardo de Ruiz (Sonia), 1998 „Los lenguajes de la pintura mural", in *Fragmentos del pasado. Murales prehispánicos*, Mexiko, CNCA/INAH/IIE-UNAM, S. 110-133.

Lombardo de Ruiz (Sonia), 2001 „El estilo teotihuacano en la pintura mural", in Beatriz de la Fuente (Hg.), *La pintura mural prehispánica en México: Teotihuacan*, Band II, Mexiko, IIE/UNAM, S. 3-64.

López (Julieta M.), 2005 *La Pizarra de la antigua ciudad de Teotihuacan. Tipología e interpretación*, thèse, Mexiko, ENAH.

López Austin (Alfredo), 1984 *Cuerpo humano e ideología. Las concepciones de los antiguos nahuas*. Serie Antropológica 39, vol. 1 und 2, Mexiko, IIA, UNAM.

López Austin (Alfredo), 1995 „Los mexicas y su cosmos", *Dioses del México Antiguo*, Mexiko, Ediciones del Equilibrista S.A. de C.V., Antiguo Colegio de San Ildefonso/UNAM/CNCA, S. 21-31.

López Austin (Alfredo), 1998 „Los Ritos: un juego de definiciones", in *Ritos del México Prehispánico, Arqueología mexicana*, Spezialausgabe, Nr. 19, Mexiko, Raíces/CNCA/INAH, S. 10-19.

López Austin (Alfredo) und López Luján (Leonardo), 1999 *Mito y realidad de Zuyuá. Serpiente Emplumada y las transformaciones mesoamericanas del Clásico al Posclásico*, Serie Ensayos, Mexiko, El Colegio de México, Fondo de Cultura Económica.

López Austin (Alfredo), López Luján (Leonardo), 1999 und Sugiyama (Saburo), 1991 „The Temple of Quetzalcóatl at Teotihuacan: Its Possible Ideological Significance", *Ancient Mesoamerica*, 2(1), University of Cambridge Press, S. 93-105.

López Luján (Leonardo), 1989 *La recuperación mexica del pasado teotihuacano*, Mexiko, INAH.

López Luján (Leonardo), 1993 *Las ofrendas del Templo Mayor de Tenochtitlan*, Mexiko, INAH.

López Luján (Leonardo) und Manzanilla (Linda), 2002 „Excavaciones en un palacio de Teotihuacan: el Proyecto Xalla", *Arqueología mexicana*, Nr. 50, Mexiko, Raíces/CNCA/INAH, 2001, S. 14-15.

López Luján (Leonardo), Manzanilla (Linda) und Fash (William L.), 2002 „Mithology Felin", in *Aztec*, Ausstellungskatalog, London, Royal Academy Arts, S. 405.

López Luján (Leonardo), Neff (Héctor) und Sugiyama (Saburo), 2002 „El Vaso 9-Xi: un recipiente Anaranjado Delgado encontrado en Tenochtitlan", in María Elena Ruiz Gallut (Hg.), *Ideología y política a través de materiales, imágenes y símbolos. Memoria de la Primera Mesa Redonda de Teotihuacan*, Mexiko, UNAM-INAH, S. 731-760.

López Luján (Leonardo), Filloy Nadal (Laura), Fash (Barbara W.), Fash (William L.) und Hernández (Pilar), 2004 „La destrucción del cuerpo. El cautivo de mármol de Teotihuacan", *Arqueología mexicana*, XI(65), S. 54-59.

López Luján (Leonardo), Filloy Nadal (Laura), Fash (Barbara W.), Fash (William L.) und Hernández (Pilar), 2006 „El poder de las imágenes: Esculturas antropomorfas y cultos de élite en Teotihuacan", in L. López Luján, D. Carrasco und L. Cue (Hg.), *Arqueología e historia del centro de México: Homenaje a Eduardo Matos Moctezuma*, Mexiko, INAH, S. 171-201.

Luckenbach (Alvin H.) und Levy (Richard S.), 1980 „The Implications of Nahua (Aztecan) Lexical Diversity for Mesoamerican Culture History", *American Antiquity*, 45, S. 455-461.

Macías Goytia (Angelina), 1990 *Huandacareo : lugar de juicios, tribunal*, Mexiko, INAH, Colección científica.

Macías Goytia (Angelina), 1997 *Tres Cerritos en el desarrollo social prehispánico de Cuitzeo*, Doktorarbeit, Mexiko, UNAM.

Magaloni Kerpel (Diana), 1998 „El arte en el hacer. Técnicas de pintura mural", in *Fragmentos del pasado. Murales prehispánicos*, Mexiko, CNCA/INAH/IIE-UNAM, S. 91-106.

Manzanilla (Linda), 1985 „El sitio de Cuanalan en el marco de las comunidades preurbanas del valle de Teotihuacan", in J. Monjaráz-Ruiz, R. Brambila und E. Pérez Rocha (Hg.), *Mesoamérica y el Centro de México*, Mexiko, INAH, S. 133-178.

Manzanilla (Linda), Hg. 1993 *Anatomía de un conjunto residencial teotihuacano en Oztoyahualco*, vol. I und II, Mexiko, IIA/UNAM/INAH.

Manzanilla (Linda), 1993 „The Economic Organization of the Teotihuacan Priesthood : Hypotheses and Considerations", in J. C. Berlo (Hg.), *Art, Ideology, and the City of Teotihuacan*, Washington DC, Dumbarton Oaks, S. 321-338.

Manzanilla (Linda), 2002 „Living with the Ancestors and Offering to the Gods: Domestic Ritual at Teotihuacan", in P. Plunket Nagoda (Hg.), *Domestic Ritual in Ancient Mesoamerica*, Monograph 46, Los Angeles, The Cotsen Institute of Archaeology, University of California, S. 43-52.

Manzanilla (Linda), 2005 „Migrantes epiclásicos en Teotihuacan. Propuesta metodológica para el análisis de migraciones del Clásico al Posclásico", in L. Manzanilla (Hg.), *Reacomodos demográficos del Clásico al Posclásico en el centro de México*, Mexiko, IIA/UNAM, S. 261-273.

Manzanilla (Linda), 2006a „La producción artesanal en Mesoamérica", in *La producción artesanal en Mesoamérica, concha, obsidiana, cerámica, abrasivos, Arqueología mexicana*, Nr. 80, Editorial Raíces/INAH/CNCA, S. 28-35.

Manzanilla (Linda), 2006b „Estados corporativos arcaicos. Organizaciones de excepción en escenarios excluyentes", in *Cuicuilco*, vol. XIII, Nr. 36, S. 13-45.

Manzanilla (Linda), Hg., 2007 „La unidad doméstica y las unidades de producción. Propuesta interdisciplinaria de estudio", *El Colegio Nacional, Memoria*, Mexiko, El Colegio Nacional, S. 447-482.

Manzanilla (Linda), 2008 „Iconografía del poder en Teotihuacan", in Guilhem Olivier (Hg.), *Símbolos de Poder en Mesoamérica*, Mexiko, UNAM, S. 111-131.

Manzanilla (Linda) und Ortiz (Agustín), 1991 „Los altares domésticos en Teotihuacan. Hallazgo de dos fragmentos de maqueta", *Cuadernos de arquitectura mesoamericana*, Nr. 13, S. 11-13.

Manzanilla López (Rubén), 1984 *Loma de Santa María I, Michoacán: un sitio del periodo Clásico mesoamericano*, thèse, Mexiko, ENAH.

Marcus (Joyce), 1983 „Teotihuacan Visitors on Monte Alban Monuments and Murals", in K. Flannery und J. Marcus (Hg.), *The Cloud People: Divergent Evolution of the Zapotecs and Mixtec Civilizations*, Topic 53, New York, Academic Press, S. 175-181/0.

Marquina (Ignacio), 1922 „Arquitectura y escultura. Primera parte", in M. Gamio, *La población del Valle de Teotihuacan, México*, Secretaría de Agricultura y Fomento, 3 vol., Neuverlegt 1979, Mexiko, INI, 5 vol.

Marquina (Ignacio), 1951 *Arquitectura prehispánica*, Mexiko, INAH.

Martí (Samuel), 1978 *Música precolombina*, Mexiko, Ediciones Euroamericanas Klaus Thiele.

Martin (Simon), 2001 „In line of the Founders: A View of Dynastic Politics at Tikal", in J. A. Sabloff (Hg.), *Tikal: Dynasties, Foreigners & Affairs of State*, Santa Fe, NM, School of American Research Advanced Seminar Series, S. 3-45.

Martin (Simon) und Grube (Nikolaï), 2000 *Chronicle of the Maya Kings and Queens*, Londres, Thames and Hudson.

Martínez López (Cira), 1994 „La cerámica de estilo teotihuacano en Monte Albán", in M. Winter (Hg.), *Monte Albán: Estudios Recientes*, contribución Nr. 2 del Proyecto Especial Monte Albán 1992-1994, Oaxaca, Centro INAH Oaxaca, S. 25-54.

Martínez López (Cira), 1998 *Contextos mortuorios en unidades habitacionales de Monte Albán, Oaxaca, de la Época II Temprana a la Época V*, thèse, Mexiko, ENAH, Inédita.

Matos Moctezuma (Eduardo), 1990 *Teotihuacan la metrópoli de los dioses*, Mexiko, Lunwerg/Jaca Book.

Matos Moctezuma (Eduardo), 1995a *La Pirámide del Sol, Teotihuacan*, Mexiko, Artes de México/Instituto Cultural Domecq.

Matos Moctezuma (Eduardo), 1995b „Excavaciones recientes en la Pirámide del Sol, 1993-1994", in *La Pirámide del Sol, Teotihuacan (Antología)*, Mexiko, S. 312-329.

Matos Moctezuma (Eduardo), 1998 *Vida y muerte en el Templo Mayor*, Mexiko, FCE.

Matos Moctezuma (Eduardo), 2000 „From Teotihuacan to Tenochtitlan: their Great Temples", in D. Carrasco, L. Jones und S. Sessions (Hg.), *Mesoamerica's Classic Heritage: from Teotihuacan to the Aztecs*, Boulder, CO, University of Colorado Press, S. 185-194.

Matos Moctezuma (Eduardo) und Kelly (Isabel), 1974 „Una vasija que sugiere relaciones entre Teotihuacan y Colima", in B. Bell (Hg.), *Archaeology of West Mexico*, Ajijic, Sociedad de Estudio del Occidente de México, S. 202-205.

Matos Moctezuma (Eduardo) und López Luján (Leonardo), 1993 „Teotihuacan and its Mexica Legacy", in K. Berrin und E. Pasztory, *Teotihuacan: Art from the City of the Gods*, New York und San Francisco, Thames and Hudson/The Fine Arts Museums, S. 156-165.

Matos Moctezuma (Eduardo), 2009 *Teotihuacan*, Mexiko, INAH.

McBride (Harnold), 1969 „Teotihuacan Style Pottery and Figurines from Colima", *Katunob*, VII (3), S. 89-91.

McClung de Tapia (Emily) und Rattray (Evelyn, C.), Hg., 1987 *Teotihuacan. Nuevos Datos, Nuevas Síntesis, Nuevos Problemas*, Mexiko, IIA/UNAM.

McEwan (Colin), Middleton (Andrew), Cartwright (Caroline) und Stacey (Rebecca), 2006 *Turquoise Mosaics from Mexico*, Durham, Duke University Press.

Medellín Zenil (Alfonso), 1960 *Cerámicas del Totonicapán: Exploraciones arqueológicas en el centro de Veracruz*, Xalapa, Universität Veracruz.

Medellín Zenil (Alfonso), 1975 *Exploraciones en Napatechutlan*, Xalapa, Regierung des Bundesstaates Veracruz.

Medellín Zenil (Alfonso), 1978 *Nopiloa*, Xalapa, Universität Veracruz.

Medellín Zenil (Alfonso), 1983 *Œuvres maîtresses du musée de Xalapa*, Mexiko, Studio B. Trueblood.

Merino (Beatriz) und García Cook (Ángel), Hg., 2006 *La producción alfarera en el México Antiguo*, vols. I-II, Mexiko, INAH, Colección científica 484 und 495.

Michelet (Dominique), 1990 „El centro-norte de Michoacán en el Clásico: algunas reflexiones", in A. Cardós de Méndez (Hg.), *La época clásica: nuevos hallazgos, nuevas ideas*, Mexiko, Museo Nacional de Antropología/INAH, S. 279-291.

Millon (Clara), 1988a „A Reexamination of the Teotihuacan Tassel Headdress Insignia", in K. Berrin und C. Millon (Hg.), *Feathered Serpents and Flowering Trees: Reconstructing the Murals of Teotihuacan*, San Francisco, The Fine Arts Museums, S. 114-134.

Millon (Clara), 1988b „The Great Goddess Fragment", in K. Berrin und C. Millon (Hg.), *Feathered Serpents and Flowering Trees: Reconstructing the Murals of Teotihuacan*, San Francisco, The Fine Arts Museums, S. 226-228.

Millon (René), 1967 „Urna de Monte Albán IIIA encontrada en Teotihuacan", *Boletín del INAH*, Mexiko, S. 42-44.

Millon (René), 1973 *Urbanization at Teotihuacan: The Teotihuacan Map*, vol. 1, Austin, University of Texas Press.

Millon (René), 1976 „Social Relations in Ancient Teotihuacan", in E. R. Wolf (Hg.), *The Valley of Mexico: Studies in Pre-Hispanic Ecology and Society*, Albuquerque, University of New Mexico Press, S. 205-248.

Millon (René), 1981 „Teotihuacan: City, State, and Civilization", in Jeremy A. Sabloff und Victoria R. Bricker (Hg.), *Supplement to the Handbook of Middle American Indians*, vol. 1, Archaeology, Austin, University of Texas Press, S. 198-243.

Millon (René), 1988 „The Last Years of Teotihuacan Dominance", in N. Yoffee und G. L. Cowgill (Hg.), *The Collapse of Ancient States and Civilizations*, Tucson, The University of Arizona Press, S. 102-170/64.

Millon (René), 1992 „Teotihuacan Studies: From 1950 to 1990 and Beyond", in J. C. Berlo (Hg.), *Art, Ideology, and the City of Teotihuacan*, Washington DC, Dumbarton Oaks, S. 339-429.

Millon (René) und Drewitt (Bruce), 1961 „Estructuras tempranas en la Pirámide del Sol en Teotihuacan", *American Antiquity*, vol. 26, Nr. 3, parte I, S. 371-380.

Mirambell (Lorena), 1968 *Técnicas lapidarias prehispánicas*, Serie Investigaciones 14, Mexiko, INAH.

Moguel Cos (María Antonieta), 1988 *Trabajos de salvamento arqueológico en las cuencas de Cuitzeo, Pátzcuaro y Zirahuén: intento de interpretación cultural*, These, Mexiko, ENAH.

Moholy-Nagy (Hattula), 1999 „Mexican obsidian at Tikal, Guatemala", *Latin American Antiquity*, 10 (3), S. 300-313.

Molina Montes (Augusto) und Torres Montes (Luis), 1975 „La cerámica policroma de Queréndaro. Estudio preliminar", *Anales del INAH*, 7a. Época, Band IV, 1972-1973, SEP, S. 31-36.

Monzón Flores (Martha), 1982 „El desagüe principal de la Calzada de los Muertos", in R. Cabrera Castro, I. Rodríguez und N. Morelos G. (Hg.), *Teotihuacan 80-82: Primeros resultados*, Mexiko, INAH, S. 101-111.

Morante López (Rubén B.), 1998 „El pintor prehispánico", *Fragmentos del pasado: Murales prehispánicos*, Mexiko, Antiguo Colegio de San Ildefonso/IIA-UNAM, S. 38-45.

Morelos García (Noel), 1982a „El Huehuetéotl de la habitación 5", in R. Cabrera Castro, I. Rodríguez und N. Morelos G. (Hg.), *Teotihuacan 80-82: Primeros resultados*, Mexiko, INAH, S. 129-136.

Morelos García (Noel), 1982b „Exploraciones en el area central de la Calzada de los Muertos al norte del Rio San Juan, dentro del llamado Complejo Calle de los Muertos", in R. Cabrera Castro, I. Rodríguez und N. Morelos G., *Memoria del Proyecto Arqueológico Teotihuacan 80-82*, Mexiko, INAH, S. 271-317.

Morelos García (Noel), 1991 „Esculturas y arquitectura en un conjunto teotihuacano", in R. Cabrera Castro, I. Rodríguez und N. Morelos G. (Hg.), *Teotihuacan 1980-1982: Nuevas interpretaciones*, Mexiko, INAH, Colección científica 227, S. 193-201.

Morelos García (Noel), 2002 „Las evidencias iconográficas del Complejo Calle de los Muertos en Teotihuacan", in M. E. Ruiz Gallut (Hg.), *Ideología y política a través de materiales, imágenes y símbolos, Memoria de la Primera Mesa Redonda de Teotihuacan*, Mexiko, Conaculta/INAH, S. 3-59.

Mosser (Federico), 1968 „Geología, naturaleza y desarrollo del valle de Teotihuacan", in J. L. Lorenzo (Hg.), *Materiales para la arqueología de Teotihuacan*, Mexiko, INAH, Serie Investigaciones 17, S. 29-37.

Müller, Castañeda und Vidarte, 1963 „Proyecto Teotihuacan Temporada V.-1963", *Boletín de antropología*, Mexiko, S. 1-7.

Müller (Florencia), 1978 *La Cerámica del Centro Ceremonial de Teotihuacan*, Mexiko, INAH, Serie Arqueología.

Müller (Florencia), 1990 *La ceramica de Cuilcuilco B: un rescate arqueologico*, Mexiko, INAH.

Murakami (Tatsuya) und López Juárez (Julieta Margarita), O.D. *Greenstone and Slate Artifacts from Burials at the Moon Pyramid*, Manuskript in Vorbereitung.

Musée du Quai Branly, 2006 *Chefs-d'Œuvre dans les collections du musée du Quai Branly*, musée du Quai Branly.

Nalda (Enrique), 1995 „Los mayas: logros y persistencia", in *Sala Maya, Arqueología mexicana*, edición especial, Nr. 15, Mexiko, Editorial Raíces/CNCA/INAH, S. 6-13.

Nalda (Enrique), 2008 „La arqueología de Guanajuato. Trabajos recientes", *Arqueología mexicana*, vol. XVI, Nr. 92, S. 36-43.

Navarijo Ornelas (María de Lourdes), 1998 „La flora y la fauna", in *Fragmentos del pasado. Murales Prehispánicos*, Mexiko, Antiguo Colegio de San Ildefonso/IIA/UNAM, S. 134-165.

Nicholson (H.B.), 1987 „The "Feathered Serpents" of Copan", in Gary W. Pahl (Hg.), *The Periphery of the Southeastern Classic Maya Realm*, Los Angeles, University of California, UCLA Latin American Center Publications, S. 171-188.

Nielsen (Jesper) und Helmke (Christophe), 2008 „Spearthrower Owl Hill: A Toponym at Atetelco, Teotihuacan", *Latin American Antiquity*, 19(4), S. 459-474.

Noguera (Eduardo), 1935 „Antecedentes y relaciones de la cultura teotihuacana", *El México Antiguo*, Band III, Nr. 5-8, Mexiko, S. 3-89.

Noguera (Eduardo), 1944 „Exploraciones en Jiquilpan", *Anales del Museo Michoacano*, Nr. 3, segunda época, Mexiko, S. 37-52.

Noguera (Eduardo), 1957 „Descubrimiento de la Casa de las Águilas en Teotihuacan", *Boletín del Centro de Investigaciones Antropológicas de México*, 4, S. 6-9.

Oliveros Morales (Arturo), 2005 „Guía de viajeros, Tzintzuntzan, Michoacán", in *Otomíes, un pueblo olvidado, Arqueología mexicana*, Nr. 73, Mexiko, Editorial Raíces/CNCA/INAH, S. 76-85.

Olivier (Guilhem), 1999 „Los animales en el mundo prehispánico", in *Los animales en el México Prehispánico, Arqueología mexicana*, Nr. 72, Mexiko, S. 4-15.

Olivier (Guilhem), 2008 „Tláloc, el antiguo dios de la lluvia y de la tierra en el centro de México", in *Dioses de la lluvia, Arqueología mexicana*, Nr. 96, Mexiko, S. 40-43.

Ortega Cabrera (Verónica), 2007 *Informe final : Proyecto Catálogo de Salvamento Arqueológico. Teotihuacan fragmentos recuperados, Arqueología de Salvamento*, Mexiko, INAH, Consejo de Arqueología, archiviertes Tapuscrit.

Ortiz Butrón (Agustín), 1993 „Industria de concha, hueso und asta", in L. Manzanilla (Hg.) *Anatomía de un conjunto residencial teotihuacano en Oztoyahualco*, Mexiko, IIA-UNAM, 2 vol., S. 494-587.

Ortiz Ceballos (Ponciano), 1975 *La Cerámica de Los Tuxtlas*, Doktorarbeit, Xalapa, Anthropologische Fakultät der Universität Veracruz.

Ortiz Ceballos (Ponciano) und Santley (Robert), 1988 „Matacapan un ejemplo de enclave Teotihuacano en la Costa del Golfo", in R. Brambila und R. Cabrera, *Los Ritmos de cambio en Teotihuacan: Reflexiones y discusión de su cronología*, Mexiko, INAH, Serie Arqueología, S. 377-460.

Ortiz Díaz (Edith), 1993 „Ideología y vida domestica", in *Anatomía de un conjunto teotihuacano en Oztoyahualco I. Las excavaciones*, Mexiko, UNAM, S. 519-547.

Padró Irizarri (Virgen Johanna), 2000 *Artefactos fabricados en asta y hueso: Una propuesta metodológica a partir de un ejemplo de Teotihuacan*, Magisterarbeit in Antropologie, Mexiko, UNAM.

Padró Irizarri (Virgen Johanna), 2002 *La industria del hueso trabajado en Teotihuacan*, Doktorarbeit in Anthropologie, Mexiko, UNAM.

Padró Irizarri (Virgen Johanna) und Manzanilla (Linda), 2004 „Bone and Antler Artifact Analysis: A Case Study from Teotihuacan, Mexico", Mitteilung auf dem 69. jährlichen Kongress der Society for American Archaeology, Symposium „Craft Production at Terminal Formative and Classic Period Teotihuacan, Mexico", organisiert von O. Cabrera Cortés und K. Sullivan, 31. März – 4. April, Montreal, Kanada.

Parry (William J.) und Kabata (Shigeru), 2004 „Chronology of Obsidian Artifacts from the Moon Pyramid, Teotihuacan, México", Mitteilung auf dem 69. jährlichen Kongress der Society for American Archaeology, Symposium „Craft Production at Terminal Formative and Classic Period Teotihuacan, Mexico", organisiert von O. Cabrera Cortés und K. Sullivan, 31. März – 4. April, Montreal, Kanada.

Parsons (Jeffrey), 1968 „Teotihuacan, Mexico, and its Impact in Regional Demography", *Science*, 162, S. 872-877.

Parsons (Lee A.), 1978 „The Peripheral Coastal Lowlands and the Middle Classic Period", in E. Pasztory, *Middle Classic Mesoamerica: A.D. 400-700*, New York, Columbia University Press, S. 25-34.

Pascual Soto (Arturo), 2004 „La cultura del Tajín en el Clásico temprano", in M. E. Ruiz Gallut und A. Pascual Soto, *La costa del Golfo en tiempos teotihuacanos: propuestas y perspectivas*, Mexiko, INAH, S. 441-452.

Pascual Soto (Arturo), 2006 *El Tajín. En busca de los orígenes de una civilización*, Mexiko, UNAM-INAH.

Pastrana (Alejandro), 1998 *La explotación azteca de la obsidiana en la sierra de Las Navajas*, Mexiko, INAH, Colección científica 383.

Pastrana (Alejandro), 2007 *La distribución de obsidiana de La Triple Alianza en la cuenca de México*, Mexiko, INAH, Colección científica 519.

Pastrana (Alejandro), 2008 *Proyecto Yacimientos de obsidiana, Temporada de Campo 2007. Informe técnico al Archivo del Consejo de Arqueología*, Mexiko, INAH, archiviertes Tapuscrit.

Pasztory (Esther), Hg., 1978 *Middle Classic Mesoamerica: A.D. 400-700*, New York, Columbia University Press.

Pasztory (Esther), 1988 „A Reinterpre-tation of Teotihuacan and its Mural Painting Tradition", in K. Berrin und C. Millon, *Feathered Serpents and Flowering Trees: Reconstructing the Murals of Teotihuacan*, San Francisco, The Fine Arts Museums, S. 45-77.

Pasztory (Esther), 1992 „Abstraction and the Rise of a Utopian State at Teotihuacan", in J. C. Berlo, *Art, Ideology and the City of Teotihuacan*, Washington DC, Dumbarton Oaks, S. 281-320.

Pasztory (Esther), 1993a „Semiprecious Stone Objects", in K. Berrin und E. Pasztory (Hg.), *Teotihuacan: Art from the City of the Gods*, New York und San Francisco, Thames and Hudson/The Fine Arts Museums, S. 176.

Pasztory (Esther), 1993b „Teotihuacan Unmasked: A View Through Art", in K. Berrin und E. Pasztory (Hg.), *Teotihuacan: Art from the City of the Gods*, New York und San Francisco, Thames and Hudson/The Fine Arts Museums, S. 44-63.

Pasztory (Esther), 1997 *Teotihuacan. An Experiment in Living*, Norman und Londres, University of Oklahoma Press.

Pasztory (Esther), 2000 „Sculpture de Teotihuacan, masque", *Sculpture : Afrique, Asie, Océanie, Amériques*, Réunion des Musées nationaux, musée du Quai Branly, S. 372-374.

Paulinyi (Zoltan), 2006 „The "Great Goddess" of Teotihuacan: Fiction or Reality?", *Ancient Mesoamerica*, Nr. 17, S. 1-15.

Paz Bautista (Clara), 2006 *Algunos de los objetos de concha de la antigua ciudad de Teotihuacan. Datos para su estudio y clasificación*, en cours de parution.

Paz Bautista (Clara), 2007 *Estudio de las vestimentas de concha del Templo de la Serpiente Emplumada de Teotihuacan*, en cours de parution.

Paz Bautista (Clara) und Zúñiga Arellano (Belém), 2008 *Análisis tipológico y taxonómico de los objetos de concha de la Pirámide de la Luna de Teotihuacan*, en cours de parution.

Peeler (Damon E.) und Winter (Marcus), 2004 „Determining the Site Orientation for the Street of the Dead: The Interplay of August 13 Sunset, Calendric Ratio and Site Latitude", in M. Boccas, J. Broda und G. Pereira (Hg.), *Etno y Arqueo-astronomia en las Américas*, Memorias del Simposio ARQ-15 del 51 Congreso Internacional de Americanistas celebrado en Santiago de Chile, 14.-18. Juli 2003, S. 97-111.

Pendergast (David M.), 2003 „Teotihuacan at Altun Ha: Did It make a Difference?", in G. E. Braswell (Hg.), *The Maya and Teotihuacan: Reinterpreting Early Classic Interaction*, Austin, University of Texas Press, S. 235-247.

Pereira (Grégory), 1999 *Potrero de Guadalupe. Anthropologie funéraire d'une communauté prétarasque du nord du Michoacán, Mexique*, Oxford, Archeopress, B.A.R. International Series 816, Paris Monographs in American Archaeology.

Pereira (Grégory), 2008 „La materia de las visiones. Consideraciones acerca de los espejos de pirita prehispánicos", in O. Kindl und J. Neurath (Hg.), *Las formas expresivas del arte ritual y la tensión vital de los gestos creativos, Diario de Campo*, Beilage 48, S. 123-135.

Pérez (José), 1935 „Exploración del túnel de la Pirámide del Sol", *El México Antiguo*, Band III, Nr. 5-8, Mexiko, S. 91-95.

Pérez (José), 1939 *Informe general del proceso de excavaciones practicadas en sistemas de pozos y túneles en diversos sitios de mayor interés del interior de monumentos de la Ciudadela en la Zona Arqueológica de San Juan Teotihuacan, Estado de México*, M. S. Dirección de Monumentos Prehispánicos, Mexiko, INAH.

Pérez Campa (Mario A.), 1989 „El jade y la turquesa en el México prehispánico según las fuentes", *Arqueología*, 5, S. 245-266.

Pérez-Roldan (Gilberto), 2005 *El estudio de la industria del hueso trabajado: Xalla, un caso teotihuacano*, These, Mexiko, ENAH.

Piña Chan (Roman) und Oi (Kuniaki), 1982 *Exploraciones arqueológicas en Tingambato, Michoacán*, Mexiko, INAH.

Pool (Christopher A.), Ortiz (Ponciano), Salazar (Zenaido), Martínez (Jaime) und Santley (Robert S.), o.D. *Final Field Report, Matacapan Project: 1986 Season*, rapport final à la National Science Foundation und à l'INAH.

Pool (Christopher A.) und Stoner (Weley), 2004 „El fenómeno teotihuacano en Tres Zapotes y Matacapan: una discusión comparativa", in M. E. Ruiz Gallut und A. Pascual Soto (Hg.), *La costa del Golfo en tiempos teotihuacanos: propuestas y perspectivas*, Mexiko, INAH, S. 63-66.

Rattray (Evelyn, C.), 1973 „Ceramic Evidence on the Collapse of the Clasic at Teotihuacan", communication au 38ᵉ congrès de la Society for American Archaeology.

Rattray (Evelyn, C.), 1987 „Los barrios foráneos de Teotihuacan", in E. McClung de Tapia und E. C. Rattray (Hg.), *Teotihuacan: Nuevos datos, nuevas síntesis, nuevos problemas*, Mexiko, IIA/UNAM, Serie Antropológica 72, S. 243-273.

Rattray (Evelyn, C.), 1989 „El barrio de los comerciantes y el conjunto Tlamimilolpa: un estudio comparativo", *Arqueología*, 5, Mexiko, INAH, S. 105-129.

Rattray (Evelyn, C.), 1990 „New Findings on the Origins of Thin Orange Ceramics", *Ancient Mesoamerica*, Nr. 1, University of Cambridge Press, S. 181-195.

Rattray (Evelyn, C.), 1992 *The Oaxaca Barrio at Teotihuacan*, Monografía Mesoamericanas, Puebla, Instituto de estudios avanzados de la UDLA, S. 1-90.

Rattray (Evelyn, C.), 1997 *Entierros y ofrendas en Teotihuacan: excavaciones, inventario, patrones mortuorios*, Mexiko, IIA/UNAM.

Rattray (Evelyn, C.), 2001 *Teotihuacan. Cerámica, cronología y tendencias culturales, Teotihuacan. Ceramics, Chronology and Cultural Trends*, Mexico/EUA, University of Pittsburgh, Serie Arqueología.

Rattray (Evelyn, C.), 2004 „Etnicidad en el Barrio de los Comerciantes, Teotihuacan y sus relaciones con Veracruz", in M. E. Ruiz Gallut und A. Pascual Soto (Hg.), *La costa del Golfo en tiempos teotihuacanos: propuestas y perspectivas, Memoria de la Segunda Mesa Redonda de Teotihuacan*, Mexiko, INAH.

Rattray (Evelyn, C.), 2005 „La cerámica de Teotihuacan", in B. Leonor Merino und Á. García Cook (Hg.), *La producción alfarera en el México Antiguo*", vol. II, Mexiko, INAH, Wissenschaftliche Sammlung 495, Archäologische Serie, S. 185-262.

Reed (Erik K.), 1950 „Eastern-Central Arizona Archaeology in Relation to the Western Pueblos", *Southwestern Journal of Anthropology*, 6, S. 120-138.

Reveles (Javier), 2005 „La lítica en la cuenca de Sayula", in Francisco Valdez, Otto Schöndube, und Jean-Pierre Emphoux (Hg.), *Arqueología de la cuenca de Sayula*, Guadalajara, Universidad de Guadalajara, IRD, S. 249-368.

Reyes Carlo (Ivonne), 2005 *Aprovechamiento del cuerpo humano en restos óseos de La Ventilla, 1992-1994 Teotihuacan*, These, Mexiko, ENAH.

Reyna Robles (Rosa María), 2006 *La cultura arqueológica Mezcala*, Mexiko, INAH, Colección científica 487.

Rieff Anawalt (Patricia), 2005 „Atuendos del México Antiguo", in *Textiles del México de ayer y hoy, Arqueología mexicana*, edición especial, Nr. 19, Mexiko, Editorial Raíces/CNCA/INAH, S. 10-19.

Rivero (Angélica) und Sanabria (Virginia), 2003 *Sala Maya, Arqueología mexicana*, edición especial, Nr. 15, Mexiko, Editorial Raíces/CNCA/INAH, S. 29-34.

Romero Hernández (Javier), 2004 *La industria ósea en un barrio teotihuacano. Los artefactos de hueso de La Ventilla*, These, Mexiko, ENAH.

Rosales de la Rosa (Edgar Ariel), 2004 *Usos, manufactura y distribución de la mica en Teotihuacan*, These, Mexiko, ENAH.

Ross (Gordon), 2008 „Incensario", in *Cerámica de Teotihuacan, Artes de México*, Nr. 88, S. 66.

Rubín de la Borbolla (Daniel F.), 1947 „Teotihuacan: Ofrendas de los Templos de Quetzalcoatl", *Anales del Instituto Nacional de Antropología e Historia, Época 6*, 2, S. 61-72.

Rubio Chacón (Alonso), 2001 „El Templo de la Serpiente Emplumada de Teotihuacan. Un estudio diacrónico y exploraciones recientes (1993-1995)", These, ENAH, Mexiko.

Ruiz Gallut (María Elena), Hg., 2002 *Ideología y política a través de materiales. Imágenes y símbolos, Memoria de la Primera Mesa Redonda de Teotihuacan*, Mexiko, Conaculta/INAH/IIA/IIE-UNAM.

Ruiz Gallut (María Elena), Hg., 2005 „Tras la huella del jaguar en Teotihuacan", *Arqueología mexicana*, Nr. 72, Mexiko, S. 28-33.

Ruvalcaba-Sil (José Luis), Manzanilla (Linda), Melgar (Emiliano) und Lozano (Rufino), 2008 „Santa Cruz, PIXE and Ionoluminescence for Mesoamerican Jadeite Characterization", *X-Ray Spectrometry*, 37, S. 96-99.

Ruz Lhúiller (Alberto), 1969 *La Costa de Campeche en tiempos prehispánicos, (prospección cerámica y bosquejo histórico)*, Mexiko, SEP/INAH, Serie investigaciones, Nr. 18.

Sáenz (César), 1966 „Exploraciones en el Ixtépete, Jalisco", *Boletín del INAH*, 23, S. 14-18.

Sahagún (Fray Bernardino de), 1950-1982 *Florentine Codex: General History of the Things of New Spain*, traduit par A.J.O. Anderson und C.E. Dibble, Santa Fe, NM, School of American Research.

Sahagún (Fray Bernardino de), 1985 und 2006 *Historia general de las cosas de la Nueva España*, Mexiko, editorial Porrúa, Sepan Cuantos 300, 11. Auflage.

Sahagún (Fray Bernardino de), 1997 *Primeros Memoriales*, übersetzt von Thelma Sullivan, Norman, University of Oklahoma.

Saint-Charles Zetina (Juan Carlos), 1996 „El reflejo del poder teotihuacano en el sur de Guanajuato y Querétaro", in A. M. Crespo und C. Viramontes (Hg.), *Tiempo y territorio en arqueología. El Centro-Norte de México*, Mexiko, INAH, Colección científica, S. 143-158.

Saint-Charles Zetina (Juan Carlos), 1997 *Rescate en El Rosario, San Juan del Río, Mexico*, Archivo, Centro regional de Querétaro, INAH.

Sánchez Hernández (Ricardo), 1994 *Informe del estudio petrográfico de 34 piezas arqueológicas del Templo de Quetzalcóatl, Teotihuacan, Edo. de México*. Subdirección de Servicios Académicos, Mexiko, INAH.

Sánchez Hernández (Ricardo), 2002 *Informe del estudio petrográfico-mineralógico de 28 muestras de materiales arqueológicos del Proyecto Pirámide de la Luna, Zona Arqueológica de Teotihuacan, Edo. de México*. Subdirección de Servicios Académicos, Mexiko, INAH.

Sánchez Hernández (Ricardo) und Robles Camacho (Jacinto), 2002 „El Tríptico de Venus al MNA, amazonita en la máscara de Malinaltepec, Guerrero", *Arqueología mexicana*, 56, S. 7.

Sánchez Hernández (Ricardo) und Robles Camacho (Jacinto), 2005 *Informe del estudio petrográfico de una escultura de Xalla, Teotihuacan*, Subdirección de Servicios Académicos, Mexiko, INAH.

Sánchez Sánchez (Jesús E.), 1982 „Exploraciones en el Area SW del Complejo Calle de los Muertos", in R. Cabrera Castro, I. Rodríguez G. und N. Morelos G. (Hg.), *Memoria del Proyecto Arqueológico Teotihuacan 80-82*, Mexiko, INAH, Colección científica 132, S. 249-270.

Sánchez Sánchez (Jesús E.), 2004 „Influencia religiosa y su correspondencia pictórica entre Teotihuacan y la Costa del Golfo en la Fase Tlamimilolpa (200-450 d.C.)", in M. E. Ruiz Gallut und A. Pascual Soto (Hg.), *La costa del Golfo en tiempos teotihuacanos: propuestas y perspectivas, Memoria de la Segunda Mesa Redonda de Teotihuacan*, Mexiko, UNAM, S. 245-275.

Sanders (William T.), Hg., 2005 „Influencias urbanas dentro de la comunidades rurales : Teotihuacan y sus dependencias cercanas 100 av. J.-C.-650 ap. J.-C. Informe Técnico I, Estudios de Gabinete", Mexiko, INAH, archiviertes Tapuscrit, Archivo Técnico.

Sanders (William T.) und Price (Barbara), 1968 *Mesoamerica: The Evolution of a civilization*, New York, Random House.

Sanders (William T.), Nichols (Deborah), Storey (Rebecca) und Widmer Randolph), 1982 *A Reconstruction of a Classic Period Landscape in the Teotihuacan Valley*, rapport final à la National Science Foundation und à Pennsylvania State University.

Sanders (William T.), Parsons (Jeffrey R.), und Santley (Robert S.), 1979 *The Basin of Mexico: Ecological Processes in the Evolution of a Civilization*, New York, Academic Press.

Santley (Robert S.), 1977 *Intra-Site Settlement Patterns at Loma Torremote and their Relationship to Formative Prehistory in the Cuauhtitlan Region*, Bundesstaat Mexiko, Doktorarbeit, University Park, The Pennsylvania State University.

Santley (Robert S.), 1983 „Obsidian Trade and Teotihuacan Influence in Mesoamerica", in A.G. Miller (Hg.), *Highland-Lowland Interaction in Mesoamerica: Interdisciplinary Approaches*, Washington DC, Dumbarton Oaks, S. 69-124.

Santley (Robert S.), 1987 „Middle Formative Land Use Strategies at Matacapan, Veracruz, Mexico", Mitteilung auf dem 52. jährlichen Kongress der Society for American Archaeology, Toronto, Kanada.

Santley (Robert S.), 1989 „Obsidian Working, Long-Distance Exchange, and the Teotihuacan Presence on the South Gulf Coast", in R. A. Diehl und J. C. Berlo (Hg.), *Mesoamerica after the Decline of Teotihuacan, A.D. 700-900*, Washington DC, Dumbarton Oaks, S. 131-151.

Santley (Robert S.), o.D. „Teotihuacan Influence at Matacapan: Testing the Goodness of Fit of the Enclave Model", in Michael W. Spence (Hg.), *The Foreign Relationships of Teotihuacan*, in Vorbereitung.

Santley (Robert S.) und Arnold III (Philip J.), 1986 „Variability in Specialized Ceramic Production at Matacapan, Veracruz, Mexico", Mitteilung auf dem World Archaeological Congress, Southampton, GB.

Santley (Robert S.) und Arnold III (Philip J.), 2004 „El intercambio de la obsidiana y la influencia teotihuacana en la Sierra de Los Tuxtlas", in M. E. Ruiz Gallut und A. Pascual Soto (Hg.), *La costa del Golfo en tiempos teotihuacanos: propuestas y perspectivas*, Mexiko, INAH, S. 115-140.

Santley (Robert S.), Arnold III (Philip J.), und Pool (Christopher A.), o.D. „The Ceramic Production System at Matacapan, Veracruz, Mexico", *Journal of Field Archaeology*, in Vorbereitung.

Santley (Robert S.), Kerley (Janet M.) und Kneebone (Ronald R.), 1986 *Obsidian Working, Long-Distance Exchange, and the Politico-Economic Organization of Early States in Central Mexico. Economic Aspects of Prehispanic Highland Mexico*, B. L. Isaac (Hg.), *Research in Economic Anthropology*, Beilage 2, Greenwich, J.A.I. Press, S. 101-132.

Santley (Robert S.), Kneebone (Ronald R.) und Kerley (Janet M.), 1985 „Rates of Obsidian Utilization in Central Mexico and on the South Gulf Coast", *Lithic Technology*, 14 (3), S. 107-119.

Santley (Robert S.), Ortiz (Ponciano), Arnold III (Philip J.), Kneebone (Ronald R.), Smyth (Michael P.), und Kerley (Janet M.), 1985 *Reporte Final de Campo, Proyecto Matacapan : Temporada 1983*, Cahiers du musée d'Anthropologie de l'université du Veracruz, 4, S. 3-98.

Santley (Robert S.), Ortiz C. (Ponciano), Arnold III (Philip J.), Hall (Barbara A.), Kann (Veronica), Kerley (Janet M.), Kneebone (Ronald R.), Mora M. (David), Olivares M. (Raúl), Parra U. (Carmela), Pool (Christopher A.), Salazar B. (Zenaido), Smyth (Michael P.) und Yarborough (Clare), 1985 *Final Field Report, Matacapan Project: 1984 Season*, rapport final der INAH, der National Science Foundation und der University of New Mexico.

Santley (Robert S.), Ortiz (Ponciano), Killion (Thomas W.), Arnold III (Philip J.) und Kerley (Janet M.), 1984 *Final Field Report of the Matacapan Archaeological Project, The 1982 Season*, Research Papers Series 15 Albuquerque, Latin American Institute, University of New Mexico.

Santley (Robert S.), Ortiz (Ponciano) und Pool (Christopher A.), 1987 „Recent Archaeological Research at Matacapan, Veracruz: A Summary of the Results of the 1982 to 1986 Field Seasons", *Mexicon*, IX, S. 41-48.

Santley (Robert S.), Yarborough (Clare) und Hall (Barbara A.), 1987 „Enclaves, Ethnicity, and the Archaeological Record at Matacapan, in Ethnicity and Culture", in R. Auger, M. F. Glass, S. MacEachern, und P. H. McCartney, *Proceedings of the 18th Annual Chacmool Conference, Archaeological Association*, Calgary, University of Calgary, S. 85-100.

Sarro (Patricia J.), 1991 „The role of architectural sculpture in ritual space at Teotihuacan, Mexico", *Ancient Mesoamerica*, 2(2), S. 249-262.

Scout (Sue), 2001 *The terracotta Figurines from Sigvlad Linné's Excavations at Teotihuacan*, Stockholm, The National Museum of Ethnography.

Seitz (Russell), Harlow (George E.), Sisson (Virginia B.) und Taube (Karl), 2001 „"Olmec Blue" and Formative Jade Sources: New Discoveries in Guatemala", *Antiquity*, 75, S. 687-688.

Sejourné (Laurette), 1956 *Burning Water*, Londres und New York, Thames and Hudson.

Sejourné (Laurette), 1958 *Un palacio en la Ciudad de los Dioses [Teotihuacan]*, Mexiko, INAH.

Sejourné (Laurette), 1962 *El Universo de Quetzalcóatl*, Mexiko, FCE.

Sejourné (Laurette), 1966a *Arqueología de Teotihuacan, La cerámica*. Mexiko, FCE.

Sejourné (Laurette), 1966b *El lenguaje de las formas en Teotihuacan*, erste Auflage, Mexiko, Siglo XXI Editores.

Sejourné (Laurette), 1966c *Arquitectura y pintura en Teotihuacan*, Mexiko, Siglo XXI Editores.

Sempowski (Martha L.), 1987 „Differential Mortuary Treatment: its Implications for Social Status at Three Residential Compounds in Teotihuacan, Mexico", in E. McClung de Tapia und E. C. Rattray (Hg.), *Teotihuacan: Nuevos Datos, Nuevas Síntesis, Nuevos Problemas*, Mexiko, IIA/UNAM, S. 115-131.

Sempowski (Martha L.) und Spence (Michael W.), 1994 *Mortuary Practices and Skeletal Remains at Teotihuacan. Urbanization at Teotihuacan, Mexico*, vol. 3, Salt Lake City, University of Utah Press.

Serrano (C.) und Lagunas (Z.), 1974 „Sistema de Enterramiento y Notas sobre el Material Osteológico de La Ventilla, Teotihuacan, México", *Anales del INAH*, 7, Mexiko, S. 105-144.

Serrano (C.), Pimienta (M.) und Gallardo (A.), 1991 „Los entierros del Templo de Quetzalcóatl, patrón de distribución por edad y sexo", *Arqueología*, 6, S. 53-67.

Serrano (C.), Pimienta (M.) und Gallardo (A.), 1993 „Mutilación dentaria y filiación étnica en los entierros del Templo de Quetzalcóatl, Teotihuacan", in M. T. Cabrero G. (Hg.), *II Coloquio Pedro Bosh-Gimpera*, Mexiko, UNAM, S. 263-276.

Sharer (Robert), 2001 „Tikal and the Copán Dynastic Founding", in J.A. Sabloff (Hg.), *Tikal: Dynasties, Foreigners & Affairs of State*, Santa Fe, NM, School of American Research Advanced Seminar Series, S. 319-353.

Sharer (Robert), 2001a „External Interaction at Early Classic Copán", in E. E. Bell, M. A. Canuto und R. J. Sharer (Hg.), *Understanding Early Classic Copan*, Philadelphia, University of Pennsylvania, Museum of Archaeology and Anthropology, S. 297-317.

Sharer (Robert), 2001b „Founding Events and Teotihuacan connextions at Copán, Honduras", in G. E. Braswell (Hg.), *The Maya and Teotihuacan: Reinterpreting Early Classic Interaction*, Austin, University of Texas Press, S. 143-165.

Siebe (Claus), 2000 „Age and Archeological Implications of Xitle Volcano, Southwestern Basin of Mexico-City", *Journal of Volcanology and Geothermal Research*, 104, S. 45-64.

Siller (Juan Antonio), 1984 „Presencia de elementos arquitectónicos teotihuacanoides en Occidente: Tingambato, Michoacán", *Cuadernos de arquitectura mesoamericana*, Nr. 2, Mexiko, S. 61-65.

Smith (A. Ledyard), 1955 *Ceramic Sequence at Uaxactún, Guatemala*. Middle American Research Institute, Pub. 20, New Orleans, Tulane University.

Smith (Robert Eliot), 1987 *A Ceramic Sequence from the Pyramid of the Sun, Teotihuacan, Mexico*, Harvard University, MA, Papers of the Peabody Museum of Archaeology and Ethnology, vol. 75.

Sodi (Federica), 2004 „Elemento arquitectónico Jaguar", in *Imperio Azteca*, Ausstellungskatalog, Mexiko, Fomento Cultural Banamex, S. 376.

Solís (Felipe), 1991 *Tesoros artísticos del Museo Nacional de Antropología*, erste Auflage, Mexiko, Aguilar Editor S.A. de C. V.

Solís (Felipe), Dumaine (A.) und Meneses S. (M.), 1982 „Catálogo de escultura monumental de Teotihuacan: aproximación metodológica", in R. Cabrera C. (Hg.), *Teotihuacan 80-82: Primeros resultados*, Mexiko, INAH, S. 137-148.

Solís (Felipe) und Velasco Alonso (Roberto), 2007 „La serpiente y el quetzal en el bestiario del México antiguo", in *Isis y la Serpiente Emplumada. Egipto faraónico, México prehispánico*, Unesco/CNCA/INAH/ Consejo Supremo de Antigüedades.

Sotomayor (Alfredo), 1968 „Estudio petrográfico del área de San Juan Teotihuacan, Edo. de México", in J. L. Lorenzo (Hg.), *Materiales para la arqueología de Teotihuacan*, vol. Serie Investigaciones 17, Mexiko, INAH, S. 39-49.

Sotomayor (Alfredo), 1992 „Tlailotlacan, a Zapotec Enclave in Teotihuacan", in J. C. Berlo (Hg.), *Art, Ideology, and the City of Teotihuacan*, Washington DC, Dumbarton Oaks, S. 59-88.

Speakman (J. Robert) und Glascock (Michael), 2005 *Instrumental Neutron Activation Analysis of Pottery Forms*, Archaeometry Laboratory, Missouri University Research Reactor, University of Missouri, Bericht an Dr. Thomas Charlton, Fachbereich Anthropologie, University of Iowa.

Spence (Michael W.), 1967 „The Obsidian Industry of Teotihuacan", *American Antiquity*, 32 (4), S. 507-514.

Spence (Michael W.), 1971 *Skeletal Morphology and Social Organization in Teotihuacan, Mexico*, Doktorarbeit, Fachbereich Anthropologie, Carbondale, Southern Illinois University.

Spence (Michael W.), 1981 „Obsidian Production and the State in Teotihuacan", *American Antiquity*, 46 (4), S. 769-788.

Spence (Michael W.), 1989 „Excavaciones recientes en Tlailotlacan: el barrio oaxaqueño de Teotihuacan", *Arqueología*, 5, Mexiko, INAH, S. 81-104.

Spence (Michael W.), 1992 „Tlailotlacan, a Zapotec Enclave in Teotihuacan", in J. C. Berlo (Hg.), *Art, Ideology and the City of Teotihuacan*, Washington DC, Dumbarton Oaks, S. 59-88.

Spence (Michael W.), 1996 „Commodity or Gift: Teotihuacan Obsidian in the Maya Region", *Latin American Antiquity*, 7 (1), S. 21-39.

Spence (Michael W.), Kimberlin (J.) und Harbottle (G.), 1984 „State-Controlled Procurement and the Obsidian Workshops of Teotihuacan, México", in J. E. Ericson und B. A. Purdy (Hg.), *Prehistoric Quarries and Lithic Production*, Cambridge University Press, S. 97-105.

Spence (Michael W.), White (Christine D.), Rattray (Evelyn, C.) und Longstaffe (Fred), 2005 „Past Lives in Different Places: The Origins and Relationships of Teotihuacan's Foreign Residents", in R. E. Blanton (Hg.), *Settlement, Subsistence, and Social Complexity: Essays Honoring the Legacy of Jeffrey R. Parsons*, Los Angeles, Costen Institute of Archaeology, University of California, S. 155-197.

Spence (Michael W.), White (Christine D.), Gazzola (Julie), Longstaffe (Fred) und Gómez (Sergio), 2006 „Oxigen-isotope values and population movements in Structure 19, Teotihuacan", Mitteilung auf dem 71. jährlichen Kongress der Society for American Archaeology, San Juan de Puerto Rico.

Stark L. (Barbara) und Johns (Kevin M.), 2004 „Veracruz sur-central en tiempos teotihuacanos", in M. E. Ruiz Gallut und A. Pascual Soto (Hg.), *La costa del Golfo en tiempos teotihuacanos: propuestas y perspectivas*, Mexiko, INAH, S. 307-328.

Sterpone (Osvaldo) und López (Marisol), 2002 *Proyecto Geografía histórica: Rescate arqueológico La Lagunilla, Municipio de Epazoyucan. Informe Final*, Archivo del Consejo de Arqueología, Mexiko, INAH.

Stone (Andrea), 1989 „Disconnection, Foreign Insignia and Political Expansion: Teotihuacan and the Warrior Stelae of Piedras Negras", in R. A. Diehl und J. C. Berlo (Hg.), *Mesoamerica after the Decline of Teotihuacan, A.D. 700-900*, Washington DC, Dumbarton Oaks, S. 153-172.

Stuart (David), 2000 „The Arrival of Strangers : Teotihuacan and Tollan in Classic Maya History", in D. Carrasco, L. Jones und S. Sessions (Hg.), *Mesoamerica's Classic Heritage: From Teotihuacan to the Aztecs*, Boulder, CO, University Press of Colorado, S. 465-514.

Suárez Diez (Lourdes), 1988 *Conchas y caracoles, ese universo maravilloso*, primera edición, Mexiko, Banpais S.A.

Suárez Diez (Lourdes), 2004, *Conchas, caracoles y crónicas*, Mexiko, INAH, Colección científica 466.

Sugiura (Yoko), 2008 „Técnicas alfareras", in *Cerámica de Teotihuacan, Artes de México*, Nr. 88, Mexiko.

Sugiyama (Saburo), 1988 „Los animales en la iconografía teotihuacana", *Revista mexicana de estudios antropológicos*, XXXIV(1), Mexiko, SMA, S. 13-52.

Sugiyama (Saburo), 1989 „Burials Dedicated to the Old Temple of Quetzalcóatl at Teotihuacan, Mexico", *American Antiquity*, 54(1), S. 85-106.

Sugiyama (Saburo), 1991 „Descubrimientos de entierros y ofrendas dedicadas al Templo Viejo de Quetzalcóatl", in R. Cabrera Castro, I. Rodríguez und N. Morelos G. (Hg.), *Teotihuacan 1980-1982: Nuevas interpretaciones*, Mexiko, INAH, Colección científica, Serie Arqueología, S. 275-326.

Sugiyama (Saburo), 1993 „Worldview Materialized in Teotihuacan, Mexico", *Latin American Antiquity*, 4(2), S. 103-129.

Sugiyama (Saburo), 2002 „Militarismo asociado a Teotihuacan", in M. E. Ruiz Gallut (Hg.), *Ideología y política a través de materiales, imágenes y símbolos, Memoria de la Primera Mesa Redonda de Teotihuacan*, Mexiko, Conaculta/INAH/IIA/IIE-UNAM, S. 185-209.

Sugiyama (Saburo), 2003a „Hallazgos recientes en la Pirámide de la Luna", *Arqueología mexicana*, Nr. 64, Mexiko, S. 42-49.

Sugiyama (Saburo), 2003b „Governance and Polity at Classic Teotihuacan", in J. Hendon und R. Joyce (Hg.), *Mesoamerican Archaeology: Theory and Practice*, Oxford, Blackwell Publishing, Blackwell Studies in Global Archaeology, S. 97-123.

Sugiyama (Saburo), Hg., 2004 *Viaje al centro de la Pirámide de la Luna : recientes descubrimientos en Teotihuacan*, Mexiko, INAH/Arizona State University.

Sugiyama (Saburo), 2005 *Human Sacrifice, Militarism, and Rulership at Teotihuacan, Mexico: Materialization of State Ideology at the Feathered Serpent Pyramid, Teotihuacan*, New York, Cambridge, Cambridge University Press.

Sugiyama (Saburo) und Cabrera Castro (Rubén), 2003 „Hallazgos recientes en la Pirámide de la Luna", *Arqueología mexicana*, Nr. 64, Mexiko, Ed Raíces, 2003, S. 42-49.

Sugiyama (Saburo) und Cabrera Castro (Rubén), 2004 *Voyage to the Center of the Moon Pyramid*, Mexiko und Tempe, CNCA/INAH/Arizona State University.

Sugiyama (Saburo) und Cabrera Castro (Rubén), 2006 „El proyecto Pirámide de la Luna 1998-2004. Conclusiones preliminares", in S. Sugiyama und L. López Luján (Hg.), *Sacrificios de consagración en la Pirámide de La Luna*, CNCA, INAH, Museo del Templo Mayor und Arizona State University.

Sugiyama (Saburo) und Cabrera Castro (Rubén), 2007 „The Moon Pyramid Project and the Teotihuacan State Polity: A Brief Summary of the 1998-2004 Excavations", *Ancient Mesoamerica*, 18 (1), S. 109-125.

Sugiyama (Saburo), Cabrera Castro (Rubén) und López Luján (Leonardo), 2004 „The Moon Pyramid Burials", in *Voyage to the Center of the Moon Pyramid: Recent Discoveries at Teotihuacan*, S. 20-30.

Sugiyama (Saburo) und López Luján (Leonardo), 2006 „Simbolismo y función de los entierros dedicatorios de la Pirámide de la Luna en Teotihuacan", in L. López Luján, D. Carrasco und L. Cué, *Arqueología e historia del Centro de México, Homenaje a Eduardo Matos Moctezuma*, Mexiko, INAH, S. 131-151.

Sugiyama (Saburo) und López Luján (Leonardo) Hg., 2006 *Sacrificios de consagración en la Pirámide de La Luna*, Mexiko, CNCA, INAH, Museo del Templo Mayor und Arizona State University.

Sugiyama (Saburo) und López Luján (Leonardo), 2007 „Dedicatory Burial/Offering Complexes at the Moon Pyramid, Teotihuacan: A Preliminary Report of 1998-2004 Explorations", *Ancient Mesoamerica*, 18(1), S. 127-146.

Taladoire (Éric), 1976 „El juego de pelota de Teotihuacan y sus posibles relaciones con el Occidente de México", in *Las fronteras de Mesoamérica: XIV Mesa Redonda*, Mexiko, SMA (Tegucigalpa), S. 25-31.

TALADOIRE (ÉRIC), 1989 „Las canchas de juego de pelota de Michoacán (CEMCA, Proyecto Michoacán)", *Trace*, 16, S. 88-99.

TAUBE (KARL A.), 1985 „The Classic Maya Maize God: A Reappraisal", in Merle Greene Robertson (Hg.), *Fifth Palenque Round Table*, San Francisco, Pre-Columbian Art Research Institute S. 171-181.

TAUBE (KARL A.), 1992 „The Temple of Quetzalcoatl and the Cult of Sacred War at Teotihuacan", *RES: Anthropology and Aesthetics*, 21, S. 53-87.

TAUBE (KARL A.), 1995 „The Rainmakers: The Olmec and their Contribution to Mesoamerican Belief and Ritual", in *The Olmec World, Ritual and Rulership*, The Art Museum, Princeton University, S. 82-103.

TAUBE (KARL A.), 2000a „The Turquoise Hearth: Fire, Self-Sacrifice, and the Central Mexican Cult of War", in D. Carrasco, L. Jones und S. Sessions (Hg.), *Mesoamerica's Classic Heritage: From Teotihuacan to the Great Aztecs*, Boulder, CO, University Press of Colorado, S. 269-340.

TAUBE (KARL A.), 2000b *The Writing System of Ancient Teotihuacan, Ancient America 1*, Barnardsville NC und Washington DC, Center for Ancient American Studies.

TAUBE (KARL A.), 2002a „La serpiente emplumada de Teotihuacan", *Arqueologia mexicana*, Nr. 53, S. 36-41.

TAUBE (KARL A.), 2002b „The Writing System of Ancient Teotihuacan", in M. E. Ruiz Gallut (Hg.), *Ideología y política a través de materiales, imágenes y símbolos*, Mexiko, UNAM/INAH, S. 331-370.

TAUBE (KARL A.), 2003 „Tetitla and the Maya Presence at Teotihuacan", in G. E. Braswell (Hg.), *The Maya and Teotihuacan: Reinterpreting Early Classic Maya Interaction*, Austin, University of Texas Press, S. 273-314.

TAUBE (KARL A.), 2004a „Flower Mountain: Concepts of Life, Beauty and Paradise among the Classic Maya", *Res: Anthropology and Aesthetics*, 45, S. 69-98.

TAUBE (KARL A.), 2004b *Olmec Art at Dumbarton Oaks*, Washington DC, Dumbarton Oaks.

TAUBE (KARL A.), 2005 „Representaciones del Paraiso en el Arte Cerámico del Clásico Temprano de Escuintla, Guatemala", in O. Chinchilla und B. Arroyo (Hg.), *Iconografía y Escritura de Teotihuacan en la Costa Sur de Guatemala y Chiapas*, U tz'ib, Serie Reportes, vol. 1, Nr. 5, Guatemala, Asociacion Tikal, S. 33-54.

TAUBE (KARL A.), 2006 „Climbing Flower Mountain: Concepts of Resurrection and the Afterlife in Ancient Teotihuacan", in L. Lopez Lujan, D. Carrasco und L. Cue (Hg.), *Arqueología e historia del Centro de Mexico: Homenaje a Eduardo Matos Moctezuma*, Mexiko, INAH, S. 153-170.

TEOTIHUACAN, 2008 „Guía visual", *Arqueologia mexicana*, Edición especial, Nr. 28, Editorial Raíces/CNCA/INAH, S. 61-73.

TOMASIC (JOHN) UND ESTRADA-BELLI (FRANCISCO), 2003 „Nuevos datos sobre el Clásico temprano el en área de Holmul : el caso de La Sufricaya", in J.-P. Laporte, B. Arroyo, H. Escobedo und H. Mejía (Hg.), *XVI Simposio de Investigaciones Arqueológicas en Guatemala*, Guatemala, Museo Nacional de Arqueología y Etnología, S. 275-280.

TOWNSEND (RICHARD), 1991 „The Mt Tláloc Project", in D. Carrasco (Hg.), *To Change Place: Aztec Ceremonial Landscapes*, Niwot, University of Colorado Press, S. 26-30.

TROBINER (STEPHEN), 1972 „A Fertile Ground: An Investigation of Cerro Gordo's Importance to the Town Plan and Iconography of Teotihuacan", in *Teotihuacan: XI Mesa Redonda, Mexique*, Mexiko, SMA, S. 103-115.

TURNER (MARGARET H.), 1987 „The Lapidaries of Teotihuacan, Mexico: A Preliminary Study of Fine Stone Working in the Ancient Mesoamerican City", in E. McClung de Tapia und E. C. Rattray (Hg.), *Teotihuacan: Nuevos datos, nuevas síntesis, nuevos problemas*, Mexiko, IIA/UNAM, Serie Antropológica, vol. 72, S. 465-471.

TURNER (MARGARET H.), 1988 „The Lapidary Industry of Teotihuacan, Mexico", Doktorarbeit, Rochester, NY, University of Rochester.

TURNER (MARGARET H.), 1992 „Style in Lapidary Technology: Identifying the Teotihuacan Lapidary Industry", in J. C. Berlo (Hg.), *Art, Ideology, and the City of Teotihuacan*, Washington DC, Dumbarton Oaks.

URCID SERRANO (JAVIER), 2001 „Zapotec hieroglyphic writing", *Studies in Pre-Columbian Art and Archaeology*, Nr. 34, Washington DC, Dumbarton Oaks.

URCID SERRANO (JAVIER), 2003 „Las urnas del barrio zapoteca de Teotihuacana", in *Teotihuacan. Ciudad de misterios, Arqueologia mexicana*, Nr. 64, Mexiko, Editorial Raices/CNCA/INAH, S. 54-57.

URCID SERRANO (JAVIER), 2009 „Personajes enmascarados. El rayo, el trueno y la lluvia en Oaxaca", in *Dioses de la lluvia, Arqueología mexicana*, Nr. 96, Mexiko, S. 30-34.

URUÑUELA (GABRIELA) UND PLUNKET (PATRICIA), 2007 „Tradition and Transformation: Village Ritual at Tetimpa as a Template for Early Teotihuacan", in N. Gonlin und J. C. Lohse (Hg.), *Commoner Ritual and Ideology in Ancien Mesoamerica*, Boulder CO, University Press of Colorado, S. 33-54.

VALADEZ (RAÚL), 1993 „Macrofósiles faunísticos", in L. Manzanilla (Hg.), *Anatomía de un Conjunto Residencial Teotihuacano en Oztoyahualco – II: Los Estudios Específicos*, Mexiko, IIA-UNAM, S. 729-825.

VALADEZ (R.), RODRÍGUEZ (B.), CABRERA (R.), COWGILL (G.) UND SUGIYAMA (S.), 2002 „Híbridos de lobos y perros (tercer acto) : hallazgos en la pirámide de Quetzalcóatl de la antigua ciudad de Teotihuacan", *AMMVEPE*, vol. 13, Nr. 5-6, S. 165-176, 219-231.

VALENTÍN MALDONADO (NORMA) UND ZÚÑIGA ARELLANO (BELÉM), 2007 „Los moluscos de la ofrenda 107 del Templo Mayor de Tenochtitlan", *Revista mexicana de Biodiversidad*, vol. 78, S. 61-70.

VALENZUELA (JUAN), 1945 „Las Exploraciones efectuadas en los Tuxtlas, Veracruz", *Anales del museo nacional de antropologia e historia*, 3, Mexiko, S. 83-107.

VELÁZQUEZ CASTRO (ADRIÁN), ZÚÑIGA ARELLANO (BELÉM) UND VALENTÍN MALDONADO (NORMA), 2004 *Ofrenda de concha, tesoros de fertilidad*, Museo del Templo Mayor, Asociación de Amigos del Templo Mayor, Mexiko, Conaculta/INAH.

VIÉ WOHRER (ANNE-MARIE), 2008 „Poder político, religioso, militar y jurídico. Cómo fue representado en manuscritos pictográficos del México central: algunos casos", in G. Olivier (Hg.), *Símbolos de poder en Mesoamérica*, UNAM/IIA/IIH, S. 193-227.

WEIANT (C.W.), 1943 *An Introduction to the Ceramics of Tres Zapotes*, Bureau of American Ethnology Bulletin Nr. 139, Washington DC, Smithsonian Institution.

WEIGAND (PHIL C.), 1993 „La influencia del centro de México en Jalisco y Nayarit durante el Clásico", in P. C. Weigand (Hg.), *Evolución de una civilización prehispánica. Arqueología de Jalisco, Nayarit y Zacatecas*, Zamora, Colegio de Michoacán, S. 163-175.

WHITE (CHRISTINE D.), SPENCE (MICHAEL), LONGSTAFFE (FRED) UND LAW (KIMBERLEY R.), 2004 „Demography and Ethnic Continuity in the Tlailotlacan Enclave of Teotihuacan: The Evidence from Stable Oxigen Isotopes", *Journal of Antropological Archaeology*, 23, S. 385-403.

WIDMER (RANDOLPH J.), 1987 „The Evolution of Form and Function in a Teotihuacan Apartment Compound. The Case of Tlajinga 33", in E. McClung de Tapia und E. C. Rattray (Hg.), *Teotihuacan. Nuevos datos, nuevas síntesis, nuevos problemas*, Mexiko, UNAM, S. 317-368.

WIDMER (RANDOLPH J.), 1991 „Lapidary Craft Specialization at Teotihuacan: Implications for Community Structure at 33:S3W1 and Economic Organization in the City", *Ancient Mesoamerica*, 2(1), S. 131-147.

WIDMER (RANDOLPH J.), 1986 „Procurement, Exchange, and Production of Foreign Commodities at Teotihuacan: State Monopoly or Local Control?", in A. G. Mastache, J. R. Parsons, R. S. Santley und M. C. Serra Puche (Hg.), *Arqueologia Mesoamericana. Homenaje a William T. Sanders I*, Arqueología mexicana, Mexiko, INAH, S. 271-279.

WILKERSON S (JEFFREY K.), 1972 *Ethnogenisis of the Huastecs and Totonac: Early cultures of North Central Veracruz at Santa Luisa, México*, Doktorarbeit, Tulane University, Mexiko, Archive technique de l'INAH.

WILKERSON S (JEFFREY K.), 1994 „El Pital y los asentamientos prehispánicos en la cuenca inferior del río Nautla, Veracruz, México. Rapport au INAH sur les résultats archéologiques de la première campagne", Mexiko, Archive technique de l'INAH.

WILKINSON (RICHARD G.) UND NORELLI (RICHARD J.), 1981 „A Biocultural Analysis of Social Organization at Monte Alban", *American Antiquity*, 46, S. 743-758.

WILLIAMS (EDUARDO), 1992 *Las piedras sagradas. Escultura prehispánica del Occidente de México*, Zamora, Colegio de Michoacán.

WILLIAMS (EDUARDO), 1994 „El Occidente de México. Una perspectiva arqueológica", in E. Williams und R. Novella (Hg.), *Arqueología del Occidente de México: nuevas aportaciones*, Mexiko, El Colegio de Michoacán, S. 11-60.

WINNING (HASSO VON), 1987 *La iconografía de la ceramica de Rio Blanco, Veracruz*, Mexiko, UNAM/IIE.

WINNING (HASSO VON) UND GUTIÉRREZ SOLANA (NELLY), 1997 *La Iconografía de la cerámica de Rio Blanco, Veracruz*, Mexiko, UNAM/IIE.

WINTER (MARCUS), 1998 „Monte Albán and Teotihuacan", in E. C. Rattray (Hg.), *Rutas de intercambio en Mesoamerica: III Coloquio Bosch-Gimpera*, Mexiko, UNAM, S. 153-184.

WINTER (MARCUS), MARTÍNEZ LÓPEZ (CIRA) UND PEELER (DAMON E.), 1998 „Monte Albán y Teotihuacan: cronologia e interpretaciones", in R. Brambila und R. Cabrera Castro (Hg.), *Los Ritmos de cambio en Teotihuacan: reflexiones y discusiones de su cronología*, Mexiko, INAH, Colección científica 366, S. 461-475.

WINTER (MARCUS), MARTÍNEZ LÓPEZ (CIRA) UND HERRERA MUZGO T. (ALICIA), 2002 „Monte Albán y Teotihuacan: Política e Ideología", in M. E. Ruíz Gallut (Hg.), *Ideología y política a través de materiales, imágenes y símbolos, Memoria de la Primera Mesa Redonda de Teotihuacan*, Mexiko, Conaculta/INAH, S. 627-644.

WHESTHEIM (PAUL), 1962 *La cerámica del México antiguo, (Fenómeno artístico)*, Mexiko, UNAM.

Dieses Werk wird von Somogy éditions d'art
und dem musée du quai Branly herausgegeben

Wissenschaftliche Betreuung:
Dominique Michelet, Forschungsdirektor des CNRS
und Direktor des Labors „Mesoamerikanische Archäologie"
(Universität Paris I und CNRS)

Somogy éditions d'art

Projektmanagement:
Tiffanie de Gregorio und Clémentine Petit

Herstellung:
Michel Brousset, Béatrice Bourgerie, Mathias Prudent
und Stéphanie Sanchez-Alfonso

Lektorat:
Inge Hanneforth und Petra Niggemann

Übersetzungen aus dem Spanischen:
Konstanze Schmitt (Die Ökosysteme im Tal von Teotihuacan, Ausgrabungen in der Zitadelle und im Tempel der Gefiederten Schlange, Ausgrabungen in der Mondpyramide, Obsidian in Teotihuacan, Bearbeitete Muscheln und Knochen in Teotihuacan, Die Teotihuacaner an der Golfküste)
Anna Jagdmann (Die Sonnenpyramide – Schicksal eines Monuments, Die Stadtviertel der zugewanderten Gemeinschaften in Teotihuacan, Wandmalerei in Teotihuacan, Die Steinschneidekunst in Teotihuacan, Die Keramikkunst, Wohn- und Residenzkomplexe in Teotihuacan)

Übersetzungen aus dem Englischen:
Martina Dervis und Sabine Jainski (Einführung in die Kultur von Teotihuacan, Die Stadt Teotihuacan: Wachstum, Architekturentwicklung und materielle Kultur)
Nikolaus G. Schneider (Die teotihuacanische Religion, Teotihuacan und Oaxaca)

Übersetzungen aus dem Französischen:
Isa Odenhardt-Donvez (Teotihuacan im Land der Maya)
Andrea Stettler (Skulpturen in Teotihuacan, Teotihuacan im Land der Maya)
Caroline Eidam (Teotihuacan und Westmexiko)

Katalognotizen und alle anderen Texte:
Aus dem Spanischen: Konstanze Schmitt, Maria Hoffman-Dartevelle, Anna Jagdmann, Maria-Theresia Kaltenmaier und Elisabeth Müller
Aus dem Französischen: Isa Odenhardt-Donvez, Nicola Denis und Dieter Hornig

Grafische Gestaltung:
Jérôme Faucheux und Nelly Riedel

Kartografie:
Thierry Renard

Korrektorat:
Antonia Meiners und Jost Heino Stegner

musée du quai Branly

Leitung der Abteilung Kulturelle Entwicklung
Redaktionsabteilung
Redaktionelle Koordination

Muriel Rausch
Sophie Chambonnière

Eine direkte oder indirekte Vervielfältigung des Inhalts des vorliegenden Werkes, auch auszugsweise, bedarf ausdrücklich der vorherigen schriftlichen Genehmigung des INAH, des musée du quai Branly und der Somogy éditions d'art. Es gelten die Bestimmungen des Bundesgesetzes über das Urheberrecht und eventuell die geltenden internationalen Verträge; bei Nichtbeachtung drohen die vom Gesetz vorgesehenen Sanktionen.
Die Vervielfältigung, Verwendung und jedwede Nutzung der Bilder dieses Bandes, die zum Kulturerbe der mexikanischen Nation gehören, werden durch das Bundesgesetz über archäologische, künstlerische und historische Monumente und Zonen sowie das Bundesgesetz über das Urheberrecht eingeschränkt. Ihre Vervielfältigung bedarf der vorherigen Genehmigung des INAH und des Inhabers des Eigentumsrechts.

© 2009 Instituto Nacional de Antropología e Historia, Cordoba numéro 45, colonia Roma, Delegación Cuauhtemoc, C. P. 06700, Mexico, Distrito Federal, für die Original-Texte und die Abbildungen, sofern keine andere Angabe vorliegt.

Bildnachweis

Alle Fotos sind von:
© Martirene Alcántara, Assistent Olivier Dekeyser

mit Ausnahme von:

© Archive des Instituto Nacional de Antropología e Historia: S. 43

© Arqueología Mexicana/Raíces/Foto Ignacio Guevara: S. 12 / Foto Marco Antonio Pacheco: S. 45 / Foto Rafael Doniz: S. 138 / Foto Carlos Blanco: S. 179

© musée du quai Branly/photo Charnay, Claude-Joseph-Désiré: S. 17 / Foto Michel Urtado, Thierry Ollivier: S. 95, 183, 348 (Kat. 167b), 403 (Kat. 236b), 425 (Kat. 262), 445 (Kat. 290)

© Scientific American: S. 82

© Staatliche Museen zu Berlin, Preußischer Kulturbesitz, Ethnologisches Museum/Foto Claudia Obrocki: S. 221 (Kat. 17), 266 (Kat. 65), 293 (Kat. 103), 394 (Kat. 222), 458 (Kat. 309)

© Universidad Nacional Autónoma de México, Facultad de Arquitectura, Centro de Investigaciones en Arquitectura y Urbanismo: S. 198

© Universidad Nacional Autónoma de México, Instituto de Investigaciones Estéticas: S. 164-165

© University of Pennsylvania Museum of Archaeology and Anthropology: S. 189

© University of Oklahoma Press: S. 192-193

Alle Rechte vorbehalten: S. 20, 24-25, 30, 32, 35, 44, 51, 52, 53, 54, 55, 56, 57, 60, 61, 62, 64, 65, 67, 72, 73, 74, 75, 77, 82, 86, 100, 103, 105, 108, 112, 113, 114, 115, 117, 130, 132, 133, 144, 152, 154, 155, 156, 157, 159, 182, 184, 185, 186, 196

© musée du quai Branly, Paris 2009
© Somogy éditions d'art, Paris 2009

ISBN 978-2-7572-0296-8

Ablieferung der Pflichtexemplare: Dezember 2009

Printed in Italy (Europäische Union)